黃文山
衞惠林 輯

何聯奎文集

中華書局印行

何聯奎文集　目錄

卷首

例　言……一
行述……一一
作者遺像及生前照片墨蹟……五
蔣　序……三三
楊　序……三五
黃　序……三七
衞　序……五一
劉　序……五九

第一編　民族學及其研究

四十年來之中國民族學……六三

蔡孑民先生對於民族學之貢獻……一〇一
中國文化之特質……一六九
從民族學觀點試論古器物中之「饕餮」(一)……一八三
從民族學觀點再論古器物中之「饕餮」(二)……一八八
龜的文化地位……一九七
從民族學觀點申論中國古文物之禮器：青銅器與玉器……二一五
再論中國古文物：青銅禮器……二三九
中國之節序禮俗……二四三
商代□父癸爵禮器之研究……二七八
畬民的地理分布……二八九
畬民的圖騰崇拜……三〇三
畬民問題……三一〇
臺灣傳統文化之特質……三三一
臺灣民情風俗……三四〇
圖騰文化與臺灣中部山地之圖騰遺制……三四八

第二編　博物館學及有關實際問題

就任國立故宮中央博物院聯合管理處主任委員致詞……三五九
中國文物圖說弁言……三六一
中國文物圖說緒言……三六四
故宮博物院之特質……三六七
文物印製品與出版品之展覽（巴黎）……三七九
出席國際博物館協會第九屆大會記……三八五

第三編　其他文選

自述……四〇三
上陳誠主席書……四一二
服務中央訓練委員會……四一四
峨眉訓練實紀……四一九
廬山暑期訓練實紀……四二七

附：訓練實紀修整完畢之報告……四四四
敬悼蔡孑民先生……四四六
一個回憶……四四九
悼念吳稚老……四五四
稀見的吳稚老寫作—寫在吳稚老遺墨「從二十八年上想起
中國青年最可模範的一個」之前……四五七
追思胡適、林語堂兩博士……四七〇
一個回憶—敬念蔣夢麟先生……四七八
悼念陳通伯（源）教授……四八二
畫家張書旂遺作展……四八六
段錫朋先生二三事……四八九
陶淵明文學……四九三
追念周錦朝先生……五〇七
元初松陽女詩人—張玉娘……五〇九
清初的「後進領袖」—夏完淳（存古）……五一二

寒窗瑣筆……五一六
片段生活的陳跡……五二五
與建葉村桃溪橋啓……五二八
括蒼月刊編輯股啓事……五二九
括蒼月刊社四週紀念刊徵文啓事……五三〇
徵集括蒼先正遺文啓……五三一
括蒼月刊之旨趣……五三三
程伊川教育學說……五三六
新中國的新教育—平民教育……五五〇
向著最後勝利的目標邁進……五五六
偉大的祖國……五六〇
治學之根本精神……五六二
人格問題……五六七
闢風氣……五八一
海外通訊……五八五
邊疆資源開發問題……五九二

為國聯調查團報告書告中華民國海內外同胞文……六〇〇
今日青年學生應有之精神及其責任……六〇七
時代的認識……六一二
青年應有的抱負與修養……六一六
陳著「國父學說的法理體系」序……六二〇
劉著「唐代政教史」序……六二二
黃文山「學述論叢」序……六二三
聯縣字典再版序……六二五
詩詞曲語辭匯釋再版序……六二六
倫敦雜感……六二七
巴黎觀感……六三九
附錄一：何聯奎先生著作年表……六五〇
其他著作：
民族文化研究

台灣風土志
台灣省通志稿禮俗篇
中國禮俗研究

例言

一、本文集係由何子星先生至友黃文山、衞惠林發起，何夫人及哲嗣昌年、女公子一筠贊同編印。

二、本文集文稿係由何公子昌年、女公子一筠先由家中存稿經整理後，彙寄美國。由黃文山、衞惠林編輯而成。

三、何先生生平著作已經出版成專書者有：「民族文化研究」、「台灣風土志」、「台灣省通志稿禮俗篇」及「中國禮俗研究」四書。其中除已取得出版者同意者外，未列入本集。

四、何先生學術論文中凡內容有重複者將先發表者採入，後發表者刪略。

五、何先生有自撰「自述」一篇，另由黃文山先生作簡要「行述」，置之卷首，與衞惠林之代序三篇，可以互相參閱複按。

六、本文集因編輯人在國外，連絡徵文不便，故何先生之至友除蔣復璁先生、楊亮功先生、劉伯驥先生外，未及爲序文者尚多，編者謹深誌歉意。

七、本文集由中華書局慨嗣印行，編者與何先生家屬謹此誌謝，永誌不忘。
八、本文集版權由中華書局與何昌年、何一筠依出版法簽訂合約辦理。
九、本文集暫定作爲「何聯奎文集」初集。待繼續搜集何先生文稿夠成書時，另行編印續集。

行述

何聯奎先生，號子星，浙江松陽縣人，生於民國紀元前十年十二月二十五日。民國六十六年二月二十五日上午零時二十分稍感不適，僅二小時壽終台北三軍總醫院。先生德器純正，好學力行，忠黨愛國，信守不渝。精研民族學、社會學、古物學、博物館學。早歲畢業國立北京大學英文學系，受教于蔡孑民校長，與胡適之（適）、陳百年（大齊）、林語堂、蔣夢麟、黃晦聞（節）、林公鐸（損）、陳通伯（源）、溫源寧諸老師宿儒。學有專長，兼通文史。後赴歐洲留學，入巴黎大學從民族學大師布格萊（C. Bougle）與傅谷納（P. Fauconnet）遊，既經二年，又赴倫敦大學跟社會學大家金斯勃格（M. Ginsberg）、文化人類學宗師馬林諾斯基（B. Malinowiski）研究，仰高鑽堅，深有所獲，整合貫通，尤其餘事。二十年夏歸國，執教于國立中央大學社會學系，講民族學。抗日戰爭期間，戮力政治、軍事、黨務、報務，劍及履及，日不暇給。戰後再任該校法學院院長，對學校復員，貢獻至大，學生從學，成材者衆。

先生曾任公職甚多。歷任軍事委員會少將主任秘書，政治部設計委員會委員兼秘書，中央訓練委員會委員兼秘書主任，掃蕩報總社社長、三民主義青年團中央幹事會幹事，國民參政會參政員，中央訓練委員會副主任委員，中國國民黨中央執行委員會常務委員，第一屆國民大會代表，行政院副秘書長，故宮、中央博物院聯合管理處主任委員，中央研究院民族學研究所通訊研究員與民族學刊編輯，成績卓著，勳猷並茂。屢次代表政府出席巴黎聯合國文教組織，國際博物館大會，對於國家文化之發揚，貢獻鉅大，未克盡述。

先生生平撰述甚富，著有中國民族文化、中國禮俗研究等書，前書稿件，在戰亂中散失，識者惜之。先生體氣素健，精神充沛，服務社會，勤愼忠誠，履謙復恒，雖曾居高位，但恬於勢利，不脫書生本色。在故宮博物院副院長任內，以積勞病逝，享壽七十有六歲。

先生與蔡孑民先生、凌純聲先生等爲中國民族學會之主要創辦人，對于中國民族學之建設，與中央研究院民族學研究所之推進，厥功最偉，而對于民族學理論與實際之發明，與對于中國銅器文化與禮俗關係之研究，議論精闢，爲世稱道。專篇論文，曾在國際人類學與民族學歷次大會宣讀者亦多。其見于「世界人類學」（World Anthropology）一書者，在可能內，亦錄入本集，用廣宣揚，由此可以概見先生學問之邃密與精湛。

曾子說：「士不可以不弘毅，任重而道遠。」吾人今日讀先生廬山暑期訓練實紀導言，可以知先生對于抗戰建國所抱負責任之重大，道路之悠遠，其弘毅爲不可及。張橫渠說：「爲天地立心，爲生民立命，爲往聖繼絕學，爲萬世開太平。」先生生平服膺孑民老師所激稱的儒家中庸大道，與吳稚暉先生倡導的新大同主義之遺教，殆欲與張橫渠之所志所事，前後合轍也歟？

凌霜黃文山誌于美國洛城東方大學研究院院長室
民國六十七年（公曆一九七八年）一月二十日

作者遺像及生前照片墨跡

民國五十七年二月廿八日攝於故宮博物院

父文龍（雲亭）公

1861—1921

母鄭德玉太夫人

1859—1926

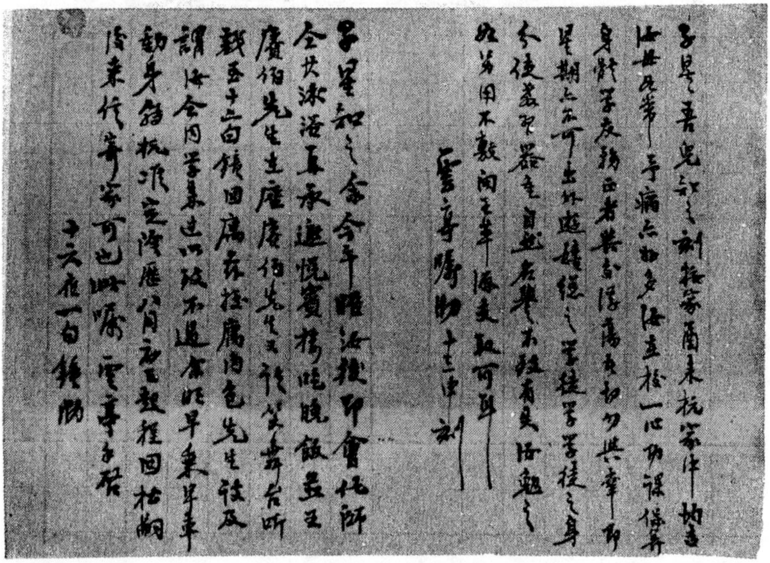

作者遺像及生前照片墨跡

民國九年於北京

民國十九年於英國牛津

民國十八年五月三十日於巴黎

民國四十九年去香港轉巴黎出席UNESCO十一屆會議攝於台北松山機場

◄民國五十五年十二月五日攝於美國Princeton

▼民國五十二年攝於紐約公共圖書館

▶民國五十三年甥女泰琳四週歲合影

▼民國五十三年何夫人林淑梅女士與子昌年女一筠婿及外甥女攝於寓所

勉泰琳甥女　五十五年七月一日

琳琳六週歲，聰慧怪可愛，恩光畢了業；
榜列三名內。
抱養眞不易，媽媽多辛苦，劬劬父母心；
子女勿辜負。
好個小寶寶，讀書莫自廢，迎頭敢上去；
更惹人人愛。

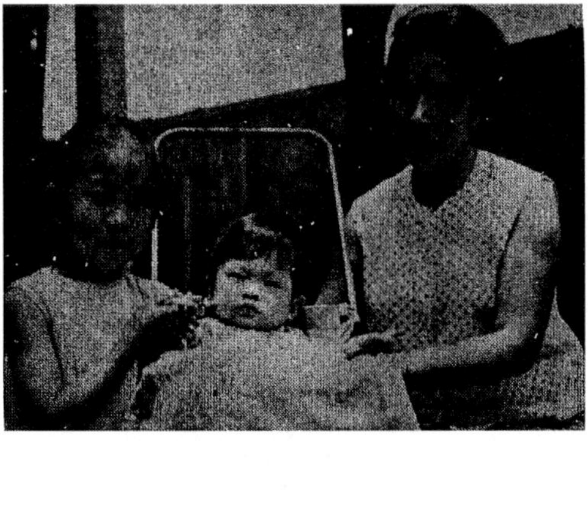

民國五十六年與家屬合影於台北

民國五十九年與夫人攝於台北

民國五十八年九月十二日
次孫女伊眞滿月合影

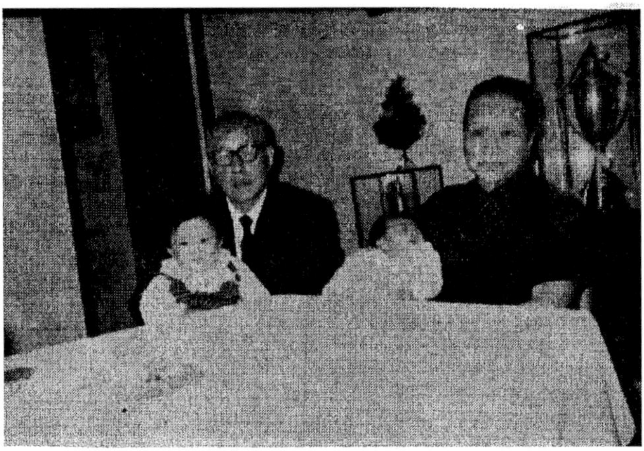

民國六十五年長孫女伊明（右）
次孫女伊眞（左）合影

▲民國六十五年九月廿六日率家屬謁先總統蔣公之靈攝於靈堂

◀謁靈後歸途攝於石門水庫

民國六十六年一月於台北故宮博物院

Freiburg. Deutschland.
聯奎

民國十九年與吳弢徵先生等攝於巴黎

民國三十七年春與伍天先生攝於南京玄武湖

民國四十四年二月與陳院長誠合影

民國四十九年三月廿五日國民大會三次會議閉幕
與羅家倫先生合影於禮堂正門

民國四十九年十一月十日晨與程天放、于焌吉等先生於羅馬

同年十二月卅一日與黃文山（右二）潘子卓（右一）潘伯虎（左一）等先生攝於舊金山

民國五十年元旦黃北壽（右）黃文山（左）攝於舊金山

民國五十四年十一月二十日與孫哲生先生、英國康德黎・尼爾爵士合影於台北故宮博物院

孫哲生先生及其公子

民國五十五年三月十九日於台北市議會與黃仁俊(左三)黃杰(右三)等合影

民國五十五年十二月十六日與黃文山(右)劉伯驥(左)攝於美國

民國五十六年六月廿五日哈佛大學經濟學教授Koenet夫婦、王世杰先生等合影

民國五十六年七月於教廷授勳蔣院長復璁後合影

李霖燦　黃少谷　王雲五　蔣復璁　何聯奎

民國五十六年十二月三十日與英國史學家湯恩比（Prof. Tongbee）夫婦、林語堂、于斌等先生合影

民國六十年五月廿二日與蔣夫人、王雲五、張岳軍、
葉公超等先生攝於故宮博物院會議室

民國六十一年與陳志明先生夫婦攝於
台北故宮博物院

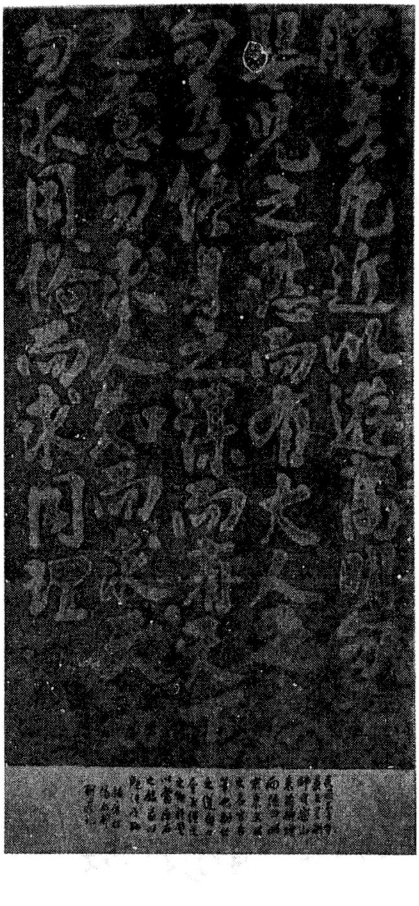

民國三十年春王星拱師自樂山來渝持贈而語曰此朱文公之名言手筆也勵世之道句句金玉謹受之懸於壁以當座右之銘並以勉諸子孫

括倉松陽亦邨聯奎記

詠萊因（二首）

一、

帶水悠悠自在流
群鷗上下逐波游
一抹斜陽無限好
人人爭羨萊因幽

二、

吾道生平快此遊
林泉而外復何求
可憐蕭蕭河邊景
颯颯風來未許留

子星誌於freiburg 八月十七日午下
自攝於Alt-Breisach. Germany.

民國十九年八月十七日偶與德儒作藝勸拉沙之遊萊因一水暢流其間風物絕佳歸而記此聊誌斯勝並附所攝

作者遺像及生前照片墨跡

仁俊先生八秩大慶

民國五十六年為
先生七旬榮慶奎曾致詞
以賀以 先生之仁愛天相
哲人延年益壽今逢八秩
崇齡風采奕奕一勝過往
此乃仁者必壽之徵傳曰
仁者必有後 先生有之矣
公子建方得美國加州大
學博士學位長孫耀華得
普林斯頓大學博士學位
植桂培蘭一門挺秀又可
賀也謹綴數行以祝
永壽詞曰

堂堂先生僑領之英
才器磅礴德業風成
領導僑胞維義與誠
忠黨愛國翊贊革命
頤養天然柏姿挺榮
蘭馥桂香萊舞紛陳
皓首功成中外咸欽
敬獻壽言以頌康寧

弟 何聯奎敬祝

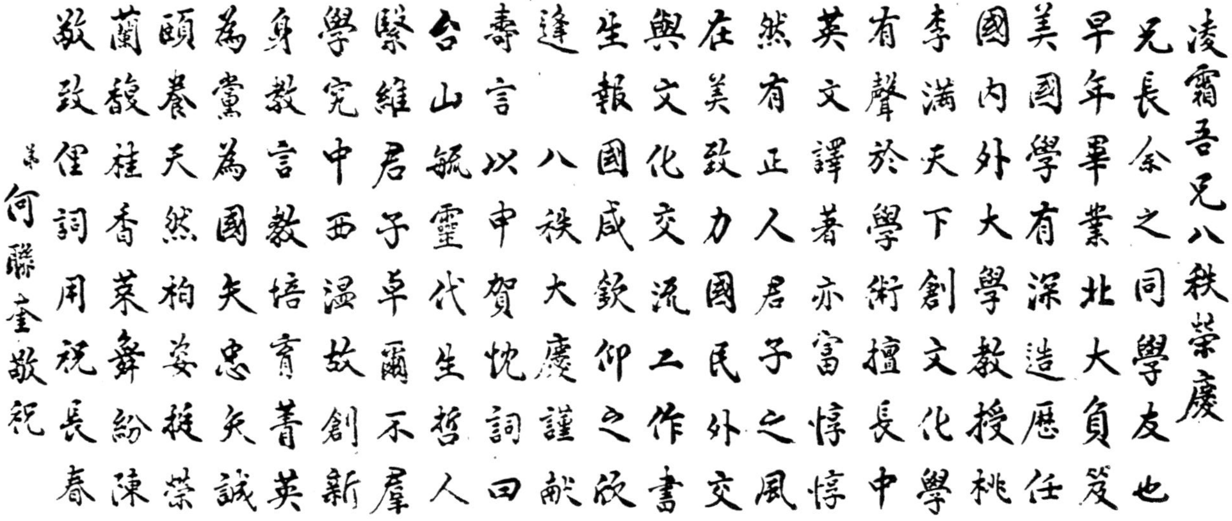
凌霄吾兄八秩榮慶
兄長余之同學友也
早年畢業北大負笈
美國學有深造歷任
國內外大學教授桃
李滿天下創文化學
有聲於學術擅長中
英文譯著亦富惇惇
然有正人君子之風
在美致力國民外交
與文化交流工作書
生報國咸欽仰之欣
逢八秩大慶謹獻
壽言以申賀忱詞曰
台山毓靈代生哲人
賢維君子卓爾不羣
學究中西溫故創新
身教言教培育菁英
為黨為國矢忠矢誠
頤養天然柏姿挺榮
蘭馥桂香萊舞紛陳
敬致俚詞用祝長春
弟 何聯奎敬祝

人之生世，敦品勵行，必有所樹立，上無愧於天，下無愧於地，中無愧於人，此為人生完美之境界。竹有清高之質，古今人所謂清風高節，往往取以為譬。余見文同、李衎墨竹，嗜愛無已，欣賞之餘，深有所感，遂題二語：「清風飄飄多得意，高節挺挺好自傲」，非敢自況，乃以自勵也。

何聯奎筆記

六十四年
月一日

凌霜吾兄：手書敬悉。承再壬兄交下「文化學體系研究集」，披讀再三，知張益弘先生主編，頗費一番功夫。所載各文，對於　兄之學術創新，多有所闡發，實獲我心。石濤兄一文，對於　兄之一生志業作扼要之撮述，尤為得體，可引起讀者之同情。伊已於日昨離台返金山矣。仁後兄約於下月返美。弟提出一九七三年在芝加哥舉行之國際人類學與民族學大會，一篇論文將於最近在 World Anthropology 登出後，寄到再奉上請指正。專此　敬頌

近安！

弟 何聯奎

十二、五、

此係子星兄于民國六十五年（一九七六）十二月五日致黃文山函，距渠逝世時（六十六年二月廿五日）不到三個月。子星兄由一九四九年底文山赴美研究及工作，直到一九七七年（除由一九六八年文山回台港講學四年外）給文山的信，不下數百封，此係最後的一封信。信內說的一九七三年在芝加哥舉行之國際人類學與民族學大會由渠提供一篇論文（見本文集所載）當時係由文山代讀，因子星兄病了，未能參加也。

學曾吾兄大鑒：頃奉 手書，藉悉近祉佳暢，為慰。以弟書法之拙劣，而見賞於高明，愧甚愧甚。所冀 不我遐棄，多加策勵以匡弗逮，是幸。我 兄創業有成，近且籌劃文化企業，則事業拓展，更必有所成就，可預卜也。近年來彼邦人士蒞臨本院參觀者，絡繹不絕，而對吾國文物讚賞無已。故宮文物複製甚夥，倘能廣為傳播，當有裨於文化之宣揚。 兄既有見於此，將為圖之。今秋如得休假，當作歐遊，踵 門拜訪，一抒積悃，何勝樂耶！

敬祝 春禧！

弟 何聯奎 上 二月廿五日

子星兄於民國六十六年二月廿五日上午零時卅分稍感不適，送台北三軍總醫院治療，二時廿五分逝世，前後僅兩小時，廿四日致德國王學曾先生函爲最后遺墨。

文山誌於舊金山

蔣序

國立故宮博物院副院長何子星（聯奎）兄，因病去世，光陰荏苒，倏已一年有餘矣，其哲嗣昌年，女公子一筠，將其遺著，寄請旅美執敎之黃文山學長與衞惠林先生，編類成書，名曰「何聯奎文集」將付手民，以垂永久，承黃學長文山，越洋走筆，屬序於予，緣子星兄與予，早於北大同學，晚復共事一堂，公誼私情，不敢以事繁辭。

夫文以載道，子星兄以穎異之資，勤下學之功，博覓群籍，而以中華文化爲主，熟讀經史，參以實用科學爲歸，故能通中西之異，契今古之同，大本旣立，其得於文者深矣。猶憶七七抗戰發生，兄自海外歸國，受當局特達之知，先後畀以軍委會政治部設計委員，掃蕩報總社長，中央訓練委員會副主任委員，中央大學法學院院長，來台後任行政院副秘書長等職，雖公務紛紜，仍不忘著述，除一般論文，散見於報章雜誌外，並曾完成「中國民族文化」曁「中國禮俗研究」兩書，惜前書原稿因戰亂轉徙，全部亡軼，本集所載，大部爲在台所撰寫。

子星兄留學英法，專修民族學，對英國民族學家馬林諾斯基所著文化論，與法國史學家朗格瓦和瑟諾博司合著之史學導論，以及德尼克所著世界民族志等書，詳加探討，融會貫通，回國後，對我國民族學之提倡，不遺餘力，曾創辦中國民族學會，如集中「四十年來之中國民族學」、「介紹中國民族學的文獻與工作」等，能見人之所未見，言人之所未言，皆為其精心之作。

一個對民族學有素養之人，其對先民歷史文化與古器物之研究，亦較一般人為深入，子星兄在擔任國立故宮博物院副院長任內，佐理院務，匡替甚多，復於公務之暇，又曾陸續發表有關中華文化與古器物研究論文多篇，集中所載「中國文化之特質」、「龜的文化地位」、「從民族學觀點再論古器物中『饕餮』」、「畲民的地理分佈」、「畲民的圖騰崇拜」等篇，皆持論精審，引證周詳，且抒寫自如，不牽強，不雕琢，意之所到，筆即隨之，非學有專攻，曷克臻此。

又集中其他文選，亦異常奪目，於時事利病，師友契誼，風俗澆醇，骨肉至性等言之綦詳，不失忠厚和平之旨，讀其文如見其人，爰敘其簡端，藉使讀者，知其梗概焉。

中華民國六十七年二月二十日蔣復璁敘於國立故宮博物院

楊序

夫學而優則仕，仕不忘于學，斯眞儒者之行。而古之所謂大丈夫者，其不如是乎。子星先生之始業于上庠也，値五四新文化之肇端。蔡校長孑民開學術風氣之先聲，延攬碩學魁儒，當世青年如川之就下，莫不歸之。先生篤志勵學，優游數載，深有契于夾漈鄭氏之天下之理，不可以不會；古今之道，不可以不通之言。而尤服膺孑民校長致力于民族學，社會學，實爲研究文化史之兩大中心課題。先生之研究民族學，遠從巴黎布格萊，傅谷納敎授、倫敦大學金斯勃格、馬林諾斯基敎授游。于民族學益鍥之不舍。始于鄉梓研究畬民問題，撰寫論文，學界矍然。途徑新闢；復與諸同志籌設中國民族學會，相與磨厲。其志之勤，可不偉歟！

先生爲學不厭，誨人不倦，秉性忠純，懿德昭著。然家國多難，終不得宴然于一室之中。從政亦數十年，徒步行十餘日由霧社、春陽社而南投布農族、曹族，撰寫台灣中部山地土著族的圖騰文化遺制一文。其後又研究中國禮俗與禮器，時先生已轉任故宮博物院副院長，從古物銘文圖紋而得圖騰意義，圖騰爲民族文化原始之象徵。

我國歷史悠久，民族優美，和平雍穆，久而不衰。昔魯哀公問社于宰我，宰我謂周人以栗，曰使民戰栗。孔子雖不以爲然，而社樹不僅爲表識，且含戰栗敬畏之深意。亦寓敎育于平常事物中也。古之君子，佩玉以聚其德，又取其鏘鏘和諧之聲，皆所以朝乾夕惕，警戒于左右也。余與先生相知甚久，月必數數促膝。其恬然物外，不役于物，爲而不有，功成不居之風標，令人挹之不盡。嗟乎，世亂方殷，惟我中華民族之文化，足以拯救危機而登人民于衽席。先生之學，乃歷久而彌彰矣。

中華民國六十八年八月楊亮功序

黃序

余與何聯奎（子星）兄同學北京大學，同執教於南京中央大學。抗戰期間，又同服務于中央訓練委員會與政治部，共事多年，志同道合，輝光相照。不料別僅數載，遽然長逝。劉彥和謂：「逢其知音，千載其一」，「知音其難，惟有長嘆！」

客歲（一九七七年）秋末，衞惠林兄由溫哥華南來，路經洛城，賜訪長敍。余以子星兄作古，不特朋友間失一諍友，抑國家民族乃至世界亦損一哲人。余因建議蒐集老友生平遺著，編成文集，刊布當世，留爲紀念，並擴大其人格與思想之影響。惠林兄不假思索，慨然贊同。于是聯同飛函台北何公子昌年，何小姐一筠，請收其尊翁遺著搜集寄美，以便編纂。不久各件寄到，辭翰鱗萃，無勞甄序。

私念子星兄生平，已有自述，絕筆斯文，希聖之作，余維應一筠之請，爲寫傳述，誦德銘勳，實不足以增其立德、立功、立言之盛業于毫末。然而子星兄生平最着力之點，約有數端，犖犖可見。在學術思想上，以民族學或文化人類學作爲樞紐，積學儲寶，研閱窮照，思接千載，視通萬里，此其一。在事功上，抗日建國之事興，奮不顧身，捨棄上庠講座，慨列戎行，爲國家盡忠，爲民族盡孝，從事人才訓練與政術之執行，馴至蓄養節宣，垂帷制勝，功成不居，難能可貴，此其二。在教育上，認爲建國事業，莫先于陶冶青年，故抗戰甫畢，卽脫去征衣，回復舊業，重新執敎于中央大學，致其悃誠；惜大陸淪共，未竟厥謀，而浩然之氣，固充塞乎宇宙，此其三。在國際文化上，子星兄曾代表國家出席聯合國文教科組織于巴黎，一而至三四，每次會畢，又必繞道北美，慰問同儕，情感彌篤。旋復代表國立故宮博物院出席國際博物院會議，貢獻亦大。歷屆國際人類學與民族學會議，曾開會于費城、巴黎、東京，以公忙不克赴會時，則囑余代爲宣讀論文。五年前（一九七三）大會在芝加哥擧行，託我宣誦之論文，載在荷蘭印行之世界人類學（World Anthropology），臨終之前，尙以此爲念。具見其視野所照，不限于國族文化，抑亦希冀使中國傳統文化之光輝，普及世界，此其四。自朱毛稱亂，擅據大陸，中華民國政府播遷台灣以後，子星兄憂心如擣，同時深知國民外交，乃國家命脈安危所繫，知存知亡，知得知喪，不奮不啓，不悱不發，故毫不憚煩，發揮畢生精力，與旅美愛國之士，戮力同心，情與氣偕，才鋒峻立，終之扶危定傾，符采克炳，但又恬然處之，此非常人之所能爲，此其五。余嘗膺子星之囑，爲所著中國禮俗硏究寫序，有曰：「子星兄雖一度以摩頂放踵之精神，抱抗戰救國之大願，出而從政多年。然而『生而不有，爲而不恃，長而不宰，功成而不居』（老子道德經語），始終不失學人本色」。故余于此，可舍其立德、立功之大業于不論，而獨對于其立言一端，粗述其崖略。左傳載魯大夫公孫豹論三不朽：「太上立德，其次立功，其次立言」，夫能立言，成一家業，已可不朽，遑論其他？

大抵立言盛業，與時代關係，至爲密切。回憶民國紀元五年至十五年之頃，正當「五四運動」前後，時代的文化思潮，正在昂進，一切思想，相與呼應洶湧，銳不可當，梁任公謂：「凡時代思潮，無不由繼續的羣衆運動而成，所謂運動者，非必有意識，有計畫，有組織，不能分爲誰主動，誰被動，其參加運動之人員，每各不相謀，各不相知，其從事運動時所任之職役，各各不同，所採之手段亦互異，求之同一運動之下，往往分無數之小支派，甚且相嫉視相排擠，雖然其中必習一種或數種之共同觀念在焉，同根據爲思想之出發點，此種觀念之勢力，初時本甚微弱，愈運動則愈擴大，久之必成爲一種權威。」（見清代學術概論，四五年台初版，頁一～二）這些話甚爲握要，姑勿論當時之觀念是什麼，我直覺地相信當時的時代文化運動（包括白話文運動，文化運動，愛國運動乃至社會改造運動等等）派別雖多，人數雖衆，而隱然領導此一運動之人物則爲北大校長蔡孑民（元培）先生。先生之爲人誠如蔣夢麟先生說的：「是當中西文化交接之際，先生應運而生，集兩大文化於一身，其量足以容之，其德足以化之，其才足以擇之，此先生所以成一代大師歟？」而子星兄亦說：「以一翰林出身而能接受新時代教育，迎着世界學術潮流，且爲我國學術研究發展之倡導的，要推大師蔡孑民先生。先生學貫中西，博綜古今，士類以『聖之通者』尊之，先生實當之而無愧。」（見何著，蔡子民先生對于民族學的貢獻，又見蔡元培民族學論著，中國民族學會叢刊之一，中華書局，五一年元月初版，代序，頁一）可謂知言。蔡先生生平所致力專攻者爲哲學、美學、民族學。民五出任北大校長時，而在留法儉學會講授「美學」一課，兼涉及民族學範圍，余曾爲最早在該會上課，接受教訓之一人。稍後，他在中央研究院（十七年至二十九年）設立民族學組，提倡此學甚力（按此組在卅二年左右，在傅孟眞（斯年）任歷史語言研究所所長時在重慶經立法院通過，改爲民族學研究所），故子星兄又謂「先生對于民族學研究工作，倡之最力，而行之最專。十餘年來，我國民族學的科學研究運動，皆宗之于先生，先生誠不失爲時代學術之先驅」。先生于民國二十三年在我主編的新社會科學季刊（南京正中書局印行）發表民族學之演進一文，可說是國內倡導民族學之先聲。子星兄承認「他（自己）在北大親炙先生之教，所以略窺民族文化之學」，由此可見子星兄與我先後在先生的大旂幟之下，上過他的功課，受到深刻的影響，其後我們雖分別留學歐美，但在歸國講學研究的各個時期，却都不能離開民族學，或文化人類學，我後來進一步，號召建立「文化學」。子星則視此爲民族學之姊妹科學，而同時相與淬礪邁進，這都是蔡先生在「五四時代」前期與後期醞釀培灌之結果。

當我們與凌純聲、衞惠林、芮逸夫、徐益棠兄等在民元二十年左右集中南京講學時期，吾人當時心目中認爲最關重要而又要解答的文化問題，大抵可說有下列諸端：

第一、中國文化之起源爲何？其文化條件——地理的、經濟的、心理的、道德的——是什麼？中國早期的文化模式又是什麼？

第二、中國在商周青銅器時代的文化，與始石器、舊石器或新石器時期的圖騰文化有沒有關係？其遺跡是什麼？我們能夠把現在生存的淺化民族（山胞）之文化遺跡與那時期的文化比較麼？

第三、中國文化的特質是什麼？中國文化的法則能夠發見麼？

第四、中國文化在科技方面對于西方文化的發展，有什麼貢獻？十六七世紀以後，雙方文化的相互影響是什麼？

第五、中西文化分道並進，現在及未來有整合的可能麼？我們對于未來的中國與世界文化能提出預料麼？

我們所處的時代，的確是一個特異的時代。不獨我們，實則自從「五四運動」前後起，國內外知識分子對于這些問題先後群起而參加討論、研究、分析，乃至提出一部分或全部分答案，可以給大家對于中國文化傳統、經驗、價值、理想得到確信的，眞可說無慮千百人。然而無論人數多少，大別之，約可分數派：㈠玄學或哲學派。這派可以以梁漱溟先生的東西文化及其哲學爲代表。他以直觀和比較的方法，視孔子爲中國文化之生命，開啓了宋明儒學的復興，對于傳統與民族文化的眞義作過眞摯的反省，對于扭轉人心，更有莫大的貢獻，但此派，例如熊十力等，對上述問題雖談到若干種，但却未曾具體地一一作答。㈡全盤西化說亦可說是半科學派。陳獨秀、陳序經等否定中國傳統文化之價值，主張全盤西化說，可說屬于此派。胡適之先生主張超越傳統，俄化而向前邁進，多少接近此派，但他後來僅主張充分世界化，所以也部分地接受「十教授中國本位文化建設宣言」的主張，可見他實在不能列進此派之內（看所著「試評所謂『中國本位文化建設』與充分世界化與全盤西化」一文，見胡適論學近著頁五五及五五八頁二十五版）。㈢民族文化派。此派本可以陶希聖、薩孟武、何炳松等「十教授（文化建設）宣言」所提出的主張爲代表，但從哲學觀點，闡釋此種主張的，當推方東美氏，他以尚書洪範中的「皇極」之義，與周易經傳中的「生生」之理，爲中國哲學之淵源，把神聖的宗教領域，化作理性的道德領域，所以認定中國文化緜延百世而不中歇，在基礎上還離不了孔子的大道。其高足唐君毅則更進一步認爲如果中國完全西化，那是中華文化的滅亡。民族存在與文化是不可分的。由于這種體認，所以對于中國固有的哲學思想，重新加以疏解。對中國哲學精神充分發揮，讓人重新體認中華文化的價值。但對于我們上述的問題，究竟與梁漱溟、熊十力、張君勱諸位一樣，很少作過科學上的答覆。㈣最後，我覺得只有民族學或文化人類學或文化科學派才對于上述各問題提出過科學的分析或預料。這派，當然以蔡孑民先生、何子星先生爲代表。這裏我先舉出蔡先生的貢獻，然後對于子星兄的答案加以粗糙的疏述，權作這篇序言的斷論：

孑民先生從民族學的觀點上，說明文化的起源，謂：「現代社會所以有今日的形態，必要一步一步推上去，要到最簡單的形式上去，推到未開化時代社會，知道我們古代有姓氏的分別，姓字從女，商的始祖是簡狄，周的始祖是姜嫄，一是吞燕卵而生契，一是履大人迹而生稷，這當然是因契稷不知道父親是誰而附會的。在民族學上知道初民有經過母制時間，可以推想簡狄姜嫄，都是母系時代的女主。春秋左氏傳記郯子的話，稱古代紀官，或以龍，或以火，或以雲，或以鳥，現在從民族學上知道初民有一種圖騰制度。我們古代的龍官鳥官等等自然是圖騰時代的傳說。」（見民十九年在中國社會學社成立之講詞，社會學刋，民十九年）。由此可見孑民先生是以圖騰制度說明中國早期文化的起源或模式之先導者。

他提倡美育代宗教說，則認為「宗教之原始，不外因吾人精神作用而構成，普通分三種：一曰知識，二曰意志，三曰感情。最早之宗教，常兼三者而有之。後世知識科學發達，一切附麗于宗教，如美術等，漸離宗教而尚文化，結果對于陶養感情之術，多舍宗教，而代以純粹之美育。美育足以破人我之見，去利害得失之計較，可以陶冶性靈，使之日進于高尚」（以美育代宗教說，民國四年）。由此可見孑民先生對于宗教始源的看法，同時也說明文化起源與宗教始源之關係。

他從民族學上又「覺得人類進化的公例（法則），有由近及遠的一條，即人類的目光與手段，都是自近處而逐漸及于遠處的」。他因此乃從美術、交通、飲食、算術、幣制、語言文字、音樂、宗教感情，證明人類眼光與手段，一切都是由近及遠，逐漸推廣。」（見民族學上的進化觀，載新社會科學季刊一卷三期，二十三年冬季，正中書局）這可見孑民先生早就注意到文化法則的找尋，而這種法則也是有事實做根據的。進一步，他知道「中庸」或「中道法則」在中國文化上的重要，所以說：「中國民族，凡持極端說的，一經試驗，輒失敗，而惟中庸之道，常為多數人所贊同，而且較為持久。他用兩種最有權威的學說為之證明，一是「民國十五年以前二千餘年傳統的儒家（按卽「允執厥中」的中道思想），一是近年所實行的孫逸仙博士的三民主義」。（見蔡元培民族學論著，中華書局出版，見上所引）由此所述，可見孑民先生對于我們在上面所提出的若干文化問題之解答，是全然以民族學為根據，與玄學的見解完全不同。

何子星兄與我們的一群——凌純聲，衞惠林，芮逸夫和本人也在內，對于上述問題的解答，有師承蔡先生的，而也有戛然獨創的。憶子星兄早年留歐歸國，不久卽返浙江，實地探測畬民文化及其圖騰制度，隨在東方雜誌等發表畬民問題（三十卷十二號），畬民的圖騰崇拜（見新社會科學季刊，一卷二期二十三頁）等等文章，對于畬民的圖騰文化有過深刻的觀察和瞭解。當時余亦作長文以應之（中國古代社會的圖騰文化，載黃文山學術論叢，中華書局，六十六年再版，頁二二五五—三〇二），同時國內學人，對于此一制度之研究，一時更見風起雲湧。抗戰後，子星兄又在台發表圖騰文化與台灣中部山地之圖騰遺制，均屬採取民族學之方法與原則，以研究中國史前與當今淺化民族遺留的圖騰制度。這樣，一方可以解答前者錢玄同，顧頡剛等在古史辨上所摸索及推測的許多問題，一方也證明西方許多民族學者認為中國沒有經過圖騰文化的階段，闢其私蔽，因此對于中國文化的起源，就有了較正確的科學的說明（按西方學者早由一九一〇年夫累則（Frazer）發表圖騰制與外婚制一書時，對于中國之有無圖騰制，頗滋疑惑，其後經過摩爾根（Morgan），戴古樂（De Groot），哈德倫（Hartland）的研究，對此一問題，猶屬未決，雖然格蘭尼（Grant），埃伯克（Eckard）頗能排除衆議，獨能注意及之。但到了二十年代（一九二〇年）高丹懷素（Goldenweizer）對于圖騰制度現象建立了廣泛的批判標準以後，西方學者對于這種制度的研究，據吾師克魯伯（Kroeber）一九五一年在哥倫比亞大學告訴我，已戛然中止。不過晚近法國陸維斯杜魯（Claual Levi-Strausse）出版今日之圖騰制度（Le Totemisme Aujourd hui, Paris, Presses Universtaires France. 英譯見 Totemism, Today, Boston, Beacon Press, 1963, tr, by Rodney Needham），對于圖騰制度之理論，復有簇新的開拓，不過他對中國文化歷程有沒有經過這一階段，也沒有論列。

子星兄除了從畲民調查與台灣中部山地之圖騰制的觀察，證明此制度在中國存在外，還從商周靑銅禮器的銘紋上，加以考釋，證明圖騰制度與觀念之表見。他所舉出的，例如：其一是銅器上饕餮紋文的意義，古來傳說不一，而近來提出解釋的學說，亦一人一義，十人十義，莫衷一是。因而從多方面考證，斷定「殷商器物饕餮紋文，實爲羌人犧牲之首，亦卽爲一種圖騰的象徵。其取犧首而變爲饕餮紋文，這就是殷代戰勝的部族，襲先代之遺習，發之于共同意識，厭敵以制勝，耀武以矜功。到了周代，流風遺俗，猶爲未衰。但因時代背景和政治背景之不同，而紋文略有變化而已。」（見所著就民族學觀點試論古器物中之「饕餮」。故宮季刋第四卷第四期，抽印本頁二一—二二）。其二，這一研究，他又從故宮博物院其他藏品，爲之推廣及證明。一爲商代父乙尊。說明此一器物，乃商代奉契爲始祖，以玄鳥爲始祖的象徵。二爲商代龍母尊。此爲商代龍氏族鑄造這一禮器，以紀念其母而盡了孝道」。子星兄指出此類例子，不勝枚舉，而事實上則均含有圖騰的意味。（看再論中國古文物：靑銅禮器（故宮季刋十一卷第一期，抽印本，頁七—八）。這些問題經過數千年與近來西方專家之研究，尚無法提出正確之解答，由于子星這些新理解，新證明，結果對于古代文化之淵源的觀察已開闢了簇新境界。

在另一面，子星兄由于中國禮俗的觀察，知道中國數千年之文化傳統，有者爲人本主義與理智主義。因而斷定「中華文化是以倫理思想和道德觀念爲其特質，另一方面是以科學思想和技術爲其特質。」他對于這兩方面，舉出許多史實，爲之證明。（見中國禮俗研究，頁四〇—五四。）在科學技術方面，近來因英國科學家李約瑟的中國之科學與文明（陳立夫主譯）出版，早已引起普遍的注目，可以略而不談。就文物禮俗方面，子星兄認爲他有一個見解，這卽是由禮俗而產生「仁愛」，此爲道德倫理之始源。他說：「倫理思想的發展，初則見于人與天的相接，人與人的相接，推而見之于人與家族宗族的相接，再推而見之于人與國族國家的相接。循此發展的程序，其道德觀念所藉以表而出之的，則爲儒家孔、孟所倡導的忠孝仁愛禮義之大道。所謂忠孝仁愛禮義，就是人的道德心，同情心，互助心，愛國心，自尊心，這都是我們固有的道德本質，亦就是中華道統文化的根本。」（見中國文化之本質，載本文集內）。此種道德本質的觀念之提出，在民族學上，不特說明中華文化固有的道統而已，進一步觀察，也可顯示其世界性的意義。何以言之？西方在十九世紀中葉產生達爾文的物種始源論，引起「生存競爭，適者生存」之論，與馬克斯認爲人類的歷史乃一部階級鬥爭的歷史的說法之後，今日西方浮士德型的文化，乃竟認鬥爭爲生活或歷史中心，由于觀念學的謬誤，馴至引發第一次世界大戰，再而觸動第二次大戰，今日則又在第三次核子大戰的關頭，由地球以至星際，星星之火，彌漫宇宙，人類不難陷入沉淪的絕境。大家幾乎已完全忘記了人類生存究竟是以互助爲原則之眞理（倡自克魯泡特金，而孫中山先生進一步爲之推廣）。當代英國人類學家李克與雷文（Richard E. Leakey and Roger Lew）最近發表始源論（Origins, Dalton 1978）一書，重新點出由于一九七二年在非洲甘耶斯（Kenyas）杜卡拿湖（Lake Turkana）對于人類化石的新發見，已把人類起源推衍到二百萬年以前，其所得到的結論，證明舊日通俗的理論，以爲人類的自相鬥爭，從開始以來，卽已存在，或甚至謂鬥爭乃人類的一種「功能」（Function），實在是一種謬論。事實證明由「類人」（Hominid）轉形到人類的關鍵不是由于鬥爭，不是由于最適者生存的特質，而是由于在複雜的社會脈絡中的共同合作的才能。他們說：「人類突出的最重要單個因素，也許是這種合作（互助）的性格……，群體合作的努力之推動乃是人類進化的性質之直接遺業。這比任何其他社會行爲爲多。」（The quality of cooperation is probably the single most important factor in the emergence of mankind....more than any other piece of social behavior, the motivation to cooperate in group effort is a direct legacy of the nature of human evolution.）據上所引，可見這兩位作者遠窺人類的未來，雖然知道當代鬥爭與人類在全世界的擾攘之情形，而卻作樂觀的結論，認爲「那能拯救我們的乃是『人類對于文化的才能』（The Human Capacity for Culture）以及社會黏和合作的形式——這些顯然已有幾百萬年的歷史」。由人類學家的這種最新和最確實的證明，亦可旁證子星兄指出由文物禮俗而產生「仁愛」乃爲中國道德倫理之始源，實在具有世界性的意義。

文化的研究，據我所見，在世界學術上，已由民族學，社會學及其他社會科學上，蛻進而爲綜合的科學——文化學——以探究文化（與文明）變遷的一切法則，並窺察其未來的動態爲目標；——但民族學孕育在西方的傳統上，其對象與範圍，尙未達到惠林兄所稱「人類學的第四期任務」，卽是研究現代文化以前，對于我們在上面所標出的若干種問題，還是側重文化起源的問題居多，因而對最後各種問題，尙少加以解釋，這是受到時勢的限制，不足爲病。在這方面，子星兄的貢獻，所以有的是師承子民先師的遺敎，有的是窺撫歐美的學說，有的是出自心裁，獨具新見解，開拓新天地，自成一家之言。由此見到子星兄之學問，的確可以說是「舊學商量加邃密，新知培養轉深沈。」文章千古事，一書傲王侯，子星兄在立言上之建樹，巍然不朽，當於此證之。

黃文山謹序民國六十七年（公元一九七八）三月十二日

美國洛城東方大學研究院院長室

衛序

何子星對於中國民族學的貢獻

衛惠林

—爲聯奎文集而作以代序—

一、何子星其人

何子星兄猝然去世了。他的一生學行造詣足令後他而死者爲之懷念不忘。傳云，人生有三不朽，太上貴立德，其次立功，其次立言，如何子星者可謂三者兼而得之。他天性純樸，宅心仁厚，愛人如己，爲國忘家，乃其德。他對推進民族學研究，對中國文物保存整理有勞績；對抗日救國工作有貢獻，乃其功。他對於中國圖騰文化，對於中國禮俗制度研究有獨到見地，有著作問世，乃其言。生於今之世而能兼有此三者，能有幾人？故何子星兄可謂無憾矣。

子星兄一生志節有兩個清楚的目標：一個是爲國家，另一個是爲學問。爲了前者他已捐棄了一生中大部歲月，閔勉從公，鞠躬盡瘁，死而後已。爲了後者他曾廢寢忘食，夢寐求之。在他來說，國事是責任之所在，學問是興趣之所鍾。平心而論，他不是適於從政的人，但他却把可以做學問的盛年歲月大部消磨在公務中。其中矛盾只有從他的純厚德性中公而忘私的精神來作解釋。

我國前輩學人多數還有「古之學者爲己」的謙冲態度，把致力學問只當成修養德性的方法，以著作發表爲可有可無的餘事。何子星還近乎這種典型，因而從已經公表於世的著作分量來說，他是屬於謹嚴保守的一派，並不足以表達他的學問抱負於萬一。他在政治界始終是一位落落不群的書生，在學術界他是契而不捨行過於言的默默耕耘者。他與中國民族學界結了不解之緣，在老一輩的民族學朋友中無人不知何子星其人，其所以致此之故，願略作引伸說明於後。

二、何子星的學術師承

何子星進北大讀書時正在五四運動之後，北大是新中國文化自由學術之中心，校長蔡孑民先生雖然很少親自回到北大，但他的學貫中西恢宏博大的治學精神，在北大師生間的影響極大。何子星雖然是讀英文系的，但是選課的範圍多在史哲與國學方面，他從胡適、陳大齊學過哲學，從王國維、黃節、林損問國學，從林語堂、溫源寧學過英文。其實他有志師淑的還是蔡孑民先生的道德學問。到民國十二三年何子星已經開始從事救國運動，在南北奔走間他已經與蔡孑民先生有所接觸，從蔡先生直接學到了經由中國學問去探求西方近代科學的治學門徑，並已經漸漸決定了要探究社會學民族學的方向。他在民國十七年出國赴歐洲留學，先到了法國巴黎，其時正是法國社會學派的黃金時代，社會學與民族學像是雙生姊妹從不分家，其時在索爾那（Sorbonne）有C. Bougle, P. Faucounet 講社會學，Lauy Brubl 講初民心理，M. Mauss 講民族學，還有M. Grant 講中國社會史，使風雲際會在巴黎讀書的幾個中國年輕學生能踆循於社會學民族學兩門學問之間流連忘返，何子星其中之一人也。他在法國兩年後又轉到英倫的政治經濟學院去接觸過功能學派人類學建造者Malinouski 與社會學者Ginsberg，到民國十九年中國已到了國難時期，何子星就束裝回國。其時蔡子民先生正在創立中央研究院，並直接推動民族學工作，在該院社會科學研究所設立了一個民族學組。何子星雖然沒有參加在蔡先生直接指導的民族學工作，但他一個人進行了浙江畬民的調查研究，他初期發表的有關畬民圖騰文化的文章，曾受到蔡孑民先生的激賞鼓勵，在那時期他曾聽到蔡先生關於民族學的兩次講演，並曾細心的作過一番整理闡揚的功夫。此點可以從他寫的一篇「蔡孑民先生對於中國民族學的貢獻」可以複按。

三、從畬民圖騰到台灣土著族圖騰制

何子星的民族學研究開宗明義，是從他對於浙江畬民文化的調查研究開始。在中國近代民族學草創時期有少數志願老兵，冒險犯難披荊斬棘的開拓英雄人物，何子星乃是其中的一人。他在浙江家鄉去調查畲民村落從未取過公私學術機關的支援貲助，完全是自掏腰包，默默的一個人進行的，而且是連續性的長期研究。其研究結果已經發表者只有三篇（收在民族文化研究中），不過是早期整理出來的一小部分結果，其大堆資料曾隨着他輾轉流亡帶到四川，勝利後又帶回到浙江他的老家，却在避共來台時未及帶出給散失了。這件傷心事他曾在他的「民族文化研究」（一九四五）的小序中透露過。他原有心完成一部「畲民文化研究報告」專著的，就只從他的三篇畲民研究論文中已可以看出有關畲民的第一手資料，畲民口述的傳說，民間畫傳與冠杖文物，以及有關畲民以及整個傜民的文獻與地方史志的搜尋，與傜族歷遷近播與現代的分佈研究的貢獻，何子星還是可以獨步古今無人超過的。

從畲民文化的長期研究養成了何子星對於圖騰制度的深厚興趣，凡是中國史志雜書以至西方學術論著中有關圖騰的討論與資料，他無不涉略。到了台灣以後從台灣民間吃紅龜的習慣，他寫過一篇「龜的圖騰意義」的文章。民國三十八年避亂來台，行裝甫卸未久，何子星兄與凌純聲兄兩人從國立編譯館獲得一小筆可以進山地考察的旅費，他兩人就約了我與台籍的林衡立四個人一起到台灣中部山地去做了一次試探性的調查旅行。從霧社的春陽社開始，繞着日月潭到過南投縣的那馬卡邦台地的布農族的洛那社與曹族的魯夫都社。跟着又上阿里山訪問與吳鳳故事有關的曹族人的達邦社與圖富雅社。十幾天辛苦跋涉以後，大家已有點精力疲憊，覺悟到台灣土著文化的研究需要長期工作，決非短時間的事。何、凌兩兄就把興致尚未盡的我與林衡立留下在阿里山，他兩人先下山回去了。這以後何子星就一直再也沒有找到時間再進山地調查，可是就這十幾天的旅行考察，已經使子星得到了對於台灣土著文化的深刻的理解，並且使他能夠完成他的「台灣中部山地土著族的圖騰文化遺制」的論著，這不能不說是件奇蹟性的貢獻。雖然他曾參考過我經過屢次旅行調查後所寫的論文與報告，但他能提綱挈領，取精去蕪的找出布農族與曹族氏族神話中的精華所在，那就靠他的不凡的學養與他那一次旅行考察時的體會工夫了。

四、他對於中國禮俗與禮器的研究

何子星的第二部分民族學研究重點是中國禮俗制度。他的這項研究興趣也開始的很早。大概是他為了查考圖騰研究有關史志雜書時養成的。後來因為他一直為了公務無法抽身出來去作民族學調查使他不得已而找尋到的另一個學術研究重點，一方面也是從蔡子民先生的學問承傳中所體會出來的窺探中國文化精華所在的秘辛。

在民國二十三四年內政部禮俗司曾有過一個普查全國各省民俗習慣的計劃。子星與我兩個人曾為內政部草擬過一套「全國民俗調查問題格」。我們曾花了近半年時間草擬成一部數萬言的問題格交了卷，後來大概因爲全面抗日戰事，該項普查計劃，遂爲之擱淺了。但從那時起何子星一直念念不忘對中國禮俗制度的研究宏願。

他的中國禮俗研究是從他對中國民間的婚姻變相爲起點，以他後來到了故宮博物院致力於禮器之研究爲終結，他把多年讀書札記中有關禮俗的心得曾在台大考古人類學系開過一班「中國禮俗研究」的課，曾想集中精力，整理成書，其結果就是他在中華書局出版的「中國禮俗研究」（一九七五）。他爲了從民間生活文化取得實證，他曾用心調查研究台灣民間風俗，其搜集調查所得先見於他與我兩人合作寫成的「台灣風土志」，他寫上部台灣風俗志，我寫台灣土著志。他後來又曾爲台灣省通志稿寫過一本十餘萬言的禮俗篇。台灣省通志稿是地方文獻性質，很容易給一般學界忽略，其實那是一部中國各省通志中最大的巨帙，共十大卷壹百四十六册，都已由台灣省文獻委員會刋行，其中至少有六七種是純學術性的著作。何子星兄的禮俗篇居其一。

他到故宮博物院工作後，又着手研究中國古代的禮器銘文與圖紋中的圖騰意義。禮器的研究本來一直是中國學術研究的重心，羅振玉，王國維等早已開始此項研究，且有很多精細的著作傳世，可是留心於圖騰文化意義闡發的，何子星爲第一人，其對後學者之啓發是很重要的。

五、何子星與中國民族學會

除了何子星兄對民族學研究上的貢獻以外，他對於中國民族學會之開創與扶掖之功是應予特別表彰的。凌純聲先生在中國民族學會在台復會後的第六次大會上開會致辭時，曾敍述過一段史話說：「本會創始於民國廿三年十二月六日，時在南京，創始人爲何聯奎，黃文山，衞惠林，芮逸夫，凌純聲。當時以何聯奎先生最爲熱心，出錢出力，貢獻最大。成立後兩年，日寇爲禍，會員因戰亂分散於西南與西北，會務遂告停頓。民國四十三年復由李濟，凌純聲，芮逸夫，衞惠林，何聯奎在台灣籌備復會……」(見中國民族學通訊No. 13 一九七三）從這段簡短史話可以知道何子星兄對於民族學會的貢獻是公論所歸的。他所以能獲致這樣的推許，個中辛酸非參與其事的老朋友是很難知道底蘊的。蓋民族學會的幾個創辦人都是兩袖清風的書生，每次集會時從備茶點請客，到紙筆郵費幾乎全是由何子星兄不作聲的墊出來的。以前在南京是如此，後來在台北復會初期還是保持着這個老習慣。連幾次向內政部辦登記，及許多對外接洽的事，都是由何子星兄一手包辦的。民國廿三四年由黃文山，衞惠林主編的「民族學研究集刊」的先由商務，後由中華書局出版發行事也都是由何子星兄出力交涉而成的。卽是如此，何子星兄從未包攬着做學會的主持人，一直讓民族學會保持着不設理事長，只由幾個創辦人輪流當值擔任常務理事召集人的制度，爲民族學會建立了一種集體工作的傳統。他的爲而不有，有功不居的風度，對民族學會同人的感召很深，他雖然一直因公務羈身，無法全力從事於調查研究工作，但他總是一面抽空整理着中國典籍中的民族學資料，一面幫助別人推動研究工作，並且默默看守着每一件工作的進展與研究成果的發表，並做着歷史記錄。這種中國民族學史的工夫，可以從他爲「中國民族學報」寫的「四十年來的中國民族學」（一九五五）這篇文章中看出來。他的這種述而不作，信而無偏的貢獻爲中國民族學承先啓後之功是應予推崇的。

其實他在幕後爲中國民族學所作推動扶掖之功還不止於此。他曾爲民族學會計劃過出版一套基本研究叢刋，一面拔粹的整理中國典籍中的寶貴民族學資料，一面由叢刋的發行爲民族學會，儲集一筆研究基金，對此事他做了第一件工作是出版了一本劉師培的「中國民族志」，還有當中央研究院派由凌純聲兄籌備民族學研究所時，何子星兄也曾出過策劃幫助的力量。這些幕後的貢獻，非參與其事者是無人知道的。我的這些贅語只是爲凌純聲兄前述表彰他的史話，作點註解而已。

何子星兄去矣，願他的精神和中國民族學與世長存。

劉序

國立故宮博物院副院長何子星先生逝世甫數月，由黃文山先生發起，蒐集其遺文，彙編付梓，以貽海內外故舊留念，俾開卷展讀，如聞謦欬，況其平生風義，學術造詣，復可藉此以見於世耶？編輯蒇事，堅囑一言以爲序；旣有命，自不能靳一辭。

余藉文山先生之介，初識子星先生於重慶，彈指迄今，殆四十年。近五年來，余回國三次，每次抵台，子星先生有風雨故人之感，至爲欣忭，過從無虛日，侃侃聚談，解旅況之寂寥，情意懇懃，爲良朋中所罕有，誠慤相待，如見肺腑焉。美國同志，尊子星先生爲長輩，每稱何公公而不名，何公公亦深知與美國同志交情日久，不拘形迹，怡然應之，在台北然，在舊金山無不然也。曩昔子星先生遠赴巴黎，出席聯合國文教組織會議，公畢，必繞道來美，探訪同志親友，萬里跋涉，不辭勞瘁，良朋聚首，倍覺歡顏，如是凡三四次，其重視友誼之情，往往如此。前年臘月，余由台北回美，行前，相約後會之期。不意一別，竟成永訣，天不憖遺，悲從中來，不唯痛失良朋，抑亦有人生朝露之感矣！

回憶當政府播遷台灣之初，美國態度不明，大敵當前，而李宗仁又逋亡背叛，情勢瀲盪，正內外交困之時也。周錦朝兄以同志身份，僕僕奔走於台北與華盛頓之間，溝通中美關係，消除誤會，弭止謗言，力勸杜魯門總統援華，以迄於美國軍事顧問團駐台爲止，斡旋凡兩年有奇。當日余負責通傳，常一報王雪艇秘書長，一致子星先生，其中密勿，寄子星先生爲獨多。子星先生對此事關念之切，期待之深，曾見有一週之間飛函多至四封者，承上轉下，聯絡與指導，備極辛勞，相信爲其平生最用力之一着，此爲友好所宜知也。自錦朝兄逝世後，子星先生擬撰從政錄中備述此段事略，自云藏存余所寄函件凡六七百封之多，足資對證，來函就商。余以此事牽涉頗大，未宜倉卒從事，彼深韙余言，僅在自述一文中稍爲提及，乃實錄也。自是轉而屢囑余操觚，以記其始末，顧稽延廿載，事多遺忘，至早數年，不得已始草成周錦朝國民外交紀實一册。此書雖不對外發表，但子星先生隱然爲此幕中要角之一，書成，子星先生得之喜甚，蓋亦足慰其平生矣。

子星先生學問之淵博，考據之勤劬，文山先生等序文，已詳爲言之，無需戔戔贅辭。惟考其素性狷介，擇善固執，待人忠誠樸厚，余份屬晚輩，身受而獲益者多矣。今讀其遺文，覩物思人，寧不黯然，然君子立言，無愧無怍，亦可以傳百世，垂不朽也。是爲序。

中華民國六十七年二月三日台山劉伯驥書於美國舊金山

第一編　民族學及其研討

四十年來之中國民族學

一、民族學之意義及其與其他科學的關係

人類學，是研究人類及其文化的科學。人類學有二分枝：一爲體質人類學（Physical Anthropology），一爲文化人類學（Cultural Anthropology）或民族學（Ethnology）。研究人類體質的，屬於前者。研究人類文化的，屬於後者。最初，以民族學包括人類學；嗣而倒過來，以人類學包括民族學。民族學一詞，素爲法英美德各國所一致採用。後來，英美人類學者另創文化人類學以代替民族學，或把民族學和文化人類學社會人類學一起混用。現在有的學者且把民族學和文化人類學分離獨立，甚至將民族學和民族誌（Ethnography）列在文化人類學系統之下。知識之分化作用，固在使學識專門化，但必分解合理，求其於至當。亦就是說，一種科學的分工，必須合乎「精而確」「細而密」的條件，否則，牽強拉扯，反失之混雜紛亂，把觀念都搞糢糊了。這有關於人類學分類法問題，原不欲在此多有所論列，因爲本文涉及民族學範疇，故對於民族學在人類學中的地位提示一個意見。我以爲民族學和文化人類學在實質上是「二而一」的同一的科學。這兩個名

詞，可並用而不廢。仍依舊的分類，將民族學列爲人類學系統下之一分枝而較爲合理。民族學一詞，我國採用很久，本文凡所論述，率由舊慣，不欲標新立異，襲用其他名詞，以示劃一。

民族學，係專研究各民族的文化，尤其是初民的文化。所謂文化，就是一個民族生活的類型。綜其類型，約有三種：一爲物質生活類型，如日常生活的製作及其他各種應用的器物等是。二爲社會生活類型，如社會形態社會組織等是。三爲心理生活類型，如宗教語言文藝等是。民族學者應用比較研究方法，對於各民族物質生活社會生活心理生活三方面的類型，探求其特質及其演化的遞嬗。

考古學，是用科學方法研究其由地下發掘出來或地面上發見的史前材料的科學。這些考古學上的材料，就是先民所留於後代的證據——化石骸骨與遺存文化，故在無文字記載之時期，民族學當可藉考古學得到精確可靠的古代民族文化之知識，以補充其比較的研究。所以民族學和考古學有密切的關係。

民族誌，係在各社區中實地考查各民族的狀況，並記錄事實。這些考查研究所得的記錄，能夠給與民族學許多文化記載上的原料。民族學者可利用這些原料，作比較的研究。所以民族學和民族誌亦有密切的關係。

語言，爲文化傳遞的媒介，乃一重要的文化現象。語言學，是研究語音語言構造及其功能的科學。民族學常利用語言學以研究民族間文化的傳遞，以及民族心理的表現。所以民族學和語言學亦有密切的關係。

考古學，語言學，是和民族學有關係的主要科學。其他非本文所及論，姑置之。

二、民族學之科學的成立及其趨勢

人類學或民族學，原是輓近新興的科學。其歷史雖僅僅一百餘年，但其發展的過程，却很悠久。二千餘年前，號稱「人類學之父」的希臘歷史學者希盧多德（Herodotus），遨遊埃及腓尼基巴比倫攸克辛沿海岸（Euxine Coasts）西徐亞（Schythia）等地，考察各地之民族文化，搜集許多關於民族學的材料，記述當時所見所聞各地的風俗習慣，以與希臘文化較其異同。其所記述，雖不能純視爲科學的記錄（Scientific Documents），但其實地考察方法，已啓人類學或民族學研究之端緒。（希盧多德公元前484年生於小亞西亞西南之加里亞（Caria）古城哈利加納蘇（Halicarnassus）。450年，遊雅典。443年，定居於琉揆尼亞（Lucania）的希臘古城綏里（Thurii）。他受過愛奧尼亞——Ionia地處希臘和意大利之間——人敎化的薰陶，富有雅典人的同情心。）迨至十九世紀中葉，德國之巴斯典（A. Bastian），美國之摩根（L.H. Morgan），英國之泰勒（E.B. Tylor），應用科學方法，致力於民族文化的實地調查和研究。巴氏於1850年至1905年間，曾作九次環球之遊，其足跡所至，歷非洲、美洲、澳洲、中國、印度、非律賓、日本、西比利、高加索、波里內西亞（Polynesia），土耳其斯坦（Turkestan）、爪哇、南洋群島、牙買加（Jamaica）。巴氏遍遊世界，對各地民族有直接廣博的接觸認識，而就其文化方面的事實，廣爲探索和研討。莫達克（G.P. Murdock）以其考察之廣，採集之豐，著作之富，譽之爲偉大人物。摩根於1857年開始在美洲考察研究印第安族的文化。泰勒於1855年開始在北美南部及古巴墨西哥考察研究土著族的文化。

民族文化的科學研究，概括的說，不外二方面：㈠實地工作之利用，㈡基本理論之建立。科學的實地調查研究，是要足到，口到，目到，耳到，手到，心到。就是要脚踏實地，用口和眼和耳去探索文化事象，再用手記錄下來，然後再用心去想，把推想而得的結果去解釋文化事象的構成要素及其因果關係。巴斯興等氏利用實地工作方法，運用科學頭腦，儘量探求事實，以事實啓發理論。故在民族學方面，對於社會進化觀念及文化傳播之理論和方法學上有了重要的貢獻。由於諸氏科學工作之努力，遂確立人類文化之科學研究的基礎。因此，人類學或民族學卽成爲一種科學，在自然科學和社會科學中獨佔一席。

巴斯興著有歷史上的人類（Der Mensch in der Geschichte, 1859.）建立人類科學的民族觀念（Der Völker-gedanke im Aufbau einer Wissenschaft Vom Me-nschen, 1881.）等書。摩根著有人類家族之血緣與親屬制度（Systems of Consanguinity and Affinity of the Human Family, 1871.)古代社會(Ancient Society, 1877.)等書。泰勒著有人類早期歷史的研究(Researches into the Early History of Mankind, 1865.),原始文化(Primitive Culture, 1871.),人類學(Anthropology, 1881.)等書。這三氏的著作,爲代表民族學建立科學的時代結晶。

自十九世紀中葉,以迄於今,民族學隨勢發展,流派紛出。初則只有播化派,進化派,後則又有批評派,功能派,繼之而起。代表播化派的,卽爲德之巴斯輿,其後爲奧之史密德(W. Schmidt)英之史密司(G.E.Smith)。代表進化派的,卽爲美之摩根,英之泰勒,其後爲白林頓(D.G.Brinton)。代表批評派的,鮑亞士(F.Boas)之後,爲克洛伯(A.L.Kroeber)。代表功能派的,馬林諾斯基(B. Malinowski)之後,爲雷德克利夫・布朗(A. R. Radcliffe-Brown)。播化派主張從各民族的歷史上接觸之事跡,追尋文化傳播之實證。進化派主張各民族文化可以獨立發明,逐漸進步。批評派對於播化派和進化派論調加以批評,而主張各民族文化的研究,注重一定的史地區域:由縱的年代探求其歷史背景,由橫的地理考查部族間的接觸,並採用「獨立發明」「傳播」諸概念,爲追求眞理的工具。功能派主張各民族文化可以獨立發展,亦可以互相採借,惟文化上的採借,不是傳播而是適應。凡一地區吸收外來的文化,須以適合本地的需要爲準,使其外來的與固有的文化相調和而臻於融合。文化上的產物,不論其新的舊的,固有的或外來的，只求其有相當的功用，卽可以存在。其論調和進化論頗相近。此外，美國尚有在民族學領域內倡「文化和性格之研究」（Culture-and-Personality Studies）者，如林通（R: Linton）克拉克孔（C.Kluckhohn），主張一種特殊的生活方式，和特性心理學有其不可分的關係。又有美國民族學者懷德（L.A. White），主張文化進化論和文化決定論，對鮑亞士派及其他反進化學說多所排斥，並另創文化學（Culturology）以離開民族學的範疇。現在諸流派中，以批評派和功能派爲較盛，美國之克洛伯，在批評派居於領導的地位，英國之雷德克利夫·布朗，在功能派居於領導的地位。這兩派學術上的勢力，幾風靡於一時。中國民族文化的科學研究，多借助於歐美，吾國民族學，說是從西洋輸入，亦無不可。由上之所論，可窺西洋民族學趨勢的大概，亦可曉然於西洋民族學和我國民族學的關係。

三、中國民族學上的史料和記錄

我國的民族學工作，發端於二千餘年前。尙書，爲最古的史書；山海經，爲最古的人文地記，皆富有民族誌材料。大凡歷代史學者，多兼事民族誌工作。司馬遷撰史記，有匈奴列傳西南夷列傳。他如班固漢書中之地理志，匈奴列傳，西南夷列傳，西域列傳；范曄後漢書中之禮儀志，東夷列傳，南蠻列傳，西南夷列傳，西羌列傳，西域列傳，南匈奴列傳；三國時人作的水經注及魏晉以下歷代史乘，都有關於民族誌的記錄。北朝諸史，以邊疆史實爲主，四裔民族之記載尤多。晉齊梁之間，地記民族誌風俗記的專著，層見而迭出。如晉摯虞之畿服經，張華之博物志，常璩之華陽國志，宗懍之荆楚歲時記，周處之風土記，齊陸澄之地理書，梁任昉之地記，卽爲著例。自此以降，唐有樊綽之蠻書，段公璐之北戶錄，李吉甫之元和郡縣圖志。宋有范成大之桂海虞衡志，趙汝适之諸蕃志，周去非之嶺外代答，朱輔之溪蠻叢笑，周密之乾淳歲時記，范致明之岳陽風土記，施愕之淳祐志，潛說友之咸淳志，羅願之新安志，吳自牧之夢粱錄。元有張道宗之古滇記，周達觀之眞臘風土記，岳璘之元一統志。明有田汝成之炎徼紀聞，朱孟震之西南夷風土記，王士性之黔志，鄺露之赤雅，楊升庵之南詔野史，錢古訓之百夷傳，蕭大亨之夷俗記，費信之星槎勝覽，李賢等之明一統志等。至於清代，更爲發達。舉其要者，則有顧炎武之天下郡國利病書，顧祖禹之讀史方輿紀要，淸乾隆敕繪之皇清職貢圖，和珅等之清一統志，趙翼之粵滇雜記，田雯之黔苗蠻記，張澍之黔中紀聞，嚴如熤之苗疆風俗考，陸次雲之峒谿纖志，吳省蘭之楚峒志略，檀萃之說蠻，魏祝亭之兩粵猺俗記，林溥之古州雜記，諸匡鼎之猺獞傳，李來章之連陽八排風土記，屈大均之廣東新語，李調元之南越筆記，張長慶之黎岐紀聞，藍鼎元之瓊州記，余慶遠之維西見聞記，方濟式之龍沙紀略，姚瑩之康輶紀行，金人瑞之西域風俗記，吳振臣之寧古塔紀略，王曾翼之回疆雜記，張穆之蒙古遊牧記，郁永河之稗海紀遊，黃叔璥之臺海使槎錄，六十七之番社采風圖考，圖理琛之異域錄等，不勝縷舉。明季以來，方志學日盛，省志邑乘，對於各地文化風習皆有詳實的紀述。其他典志通史，類書雜錄，如唐杜佑通典之州郡邊防，歐陽詢等之藝文類聚，宋鄭樵通志之四夷傳，樂史之太平寰宇記，李昉之太平御覽與太平廣記，王象之之輿地紀勝，高承之事物紀原；元馬端臨文獻通考之輿地考四裔考；明王圻之三才圖會；清康熙敕纂的古今圖書集成，乾隆敕撰的續通典之州郡邊防，續通志之四夷傳，續文獻通考之輿地考四裔考等，亦指不勝屈。學凡我國之經史子集，雜家傳記，小學筆記，皆蘊有民族學資料。此外，自宋至清末，考古學上所發見的遺物之可供民族學研究的，如金石文，甲骨文字，化石人種等材料，亦復不少。我國往時有如此豐富的民族學研究之原料——民族誌材料和遺物，因爲缺乏科學發展之條件和有利之環境，士人學子未能發揮其智慧，應用科學方法，就種種文化事象爲有系統的分析，而求綜合的理論。所以我國民族學之科學的建設，終落於人後。

四、中國民族學之萌芽

學術無國界，這就是說，科學具有其普遍性。普遍性云者，卽無往弗屆之謂。此亦學術交流之道，科學傳播之義。民族學之科學的產生，在十九世紀中葉。其初傳入於中國的，約在本世紀之始。本文冠民族學以中國二字，並非示民族學之一科學爲中國所獨創，而有別於西洋民族學；乃是指西學東漸後，其在中國如何的萌芽和發展。整個的說，西洋民族學一詞，應通稱爲世界的民族學了。

西洋民族學之傳入於中土，必有其時代的背景和文化的背景。自十九世紀中葉迄於本世紀初葉，其間歐美方面民族學著述之刊行，正如雨後春筍，源源而出。巴斯興鉅製問世後，繼之有摩根（L.H. Morgan）的古代社會（Ancient Society），泰勒（E.B. Tylor）的原始文化（Primitive Culture），馮特（W. Wundt）的民族心理學大綱（Elemente der Volkerpsychologie），格雷勃納（F. Graebner）的民族學方法（Methode der Ethnologie），佛雷色（I. G. Frazer）的圖騰主義與外婚制（Totemism and Exogamy），古朗士（Fustel de Coulanges）的古城市（La Cite Antique），涂爾幹（E. Durkhim）的宗教生活的原始形態（Les formes elementaires de la Vie Religieuse），鮑亞士（F. Boas）的初民心理（The Mind of primitive Man）等，殆不勝枚擧。有一與泰勒同時的斯賓塞，著有社會學原理（Principles of Sociology）一書，與民族學要義，頗多契合。上面所擧的，大都是關於民族學之理論的著述。還有許多藉實地工作而產生的民族誌由以充實其理論內容的，爲：霍維特（A. W. Howitt）的澳洲東南部之土著族（Native Tribes of South-East Australia），士賓色與奇林（B.Spencer and F.G.Gillen）的澳洲中部之土著族（Native Tribes of Central Australia），特尼克（J.Deniker）的世界人種與民族Peuples de la Terre），柯德林頓（J.Codrington）的美拉尼西亞人（The Melanesians）

，黎佛士（W. H. R. Rivers）的波里尼西亞與美拉尼西亞的圖騰制（Totemism in Polynesia and Melanesia），鮑亞士的夸奎士耳印第安人之社會組織及秘密會社（The Social Organization and the Secret Societies of the Kwakiutle Indians），格雷勃納的大洋洲的文化區及文化層（Kulturkreise and Kulturschichten in Ozeanien），海頓（A. C. Haddon）的南洋獵頭民族考察記（Head-Hunters: Black, White and Brown），塞利格曼（C. S. Seligman）的吠達人（The Veddas），韋勃士特（H. Webster）的澳洲與美拉西尼亞的圖騰氏族與秘密結社（Totem Clans and Secret Associations in Australia and Melanesia），等等。這些民族誌，具有科學的價值，對於民族學理論之發展頗有影響。觀乎這二方面著作的風行，足以反映出一時代學術的潮流。我國受了這潮流的激盪，於教育文化上，隨其潮流之所趨，發生學術發展之需要。清光緒二十九年（公元一九〇三年），前清政府學部頒布的大學學制及其學科，在文科大學學科中設有「人種學及人類學」。於民國元年教育部頒布的大學學制及其學科內，亦列有人類學及人種學。這一課程，求之於全國學校，僅北京大學設有人類學。陳映璜氏卽在北京大學講授人類學（陳氏所著人類學一書，於民國七年由商務印書館出版，列爲北京大學叢書之一）。蔡元培氏於清光緒三十二年（公元一九〇六年）遊學德國之來比錫（Leipzig），習民族學凡三年；長北大時，設人類學講座；民國七年，在校以民族學之理論和材料講授美術史。其學術思想表見於文字的，僅有「以美育代宗教之說」等數文。此於教育方面人類學民族學在教育機關中萌了芽。

公元1898年，德國人赫勃朗特（M. Haberlandt）撰著Völkerkunde 行世，清光緒二十九年（公元1903 年），由林紓與魏易二氏合譯稱爲民種學（北京京師大學堂官書局出版）。公元1900年，英國人甄克思（E. Jenks）著一與民族學研究有關的A History of Politics 行世，清光緒二十九年（公元1903 年），由嚴復氏譯稱爲社會通詮。又公元1903年，斯賓塞著一與民族學研究有關的Study of Sociology ，清光緒三十一年，嚴復譯稱爲群學肄言。民國十四年，李濟氏著The Formation of the Chinese People ，雷寶華氏節譯稱爲中國人種之構成（見科學九卷十一期）。民國十五年，蔡元培氏發表說民族學一文（載一般雜誌一卷四期）。至此，民族學之研究，乃漸漸引起學術界之注意。一般的說來，由於譯著的介紹，風氣所播，其影響又遂及於社會群體。

自清光緒二十九年，至民國十五年，這二十餘年間，西洋民族學之介紹於中土，這一學術上的移接，因受一時代環境的影響，芽兒長的很慢。總之，種子播下土，生了根，萌了芽，還要靠自己好好的培養，才能著花結子，發榮滋長。一種科學的發展，也逃不出這個自然的公例。

五、中國民族學發展之一階段

民國十六年，蔡元培氏創辦國立中央研究院，即在社會科學研究所內設民族學一組，並親自指導工作。一種學術研究，有了學術機關，又有了人的推動，這個原動力施之於民族學，則民族學始有發展之希望。中國民族學之發展，嚴格的說，即是從此開始。蔡氏以為民族學之科學研究，不能僅取之於間接材料，尤當着眼於直接材料的探求。故其指導民族學組工作所定的方針，首重科學的實地研究之實施；並注意邊政邊教之推行和民族文化水準之提高。蔡氏乃本此方針，指定各研究員，分年分赴各地為有計劃有組織的調查研究。民國十七年，德國人顏復禮（F. Jaeger），商承祖二氏赴廣西凌雲一帶，調查傜人。民國十八年，林惠祥氏赴臺灣，調查高山族。民國十九年，凌純聲商承祖二氏赴東北松花江下游，調查赫哲族。民國二十二年，凌純聲芮逸夫勇士衡諸氏赴湘西，調查苗族。民國二十三年，凌純聲芮逸夫勇士衡諸氏赴浙江麗水，調查畲民。又補助同濟大學德國人史圖博氏（H. Stübel）及山東大學劉咸氏，赴海南島，調查黎人。民國二十四年至二十六年，凌純聲陶雲逵芮逸夫諸氏赴雲南，調查夷人。凌芮二氏調查滇西之作佤，倮黑，栗粟，山頭，及擺夷。陶氏調查滇西南之擺夷及滇西北之麼些，栗粟，曲子。其調查報告書，有顏復禮商承祖二氏的廣西凌雲傜人調查報告，林惠祥氏的臺灣番族調查報告撮要，臺灣番族之原始文化，林惠祥盧作孚二氏的儸儸標本圖說，凌純聲氏的松花江下游赫哲族調查報告，凌純聲芮逸夫二氏的湘西苗族調查報告，已陸續出版。尚有其他報告論文，則在中央研究院月報和歷史語言研究所集刋等刋物發表。諸凡由直接經驗得來的研究成績，於此可窺一班。

至於各大學從事於民族學教學者，廣州中山大學語言歷史研究所於民國十六年設立人類學組。參加該組工作的，有楊成志容肇祖岑家梧諸氏。南京中央大學金陵大學，於民國二十年設置民族學課程。繼則北平清華大學燕京大學輔仁大學中法大學上海暨南大學大夏大學，都設有人類學或民族學一課。講授者，在南京有黃文山，衞惠林，徐益棠，胡鑑民，何聯奎諸氏；北平有吳文藻，楊堃諸氏；上海有劉咸，吳澤霖二氏。俄人史祿國（S. M. Shirokogoroff）曾先後在廣州中山大學北平清華大學講授民族學。從此國人習人類學民族學者漸多，於此可知學術教育之所趨。

民國二十三年十二月，中國民族學會在南京成立。國內民族學者參加者，四十餘人，於此可覘學術風氣之所向。

民國十九年，英國民族學者史密司氏（E. Smith）來華，應中國地質學會之邀，講人類之進化。民國二十四年，奧國民族學者史密德氏（W. Schmidt）和英國民族學者雷德克利夫布朗氏（Radcliffe-Brown），接踵蒞止。二氏前後在北平輔仁大學燕京大學講學，嗣在南京中國民族學會作專題講演。此於學術研究方面給我國人以不少的鼓勵。

由上之所述，我國民族學從學術機關教育機關學術團體多方面的發展，其成果殆無可限量。民族學的實地調查研究，除中央研究院調查工作已詳前文外，其他教育機關或團體或個人之所致力者，亦多有可述：

1. 民國十七年，廣州中山大學楊成志等氏，調查川滇的倮儸，著有西南民族調查報告，雲南羅羅族的巫師及其經典，從西南民族說到獨立羅羅。
2. 民國十八年，上海同濟大學史圖博氏，調查浙江景寧畲民及海南島黎人，著有浙江景寧勅木山畲民調查記，海南島之黎族（Die Li-Stämme der Insel Hainan, Berlin, 1937）。
3. 民國十九年，廣州中山大學龐新民姜哲夫張伋諸氏，調查廣東北江傜人。龐氏著有廣東北江傜山雜記，姜氏著有記廣東北江傜山荒洞傜人之建醮，姜氏等著有拜王（廣東北江傜山傜人風俗之一）。
4. 民國二十年，廣州中山大學龐新民氏調查廣西傜山傜人，著有廣西傜山調查雜記。
5. 民國二十一年至二十二年，南京中央大學何聯奎氏調查浙東畲民，著有畲民問題，畲民的圖騰崇拜，畲民的地理分布。
6. 民國二十三年，廣州嶺南大學社會研究所調查沙南蛋民，著有沙南蛋民調查報告。

7.民國二十三年，中國西北科學院組織雷馬峨屏考查團，赴大涼山工作，著有四川省雷馬峨屏調查記。

8.民國二十四年，南京金陵大學徐益棠氏調查象平傜人，著有廣西象平間傜民之經濟生活，廣西象平間傜民之生死習俗，廣西象平間傜民之房屋，廣西象平間傜民之法律。

9.民國二十四年，北平燕京大學費孝通王同惠二氏調查廣西象縣傜人。王氏調查時，墮谷身死，爲學術而犧牲。其遺著廣西省象縣東南鄉花籃傜社會組織，由費氏整理出版。

10.民國二十四年，上海中國科學社生物研究所等七團體所組織之海南生物採集團人文組，由劉咸氏率領赴海南島，調查黎人。劉氏著有海南黎人刻木爲信之研究，海南黎人文身之研究，海南黎人口琴之研究，海南黎人起原之初步探討，海南黎人面具考。

11.民國二十五年，中央博物院籌備處馬長壽氏，調查川康交界一帶大小涼山倮玀，所得材料甚多，其調查報告，未見發表。

12.民國二十五年，廣州中山大學楊成志王興瑞等氏調查廣東北江傜人。楊氏著有北江傜人調查報告導言，廣東北江傜人的文化現象與體質型；王氏著有廣東北江傜人的經濟社會。

13.民國二十六年，廣州中山大學文科研究所與嶺南大學西南社會調查所合組海南島黎苗考察團，由中大楊成志氏率領。團員王興瑞氏以籍隸海南，通曉方言，在黎苗區調查較久，著有海南島黎人調查報告，海南島的苗人，海南島苗人的來源，海南島的苗民生活。

14.民國二十六年，成都四川大學胡鑑民氏調查理番汶川一帶的羌民，著有羌族之信仰與習爲，羌民的經濟活動型式。

概括的看來，在我國四個地區——東北區，西北區，東南區，與西南區，除西北區未盡推行有計劃的調查外，都做過若干「點」的民族文化之實地調查研究。

綜合以上之分析，這一階段民族學研究之發展，無論在實地工作方面，教育工作方面，或其他種種鼓勵方面，彼此間交互發生影響，以使民族學奠下了科學的基礎。

六、中國民族學發展之二階段

民國二十六年秋，抗戰軍興，各學術研究機關，各大學隨政府向西南西北移動。西北地區，包括陝甘寧青等省，西南地區，包括川康滇黔等省。中央力謀鞏固後方，開發邊疆，以爲抗戰建國之準備。關於教育上的措施，教育部於民國二十八年初頒佈大學各院系必修選修課程，規定文理法師範四學院學生或必修或選修人類學，民族學，邊疆社會研究，邊疆社會問題等課目。當時，在四川的中央大學，復旦大學，四川大學，金陵大學，華西大學，燕京大學和齊魯大學；昆明的雲南大學和西南聯合大學；貴州的貴州大學和大夏大學；陝西的西北大學，對於人類學，民族學等科目皆強化其教學。關於民族學的實地研究工作，因受時代環境的激發，亦復風起雲湧。在抗戰八年期間，民族文化調查工作，擧其要者，爲：

1. 民國二十七年，南開大學經濟研究所與中華平民敎育基金委員會合辦定番鄉政學院於貴州定番縣，對於定番苗民曾作詳細的調查。

2. 民國二十七年與二十八年，中山大學江應樑氏調查雲南騰衝縣芒市等地擺夷與西部邊區山頭，著有僰夷民族之家族組織及婚姻制度，雲南西部邊疆中之漢人與山頭民族。

3. 民國二十八年，中央大學吳文暉氏參加管理中英庚款董事會所組織之川康科學考察團，調查西康社會狀況，著有西康人口問題，詳及倮儸西番等族類的文化事象。

4. 民國二十八年，中山大學雷金流氏調查雲南澂江松子園羅羅，著有雲南澂江松子園羅羅的社會組織。

5. 民國二十八年至二十九年，中央研究院歷史語言研究所芮逸夫氏與中央博物院籌備處龐勛琴氏，調查貴州苗人及仲家。

6. 民國二十九年。中央研究院吳定良氏，調查貴州苗民，著有水面苗調查紀要。

7. 民國二十九年，金陵大學徐益棠氏參加四川省政府所組織之雷馬屏峨邊區施教團，調查雷波小涼山一帶的倮族，著有雷波小涼山之玀民。

8. 民國二十九年，莊學本氏受西康省政府之委託，調查西康寧屬各地夷族，著有西康夷族調查報告。

9. 民國三十年，中央研究院與中央博物院合組川康民族考察團，由凌純聲芮逸夫馬長壽三氏參加調查四川理番羌民，及四川靖化與西康丹巴大小金川一帶的嘉戎。

10. 民國二十七年至三十年間，雲南大學方國瑜氏陸續考查滇西邊區民族，著有班洪風土記，卡瓦山見聞記，裸黑山旅行記。

11. 民國三十年，雲南大學李有義氏調查路南縣玀民。著有路南玀玀之研究。

12. 民國三十年，中國自然科學社組織甘肅西南邊區考察團，調查該邊區唐古特族。

13. 民國二十八年至三十一年以後，大夏大學研究部吳澤霖岑家梧等氏調查貴州定番安順鑪山三合都江下江榕江永從荔波等屬之苗仲，著有安順縣苗民調查報告，定番縣苗民調查報告，鑪山縣苗民調查報告，威寧大化苗語字彙。

14. 民國三十一年，中央研究院芮逸夫氏與北大文科研究所胡慶鈞氏，調查川滇交界敘永的苗民。芮氏著有苗語釋親，川南永寧河源苗族親屬稱謂制探源。胡氏著有敍永苗民的生活程度，川南敍永苗民人口調查。

15.民國三十二年，燕京大學邊區考察團，由林耀華率領，調查大小涼山玀玀，著有涼山夷家。

16.民國三十二年，雲南大學西南聯合大學陶雲逵氏，調查雲南新平縣楊武壩魯魁山倮族社會，著有大寨黑夷之宗族與圖騰制。

17.民國三十二年三十三年，中央研究院馬學良氏赴雲南武定縣茂蓮鄉黑夷區中考察夷族語言文字，間嘗考查夷人各種禮俗；著有茂蓮社區的男女夜會，黑夷風俗，並於經典上的記錄與實地工作所得的材料，加以研究，撰成從倮儸氏族名稱中所見的圖騰制度。

18.民國三十三年，華西大學李式金氏赴甘肅拉卜楞，調查藏族，著有拉卜楞之民風。

民國三十四年秋，抗戰勝利，各學術研究機關各大學，莫不致其全力於復員。民族學研究的實地工作，無形中難免略受些影響，但於復員聲中亦有二三可記者，即：

1.民國三十五年，西康省馬邊邊民生活指導所陳宗祥氏調查德昌縣栗粟與水田兩族類，著有西康栗粟水田民族之圖騰制度。

2.民國三十五年春，中央研究院歷史語言研究所芮逸夫氏與石鍾氏調查四川興文縣珙縣𡚱人。芮氏著有𡚱人考及僚爲仡佬試證。

3.民國三十五年夏，南京中央大學邊政系衞惠林氏率領學生，調查青海互助縣土人，著有青海土人之社會組織。

自民國二十七年至三十七年，這十年的民族學之實地調查研究，其報告，或以專書發表，或以專論發表，尤其專論在各刊物發表者甚多。至於十數年以前所做的調查研究工作，而在五年十年以後發表者，亦不少。其中頗多具有科學成績的論著，俟於下文論及時再分擧。

關於民族學研究的刊物，有中山文化教育館的民族學研究集刊。其他刊物刊載民族學研究論文者，則有中央研究院歷史語言研究所集刊人類學集刊和學術滙刊，中山大學語言歷史研究所週刊和民俗，金陵大學的金陵學報，燕京大學的社會研究（初附刊於北平晨報，後附刊於天津益世報。）輔仁大學的輔仁學誌，北平研究院的史學集刊，東北大學的東北集刊，華西大學的中國文化研究所集刊，中央大學的文史哲季刊，西南聯合大學的學術季刊；北平的禹貢；南京的新社會科學季刊，社會學刊，新亞細亞，地理學報，金陵大學中國文化研究所的邊疆研究論叢；上海的科學，東方雜誌，南洋研究，新中華；重慶的中國青年季刊，文史雜誌，說文月刊；成都中國民族學會的西南邊疆；昆明的邊疆人文，西南研究；貴陽大夏大學的社會研究；重慶南京的邊政公論等。

這一階段民族學的實地研究，繼續不斷的發展；而論著之刊布，散見於各刊物者，數不勝數。可以說，這是接着前一階段而拓展其科學的基礎。

七、中國民族學發展之三階段

民國三十八年，共匪構亂，政府遷臺，學術教育界人士，以臺灣有良好的研究環境，乃不斷的從事於民族學的調查研究：

1. 民國三十八年夏，中央研究院歷史語言研究所李濟董作賓芮逸夫石璋如諸氏與臺灣大學陳紹馨陳奇祿二氏及臺灣省文獻委員會林衡立氏等，合組瑞岩民族學調查團，調查臺中縣仁愛鄉力行村泰雅族，著有瑞岩民族學初步調查報告。

2. 民國三十八年冬，國立編譯館凌純聲何聯奎二氏與臺灣省文獻委員會衞惠林林衡立張才諸氏，合組臺灣中部山地民族學調查團，調查臺中縣仁愛鄉春陽社泰雅族，南投縣和平鄉平等村布農族，及嘉義縣吳鳳鄉達邦村曹族。凌氏著有雲南卡瓦族與臺灣高山族的獵頭祭，何氏著有圖騰文化與臺灣中部山地之圖騰遺制，衞氏著有曹族之社會組織與親族制度，林氏著有曹族之宗教與語言。

3. 民國三十九年五月，臺灣省文獻委員會衞惠林林衡立二氏調查高雄縣雅爾鄉曹族。衞氏著有曹族三族群的氏族組織，卡那布族的年齡分級制。

4.民國三十九年七月，臺灣省文獻委員會衞惠林林衡立張才諸氏調查新竹縣竹東大隘社賽夏族。十月，再往大隘社調查矮人祭（Pas-ta'ai）。衞氏著有臺灣土著族之氏族制度。

5.民國三十九年十二月，臺灣省文獻委員會衞惠林林衡立二氏調查南投縣和平鄉東埔社布農族，調查結果，並見於衞氏所著的臺灣土著族之氏族制度。

6.民國四十年春，臺灣省文獻委員會衞惠林林衡立二氏調查臺東縣馬蘭社阿美族。衞氏著有臺灣東部阿美族之年齡階級制度；關於該族社會組織，並見於臺灣土著族之氏族制度。

7.民國四十一年十二月，臺灣省文獻委員會衞惠林林衡立二氏調查高雄縣多納鄉多納社魯凱族。

8.民國四十二年二月，臺灣大學考古人類學系凌純聲，衞惠林，何廷瑞，李亦園，唐美君，張光直，林明漢，任先民諸氏，調查花蓮縣南勢三社（荳蘭薄薄里漏）阿美族。凌氏著有花蓮南勢阿美族初步調查簡報。

9.民國四十二年二月，中國社會學社陳紹馨氏與臺灣省文獻委員會林衡立張耀錡二氏調查屏東縣瑪家鄉筏灣村下筏灣社排灣族社會組織。

10.民國四十二年度，臺灣大學醫學院解剖學研究室余錦泉蔡滋浬二氏，前後五次往山地，就臺灣土著族作體質人類學的調查。第一次，二月，調查屏東縣牡丹鄉牡丹村及高士村排灣族。第二次，七月，調查桃園縣角板鄉澤仁村義盛村及長興村泰雅族。第三次，八月，調查新竹縣尖石鄉玉峯村錦屏村及義興村泰雅族。第四次，九月，上中旬，調查桃園縣角板鄉三光村及高義村泰雅族。第五次，九月下旬至十月初，調查臺中縣和平鄉博愛村南勢村及自由村泰雅族。

11. 民國四十二年五月，臺灣大學陳奇祿氏調查屏東縣霧台鄉霧台村魯凱族。又於六月作業第二次調查。著有屏東霧臺村民族學調查簡報，霧臺村：臺灣魯凱族村落的民族學研究。

12. 民國四十二年八月，臺灣大學醫學院解剖學研究室蔡錫圭哈鴻潛二氏，發掘南投縣下信義鄉布農族山胞骨骼，於該鄉之一山坡上掘一墓，距地面約四尺餘，出一木棺，類一四方形之木箱。據云：該族風俗，人死後以繩縛之，使成坐位葬之。此一發見，可爲臺灣土著族坐葬特俗之實證，於民族學研究上爲一重要之資料。

13. 民國四十二年八月，臺灣大學心理學系蘇薌雨氏與醫學院神經精神科合作，以羅爾夏個性測驗法（Rorschach's Personality Test）調查花蓮縣吉安鄉光復鄉阿美族的個性。蘇氏在各村調查性心理方面的現象，認爲阿美族的性生活是極自由的。精神科方面之調查，發現阿美族是精神病極少，心理生活極健全的民族。羅爾夏測驗所得的結果，是否與精神科所得者相符？尚須有待乎分析研究。

現在美國民族學論派中有倡所謂「文化與性格之研究」者（Culture-and-Personality Studies），卽主張一種特殊的生活方式和特性心理學（Characteristic Psychology）有其不可分的關係。心理學者或精神病學者，乃應用此說，以羅爾夏個性測驗法施之於初民個性調查。由是可以觀察文化、種族、與個性形成的關係。

14. 民國四十二年八月，臺灣大學醫學院神經精神科林宗義林憲顏一秀三氏往花蓮縣吉安鄉化仁村仁里村南昌村及宜昌村就阿美族作比較精神醫學調查，並研究精神疾病病態的特徵及其文化背景，與有關巫覡之問題。這些調查所得的材料，亦有助於民族學的研究。

15. 民國四十三年一月，臺灣大學衞惠林芮逸夫二氏，受中國教育學會之委託，與臺灣省文獻委員會林衡立省博物館劉斌雄二氏調查苗栗縣大安鄉象鼻村及梅園村泰雅族的社會組織，生命禮俗，歲時風習。

16. 民國四十三年二月，臺灣大學衞惠林陳奇祿何廷瑞陶樹雪許世珍丘其謙諸氏，調查臺東縣卑南鄉南王村卑南族，著有臺東縣卑南鄉南王村民族學調查簡報。

17. 民國四十三年二月，中央研究院歷史語言研究所芮逸夫楊希枚二氏與臺灣大學董同龢趙榮二氏合組苗栗賽夏族調查團，往苗栗縣南庄鄉東河村調查賽夏族之原始文化及其體質與語言。

18.民國四十三年十一月，中央研究院歷史語言研究所芮逸夫楊希枚及臺灣大學唐美君三氏調查苗栗縣南庄鄉東河村賽夏族之體質文化與矮人祭之習俗唐氏著有參觀記賽夏族矮人祭。

臺灣省文獻委員會正在着手纂修臺灣省通志衞惠林氏與余錦泉林衡立二氏擔任編撰同胄志，已刊印曹族篇。

民族學的調查報告，以及其他論著，或以專刊發表，或分載於中央研究院歷史語言研究所集刊，臺灣大學考古人類學系的考古人類學刊，臺灣大學的文史哲學報，民族學研究專刊（附刊於臺灣新生報）臺灣省文獻委員會的省通志稿及文獻專刊，大陸雜誌，學術季刊，臺灣文化。

綜上之所述，可知這五年來，各學術研究機關教育文化機關以至學術團體，其從事民族學研究者，在臺灣多集中於土著族及其文化的調查研究。所致力者多，故所得者宏。臺灣土著族，約分爲九族類：1.泰雅族，2.賽夏族，3.曹族，4.布農族，5.魯凱族，6.排灣族，7.卑南族，8.阿美族，9.雅美族。對於各族類物質生活社會生活心理生活的類型之比較研究，皆有相當的成果。惟雅美族一族類，因受環境之限制，調查工作進行較少。

至於一般民族文化的調查工作，民國四十一年美國共同安全總署中國分署因欲明瞭臺灣農村社會經濟的實際狀況，以爲改進經濟援助農村措施上的參考，特聘美國農業部農村社會學專家雷伯爾博士（Arthur F. Raper）來臺與中國農村復興聯合委員會合作，從事實地調查，對於臺灣的風俗習慣間有涉及（見中國農村復興聯合委員會特刊，中英文本）。其他有計劃有組織的調查工作，尚少有所聞。

此外有若干與民族學有密切關係的科學，在我國已獲得不少重要成績的，如：

1.體質人類學方面　李濟吳定良二氏關於中國人體質骨骼之測量。

2.考古學方面　(A)步達生（D. Black），裴文中，楊鍾健，魏登瑞（F. Weidenreich）諸氏，關於北京人之研究。(B)安特生（I. G. Andersson）李濟石璋如高去尋諸氏關於中國史前文化之探討。(C)王國維董作賓徐中舒諸氏關於殷商文化之探求。

3.語言學方面　(A)丁文江氏關於爨文（倮倮文）之介紹。(B)趙元任，李方桂二氏關於西南民族語言之研究。(C)李霖燦方國瑜二氏關於麼些語之研究。(D)馬學良氏關於儸儸語之研究。(E)聞宥氏關於羌語嘉戎語之研究。(F)董同龢氏關於客家與閩南語之研究。

各項研究論著，有的單行發刊，有的散見於上舉的各學術性的刊物。凡此體質人類學，考古學，語言學諸方面的研究，對於中國民族學之發展，皆有直接的助益。

二十餘年來，我國民族學之調查研究對象，要皆着重於全國內地及邊區的淺化民族：在東北則爲赫哲族；在西北則爲藏族土人；在東南則爲畬民，蛋民，臺灣土著族；在西南則爲傜民，苗民，黎人，擺夷，僮人，倮儸，麼些，羌民，倮黑，栗粟，阿佧，撲喇，山頭，龍崩，佧喇，佧佤等。淺化民族之最複雜者，厥惟西南民族，尤以分布於川滇黔一帶者爲甚。實地調查工作，在此一地區較爲繁重。各地區之民族調查結果，雖多限於民族誌之作，然而由於民族學工作者的努力，我國民族學已有若干理論之建立，容於結論中申論之。

八、外國人士在中國從事民族學研究工作

我國海禁既開以後，西洋傳教士軍事家學人官吏之來華考察的，絡繹不絕。他們對於我國民族文化之研究，頗有所獲。這裡只能舉幾個較爲重要的說一說：

1.德國傳教士羅雪納氏（F. W. Leuschner）於清光緒二十七年至宣統三年（公元一九〇一－一九一一），住廣東北江樂昌，前後三次入山考察，著有中國南方之傜子（Die Yautze in Sued China）羅氏爲調查廣東北江傜人之最早者，但其報告內容欠詳贍。

2.日本學者鳥居龍藏氏於清光緒二十八年（公元一九〇二年）受東京帝國大學之遺派，來華考察苗族，由湖南到雲南貴州而北上川康，測量各地苗族體質，並探究其文化；著有苗族調查報告，頗爲人類學者民族學者所稱許。鳥居氏又著從人類學上所見之西南中國一書，於西南各族之地理分布言之甚詳。清光緒三十年（公元一九〇四年），鳥居龍藏氏往蒙古東部及東北九省南部，作考古學及民族學之研究，著有人類學及人種學上所見到之東北亞細亞，亦不失爲一種科學的著述。

3.清宣統元年，英國人台維士（H. R. Davies ）踏勘滇緬鐵路線，並考察沿途倮儸擺夷栗粟麼些山頭等族類狀況。台氏就其所見所聞，著雲南：印度與揚子江之聯鎖（Yunnan : the Link between India and the Yangtze, 1909 ），書後，附雲南之各部族（Tribes of Yunnan）一章。台氏對於雲南各族類之分類，則以語言爲準。其著作，爲民族學研究之一有用的參考資料。

4.俄國學者史祿國氏（S. M. Shirokogoroff ）曾三次調查東部西比利亞及黑龍江省等地。第一次，民國元年至二年（公元一九一二—一九一三年），隨中亞東亞探查隊得聖比得堡皇家科學院之助，東來作民族學的探索。民國六年（公元一九一七年），擔任隊長，遍歷東部亞細亞及我東北九省，考查結果，以英文發刋兩部專著：一爲滿洲人之社會組織（Social Organization of the Manchus, A Study of the Manchu Clan Organization, 1924）」為北通古斯族之社會組織（Social Organization of Northern Tungus, 1929）。這兩種專著，具有科學成績，對於我國邊疆民族文化的實地研究有相當的貢獻。史氏於民國十七年掌教於廣州中山大學，嗣受北平清華大學之聘為教授。上之所述，為史氏在任教中大清華之前個人的獨立工作，與我國學術教育機關尚未發生任何關係。民國二十四年，史氏在清華講授時，著有通古斯族之身心交錯狀態（Physicho-mental Complex of the Tungus, London, 1935），亦一研究我東北邊民者不可多得之作。

5. 民國二十年二十一年，法國斯藍（F. Schram）神父考察甘肅西寧土人，用法文撰甘肅西寧土人的婚俗（上海徐家匯，民國二十一年出版）。為一比較有系統之作。

6. 民國二十七年，丹麥皇家地理學會探查隊傑谷勃森氏（Jacobsen）在內蒙古作五個月之調查，於薩滿教之探究頗有收穫。

7. 民國二十八年，美國哈佛大學畢業生羅克氏（Q. Rock）由雲南沿怒江入康藏，搜集動物標本並作民族學的調查。

四十年來。我國民族學工作者對於西北東北地區所做的調查工作雖少，但外國人士如安特生步達生等氏協助我國人士在與民族學有關的考古學或史前學之研究方面，却做的很多。其研究結果對於學術有莫大之貢獻。

在學術上最重要的發見，爲周口店中國猿人北京種（Sinanthropus Pekinensis ）及其文化的發見，這定名爲”中國猿人文化期“。由此我們知道了中國舊石器時代初期及中期的文化。又由於”仰韶文化期“的發見，可以知道仰韶期之人類，是現在華北人的祖先；其文化是新石器時代末葉的文化。這仰韶文化期的發見，在中國史學者民族學者看來很重要；因爲河南安陽之小屯文化（商殷時代）之前，我們又知道一種與之有關聯而更早的文化。據奧國文化史家孟恩氏（O.Menghin）之說，史前學上之”文化層次“（Cultural Strata），與民族學上的”文化區“（Kulturkreis），二者實爲平行。民族學上之所謂”原始文化“（Primitive Culture）和”初級文化“（Primary Culture），約略與史前學上之所謂舊石器時代平行。民族學上之所謂”次級文化“（Secondary Culture）和”第三次文化“（Tertiary Culture），又與史前學上之所謂新石器時代相應。（見氏所著的Weltgeschichte der Steinzeit, 1931）。如何就我國淺化民族或其他地區原始民族之研究，以與我國史前遠古之文化相印證，此則尚期待於考古學與民族學雙方之發展。

九、結論

西洋民族學在十九世紀中葉以前，已具有科學的根柢，受了科學思想的激發，而研究條件亦復優厚，故其發展較早而又速。我國的文化背景，與西洋迥異，其民族學文獻，固已成為世界各國無可比擬的巨大寶庫，但因缺乏科學發展的條件與有利的環境，故民族學之科學基礎，未能獨自創立，而發展又較晚。綜觀四十年來中國民族學發展之過程，初則西學東漸，民族學在我中國胚胎始兆；繼則國事底定，學術開展，民族學隨之而生長；再繼則抗戰發生，因環境之便利，從事實地工作者固不少，但欠有計劃有組織的推行，成果未宏。總之，國家多故，又缺學術專家之培養，民族學工作者在不安定的環境中，未能專其意志於野外的活動，竭其心力於室內的研究。有此種種原因，我國民族學的理論，終少有所建立，有之，則在近幾年可稍見其端緒。試申論之。

一、中央研究院臺灣大學凌純聲氏根據在中國大陸東北及西南實地工作多年的經驗，三十八年到臺灣後，發見臺灣土著族保存東南亞古文化特質甚多。凌氏認為中國古代的吳越或稱百越和西南濮僚又稱百濮，與今日東南亞的印度尼西安（Indonesian）或稱原馬來族（Proto-Malay），是同一民族。其分佈，東自臺灣，西至緬甸阿拉干山地，北起長江流域南迄南洋群島成一個文化區域。三十九年，凌氏發表東南亞古文化研究發凡一文，將本區分爲大陸半島島嶼三個文化副區，在文化層次方面，又分爲漢藏（Sinoi-Tibetains）印馬（Indonesian-Malay）黑種（Melanesian-Negrito）三個文化層。其主要者，爲印馬文化。凌氏就臺灣現存的文化的特質先作詳細的記述，再與本區中相同的文化特質作比較的研究，而後解釋每一文化特質的區域分佈和層次先後，最後研究東南亞古文化及其在環太平洋的分佈與影響。近年來民族學者研究東南亞古文化已發表的重要論文，計：凌純聲氏著的1.記臺灣大學二銅鼓兼論銅鼓之起源及其分佈，2.中國與東南亞的崖葬文化，3.東南亞的父子連名制，4.古代閩越人與臺灣土著族，5.南洋土著與中國古代百越民族，6.楚辭九歌與銅鼓圖文，7.中國古代海洋文化與亞洲地中海，8.東南亞之洗骨葬及其環太平洋的分佈(刋載於中國民族學報)。陳奇祿氏著的1.臺灣高山族長盾與東南亞各地長盾的比較研究，2.臺灣高山族之編器。唐美君氏著的臺灣高山族弓箭形制的研究（刋載於中國民族學報)。張光直氏著的臺灣高山族之貝珠文化及起源與傳播的研究（未刋）。李卉氏著的東南亞的洪水故事(刋載於中國民族學報)。過去，西洋學者僅根據半島與島嶼兩區民族學的實地調查資料之研究，所得的結論每欠正確。今我中國學者以大陸區之考古歷史民族民俗學有關的材料，作三區綜合的研究，此爲學術上之一新的貢獻。再者：中國古史研究地區方面，向來重視西北，而忽略東南。今東南亞古文化雖僅作初步的研究，但對中國古史研究，已可提出新的觀點，卽中國文化或稱中原文化是東方海洋文化與西來大陸文化混合形成。東南亞古文化，代表海洋文化，而且是中國文化的基層文化。凌氏提出這個新的觀點，甚爲重要。將來對東南亞古文化作進一步的研究時，當再就臺灣土著族文化特質之實地研究資料，加以補充印證。

二、在日據時代，日人從事臺灣土著族之調查研究者，致力甚勤。其研究工作最足稱道的，就是土著族的科學分類。至於調查報告，積有巨帙，但其內容多近於民族誌之作，少見分析比較，綜合各族類文化的類型。故欲求其盡合乎現代學術標準者，猶以爲未足。臺灣省文獻委員會臺灣大學衞惠林氏在臺灣五年，常從事土著族之調查研究工作，對於土著族社會組織之研討頗有新創獲（衞氏主要的論著，見上文之敘述。）1.關於氏族制度研究的結論：(A)氏族類型：此類型可分爲圖騰的（Totemic），共有的（Communal），與姓氏的（Nominal）三型。而臺灣土著族之氏族，以"共有的"型爲主，但圖騰制的遺跡，在各族氏族制度都有或多或少的遺留下來。各族的共有氏族（Communal Clan）的社會功能，如獵團祭儀喪服財產單位等是。(B)氏族組織系統：在曹族布農族發見二分制（Dualism）三分制（Trialism）的系統法則。(C)氏族理論：(1)父系制與母系制是兩個並行的文化，而無先後演化的法則。從母系社會之阿美族，比父系之布農族曹族賽夏族的文化更複雜更發達，可以爲反證。(2)從曹族的氏族證明，家族不一定是氏族的內含單位。即氏族可能先於家族而存在。2.關於年齡組織之研究：(A)年齡組織的兩個基本類型之確定，卽通名制（Terminal System）與姓氏制（Nominal System）。後者僅在阿美族有特殊發展。而再分爲馬蘭式，每級創一新名，終身不改；南勢式，每一部落有定數級名，循環使用。(B)年齡組織與部落領袖制的關係，老人政治的第二種憑依組織。(C)南勢的年齡階級與領袖的階級升進及餽贈饗宴制（Potlatch）。(D)卑南族的兩級會所與年齡組織制。3.關於部落組織與領袖制度的研究：(A)部落組織類型：(1)汎血族部落，(2)氏族部落，(3)階級部落，(4)二部組織部落。(B)二頭領袖與權力均衡法則：從氏族組成的原始部落，是自然均衡。此一均衡，被戰爭與階級等因素加入後，卽形成二頭領袖與二元均衡制。臺灣土著族的社會組織，經衞氏不斷的調查研究，而求得新的論點。當更作有系統的綜合而說明其特質。

三、中央研究院臺灣大學芮逸夫氏在中國大陸東南西南兩區以及臺灣從事多年的民族學之調查研究，而對於親屬稱謂制之研究更有新得。其主要論文，爲1.苗語釋親2.釋甥之稱謂3.親子合一的親屬稱謂(刋載於中國民族學報)4.伯叔姨舅姑考5.論中國古今親屬稱謂的異制6.中國親屬稱謂制的演變及其與家族組織的相關性7.爾雅釋親補正8.九族制與爾雅釋親。綜其新得，約有三點：(1)由苗語與漢語親屬稱謂之比較研究，獲得親屬稱謂中之親子合一稱謂的現象，係由親從子稱（Teknonymy，英人Tylor氏所創）及子從親稱（Tekeis-onymy）的兩種因素而形成之結論。(2)由中國古今稱謂之比較研究，獲得(一)古代稱謂，爲摩根氏（L. H. Morgan）所謂「類分制」（Classificatory System）中之「都蘭型」（Turanian Type）；近代稱謂，為摩根氏所謂「敍述制」（Descriptive System）。㈡古代稱謂制，與氏族制有關；近代稱謂制，與大家族制相關的兩個結論。(3)由爾雅釋親之研究，獲得中國古代所謂九族包括父族四，母族三，妻族二，婦族一的結論。芮氏對於臺灣土著族親屬稱謂制的研究，將更有新的論見。

四、我國民族學者黃文山氏，嘗以其所學利用間接的文字記錄及直接的調查材料，多有所著述；而對我國民族學之發展，亦有貢獻。黃氏於民國二十三年二十五年間發表重要的論文：1.中國古代社會的圖騰文化2.文化學的建築線3.文化學的方法論4.民族學與中國民族研究。三十六年，又發表文化學的建立一文。三十八年，其所著文化學及其在科學體系中的位置刋行於世。茲就其立論，歸納兩點，略分述之：(1)關於圖騰文化之研究：黃氏採取民族學之原則與方法，以研究中國史前之圖騰制，並解答錢玄同顧頡剛等氏在古史辨所無法解答之問題。何聯奎氏著畲民的圖騰崇拜，徐益棠氏著浙江畲民研究導言，凌純聲氏著畲民圖騰文化研究，衞惠林氏著圖騰文化論證，劉咸氏著犬的圖騰之研究，芮逸夫氏著西南夷少數民族蟲獸偏旁命名考略，陶雲逵氏著雲南大寨黑夷之宗族與圖騰制，馬學良氏著從倮儸氏族名稱中所見的圖騰制，陳宗祥氏著西康栗粟水田民族之圖騰制度。三十八年，何聯奎氏調查臺灣中部山地各族，著有臺灣中部山地各族的圖騰遺制，衞惠林氏調查報告的臺灣土著族之氏族制度文內亦提到各族氏族制度中都有圖騰制遺跡之存在。西洋學者，如馬林諾斯基（E. Malinowski），戈登維塞（A. A. Goldenweiser），鮑亞士（F. Boas）等，尚不信我國有普遍的圖騰文化之分佈。而日本學者不信臺灣亦有圖騰文化。由於多方的研究，現在可獲得一結論，卽，圖騰文化的分布，乃遍及於世界各地。並可將這一結論向西洋及日本的學者宣告了。圖騰文化，有關乎宗教生活社會生活原始政治之研究，爲民族學上之一重要課題。黃氏現在美講學，當利用其學術環境，作進一層的比較研究，而更有所收穫。(2)關於文化學之建立：黃氏年來主張採用文化學一名，概括一切關於文化的研究。于民國二十三年發表文化學的方法論等論文，略陳這種新科學之方法與內容，而對於文化學一名，在英文上亦主張採用Culturology。美國民族學者懷德氏（L. A. White）一派新進化論者，亦有此主張。現黃氏在美，和懷德氏同執敎於紐約社會研究新學院（New School for Social Research）主張投契，相得益彰。一種新科學的建立，必經一孕育時期。將來文化學果能適合“知識分化”之需要，脫胎於民族學，而能獨自成長，則民族學和文化學可成爲二姊妹相輔而行的科學了。

我就個人所見的關於我國民族學之文獻，作全盤的研討，求得這四個綜合之理論。未見到之處，容或難免。不過，拋甎引玉，提出了論題而能引起同好發展研究之興趣，則我此文爲不虛作了。

再有一點，我要在這裡提出來的，就是，關於西南民族之調查研究工作，各方做的最多，而專刊論文發表的亦復不少，欲求一整個的有系統之分析歸納的著述，則尚未之見。但此纂要鉤玄的工作，非一個人所能盡其力而集其事。學術研究機關，應擔負此一工作，利用所有的調查研究材料，以科學方法，作綜合的整編，把最複雜的西南民族，察其體質文化之異同，爲有系統的歸納分類，而編成一部合乎學術標準的專書。這亦可以說是我向學術研究機關提出的一個建議。

民族學，不僅是一種理論的科學，而亦是一種應用的科學。民族學之研究，不僅有其學理上的價值，而亦有其應用上的價值。英法美之重視應用人類學民族學之發展，蓋各有其政治背景和不同的出發點。英法爲的是貫徹殖民政策，而求殖民地之安全。而美國乃爲配合政治之需要，而求內政之安定。故現有一趨勢，卽，利用人類學民族學研究之結果，以解決種種實際問題。讀馬林諾斯基氏的文化變遷的動力（The Dynamics of Culture Change），克拉克孔氏的人鑑（Mirror for Man），皮爾與霍傑二氏（R.L. Beals and H. Hoijer）的人類學概論（An Introduction to Anthropology），可窺其一班。在我中國應拓展人類學民族學之實地研究工作，將其各項研究之結果，應用到政治教育諸方面，以策邊政邊教之推行和民族文化水準之提高。此則，對於實際政治發生莫大之功用。邊政邊教的措施，建國所繫，至爲重要，在此反攻準備時期，應先預爲籌議。民族學中關於文化與性格的研究（Culture-and-Personality Studies)，亦可以應用到心理作戰方面，以宏軍事宣傳的效用。如在第二次世界大戰期間，英國民族學者戈萊爾氏(Geoffrey Gorer)，把久經僑居日本的專家們所不能分析的「日人的特性」，加以正確的解釋。在宣傳上頗爲收效（見Paul M. A. Linebarger's Psychological Warfare，陳恩成氏譯爲心理作戰要略）。又第二次世界大戰中，美國爲把握軍事上的優勢，對軍民施以特種之訓練，以使官兵及戰地服務人員多識當地之民情風俗，而無論在莽叢作戰中（Jungle-fighting）或其他場合，皆知善爲應付。故對於人類學民族學學識的灌輸，極爲重視。美國民族學者鮑亞士所編的普通人類學（General Anthropology, 1938），當年美政府將此書縮印爲袖珍本，大量分發三軍，以爲參考之用。所以，人類學民族學之應用，在國防上亦有其需要。言國防建設者，對此誠不容忽視。

我國民族學之一科學，正在發達滋長，其理論與應用方面的研究發展，仍有待乎民族學工作者之努力。“庭前有奇樹，綠蔭發華滋，攀條折其榮，將以遺所思”。引枚叔之詩，以對我國民族學前途之展望。

蔡孑民先生對於民族學之貢獻

一、前言

以一翰林出身而能接受新時代教育，迎着世界學術潮流，且爲我國學術研究發展之倡導的，要首推大師蔡孑民先生。先生學貫中西，博綜古今，士類以“聖之通者”尊之，先生實當之而無愧。蔣夢麟先生說的很切當：“當中西文化交接之際，先生應運而生，集兩大文化於一身，其量足以容之，其德足以化之，其學足以當之，其才足以擇之，此先生之所以成一代大師歟！”

先生學問，博贍閎粹，方面很廣。在新學方面，其所致力專攻的，則爲哲學、民族學。民國二十三年，先生在國立中央大學講民族學上之進化觀時，首述：“我向來是研究哲學的，後來到德國留學，覺得哲學的範圍太廣，想把研究的範圍縮小一點，乃專攻實驗心理學。當時，有一位德國教授，他於研究實驗心理學之外，同時更研究實驗的美學。我看那些德國人所著的美學書，也非常喜歡。因此，我就研究美學。但是美學的理論，人各一說，尚無定論。欲於美學得一澈底的了解，還須從美術史的研究下手。要研究美術史，須從未開化的民族的美術考察起。適值美洲原始民族學會在荷蘭瑞典開會，教育部命我去參加，從此我對於民族學更發生興趣，最近幾年，常在這方面從事研究”（新社會科學季刊第一卷第四期，民國二十三年，正中書局印行）。先生傳略也有同樣的記錄。從這一段的自述，可以知道先生對於民族學有了深切的研究。先生任北大校長之始，設人類學講座；民國七年，十年，十一年，講美術史，凡所指授，多涉及民族學範圍。自民國十七年至二十九年，先生任國立中央研究院院長，對於民族學研究工作，倡之最力，而行之最篤。十餘年來，我國民族學的科學研究運動，其所以啓導之推動之者，皆宗之於先生，先生誠不失為時代學術之先驅。我親炙先生之敎，略窺民族文化之學，姑就一得之見，以論先生對於民族學的貢獻。

二、民族學之產生及其趨勢

民族學，是輓近新興的科學，其源乃發於泰西。在申論正題之前，特列這一節，把民族學的趨勢約略地說一說。

民族學之成為一種科學，其歷史雖僅僅一百餘年，但其發展的過程，却很悠久。二千餘年前，希臘歷史學家希盧多德（Herodotus）與羅馬詩人留克理底愛（Lucretius），在其著作中，關於人類起源文化發生諸問題多有所論列。只因缺乏科學的根柢，民族學的研究，未能應時而興。到了十九世紀中葉，泰西學者，如孔德（A. Comte）、達爾文（C. Darwin）、赫胥黎（H. Huxley）、斯賓塞（H. Spencer）、巴斯興（A. Bastian）、刺策爾（F. Ratzel）、泰勒（E. B. Tylor）等輩出，始對民族學或人類學致力於生物的心理的史地的以及社會文化的研究，而各立其說。於是，民族學或人類學遂成立爲一種科學，而於人文科學中獨佔一席。到了今世，民族學隨勢發展，流派紛出。初則只有播化派（亦稱史地派），進化派，後則又有批評派（亦稱歷史心理派），功能派繼之而起。代表播化派的，卽爲巴斯興、刺策爾、格雷勃納（F. Graebner）、史密德（W. Schmidt）、史密司（G. E. Smith）等。代表進化派的，卽爲斯賓塞、泰勒、羅白克（J. Lubbock）、摩爾根（L. H. Morgan）、佛雷色（J. G. Frazer）、馮特（W. M. Wundt）、涂爾幹（E. Durkheim）、衞士特馬克（E. A. Westermarck）等。代表批評派的，卽爲馬雷特（R. R. Marett）、鮑亞士（F. Boas）、戈登維塞（A. A. Goldenweiser）、克洛伯（A. L. Kroeber）、韋斯勒（L. Wissler）、羅維（R. H. Lowie）等。代表功能派的，卽爲馬林諾斯基（B. Malinowski）、雷德克利夫．布朗（A. R. Radcliffe-Brown）等。播化派主張從各民族之歷史上地理上接觸的事跡，追尋文化傳播的實證；而排斥文化上的單獨發展，彼此漠不相關。進化派主張各民族文化可以單獨生長，逐漸進步，由低級進化到高級。批評派對於播化派和進化派的論調加以批評，而主張各民族文化的研究，注重一定的史地區域：由縱的年代探求其歷史背景；由橫的地理考察部族間的接觸，並採用〝獨立發明〞文化並行〝傳播〞輳合〝諸概念爲追求眞理的工具。功能派主張各民族文化可以獨立發展，亦可以互相採借。惟文化上的採借，不是傳播而是適應。凡一地區吸收外來的文化，須以適合本地的需要爲標準，使其外來的與固有的文化相調和而湊於融合。文化上的產物，不論新的舊的，固有的外來的，只求其有相當的功用，便可以存在。其論調與進化論頗相似。又有美國民族學者懷德（L. A. White），主張文化進化論和文化決定論，對鮑亞士一派及其他反進化學說的多所排斥。現在諸流派中以批評派和功能派爲較盛。由上之所述，可略知西洋民族學趨勢的梗概。蔡先生之立說，在西洋民族學發展中所受何種之影響，當於下節分論之。

三、中國民族學之源流

民族學這一科學，雖產生於泰西，但在我中國，發端亦很早。我國民族學材料，蘊蓄極富。如尚書，山海經，史記之匈奴列傳、西南夷列傳、漢書之地理志、西域列傳，後漢書之禮儀志、東夷列傳、南蠻傳，三國時人作的水經注，晉摯虞之畿服經、常璩之華陽國志、宗懍之荆楚歲時記，齊陸澄之地理書，梁任昉之地志，唐樊綽之蠻書、段公璐之北戶錄，宋范成大之桂海虞衡志、周去非之嶺外代答、吳自牧之夢粱錄，元張道宗之古滇記、周達觀之眞臘風土記，明朱孟震之西南夷風土記、王士性之黔志、鄺露之赤雅，清顧炎武之天下郡國利病書、乾隆敕繪之皇清職貢圖、黔苗圖說、趙翼之粵滇雜記、檀萃之說蠻、藍鼎元之瓊州記、姚瑩之康輶紀行、王曾翼之回疆雜記、張穆之蒙古遊牧記、郁永河之稗海紀遊、黃叔璥之台海使槎錄等等，不勝縷舉。其他典志通史，類書雜錄，如唐杜佑通典之州郡邊防、歐陽詢等之藝文類聚，宋鄭樵通志之四夷傳、樂史之太平寰宇記、李昉之太平御覽與太平廣記、王象之之輿地紀勝、高承之事物紀原，元馬端臨文獻通考之輿地考、四裔考，明王圻之三才圖會，清康熙敕纂之古今圖書集成之邊裔典等等，亦指不勝屈。凡是吾國的經史子集，雜家遊記，筆記小說，都蘊有民族學資料。自宋到清末，考古學上所發見的遺物，其可供民族學研究的，如金石文、甲骨文、化石人種等材料，亦復不少。我國往時有這樣豐富的民族學研究的資料——民族誌材料和遺物，因爲缺乏科學發展的條件和良好的環境，學人士子未能發揮其智慧，應用科學方法，就種種人文事象作有系統的分析而求綜合的理論，所以我國民族學之科學的基礎，未能獨自創立，而發展又較晚。西洋民族學之科學的產生，在十九世紀中葉；其初傳入於中國的，約在本世紀之初。

西洋民族學之傳入於中國，必有其時代的背景和文化的背景。自十九世紀中葉到本世紀初葉，其間歐美方面民族學著述的刋行，正像雨後春筍，源源而出。巴斯與所著的歷史上的人類（Der Mensch in der Geschichte），與刺策爾所著的人類地理學（Anthropologeographie）問世後，繼之而有摩爾根的古代社會（Ancient Society），泰勒的原始文化（Primitive Culture），馮特的民族心理學大綱（Elemente der Volker-Psychologie），佛雷色的圖騰主義與外婚制（Totemism and Exogamy），格雷勃納（F. Graebner）的民族學方法（Methode der Ethnologie），涂爾幹的宗教生活的原始形態（Les formes élémentaires de la vie Religieuse），鮑亞士的初民心理（The Mind of Primitive Man）等，風行一時。有一與泰勒同時的斯賓塞，著社會學原理（Principles of Sociology）一書，與民族學要義很多契合。上面所舉的，大都是關於民族學之理論的著述。還有許多藉實地工作而產生的民族誌或調查報告以充實其理論內容的，爲：霍維特（A. W. Howitt）的澳洲東南部之土著族（Native Tribes of south-east Australia），特尼克（J. Deniker）的世界人種與民族（Les Races et les Peuples de la Terre），黎佛士（W. H. R. Rivers）的波里尼西亞與美拉尼西亞的圖騰制（Totemism in Polynesia and Melanesia），鮑亞士的夸奎土耳印第安人之社會組織與秘密會社（The Social Organization and the Secret Societies of the Kwakiutle Indians），海頓（A. C. Haddon）的南洋獵頭民族考察記（Head-Hunters: Black, White and Brown），塞利格曼

（C. S. Seligman ）的吠達人（The Veddas ）等。這些由實地調查研究所得而製成的民族誌，皆具有科學的價值，對於民族學理論的發展頗有影響。觀乎這兩方面著作的風行，足以反映出一時代學術的潮流。我國受了這潮流的激盪，於教育文化上，隨其潮流之所趨，導致這一學術發展的需要。

四、蔡先生對於民族學學說上的貢獻

本世紀之初，當中西學術文化交接的時會，先生應運而生，迎着世界學術潮流，而知所抉擇，定其趨向。淸光緒三十二年（公元一九〇六年），先生初次留學德國來比錫（Leipzig ），凡三年；民國元年，二次遊學德法，凡四年，一恣其所好，專心於哲學、美學與民族學的研求。回國後，卽以所學播之於中土，初長北大時，則實施民族學教學，嗣而在校以民族學理論和材料講授美術史。自此，民族學的研究，乃漸漸引起教育界學術界之注意。民國十三年，先生赴荷蘭瑞典出席民族學會；民國十四年，赴德，在漢堡大學繼續研究民族學，其好學不厭的精神如此！

先生於民族學思想別有創獲，其說不主一家，故其成就：弘博而無所不賅，精微而無所不實。先生之爲學，未嘗自以爲足，晚年，猶期以研究民族學終其身。先生曾說：”我是一個比較的還可研究學問的人，我的興趣也完全在這一方面。自從任了半官式的國立大學校長，不知每天要見多少不願意見的人，說多少不願意說的話，看多少不願意看的信，想騰出一兩點鐘看看書，竟做不到了，實在苦痛極了！"（蔡子民先生傳略下）。先生做到老，學到老，垂暮之年，猶嫌學而不滿足，殷殷以瑣屑分心自責。其心情的表露，是多麼的沉痛！後來，把所有的兼職辭去，把不必要的酬應除掉，想就一己興趣之所近，再作學術知識的追求。這種精神，這種風格，可以規世，可以範俗。

先生於文不苟作，自民國十五年至二十三年間，其民族學論著已發表的，僅三篇：一為說民族學（民國十五年，載於一般雜誌），二為社會學與民族學（民國十九年，載於社會學刊），三為民族學上之進化觀（民國二十三年，載於新社會科學季刊）。民國十五年春，先生自歐洲歸國，適值國軍北伐，留滬不多日，卽入閩參加國民革命。首篇一文，似非撰於是年，姑定撰之於十四年，則先生時年五十有九。第二文，為先生十九年在中國社會學社成立會之演講，時年六十有四。第三文，為先生二十三年在國立中央大學之演講，時年六十有八。一個人的心理禀賦，雖然傾向各有不同，但在理解著述諸方面，未必與年俱衰，此可於先生覘之。民國二十九年，先生年七十四，以先生的生理年齡心理年齡，比諸年至八十手寫簿書的沈約和年至七十始學周易的查愼行，尚較小而輕而未至於衰頹，不幸竟於是年一病不起，辭世而長逝！以先生的篤學，其心之所蘊而未發的，還不知有多少?!先生之不延其壽，誠為吾國學術界之一大損失！綜上所述之三文，略加分析，以見先生對於中國民族學說的貢獻：

一、關於民族學名詞之確定

我國學術界從前沿用日人的譯稱人種學，惟人種學是研究人類種族的差別、分佈與混雜的情形，而文化本質不是主要對象；但以民族文化爲研究對象的，却是民族學。先生首先在其所著說民族學一文說："民族學，是一種考察各民族的文化而從事於記錄或比較的學問。偏於記錄的，名爲記錄的民族學。法文大多數作"Ethnographie"，而德文又作"Beschreibende Völkerkunde"。偏於比較的，法文作"Ethnologie"，而德文又作"Vergleichende Völkerkunde"。Ethno源於希臘文的Ethnos，就是民族。Graphie，源於希臘文的Graphein，就是記錄。Logie，源於希臘文的Logas，就是學。"民國十六年，先生倡設中央研究院，初於社會科學研究所內成立了民族學組，以貫徹其學術上的主張。後而講述社會學與民族學，對於民族學又有所詮釋。從此以後，民族學一名稱，始爲吾國學術界所採用而漸致於流行。歸根說來，民族學一詞，素爲德法英美各國所通用，後來，英美人類學者另創文化人類學以代替民族學，或把民族學和文化人類學社會人類學一起混用。照現在人類學分類，人類學有二分枝：一爲體質人類學（Physical Anthropology），一爲文化人類學（Cultural Anthropology）或民族學（Ethnology）。我以爲民族學和文化人類學在實質上是一而二，二而一的同一的科學，這兩個名詞，可並用而不廢。不過，民族學一名稱，自先生確定之後，我國採用已久，應依舊列為人類學系統之一分枝而保持原來的名稱。

二、關於民族文化研究之創見與啟示

民族學，乃專研究各民族的文化，尤其是初民的文化。所謂文化，就是一個民族生活的類型。綜其類型，約有三種：一為物質生活類型，二為社會生活類型，三為心理生活類型。先生對於民族文化的研究，就這些類型的特質及其演化有不少的創見。在物質生活類型方面，他舉出鑽木取火、飲食、交通等項；在社會生活類型方面，他舉出母系制，圖騰制等項；在心理生活類型方面，他舉出語言、文字、美術、算術、音樂、宗教等項。統用比較研究方法，就"由近及遠"的進化的公例，以說明所舉各項文化的特質及其演進。先生說："在民族學上，我覺得人類進化的公例，有由近及遠的一條，卽人類的目光與手段，都是自近處而逐漸及於遠處的"（民族學上之進化觀）。先生更舉例說明："就飲食言，例如中國古時鐘鼎上都刻饕餮等動物，直至漢朝，始於鏡背上刻葡萄等植物。為什麼先用動物而後用植物呢？此固由於動物是動的，在人的眼光中容易與背景脫離，植物是不移的，不容易與背景分離；但動物與人比較相近，植物較遠，也是原因之一。卽如衣服，先用動物的毛皮，而後知紡織麻棉等，這也由於動植物與人有比較遠近之別。""就宗教感情言，進化的宗教，如基督教，卽有博愛人類之義；如佛教則又提倡戒殺，愛及衆生。愛之由近而遠，亦顯而易見。""就美術言，人類愛美的裝飾，先表示於自己身上，然後及於所用的器物，再及於建築，最後則進化為都市設計。“先生提出”由近及遠“這一論點，對於進化學說在民族學上爲一正確的新解。此乃折衷歷史派與進化派的學說，以補舊進化論之偏。

其次，先生對於吾國民族學研究發展，有很多的啓示。茲略提數點以申論之：

1. 關於鑽燧取火者　先生說：「相傳吾國有燧人氏時代，方知用火，而周代尚有鑽燧取火的習慣。」由於這一啓示，可以研究發展到鑽火習慣之演變而與節俗、宗教發生關係。唐時，長安清明尚食，內園官小兒於殿前鑽火。這是鑽火和習俗發生關係之一例證。現在臺灣土著族之曹族、賽夏族之祭祀中，有鑽火之俗。這鑽火，姑名之曰禮火。又傳往昔獵首，鑽火以卜吉凶。這是鑽火和宗教迷信發生關係之一例證。

2. 關於結繩記事者　先生說：「中國的文字，都說始於結繩。易經所謂『上古結繩而治，後世聖人易之以書契』。是也。」由於結繩記事的比較研究，可以發展到印第安人的刻籌（Notched Stick）記事和貝帶（Wampum Belts）記事（將色澤不同的貝殼穿織而成簡單的圖案和圖畫）；再由此研究而發展到圖畫文字；再進一步的比較研究，亦可以知道中國的甲骨文、鐘鼎文和印第安人的圖畫文字頗多相似。先生這一啓示，尚有待乎專家的繼續研究。

3. 關於圖騰制者　先生說：「春秋左氏傳述郯子的語，稱古代紀官或以龍，或以火，或以雲，或以鳥。說文解字，稱南方蠻、閩從虫，北方狄從犬，東方貉從豸，西方羌從羊；並說他們是虫種、犬種、豸種、羊種，都很可疑的。現在從民族學上知道初民有一種圖騰制度。」圖騰制度，包含有兩種型式，即：宗教型式與社會型式。宗教型式，具有一種信仰習慣；社會型式，具有一種社會制度。這兩種型式，互有密切的關係。由於這一指示而研究發展，經學人實地調查研究之所得，可知吾國先史時代除有圖騰的原始政治形態之外，現在湖廣的傜人，浙閩的畲民，臺灣的土著族，猶有圖騰文化之存在。

4.關於”用人於社“者　先生說：「幼稚的宗教，多有以人爲犧牲者。如春秋左氏傳屢有”用人於社“之記載。考左傳：僖公十九年，宋襄公使邾文公用鄫子於次睢之社。又：昭公五年，季平子伐莒，取郠獻俘，始用人於亳社。」由這一啓示，再從歷史上的探求，知唐、宋、元尚遺有此惡俗。舊唐書太宗本紀：”上遣棖棖取人心肝，以祀天狗。“宋，雍熙、淳化、紹興間，邕、管、嶺南、湖南溪洞，尚用人祭鬼。元史刑法志：”諸採生人支解以祭鬼者，凌遲處死。“到了近世，臺灣土著族由於原始心理的衝動，或矜豪勇，或爭情寵，或求免疫，或敬鬼神而有獵首的惡習，但此風早已根絕。今南洋群島及太平洋群島及太平洋群島的民族，此俗猶有所聞。

先生這些啓示，對於吾國民族文化的研究，又有啓發性的貢獻。

三、關於”以美育代宗教“之創說

先生就其哲學、民族學、美學研究之心得，發爲”以美育代宗教“之說。這是先生學術思想之一新収獲。先生對於這一創說，於理論上發揮精詳，細讀全文，可得新解。黃君璧先生云：「民初蔡元培先生針對當時疲憊的人心，動亂的社會，極力倡導美育；並提出以美育代宗教的口號。因爲宗教是爲了拯救人類的靈魂，但入失之于迷信。而美育具有宗教的功能，同時又有學理的根據，對于文化的貢獻，更不待言。」黃氏指出蔡先生這一立說的背景，所言亦允當。現揭舉一二，以略窺其立說精神之所在。先生說：「宗教之原始，不外因吾人精神作用而構成。吾人精神上之作用，普通分爲三種：一曰知識，二曰意志，三曰感情。最早之宗教，常兼此三作用而有之。蓋以吾人當未開化時代，腦力簡單，視吾人一身與世界萬物均爲一種不可思議之事。生自何來？死將何往？創造之者何人？管理之者何術？凡此種種，皆當時之人所提出之問題，以求解答者也。於是有宗教家勉強解答之。如基督教推本於上帝，印度舊教則歸之梵天，我國神話則歸之盤古。其他各種現象，亦皆以神道爲惟一之理由。此知識作用之附屬於宗教者也。」又說：「如跳舞唱歌，雖野蠻人亦皆樂此不疲。而對於居室雕刻圖畫等事，雖石器時代之遺蹟，皆足以考見其愛美之思想。此皆人情之常，而宗教家利用之以爲誘人信仰之方法。於是，未開化之美術，無一不與宗教相關聯。此又感情之附麗於宗教者也。」又說：「知識意志兩作用既皆脫離宗教以外，於是宗教所最有密切關係者，惟有情感作用，卽所謂美感。凡宗教之建築，多擇山水最勝之處，吾國人所謂天下名山僧佔多，卽其例也。其間恆有古木名花，傳播於詩人之筆，是皆利用自然之美以感人者。其建築也，恆有峻秀之塔，崇閎幽邃之殿堂，飾以精緻之造像，瑰麗之壁畫，構成黯淡之光線，佐以微妙之音樂。讚美者必有著名之歌詞，演說者必有雄辯之素養。凡此種種，皆為美術作用，故能引人入勝。苟舉以上種種設施而屏棄之，恐無能為役矣。然而美術之進化史，實亦有脫離宗教之趨勢。」先生認定知識的強敵，是迷信；感情意志所寄託的，在美育。他說：「眞正的宗教，不過是一種信仰心，而所信仰的對象，隨哲學的進化而改變，亦卽因各人對於哲學觀念的態度而不同，這就是信仰自由。」這是一個新見解，亦就是表示他的對於信仰的態度。先生以為「專尚陶養感情之術，則莫如舍宗教而易以純粹之美育，所以陶養吾人之感情，使有高尙純潔之習慣，而使人我之見，利己損人之思念，以漸消沮者也。」「美術有超越性，置一身之利害於度外；又有普遍性，獨樂樂不如與人樂樂，與寡樂樂不如與衆樂樂。」故認定美育可以涵養德性，亦可以陶養群性。這就是先生〝以美育代宗教〞的主張。先生這一學理上的主張，於民族心理生活有一新啓示，這個啓示推演而及於人生，卽成為美感的人生觀，而在人生態度上發生了敬德樂群的功用。其說影響於學術界，至為深遠。

四、關於中華民族性之理解

先生在其所著〝中華民族與中庸之道〞一文，就民族學與心理學觀點，啓示中華民族性與儒家的中庸之道最為契合；並提出國父孫中山先生手創的三民主義，其新義為往昔儒者所未見到，也是以中庸之道為標準。鞭辟近裡，語語精粹，這一理解，切中肯綮，亦發前人所未發。

五、蔡先生對於民族學領導工作的貢獻

先生爲策進學術的發展，而有中央研究院之倡設。自民國十七年至二十九年，先生任國立中央研究院院長，對於全盤學術研究工作，擘劃周到，不遺餘慮。民國十六年末，在中央研究院籌備之初，先生擬在該院設一民族研究所，嗣以人才缺乏，經費困難，卒未能實現，乃於社會科學研究所中增設民族學組（後改設於歷史語言研究所），先生自任主任。先生視學術爲最崇高的事業，對於民族學研究奉之以終身，而毅然以提倡學術風氣爲己任，率身領導民族學之科學研究。

國人之研究中國民族文化者，往往僅從經史子集，雜家遊記，筆記小說等典籍的搜討，而對於實際材料不復多加注意利用。這是缺少方法的講求，談不上什麼科學的研究。先生以爲學術的研究，不能僅取之於間接材料，更當注重直接材料的探索。探索之道是什麼？就是實地調查研究。所謂實地調查研究，是要足到、口到、目到、耳到、手到、心到，就是要脚踏實地，用口和眼和耳去探索林林總總的文化事象，再用手記錄下來，然後再用心去想，把推想所得的結果，去解釋文化事象的構成要素及其因果關係。民族學理論的建立，卽基於此。歐美各國對於民族學的實地研究，極爲重視，而行之亦最力，或由學術機

關，或由教育機關，或由特種社團，甚而由個人組織調查研究團體，分赴各區調查研究各地的種族及文化，以爲學理上的建設；並就其調查研究所得的結果，以供政府爲施政的參考。所以，民族學的研究工作，對於實際政治實有很多的功用。因此可知民族學的研究，不僅有學理上的價值，並且具有應用上的價值。先生志切於吾國民族學的科學建設，並注意邊政邊教的推行和民族文化水準的提高，乃悉心推動民族學的科學研究，指定各研究員分年分赴各地爲有計劃有組織的調查。民國十七年，顏復禮商承祖赴廣西凌雲一帶，調查傜人；民國十八年，林惠祥赴臺灣調查土著族。民國十九年，凌純聲商承祖赴東北松花江下游，調查赫哲族。民國二十一年，凌純聲芮逸夫勇士衡赴湘西，調查苗族。民國二十二年，凌純聲芮逸夫勇士衡赴浙江處州舊府屬，調查畬民。又補助同濟大學史圖博（H. Stübel ）及山東大學劉咸赴海南島，調查黎人。民國二十三年，凌純聲陶雲逵赴雲南，調查夷人。其調查研究，皆具有科學成績。此皆由於先生的領導，而已樹立科學研究的基礎。

先生以爲民族博物館既可供給民族學研究的資料，又可代表每一個民族文化和發揚民族精神，故有設立中華民族博物館之創議。於民國二十一年聘德國民族學者但采爾（Prof. Dantzel）來華協助規劃，經多方的搜集，已得中外的民族文物標本和圖片多件。嗣以經費種種問題，但采爾教授的設計，未能實現，僅於中央研究院內設一民族學陳列室。

專館雖然沒有建立，但其內容已有相當可觀。

民國二十三年，中央研究院因添設人類學，乃成立人類學組和民族學組，同隸於歷史語言研究所。先生主持民族學組，自十七年至二十三年，凡六年，除自任研究員，擔任專題研究外，又負責指導研究員工作。國內學術界人士，爲推動民族學之研究與發展，於民國二十三年在南京組織中國民族學會，先生亦爲該會之倡導者。先生兢兢以篤實相尚，畢生盡瘁於學術事業，民族學工作的領導，僅是其學術事業之一端而已。其精神，與宗教家之以身殉教者相侔；其貢獻，可與德之萊勃尼次（G. Leibnitz）中外後先相輝映了！

現中央研究院爲擴展民族學研究工作，已設立民族學研究所，這亦就是完成先生的遺志呢。

民國三十三年，我曾經爲文，以紀念先生。我就引用原文的結語，以結本文：

”風氣之開也，必有所以取；風氣之長也，必有所以成。自先生倡導民族學之研究，繼之以中央研究院之推動，再繼之以學校機關之推廣，又繼之以學術團體之推進，青年學子趨之而爲風氣之迎，致力於民族學之發展。由於各方之分工合作，已有不少良好之收穫。其成績，可於工作上之表現與文字之記錄考見之。惟此學術工作，有待乎吾人之努力者尚多。政府應珍視此一學術風氣，鼓勵之，助長之，藉此學術研究之結果，以策邊政邊教之推行與民族文化水準之提高，斯亦建國之要圖耳。“

民國四十八年

附錄

甲、蔡先生之民族學論著

1. 說民族學（民國十五年）
2. 社會學與民族學（民國十九年）
3. 民族學上之進化觀（民國二十三年）

乙、蔡先生之與民族學有關之論著

1. 以美育代宗教說（民國四年）
2. 美術的起源（民國十年）
3. 中華民族與中庸之道（民國十九年）

（此文，見蔡元培民族學論著一書）

附錄

甲、蔡先生之民族學論著

蔡元培

(一)說民族學

民族學是一種考察各民族的文化而從事於記錄或比較的學問。偏於記錄的，名爲記錄的民族學，西文大多數作Ethnographie，而德文又作Beschreibende Völkerkunde。偏於比較的，西文作Ethmologie，而德文又作Vergleichende Völkerkunde. Ethno源於希臘文的Ethnos，就是民族。Graphie源於希臘文Graphein，就是記錄。Logie源於希臘文的Logos，就是學。德文多數民族作Völker，學作Kunde，記錄作Beschreiben，比較作Vergleichen，所以聯合起來成上列的三種名詞。但是德文Völkerkunde的少數作Volkskunde，乃從英文的Folklore出來。英文這一個名詞，是一八四六年學者W. J. Thomas所創作，用以代通用的Popular antiquities的名詞，是民俗學的意義。後來漸漸爲各國所採用，並無改變；惟有德國人照本國字義改爲Völkerkunde，也惟有德國人用他的民族學多數作爲考察各民族文化的學問的總名（英文 Folklore 一字，並無多數字），而又可加以記錄，比較等語詞。今此篇用民族學爲總名，而加以記錄的與比較的等詞，是依傍德國語法的。

記錄的民族學，發端甚早。我國有山海經一書，相傳爲禹益所作，當然不確；然爲漢以前的書，是無可疑。這部書固然以地理爲主，而且有許多古代神話的材料，但就中很有民族學的記載。例如山經，於每章末段，必記自某山以至某山，凡若干里，其神狀怎樣，其祠禮怎樣；這都是記山間居民宗教的狀況。他所記神狀，有龍身人面，人面牛身，與四足一臂，八足二首等語。所記祠禮，用動物，有毛，肥牲，毛牷，百犧，太牢，羊，牝羊，白狗，黑犬，白雞，雄雞，雌雞，毛采等；用糈，有稌米，稷米等；用酒有酒百尊；用鑛物，有玉，璋，璧，珪，瑜，璆等；用器，有燭，鈐，兵桑封，白菅爲席等；儀節有瘞，投，祈，禳，齋百日，獻血，干舞，冕舞等。而“北山經之首”記“其山北人皆生食不火之食”；“北山次經之首”又記“此皆不火食”；又於宗教之外，記及飲食法。海外經是各民族的記載，但神話分子太多，就中較爲可信的；如記形體，有“結匈國其爲人結匈”，“周僥國其爲人短小”，“黑齒國其爲人黑齒”，“毛民國其爲人身生毛”（案這是蝦夷），“勞民國其爲人面目手足盡黑”（案這是非洲黑種）等。記食物，有“黑齒國人食稻啖蛇”，“長股國人衣魚食鷗”等。記服飾，有“周僥國人冠帶”，“丈夫國人“，”君子國人衣冠帶劍“等。記品性，有”君子國人好讓不爭“等。至於大荒經，近人頗疑是劉秀等所述，用以釋海外經的，就中所含民族學的分子，是姓氏與食物兩項：如記”胡不與之國列姓“，”大人之國厘姓“等。又記”蔿國黍食“，”中容人食獸木實“；”盈民之國於姓，黍食，又有人方食木葉“；”不死之國阿姓，甘木是食“；”蜮民之國，桑姓，射蜮是食“；”北容之國，食魚“；”先民之國食穀“；”苗民釐姓食肉“等。這可以算是一部最古而材料較富的書。後來如史記有”匈奴“，”西南夷“等列傳，此後專史，都有這一類的列傳。又如唐樊綽的蠻書，宋趙汝适的諸蕃志，元周達觀的眞臘風土記，明鄺露的赤雅等等，也算是這一類的專書。但或爲好奇心所驅使，或爲政略上的副產品，不能認爲科學的記錄。在歐洲，自希臘歷史家Herodotus 記埃及人的風俗，羅馬的大將凱撒記高盧人不列顛人的風俗，也是這種記錄的開端。此後類似這一類的書，也是很多，然而眞正可以認爲記錄的，民俗學的，大抵爲十九世紀後半紀以後出版的。因爲那時比較的民俗學已有點成績；而苦於材料之不足，乃先用紀錄的工作，爲比較的準備。現在的記錄與從前的不同，就是事實要從考察上得來。有時以私人的結合，深入自然民族的部落，經極苦的旅行，冒極大的危險，緣此而犧牲性命的也常有，幸而達到目的，就有一種詳確的報告。有時藉政府的經費，組織探險隊，行大規模的購置與發掘。大約普通的實物，可以購買或交換；通行的傳說或歌謠，可由譯人解說；外著的風俗，可用照相器攝取；若含有神密性質的儀式與意義，而不習他們的語言，知他們的習尙，與他們狎處，決不能窺得眞相了。所以每一學者所考察的總不過一部分。我們只要一翻這一類著述的目錄，就看得出來。有以一地方爲範圍的，如Erekert的高加索與其各民族；Blumentrift的斐列賓民族記的一種試驗等是。有以一或數民族爲範圍的，如Haarhoff的南非之Bantu族，Steinen的巴西中部之自然民族等是。有以一器物爲範圍的，如Ankesmann的非洲人的樂器，Weule的非洲人之箭等是。有以一事件爲範圍的，如Sarfert的北美土人之家屋與村落，Waddell的西藏之佛敎等是。有以一洲的普通文化爲範圍的，如Ankesmann的非洲之文化範圍與現象，Graebner的南洋之文化範圍現象等是。關於合各洲各民族而彙集前人的記錄以成書，如Buschan所印的，乃集衆編成的，除Buschan自任澳洲與南洋外，歐亞二洲屬於Byhan，美洲屬於Kriekerberg，非洲屬於Luschan，緖言屬於Lasch。可以見得不是容易的事業了。

比較的民族學，是擧各民族物質上行爲上各種形態而比較他們的異同。異的，要考究他們所以不同的緣故：是否關於地境、氣候、交通的影響，抑民族特性的差別？是否因進化階級上所占的時期不同？抑或表面不同而實含有一種共通的原則？同的，又要考究他們是否因地域相近，而一方面乃出於模仿，究竟那一族是先驅者？是否彼此本在同地，後來因被他族的割裂，而漸遁漸遠？是否甲丙兩民族本由中間乙民族的媒介而輸入一種文化，但乙民族不復保存而甲族或丙族尙留存着輸入的痕跡？是否彼此均不相干而爲進化上必經的階級？這都是比較上應有的問題。吾國古人，也未嘗沒有見到。例如小戴記王制篇云：「凡居民材，必因天地寒暖燥濕，廣谷大川異制，民生其間者異俗；剛柔、輕重、遲速異齊；五味異和，器械異制，衣服異宜。修其敎，不易其俗；齊其政，不易其宜。中國、戎、夷、五方之民，各有性也，不可推移。東方曰夷，披髮文身，有不火食者矣。南方曰蠻，雕題交趾，有不火食者矣。西方曰戎，披髮衣皮，有不粒食者矣。北方曰狄，衣羽毛，穴居，有不粒食者矣。中國夷蠻戎狄，皆有安居，和味，宜服，利用備器。五方之民，言語不通，嗜飲不同。達其志，通其欲，東方曰寄，南方曰象，西方曰狄鞮，北方曰譯」。這一段於民族上僅渾舉五方，於安居上舉穴居，於和味上舉不火食，不粒食；於宜服上舉衣皮，衣羽毛，又舉披髮，文身，雕題，交趾等特別裝飾，固太簡略。所謂性不可移，也與現代實驗上不合。但當時已知道用寄譯等作達志通欲的工具，且於修齊政治敎育而外，不主張易其宜俗，也可算很有見地的了。小戴記又有一條，說：「禽獸知有母而不知有父，野人曰：父母何算焉？都邑之士，則知尊禰矣」。也知家庭歷史，不止父系一制；但不知人類中自有母系一制，所以把知有母而不知有父，專屬於禽獸。此外各書，類似這兩條的判斷，當然還有許多；但因爲沒有根據極詳確的記錄，經過很精細的研究，所以不能認爲比較民族學上適合的材料。現今歐洲比較民族學的部類，照Weule氏所列舉的：是一、人群的起源與最早形式；二、經濟的起源與最早形式，又分爲甲、經濟的形式，乙、消遣品，丙、工藝與商買，丁、錢；三、物質的文化，又分爲甲、機械，乙、取火具，丙、武器與工具，丁、裝飾與衣服；戊、建築，己、交通與運輸。四、精神的文化，又分爲甲、語言，乙、文字，丙、美術，丁、游戲與玩具，戊、宗教，己、喪儀。至關於這一類的著作，說人羣形式的，有Bachofen的母系制，Morgan的最初的社會，Starcke 的最初的家庭等等。說經濟的，有 Bucher 的民族經濟的起源，Schurtz的錢的原理與發明史等等。說物質文化的，有Andree的自然民族所用的金類，Yahn 的古代攻擊兵器的進化史，Klemm的工具與武器等等。說精神文化的，有Geiger的人類語言與理性的起源與進化，Mallery的美洲印第安人的象形文，Balform的裝飾術的進化，Grosse 的美術的起源，Groos的人類的游戲，Roskoff的自然民族的宗教狀況，Schultz的偶象教，Preuss的美洲與東北亞洲的葬法等等。至於統合各部的著作，也有Andree的民族學上的平行觀與比較觀，Froberuins 的寫示特性的民族學，Schurtz的文化的起源史，Weule的無文化者的文化等等。

民族學與人類學的關係　　人類學是以動物學的眼光觀察人類全體，求他的生理上心理上與其他動物的異同；勢不能不對於人類各族互有異同的要點，加以注意；似乎人類學有可以包含民族學的傾向；所以從前學者，也或用Anthropologie（人類學）作民族學的名。然現今民族學注重於各民族文化的異同，頭緒紛繁，決不是人類學所能收容，久已離人類學而獨立。但是民族學中對於各民族生理上的特徵，如身體的短長，頭骨的尺度，膚色的明暗等，仍用人類學的方法，這是民族學包含人類學份子的。

民族學與人種學的關係　　人種學是研究人類種族的差別，分佈與混雜的情形，德文上有 Rassenkunde 專名，而他國多仍用 Ethnologie 一字，所以字典上往往用人種學來註釋這個字。但是人種學雖也要求各民族的文化，却不過藉以證明他們種系的異同，對於文化本體不是主要目的物，而所詳求的還是偏於種系方面。民族學因爲要明瞭文化上互相傳演的機會，自然也不能不注意於種系的相關；而對於種系的異同，却不是主要目的物；而所詳求的，還是偏於文化方面。這是兩方互相交錯，而又各有領域緣故。

民族學與考古學的關係　　考古學西文作 Archeologie，因爲所考的古物，偏於有史以前的時代，所以一名先史學（Prehistoric）。考古學所得材料，均爲實質的，例如人骨獸骨及其他器物之類；用民族學所得的材料來證明他，纔能知道詳細的作用。且因此而知道現代開化的祖先，正與現代的野蠻人相等。

各民族占地的態度，遷徙的蹤跡，經濟的來源與文化傳佈的範圍，都與地理有關，所以從前民族學名家 F. Ratzel, G. Gerland 等均爲地理學者，這可以見民族學與地理學的關係。

民族的文化隨時代而進步　研究民族學者不能不注意於此點；所以H. Schurtz 目民族學爲文化的原始史；W. Schmidt 謂「民族學是以由各民族生活上求出人類精神的發展，與其由精神上所產生的行動爲對象，即不外乎歷史的研究」。Ratzel 亦謂「民族學在由各種紀念品上認識人類精神的進化與社會的變遷，得視爲歷史學之一部」。這就可以見民族學與歷史學的關係。

民族學中本有關於社會進化的一部，英國斯賓塞所著社會學原理，法國涂爾幹一派的社會學，所列例證，都出於民族學，這可以見民族學與社會學的關係。

民族學的材料，固然有一部分屬於自然科學的範圍；而大部分關於各民族的心理，所以德國馮德有民族心理學的建設，這可以見民族學與心理學的關係。

其他言語學、經濟學、美術史、文學史等均有關係之點，可以類推。

在民族學初發起的時候，歐人所考察的，大半是他們本國屬地的民族。一方面固然出於求知的欲望，而又一方面也總覺得這些民族的文化，與己國相去太遠，當然是劣等民族，不妨受高等民族的壓制。後來因時相接近，或且通他們的言語，知道他們的歷史，往往化去了優劣的差別，而引起同情。例如初民的手工品，當然不及機製品的精整，然而認手工有表現個性的特長。初民的美術品當然多不合於寫實的條件；然而表現主觀的姿勢，乃爲現代表現派所採取。初民的音樂，固多不合於和聲學的條件；然而現代大音樂家有以善用“不和聲”見長的；因而初民的音樂，也受注意。初民的社會，固多詭異的形式；然而有幾種是爲文化民族祖先所有過的；遂被認爲文化史上經過的階級。初民有魔術與宗敎的迷信，固爲科學家所鄙薄；然而科學最發達的歐洲，鄉愚保存這類迷信的，也還不少；現在幽靈學也爲科學家研究的對象了。所以民族學發達以後，對於世道人心的裨益，亦復不小。

至於中國歷史上斷片的事實，因吾國先史學尚未發達的緣故，一時不易證明的，於民族學得了幾種旁證，可以明瞭一點的，也就不少。姑舉幾個例：如易繫辭傳稱上古穴居，而別史中又有有巢氏的時代，古人穴居的遺跡，法蘭西，西班牙等國現已發見多處，在我國必不難覓得。巢居的狀況，於New Guinea土人中尚可以看到。相傳吾國有燧人氏時代，方知用火；而周代尚有鑽燧取火的習慣；但這類的器具，已經消滅了，而現今未開化民族中如南美洲的Ganchos，北美洲的Eskimo、Trokesen，亞洲的Malay，澳洲土人等，都還有鑽木取火的裝置。易稱“上古結繩而治”，注家但說“大事大結其繩，小事小結其繩”，不知道結的形式與作用；而美洲墨西哥、秘魯兩國的土著人，都曾有過結繩的時代。墨西哥之繩文，雖尚未覓得；而秘魯的繩文，流傳尚多，且有專門研究的。近有一瑞典大學教授，認爲結皆記數，而且多爲配一年中之日數的。詩生民篇稱周朝的始祖是姜嫄，玄鳥篇稱商朝的始祖是有娀，都是婦人；又古代姓先於氏，而姓字從女；在習慣於父系制家庭的我人，很不易知道他的緣故。在民族學上考得初民族父系制以前，先有一個母系制的時代，就可以知道以婦人爲始祖的緣故了。左氏傳述郯子語，古代有以龍名官，以鳥名官的帝王。說文解字說閩越皆蛇種，故從蟲，北狄犬種，故從犬，用民族學的眼光看起來，都是圖騰（Totemism）的遺跡。最可異的，東方的夷、狄從人；現今美洲北部的Eskimo民族，雖被人用Algonkin語名爲"食生肉"的民族，而自稱Tunit乃"人"的意義。此族體格狀貌近於蒙古族，故有人疑爲自亞洲渡白零海峽，始到美洲的。或者有一時期，這民族的一部分，適在漢族的東面，所以名他爲夷，而夷字特從人。其餘可以證明中國史跡的一定很多，就在乎對於民族學有興會的人，隨時去考求了。

（原載一般雜誌，民國十五年，十二月號。）

(二)社會學與民族學

蔡孑民先生講演　楊炳勛國音速記

——民國十九年，在中國社會學社成立會講——

今日是諸位社會學家在這裏開全國社會學社的成立會，鄙人承邀參加，非常榮幸。命以講演，因本來不是研究社會學的人，覺得沒有可講的；不得已，把現在自己喜歡研究的民族學講一講。因爲民族學與社會學有密切的關係。

社會學的對象，自然是現代的社會。但是我們要知道現代社會的眞相，必要知道他所以成爲這樣的經過；一步步的推上去，就要到最簡單的形式上去，就是推到未開化時代的社會。然而文明人的歷史，對未開化時代的社會狀況，記得很不詳細。我們要推到有史以前的狀況，專靠考古學家所得的材料，是不能貫串的。我們完全要靠現代未開化民族的狀況，作爲佐證；然後可以把最古的社會，想像起來。這就是民族學可以補助社會學的一點。就吾國社會而論，從前有一種鑽木取火的習慣，久已失傳。在民族學上，知道 Samoa 人與 Bornéo 人等均尙有鑽木生火的方法。我們從前有結繩而治的習慣，歷史上說得很不詳細。在民族學上，知道古代墨西哥人與秘魯人，現代廣西傜人與臺灣番人，都有結繩記數的方法，我們的數目用積畫的止有一二三亖的四個字；自五到九，都是借用同音字。從弌的古文，只有弌弍弎的三個字。從民族學上，知道非洲的 Congo 人等，大洋洲的 Melanesia 人等，均用五進法。澳洲的 Papua 人用三進法。就會知道我們祖先曾用過五進法，也用過三進法。我們古代有姓氏的分別。姓字從女，商的始祖是簡狄，周的始祖是姜嫄。一是吞燕卵而生契；一是履大人迹而生稷。這當然是因契稷不知道父親是誰而傅會的。在民族學上知道初民有經過母系制時期的，可推想簡狄姜嫄，都是母系制時代的女主。春秋左氏傳記郯子的話，稱古代紀官，或以龍，或以火，或以雲，或以鳥。說文解字稱：南方蠻、閩從虫。北方狄從犬，東方貉從豸，西方羌從羊。並說他們是蟲種犬種豸種羊種，都很可疑的。現在從民族學上，知道初民有一種圖騰的制度。我們古代的龍官鳥官等，四方的蟲種犬種等，自然是圖騰時代的傳說。卽此幾條，也可見民族學的貢獻了。

民族學的名義，在德文是Völkerkunde。先從英文Folklore譯成Volkskunde，是民俗學的意義。又變少數的Völk爲多數的Völker，乃成民族學的意義。此學又分敍述的與比較的兩種。敍述的民族學，在德文爲Beschreibende Völkerkunde，在各國通用的是Ethnographie，是用希臘語Ethnos（民族）與Graphein（敍述）兩字組成的。比較的民族學，在德文爲Vergleichends Völkerkunde，在各國通用的是Ethnologie，是用希臘語Ethnos（民族）與Logos（學）兩字組成的。但美國學者，往往用文化人類學的名，藉以別於體質人類學。中央研究院於社會科學研究所中，設有民族學組。前年由顏復禮商承組兩君加入廣西科學考察團，調查凌雲縣傜人狀況，集得標本四十三件；曾擇要編爲報告，已出版。去年由林惠祥君往臺灣調查番族狀況，集得標本一百零四件；亦擇要編爲報告，在印刷中。

兩種調查報告中，可供社會學家參考的，約擧如下：

凌雲的傜人，分爲四種：㈠紅頭傜，從前曾以紅布裹頭的，㈡藍靛傜，以種藍靛爲主要職業的，㈢盤古傜，是崇拜盤古王的，㈣長髮傜，是以髮名的。

他們的婚禮，紅頭傜男子多聚表姊妹，藍靛傜有族外結婚制，同姓不婚。盤古傜也是這樣。承繼權，紅頭傜女子有遺產承繼權，藍靛傜女子無此權。祖先崇拜，紅頭傜用藤枝置神樓爲祖先代表，藍靛傜於神樓上貼購自漢人的桃符數張，朔望及季節均焚香。

臺灣的番人，分爲七族：太么族、薩衣設特族、蒲嫩族、朱歐族、阿眉族、派宛族、耶眉族。

番社與部落的組織：番社略同於氏族，社中分子多同一血統，或每社各戴一頭目，或數社共擁一頭目。頭目有傳襲的，有由長老公選的。派宛族行長子繼權制，男女一律。又有數番社，合成部落的家族，有行大家庭制的，如蒲嫩族一家多至六十人以上。有行小家庭制的；爲太么族，一家只數人。惟阿眉及耶眉兩族，行母系制，餘皆用父系制。番族通行一夫一妻制，寡婦未生子的，可再嫁，有子的不許。姓名，太么族，與阿眉族沒有姓，餘皆有姓。姓多用太陽蟬狸等，似是圖騰遺意。太么族，沒有姓，兒子的名下，加一個父的名，父早死由母撫養的，改用母名。父母離婚，子也用母名。婚姻，同姓不婚。蒲嫩族與朱歐族，有一種交換結婚，例如甲家娶了乙家的女，就要把甲家的女嫁與乙家。有買賣結婚制，男子送衣服飾物畜產土地等於女家，女家認爲滿足，始得結婚。又有以結婚後男子服務於女家爲代價的，如朱歐族是。服務時間的長短，依所定契約。並過一二年後，可以挈妻歸家。又有競爭的結婚，太么族中若二男爭一女，就以馘首定勝負，先取得人頭者得與女婚。社會制裁，殺傷放火，竊盜詐欺，通奸，破壞契約，違犯習慣等，各族大都認爲犯罪，但以對於本社或本族人爲限；若行於外社外族，或漢人，不但非罪，且爲勇敢。刑罰，用斬、殺、放逐、抄沒、笞刑、攫髮（握罪人的髮且振搖他），譴責、賠償。從前多用死刑，與笞毆，現在多用賠償。斷罪，除由頭目與公論裁判外，還有一種神判。太么族中，遇曲直不易裁判時，令當事人出面馘首，先得人首的，認爲神佑，必直。

現在民族學組的研究員，擬着手於浙閩畲民，與東北通古斯族的調查。將來所得材料，一定也有可以備社會學參考的。我們又聘定德國民族學專家但采爾教授（Professor Dr. T. W. Dantzel），他是在漢堡民族學博物院任非洲部主任，而且在漢堡大學講授民族學的，他允許替我們選集關於民族學的各種材料，如非澳美諸洲未開化民族的標本，同歐洲史前的器物，本年九月間就職時帶來，將爲有系統的陳列。那時把我們自己採集的，與歐洲學者所已得的，參互考證，一定可以多有所貢獻。當隨時再爲諸位報告。敬祝全國社會學社成立後，時時進步。（原載社會學刊，民國十九年。）

㈢民族學上之進化觀

這個民族學上的進化問題，是我平日最感興趣的，記得上次國立中央大學羅校長約我演講，曾提出來說了一說，茲再從詳敍述之。

我向來是研究哲學的，後來到德國留學，覺得哲學的範圍太廣，想把研究的範圍縮小一點，乃專攻實驗心理學。當時有一位德國教授，他於研究實驗心理學之外，同時更研究實驗的美學，我看看那些德國人所著的美學書，也非常歡喜，因此我就研究美學。但是美學的理論人各一說，尙無定論，欲於美學得一澈底的了解，還須從美術史的研究下手，要研究美術史，須從未開化的民族的美術考察起。適值美洲原始民族學會在荷蘭瑞典開會，教育部命我去參加，從此我對於民族學更發生興趣，最近幾年常在這方面從事研究。

民族學，英美卽以屬於人類學（Anthropology）之中，與體質的人類學（Physical Anthropology）對待而稱爲文化的人類學（Cultural Anthropology）。所以人類學是半屬理科，半屬文科，我向來說文理分科的不便，這也是一證。

在民族學上我覺得人類進化的公例，有由近及遠的一條，卽人類的目光與手段，都是自近處而逐漸及於遠處的。

㈠就美術言　人類愛美的裝飾，先表示於自己身上，然後及於所用的器物，再及於建築，最後則進化爲都市設計。例如未開化的民族，最初都有文身的習慣，有人說，文身是一種圖騰的標記，有人說，文身是純爲裝飾。然卽前說可信，亦必兼合裝飾的動機。文身之法，或在身體各部塗上顏色，或先用針刺，然後用色。此外，或將耳朵或下唇鑿孔，放入木塊，使積漸張大，後來中國的裹足，歐洲的束腰，亦是此類。稍後，在身體上加上一件東西，如耳環是，其大小頗不一致。現在海南島的黎人，耳環係以許多很大的圈子做成，多至八九個，平時把他攢在頂上，盛裝時把他放下，也不顧什麼痛苦。中國舊有穿耳戴環，亦是此意；漢唐時之去眉而重畫，及塗脂抹粉，再如理髮裝髻，以至於現代的燙髮，皆屬於此階段。再進一步，則有戒指、手鐲、冠巾、衣服之類。再進一步所用的器具也裝飾起來了。如舊石器時代所用的石斧是很粗的，至新石器時代已將它磨光，且有時刻上花紋，又如裝柄者，柄上也或刻花紋，或塗顏色。後來開化的民族，於日用器物上求種種美觀，也屬於此階段。再進一步，乃注意於建築，最初人類的居住，上者爲巢，下者營窟，當然簡單之至。後來由水上杙屋之制而進爲樓閣，由游牧帳幕之式而進爲圓穹。於是崇閎之宮殿，清雅之別墅，優美之園亭，亦爲人類必需之品；而應用之建築，如學校、劇場、圖書館、博物院之類，無不求其美觀，建築遂爲美術學校之一科。至於雕刻圖畫，本建築上之裝飾品，而其後始成爲獨立之美術也。最後的階段，爲都市美觀的設計，如衢路之布置，廣場之規畫，公園之整理，花木噴泉之點綴，公共建築之偉大，市民住宅之新式，無不通盤計劃成一系統，較之專就身體較量美醜者，其廣狹之相去何如？

㈡就交通言　人類最初代步之器具，如轎與獨輪車，以人力推動之；進一步乃用畜類，如北方使鹿使犬等部，及馬車、騾車、牛車，再後乃用火車、汽車，則利用無機物矣。最初之船，亦用人力，最近乃用汽力或電力。

㈢就飲食言　初民最初謀食的方法，全恃漁、獵。漁獵的對象，都是動物。也許最古時代曾有過人吃人的事實，後來才改吃其他動物。據說新加坡附近現仍有吃人的民族。改吃動物時，最初是生食的，其後才知熟食。再進一步，才就野草中選出稻、麥、菽等爲食料。於是人類一方面利用動物使其繁殖，卽畜牧；一方面實行耕稼，栽種植物，卽農耕。考圖案最早是幾何形，卽用線來表現最容易記憶之物，或圓、或方、或三角形，隨所見之物而不同。後來才採用動物，或繪或刻。及其採用植物，已是很文明的時代了。例如中國古時鐘鼎上都刻饕餮等動物，直至漢朝始於鏡背上刻葡萄等植物，爲什麼先用動物而後用植物呢？此固由於動物是動的，在人的眼光中容易與背景脫離，植物是不移的，不容易與背景分別。但動物與人比較相近，植物較遠，也是原因之一。卽如衣服，先用動物的毛皮，而後知紡織麻、棉等，這也由動植物與人有比較遠近之別。

(四)就算術言　最初人類計較，多用手指。多數初民只知五數，所以五的讀法多與手同。又有種民族五用一手表示，十用兩手，十五爲兩手加一足，二十則爲兩手兩足，卽以人名之。至於四十，八十，則用二人，四人目之。後來，漸有用石子或木枝者。海南島的黎人，現仍用石子計數，他們常有幾個筐籃，筐籃中有許多石子，卽爲計牲畜之數。石子之進步爲珠算，木枝之進步爲籌算。降至近代，始有筆算機算等。

(五)就幣制言　人類最早用實物，如刀、布、棉是。進一步知用公共媒介品，乃用貝殼，是利用動物；再進一步，改用金屬的錢幣，如銅鐵金銀之類，乃利用礦物。其後，更利用鈔票。

㈥就語言文字言　最早人類本無所謂語言，以面容或手勢作種種姿態表示意思。如言大小長短，即用手勢作若干大若干長的式様。其後，知利用聲音，則以聲音爲主，以手容爲輔，如來往等語，一面口說，一方面又可以手招之或揮之；及語言進步，有一定的意義與句法，則獨立的可以瞭解，所以電話與留聲機均可傳達也。語言得文字之助，萬里以外，千載而後，均可傳達，較之利用面容手勢者，豈可同日而語耶？中國的文字，都說始於結繩，易經所謂"上古結繩而治，後世聖人，易之以書契"是也。亞洲之琉球、美洲之秘魯，都曾有結繩法。現今則海南島黎人，廣西的傜民，臺灣的番人尚用之。至於書契，則我聞山東大學劉咸教授說，亦於黎人中見之。有長短二種，短者以人指之長爲標準，長者以人肘爲準，與中國古書所謂布指知寸，布肘知尺相近，可見最初的度量也是以人身爲標準的。

㈦就音樂言　最初之音樂，利用人聲，即歌唱是已。其後借助於物，如管弦之類。弦樂中之胡琴，始於弓，用兩弓之弦相磨而使成聲，口齧一端，即以奏者之頭爲擴音具。其後以所殺之人頭代之，最後始代以竹筒，正猶古時殉葬用人，後來以木人代之，最後以陶人代之，是亦由生物而改爲礦物也。

㈧就宗教感情言　幼稚的宗教，多有以人爲犧牲者，如春秋左氏傳屢有用人於社之記載，而墨西哥舊民族之祭司，亦有殺人祀神之儀式。進化的宗教，基督教即有博愛人類之義；如佛教則又提倡戒殺，愛及衆生。愛之由近及遠，亦顯而易見。

從以上八事觀察，人類的眼光與手段，由近及遠，逐漸推廣，無可疑義。但尚有不可忘記的一點，即此種進化之結果，並非以新物全代舊物，易言之，即舊物並不因新物產生而全歸消滅。例如生物的進化過程，係先由無脊椎動物進化爲魚，而水陸兩棲動物，而鳥、而獸、而猴、而類人猴、而人；但當人類進化至鳥時，並非魚即全滅。直到現在，最下等的動物，仍然存在，在民族上亦然。如美術雖進至都市美化，而最幼稚之文身，尚可在中國、日本及歐洲人中見之。數學雖已成獨立之科學，而以指計數之習慣，尚時見之。汽車電車，流行日久，而獨木船尚未被淘汰。且文明民族已進至機器製造時代，未開化之民族，在亞、非、美、澳諸洲均尚有保持其舊習慣者。世界之複雜，誠不可思議也。惟此種公例，我尚在研究中，現今略舉所想到者拉雜言之罷了。（原文載新社會科學季刊第一卷第四期，民國二十三年冬季號，正中書局發行。）

乙、蔡先生之與民族學有關之論著

蔡元培

(一)以美育代宗教說

兄弟於學問界未曾爲系統的研究，在學會中本無可以表示之意見。惟既承學會諸君子責以講演，則以無可如何中，擇一於我國有研究價值之問題，爲到會諸君一言，即"以美育代宗教"之說是也。夫宗教之爲物，在彼歐西各國，已爲過去問題。蓋宗教之內容，現皆經學者以科學的研究解決之矣。吾人遊歷歐洲雖宗教堂棋布，一般人民亦多入禮拜堂，此則一種歷史上之習慣。譬如前清時之代袍褂，在民國本不適用，然因其存積甚多，毀之可惜，則定爲乙種禮服而沿用之，未嘗不可。又如祝壽會葬之儀，在學理上了無價值，然戚友中既以請帖訃聞相招，勢不能不循例參加，藉通情愫。歐人之沿習宗教儀式，亦猶是耳。所可怪者，我中國既無歐人此種特別之習慣，乃以彼邦過去之事實作爲新知，竟有多人提出討論。此則由於留學外國之學生，見彼國社會之進化，而誤聽教士之言，一切歸功於宗教，遂欲以基督教勸導國人，而一部分之沿習舊思想者，則承前說而稍變之，以孔子爲我國之基督，遂欲組織孔教，奔走呼號，視爲今日重要問題。自兄弟觀之，宗教之原始，不外因吾人精神作用而構成。吾人精神上之作用，普通分爲三種：一曰知識；二曰意志；三曰感情。最早之宗教，常兼此三作用而有之。蓋以吾人當未開化時代，腦力簡單，視吾人一身與世界萬物，均爲一種不可思議之事。生自何來？死將何往？創造之者何人？管理之者何術？凡此種種，皆當時之人所提出之問題，以求解答者也。於是有宗教家勉強解答之。如基督教推本於上帝，印度舊教則歸之梵天，我國神話則歸之盤古。其他各種現象，亦皆以神道爲惟一之理由。此知識作用之附麗於宗教者也。且吾人生而有生存之慾望，由此慾望而發生一種利己之心。其初以為非損人不能利己，故恃強凌弱，掠奪攫取事，所在多有。其後經驗稍多，知利人之不可少，於是有宗教家提倡利他主義。此意志作用之附麗於宗教者也。又如跳舞唱歌，雖野蠻人亦皆樂此不疲；而對於居室彫刻圖畫等事，雖石器時代之遺蹟，皆足以考見其愛美之思想。此皆人情之常，而宗教家利用以為誘人信仰之方法。於是未開化人之美術，無一不與宗教相關聯。此又情感作用之附麗於宗教者也。天演之例，由渾而畫，當時精神作用至為渾沌，遂結合而為宗教。又並無他種學術與之對，故宗教在社會上遂具有特別之勢力焉。迨後社會文化，日漸進步，科學發達，學者遂舉古人所謂不可思議者，皆一一解釋之以科學。日星之現象，地球之緣起，動植物之分布，人種之差別，皆得以理化博物人種古物諸科學證明之。而宗教家所謂吾人為上帝所創造者，從生物進化論觀之，吾人最初之始祖，實為一種極小之動物，後始日漸進化為人耳。此知識作用離宗教而獨立之證也。宗教家對於人羣之規則，以為神之所定，可以永久不變，然希臘詭辯家，因巡遊各地之故，知各民族之所謂道德，往往互相抵觸，已懷疑於一成不變之原則。近世學者據生理學心理學社會學之公例以應用於倫理，則知具體之道德不能不隨時隨地而變遷；而道德之原理，則可由種種不同之具體者而歸納以得之；而宗教之演繹法，全不適用。此意志作用離宗教而獨立之證也。知識意志兩作用，既皆脫離宗教以外，於是宗教所最有密切關係者，惟有情感作用，即所謂美感。凡宗教之建築，多擇山水最勝之處，吾國人所謂天下名山僧佔多，卽其例也。其間恆有古木名花，傳播於詩人之筆，是皆利用自然之美以感人者。其建築也，恆有峻秀之塔，崇閎幽邃之殿堂，飾以精緻之造象，瑰麗之壁畫，構成黯淡之光線，佐以微妙之音樂。讚美者必有著名之歌詞，演說者必有雄辯之素養，凡此種種，皆爲美術作用，故能引人入勝。苟擧以上種種設施而屛棄之，恐無能爲役矣。然而美術之進化史，實亦有脫離宗教之趨勢。例如吾國南北朝著名之建築則伽藍耳；其雕刻則造像耳；圖畫，則佛像及地獄變相之屬爲多；文學之一部分，亦與佛教爲緣。而唐以後詩文，遂多以風景人情世事爲對象。宋元以後之圖畫，多寫山水花鳥等自然之美。周以前之鼎彝，皆用諸祭祀。漢唐之吉金，宋元以來之名瓷，則專供把玩，野蠻時代之跳舞，專以娛神，而今則以之自娛。歐洲中古時代留遺之建築，其最著者率爲教堂；其雕刻圖畫之資料，多取諸新舊約；其音樂則附麗於讚美歌；其演劇亦排演耶穌故事，與我國舊劇目蓮救母相類。及文藝復興以後，各種美術，漸離宗教而尙人文。至於今日，宏麗之建築，多爲學校、劇院、博物院，而新設之教堂，有美學上價値者，幾無可指數。其他美術，亦多取資於自然現象及社會狀態。於是以美育論，已有與宗教分合之兩派。以此兩派相較，美育之附麗於宗教者，常受宗教之累，失其陶養之作用，而轉以激刺感情。蓋無論何等宗教，無不有擴張己教，攻擊異教之條件。回教之謨罕默德，左手持可蘭經而右手持劍，不從其教者殺之。基督教與回教衝突，而有十字軍之戰，幾及百年。基督教中又有新舊教之戰，亦亘數十年之久。至佛教之圓通，非他教所能及。而學佛者苟有拘牽教義之成見，則崇拜舍利受持經懺之陋習，雖通人亦肯爲之。甚至爲護法起見，不惜於共和時代，附和牽制。宗教之爲累，一至於此，皆激刺感情之作用爲之也。鑒激刺感情之弊，而專尙陶養感情之術，則莫如舍宗教而易以純粹之美育。純粹之美育，所以陶養吾人之感情，使有高尙純潔之習慣，而使人我之見，利己損人之思念，以漸消沮者也。蓋以美爲普遍性，決無人我差別之見能參入其中。食物之入我口者，不能兼果他人之腹；衣服之在我身者，不能兼供他人之溫；以其非普遍性也。美則不然。卽如北京左近之西山，我遊之，人亦遊之，我無損於人，人亦無損於我也。隔千里兮共明月，我與人均不得而私之。中央公園之花石，農事試驗場之水木，人人得而賞之。埃及之金字塔，希臘之神祀，羅馬之劇場，瞻望賞嘆者若干人，且歷若干年而價値如故，各國之博物院，無不公開者，卽以私人收藏之珍品，亦時供同志之賞覽。各地方之音樂會，演劇場，均以容多數人爲快。所謂獨樂樂不如與人樂樂，寡樂樂不如與衆樂樂，然以宣王之惛，尙能承認之，美之爲普遍性可知矣。且美之批評，雖間亦因人而異，然不曰是於我爲美，而曰是爲美，是亦以普通性爲標準之一證也。美以普遍性之故，不復有人我之關係，遂亦不能有利害之關係。馬牛，人之所利用者；而戴嵩所畫之牛，韓幹所畫之馬，決無對之而作服乘之想者。獅虎，人之所畏也；而蘆溝橋之石獅，神虎橋之石虎，決無對之而生搏噬之恐者。植物之花，所以成實也，而吾人賞花，決非作果實可食之想。善歌之鳥，恒非食品。燦爛之蛇，多含毒液。而以審美之觀念對之，其價値自若。美色，人之所好也；對希臘之裸像，決不敢作龍陽之想；對拉飛爾若魯濱司之裸體畫，決不敢有周昉秘戲圖之想。蓋美之超絕實際也如是。且於普通之美以外，就特別之美而觀察之，則其義益顯。例如崇宏之美，有至大至剛兩種。至大者，如吾人在大海中，惟見天水相連，茫無涯涘。又如夜中仰數恒星，知一星爲一世界，而不能得其止境，頓覺吾身之小雖微塵不足以喻，而不知何者爲所有。其至剛者，如疾風震霆，覆舟傾屋，洪水横流，火山噴薄，雖拔山蓋世之氣力，亦無所施，而不知何者爲好勝。夫所謂大也，剛也，皆對待之名也。今既自以爲無大之可言，無剛之可恃，則且忽無超出乎對待之境，而與前所謂至大至剛者併合而爲一體，其愉快遂無限量。當斯時也，又豈尙有利害得喪之見能參入其間耶？其他美育中如悲劇之美，以其能破除吾人貪戀幸福之思想。小雅之怨悱，屈子之離憂，均能特別感人。西廂記若終於崔張團圓，則平淡無奇；惟如原本之終於草橋一夢，始足發人深省。石頭記若如紅樓後夢等必待寶黛成婚，則此書可以不作。原本之所以動人者，正以寶黛之結果一死一亡，與吾人之所謂幸福全然相反也。又如滑稽之美，以不與事實相應爲條件。如人物之狀態，各部分別有比例，而滑稽畫中之人物，則故使一部分特別長大或特別短小。作詩則故爲不諧之聲調，用字則取資於同音義者。方朔割肉以遺細君，不自責而反自誇。優旃諫漆城，不言其無益，而反謂漆城蕩蕩，寇來不得上。皆與實際不相容，故令人失笑耳，要之美學之中，其大別爲都麗之美，崇宏之美（日本人譯言優壯美），而附麗於崇宏之悲劇，附麗於都麗之滑稽，皆足以破人我之見，去利害得失之計較。則其明以陶養性靈，使之日進於高尚者，固已足矣。又何取乎侈言陰騭，攻擊異派之宗教，以激刺人心，而使之漸喪其純粹之美感耶？（民國四年）

(二)美術的起源

美術有狹義的廣義的。狹義的，是專指建築造象（雕刻）、圖畫與工藝美術（包括裝飾品等）等。廣義的，是于上列各種美術外，又包含文學、音樂、舞蹈等。西洋人著的美術史，用狹義；美學或美術學，用廣義。現在所講的，也用廣義。

美術的分類，各家不同。今用 Fechner 與 Grosse 等說分作動靜兩類：靜的是空間的關係；動的是時間的關係。靜的美術，普通也用圖象美術的名詞作範圍。他的託始，是一種裝飾品。最早的在身體上；其次在用具上，就是圖案；又其次乃有獨立的圖象，就是造象與繪畫。由靜的美術過渡到動的美術，是舞蹈，可算是活的圖象。在低級民族，舞蹈時候，都有唱歌與器樂；我們就不免聯想到詩韻與音樂。舞蹈，詩歌，音樂，都是動的美術。

我們要考求這些美術的起原，從那裏下手呢？照進化學的結論，人類是從他種動物進化的。我們一定要考究動物是否有創造美術的能力？我們知道，植物有美麗的花，可以引誘蟲類，助他播種。我們知道，動物界有雌雄淘汰的公例：雄的動物，往往有特別美麗的毛羽，可以誘導雌的，纔能傳種。動物已有美感，是無可疑的，但是這些動物，果有自己製造美術的能力麼？有些美術家，說美術的衝動，起于游戲的衝動。動物有游戲衝動，可以公認。但是說到美術上的創造力，卻與游戲不同。動物果有創造力麼？有多數能歌的鳥，如黃鶯等，很可以比我們的音樂。中國古書，如呂氏春秋等，還說“伶倫取竹製十二筩，聽鳳凰之鳴，以別十二律”云云。似乎音樂與歌鳥，很有關係。但他們是否是有意識的歌？無從證明。圖象美術裏面，造象繪畫，是動物界絕對沒有的。惟有造巢的能力，很可以與我們的建築術競勝。近來如I. Rennie著的Die Baukunst der Tiere, 如L. Büchner著的Aus dem Geislesleben der Tiere, 如I. G. Wood著的Homes Without Hands, 如G. Romanes著的Animal Intelligences, 都對于動物造巢的技術，很多記述。就中最特別的，如蜜蜂的巢，造多數六角形小舍合成圓穹形。蟻的垤，造成三十層到四十層的樓房，每層用十寸多長的支柱支起來；大廳的頂，于中央構成螺旋式，用十字式木材撐住。非洲的白蟻，有垤上構塔，高至五七邁當的；垤內分作堂，室，甬道等。美洲有一種海貍，在水濱造巢，兩方入口都深入嚴多不凍的水際；要巢旁的水，保持常度，掘一小淺池儲不多量的水，並沒有水門與溝渠。印度與南非都有一種織鳥，他們的巢是用木莖織成的。有一種縫鳥，用植物的纖維或偶然拾得人類所棄的線，縫大葉作巢，線的首尾，都打一個結。在東印度與意大利，都有一種縫鳥，所用的線，是採了棉花用喙紡成的。澳洲的葉鳥（造巢如葉），在住所以外別設一個舞蹈廳。地基與各面，都用樹枝交互織成；爲免內面的不平坦，把那兩端相交的叉形都向着外面。又搜集了許多陳列品，都是選那色新鮮明的，如別的鳥類的毛羽，人用布帛的零片，閃光的小石與螺殼，或用樹枝分架起來，或散布在入口的地面。這些都不能不認爲一種的技術。但嚴格的考核起來，造巢的本能，恐還是生存上需要的條件。就是平齊圓穹等等，雖很合美的形式，未必不是爲便于出入迴旋起見。要是動物果有創造美術的能力，必能一代一代的進步；今既絕對不然，所以說到美術，不能不說是人類獨占的了。

考求人類最早的美術，從兩方面着手：一是古代未開化民族所造的，是古物學的材料；二是現代未開化民族所造的，是人類學的材料。人類學所得的材料，包括動靜兩類。古物學是偏于靜的且往往有脫節處，不是借助人類學不容易了解。所以考求美術的原始，要用現代未開化民族的作品作主要材料。

現代未開化的民族，除歐洲外，各洲都還有。在亞洲有Andamanen羣島的Mincopie人，錫蘭東部的Veddha人，與西伯利亞北部的Tchuktschen人。在非洲有Kalahari的Buschmänner。在美洲北有Arkisch的Eskimo人，Aleüten的土人，南有Feuerländer羣島的土人，Brasilien的Botokuden人。在澳洲有各地的土人。都是供給材料給我們的。

現在講初民的美術，從靜的美術，起先講裝飾。

從前達爾文遇有一個Feuerländer人，送他一方紅布，看他作什麼用。他並不製衣服，把這布撕成細條兒，送給同族作身上的裝飾。後來遇着澳洲土人，試試他，也是這個樣子。除了Eskimo人非衣服不能禦寒外，其餘初民，大抵看裝飾比衣服要緊得多。

裝飾可分固着的，活動的兩種：固着的，是身上刻文，及穿耳，鑲脣等；活動的，是巾、帶、環、鐲等。活動的裝飾裏面，最簡單的是畫身。這又與幾種固着的裝飾有關係，恐是最早的裝飾。

除了Eskimo人，非全身蓋護不能禦寒外，其餘未開化民族，沒有不畫身的。澳洲土人旅行，携一個袋鼠皮的行囊，裏面必有紅黃白三種顏料。每日必要在面部、肩部、胸部點幾點。最特殊的，是Botokuden人，有時除面部臂部脛部外，全身塗成黑色，用紅色畫一條界線在邊上。或自頂至踵平分左右；一半畫黑色，一半不畫。其餘，各民族畫身的習慣，大略如左：

畫上去的顏色：是紅、黃、白、黑四種；紅、黃最多。

所畫的花樣：是點、直線、曲線、十字、交叉紋等；眼邊多用白色畫圓圈。

所畫的部位：是在額面、頂、肩、背、胸、四肢等；或全身。

畫的時期：除前述澳洲土人每日略畫外，童子成丁祝典，舞蹈會，喪期，均特別注意，如文明人着禮服的樣子。也有在死人身上畫的。現在婦女用脂粉，外國馬戲的小丑抹臉，中國唱戲的講究臉譜，怕都是野蠻人畫身的習慣遺傳下來的。

他們爲畫的容易脫去，所以又有瘢痕與彫紋兩種。暗色的澳洲土人與Mincopie人是專用瘢痕的。黃色的Buschmanner，古銅色的Eskimo，是專用彫紋的。

瘢痕是用火石，蚌殼，或最古的刀類，在皮膚上或肉際割破，等他收口了，用一種灰白色顏料塗上去。有幾處土人，要他瘢痕大一點，就從新創時起，時時把顏料塡上去，或用一種植物的質滲進去。

瘢痕的式樣：是點、曲線、馬蹄形、半月形等。

所在的地位：是面、胸、背、臂、股等。

時期：澳人，自童子成丁的節日割起，隨年歲加增。Mincopie人，自八歲起，十六歲或十八歲就完了。

彫紋，是在彫過的部位，用一種研碎的顏料滲入上去；也有用烟煤或火藥的。經一次發炎，等全愈了，就現出永不褪的深藍色。

彫文的花樣：在Buschmänner還簡單，不過刻幾條短的直線。Eskimo人的就複雜了，有曲線；有交叉紋；或用多數平行線作扇面式；或作平行線與平列點，並在其間，作屈曲線，或多數正方形。所彫的部位，是面、肩、胸、腰、臂、脛等。

彫文的流行，比瘢痕廣而且久。禮記王制篇：“東方曰夷，被髮文身。……南方曰蠻，雕題交趾。”疏說：“題額也，謂以丹青彫題其額。”是當時東南兩方的蠻人，都有彫文的習慣。又史記吳太伯世家：“太伯仲雍二人，乃犇荊蠻，文身斷髮。”應劭說：“常在水中，斷其髮，文其身，以象龍子，故不見傷害。”墨子說：“勾踐剪髮文身，以治其國。”莊子說：“宋人資章甫以適，越人斷髮文身，無所用之。”似乎自商季至周季，越人總是有彫文的。水滸傳裏的史進，身上繡成九條龍。是宋元時代還有用彫文的。聽說，日本人至今還有。歐洲充水手的人，也有臂上彫紋的。我于一九〇八年，在德國 Leipzig 的羊市場，見兩個德國女子，用身上彫紋，售票縱觀。我還藏着他們兩人的攝影片。可見這種裝飾，文明民族裏面，也還不免呢。

Botokuden 人，沒有瘢痕，也沒有彫紋，却有一種性質相近的裝飾：就是脣耳上的木塞子。這就叫作 Botoque，怕就是他們族名的緣起。他們小孩子七八歲，就在下脣與耳端穿一個釦狀的孔，鑲了軟木的圓片。過多少時，漸漸兒擴大，直到直徑四寸為止。就是有瘢痕或彫紋的民族，也有這一類的裝飾：如 Buschmänner 的脣下鑲木片，或象牙或蛤殼，或石塊；澳人鼻端穿小棍或環子；Eskimo人耳端挂環子。耳環的裝飾，一直到文明社會，也還不免。從固定的裝飾過渡到活動的，是髮飾。各民族有剪去一部分的；有編成辮子，用象牙環，古銅環束起來的；有編成髮束，用兔尾，鳥羽，或金屬釦作飾的；有用赭石和了油或用蠟塗上，堆成餅狀的。現在滿洲人的垂辮，全世界女子的梳髻，都是初民髮飾的遺傳。頭上活動的裝飾，是頭巾。凡是游獵民族，除了Eskimo外，沒有不裹頭巾的。最簡單的，用Pandance的葉卷成。別種或用皮條，或用袋鼠毛，植物纖維編成。或用鴕鳥羽，鷹羽，七絃琴尾鳥羽，熊耳毛束成。或用新鮮的本料，刻作鳥羽形，帶起來。或用繩子穿黑的漿果與白的猴牙相間。或用草帶綴一個鴕鳥蛋的殼，又插上鳥羽，或用袋鼠牙兩小串，分掛兩額。或用痲縷編成網式的頭巾，又從左耳至右耳，插上黃色或白色鸚鵡羽編成的扇。且有頭上戴一隻鷲鳥，或一隻烏鴉。各種民族的冠巾，與現在歐美婦女冠上的鳥羽或鳥的外廓，都是從初民的頭巾演成的。

其次頭飾：有木葉捲成的，或海狗皮切成的帶子。有用植物纖維織成的，或獸毛織成的繩子。繩子上串的，是Mangrove樹的子，紅珊瑚、螺殼、玳瑁、鳥羽、獸骨、獸牙等；也有用人指骨的。滿洲人所用的朝珠，與歐美婦女所用的頭飾，都是這一類。

其次腰飾：也有帶子，用樹葉獸皮製成的。或用繩子，用植物纖維或人髮編成的。繩子上往往繫有腰褂：有用樹葉編成的，有用鴕鳥羽，或蝙蝠毛，或松鼠毛束成的；有用短絲一排的；有用羚羊皮碎條一排，並綴上珠子或卵殼的。吾國周時有大帶素帶等，且有金帶、銀帶、玉帶等，現今軍服也用革帶，都起於初民的帶子。又古人解說市字（即韍字），說人類先知蔽前，後知蔽後，似是起於羞恥的意識。但觀未開化民族所用的腰褂，外用碎條，並沒有遮蔽的作用。且澳洲男女合組的舞蹈會，未婚的女子有腰褂，已婚的不用。遇着一種不純潔的會，婦人也繫鳥羽編成的腰褂。有許多旅行家，說此等飾物，實因平日裸體，恬不爲怪，正借飾物爲刺激；與羞恥意識的說明恰相反。

至於四肢的裝飾，是在臂上脛上，繫著與頸飾同樣的帶子，或繩子。後來稍稍進化一點的民族，纔帶鐲子。

上頭所說的頭飾腰飾等等，Eskimo 都是沒有的。他們的裝飾品，是衣服：有裘；有衣縫上綴著的皮條，獸牙骨類金類製成的珠子，古銅的小鐘。男子有一種上衣，在後面特別長，很像獸尾。

綜觀初民身上的裝飾，他們最認爲有價值的，就是光彩。所以 Feuerländer 人見了玻璃片，就拿去作頸飾。Buschmänner 得了銅鐵的環，算是幸福。他們沒有工藝，得不到文明民族最光彩的裝飾品。但是自然界有許多供給：如海灘上的螺殼，林木上的果實與枝莖，動物的毛羽與齒牙，他們也很滿足了。

他們所用的顏色：第一是紅。Goethe 曾說，紅色爲最能激動感情。所以初民很喜歡他。就是中國人古代尚緋衣，清朝尊紅頂，也是這個緣故。其次是黃；又其次是白黑；大約冷色是很少選用。止有Eskimo人的唇鈕，用綠色寶石，這是很難得的。他們的選用顏色，與膚色很有關係。膚色黑暗的，喜用鮮明的色；所以澳人與Mincopie 人用白色畫身；澳人又用袋鼠白牙，作頸飾。膚色鮮明的，喜用黑暗的色。所以，Feuerländer 人用黑色畫身；Buschmänner人用暗色珠子作飾品。

用鳥羽作飾品，不但取他的光彩與顏色，又取他的形式。因爲他在靜止的時候仍有流動的感態，自原人時代直到現在的文明社會，永遠占着飾品的資格。其次螺殼：因爲他的自然形式很像用精細人工製成的，所以初民很喜歡他。但在文明社會，祇作陳列品的加飾了。

初民的飾品都是自然界供給，因爲他們還沒有製造美術品的能力。但是他們已不是純任自然，他們也根據着美的觀念加過一番工夫。他們把毛皮切成條子，把獸牙木果等排成串子，把鳥羽編成束子，或扇形，結在頭上，都含有美術的條件：就是均齊與節奏。第一條件，是從官肢的性質上得來的。第二條件，是從飾品的性質上得來的。因爲人的官肢，是左右均齊，所以遇着飾品，也愛均齊。要是例外的不均齊，就覺得可笑或可驚了。身上的瘢痕與彫紋，偶有不均齊的，這不是他們不愛均齊；是他們美術思想最幼稚的時代，還沒有見到均齊的美處。節奏也不是開始就見到的，是他們把獸牙或螺殼等，在一條繩子上串起來，漸漸兒看出節奏的關係了。Botokuden人用黑的漿果與白的獸牙相間的串上，就是表示節奏的美麗。不過這還是兩種原質的更換；別種獸牙與螺殼的排列法，或利用質料的差別，或利用顏色與大小的差別，也有很複雜的。

身上刻畫的花紋，與頸飾腰飾上獸牙螺殼的排列法，都是圖案一類；但都是附屬在身上的。到他們的心量漸廣，美的觀念寄託在身外的物品，才有器具上的圖案。

他們有圖案的器具，是盾、棍刀、鎗、弓、投射器、舟、櫓、陶器、桶柄、箭袋、針袋等。

圖案有用紅、黃、白、黑、椶、藍等顏料畫的；有刻出的。

圖案的花樣：是點、直線、曲屈線、波紋線、十字、交叉線、三角形、方形、斜方形、卍字紋、圓形、或圓形中加點等。也有寫蝙蝠、蜴蜥、蛇魚、鹿、海豹等全形的。寫動物全形，自是摹擬自然。就是形學式的圖案，也是用自然物或工藝品作模範。譬如十字是一種蜴蜥的花紋，梳形是一種蜂窠的凸紋；曲屈線相聯，中狹旁廣的，是一種蝙蝠的花紋；雙層曲屈線，中有直線的，是蝮蛇的花紋；雙鈎卍字，是Cassinauhe 蛇的花紋；浪紋參黑點的，是Anaconda 蛇的花紋；菱形參填黑的四角形的，是Lagunen 魚的花紋。其餘可以類推。因爲他們所摹擬的，是動物的一部分，所以不容易推求。至於所摹擬的工藝品，是編物：最簡單的陶器，勒出平行線，斜方線都像編紋；有時在長槍上摹擬草藍的花紋，在盾上棍上摹擬帶紋結紋。也有人說，陶器上的花紋，是怕他過於光滑，不易把持，所以刻上的。又有聯想的關係，因陶器的發明，在編物以後，所以瓶釜一類用筐籃作模範。軍器的鋒刄，最早的用繩或帶繫縛在柄上；後來有膠法簳法了，但是繩帶的聯想仍在，所以畫起來或刻起來了。Freiburg 的博物院中有兩條澳人的槍，他們的鋒，一是用繩縛住的，一是用樹膠黏住的。但是黏住的一條也畫上繩的樣子，與那一條很相像。這就是聯想作用的證據。但不論為把持的便利，或為聯想的關係，他們既然刻畫得很精緻，那就是美術的作用。

初民的圖案，又很容易與幾種實用的記號相混：如文字，如所有權標誌，如家族徽章，如宗教上或魔術上的符號，都是。但是排列得很勻稱的，就不見得是文字與標誌。描畫得詳細，不是單有輪廓的，就不見得是符號。不是一家族的在一種器具上同有的，就不見得是徽章。又參考他們土人的說明，自然容易辨別了。

圖案上美的條件，第一是節奏。簡單的，是用一種花樣重複了若干次。複雜的，是用兩種以上的花樣，重複了若干次。就是文明民族的圖案，也是這樣。第二是均齊。初民的圖案，均齊的固然很多，不均齊的也很不少。例如澳人的三個狹盾，一個是在雙弧線中塡曲屈線，左右同數是均齊的。他一個，是兩方均用雙鈎的曲屈線，但一端三數，一端四數。又一個，是兩方均用 r 紋，但一方二數，一方三數。為什麼兩方不同數，因為有一種動物的體紋是這樣，他們純粹是摹擬主義，所以不求均齊了。

圖案的取材，全是人與動物，沒有兼及植物。因爲游獵民族，用獵得的動物作經濟上的主要品，他們婦女雖亦捃拾植物，但作爲副品，並不十分注意。所以刻畫的時候，竟沒有想到。

圖案裏面，有描出動物全體的，這就是圖畫的發端。Eskimo 人骨製的箭袋，竟彫成鹿形。又有兩個針袋，一個是魚形，又一個是海豹形。這就是造象的發端。

造象術是寒帶的民族擅長一點兒。如Hyperborä 人有骨製的人形、魚形、海狗形等；Aleutian人有魚形，狐形等；Eskimo 人有海狗形等，都彫得頗精工，不是別種游獵民族所有的。

圖畫，在各民族都很發達，但寒帶的人，是刻在海象牙上；或用油調了紅的粘土，黑的煤，畫在海象皮上。所畫的，除動物形外，多是人生的狀況：如雪舍皮幕，行皮船，乘狗橇，用杈獵熊與海象等。據Hildebränd氏說：Tuhuktschen人曾畫月球裏的人；因爲他畫了一個戴厚帽的人，在一個圓圈的中心點。

別種游獵民族，如澳人，Buschmänner 人，都有摩崖的大幅。在鮮明的巖石上，就用各種顏色畫上。在黑暗的巖壁上，先用堅石劃紋，再塡上鮮明的顏色。也有先用一種顏色塡了底，再用別種顏色畫上去的。澳人有在木製屋頂上，塗上烟煤，再用指甲作畫的。又有在木製墓碑上，刻出圖象的。

澳人用的顏色，以紅、黃、白三種爲主。黑的用木炭。藍的不知用何等材料。調色用油。畫好了，又用樹膠塗上，叫它不褪。Buschmänner 人多用紅、黃、椶、黑等色，間有綠色。調色用油或血。

圖畫的內容，動物形象最多：如袋鼠、象、犀、麒麟、水牛，各種羚羊、鬣狗、馬、猿猴、鴕鳥、吐綬雞、蛇、魚、蟹、蝪蜥、甲蟲等。也畫人生狀況：如獵獸、刺魚、逐鴕鳥，及舞蹈會等。間亦畫樹，並畫屋、船等。

澳人的圖畫，最特別的是西北方上Glenelg 山洞裏面的人物畫。第一洞中，在斜面黑壁上用白色畫一個人的上半截。頭上有帽帶着紅色的短線，面上畫的眼鼻很清楚，其餘都缺了。口是澳人從來不畫的。面白，眼圈黑。又用紅線、黃線，描他的外廓。兩隻垂下的手，畫出指形。身上有許多細紋，或者是瘢痕，或者是皮衣。在他的右邊又畫了四個女子，都注視這個人。頭上都帶着深藍色的首飾，有兩個帶髮束。第二洞中，有一個側面人頭的畫，長二尺，寬十六寸。第三洞中，有一個人的像，長十尺六寸。自領以下，全用紅色外套裹着，僅露手足。頭向外面，用圈形的巾子圍着。這個像，是用紅、黃、白三色畫的。面上止畫兩眼。頭巾外圈界作許多紅線，又彷彿寫上幾個字似的。

Buschmänner 的圖畫，最特別的是 Hemon 相近山洞中的盜牛圖，圖中一個 Buschmänner 的村落，藏着盜來的牛。被盜的 Kaffern 人追來了。一部份的 Buschmänner

人，驅着牛逃往他處；多數的拿了弓箭來對抗敵人。最可注意的，是Buschmänner人軀幹雖小，但筋力很強；Kaffern人雖然長大，但筋力是弱的。畫中對於實物的形狀與動作，很能表現出來。

這些游獵民族雖然不知道現在的直線配景，與空氣映景等法，但他們已注意於遠近不同的排列法；大約用上下相次來表明前後相次，與埃及人一樣。他們的寫象實物，很有可驚的技能。㈠因爲他們有銳利的觀察，與確實的印象。㈡因爲他們的主動機關，與感覺機關適當的應用。這兩種，都是游獵時代生存競爭上必須的。

在圖畫與彫象兩種以外，又有一種類似彫象的美術，是假面，是西北海濱紅印度人的製品。是出於不羈的想象力，與上面所述寫實派的彫象與圖畫很有點不同。動物樣子最多，作人面的也很不自然，故作妖魔的形狀，與西藏黃教的假面差不多。

初民的美術最有影響的，是舞蹈。可分爲兩種：一種是操練式（體操式）；一種是游戲式（演戲式）。操練或舞蹈，最普及的是澳人的Corroborris。Mincopie人與Eskimo人，也都有類此的舞蹈。他們的舉行，最重要的，是在兩族間戰後講和的時候。其他如果蓏成熟、牡蠣收穫、獵收豐多、兒童成丁、新年、病愈、喪畢，軍隊出發與別族開始聯歡等，也隨時舉行。舉行的地方，或在叢林中空地，或在村舍；Eskimo人有時在雪舍中間。他們的時間，總在月夜，又點上火炬，與月光相映。舞蹈的總是男子，女子別組歌隊，別有看客。有一個指揮人或用雙棍相擊，或足蹴發音盤，作舞蹈的節拍。他們的舞蹈，總是由緩到急。雖然到了最急烈的時候，但沒有不按着節拍的。

別有女子的舞蹈，大約排成行列，用上身搖曳；或兩脛展縮作姿勢，比男子的舞蹈，精細得多了。

游戲式舞蹈，多有摹擬動物的，如袋鼠式，野犬式，鴕鳥式，蝶式，蛙式等。也有摹擬人生的：以愛情與戰鬥爲最普通。澳人並有搖船式，死人復活式等。

舞蹈的快樂，是用一種運動發表他感情的衝刺。要是內部衝刺得非常，外部還要拘束，就覺得不快，所以不能不爲適應感情的運動。但是這種運動，過度放任，很容易疲乏，由快感變爲不快感了，所以不能不有一種規則。初民的舞蹈，無論活動到何等激烈，總是按着節奏，這是很合于美感上條件的。

舞蹈的快樂，一方面是舞人，又一方面是看客。舞人的快樂，從筋骨活動上發生。看客的快樂，從感情移入上發生。因看客有一種快樂，推想到擬人的鬼神也有這種感情，於是有宗教式舞蹈。宗教式舞蹈，大約各民族都是有的；但見諸記載的，現在還止有澳人。他們供奉的魔鬼，叫作Mindi，常有人在供奉他的地方舉行舞蹈。又有一種，在舞蹈的中間擎出一個魔像的。總之，舞蹈的起原，是專爲娛樂；後來纔參入宗教儀式，是可以推想出來的。

初民的舞蹈，多兼歌唱；歌唱的詞句，就是詩。但他們獨立的詩歌，也就不少。詩歌是一種語言，把個人內界或外界的感觸，而向著美的目標，用美的形式表示出來。所以詩歌可分作兩大類：一是主觀的，表示內界的感情與觀念，就是表情歌（Lyrik）。一是客觀的，表示外界的狀況與事變，就是史詩與劇本。這兩類都是用感情作要素；是從感情出來，仍影響到感情上去。

人類發表感情，最近的材料與最自然的形式，是表情詩。他與語言最相近，用一種表情的語言，按着節奏慢慢兒念起來，就變爲歌詞了。尙書說：" 歌永言。" 禮記說：" 言之不足，故長言之。長言之不足，故詠嘆之。" 就是這個意思。Ehrenreich 氏曾說，Botokuden 人，在晚上，把晝間的感想咏嘆起來，很有詩歌的意味。或說今日獵得很好，或說我們的首領是無畏的。他們每個人把這些話按着節奏的念起來，且再三的念起來。澳洲戰士的歌，不是說刺他那裏；就說我有什麼武器。竟把這種同式的話疊到若干句。均與普通語言，相去不遠。

他們的歌詞，多局于下等官能的範圍，如大食大飲等。關于男女間的歌，也很少說到愛情的。很可以看出利己的特性。他總是爲自己的命運發感想；若是與他人表同情的，除了惜別與輓詞，就沒有了。他們的同情也限于親屬；一涉外人，便帶有注意或仇視的意思。他們最喜歡嘲謔，有幸災樂禍的習慣；對于殘廢的人，也要用詩詞嘲謔他。偶然有出于好奇心的：如澳人初見汽車的噴烟，與商船的鷁首，都隨口編作歌詞。他們對于自然界的偉大與美麗，很少感觸，這是他們受過自然壓制的緣故。惟Eskimo人有一首詩，描寫山頂層雲的狀況，是很難得的。他的大意如左：

這很大的Koonak山在南方——我看見他；——這很大的Koonak山在南方——我眺望他；——這很亮的閃光，從南方起來，——我很驚訝。——在Koonak山的那面，——他擴充開來，——仍是Koonak山——但用海包護起來了。——看呵！他（雲）在南方什麼樣？——滾動而且變化；——看呵！他在南方什麼樣？——交互的演成美觀，——他（山頂）所受包護的海——是變化的雲；——包護的海——交互的演成美觀。

有些人，說詩歌是從史詩起的。這不過因爲歐洲的文學史從Homer的兩首史詩起。不知道Homer以前，已經有許多非史的詩，不過不傳罷了。大約史詩的發起，總在表情詩以後。澳洲人與Mincopie人的史詩，不過參雜節奏的散文；惟有Eskimo的童話，是完全按着節奏編的。

普通游獵民族的史詩，多說動物生活與神話；Eskimo多說人生。他們的著作，都是單量的（Ein Dimension），是線的樣子。他們描寫動物的性質，往往說到副品爲止；很少能表示他特別性質與奇異行爲的。說人生也是這樣，總是說好的壞的這些普通話，沒有說到特性的。說年長未婚的人，總是可笑的。說婦女，總是能持家的。說寡婦，總是慈善的。說幾個兄弟的社會，總是驕矜的，粗暴的，猜忌的。

Eskimo有一篇小Kagsagsuk的史詩，算是程度較高的。他的大意如左：

Kagsagsuk 是一個孤兒，寄養在一個窮的老媪家裏。這老媪是住在別家門口的一個小窖，不能容LK。LK 就在門口偎着狗睡，時時受大人與男女孩童的欺侮。他有一日獨自出遊，越過一重山，忽然有求強的志願，想起老媪所授魔術的咒語，就照式念着。有一神獸來了，用尾拂他；由他的身上排出許多海狗骨來，說這些就是阻礙他身體發展的。排了幾次，愈排愈少，後來就沒有了。回去的時候，覺得很有力了。但是遇着別的孩童欺侮他，他還是忍耐着。又日日去訪神獸，覺得一日一日的強起來。有一回，神獸說道：”現在夠了，但是要忍耐着。等到冬季海凍了，有大熊來，你去捕他。“他回去，有欺侮他的，他仍舊忍耐着。冬季到了，有人來報告：”有三個大熊，在冰山上，沒有人敢近他。“LK 聽到了，告他的養母要去看看。養母嘲笑他道：”好！你給我帶兩張熊皮來，可作褥子同蓋被。“他出去的時候，大家都笑看他。他跑到冰山上，把一隻熊打死了，擲給衆人，讓他們分配去。又把那兩隻都打死了，剝了皮，帶回家去送給養母，說是褥子與蓋被來了。那時候鄰近的人，平日輕蔑他的，都備了酒肉，請他飲食，待他很懇切。他有點醉了，向一個替他取水的女孩子道謝的時候，忽然把這個女孩子捋死了。女孩子的父母，不敢露出恨他的意思。忽然一羣男孩子來了，他剛同他們說應該去獵海狗的話，忽然逼進隊裏，把一羣孩子都打死了。他們這些父母，都不敢露出恨他的意思。他忽然復仇心大發了，把從前欺侮他的人，不管男女壯少統統打死了。賸下一部分苦人，向來不欺侮他的，他同他們很要好，同消受那多期的儲蓄品。他挑了一隻最好的船，很勤的練習航海術，常常作遠遊，有時往南，有時往北。他心裏覺得很自矜了，他那武勇的名譽，也傳遍全地方了。

多數美術史家與美學家，都以爲劇本是詩歌最後的；這却不然。演劇的要素，就是語言與姿態同時發表。要是用這種定義，那初民的講演就是演劇了。初民講演一段故事，從沒有單純口講的，一定隨着語言做出種種相當的姿勢。如 Buschmänner 遇着代何種動物說話，就把口做成那一個動物的口式。Eskimo 的講演，述那一種人的話，就學那一種人的音調；學的很像。我們只要看兒童們講故事，沒有不連着神情與姿態的，就知道演劇的形式是很自然，很原始的了。所以純粹的史詩，倒是詩歌三式中最後的一式。

普通人對於演劇的觀念，或不在兼有姿態的講演，反重在不止一人的演作。就這個狹義上觀察，也覺得在低級民族，早已開始了。第一層，在 Grönland 有兩人對唱的詩，並不單是口唱，各做出許多姿態，就是演劇的樣子。而且這種對唱，在澳洲也是常見的。第二層，游戲式舞蹈，也是演劇的初步。由對唱到演劇，是添上地位的轉動。由舞蹈到演劇，是添上適合姿態的語言。講到內部的關係，就不容易區別了。

Aleutian 人有一齣啞戲。他的內容，是一個人帶着弓作獵人的樣子，別一個人扮了一隻鳥。獵人見了鳥，做出很愛他，不願害他的樣子。但是鳥要逃了，獵人很着急，自己計較了許久，到底張起弓來把鳥射死了。獵人高興的跳起舞來，忽然，他不安了，悔了，于是乎哭起來了。那隻死鳥又活了，化了一個美女，與獵人挽着臂走了。

澳洲人也有一齣啞戲，但有一個全劇指揮人，於每幕中助以很高的歌聲。第一幕，是羣牛從林中出來，在草地上游戲。這些牛，都是土人扮演的，畫出相當的花紋。每一牛的姿態，都很合自然。第二幕，是一羣人向這牧羣中來，用鎗刺兩牛，剝皮切肉，都做得很詳細。第三幕，是聽着林中有馬蹄聲起來了，不多時，現出白人的馬隊，放了鎗，把黑人打退了；不多時，黑人又集合起來，衝過白人一面來，把白人打退了，逐出去了。

這些啞戲，雖然沒有相當的詩詞，但他們編製，很有詩的意境。

在文明社會，詩歌勢力的伸張，半是印刷術發明以後，傳播便利的緣故。初民既沒有印刷，又沒有文字，專靠口耳相傳，已經不能很廣了。他們語音相同的範圍又是很狹，他們的詩歌，除了本族以外，傳到鄰近，就同音樂譜一樣了。

文明社會，受詩歌的影響，也很大的。如希臘人與 Homer，意大利人與 Dante，德意志人與Goethe，是最著的例。初民對于詩歌，自然沒有這麼大影響；但是他們的需要，也覺同生活的器具一樣。Stokes氏曾說，他的同伴土人Miago遇着何等對象，都很容易，很敏捷的構成歌詞。而且說，不是他一人有特別的天才，凡澳人普通如此。Eskimo人，也是各有各的詩。所以他們並不怎麼樣的崇拜詩人，但是對于詩歌的價值，是普通承認的。

與舞蹈詩歌相連的，是音樂。初民的舞蹈，幾乎沒有不兼音樂的。彷彿還偏重音樂一點兒。Eskimo舞蹈的地方，叫作歌場（Ouaggi），Mincopie人的舞蹈節，叫作音樂節。

初民的唱歌，偏重節奏，不用和聲。他們的音程也很簡單，有用三聲的，有用四聲的，有用六聲的；對于音程，常不免隨意出入。Buschmänner的音樂天才，算是最高；歐人把歐洲的歌教他們，他們很能仿傚。Lishtenstein氏還說，很願意聽他們的單音歌。

他們所以偏重節奏的原故：一是因他本用在舞蹈會上，二是樂器的關係。

初民的樂器，大部分是爲拍子設的，最重要的是鼓。惟Botokuden人沒有這個；其餘都是有一種，或有好幾種。最早的形式，怕就是澳洲女子在舞蹈會上所用的，是一種繃緊鼓的袋鼠皮，平日還可以披在肩上作外套的，有時候把土捲在裏面。至於用獸皮繃在木頭上面的作法，是在Melanesia見到的。澳北Queensland有一種最早的形式，是一根堅木製成的粗棍，打起來聲音很強。這種聲杖，恰可以過渡到Mincopie人的聲盤。聲盤是舞蹈會中指揮人用的，是一種盾狀的片子，用堅木製成的，長五尺，寬二尺；一面凸起，一面凹下；凹下的一面，用白堊畫成花紋。用的時候，凹面向下，把窄的一端揷入地平，指揮人把一足踏住了；爲加增嘈音起見，在寬的一端，墊上一塊石頭。Eskimo人，用一種有柄的扁鼓：他的箍與柄，都是木製，或用狼的腿骨製；他的皮，是用海狗的，或用馴鹿的，直徑三尺；用長十寸粗一寸的棍子打的。Buschmänner的鼓，荷蘭人叫作Ron-melpott，是用一張皮綳在開口的土瓶或木桶上面，用指頭打的。

Eskimo人，Mincopie人，與一部分的澳洲人，除了鼓，差不多沒有別的樂器了。獨有澳北Port Essington土人有一種簫，用竹管製的，長二三尺；用鼻孔吹他。Bo-tokuden人沒有鼓，有兩種吹的樂器：一是簫，用Taguara管製的，管底穿幾個孔，是婦女吹的。一是角，用大帶獸的尾皮製的。

Buschmänner有用絃的樂器。有幾種不是他們自己創造的，一種叫Guitare，是從非洲黑人得來。一種壺盧琴，從Hottentotten得來。壺盧琴，是木製的底子，綴上一個壺盧，可以加添反響；有一條絃，又加上一個環，可以申縮他顫聲的部分。止有Gora，可信是Buschmänner固有的。最早的絃器，他是弓的變形。他有一絃在絃端與木槽的中間，有一根切成薄片的羽莖揷入。這個羽莖，由奏樂的用脣扣着，憑着呼吸去生出顫動來，如吹洞簫的樣子。這種由口氣發生的諧聲，一定很弱。他那拿這樂器的右手，特將第二指在耳孔，給自己的聲覺強一點兒。他們奏起來，竟可到一點鐘的長久。

總之，初民的音樂，唱歌比器樂發達一點。兩種都不過小調子；又是偏重節奏，那諸聲是不注意的。他那音程，一是比較的簡單，二是高度不能確定。

至於音樂的起原，依達爾文說，是我們祖先在動物時代，借這個刺激的作用，去引誘異性的。凡是雄的動物，當生殖慾發動的時候，鳴聲常特別發展；不但用以自娛，且用以求媚于異性。所以音樂上的主動與受動，全是雌雄淘汰的結果。但誘導異性的作用，並非專尙柔媚，也有表示勇敢的。譬如雄鳥的美翅，固是柔媚的；牡獅的長鬣，卻是勇敢的。所以音樂上遺傳的，也有激昂一派，可以催起戰爭的興會。現在行軍的沒有不奏軍樂。據Buckler與Thomas所記，澳洲土人將要戰鬭的時候，也是把唱歌與舞蹈激起他們的勇氣來。

又如叔本華說各種美術，都有摹倣自然的痕迹，獨有音樂不是這樣，所以音樂是最高尙的美術。但據Abbé Dubos的研究，音樂也與他種美術一樣，有摹倣自然的。照歷史上及我們經驗上的證明，卻不能說音樂是絕對沒有摹倣性的。

要之音樂的發端，不外乎感情的表出。有快樂的感情，就演出快樂的聲調。有悲慘的感情，就演出悲慘的聲調。這種快樂或悲慘的聲調，又能引起聽衆同樣的感情。還有他種鬱憤恬淡等等感情，都是這樣。音樂可以說是人類交通感情的工具。斯賓塞爾說：”最初的音樂，是感情激動時候加重的語調。“是最近理的。如初民的音樂，聲音的高度還沒有確定，也是與語調相近的一端。

現在綜合起來，覺得文明人所有的美術，初民都有一點兒。就是詩歌三體，也已經不是混合的初型，早已分道進行了。止有建築術，游獵民族的天幕，小舍，完全爲避風雨起見，還沒有美術的形式。

我們一看他們的美術品，自然覺得與文明人的著作比較，不但範圍窄得多，而且程度也淺得多了。但是細細一考較，覺得他們所包含美術的條件：如節奏，均齊，對比，增高，調和等等，與文明人的美術一樣。所以把他們的美術與現代美術比較，是數量的差別，比種類的差別大一點兒；他們的感情是窄一點兒，粗一點兒；材料是貧乏一點兒；形式是簡單一點兒，粗野一點兒；理想的寄託，是幼稚一點兒。但是美術的動機作用與目的，是完全與別的時代一樣。

凡是美術的作爲，最初是美術的衝動（這種衝動是各別的：如音樂的衝動，圖畫的衝動，往往各不相干；不過文辭上可以用”美術的衝動“的共名罷了）。這種衝動與游戲的衝動相伴，因爲那沒有多加的目的。又有幾分與摹擬自然的衝動相伴，因而美術上都有點摹擬的痕迹。這種衝動，不必到什麼樣的文化程度纔能發生；但是那幾種美術的衝動發展到什麼一種程度，却與文化程度有關。因爲考察各種游獵民族，他們的美術竟相類似。例如：裝飾、圖象、舞蹈、詩歌、音樂等，無論最不相關的民族，如澳洲土人與Eskimo，竟也看不出差別的性質來。所以Taine的〞民族特性〃理論，在初民還沒有顯著的痕迹。

這種彼此類似的原因，與他們的生活，很有關係。除了音樂以外，各種美術的材料與形式，都受他們游獵生活的影響。看他的圖案，止摹擬動物與人形，還沒有採及植物，就可以證明了。

Herder與Taine二氏，斷定文明人的美術與氣候很有關係。初民美術，未必不受氣候的影響，但是從物產上間接來的。在文明人，交通便利，物產上已經不受氣候的限制；所以他們美術上所受氣候的影響，是精神上直接的。精神上直接的影響，在初民美術上，還沒有顯著的痕迹。

初民美術的開始，差不多都含有一種實際上目的：例如圖案，是應用的便利；裝飾與舞蹈，是兩性的媒介；詩歌舞蹈與音樂，是激起奮鬬精神的作用；尤如家族的徽誌，平和會的歌舞，與社會結合有重要的關係。但各種美術的關係却不是同等，大約那時候舞蹈是最重要的。看西洋美術史：希臘的人生觀，寄在造象；中古時代的宗教觀念，寄在寺院建築；文藝中興時代的新思潮，寄在圖畫；現在的文化，寄在文學；都有一種偏重的傾向。總之，美術與社會的關係，是無論何等時代，都是顯著的了。從柏拉圖提出美育主義後，多少教育家都認美術是改進社會的工具，但文明時代分工的結果，不是美術專家，幾乎沒有兼營美術的餘地。那些工匠，日日營機械的工作，一點沒有美術的作用參在裏面，就覺枯燥的了不得，遠不及初民工作的有趣。近如Morris痛恨于美術與工藝的隔離，提倡藝術化的勞動。倒是與初民美術的境象有點相近，這是很可以硏究的問題。

按先生此文曾經做過幾次：在大學日刊所登者，先生歉其稍冗長；在繪學雜誌所登者不及二千言，又歉其未足；這篇是先生最後親自寫定之稿，凡一萬四千言。據先生來書所云，亦謂"新潮既有一期登完之計畫，當集其精萃以成是篇；當較其他更爲警策。"所以我們很感謝先生，因爲先生於很熱的天氣，這忙的時候，爲我們做這長這精細的文字。志希謹誌。（錄自新潮二卷四期，民國九年四月。）

中國文化之特質

中華文化，是以倫理思想和道德觀念爲其特質；另一方面，是以科學思想和技術觀念爲其特質。

㈠倫理思想與道德觀念

遠古的人，思想本極簡單，對於自然界不可思議的現象，便視之爲神。天有天神，爲諸神中最高的神。天不僅是映於吾人眼中的青空，且是有形青空上有無形之神的存在。這無形的神，就是天的主宰，有最高無上的權威。凡世間人及萬物之所以生，皆天之所賜；以長以養，並受其支配。由於初民敬天畏天的觀念而發生對於天神的崇拜，奉之爲皇天上帝。這是原始心理所由而啓的宗教信仰，崇天神以定一尊。天神之下，有地祇，又有日月星辰山川之神，降而至於動植物之屬，統攝於至上的神。所以古代人亦推敬天之念以信奉之。易曰：「有天地，然後有萬物。有萬物，然後有男女。有男女，然後有夫婦。有夫婦，然後有父子。有父子，然後有君臣。有君臣，然後有上下。有上下然後禮義有所錯。」

循此宇宙間自然發展之迹，可知天道秩序的眞諦之所在。因爲天造萬物，故天是萬物的根本，亦就是萬物的父母。以天道秩序之理，應用於人類的社會，便產生了家族的倫理思想和五倫的道德標準。所謂「父子有親，君臣有義，夫婦有別，長幼有序，朋友有信。」就是。

基於敬天觀念而對天道發展崇拜信仰，這稱之爲拜天教。接着而有尊祖的倫理思想的激動，由是對祖先發生崇拜信仰，這稱之爲拜祖教。「萬物本乎天，人本乎祖。」（見禮記）。敬天尊祖，禮莫重於祭。祭天，卽所以敬天。祀祖，卽所以尊祖。由於倫理思想和祭祀思想的發展，祭天祀祖之外，又有對先哲先烈致以崇德報功紀念的祭祀。所以，祭祀，就是祭天神、地祇、人鬼。天神，謂天之神，地祇，謂地之神。人鬼，謂人之魂。其人鬼，除各自祭其先祖外，凡功施於民的，以死勤事的，以勞定國的，以及能禦大災捍大患的，皆列祀典（見禮記：祭法篇）。總而言之，祭祀，在禮俗上是很有意義的，乃是敬天尊祖崇聖禮賢的實際表現。惟祭天的動機，半爲祈福避禍而起，含有迷信的意味，自當別論。再說倫理思想的發展，初則見之於人與天的相接，人與人的相接，推而見之於人與家族宗族的相接，再推而見之於人與國族國家的相接。循此發展的程序，其道德觀念所藉以表而出之的，則爲儒家孔、孟所倡導的忠孝仁愛禮義之大道。所謂忠孝仁愛禮義，就是人的報德心、同情心、互助心、愛國心、自尊心。這都是我們固有道德的本質，亦就是中華道統文化的根本。

唐代韓愈，因當時佛教和道家思想很盛行，獨尊儒教，攘斥佛老，以諫迎佛骨事貶刺潮州，移刺袁州。他為了維護禹、湯、文、武、周公、孔子的一貫大道，寫了「原道」一篇文章，以伸張中華的道統文化。這文最後一段，說：

夫所謂先王之教者，何也？博愛之謂仁，行而宜之之謂義，由是而之焉之謂道，足乎己無待於外之謂德。其文，詩書易春秋；其法，禮樂刑政；其民，士農工賈；其位，君臣父子師友賓主昆弟夫婦；其服，麻絲；其居，宮室；其食，粟米果蔬魚肉：其為道易明，而其為教易行也。是故以之為己，則順而祥；以之為人，則愛而公；以之為心，則和而平；以之為天下國家，無所處而不當。是故生則得其情，死則盡其常；郊焉而天神假，廟焉而人鬼享。曰：「斯道也，何道也？」曰：「斯吾所謂道也，非向所謂老與佛之道也。」堯以是傳之舜，舜以是傳之禹，禹以是傳之湯，湯以是傳之文武周公，文武周公傳之孔子，孔子傳之孟軻；軻之死，不得其傳焉。荀與揚也，擇焉而不精，語焉而不詳。由周公而上，上而為君，故其事行；由周公而下，下而為臣，故其說長。然則如之何而可也？曰：「不塞不流，不止不行。人其人，火其書，廬其居，明先王之道以道之，鰥寡孤獨廢疾者，有養也，其亦庶乎其可也。」

從上述一段文字看來，韓愈所說的道，是闡明儒家的倫理思想，這倫理思想就是中華民族獨創的文化傳統。

近世繼承這一道統的，是　國父孫中山先生。　國父創立民國，以三民主義為建國之本。他的思想，完全是中國的正統思想，就是接近堯、舜以至孔、孟而中絕的仁義道德思想。他自己也承認是繼承這一個道統。要把中國文化之世界的價值，提高起來，為世界大同的基礎（見戴傳賢先生著的「孫文主義之哲學的基礎」）。在今天，繼承道統的，是提倡復興中華文化的　蔣總統。　總統認為　國父所著的三民主義的特質，是倫理、民主與科學；並於其手著的「科學的學庸」一書中指出儒家的「大學」是現代科學的先驅。他在「整理文化遺產與改進民族習性」一文說：「經書是我們民族文化的精髓，　總理嘗說，他的政治思想，是上承堯、舜、禹、湯、文、武、周公、孔子一貫的道統而來的，所謂「文武之政，布在方册」。這些思想的脈絡，就都彌綸在五經四書裏面。　總理生平稱述不忘的禮運大同篇，以及我所整理過的科學的學庸，都是四書五經中的一部份。在這些經書裏，是有許多「放之天下而皆準，百世以俟聖人而不惑」的至理名言，當然裏面也有很多不適合於現代需要的章句。我們如要使糟粕盡去，精義燦然，那就要把四書五經裏面適合於現代需要的傳記、倫理、文化、思想以及政治、經濟、軍事、社會各部份，加以擷取，加以編次，加以解釋，使人簡切易知，都能篤信，都會實行，那才可以使往聖之學，由闇而彰了。我們可以研究經書，但是不能泥古。」蔣總統對於中華文化復興之道，給我們不少的啓示。

㈡科學思想與技術觀念

日本學者藪內清說：「一個民族的文化，像中國這樣繼續得如此長久，簡直是世界的奇蹟。以古老文化誇耀世界的近東諸多國家，早已滅亡。現尚殘存的印度文化，可說是雜亂的民族集合體。」（中國古代的科學）。不錯，中華民族文化，和埃及、巴比倫等相繼而發。但埃及、巴比倫的古文化，久已湮沒。獨我民族能垂久遠而不衰，仍保持其固有文化，其所以致此的，則恃有唯一的精神力。這精神力，包含兩方面：一是倫理道德，一是科學技術。前面，我綜合的說過中國的倫理思想和道德觀念。現在，我要說一說中國的科學和技術。

科學，是人類靈智的活動，維護文化，創新文化，進而企求對人生的滿足。科學，重原理；技術重應用。科學和技術有分際，有其密切的關係。在我國古書記載上，遠在五千年前，黃帝時代，已發現磁石，俗稱吸鐵石，它具有吸引鐵、鎳、鈷的磁力，並且有指向南北二極的特性，因是用此原理而製成指南針。跟着又有指南車的發明。磁學的現象之知識，是科學；製造指南針的方法，是技術。這是指出科學和技術的關係。指南針和指南車是我中國最早的發明，乃爲全世界所公認。

蠶絲一物，遠在黃帝時代，亦已發明。史記五帝紀：「黃帝居軒轅之丘，而娶於西陵之女，是爲嫘祖。」嫘祖在園中見到蠶蟲吐絲作繭情狀，便研究如何育蠶作繭，如何抽絲織綢，皆有成就。所以，蠶絲亦是我國最早的發明。民國十五年，李濟之先生在山西省夏縣西陰村，發掘已被壓扁的半蠶繭，這個繭，殼小而壁厚（現藏故宮博物院），經證明是新石器時代的遺物，益可信蠶繭製絲是遠古嫘祖所發現發明的。我國育蠶知識，製絲技術，很早傳入西洋、日本，後來又傳入印度。

東周春秋之世，中國人已發明火藥。火藥是木炭粉和硝石的混合物。經此混合而成的火藥，是黑色的，所以稱爲黑色火藥。因爲我國人最早發明火藥，又最早用火藥學的知識，製造爆竹，爆仗和烟火。古時，用弓箭作爲攻守的武器；後來，知道火藥的用途，乃在弓箭上裝火藥及引火物，使它燃燒射出。這武器，就是火箭。三國志中，有一段記述：「諸葛亮進兵攻郝昭，起雲梯衝車以臨城。昭以火箭逆射其雲梯，梯燃，梯上人皆燒死。」這是一例。北史王思政傳記載：「思政射以火箭，燒其攻具。」這也是一例。後歷北宋眞宗、欽宗等朝，曾用火藥製成火器火箭，以防外族的侵襲。至南宋高宗，始以火藥用於槍砲，這是火器史上的一大進步。元代，約一二七五年，意大利人馬可波羅，到中國遊歷，注意到這黑色火藥，並習製造方法。火藥之傳入西洋，可說是馬可波羅作了先導。

遠在紙張發明以前，古人用刀刻文在龜甲和獸骨之上，謂之甲骨文。這些甲骨上的文字，有用朱紅寫的，有用墨寫的，寫好以後，再用刀刻；也有刻完以後再塗上朱墨的。又以泥土範成字形，在鐘鼎彝器上鑄成文字，這些銘文，謂之鐘鼎文。在甲骨上刻的文字和鐘鼎上鑄的文字，可保存的久遠。古人對於一般的文書，大都用竹簡、木板和縑帛書寫記錄的（按：具有二千五百年歷史價値的周代絹槁，於公元一九六八年紐約都城博物館展覽。縑，是一種細而緻密的絲織絹綢。）竹簡木簡，使用的很早。周末以至秦代，每用縑帛。這些文字傳遞上的工具，直到紙發明以後，仍沿用的很久。紙字從絲，顯與蠶絲有關。古人發明蠶絲，而紙的製造，自有所本。有的學者，以爲早期的紙，是用絲絮黏成的，不無理由。到了東漢和帝朝代，宦者蔡倫乃採用樹皮、麻頭、破布、魚網以爲紙，從此造紙術更進了一步。造紙術也是我國最早的最重要的發明之一。

印刷術，是中國人的發明，已爲世界所公認。印刷術，分兩種：一是雕板，就是把書的內容雕刻在一塊塊整片木版上，再就這刻成的版，用紙或絲綢來印書。一是活字，就是先做成一個個單字，把單字依照本書拼成一塊塊版，再用這排成的版來印書。這兩種印刷技術，都是中國人發明的。先發明了雕版，後發明了活字。雕版印刷，創始於第九世紀，晚唐，是累積了許多人的創造經驗而成功的。到了宋代，印刷的技術益精。北宋的版本，流傳到今的不甚多；而南宋的版本，却不少。雕版印刷術，發展到第十六世紀，明神宗萬曆年間，盛行一種新的印刷術，就是彩色套印，這是一種複雜而需要極度精密的技術。這種套色技術配合版畫技術，便產生出多姿多彩的套色版畫。至於活字印刷，在第十世紀末，北宋仁宗慶曆年間，畢昇發明活字，是用膠泥（黏土）製作活字的。這是世界上活字印刷術的首創者。現在世界上絕大多數的書，都是用活字印的。活字印刷的技術，如今已發展到機械化、電力化的境地，是現代文化的一根主要支柱。總之，雕版印刷術和活字印刷術，是中國人的發明。世界各地的活字印刷術，跟雕版印刷一樣，是無疑的受了中國的影響。

除上述我國最早的五大發明外，尚有其他科學技術跟工藝文物的重要發明。在遠古時代，傳說中的伏羲氏，創八卦，以代結繩；神農氏，嘗百草，以別藥性。又有班班可考的吾國古代的算學、曆法、天文學、光學、音學、生物學、煉丹術、方劑學以及最早的建築工程、水利工程、金屬冶鍊技術、青銅器製造技術、製陶製瓷技術、絣絲織造技術、鑲嵌技術、雕刻技術、色染技術、髹漆技術等等，實不勝枚舉，亦不勝細述。此等科學技術，應用到中國古文物：彝器、禮器、玉器、瓷器、繪畫、漆器、石器等的製造，多彩多姿，而有莫大的貢獻。文物，是文化的實蹟。凡此文化文物的具體表象，世界人士，有目共欣賞。

公元前七二二年至二二一年的春秋戰國時代，公元前二二〇年至二〇七年的秦朝，以及其後直至公元一四三年的漢景帝朝代，這一段時期中，當春秋之世，孔子施教，以六藝：禮、樂、射、御、書、數並擧。「大學」中所說的「格物致知」，指出致知的方法，則在格物。這也是我國先哲早已意識到人和物的接觸而求眞知眞理，以導致科學思想的啓發。此外，還有許多科學和哲學的理論發展。戰國之世，諸子百家，一時並興，各有所學，各有所長，蔚成學術思想上的黃金時代。如墨家則從物理方面研究問題，其中有顯著成就的，是光學、機械學以及攻防的築城術。名家則研究一套比較科學的推理方法。道家則探究大自然的神秘，即所謂天道。道，是自然之理，人心之理，亦爲宇宙之理。就道的探究而使人類青春永駐，長生不老。秦始皇曾以延年益壽的法術，求敎於道家。在天文學方面，中國人的最大貢獻，是經極長的時間，不斷的大量觀察天文現象。可惜未能利用觀測的結果，推究出一套有關宇宙結構之空間理論假說。從此看來，可知戰國時代，諸子人才傑出，思想發達，眞有如春花怒發，一往而不可遏抑。自秦始皇焚書坑儒，以迄漢武帝，罷黜百家，獨尊儒學，於是中國科學思想的發展，便受了影響。但就吾國古代五大發明以及其他我國人領先的種種發明來說，足以證明中國人智慧之高，深具有科學技術的能力，使我先民獨創的文化文物永垂而不絕，而對世界人類有所貢獻。

英國學者李約瑟（Joseph Needlham）說：「中國有很豐富的古代和中古科學和技術，他所缺少的，只是現代科學。但到十七世紀，耶穌會士進入中國時，現代科學已開始萌芽了。」又說：「現代科學，乃是世界科學，而非西方科學，西方人絕不能以此自豪。中國民族對於今日世界科學的主要成分，尤其是在生物學、化學、天文學和物理學的發展上，功績最爲懷偉，絕對不能否認。」黃文山教授說：「中國思想上的重要因素，對於現代歐洲思想最大的影響，據李氏所見，乃是『自然有機體論（Natural Organism），或自然的有機概念（Organic Concept of Nature）。』他很明白的指出這種思想體系，乃是中國二千多年的哲學思辨之最高綜合。由周易發端，直到宋代的新儒學而達到最高峯。其中貢獻最大的，當推朱熹（公元一一三一——一二〇〇年）。他能把儒、道、釋的思想融會貫通，完成哲學的綜合。故朱氏可稱爲中國整部思想史上的最偉大的人物，堪與西方的亞里士多德、斯賓諾莎、萊布尼茲、斯賓塞媲美。」李氏又說：「中國社會幾千年來，雖有朝代的轉換，外強的侵略，內亂的頻興，但其社會生活之基本形式是相對永恆的，故認定中國文化有其『穩固性』。」（以上所引，均見黃文山譯的「中國之科學與文明」導論——李約瑟著。）李約瑟氏對於我國科學、文化的評價，是值得我們檢討體驗的。由於他說「中國文化有其穩固性」，其所給我人的啓示，是我中華民族有其堅毅特質，頂天立地，能站得住，站得穩。由是可以斷定中國文化，緜延五千年而不步埃及、巴比倫的後塵，則恃有唯一的精神力：倫理思想和科學技術。

「一代之肇興，必有一代學術，學術昌明，則人才輩出，中國之學術，雖歷代標奇出新，均有可觀，而推周末爲獨盛，當時若楊子之爲我，墨子之兼愛，莊列之恢奇，荀孟之純正，申韓商鞅等之法律刑名，無不分道揚鑣，各樹一幟，其他若陰陽家則出於羲和之官，名家則出於禮官，縱橫家則出於行人之官，雜家則出於議官，農家則出於農稷之官，小說家則出於稗官，莫不各有所本，守師傳，以互相爭勝，蓋吾族是時思想之發達，人才之傑出，誠有如春花怒發，夏雨驟來，一往而不可遏抑者，故論吾族學術之興盛實當以是時爲極點也。其所以然者猥因周末綱紀廢弛，王室陵夷，降及戰國，社會之事態愈繁，人民之見解愈進，將三代以來，貴族階級推倒無遺。於是一般平民，得以思想自由，言論自由，著作自由，若決江河，沛然莫之能禦，而聖哲才智之士，亦遂各抒所見，以成一家之說，此其最大原因也。況乎七國爭雄，邦國富強，有爲之君，均知謙恭下士，裂土分封，以網羅天下人才，於是奇才異能之士，無不炫玉求售，應徵求聘以展其懷抱，故朝猶布衣，夕爲卿相者，過江之士多於鯽也。競愈演而愈烈，斯學術愈出而愈奇，此又一原因也。蓋當時不獨形上之學極高明，而盡精微，卽形下之學，如墨氏之器械，魯班之技巧，亦有獨具匠心，別開生面之新奇，假使精益求精，遞衍至今，吾知中國學術之發明，必有凌駕歐美而上之者，又何至步人後塵哉。無如物極必反，過盛則衰，祖龍一炬，竟喪斯文，風雨飄搖如線，斯誠中國學術空前絕後之刼運也。厥後，漢重儒術，而罷黜百家，晉崇佛老，而習尚清淡，唐以詩文取士而蹈於空疏，宋以理學見長，亦未盡適用，明清兩代以八股制藝爲出身之階，將天下英才之腦力精神悉令消磨於此文字獄中，尤爲愚民之惟一政策，自坑焚以來，歷代專制魔王，對於學術，非極力摧殘，卽嚴加限制，惟取其便於己者，定爲國家功令，以牢籠萬民，奴隸羣庶。所謂思想言論著作，早已失其自由，此周末學術之盛，所以獨隆千古也。」

㈢結語

禮俗，是一種文化事象。文化，原是人類生活的類型，但亦可說是人類生活習慣的綜合。一、在物質生活方面，凡關衣、食、住、行以及其他日常生活所需的器物皆屬之。二、在社會生活方面，凡關男女婚嫁，家族制度以及其他社會組織，政治組織皆屬之。三、在精神生活方面，凡關知識技能、文學、藝術、倫理、信仰以及其他節序娛情皆屬之。研究禮俗，要從這些生活類型去探討。中國禮俗，有其社會特質和文化特質，各從其背景去觀察而反映出來，則有種種的禮俗，如婚喪禮俗，祭祀禮俗，節序禮俗，文物禮俗，衣食禮俗，交際禮俗，和其他雜俗。尤其是婚喪禮俗，祭祀禮俗，節序禮俗，則具有深入人心的倫理道德觀念。先說愛，愛有男女之愛，夫婦之愛，父母子女之愛，兄弟之愛，朋友之愛。男女之愛則生情，夫婦之愛則生敬，父母子女之愛則生慈生孝，兄弟之愛則生悌，朋友之愛則生信。由愛的擴大而及於社會國家，則有人羣之愛，國族之愛和國家之愛。人羣之愛則生義，國族之愛則亦生孝，國家之愛則生忠，亦卽所以爲人羣盡義，爲國族盡孝，爲國家盡忠。泛衆愛，愛的範圍無邊，愛的深意無窮。「博愛之謂仁」，這愛就是仁愛。再由仁愛擴充而有孝有忠。忠孝仁愛，一以貫之。所貫之一者，卽是禮。禮，是「序」，是「理」，是「履」。禮俗由此而起，由此而發皇。至說，文物禮俗，我有一個見解，文物禮俗，是中國文化的特色。考商周時代，已有文物制度，於此可以窺知古代科學技術的發展。中國古文物，尤其是青銅器，在物質生活方面，本是日常生活中應用的工具，是一種物質文化。從青銅器物來說，有飲器、食器、烹飪器等。飲器中的「尊」，原是飲酒之器；食器中的「簋」，原是盛黍稷之器；烹飪中的「鼎」，原是炊器、食器。可見銅器的製造，在古代人生活習慣上，原供日常實際的應用。通稱一般尋常的人爲俗士，同理，一件尋常實用的器物，當可稱之爲俗器。其後，商、周兩代，有了「事神致福」「尊天敬祖」的宗教意識和信仰，這種俗器，乃用之於宗教信仰的禮儀上。商、周兩代的鐘、鼎、彝器，多用於祭祀燕享，因此，由俗器變成禮俗中的禮器。考古者以其品物形制，爲他古民族所沒有，且鍊製之巧，雕刻之精，圖文之美，在藝術上有無上的價値，咸奉爲中國文化的瓌寶。又玉器，與青銅器同爲反映古民族生活思想的重要器物，最初是日常實際應用器物的製作，其後演變而用之於禮制和宗教的禮儀上。玉器，在中國很早就成爲禮器，以朝聘所用的六端和祭祀天地四方所用的六器，爲最重要。所謂「瑞」，就是古時用玉做器物，作爲封官拜爵之用，這和中國禮制有關。六瑞，就是王執的鎭圭，公執的桓圭，侯執的信圭，伯執的躬圭，子執的穀圭，男執的蒲璧。六器，就是天子祭祀天地四方之神的禮器。所謂「以蒼璧禮天，以黃琮禮地，以青圭禮東方，以赤璋禮南方，以白琥禮西方，以玄璜禮北方」，是以玉的各色，配天地四方的，這和中國古宗教信仰有關。漢以後，宗教的意義漸失，而走向裝飾之途了。玉器的美術價值，是在於玉的天然色澤，在土中受沁，變成古色古香的美，加之以雕刻技術的精妙則是美上加美了。就文化類型來說，靑銅器和玉器，皆具有物質文化，精神文化和技術文化的特質，在古代禮俗中配合文物制度而有特殊的表現。器物在禮俗中融合而放光彩者，我名之曰文物禮俗。看看多方面的禮俗，更可發見我國文化文物精粹之所在。因爲中國文化，有歷史價值，有倫理價值，有科學價值，又有藝術價值，更覺我國文化之可愛可貴。

從民族學觀點試論古器物中之「饕餮」㈠

古今中外人士，對於吾國古器物中饕餮紋文之考釋，各執一說，未能成為確論。我於此略加研討，亦有不同的看法和不同的意見，試申論之。

饕餮紋文，初見之於陶器【圖版壹（見英譯第32頁）】，再見之於銅器【圖版貳至陸（見英譯第33～37頁）】，石器【挿圖一】，又見之於玉器【挿圖二】、骨器【挿圖三】。饕餮紋，就是一種獸面紋，其文飾是怎樣產生的？而產生在什麼時代？對這歷史背景，應先有一了解。

傳說中的夏禹時代，用文飾鑄之於鼎，圖成山川奇怪，魑魅魍魎。所謂「遠方圖物，鑄鼎象物」，似卽指此。這類鬼怪神靈的文飾，由於時代的嬗變，常見之於較晚的商、周古器物的饕餮。

古代陶器、鼎彝、石器、玉器和骨器，多刻着所謂「饕餮」形以為飾紋，凡此，從古文獻去考索，饕餮一詞，有三種命名：

1.惡獸名：呂氏春秋先識篇：「周鼎著饕餮，有首無身，食人未咽，害及其身，以言報

挿圖一：商石鼎飾紋
（採自郭志良「獸面紋」挿圖）

挿圖二：商玉髮飾琢紋
（河南安陽出土。英國倫敦大英博物館藏品）

更也」。山海經北山經：「鉤吾之山，有獸焉，其狀如羊身人面，其目在腋下，虎齒人爪，其音如嬰兒，名曰狍鴞，是食人」。（郭璞註曰：爲物貪婪，食人未盡，還害其身，像在夏鼎。左傳所謂饕餮是也。）

2.蠻族名：呂氏春秋恃君篇：「燕門之北，鷹隼所鷙，須窺之國，饕餮窮奇之地，叔逆

插圖三：商象牙琢杖飾紋（河南安陽出土）英國大英博物館藏品

之所，儋耳之居，多無君，此四方之無君者也。其民麋鹿禽獸，少者使長，長者畏壯，有力者賢，暴傲者尊，日夜相殘，無時休息，以盡其類」。神異經：「西南方有人鳥，身多毛，頭上戴豕，貪如狼惡，好自積財，而不食人穀，強者奪老弱者，畏羣而擊單，名曰饕餮」。

3. 喻凶人：左傳文公十八年：「縉雲氏有不才子，貪於飲食，冒於貨賄，侵欲崇侈，不可盈厭。聚斂積實，不知紀極。不分孤寡，不恤窮匱。天下之民，以比三凶，謂之饕餮。舜臣堯賓於四門，流四凶族：渾敦、窮奇、檮杌、饕餮。投諸四裔，以禦魑魅」。（杜預注曰：貪財爲饕，貪食爲餮。）

綜上之所舉，饕餮紋文之實質，在古文獻上，只是一些間接的史料而已。至於直接史料方面，找不出一點通確性的根據。所稱的直接資料，就是說，三千餘年前的我國古文字和金石文，沒有饕餮的痕跡可尋。據說文上的記載，僅爲籀文的大篆。重申言之，在可以辨識的二千餘甲骨文中，不見饕餮的字形，在古器物中，又不見有同樣的銘文。由是可知饕餮紋文，純出於春秋、秦、漢時人的構想，或以饕餮命名爲惡獸，以形容先民的惡德；或以饕餮命名爲蠻族，以形容一部族的野蠻；或以饕餮爲凶人之喻，以形容個人的貪婪。這種種的構想，自有其古時代社會的背景。三個命名，可歸納爲三個類型。從民族學的觀點加以分析，並放寬角度看來，第一類型和第二類型可併爲一個類型。姑就這點略抒所見，亦可說是我的一種蠡測。

在人類社會中組織羣衆的一個重要的條件，就是一方要壓服對方的犯亂和不斷的對於領導地位的需求。傳說黃帝時代曾畫蚩尤圖像以鎭暴亂。這雖是一種傳說，但就圖騰文化去探索，這很可能是個史實。我國號稱有五千年的歷史，若循歷史文化演進之跡，用同樣方法來解釋，我國的歷史年齡，不止五千年，還可以向遠些推考，延伸多少年代。「畫蚩尤圖像以鎭暴亂」，這說明古代一部落戰勝者對戰敗的部族，取用厭勝，以矜豪強。厭勝云者，卽厭敵以制勝，圖其首面，以示衆，以揚威。由於這種社會政治意識的發展，迄於後世，流俗相傳，乃進一步鑄之於器物，刻之於玉石。夏禹之「鑄鼎象物」，實有其所自。到了商、周，遺風更盛。尤其銅器上饕餮紋文，在在可見，歷歷可辨。

考商、周古器物，如陶器、銅器、石器、玉器、骨器等，其上有若獸面圖案如饕　者，多爲羊紋。

羊字，甲骨文和金文，皆作　，象其頭角形（頭角外環）。羌，甲骨文作　。說文：「羌，西戎牧羊人也。羌，從人從羊。南方蠻：閩，從虫；北方狄，從犬；東方貉，從豸；西方羌，從羊」。風俗通：「羌，本西戎卑賤者也，主牧羊，故羌字從羊、人，因以爲號」。史記索隱：「羌，牧羊人也」。唐蘭氏云：「羌，象人首，戴羊角，未開化民族以此爲首飾」。西方羌，以羊爲其部族的標識，在社會組織方面，這就是羌族的圖騰象徵。羌族是殷人最大的敵人，常和殷人作戰，殷王用羌人爲犧牲，以獻其祖先。卜辭所謂的「用人之祭」，即指殷代征伐之一事。殷商器物的饕餮紋文，實爲羌人犧牲之首。亦即爲一種圖騰的象徵。其取犧首而變爲饕餮紋文，這就是殷代戰勝的部族，襲先人之遺習，發之於共同意識，厭敵以制勝，耀武以矜功。到了周代，流風遺俗，猶爲未衰。但因時代背景和政治背景之不同，而紋文略有變化而已。

饕餮二字，在形義上，爲周宣王太史史籀所創作，而著之於器物的，則出之於春秋、秦、漢時人的構想。「名無固誼，因俗成定，謂之名」。在器物上刻有此類犧首紋飾的，歷二千餘年，皆以饕餮稱之而不改，此即因俗而成定，自無可置議。　民國五十九年二月十五日（故宮季刊第四卷第四期）

從民族學觀點再論古器物中之「饕餮」(二)

我在故宮季刊第四卷第四期發表的就民族學觀點試論古器物中之「饕餮」一文，意有未盡，故撰本文，以實其說，試再申論之。

一、「饕餮」紋文之來源及其發展

美國史學家桑戴克氏（Prof. Lynn Thorndike）說：「在中國北部曾發掘出一堆骨片，其上刻有古代神秘的文字，這或許是預言家之回答，而夷考時期，當在紀元前一千三百餘年（指殷墟的甲骨文字）。最早藝術作品之所殘留者，多為商周兩代（紀元前一七六六年至二二五五年）史前時期以來的古銅器。其上有一個野蠻紀念的巨大的花樣，而飾以簡單的幾何形款式，或飾以各種動物和妖怪之形象。」（A short History of Civilization, 1918. 陳廷璠譯：世界文化史。）桑氏指出古銅器上有野蠻紀念的花樣（花紋），這也是給我關於「饕餮花紋」研究的啓示。

英國古器學家華松氏（William Watson）說：「器物中之饕餮，是一種動物藝術品，其圖案，是取之於眞的或想像的動物之形態。」（"It is an" Animal Art "in which the motifs are taken from the shapes of animals, real or imaginary"見華松著的Ancient Chinese Bronzes, 1962 ）。這是很扼要的指明古器物中之饕餮，是一動物的實象。其圖案，花紋，是根據這實象而發展的。

我國藝術理論家鄧以蟄說：「藝術之體，非天然體形之體，乃指人類手所製作之一切器用之體，如銅器、漆器、陶器、石玉之雕琢，房屋之裝飾以及建築等皆是矣。」又說：「取犧首、鷄翅、雲靁之實象，而變爲饕餮、夔文、靁文之圖案、花紋。藝人想像之力，固屬驚人，然其圖案之方式，要爲器體所決定，故曰形體一致。但藝術自求解放，自圖不爲器用所縛束，於是花紋日趨於繁複流麗，以求美觀，故曰形體分化。」又說：「商末周初之器，全身無絲毫空白，素底則滿布靁文，靁文之上再加夔文，夔文之於饕餮文又復爲背景。尤有進者：器之所飾之饕餮文，其饕靁文之角，往往脫器體而出，即角變爲圓滿之立體物矣。於是，由器之素底一層平面變成三層：靁文，其下層也；夔文，中層也；饕餮爲最上一層，漸漸最上一層又有脫器體而出之勢。」（見鄧以蟄著的畫理探微。民國三十五年）。

引上面所舉的鄧以蟄氏說的話，藉以剖析器物中饕餮紋文之發展。湖北齊家河出土的商代紅陶碗，上面刻着一動物的實象，顯然是羊首。甲骨文、金文、皆作♈，像羊的頭角形。以此證彼，是相吻合的。其次，是商代白陶罍，上面刻着一犧首，配有三角形圖案。這犧首，我認爲是羊的頭。從器物之演進看來，跟着陶器而後才有銅器。如商父辛鼎、商史尊、商史乙簋、商戈簋、商壺等等，很多刻着羊的頭，而配有所謂饕餮紋文圖案（饕餮紋文，取之於動物的實象。可謂形體一致。）；並且器物素底滿布雲文、靁文、夔文，不一而足，繁複流麗，富有美術作用。考圖案最早是幾何形，就是用線來表示最容易記憶的東西。後來，漸漸發展，用以裝飾器物的體。這圖案就由簡單的變化到複雜，就成爲藝術中的圖案紋文了。器物的藝術變化，足以引起人的興趣，變化愈多，則興趣愈濃。藝術圖案的作用，卽在於此。古代藝人，已有這樣的想像力，此與銅錫合製而成青銅的技術思想，同樣的令人驚奇。（參見拙作一文，故宮季刊第四卷第四期）。故宮博物院陳列着一大間商、周二代的青銅器，這陳列室，等於一個實驗室，儘可作學術上比較驗證的研究。

二、古器物中饕餮象徵上民族之觀察

中國古代傳說上最重要的一回戰爭，是黃帝和蚩尤之戰。史記說：「蚩尤作亂，不用帝命，於是黃帝乃徵師諸侯，與蚩尤戰於涿鹿之野，遂擒殺蚩尤。」蚩尤，這一古民族的強暴，於此可以想見。龍魚河圖說：「後天下復擾亂，黃帝遂畫蚩尤形象，以威天下。」由於這一個啓示，我就想到商殷時代，有一羌族，性堅剛勇猛，常常和殷人作戰，終於被殷人征服了。從器物中「饕餮」去探索，推想當年殷人厭敵以制勝，圖其首面，鑄之於器物，為鎮暴而揚威。這種意識的產生，追溯到黃帝征蚩尤，可說是同一的古民族的社會政治思想，自有歷史演進之跡可尋。再夏代「鑄鼎象物」（左傳宣三年），即鼎上所鑄的物象，當為怪異之物。所謂「鼎鐘刻則識魑魅而知神姦」是也。（見唐張彥遠：歷代名畫記）。魑魅、神姦，是指一方統治者所制裁的異類；由此取怪異的物名而為圖騰的表徵。由於這一點，我認定「饕餮」原形體是一動物的實象，就社會組織而言，羌人既以羊為號，則「羊首」饕餮，即為羌族的圖騰象徵。羌人之所以採羊類為其圖騰，正以其與羊這一動物較接近耳。桑戴克氏以謂古銅器上有「野蠻紀念」的形象，似即指此，但未道出其所以然。我在故宮季刊第四卷第四期發表一文，對此曾有所論列。茲又舉古埃及南國蛇蠍王（Scorpion King）「制敵以取勝

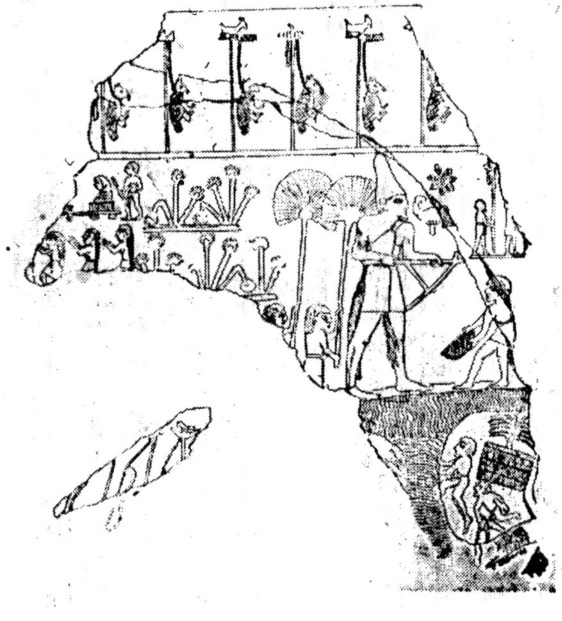

插圖一：古埃及慶祝勝利碑刻文

，取勝以顯威之一例：古埃及南北兩王國中，一族想侵吞他族，而勝利則屬於南國。希拉康波力（Hierakonpolis）和霍勒士（Horus）古神廟中有最初的歷史刻碑！——石灰石的調色板——以慶祝南國的勝利【插圖一】。（見W. B. Emery: Archaic Egypt; 1961. A. Moret and G. Davy: Des Clans Aus Empires 1934 陳建民譯：近東古代史。）天地間，事象的性質，雖不盡相同。而民族的社會意識，却有相類之處。故引此例，以相參證。

羌人在古民族中究屬於那一種族類？實有探討的必要。

商殷時代，從經濟觀點來看，是由畜牧經濟進到農業經濟的石銅器併用時代。商殷自開國後拓土最力的帝王，是成湯和武丁。羌，是西戎牧羊人，是西北方最頑強的游牧民族，亦就是成湯武丁時最大的敵人。成湯時「自彼氐羌，莫敢不來享。」武丁時又有「師獲羌」的記載。殷人對於羌人俘虜的待遇，其酷烈往往甚於其他敵人。由於仇恨太深，殷王於祭祀時，用羌人當犧牲，以獻之於祖先。而甲骨文卜辭所記用人之祭，僅限於羌人。

現從古典籍中探索羌族的來源。易經爻辭既濟說：「高宗伐鬼方，三年克之。」爻辭未濟說：「震用伐鬼方，三年有賞於大國。」高宗，就是武丁。武丁領兵征伐鬼方，一打打了三年（武丁三十二年至三十四年），才把他們克服，其強可知。易經爻辭，作於商周之際，乃兩擧之，尤見其戰役的重要。後漢書西羌傳說：「及殷室中衰，諸夷皆叛。至於武丁，征西戎鬼方，三年乃克。故其詩曰：自彼氏羌，莫敢不來王。」據此，可知鬼方就是西戎。羌，是西戎牧羊人，是以鬼方爲根據地。鬼方的所在地，在今陝西甘肅之間。後漢書西羌傳說：「河關之西南，羌地是也。濱於賜支，至於河首，緜地千里。賜支者，禹貢所謂析支者也。」昔河關縣，屬金城郡，今屬甘肅省臯蘭縣西南。析支，今爲甘肅省貴德縣以至青海省大積石山一帶地。再以羌水證羌地的所在，亦在陝西甘肅之間。今陝西漢中之寧羌，甘肅之伏羌、安羌、懷羌、來羌、破羌、臨羌（西寧），皆古羌地。漢樂府隴西行，朱秬堂云：「秦之隴西，今之鞏昌、臨洮，羌戎雜居，民尚氣力，小戎婦人，亦知勇於戰鬭，其來久矣。」（黃節：漢魏樂府風箋）。鬼方與羌地（羌方）的所在，是在同一地區，即今陝西

挿圖二一：殷商時代要邑圖

甘肅一帶地。於此可知鬼方卽羌地，羌地卽鬼方，殆無疑義。【插圖二】

羌族活動地區，既在殷的西北，其族究屬於那一族類？據王國維氏的考證，卽爲後世的混夷、獯鬻、玁狁、匈奴等部族。王國維氏說：「我國古時有一彊梁之外族，其族西自汧隴，環中國而北，東及太行常山間，中間或分或合，時入侵暴中國。其俗尚武力，而文化之度，不及諸夏遠甚。又本無文字，或雖有而不與中國同。是以中國之稱之也，隨世異名，因地殊號。至於後世，或且以醜名加之。其見於商周間者，曰鬼方，曰混夷，曰獯鬻。其在宗周之季，則曰玁狁。入春秋後，則始謂之戎，繼號曰狄。戰國以降，又稱之曰胡，曰匈奴。綜上諸稱觀之，則曰戎曰狄者，皆中國人所加之名。曰鬼方、曰混夷、曰獯鬻、曰玁狁、曰胡、曰匈奴者，乃其本名。而鬼方之方，混夷之夷，亦爲中國所附加。當中國呼之爲戎狄之時，彼之自稱，決非如此。其居邊裔者，尤當仍其故號。故戰國時，中國戎狄既盡，強國辟土，與邊裔接，乃復以其本名呼之（戰國時始稱匈奴）。此族，春秋以降之事，載籍稍具，而遠古之事，則頗茫然，學者但知其名而已。」（見鬼昆夷玁狁考）

匈奴和漢族交涉最早最密而且最久，此族見於最古之書的，就是鬼方，羌人。後漢書以鬼方爲先零羌之祖；又引竹書紀年，稱武乙三十五年，周季歷伐西落鬼戎。可知其地尚在岐周之西，秦隴以南。古代所謂鬼方、混夷、獯鬻、玁狁、戎狄、匈奴，皆同族異稱。這是王國維氏所謂「隨世異名，因地殊號」。綜合古籍所紀，羌人當商周六百年間，久以秦隴一帶爲根據地。其族分布之廣，幾佔西北各地區。古地名所稱河關、河首、賜支（析支）、汧隴、秦隴，就是現今的甘肅、陝西、山西、青海諸省邊地。羌人是一游牧民族，馳騁山谷，流徙無定，干寶說是北方民族（易注），宋衷說是西方民族（世本注），黃震說是南方民族（黃氏日鈔）。從地勢上去觀察，當以西北說爲合理，所以羌人可說是西北民族。說他是西北邊疆民族，亦無不可。劉師培氏說：「殷人與異族之關係，僅有二端：一爲武丁時漢族闢地於西南，一爲武丁後，異族蔓延於西北鬼方者，蓋西藏族也。」（劉師培：中國民族志）。由王國維氏之說，古羌人是匈奴之一支。由劉師培氏之說，古羌人是西藏族之一支。後漢書西羌傳，有「南接蜀漢，徼外蠻夷」二語，可能秦漢以後，一部分的羌人向西南移徙，而與藏族混合。總之，歷史上總匯在中國本土的通古斯族之胡族（匈奴）、突厥族之回族、圖伯特族之藏族，經數千年和漢族的融合發展，不能保持其原來的血統，很難辨別族類的分野。我以爲王國維氏之說是可以採納的。商殷時代的羌人，就是鬼方、混夷、或獯鬻、或玁狁、或匈奴。因此推想古器物中饕餮之圖騰象徵，是羌族，亦就是後世的匈奴。

三、對於古器物中之饕餮的另一看法

古銅器中：商父辛鼎，是炊器；商壺、商史尊、商卣、商乳丁罍，是盛酒之器；商簋、商戈簋、商乙父簋、是盛黍肴饌之器（見故宮季刊第四卷第四期）。這些器用，在宗廟祀祠，則爲祭器，禮器。阮元商周銅器說云：「器者，所以藏禮。先生之制器也，齊其度量，同其文字，別其尊卑。用之於朝覲燕饗，則見天子之尊，錫命之寵，雖有強國，不敢問鼎之輕重焉。用之於祭祀飲射，則見功德之美，勳賞之名，孝子孝孫，永享其祖考而寶用之焉。且天子諸侯卿大夫，非有德位，保其富貴，則不能制其器，非有問學，通其文詞，則不能銘其器。然則，器者，先王所以馴天下尊王敬祖之心，敎天下習禮博文之學也。商祚六百，周祚八百，道與器皆不墜也。且世祿之家，其富貴精力，必有所用。用之於奢僭奇邪者，家國之患也。先王使用其才與力與禮與文於器之中，愚慢狂暴好作亂者，鮮矣。此古聖王之大道，亦古聖王之精意也（阮元：揅經室集）。阮氏精研金石，其釋禮器之義甚明。古代殷人和羌族有深仇，故用羌人以祭祖。不僅此也，且以羌族圖騰羊首鑄之各種彝器，連同祭品供奉，以敬祖先，以顯功德之美。尤其是簋器，因盛黍稷，盛棗栗，盛肴饌而需要特多。故宮博物院所藏此器，爲數不少【圖版壹至肆（見英譯第58～61頁）】。器面上大都鐫有羊首，這就是古帝王使用其才與力與禮與圖與文於器之中。以鎭暴亂，以洩深仇。這是我對古器物中之饕餮的另一看法。這個看法，可說是前文的補充。

龜的文化地位

一、綜說

凡是一種東西，無論是動物植物或礦物，其可供人類社會利用者，必有其「眞」的價值。凡是一種東西，無論是動物植物或礦物，其於民間發生信仰者，必有其「善」的價值。凡是一種東西，無論是動物植物或礦物，其於藝術發生作用者，必有其「美」的價值。龜在所有動物中對於中國文化有重大的影響。牠在古代因爲牠的甲殼可以供占卜，而與麟鳳龍合稱爲四靈。明、謝在杭所謂：「龜之爲物，文采靈異，古人取之以配龍鳳。」就是這個道理。中國三千餘年前之古文字，依託牠的遺體而流傳到現在，即當世所稱的甲骨文。秦以前，因爲龜的本質耐久，而又得之不易，所以用之爲貨幣。可見龜殼在古代有其經濟的價值。唐、李遐叔云：「龜不傷物，呼吸元氣，於介蟲爲長而壽。」世人以在動物中只有龜類可以超過人類的壽命，故奉之以祈延年益壽。漢、唐、宋時人以龜命名者特多。今臺省民間求壽龜之俗頗盛。至於在工藝美術方面，秦、漢、唐、宋之世，或以龜雕飾於印鼻，或以龜鐫刻於銅器，或以龜造形於衣袋，或以龜裝飾於建築。這些工藝品，都有美術上的價值，並與禮教官制上的應用有連帶的關係。吾國古代各階層的人對龜非常崇奉，後世却對之發生厭勝。這種心理的改變，且待另文發表。一般說來，吾國各地，民間相爭相罵，忌用龜字。但是迷信龜靈，問神占卜，尚屬多見。而臺省崇龜求壽的風習，那是一種特殊的現象了。

二、龜之生理特徵

「物競天擇，適者生存。」天地間的動物，在這自然律支配之下，能夠生生不滅，必具有其生存的條件，或則鬬力強，或則智力高，而龜却缺少這些條件。但牠能夠生生不絕，自必具有其與一般不同的特徵。

龜，是一種優閒自在的生物，正因爲牠的生活優閒不迫，性情溫和，所以牠能夠長壽。宋、周密云：「天下善養息者，莫如龜；善養威者，莫如虎。」說的很切當。有的在龜的背殼的紋推算起來，竟可活到三百多歲，這是世界上壽命最長的動物。

就龜的生理現象來分析，牠的肺很長，可以涵蓄多量空氣；行動緩慢，呼吸作用不必十分急促，因此體質少受消耗。白居易詩有云：「夜後不聞龜喘息。」龜的養息功夫，委實到家。這是牠高壽的原因之一。因爲在牠的體內，貯有充足的水份和營養料，平時飲食不多，可以長時的忍饑耐渴。這又是龜長壽的另一種原因。

龜的身體構造之特徵，就是，牠的身體被包於堅硬的龜甲內，恰如一火柴盒，僅前後兩端開口，頭與前肢，可以由前端伸出，尾與後肢，則由後端伸出。遇敵，則頭尾四肢完全縮入龜甲內，可以確保生命的安全。龜甲有極強的再生力，其體甚至損及三分之一，一二年內仍能恢復。龜甲有背甲與腹甲，互相連合。背甲略向上突起，由上下兩層合成；上層是表皮變形的鱗片，但不像魚鱗那樣相互重疊，却像地平磚那樣互相接砌而成的。中央有十三塊，略呈六角形的較大的鱗片，周緣還有二十五塊較小的鱗片，俗語就以「十三塊六角」作爲龜的代名詞。下層，由脊椎骨、肋骨和眞皮合成。其構造，與上層的鱗片不同。腹甲平直，也分上下兩層，但形狀與背甲不同。

由於龜是有一極硬質的背甲，能保護牠的身體，肌肉亦很結實有力，牠是能享遐齡的，同時亦難以死亡。馮夢龍：警世通言云：「老龜烹不爛，移禍於枯桑。」老龜二句，是異苑裏的故事。這也可以說明龜的生理之特徵。

三、龜與文字之關係

人類發表思想的工具，是語言，而代替語言的符號，就是文字。也可以說，文字是傳播語言的利器，而語言是文字的源泉。文字的起源，必由一種簡單的形體演變而成。簡單的形體，有記號與圖形兩種。結繩，就是一種記號。在原始時代，以結繩來記事，後來漸漸進化，用圖形作符號。再後來，有人察見鳥獸山川之跡，而有所仿造。所以，這進化的階段，是從結繩與圖畫演化而成。

易繫辭上傳：「河出圖，洛出書，聖人則之。」書、顧命：「河圖在東序。」古人以為圖書或文字的來源，是宇宙間自然產生的東西，特借道河洛以見於人世。關於這點，有一傳說，以為靈龜貢之於世者。河圖玉版云：「蒼頡為帝，南巡狩，登陽靈之山，臨於元扈洛洞之水，靈龜負書，丹甲青文以授之。」孝經：「洛龜曜書，垂萌畫字。」據此說來，以為洛水自能產書，而龜負之以出於世。其說近於荒誕，不足置信。客觀的說，文字決不是自然產生的東西，乃是由自然的啓示而發明。唐張懷瓘書斷云：「頡仰觀奎星圜曲之勢，俯察龜文鳥跡之象，博采衆美，合而為字，是曰古文。」宋、羅泌路史云：「倉頡俯察龜文、鳥羽、山川掌指而創文字。」從此可覘上古聖人觀察自然界、龜、鳥等物的形態，有所悟而作文字。適在那時，龜從洛水出來。就此推究，則為近理。申言之，自然界、龜、鳥等物的形態乃是倉頡創造文字的憑藉，他的創造，是象形文字，是畫出物的形態後隨體詰詘而成的。這也足為文字起源的定論。

關於甲骨文字：古人迷信鬼神，欲預知後事之休咎，多灼龜以取兆，求神而問卜。商朝前期，是用牛羊的肩胛骨，以火灼之，取那破裂的兆紋。到之商朝後期，平常稱為殷代，卜的方法改進了。用牛骨兼用龜甲，在甲骨的一面（內面）施以鑽鑿，並加火灼之；另一面就破裂而成卜字形狀。卜完之後，把所問的事情，寫在卜兆之旁，寫完又刻，也有刻完之後，又塗飾硃墨的。因爲這種文字是專爲記貞卜而用的，所以也叫作「貞卜文字」，或叫作「卜辭」。甲骨文字，甲骨文，甲骨學，是最後的定名。（見董作賓：甲骨學五十年）王國維殷虛書契考釋序說：「因甲骨上均刻有古文，稱爲殷虛書契，亦謂甲骨文，所刻皆殷先王卜占、祭祀、征伐、行幸、田獵、日、月、風、雨之事，當係太卜之所典守者。」甲骨文對於歷史地理文物制度有不少的闡發；而考訂殘文，稽索逸字，於古文形體上，增加了很多的參證；尤其對于許愼說文的殘闕錯誤，有所糾正。這在吾國文化上的貢獻，確實不小。

甲骨文，自劉鶚印了鐵雲藏龜一書以後，陸續掘得者很多。吾國古時北方沒有龜，有之，則來自海洋之地，那就是「蠻夷重譯而朝」的貢物，實難得而可貴。古聖人利用龜的特質而傳遞古文化。所以，龜之爲用，對於文化的流傳，從史事的判斷，自有其「貞」的價值。

四、龜與經濟之關係

管子云：「燧人氏以來，未嘗不以輕重爲天下也。」這是說，上古制貨以權輕重，即爲用幣的開始。以今語釋之，貨幣，就是商業交易上所用的媒介物。古代，或以介貝，或以龜殼，或以獸皮。文化進步了，就用金屬鑄造。近世交易日繁，力求簡便，於是有紙幣的發行。這是吾國貨幣演進之最簡單的說明。

龜之爲用，在秦以前，有其經濟的地位與價值。說文云：「古者，貨貝而寶龜。」史記平準書云：「造銀錫爲白金，以爲天用，莫如龍，地用莫如馬，人用莫如龜。」漢書食貨志云：「貨，謂布、帛、及金、刀、龜貝。」通志云：「虞夏之幣，金爲三品，或黃或白或赤，或錢，或紙，或刀，或龜貝。及至秦中，一國之幣爲三等。而珠玉龜貝銀錫之屬，爲器飾寶藏，不爲幣。」漢書食貨志也說，秦幷天下，凡龜貝皆不爲幣。可知秦以前皆用龜爲幣。這一事實，甚爲明確。易云：「或錫之十朋之龜。」所謂十朋者，就是說，所錫之龜，價值十朋，卽是二十貝。梁任公氏以爲：「龜之所以適於爲幣材者：㈠因其質經久不壞，㈡因其得之甚難，㈢因其可以割裂也。以其得之較貝爲難，故可高其值。以與貝相權，亦以此故。其用，不能如貝之廣。其可以割裂，雖便於貝，然經割裂，則其價必損。古代用龜幣，以金龜爲之者固多，但割裂之者亦不少。」梁氏又以爲：「光緒二十五年，河南湯陰縣屬之古牖里城，有龜板數千枚出土，皆槧有象形文字，爲福山王懿榮所得，推定爲殷代文字，而莫審其所用。此殆古代之龜幣也。牖里出土之物，似爲古代人民所窖積，如後世之藏鏹。其所鍥之文字，或所有者自爲標識，如今銀塊之有鑿印，期票之有裏書也。此說若信，則古代龜幣之盛行，可以概見。」（見中國文化史）。古人利用龜的特質而製爲物品貨幣，流通市面，作爲交換。所以，龜之爲用，對于古經濟有其不可磨滅的價值。

五、龜與宗教迷信之關係

龜在宗教迷信方面，具有生命的特徵與靈驗的象徵。吾國古今人對之發生信仰壽龜與迷信靈龜的二種心理。「信龜之遐壽，祈福佑以增年。」這是信仰壽龜心理之註解。「迷龜之靈異，求占卜而決疑。」這是迷信靈龜心理之註解。

1.關於信仰壽龜的心理之表現

龜具有生理上的特徵，在動物界中有其優越的地位。抱朴子論仙云：「有生必死，而龜長存焉。」人們以龜類超過人類的壽命，總想效其道而增自身的壽齡。因此就高壽之一觀念，而對龜引起信仰的心理。不獨此也，並因此心理的發展，進一步的以龜象徵國家或羣體的命運。這種心理的具體表現。略舉例以明之：

㈠唐襄州胡延慶得一龜，以丹漆書其腹曰：「天子萬萬年。」以進之。鳳閣侍郎李昭德以刀刮之，並盡，奏請付法。則天曰：此非惡心也，捨而勿問。（見唐、張鷟：朝野僉載）。

㈡世傳一尾龜百齡，此龜逮見隋唐興。（見箋註王荊公詩：同王濬賢良賦龜得升字。）

(三)北魏孝明帝以神龜紀年。

明乎以上三例，可知古人以龜慶國運的昌隆與國祚的緜延。

(四)漢、唐、宋，數代的名士政要，以龜命名者，屢見不少。如漢之陳龜、朱龜、劉龜等，唐之王靈龜、崔從龜、薛元龜、張龜齡、彭龜年、李龜年、白龜（白居易之侄）、陸龜蒙、王龜年、劉崇龜、胡元龜等。宋之楊元龜、呂龜圖、呂龜祥、何龜齡、王龜齡、劉崇龜、王元龜、范從龜、張龜壽、黃龜年等，大都是崇龜以益壽。史記龜策傳云：「南方老人，用龜支牀足。」陸放翁晚年築龜堂，讀書爲樂，得享八十五高壽。此翁曾用龜支牀，亦一趣事，有詩云：「楠枯倒壑雖無用，龜老搘牀故有靈。」大凡人是好生惡死，到老來，還想慕龜之靈，支持殘年。以龜支牀足，就是此意。姑以個人圖騰之遺義釋之，即是說，個人本身以龜爲生命的象徵，奉之爲呵護神，而保其生命。古人以龜命名者，可就此民族學觀點來解釋。現在臺灣民間有諢稱阿龜，阿壽者，尚存有這種遺意。

2.關於迷信神龜的心理之表現

爾雅釋魚：「一曰神龜。」疏：「禮統云：神龜之象，上圓法天，下方法地，背上有盤法丘山，玄文交錯，以成列宿，長尺二寸，明吉凶，不言而信者，是也。」史記龜策傳所謂「玉靈」，就是神龜。古人以龜能卜吉凶爲人生禍福之所關，國家安危之所繫，故以神奉之，因而發生迷信的心理。這種心理的表現，略舉例以明之：

㈠「古者，大龜藏之府庫爲寶，國有大事，則告廟而卜焉。世世用之。」（見明、謝肇淛：五雜俎）。

㈡「古者，諸侯立國，皆有守龜，藏之太廟，與寶玉並重。目老成人曰，國之著蔡。」（見翟灝：通俗編）。著蔡，猶言著龜。

易繫辭云：「探頤索隱，鉤深致遠，以定天下之吉凶，成天下之亹亹者，莫大乎龜。」古人迷信鬼神，崇拜精靈，把猶疑不決的國家大事，去問靈顯之神，這叫做卜。著所以筮，龜所以卜，都是神物。王荊公詩云：「昔人寶龜爲神物，奉事槁骨尤兢兢。」這種迷信心理，見之於商殷時代甲骨卜辭者，殆不勝枚舉。

凡人得鳥獸之一形者，皆貴。其貴，莫貴如龜龍。唐、盧照鄰指賈侍御史云：「君升堂入室，踐龜字以長驅。藏翼蓄鱗，展龍圖以高視。」唐詩紀事：『崔液上五言詩，其兄湜歎曰：海子，吾家龜龍也（海子，液小字）。樓鑰詩云：崔家兄弟列清要，海子況復稱龜龍。」』這是古名士引龜龍以自況，可說是相人迷信之一例。又有以龍鳳爲貴相者：漢末時，司馬徽語劉備，以諸葛亮爲伏龍，龐統爲鳳雛。唐太宗方四歲，有書生見之曰：「龍鳳之姿，天日之表，其年幾冠，必能濟世安民」。（見唐書太宗紀）。後世以龍鳳命名者，甚多。元、明以後，以龜命名者漸少。清王士禎池北偶談云：「麟、鳳、龜、龍，並稱四靈。漢、唐、宋以來，取龜字命名者，不可勝紀。至明，遂以爲諱，殊不可解。」我以爲這是由於厭勝之故。宋、淳化三年，太宗御書孝經，勒之碑陰，龜飾厥趺，龍螭其顏。（見王應麟：玉海）。這是發之於迷信心理與美術觀念，在建築裝飾上，以龜龍配合，表示一個象徵的高貴之形態。

龜所以卜而知休咎，鑑所以照而別美惡，故凡足以爲修治之助者，叫作龜鑑。這是有心人以龜之神靈，啟示做人做事的法則，是很有意義的。宋司馬溫公家訓：「積金以遺子孫，子孫未必能守。積書以遺子孫，子孫未必能讀。不如積陰德於冥冥之中，以爲子孫長久之計。此先賢之格言，乃後人之龜鑑」。包拯以魏鄭公三疏置之座右，以爲龜鑑。陸游以龜鑑諷勸孝宗。李及之撰次唐史有益治體者，爲君臣龜鑑。這不啻是一部從政典要。宋人輯册府元龜一書，說是：「綜貫百家，羽翼治道，洋洋灑灑，固藝苑之鴻寶也。」這書以元龜取名，用意如出一轍。總之，龜之爲物，在民族迷信心理作用方面，也有其「眞」「善」的價値。

關於龜的特性，可供做人做事參考者，願引胡適博士的話來說一番。胡博士在生前一次講演中，贊成「絕頂聰明的人，走笨幹的路。」他以朱熹所說的：「寧詳毋略，寧下毋高，寧淺毋深，寧拙毋巧」爲這條笨幹的路作註脚；並以龜兔賽跑的故事，說明：「凡是歷史上有大成就的人，都是有兔子的天才，加上烏龜的功力的。」他勉勵他的學生：「沒有兔子的天才，就該學烏龜的功夫。萬不得已，學烏龜的功夫，總比學睡覺的兔子強得多。」胡博士這些饒有趣味性的話，對一般而言，就是做人做事都要踏實的意思。

又有時人說：創一業，謀一事，開始的時候很艱難，有了成規，循是以進，就容易成功。所以，世人喻成事之難易，有「烏龜爬門檻，黃河開閘板。」二語。這話，是說創業之始，其所遭遇的困難，如烏龜的爬門檻，爬過門檻，就順流而下，有如黃河開閘。這也形容的很確當。

3. 臺灣民間信仰之習俗

臺灣歲時喜慶，常以紅麴和米粉或麪製成紅龜，以為吉兆。清、丁紹儀東瀛識略云：「遇喜慶時，以紅麴和米粉或麪，範如龜形，炊熟相貽，卽以龜稱。澎湖則製成紅雞，為祀神之敬，殆取龜鶴齡長意，而訛為雞。內地人諱言龜，臺人不忌。」劉家謀海音詩云：「耗費饔飧百口糧，如山狼籍不堪償，傷財翻被居財誤，浪說紅龜是吉祥。按：臺語，龜若居，取居財之意。」紅龜之流行於臺灣頗久，而民間用紅龜以求壽之風甚盛。

現在紅龜的製法，是用麪粉或米粉做的，外表染着紅顏色。用麪粉做的，較大，是腰子形，拱背。用米粉做的，較小，是用模子在粿面上印着龜紋。前者，俗稱麪姑（姑，諧音龜）。後者，俗稱米姑。此外，還有一種，是用七、八樣雜碎的菜做餡子而包製的，俗稱菜姑。這三種物品，通稱之爲紅龜粿，簡稱爲紅龜。

紅龜，是禮品，也是祭品。用之於喜慶方面，則爲禮品；用之於祀神方面，則爲祭品。臺省人做壽，年屆花甲，親友送禮，得送紅龜六十二個；年到古稀，得送紅龜七十二個，以示依歲數而增壽數的祝意。紀念過世老人的，也送紅龜爲禮，以三年爲限，這是民俗所謂「冥壽」。

民間崇信神明，認爲小兒長成，有賴乎神明的保護。尤常托庇於註生娘娘，七娘媽，媽祖，觀音，床母的護佑。所以，在嬰兒滿四月與週歲，遇上述神明生日拜拜時，由父母備香燭紅龜抱小兒到寺廟燒香，祈求保佑。

每逢農曆正月初九日，爲最高神天公的誕辰，這是新春的第一個大節日，家家製紅龜粿而祀之。紅龜粿外染紅色，打龜甲印，以象徵人的長壽。拜天公的前夕，各家老少必須守壽到午夜。拜天公，卽所以祈平安，祝人壽。「天有好生之德」，春天能給萬物以發育生長的機會，凡此天道自然的啓示，引起人類對於人生和宇宙關係的認識，奉之爲天神，爲獨尊的最高神。俗以天公爲玉皇上帝，有生成保育萬物之德，爲超人類祖先的上帝，特用紅龜敬奉。

又清明節，亦稱中華民族掃墓節，有踏青掃墓的習俗。各家男女於清明節日或於清明前後擇定吉日，備牲饌、紅龜，上墳祭掃。這是發人子孝思不匱之念。以紅龜供奉，也不

插圖　紅龜粿

外是愼終追遠祈福增壽的原意。

本省有的地方，每逢農曆八月十三日起，男女老幼，紛紛到福德宮，向土地公前求一壽龜回家。有的地方，以紅龜供奉關公。有的地方，以紅龜供奉法主公。尚有還願的紅龜，做得很大，有的大至數十斤，甚至達數百斤之重。一切所求的，莫非在添福壽，保平安。

臺灣民間迷信甚雜，一塊岩石生得奇特，以爲有神；一株樹木長的古老，以爲有神；颱風有風神；打雷有雷神；龜有龜神，蛇有蛇神。對於這些自然現象，動物、植物、礦物，好像都有神靈而敬畏之。

社會上日常所見的術士，如堪輿師，看日師、算命師、卜卦師等都是。他們各以相地、相面、相手、推命、擇吉、測字、預言爲專業。卜卦師，爲人預測將來的休咎吉凶。有的用米卜、有的用鳥卜、最普通的用龜甲卜。龜甲，在古代，爲宮廷中官方卜卦人所使用。卜人的職責，在預測國家大事。由於時代的推移，龜卜之風，相沿而成爲民間習俗，其迷信心理的作用，在預測個人的吉凶休咎。

六、龜與工藝美術之關係

美術，可分純粹美術和工藝美術兩種。純粹美術，是全出於性靈的表現；工藝美術，其作用在於裝飾。龜在美術方面，即和工藝美術有關。自漢迄宋，在官印的頂端刻一隻龜，

圖版貳

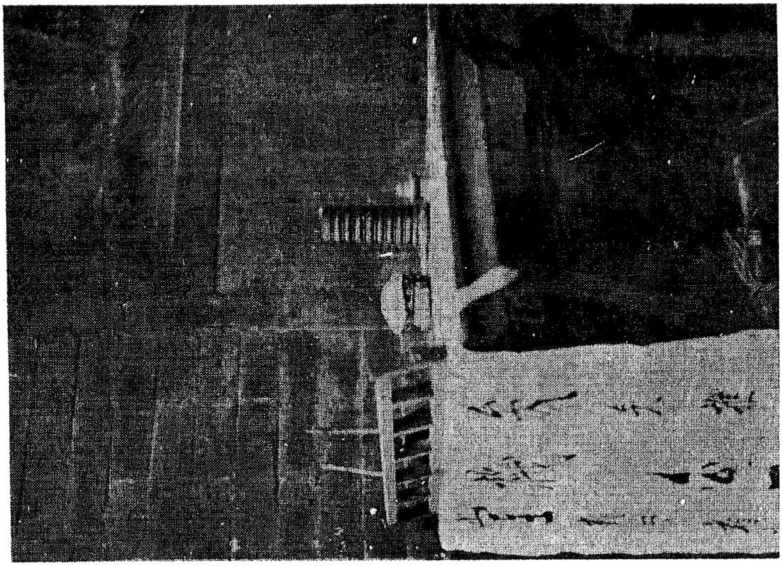

龜卜

龜版卜辭

龜　紐①

漢，魏興太守章

龜　紐②

漢，關中侯印

作爲威信的標記，這叫做龜紐；在印鼻上繫一條紫帶，這叫做龜綬。史記蔡澤傳：「懷黃金之印，結紫綬於腰。」漢書百家公卿表：「相國丞相，皆秦官，紫綬。」金印紫綬，簡稱金紫，就是龜綬。漢代對西域各國常把這東西當作禮物，而對國內官員當作獎品。唐、韓偓詩有云：「聲名赫赫文章士，金紫雍容富貴身。」即指此。後漢書宦者傳：「自曹騰說梁、冀竟立昏弱，魏武因之遂遷龜鼎。（注：龜鼎，國之守器，以喻帝位。）」這是漢代把龜應用到銅器上作爲裝飾。唐時，官之章服，凡五品以上，製龜以爲佩飾，這就是龜袋。故把龜作飾物的龜袋，卽是一種官徽。凡三品以上，龜袋飾以金，簡稱金龜。自號四明狂客的賀知章，在長安紫極宮一見李白，呼爲謫仙人，就把身上佩着的官徽——金龜解下來，換了酒，狂飲取樂。此公晚節誕放，一至於此！因而連想到晉代阮遙集，終日縱酣，嘗以金貂換酒，古今傳爲趣話。歐陽修有謝金龜賜之文。陸放翁有拜金龜賜之詩，詩云：「豈知晚拜金龜賜，却是霜髯雪鬢時。」可知金龜之賜，至宋未廢。宋代又有把龜殼作爲帽飾。如葛延之訪蘇東坡於儋耳，以親製龜冠獻之。陸放翁以龜殼作冠，有詩云：「黌樽恰受三升醞，龜屋新裁二寸冠。」卽詠此。此外，有應用到石刻上的，叫做龜趺，又有應用到刺繡上的，叫做龜紗。凡此種種，固有其「美」的價値，但與古代官制禮教有密切的關係。昔日本民間以龜製的工藝品作爲親友間餽贈的禮物，現僅用之於賀婚和祝壽。

七、結語

古人稱龍鳳龜麟爲四靈，是把這些動物看作祥瑞之物，細細去研究，是很有趣味的。本文，乃就生物學、民族學、民俗學的觀點，把龜作一較有系統的分析，予以綜合的判斷，則龜在人類文化上應有其地位。由於生物學家的研究，認定龜天賦有神秘的導航裝備。它航行究竟以什麼東西爲方向準繩？這還有待乎科學家的研究。一旦研究有結果，對於海洋導航方面，必有莫大裨助。將來讓科學家們寫一篇「龜的科學地位」吧。酷暑中，信手寫來，容有欠周，請讀者多多指教！

——民國五十二年八月十五日

從民族學觀點申論中國古文物中之禮器：青銅器與玉器

前言

昔年，我翻讀法國史學家朗格諾瓦和瑟諾博司合著的史學導論（Ch. V. Langlois et Ch. Seignobos: Introduction aux Études Historique, 1897 Paris），知道其中所論的歷史方法，已應用到民族學和社會學方面，而在社會科學上有了不少的影響。我又讀過法國社會學家涂爾幹著的社會學方法論（Émile Durkheim: Les Règles de la méthode Sociologique, 1895, Paris），英國皇家人類學會編印的人類學通釋（人類學，包括體質人類學和文化人類學。文化人類學，即民族學。）（The Royal Anthropological Institute: Notes and Queries on Anthropology, Fifth Edition, 1929, London.）；又讀過王星拱教授著的科學方法論（民國九年，國立北京大學講義。），這些著作，雖係舊籍，但在研究方法上，仍有可資參考的價值。有人問起民族學研究方法，我願把這基本讀物介紹出來。

從民族學觀點去探究古文物，這是本文研究所關的途徑，這在學術研究上是有意義的。細數，中國古文物有青銅器、玉器、陶器、瓷器、漆器、雕器、法器、鼻煙器、琺瑯器等，品類繁多，內容豐富。在這些器物中，其成為禮器者，主要的，則為青銅器和玉器。這兩器物，在形制本質上，雖屬於器物學範圍，但從其文化特質上去探索，就很顯著的和民族學有密切的關係。這就是本文所要提出加以論述的。

民族學，是研究各民族的文化，尤其是初民的文化。文化，是一個民族生活的類型。其類型，有三：一、是物質生活的類型，如日常生活的製作及其他各種應用的器物等是。二、是社會生活的類型，如社會形態和社會組織等是。三、是心理生活的類型，如宗教信仰、語言、文藝等是。禮俗和禮器，同是一個民族的文化事象，不出於民族學範圍之外，這兩者的關係，須從這幾方面去探討。

一、中國禮俗的本質

中國禮俗，淵源於中國固有的文化，源遠流長，有其文化上的演進。

1.俗：俗，是習俗，就是生活習慣。俗的構成，有三原素：①人，②土，③生活。人，是俗的中心。土，是人所寄生的地域，就是地理環境。生活，是人求生的活動，影響這活動的，是社會環境，文化環境。綜合的說，俗，是人和土地和生活交接交織所生的習慣，就是人類的生活習慣。

2.禮：禮，是人類行爲的規則，亦就是人類生活習慣的規範。所謂禮儀、禮節便是。禮的來源，是出於人類一種自然的表示，如叩頭作揖，對神表示崇拜及對人表示敬意。說文：『禮，所以事神致福也。』即指禮初出於原始宗敎的信仰。自後發展而有祭天祀祖的故習。就初民心理生活去探求，這是發生於敬天畏命愼終追遠的觀念。到了西周，周公佐成王，制禮以治天下。這時期，就進入禮治政治的時代，所謂「禮之變也以政」。於是神秘的禮儀，一變而爲政治的工具。這是中國古代禮制的特徵，當另作別論。

3.禮俗：宇宙間，有人類必有俗，有俗隨有禮。俗先於禮，禮本於俗。俗是社會生活的習慣，禮是生活習慣的規範，以禮節俗，則爲禮俗。所謂禮俗，具體的說，是習俗之中禮的成份，故禮在習俗之中發生節制的作用。

二、中國古文物中的禮器

1.青銅禮器之由來

中國古器物，尤其是青銅器，在物質生活方面，是日常生活中應用的工具，是一種物質文化。從青銅器物來說，有飲器、食器、烹飪器等。飲器中的「尊」，原是飲酒之器；食器中的「簋」，原是盛黍稷之器；烹飪器中的「鼎」，原是炊器，又是「就鼎而食」的食器。可見銅器的製造，在初民生活習慣上，原供日常實際的應用。通稱一個尋常的人爲俗士，同理，一件尋常實用的器物，當可稱之爲俗器。其後，古人有了「事神致福」「尊天敬祖」的宗教意識和信仰，這種俗器，乃用之於宗教信仰的禮儀上。商、周兩代的鼎、彝器，如烹飪用的鼎、鬲、甗、敦、飲食用的爵、尊、壺、簠，盥洗用的盤、匜，以及樂器的鐘、鉦，傳世的很多。這些器物，多用於祭祀燕享，因此，由俗器變成禮俗中的禮器。其生活類型，乃由物質生活轉到心理生活。考古者以其品物形制，爲他古民族所沒有，且鍊製之精，圖文之美，在藝術上亦有無上的價值，咸奉中國爲文化的瓌寶。

2. 青銅禮器上之圖與文

青銅禮器，是一種極其受人珍愛的器物，除用於祭祀燕享之外，往往刻上帶有紀念性的文字，以至於刻上永久保藏重要的圖錄文獻。青銅禮器上的文字，歷商、周兩代，由三兩個字逐漸發展到幾百個字。從這些文字或文獻上，可以增廣關於古代文化歷史的知識。此外，又有以物象鑄之於青銅器，這是禮教上的象徵。這種禮器上的圖和文，可稱之爲銘文。我以爲銘文可分爲二類：一爲以物象鑄之於青銅器者，二爲以文字鑄之於青銅器者。

（甲）以物象鑄之於青銅器者

關於以物象鑄之於器物，這是我國先民利用圖畫「成教化，助人倫」。在古代禮俗上具有政教的功用。玆引當代畫家鄭昶氏講的一段頗有可取的話：

『初民作畫，純應現實人生之要求。虞舜以還，君權確立，因求政治之穩固，禮教之化行，其用益大。凡百繪畫，無不寓警戒之義，誘掖之意，爲一種收拾人心，改良社會之工具。蓋當時民智幼稚，對於宇宙間之事物，大率缺乏了解之理智。歷唐而夏，其所以牧民爲治之法，卽因民智之幼稚，設種種神話，定種種儀制，使之有所懼而自誡，有所感而自警，以便其統治。於是圖畫遂被利用，誠有如曹子建所謂「存乎鑒戒者，圖畫也」。張彥遠所謂「畫者成教化，助人倫」。窮神變測，幽微與六籍同功，四時並運者也。舜之畫衣冠，異章服以爲戮，而民弗犯，卽其明證。夏禹繼起，遠方圖物，貢金九牧，鑄鼎象物，百物而爲之備，使民知神姦，其用意益顯。』（中國畫學全史）

鄭氏之言，言之有理，我同意他的看法。夏初鑄鼎，見於左傳、史記、漢書。史記封禪書云：「禹收九牧之金，鑄九鼎。」前漢書郊祀志云：「禹收九牧之金，鑄九鼎，象九州。」左傳宣公三年云：「楚子伐陸渾之戎，至於雒，觀兵於周疆。定王使王孫滿勞楚子，楚子問鼎之輕重大小焉。對曰：在德不在鼎。昔夏之方有德也，遠方圖物（杜注：圖畫山川奇異之物而獻之），九牧貢金，鑄鼎象物（象所圖物鑄之於鼎），百物而爲之備，使民知神姦。故民入川澤山林，不逢不若。魑魅罔兩，莫能逢之。是用協於上下，以承天休。」唐、張彥遠：歷代名畫記亦云：「鼎鐘刻，則識魑魅而知神姦。」由此推求，可知古代禮俗，喜用圖畫，鑄鼎象物，以制神姦。所謂神姦，是指一方統治者所制裁的異類。這一物象銘文，是寓有厭敵制勝的意味。其功能，就是「成教化，助人倫」。

又關於「用人之祭」，蔡元培氏云：「幼稚的宗教，多有以人爲犧牲者。如春秋、左氏傳屢有「用人於社」之記載。考左傳：僖公十九年，宋襄公使邾文公用鄫子於次睢之社。又昭公五年，季平子伐莒，取郠獻俘，始用人於亳社。」（民族學上之進化觀）遠溯到殷商時代，早有殷高宗（武丁）征服西北民族—羌人的史實。高宗時，伐羌人，三年始平服，因此，對羌人懷深仇，故有「用人之祭」之習。羌人，是西戎牧羊人，以羊首爲其部族的標識，卽爲羌族的圖騰象徵。殷商甲骨文上所刻的「饕餮」【圖版壹（見英譯第102頁）】，青銅器上所鑄的「饕餮」【圖版貳（見英譯第102頁）】，實爲羌人犧牲之首，就是一種圖騰的象徵。殷人征服這一強大的西北民族，鑄之於青銅器上，以垂紀念，以矜豪強。遠在古代，一戰勝者對戰敗者施以懲艾，自以爲是一種「鑒戒」，因鑒戒而發生教化作用。

傳說黃帝時代畫蚩尤圖像，以鎭暴亂。這是古代一部落戰勝者，對戰敗的部族，壓服暴亂而欲鞏固其領導地位，乃圖其首面，以示衆，以揚威。這雖是一種傳說，但就上古社會政教意識去推求，這很可能跟夏禹之「鑄鼎象物」同是一個史實。昔魯之靈光殿，有描寫天地品類，羣生雜物，奇怪神靈等，都是壁畫。可知壁畫實已盛行於世。到了隋、唐，亦極盛行，但當時壁畫，非若後世專供裝飾鑑賞之用，乃寓有警戒之意（見大村西崖著

：中國美術史—陳彬龢譯）就此以推，黃帝所畫的蚩尤圖像，可能是一種壁畫。

又殷商銅器中有「父癸爵」（故宮銅器圖錄下三七〇）。這一器物，具有紀念始祖誕生的意義。祖和宗，原是祭祀的名稱，並不以血統爲標準，乃以「功」「德」爲祀祖的標準。所謂「祖有功，宗有德」。便是。這功德，是象徵古代氏族組織中的領袖。這領袖，是一非常人物。這非常人物，被認爲是神聖的，或有功於創業，或造福於人羣，其中只有崇德報功的信仰關係，還沒有產生血緣關係的觀念。上古之世，從夏后氏以迄殷商，方始循姓氏，重血統，而有「祖顓頊而宗禹」「祖契而宗湯」之血統的祭祀（見國語）。祭祀的用意，在敬天而尊祖。祭祖，就是尊祖的表示，亦就是盡孝思的表示。禮記所謂「祭先所以報本也。」飲水而思其源，生來不忘其本，這是中國人人崇拜祖先的特徵。這種尊重血統的觀念和拜祖的倫理思想，發源很早。詩經商頌云：「天命玄鳥，降而生商，宅殷土芒芒。」這是說，上帝命玄鳥，使簡狄呑燕卵而生契，契乃封於商，爲商之始祖，而居廣大的殷土。此卽商民族發之於感生觀念，取玄鳥爲始祖誕生的象徵。史記殷本紀云：「殷契母曰簡狄，有娀氏之女，爲帝嚳次妃，三人行浴，見玄鳥墮其卵，簡狄取呑之，因孕生契。」陳洪綬、蕭雲從合繪的楚辭圖注云：「簡狄侍帝嚳於臺上，有鸞墮卵，呑而生契。」【圖版叄（見英譯第103頁）】玄鳥，或稱乙，或稱燕。說文乙部：「乙燕燕，乙鳥，齊魯謂之乙，取其鳴自諄，象形也。鳦，乙或從鳥。」又說文燕部：「燕燕，玄鳥也。」是乙卽燕，燕卽玄鳥。按乚訓玄鳥，段玉裁謂字當橫看，象燕飛時，自後視之之形，所解有理。卜辭中關於妣乙的記載，可以證明乙就是玄鳥。傅斯年氏說：「妣乙必爲一特尊的古妣」（東北史綱）。據此，妣乙乃玄鳥的人格化。商民族沒有把玄鳥當作部族的圖騰，以爲一部族的社會型式。其所表見的，僅是一種原始宗教的觀念，夢境的幻想迷信，祖先崇拜的倫常意識。國語所云：「殷人禘嚳而郊冥，祖契而宗湯」，無疑的，嚳是商民族的宗神，契是商民族的始祖。自從契首當商王，立了國，其孫相土，大擴疆土；又過了幾代，到王亥，遊牧北方，亦有所拓展；再過了幾代到湯，他舉了十一次兵，把當時的共主夏桀趕到南巢（皖）（商和夏，是同時存在的二國），而享有天下。這是中國歷史上革命的第一幕。史記殷本紀云：「主癸卒，子天乙立，是爲成湯。」按：天乙卽大乙。古文，天與大形似，易譌。又按：湯，名履。湯，其字也。大乙，疑後追稱之廟號。（見李孝定：甲骨文字集釋第十四）國立故宮博物院珍藏的青銅器：「父癸爵」，很有意義，值得表而出之。竊不自揆，願加以闡釋。湯承契之後，革命成功，得有天下，製爵以紀念其父癸而盡孝道。爵，是器物中最寶貴的禮器。湯僅以此紀念其父，意猶有未盡，乃進一層，於父名上供列祖先的象徵，飲水思源，愼終追遠，而把紀念之誠，更深遠的推到他的始祖，以尊其祖先的誕生。尊祖以盡孝，成湯特將此意公之於世，鑄之於藏禮的爵器，以垂不朽。這可說是先民開了拜祖教（Ancestor Worship）的風氣。【圖版肆（見英

譯第103頁)】【圖版伍(見英譯第104頁)】

(乙)以文字鑄之於青銅禮器者

古代以竹木爲簡策，懼其久而易朽，又因爲青銅器之成爲禮器，故遇國家大事，都鑄之於青銅器，以垂久遠。古代傳說中有所謂金簡玉牒，多屬金屬之物。金簡，卽鑄銅爲簡。玉牒，卽石刻、玉刻、碑刻之類。

周禮有「邦國約」「萬民約」「地約」的記載。國家契約，很貴重，故以彝器鑄之，藉此以傳示後世。周代重器：如，散氏盤，是記周厲王時散矢兩國勘定疆界之事。前敘兩國疆界所經之道，立表以爲標識；中敘兩國官吏履勘之事，末敘兩國誓詞及所定罰則。銘文，凡三百五十字，爲鐘鼎文中之一鉅製【圖版陸(見英譯第105頁)】。又如，毛公鼎：鼎中銘文，乃記周宣王册命毛公厝之辭。從文武開基及周公召公同心相輔說起，轉到守成不易，匡濟需才，特册封毛公厝爲首相，掌理國政，效忠皇室；並厚賜毛公，以示激勵。毛公爲感天子宏恩，故作此鼎，垂示子孫，永遠寶用。銘文，凡五百字，亦爲鐘鼎文中之一鉅製【圖版柒(見英譯第106頁)】。這些器物，含有典章、典範的意味，都列爲重要的禮器。

總上之所述，是用綜合分析方法，擧例以說明。從青銅禮器去觀察文物禮俗，其所顯示出來的，一是圖像鑄像以鎭暴揚敎化，二是祖先誕生的象徵，三是敬天尊祖的信仰，四是古法、古訓的典範。

3.禮俗中之玉器

從甲骨文及說文中之「巫」字和「豐」字考證，可知古代行禮以玉，或兩手捧玉以事神，或盛玉以奉神人之器。王國維氏云：「古者行禮以玉，故說文曰：豐，行禮之器，其說古矣。惟許君不知丰字卽玨字，故但以从豆象形解之。實則豐从玨，在凵中从豆乃會意字，而非象形字也。盛玉以奉神人之器，謂之曲。」這是就文字器物方面考釋殷商時代以玉禮神的源流。（見羅振玉卜辭考釋及王國維觀堂集林）。禮記月令云：「仲春之月，祀用圭璧。」這是指時祭有時用玉。又殷代喪葬，唅蟬用玉，置於死者口中，以示不朽。中央研究院安陽發掘，在人骸骨口中發見的，有玉魚、玉蟬等，可以爲證（參考鄭西諦近百年古城古墓發掘史）。由此可知事神以玉，以至事喪以玉，把玉視作信仰（迷信）之物，其由來甚古。據尚書禹貢所載，在夏禹時代，玉被列爲賦貢。如，雍州三危地區的貢品。「球琳琅玕。疏：西北之美者，有球琳琅玕，美玉名」。又青州岱谷的貢物：「絲、枲鉛、松、怪石。疏：怪石，碔砆之屬，石之似玉者」。同書，又有「火炎崑崗，玉石俱焚」之文，此亦可知夏代已把玉當作有用之物。歷傳商周，玉之爲用更盛，視玉爲祥瑞之徵了。

玉，是石之一種，是美麗的石。玉製器物，是由石器演變而來。玉器和青銅器，同爲制和宗教禮儀上。玉器，在中國很早就成爲禮器，以朝聘所用的六瑞和祭祀天地四方所用的六器爲最重要。

（甲）配合禮制的六瑞

中國古代禮制上的玉，主要的有六瑞：一、鎭圭，二、桓圭，三、信圭，四、躬圭，五、穀璧，六、蒲璧。周禮春官大宗伯云：「以玉作六瑞，以等邦國，王執鎭圭，公執桓圭，侯執信圭，伯執躬圭，子執穀璧，男執蒲璧」。所謂「瑞」，是古時玉做器物，作爲封官拜爵之用，這和中國古禮制有關，故玉器成爲主要的禮器。所謂「以邦等國」，是王以下分公、侯、伯、子、男五爵位。王，是天子，是一國之主。王之下，爲公，地位很高。侯，次之。伯，又次之。子和男，更次之。其所執的圭，亦依爵位而有區別。鎭圭，是王之所執，最有權威。桓圭，是公之所執。信圭，是侯之所執。躬圭，是伯之所執。（桓圭、信圭、躬圭，除尺寸略有區別外，形式大致相同）。穀璧，是子之所執。蒲璧，是男之所執。這些器物，在君臣相見的時候，或諸侯間相見的時候，都要拿着作相見的信物【圖版捌（見英譯第107、108頁）】這樣看來，六瑞是配合禮制之一有政治功用的禮器。

六瑞之外，還有作爲符節用的禮器。這一類禮器，是珍圭、穀圭、琰圭和牙璋。周禮春官典瑞云：「珍圭，以徵守，以卹凶荒。牙璋，以起軍旅，以治兵守。穀圭，以和難，以聘女。琬圭，以治德，以結好。琰圭，以易行，以除慝」。珍圭，即鎭圭，爲王之所執反映古民族生活思想的重要器物，最初是日常實際應用器物的製作，其後演變而用之於禮，憑以徵召諸侯守國，及撫卹凶荒。牙璋（兵符），用以起軍旅，治兵守。穀圭，象徵和平，用以和難；又視爲吉物，用以聘女。琬圭之首無角，用結盟好；又是嘉獎信物，用以治德。琰圭，狀極尖利，用以稽核，用以除惡。這些禮器，天子政令所至，用來作爲信物。因爲古時傳達命令，都憑口述，所以必持信物，以證使者身份。

（乙）迎合信仰的六器

中國古代宗教信仰上的玉，主要的有六器：一、蒼璧，二、黃琮，三、青圭，四、赤璋，五、白琥，六、玄璜。這六器，是天子祭祀天地四方之神的禮器。周禮春官大宗伯云：「以玉作六器，以禮天地四方。以蒼璧禮天，以黃琮禮地，以青圭禮東方，以赤璋禮南方，以白琥禮西方，以玄璜禮北方」。用這六器來祭祀各方之神，是以玉的各色配合天地四方的，這和中國古宗教信仰有關，是不失「祭天祀地事神致福」的原意【圖版玖（見英譯第107～109頁）】。古有天圓地方之說，禮天則用蒼璧，禮地則用黃琮。因爲天形圓而色蒼，故用蒼璧以祀天。因爲地形方而色黃，故用黃琮以祀地。青圭，銳，象春物初生，所以禮東方。半圭曰璋，象夏半枯，所以禮南方。白琥，猛，象秋之肅殺，所以禮西方。半璧曰璜，象冬令閉藏，地上無物，惟天半見，所以禮北方。漢以後，宗教的意義已失，而走向裝飾之途了。玉器的美術價值，是在於玉的天然色澤。玉在土中受沁，變成古色古香的美，加之以雕刻技術的精妙，則是美上加美了。就文化類型來說，青銅器和玉器，都具有物質文化、精神文化和科技文化的特質，在古代禮俗中配合文物制度而有特殊的光彩。

結語

從中國歷史上去觀察，殷商年代，延續六百餘載；周朝年代，延續八百餘載，這兩朝年代有如許長久，究竟有何所恃？我以爲商、周兩代之所恃者，厥有二力：一是立國的精神力，二是建國制度上所具有的力。就制度而言，殷商有四方面的支柱：一、政治方面，是在發展中的封建制度；二、經濟方面，是貢納制度；三、倫理方面，是宗法制度；四、文化方面，是文物制度。周朝亦然。政治，則爲完成的封建制度；經濟，則爲井田制度；倫理文化，則爲宗法和文物制度。商、周有四骨幹賴以支撑，所以建國必成，立國必久。尤其文物制度，在商、周佔着很重要的地位。文化的實跡，是文物。文物的內涵，是文化。文化文物，表裏如一。文物因有文化上的理想和體系，乃成爲文物制度。文物制度，是中國文化體系的特徵。凡此文物，在禮俗中融合而放光彩的，謂之文物禮俗，這在民族學研究上可得一結論。商、周的文物制度，可說是我國古文物禮俗的根源。善乎清儒阮元之言，曰「器者，先王所以馴天下尊王敬祖之心，教天下習禮博文之學也。商祚六百，周祚八百，道與器皆不墜也」（商、周銅器說）。

古文物禮俗，盛於商、周。秦，漢以降，封建已廢，鐵器已興，青銅器製作減少，玉器走向裝飾之途。時代推移，遺俗漸變。諸凡文物，歷代流傳，藏之博物院，揭其奧秘，以供世人的研究觀賞。文物禮器，光彩猶新，其文化精神，可傳之於久遠；其文化價值，乃永垂而不朽。

（民國六十二年）

本文，是本人爲第九屆國際人類學會與民族學會大會而撰的論著，特在本刊刊出。本屆大會，於公元一九七三年九月一日至八日，在美國芝加哥城舉行。

聯奎誌

再論中國古文物：青銅禮器

一、前言

我曾撰從民族學觀點申論中國古文物中之禮器一文，對於中國之青銅器和玉器有所論列，在故宮季刊第八卷第一期發表。現對青銅器原文加以補充，再論中國古文物：青銅禮器，更闡明我國青銅禮器的特色。

走遍世界，窮覽古物，古物中最古的，莫古於石器（包括玉器和陶器）；其次，則爲青銅器。在中國青銅器中，無論器類方面，形制方面，紋飾方面，以及銘文方面，各有各的特色。其特色，是舉世無匹的。這不僅是我中華民族獨創文化的光輝，亦可爲世界文化藝術放一異彩。這不是浮誇，而是事實，可用實物來證明。看了中華民國故宮博物院豐富的藏品和中央研究院的藏品，再看世界著名的博物館，如法國巴黎的羅浮宮博物館（Musée du Louvre）和吉美博物館（Musée du Guimet），英國倫敦的大英博物館（British Museum），瑞典斯德哥爾摩的遠東古物館（Östasiatiska Mseet），美國華府的佛瑞爾博物館（Freer Gallery of Art），紐約的大都會博物館（Metropolitan Museum），舊金山的帝揚博物舘（M. H. de Young Memorial Museum）等的藏品，只把中國的青銅器和古埃及跟巴比倫遺下來的青銅器，作比較的觀摩和研究，不難得一判斷，中國古文物：青銅禮器，眞是舉世無匹的。美國作家葛羅布克氏（Shirley Glubok）說：「中國文化，有四千餘年歷史，是世界上最悠久的活躍文化。歷經世世代代，中華民族獨創燦爛的文物，諸如銅器、玉器、瓷器、繪畫和蠶絲，是永遠無與匹敵的。」這是代表世界人士的公言（見The Art of China, 1973）。

溯乎數千年前，我國先民受了哲學思想和科學思想的啟發，就有了文化意識，社會意識，宗教意識，和倫理意識，而知道創製文字（陶文、金石文和甲骨文），組織氏族（圖騰氏族，家族和部族），敬天尊祖（事神致福，崇拜祖先。），製造器物（玉器，陶器，銅器等等。）。概括的說，凡此種種，都是中華民族所獨創的文化績業。

凡時間上過去的陳跡，都可說是古。這裡所說的古，只有縱線上長短的差距，長的是指遠古或上古，短的是指中古或近古。譬如說，古文，古物。古文是上古的文字，古物是上古的文物。本文所標的古文物，是上古的文物。因爲古物具有多種文化的實質，故可稱爲古文物。禮器是古文物之一種，青銅器是禮器中之一類，試申論之。

二、中國文化之特質

文物，是文化的產物。有文化，才有文物，可見文物的產生，必有其文化背景。文物之成爲古文物，則更有其歷史背景。我國古文物，是中華民族數千年來若祖若宗所獨創的傳統文化的結晶。這些文化結晶品，充分發揮人類最高的智慧。源遠流長，自有其歷史背景；而在文化背景中，則顯有各種文化特性。其特性，包括了(1)歷史文化、(2)物質文化、(3)精神文化、(4)科技文化、(5)藝術文化、(6)倫理文化。把這些文化精髓溶合起來而產生多姿多彩的古文物，這是我中華民族若子若孫所足以自豪的。在自豪中不要自滿而要自勉，要接先人的智能，創更高的文化。

中華民族有五千年的文化歷史，這文化歷史的創始者，是黃帝，亦可以說，黃帝是中國文化創造的象徵。文化嬗演，歷代不絕。我古文物所具有文化特性，歸納的說，則有二特質：一是倫理思想和道德觀念，二是科學思想和技術觀念。

上古時代，由於初民敬天畏神的觀念而發生對於天神的崇拜。這是原始心理所由而生的宗教信仰，崇天神以定一尊。基於敬天觀念而對天道發生崇拜信仰，這稱之爲拜天教。易經說：「有天地，然後有萬物。有萬物，然後有男女。有男女，然後有夫婦。有夫婦，然後有父子。有父子，然後有君臣。有君臣，然後有上下。有上下，然後禮義有所錯」。

循此宇宙間自然發展之迹，可知天道秩序的眞諦之所在。因爲天造萬物，故天是萬物的根本。以天道秩序之理，應用於人類社會，便產生家族的倫理思想和五倫的道德標準。禮記說：「萬物本乎天，人本乎祖。」基於尊祖觀念而對祖先發生崇拜信仰，這稱之爲拜祖敎。以言倫理思想的發展，初則見之於人和天的相接，人和人的相接；推而演之，則人和家族宗族相接；再推而演之，則人和國族國家相接。循此發展的程序，其道德觀念所藉以表而出之的，卽爲孔子、孟子所倡導的忠孝仁愛信義之一貫大道。就社會心理學的觀點來詮釋，這就是人類的報本心，愛國心，同情心，互助心和自尊心。凡此都是我們固有道德的本質，亦就是我中華民族文化之一特質。

再說我國先民科學思想的淵源，當春秋時代，孔子施敎，以六藝：禮、樂、射、御、書、數並擧。大學中所說的格物致知，指出致知的方法，則在格物。這是我國先民早已意識到人和宇宙間事事物物的接觸，而求眞知眞理，以導致科學思想的發展。讀宋儒胡次焱的山園後賦，其闡釋格物致知之理，至爲深切詳明，玆錄一段於下：

「胡子曰：萬彙葳蕤，一理攸寓，所貴善學，在觸其類。故觀松蘿而知夫婦之道，觀棣華而知兄弟之誼，觀向陽之葵而知所以爲人臣，觀南山之喬而知所以爲人父，觀葛藟而知睦親族，觀桑梓而知洽鄰里，觀伐木而知朋友之當親，觀葭莩而知親戚之當比。觀于竹而知堅剛之節，觀于梅而知高孤之味，觀蘭茝而知幽閒之雅韻，觀松柏而知炎涼之一致，觀籬菊不飄而知逸約之得計，觀萌蘖後生而知良心之當護。觀釆苓而知所以遠讒諂，觀伐檀而知所以去貪鄙，觀芄蘭而知所以鋤驕矜，觀木瓜而知所以隆報施，觀梧檟貳棘而知貴賤去取之難，觀蓬茅槐芷而知善惡漸染之易，觀射干生於高山而知直立貴於超人，觀蒹葭老於白露而知貧賤所以玉汝，觀小草有遠志而知廣狹在人所趨，觀紅杏與芙蓉而知榮枯在時所遇，觀於碩果而知造化之剝復，觀於茅茹而知吾道之泰否。清潔，則讀濂溪愛蓮說。取舍，則讀日休桃花賦。御下，則讀子厚種樹傳。好客，則讀樂天養竹記。至於樂意關禽，生香交樹，是又可以觀浩然之氣。舉凡山園之內，一草一木，一花一卉，皆我講學之機括，進修之實地，顯而日用常行之道，賾而盡性至命之事。一坐山園，而盡於此。此大學有致知格物之章，夫子所以有多識草木之語。」（梅巖文集）

胡氏所謂，顯而日用常行之道，即爲人和物相接觸中而有生物科學思想的啟示。所謂賾而盡性至命之事，即道出潛心於理義之趣，而爲哲學思想的啟發。細味此文，實獲我心。宋儒張九成說：「大學之道，以格物爲主。格物則能窮盡天下之理，人倫之理，惟格物者能識之。識者，明也，惟能識之，則能用之。」（橫浦集）張氏之言，以爲格物窮理，重在應用。總之，格物致知之說，實爲我國科技思想的先驅。

科學，是人類靈智的活動，維護文化，創新文化，進而企求對人生的滿足。科學重原理，技術重應用，科學和技術有分際，有其密切的關係。著名的指南針、蠶絲、火藥、造紙術和印刷術，是中國最早的發明，乃為世界所公認。此外，尚有其他科學技術所施於工藝文物的重要發明。在遠古時代，傳說中的伏羲氏，創八卦，以代結繩；神農氏嘗百草，以別藥性。這兩氏，是代表往古發明者的象徵。又有班班可考的我國古代的天文學、算學、曆法、光學、音學、生物學、煉丹術、方劑學，以及最早的建築工程、水利工程、金屬冶鍊技術、青銅鑄造技術、玉器製造技術、製陶製瓷技術、絲織繡技術、鑲嵌技術、雕刻技術、色染技術、髹漆技術等等，實不勝細述。這些科學技術，應用到中國古文物：青銅器、玉器、瓷器、漆器、石器、雕器、鼻煙器、琺瑯器、繪畫等的製作，多彩多姿，而在文化上已有很大的貢獻。綜此所述，這又是我中華民族文化的另一特質。我國古文物，品類繁多，內容豐富，其成為禮器者，主要的，是青銅器和玉器。今專論青銅禮器。

三、中國古文物：青銅禮器之特徵

看了故宮博物院典藏的商、周兩代的青銅禮器和古玉禮器（一七六六—一一二一，B．C．）不禁油然湧起好古之思。好古，是從吾心之所好，而對古物發生興趣，進而細玩欣賞。好古，還要敏求，是要對古物古典而用心去探究。好古，還要溫故而知新，是要對古物古典鑽研後而知所創新。如果好古而流於食古，則食古不化，就變成迂腐的冬烘，竊以爲不取。

1.青銅禮器探原

我國古青銅禮器，流傳到現在，已不止三千餘年，論其源流，莫不相接。這是說，一種文物的產生，必有其所始，亦必有其所演，在年代歷程上，卽上接而下演。以商、周爲例，商、殷上接夏代，下演周代，其意瞭然。再說，器物的流傳，是一事；器物的演化，又是一事。器物流傳，其本質不變；器物演化，其本質則變。欲明其變，故探其原。

在人類文化的演進上，就考古學而言，其過程約有四階段。初爲舊石器時代，其後爲新石器時代，再其後爲銅器時代，接着是鐵器時代。在舊石器時代。人類都使用石頭打擊而成的石器。在新石器時代，人類使用磨光的石器和泥土燒成的陶器。到了銅器時代，人類卽發明冶銅技術，范銅製作及使用青銅器。約在公曆紀元前一七六六年至二二一年之間，商、周時代已有精緻的青銅器，雕琢的玉器和骨器，以及甲骨文和金石文，這已進到銅器時代的鼎盛時期。再就歷史上記載，鐵器約始於周末，盛於漢初。中國的文化歷史，是一條漫長的不銹鋼的鍊，舊石器時代、新石器時代、銅器時代和鐵器時代，各是這條長鍊上的一環。我國先民艱難締造，經過這幾個演進的階段，獨創燦爛的古文化和多彩的古文物。

水，是人類生命的泉源，在用水工具沒有發明以前，原始人用手掬水而飲，非但飲而解渴，且而取水以供他用。迨後，近水的人，則就水而飲，或採蚌殼爲飲器水具。近山的人，則取獸角或用竹筒爲飲器，又用竹筒爲水具，以接水注水而輸水。平地的人，由於各地飲具的流通，或就地取材以爲飲器水具，以遂求生之欲。到了新石器時代之初，古人智識漸開，知道利用火燒土坏，以製陶器【圖版壹（見英譯第137頁）】。陶器最大的優點，可製作取水輸水和注水的器物。因陶器的產生，人類的生活，遂有重大的變化。原始的陶器，是一種簡單的容器，如盆、盤、器皿之類，製法簡單，用途甚廣。例如，盆可以取水、貯水、輸水；又可以在盆中燒煮食物。又例如，陶鼎爲盆類容器之加三足者，可於其下加火煮物。盤之用途，只爲盛水，非於其下加火。陶鬲，亦陶鼎之屬，爲盆類容器之加三曲脚者。陶爵，亦角之演化，原爲注水之器。古人先以陶土製鼎製鬲製盤製爵，到了銅器盛用的時期，這些陶製的器物，遂鎔銅而鑄成。所以，銅鼎、銅鬲、銅盤、銅爵，都是後出的器物，乃是抄襲陶鼎、陶鬲、陶盤、陶爵的形制而來。

古人製器，本以應用。青銅器，在物質生活方面，是日常生活所應用的器物，是一種物質文化。從青銅器類別來說，有烹飪器、食器、飲器等。烹飪器中的鼎、鬲、甗，原是炊器。食器中的段、簋、盤，原是盛食盛水之器。鼎是炊器，又是就鼎而食的食器。飲器中的壺、尊、爵，原是盛酒飲酒之器。【圖版貳（見英譯第137、138頁）】（參考故宮銅器圖錄、中國文物圖說、漢英美術考古辭彙、）。於此可見青銅器的製造，在初民生活習慣上，原爲一般通俗所應用，我以爲此等器物可稱之爲俗器。其後，古人有了「以禮事神致福」「敬天尊祖」的宗敎意識和倫理意識，這種俗器，乃用之於宗敎信仰或祖先崇拜的禮儀上。商、周兩代的彝器，如烹飪用的鼎、鬲、甗、敦，飲食用的毀、簋、壺、尊、爵、盥洗用的盤、匜，以及樂器的鐘、鉦，傳世的很多。這些器物，多用於祭祀燕享。因此，俗器就變成了禮器，其文化類型，乃由物質生活轉到精神生活。好古者以其品物形制爲其他古民族所沒有，且鍊鑄之精，紋飾之美，銘刻之細，在藝術上文化上皆有無比的價值，舉世視爲中華文化的瓌寶。

2.青銅禮器之特色

青銅禮器，具有三特色：㈠形制，㈡紋飾，㈢銘文。商、周兩朝，歷時一千五百餘年，禮器名目複雜，是一種極受人珍愛的器物，除用於祭祀燕享之外，往往刻上帶有紀念性的文字，以至於刻上永久保藏重要的文獻圖錄。一種器物之所以成爲禮器，也是因爲物和人相接交織後，受了人的心理上的影響，以使物中容禮，這就是淸儒阮元所說：「器者，所以藏禮也。」禮是什麼？禮，是規則，規範。禮之施於人的，則爲人的行爲規則，亦就是人的規範。禮之用於物的，則爲物的規範，或器物的規範，禮之功能在此。試看青銅禮器的形制、紋飾和銘文，自有其不同凡俗的規範。古人看重禮器，把禮器本質視同金版玉牒，將國家大事、人倫大節，或以物象鑄之於青銅禮器，或以銘文鑄之於青銅禮器。青銅禮器上的文字，歷商、周兩朝，由三、五個字逐漸發展到幾百個字。從這些文字文獻上，可以增廣古代文化歷史的知識。

至於以物象和文字鑄之於青銅禮器的，曾於從民族學觀點申論中國古文物中之禮器一文中，舉例來說明。歸納言之，約有四點：一、是圖物鑄象，以鎮暴亂，以揚教化。二、是發於感生觀念，以象徵祖先的誕生，而敬上天好生之德。三、是拜祖盡孝，蔚為倫常傳統。四、是古法古訓，垂為傳世典範。（詳見故宮季刊第八卷第一期）。

從事學術研究工作，主要的要眼到心到。眼到，就是要看得多，看得細。心到，就是要想得透，想得密。如果做到眼到心到，當能開拓新境界，所謂鞭辟入裏，自有心得。

縱覽青銅禮器各類的藏品，便不期然而然的引起思古的幽情。所云思古也者，即是心裡常常有一種感觸，所見愈多，感觸愈深，由此令人默默的想着，古代的人為什麼在器物裡外刻上祖某某、父某某、母某某或妣某某的名。循此思路，步步探索，便恍然悟到，古人的倫常觀念，乃富有孝親的意識，亦就是所賦予的為人子盡孝的特性。上古時代，從夏后氏以至商殷，始循姓氏，重血統，而有「重顓頊而宗禹」「祖契而宗湯」之含有血統意味的祭祀（見國語）。祭祀的用意，在敬天而尊祖。祭祖是尊祖的表示，亦即克盡孝思的表現。飲水而思其源，生來不忘其本，這是中華民族的天性而自然崇拜祖先的特徵。這種尊重血統的觀念和拜祖的倫理思想，發源很早。

過去，曾就本院藏品「商代□父祭爵」禮器【圖版叁(A)(B)（見英譯第139頁）】，有所發見，乃作闡釋，以爲爵是古器物中最寶貴的禮器，成湯以此紀念其父，並進一層，於父位上供列遠祖的象徵。飲水思源，愼終追遠，而紀念之誠，更深遠的推到他的始祖契，以崇敬先祖的誕生，以垂孝思於不墜，成湯特公之於世，鑄之於藏禮的爵器，以遺後代而傳不朽。這器物，姑無論產生於商代的前期或後期，仍不失爲商殷時代的產物，其意義是深長的。曾試作專文，予以刋布（參見同前第八卷第一期及林語堂先生八秩大慶紀念論文集）。這一研究，固已開其端，然猶以爲未足。近來見到幾件本院藏品以及其他資料，特爲舉出，以廣其說。

(1) 商代□父乙尊【圖版肆A（見英譯第140頁）】父乙，是先王後期帝辛之父，父乙，亦就是帝乙。帝辛於父位上供列遠祖的象徵，以紀念先祖的誕生而克盡孝思。一脈相承，數典不忘其祖，乃和「□父癸爵」有同樣的意義。【圖版肆A．B（見英譯第140頁）】。類似的，尚有「父戊簋」「父己觶」等【圖版伍．陸（見英譯第141頁）】。綜上所舉四器物，都是後一代所鑄造而紀念其父，同奉契爲始祖，以玄鳥爲始祖的象徵。這亦可作爲圖騰遺跡的說明。

(2) 商代[illegible]龍母尊　在中國上古民族中，很多用動植物或無生物的名稱作為每一個氏族的共同名稱——姓氏，由此可以說明圖騰制的存在。我國傳說中的上古人物，自伏羲、神農、黃帝，以至少昊（金天氏，己姓，漢族，名摯。）、顓頊（高陽氏，姬姓，漢族。）帝嚳（高辛氏，姬姓，漢族。）、帝堯（陶唐氏，祁姓，漢族，名放勛。）帝舜（有虞氏，姚姓，漢族，名重華。）夏禹（夏后氏，姒姓，漢族，名文命。）、商契（高辛氏帝嚳之後裔，夏時，封於商，為商之始祖。）周棄等人物的產生，或由風，或由星，或由雲，或由火，或由水，或由黿，或由薏苡，或由鳥，或由熊，或由虎，或由龍，或由羊，凡此種種，恰恰顯示圖騰的名物轉移到開祖英雄個人身上一個過程。這些始祖，如風氏族，雲氏族，鳥氏族，龍氏族，熊氏族，羊氏族等等，可視為中國上古的圖騰氏族。「龍母尊」，是商代龍氏族鑄造「尊」這一禮器，以紀念其母而盡了孝道【圖版柒A．B（見英譯第 142 頁）】

(3) 商代司母戊方鼎　上古之世，我中土地域廣大，氏族繁衍。司，是氏族中之一姓氏，假設「司」是「姛」，或由「姛」通假為「姒」姓，那麼，姒姓是夏后氏的氏族，而司氏或為夏后氏的後裔。司氏族發乎慎終追遠之情，鑄方鼎以紀念其母戊。這亦就是夏禹的祖先。這方鼎重八百餘公斤，為中外所有青銅器之冠，世人公認為一最重要的青銅禮器【圖版捌A．B（見英譯第 143 頁）】（參考 Artibus Asiae, vol. 35.

no. 4.)。

此外，見於金文上三代祖宗名之記載者，有各類青銅禮器，如：鼎、鬲、𣪘、簋、尊、壺、盉、甗、爵、觶、觚、卣等，都刻上紀念的銘文。紀念祖先的，則有祖甲、祖乙、且庚、且辛、祖己、祖癸等。紀念父的，則有父甲、父乙、父丙、父丁、父戊、父己、父庚、父壬、父癸等。紀念妣或母的，則有母乙、母戊、妣甲、妣辛、妣癸等。各種各類例子，實在不勝枚舉。銘文中也不少刻有鳥形、獸形和無生物形，以爲祖先紀念之象徵，此則含有圖騰的意味。（參考故宮銅器圖錄，羅振玉：三代吉金文存，王國維：三代秦漢金文著錄表，林巳奈夫：殷周時代之物象記號。）由此層層探索，可以窺見古人對於倫理思想的發育和盡孝意識的濃厚。

四、結論

「生來不忘其本」，「飲水而思其源」，這種不忘本的思想，藉養親祀先，製器紀念來發揚，這是中華民族盡孝的美德。古代先王倡導孝道，不遺餘慮，盛製禮器，以示天下。先哲先賢，昌明孝義，垂訓後世，其影響是何等的深遠！

孝爲百行之本，歷萬古而不變。孝是維繫家族之紐，要把這紐拉長，由家族擴大而結爲宗族國族，故孝的功能，不限於家族，凡屬國民，個個爲國家盡忠，個個爲民族盡孝。

立國精神，蓋基於此；民族生命，亦託於此。

我國青銅禮器，因其流傳的年代很久，故具有歷史價值。就文化本質上加以分析，則有三特色：因其有各種的特色，故有其各種的價值。一、從鑄造和形制而言，就有科學的價值。從紋飾和形制而言，就有文化和美術的價值。從圖象銘文而言，就有人倫和學術的價值。衡量我國固有的古青銅禮器，作了價值最高的判斷。（民國六十五年二月）

中國之節序禮俗

中國禮俗，有其社會特質和文化特質。各從其背景去觀察而反映出來，則有種種的禮俗，如婚姻禮俗、祭祀禮俗、節序禮俗、文物禮俗、衣食禮俗、交際禮俗、和其他雜俗。尤其是婚姻禮俗、喪祭禮俗，則具有深入人心的倫理道德觀念。試論中國的節序禮俗。

中國以農立國，自古對於歲時節序，極為注重。人之生世，離不開自然環境和社會環境，而有其種種的生趣活動。在日常活動中，油然激其所思，攄其所欲，何所取樂以治心，何所紀念以慰情，循是歷久相沿，遂致習慣成自然。這種生活習慣，表之於歲時節序的，則成爲節序禮俗。一年之中，節序禮俗，主要的有四：一、新年禮俗，二、清明禮俗，三、端午禮俗，四、雙十節。

一、新年禮俗

1.新年禮俗的來源

我國在夏代，以立春的寅月爲新年，稱爲「建寅」；在商代，以丑月爲新年，稱爲「

建丑」；在周代，以立春前二個月的子月爲新年，稱爲「建子」；在秦代，以亥月爲新年，稱爲「建亥」。到了漢代，因爲「建丑」、「建子」、「建亥」度新年，不適於農事氣候，遂復以寅月爲新年。自漢迄清，一直採用「建寅」的曆法。這是沿襲夏代的傳統，故稱爲夏曆。夏曆新年的正月初一日，稱爲元旦。元旦，謂之四始，卽歲之始，月之始，日之始，時之始；亦謂之三元，卽歲之元，月之元，時之元；又謂之三朝，月之朝，卽歲之朝，日之朝。元旦，又稱元日。

杜佑通典云：「漢高帝十月定秦，遂爲歲首。七年，長樂宮成，制羣臣朝賀儀。武帝改用夏正，亦在建寅之朔。」由是可知元日慶賀，則始於漢高祖。

自漢代以迄清末，二千餘年來，歷代皇家，每逢元旦，皆行朝賀之禮。這在漢代可說是新年禮俗的開端，但這禮俗僅見之於皇家，而在民間，尙未有所聞。考新年禮俗發展之迹，其俗行之於社會民間的，似從晉代開始。

試先就漢、魏、晉、唐四代，擧其代表性的詩賦典籍，從中略窺元日朝賀的情景。

(1)漢官儀云：「正月旦，天子御德陽殿臨軒，公卿大夫百官，各陪位朝賀。蠻貊胡羌，朝貢必見，屬郡計吏皆陛覲。」

(2)班固東都賦云：「春王三朝，會同漢京。是日也，天子受四海之圖籍，膺萬國之貢珍。內撫諸夏，外綏百蠻。爾乃盛禮興樂，供帳置乎雲龍之庭。陳百寮而贊羣合，究皇儀而展帝容，於是庭實千品，旨酒萬鍾，列金罍，班玉觴，嘉珍御，太牢饗。爾乃食舉雍徹，太師奏樂，陳金石，布絲竹。鐘鼓鏗鎗，管絃燁煜。抗五聲，極六律，歌九功，舞八佾。韶武備，泰古畢。四夷閒奏，德廣所及。僸佅兜離，罔不具集。萬樂備，百禮暨。皇歡浹，羣臣醉。降烟熅，調元氣。然後撞鐘告罷，百寮遂退。」

(3)**魏陳思王曹植元會詩**云：「初歲元祚，吉日惟良，乃爲嘉會，宴此高堂。衣裳鮮潔，黼黻玄黃，珍膳雜遝，充溢圓方。俯視文軒，仰瞻華梁。願保茲喜，千載爲常。歡笑盡娛，樂哉未央。皇家榮貴，壽考無疆。」

(4)**晉傳玄朝會賦**云：「考夏后之遺訓，綜殷周之典制，採秦漢之舊儀，肇元正之嘉會。於是先期戒事，衆官允敕。萬國咸享，各以其職。翼翼京邑，巍巍紫極。前三朝之夜中，庭燎晃以舒光。華燈若乎火樹，熾百枝之煌煌。俯而察之，如亢燭龍而炤玄方。仰而觀焉，若披丹霞而鑒九陽。」

(5)**唐王建元日早朝詩**云：「大國禮樂備，萬邦朝元正。東方色未動，冠劍門已盈。帝居在蓬萊，肅肅鐘漏清。將軍領羽林，持戟巡宮城。翠華皆陳宿，雪仗羅天兵。庭燎遠煌煌，旗上日月明。聖人龍火衣，寢殿開璇。扃龍樓橫紫煙，宮女天中行。六蕃陪位次，衣服各異形。舉頭看玉牌，不識宮殿名。左右雉扇開，蹈舞分滿庭。朝服帶金玉，珊珊相觸聲。泰階備雅樂，九奏鸞鳳鳴。裴回慶雲中，笙磬寒錚錚。三公再獻壽，，上帝錫永貞。天明告四方，羣后保太平。」

(6)唐、盧延讓觀新歲朝賀詩云：「龍墀初立仗，鴛鷺列班行。元日燕脂色，朝天樺燭香。表章惟玉案，繒帛滿牙牀。三百年如此，無因及我唐。」

綜上的所舉，可見古代皇家朝賀的大典，是如何的隆重。其宮苑的壯麗，設備的輝煌，衣冠的盛集，儀仗的森嚴，形形色色，不可方物。載歌載舞，齊來賀新年。這一禮俗，相沿而至清末，國體有更易，卽有專制而改爲共和。其意義的重大，就是，由私天下而轉爲公天下，改朝賀，擧國慶。

民國紀元前一年（公元一九一一年）十月十日，武昌首義，清室敗亡，於是，專制推翻，共和肇造，選國父　孫中山先生爲臨時大總統，於次年元日就職，頒定國號爲中華民國，改元爲中華民國元年。是日，擧國上下，分別集會慶祝，並擧行團拜。自民國元年以迄於今，每逢一月元旦，全國懸旗結綵，停市休業。這是國家大事，隆重紀念，禮俗無改。

中華民國成立以後，雖然廢止了「建寅」的夏曆而改用公曆，每年以陽曆一月一日爲新年元旦。但民間的生活習慣，富有隋性，改變不易。我國農曆，行之已久，過年過節，仍循農曆，積習難除。

至說民間新年禮俗之起於晉代，這是我的一種觀測。魏晉亂世，人思黃老之治，士懷恬澹之德，好清談，以陶情。這種風氣，是一時代生活的反映，可能導致民間娛情心理的發展。

晉書，熊遠云：「履端元日，正始之初，有識之士，於是觀禮樂，榮耳目之觀，崇玩弄之好。」這一段話，隱隱中表露出晉代民間年俗的情景。晉、周處撰風土記，梁、宗懍撰荊楚歲時記，這兩書，對於節序習俗，皆有所記述。其他典籍，如晉、王嘉拾遺記、裴玄新語、崔豹古今注、咸康起居注等，亦有可資探討。所謂「守歲圍爐」、「歲除逐儺」、「爆竹除邪」、「畫雞服鬼」、「新正拜賀」、「獻歲宴飲」、「上五辛盤」、「進屠蘇酒、膠牙餳」，這類雜俗節物，皆起於晉代。

晉、梁、唐、宋幾代詩人，頗多唱詠歲時之作，略舉如下：

1.晉、傅元詩云：「元正始朝享，萬國執珪璋，枝燈若火樹，庭燎繼天光。」

2.梁、庾肩吾詩云：「歲序已云殫，春心不自安。聊開百葉酒，許奠五辛盤。」

3.唐、白樂天詩云：「弟妹妻孥小姪甥，嬌癡弄我助歡情。歲盞後推藍尾酒，春盤先勸膠牙餳。」

4.唐、張子容詩云：「土地窮甌越，風光肇建寅。挿桃銷瘴癘，移竹近堦墀。半是吳風俗，仍爲楚歲時。更逢習鑿齒，言在漢川湄。」

5.唐、盧仝詩云：「殷勤惜此夜，此夜在逡巡。燭盡年還別，雞鳴老更新。儺聲方去疫，酒色已迎春。明日持杯處，誰為最後人。」

6.宋、王安石詩云：「爆竹聲中一歲除，春風送暖入屠蘇；千門萬戶曈曈日，總把新桃換舊符。」

7.宋、戴復古詩云：「掃除茅舍滌塵囂，一柱青香拜九霄。萬物迎春送殘臘，一年結局在今宵。生盆火烈轟鳴竹，守歲筵開聽頌椒。野客預知農事好，三多瑞雪未全消。」

8.又詩云：「衣冠拜元日，樽俎對芳辰。上下二百位，尊卑五世人。」

9.宋、范成大詩云：「質明奉祠今古同，吳儂用昏蓋土風。禮成廢徹夜未艾，飲福之餘即分歲。地爐火軟蒼朮香，飣盤果餌如蜂房。就中脆餳專節物，四坐齒頰鏘冰霜。」

從這些文學作品的描摹，可以窺見古代新年雜俗之一班。再從歷代名人繪畫中，亦可窺見一二。如，宋、李嵩的歲朝圖【圖版壹（見英譯第155頁）】與觀燈圖【圖版貳（見英譯第155頁）】，元人的春景貨郎圖【圖版叁（見英譯第155頁）】，明、宣宗的三陽開泰圖，明、吳彬的歲華紀勝【圖版肆（見英譯第156頁）】與月令圖，明、劉原起的歲朝豐樂圖，明、戴進的太平樂事圖【圖版伍（見英譯第156頁）】，清、丁觀鵬的太平春市圖【圖版陸（見英譯第157頁）】、繪范成大爆竹行與始和太簇圖，董邦達的繪范成大分歲詞，姚文翰的歲朝歡慶圖等（國立故宮博物院藏品）。

2.現今流行的新年禮俗

在一歲節序中，新年是首一的開始。國定每年陽歷正月一日為中華民國成立紀念日。是日，中央及地方，分別集會慶祝，並舉行團拜。因為民間狃於積習，仍循農曆過節，從民國十八年起，稱之為春節。因為守歲和新年緊連一起，故並說除夕之俗。

十二月晦日，是月窮歲盡之日。禮記月令：「日窮於次，月窮於紀，星回於天，數將幾終，歲將更始。」這一末日之夜，是除夕，俗稱大節夜，或大年夜。意謂舊歲到這一夕而革除，明天就另換新歲了。這一年中的人事，至是始告結束。我國民族習慣，向來崇尚清潔。元旦履端肇慶，萬象更新。是夕，家家戶戶，長幼沐浴，整容潔體，以迎新歲，名洗年殘，即取除舊生新之義。懸祖先畫像於堂中，設香爐柑桔茶酒，做羹飯，祀祖先，祭衆神。祀畢，設酒食聚飲，長幼咸集，共話團圓，名分歲酒，俗謂年夜飯。子弟向家長拜慶，曰辭年。家長以錢遍給家人，謂之壓歲錢。早年，用紅線穿制錢賞賜兒童，今則已廢。歲首，市肆停業休息，故除夕作炊，必備數日之餐，並供新年饗客之用，俗云宿歲飯。周處風土記：「歲暮，家家具殽蔌為宿歲之貯，以迎新年，相聚酣飲。」可知宿歲飯之稱，沿用很久而又普遍。家家插松柏、竹青、蠟梅、天竹、或兆節節高，或卜年年青。戶戶貼春聯，嘉言滿紙，可以益智，可以勵俗。有的，尚依舊習，換桃符，以辟邪。灶頭廚尾，收拾清楚，便洒掃門閭，去塵穢，淨庭戶。把掃餘的廢物，作垃圾的處理，俗謂之送窮。隨後，放爆竹，辭舊年而闔門。滿堂燈燭，光接晨明，唐、儲光羲詩所謂「闔門守初夜，燎火到清晨。」便是。這說是迎新接光。老少圍爐團坐，或夜半就寢，或通宵不眠。除夕守歲，以待雞鳴。荊楚歲時記所謂「正月一日，雞鳴而起。」即是守歲的遺意，亦可爲早起習慣的鼓勵。唐、孟浩然詩云：「五更鐘漏欲相催，四氣推遷往復回。帳裏殘燈猶有燄，爐中香氣盡成灰。漸看春逼芙蓉枕，頓覺寒銷竹葉杯。守歲家家應未臥，相思那得夢魂來。」舉這一首唐詩，以說明一千餘年前形成的年節習慣，所謂「守歲圍爐」、「傾壺待曙」者，尚見之於今日流行的遺俗。一年結局在除夜，難得休閑話家常。想起，當年闔家團聚聯歡，抒親情，勵來茲，實是天倫的樂事，亦是人生的眞趣。

初一日，元旦，清晨，男女老幼，潔治衣履，焚香禮天地，祀祖先，拜尊長。親友相揖，各道新禧。雖窮鄉僻壤，莫不盡然。尤其村間農人，終歲勤勞，今逢春節，以嬉以遊，別是一種樂趣。鄭板橋田家苦樂歌：「祝年年多似此豐穰，田家樂。」「笑山妻塗粉過新年，田家樂。」由今視昔，其描述農人生活，深切有味。

3.新年禮俗的分析

新年禮俗，是歲時節俗之一種，故亦稱之爲新年節俗，或照政府規定，稱之爲春節。

這一節俗，含有數種意味，分析來看，大致可分爲四部分：一、關於禮俗方面，二、關於雜俗方面，三、關於節物方面，四、關於樂趣方面。

(1) 關於禮俗者

一般習俗中，含有禮的成份的，則爲禮俗。除夜要祭天祀祖，新正亦要祭天祀祖，這在春節中是很有意義的。祭天，是敬天的表示；祀祖，是尊祖的表示。敬天尊祖，即以祖配天。天公，在信仰上是冥冥中的主宰，而有好生之德。祖先，在倫理上是人生的根本，而有生生之德。中國人的倫理思想，是反始報本，愼終追遠。所謂報本、追遠，是當子孫的，要尊祖——對祖先要盡其孝思。「以祖配天」，是中國人的最高信仰。這種信仰，融合於倫理思想，此乃中國文化的特徵。所以祭天祀祖，可說是中國固有的文化。這一節令文化，相演相嬗，歷數千年而成爲優良的禮俗。

天主教羅馬教廷於公元一九三九年十二月解除中國教徒不得祭祖祭孔的禁令。于樞機主教於民國六十年發起春節元旦祭祖大典，以表彰倫理，而激發愼終追遠的孝思。這是値得倡導的。

賀年中拜尊長，亦是禮俗之一。尊長，在倫常輩分之中，是指長輩、老輩，而有內外之別：一是家族內的長輩（父母及其上幾輩），一是家族外的老輩。小輩對前者的拜賀，是盡孝道；而對後者的拜賀，是表敬意，俗謂之敬老。一家之內，男女大小，血緣最近，獻歲啓新，喜氣洋溢，小輩對長輩，必行禮以拜。這種表現，純出於倫理的天性。

親友間的拜賀，亦是禮俗之一。這裏提的親友，是限於不平常的至親至友。因爲這一類親友，平日疏於來往，故逢春節，藉通情愫，或詣門以道賀，或投片以致意，禮尙往來，未可厚非。在機關團體，上下同事，照例團拜，循規蹈矩，合情合理。至於個人相互間，交遊泛泛，親又疏遠，所有拜賀投刺，一概從免。這不失爲節制舊習、轉移風氣之一道。清儒、章實齋有言：「風氣之敗也，必有所以去；風氣之開也，必有所以取。」其意，是勸勉世人治學處世，不要徇風氣，而要闢風氣。名賢之言，實獲我心。

(2)關於雜俗者

一般習俗中，不含有禮的成份的，則爲普通習俗。因爲這習俗雜有多種質素，故稱之爲雜俗。

中國春節雜俗，名目繁多，大都帶有迷信意味。試一探索春節中究有那些雜俗？分析言之，主要的，有所謂㈠畫雞於戶，㈡貼春聯，㈢畫桃符，㈣挿桃銷瘴癘，㈤掛鍾馗，㈥逐儺，㈦放爆竹，㈧殺羊磔雞、懸頭於門，㈨點天燈，㈩喫年茶，等等。姑擇要分述，以概其全。

㈠畫雞於戶

東方朔占書：「歲正月一日，占雞。」正月一日，就是雞日。雞有五德，早有德禽之稱。春秋時代，田饒對魯哀公說：「昔人謂其頭戴冠者，文也；足搏距者，武也；敵在前敢鬪者，勇也；見食相呼者，仁也；守夜不失時者，信也。」（見韓詩外傳、藝文類聚）。唐、徐寅詠雞詩云：「守信催朝日，能鳴送曉音，峨冠裝瑞璧，利爪削黃金。」雞之令人可貴如此。

晉、董勛問禮曰：「正月一日爲雞，二日狗，三日羊，四日豬，五日牛，六日馬，七日人，八日穀。正旦，畫雞於門，七日貼人於帳，爲此也。」明、謝在杭謂：「此雖出東方朔書，然亦俗說，晉以前不甚言也。」（五雜俎）。晉、王嘉拾遺記云：「堯在位七十年，祇支國獻重鳴鳥，狀如雞，或一歲數來，或數歲一來，國人莫不掃灑門戶，以望其來。其未來之時，國人或刻木，或鑄金，爲其狀，置戶牖間，則魑魅醜類，自然退伏。今日每歲元旦，刻畫爲雞於戶上，蓋重明之遺像也。」易通卦驗云：「正月旦五更，人整衣冠，於家庭中爆竹，帖畫雞子，或鏤五色土於戶上，厭不祥也。」（此書，亦載節候，今已亡佚，其言僅見於類書所引。）「新正畫雞，以厭不祥。」這顯然源於古人的迷信心理。「朱冠金距」的雌雞，羽毛華采，鳴管發達，態勢昂然，既富於朝氣，又具有威容。昔人有言：「雄雞一鳴，天下皆震。」這話，必有所感而發，以雄雞象徵人豪，則新年畫雞服鬼，即寓有「揚善止惡，示威鎮邪。」之意。

春秋時代，田饒問魯哀公：「雞雖有五德，君猶曰瀹而食之者，何也？」一種生物如同人類而有德性的，卽有所禁忌，不應予以殺害。雞旣有五德，則當善爲飼養，而戒殺生。田饒問魯哀公，何以殺雞而食？魯哀公答：「以其所從來近。」就此試作解釋，雞爲家禽，易於繁殖，取之甚近，用之甚便。因遂所欲，以飽口福，乃隨取隨用，殺之不以爲意。殺生之念，原基於此，那就超出愛物的倫常觀念了。自後演變，每逢節日，殺雄雞以祀神祀祖，以雄雞爲信仰上儀禮的祭品。新正畫雞之俗，民間雖有保留着，但不多見。俞正爕癸巳存稿云：「雞取一日爲雞，又得吉音，非堯時遺像。渾天家言，天地形如雞卵，故宜先有雞，爲歲之首日。」這是另一看法，自出於後人的想像。姑記於此，以供民俗的研究。

(二)畫桃符、貼春聯

古時，新年，以二桃木板懸於門戶，畫或書神荼、鬱壘二神名於板上，藉以壓邪，謂之桃符。桃符壓邪，這亦是源於古人迷信的心理。這類傳說，漢代最盛。蔡邕獨斷云：「海中有度溯之山，上有桃木，蟠屈三千里，卑枝東北有鬼門，萬鬼所出入也。神荼與鬱壘，二神居其門，主閱領諸鬼。其惡害之鬼，執以葦索，食虎，故十二月歲竟，畫荼壘，並懸葦索於戶，以禦凶也。」王充論衡亂龍篇云：「上古之人，有神荼鬱壘者，昆弟二人，性能執鬼，居東海度溯山上，立桃樹下，簡閱百鬼，鬼無道理，妄爲人禍，荼與鬱壘，縛以盧索，執以食虎。」後漢書禮儀志，應劭風俗通義，宗懍荆楚歲時記等，皆有類似的記載。所說的各有所自，其源則無二致。於此可知這一迷信在漢魏晉流行之盛。唐宋以後，畫雞桃符之俗，漸漸的轉變了。唐、張子容除日詩云：「臘月今知晦，流年此夕除，拾樵供歲火，帖牖作春書。」從此可見唐代已有貼春聯之習。所謂春書，就是後來所稱的春聯。再五代後蜀未亡前一年，辛寅歲除日，孟昶令學士辛寅遜題桃符板於寢門，以其詞非工，昶命筆自題云：「新年納餘慶，嘉節號長春。」（見宋詩紀事）。觀此，宋代又接着用春聯了。宋、范成大新正書懷詩云：「不用桃符貼畫雞，身心安處是天倪。」又宋晦叔元日書懷詩云：「兩板（指桃符）不須書鬱壘，一杯亦強飲屏蘇。」這是當時習俗轉移之一反證。到了明代，帝都金陵，除夕傳旨，公卿士庶家，門上須加春聯一幅。明太祖曾賜陶安門帖曰：「國朝謀略無雙士，翰苑文章第一家。」（見陳雲瞻簪雲樓雜話及列朝詩集）。由是，明清以後，新正貼春聯，已成爲定型的民俗。歲除日，以紅紙寫聯語貼門戶，以慶新年者，謂之春聯，這是給春聯一個定名。在民國初年，就我所看到的，無論城市鄉間，家家戶戶，門上貼的聯語，所題的，是：「大地春回，萬象皆新。」「一元肇始，五族共和。」「令節從頭數，韶華滿眼來。」「五族共和興大陸，三陽啓運兆先春。」「正朔參三代，時雍協萬邦。」等等，不一而足。而門上所畫的神荼鬱壘二神，或所寫的神荼鬱壘四字，尚有所見。迷信入人之深如此。不過，教育漸臻發達，民智日益提高，這類迷信自然會消除的。現今，在臺灣所見的情形，大不相同。教育相當普及，民智亦較提高。政府的鼓勵，民間樂於接受。每逢歲除，我家貼的：「開春一歲始，復國萬事先。」他家貼的：「讀書破萬卷，明德垂千秋。」這戶貼的：「春風榮草木，正氣耀山河。」那戶貼的：「新時光莫虛度，好兒女當自強。」這類春聯，觸目皆是，至於荼壘畫像，僅於鄉間偶一見之，如以年畫視之，以留遺風餘俗，則未嘗不可。所以，我說，春聯的功用，可以益智，亦可以勵俗。

㈢逐儺、放爆竹

古代歲除有所謂「大儺」，其俗，周代已有之。論語鄉黨篇云：「鄉人儺，孔子廟服而立於阼階。孔注：儺，驅逐疫鬼。」呂氏春秋冬季紀注云：「前歲一日，擊鼓驅疫癘之鬼，謂之逐除，亦曰儺。」唐、李綽秦中歲時記云：「歲除日，逐儺，作鬼神之狀，內二老人爲儺翁、儺母。」宋、蕭常讀後漢書云：「先臘一日，大儺，謂之逐疫。其儀，選中黃門（奄人，居禁中）子弟十二以下百二十六爲振子（振通侲，振子，卽僮子，亦卽童男童女。），皆赤幘皂裳，執大鼗（儀禮、大射儀注：鼗，如鼓而小，有柄，賓至，搖之以奏樂。）方相氏服如周制（方相氏：周禮，夏官之屬。其人蒙熊皮，黃金四目，玄衣朱裳，執戈揚眉，帥百隸以索室毆疫。）及十二獸裳衣毛角，中黃門外人員，以逐惡神於禁中。」從古文獻中舉其所載，以使瞭解逐儺迷信之俗，周代已有之，歷漢魏晉唐宋以來流行而不衰。清張心泰粵遊小志，指新年舞獅之俗有古儺的遺意。一般人看來，以爲新年舞獅，分明是賀年，民間遊戲之樂，不帶有迷信色彩。但從民俗學方面作進一步的探討，今日所見的舞獅子的玩耍，是由舊習俗的逐疫毆邪演變而來。因爲所舞的獅子，頭有獨角，很像獨角獸，這兩獸，都是祥瑞的神獸，也是辟邪的猛獸。還有一個佐證，凡舞獅必放大量的爆竹，爆竹原是辟邪驅疫之物。舞獅大放爆竹，是助獅子的威，合力夾攻疫癘。（參考黃華節：中國古今民間百戲）。這一民俗，固然雜有迷信意味，但在迷信意味中，却寓有娛情的趣味，這在大衆取樂上是很有意義的。

至說放爆竹，原意是爲人驅鬼，自屬一種迷信。漢、東方朔神異經云：「西方深山中，有人長尺餘，犯人則病寒熱，名曰山㺐，人以竹著火中，畢朴有聲，而山㺐驚悼。」這是爆竹製造的濫觴。荆楚歲時記云：「正月一日，是三元之日也。雞鳴而起，先於庭前爆竹，以辟山㺐惡鬼。」這是指出一月元旦，放爆竹以辟邪。今俗，元旦除夕皆用之。古時，爆竹以眞竹著火爆之。後世工藝進步，始以紙捲緊，中裝火藥，又以藥線導之，爆火發聲，叫做爆仗。宋、周密武林舊事云：「歲除，爆仗，有爲果子人物等，內藏藥線，一爇連百餘不絕。」宋、范成大爆竹行詩云：「歲朝爆竹傳自昔，吳儂正用前一日。食殘豆粥掃罷塵，截筒五尺煨以薪。節間流汗火力透，健僕取將仍疾走。兒童卻立避其鋒，當堦擊地雷霆吼。一聲兩聲百鬼驚，三聲四聲鬼巢傾。十聲連百神道寧，八方上下皆和平。卻拾焦頭疊牀底，猶有餘威可驅厲。」並引云：「爆竹行，此他郡所同，而吳中（蘇州一帶）

特盛，惡鬼蓋畏此聲。」這俗在南宋始盛行。昔人的迷信心理，其所以放爆竹，乃在取其「劈拍」聲響以壓邪。流行到今，民間對之不復有壓邪之念，劈拍劈拍，何等響亮，大人用之以奉神，湊熱鬧，小孩歡天喜地，玩之以開心了。

3. 關於節物者

節物，是指節俗中飲食的物品，如屠蘇酒，柏葉酒，竹葉青（今之紹興酒），膠牙餳，桃仁湯，膏粥，年羹，紅白年糕，五辛盤等等。凡此物品，除年糕年羹外，都帶有迷信意味。

㈠**屠蘇酒**　屠蘇，草名，昔人用以釀酒，每除夕，置井中浸之。元旦，取水和酒，合家飲之，不病瘟，其功用足以屠穢氣，蘇人魂，故稱之為屠蘇酒。在古時，這是元旦節物之一。荊楚歲時記云：「正月一日，長幼以次拜賀，進屠蘇酒。」王安石詩云：「爆竹聲中一歲除，春風送暖入屠蘇。」蘇東坡詩云：「但把窮愁博長健，不辭最後醉屠蘇。」歷六朝、唐、宋、元、明各代，民間多飲屠蘇酒。但有飲藍尾酒者，如白居易詩：「三杯藍尾酒，一楪膠牙餳。」此其一。亦有飲柏葉酒者，如梁、庾肩吾詩：「聊開柏葉酒，試奠五辛盤。」此其二。唐、張子容詩：「樽開柏葉酒，燈發九枝花。」此其三。宋、戴復古詩：「橫笛梅花老，傳杯柏葉香。」此其四。元、袁凱詩：「一杯柏葉酒，未敵淚千行。

」此其五。明、李時珍本草綱目：「柏葉，可服食，元旦，以之浸酒辟邪。」柏葉酒，跟屠蘇酒一樣，含有迷信或藥性的意味。

㈡**膠牙餳**　類似今日閒食的麥牙糖，亦稱烏糖餅，以其性甜黏，故名。荊楚歲時記云：「元旦，食膠牛餳，取膠固之義。」考楚辭招魂：「粔籹蜜餌，有餦餭些。」注：餦餭，餇也。方言曰：餳謂之餦餭。」綜而言之，餳，是古之餦餭，今之飴，亦稱之爲糖漿。係用麥牙或穀牙熬煎爲液，再和之以糤而成者。膠牙餳，性甜而很黏，乾了而又脆。宋、范成大詩謂：「就中脆餳專節物，四座齒頰鏘冰霜。」味其言，眞是津津有味！聞此物能和中潤腸，有滋養，爲一好食品。今各地元旦，家家以糖果待賓客者，猶其遺俗。

㈢**五辛盤**　周處風土記云：「元旦，造五辛盤。注：五辛所以發五藏之氣，卽本莊子所謂「春月飮酒茹葱以通五藏」之義。李時珍本草綱目云：「元旦立春，以葱、蒜、韭、蓼蒿、芥辛嫩之菜，雜和食之，取迎新之意，謂之五辛盤。杜甫詩所謂「春日春盤細生菜」是矣。」五辛，含有藥性，主散發，辟瘟氣。（參見辭海）。

古代，新正，畫雞、逐儺、懸葦、插桃、服桃仁湯、食膠牙餳、上五辛盤、飮屠蘇柏葉之俗，於今早絕。信乎明、謝在杭之言：「元旦，古人有畫雞、懸茭、酌椒柏、服桃湯、食膠餳、折松枝之儀，今俱不傳矣。惟有換桃符及神荼鬱壘爾。」（五雜俎）

4.關於樂趣者

元宵節，最富有情趣和樂趣，故有必要，來談一談元宵節。

舊習，一日，元旦，是開年；四日，新年最後一日，放爆竹，拜祖先，便辭歲了。但民俗有其特徵，是人生有了情趣，還需要有樂趣。因為一月朔日距望日很近，故辭歲之後，拉長十天，接着而有元宵佳節。元宵節，一名上元節，亦稱燈節，人月齊團圓，歡騰不夜天，是人間無上的情趣，是世間無上的樂趣。

燈節，自十四日為始，是試燈；十五日，是正燈；十六夜，是收燈，燈節三日，至此結束。這是中國農業社會代代相沿而具有特徵之一民俗。現這經濟社會組織，漸漸的由農業社會轉進工業社會，這一民俗，勢必起了變化，三天的燈節，就變成一日的正燈了。這是表示一個進步的國家，為求農工商業的發達而配合經濟的發展，以使國家走上繁榮之路。因此，社會背景有更動，觀念有所改變，則羣衆休閑的生活方式，自然也變了。

試述元宵節之今昔

藝文類聚：「史記曰：漢家以正月望日祀太乙，從昏祀到明。今夜遊觀燈，是其遺迹。」唐玄宗時，元宵節，敕許金吾弛宵禁，開放燈會，以供民衆觀賞。唐、蘇味道詩云：「火樹銀花合，星橋鐵鎖開。暗塵隨馬去，明月逐人來。遊騎皆穠李，行歌盡落梅。金吾不惜夜，玉漏莫相催。」白居易詩云：「歲熟人心樂，朝遊復夜遊。春風來海上，明月在江頭。燈火家家市，笙歌處處樓。無妨思帝里，不會厭杭州。」宋、孟元老的「東京夢華錄」，吳自牧的「夢粱錄」等，對於宋代上元節的習俗記述甚詳。準此看來，可知上元觀燈之樂，創始於漢朝，而盛行於唐宋以後各代。自古以來，燈燭之盛，全國各地，莫不皆然。男男女女，逢春行樂，藉以調節一年的辛勤。

我國製燈工藝，昔時極爲發達，每屆元宵，各色花燈，上自綵繡，下至紙畫，異巧百出，無所不有。如像生人物，則有西施採蓮，張生跳牆，劉海戲蟾，嫦娥奔月之屬；花果，則有荷花、牡丹、蓮藕、葡萄、桃、李、柿、桔之屬；獸禽，則有龍、馬、牛、羊、鶴、鳳、雉、兔之屬；水族，則有魚、蝦、蚌、蟹、蛙、龜之屬。凡此，形形色色，妙態傳眞。還有更精奇的，則有走馬、龍舟、鰲山、畫舫、亭臺、樓閣等，五花八門，各式畢具。家家燈火，照耀如同白晝；處處管絃，淸音悅耳可聽。龍燈舞時，導之以鑼鼓，引之以笙歌，從之以滾龍舞獅划船諸雜技，燈所過處，爆竹劈拍，震天動地，觀者如堵。迎燈之中，間以百戲，奇技之士，各獻其藝。如走索、藏劍、吞刀、吐火、高蹺、臺閣、虛空掛香爐等，種種表演，目不暇接。此外，尚有其他遊戲韻事，如射文虎、打燈謎，自宋以來，始盛行。王安石有字謎很多，可說是開燈謎的先河。這種韻事，固屬近於遊戲，但亦頗能激起興趣，深具有啓發性的教育意義。以燈布之河流，紅綠繽紛，爛若繁星，謂之河燈，又曰水燈，俗叫放水燈，亦始於宋代。現燈節，既放水燈，又放煙火，月色燈光，散芒四射，多彩多姿，相映成趣，極天然工巧之美觀，遊賞之樂，無逾於此。

元宵節，家家戶戶，撚米粉，做圓子，遂呼圓子爲元宵。先敬神祀祖，然後闔家團聚，吃圓子，以示團圓之意。宋、周必大平園續稿載：「元宵，煮食浮圓子，前輩似未曾賦此，坐間成四韻。」昔時，以爲年頭佳兆，吃湯圓以象徵家福。元夕食圓子之習俗，始自宋代，傳到今日而未絕。

近年，在臺灣，每逢一月望日，舉行燈會，以慶上元佳節。這種燈會，爲歲首的行樂，正適合民衆心理的要求，而蔚成民間的生活藝術。是夕迎燈，百戲雜陳，滾龍舞獅，熱鬧非常。觀燈之隆，無殊今昔。惟有一點，與昔不同：各界人士，踴躍參加遊行，國旗國樂揚之於前，「生聚教訓」接之於後，浩浩蕩蕩，振奮復國的精神。民俗增輝，極有意義。

二、清明禮俗

1. 清明禮俗之由來

暮春三月，節日重重，除青年節（屬祭祀禮俗）外，有修禊、寒食、清明諸節。所謂修禊祓除、寒食禁火之俗，周、漢已有之，唐、宋最盛行，如今則少見了。不過，後來有以清明前二日爲寒食，末日爲清明者，今則清明寒食併爲一日，止稱清明而不說寒食。總之，修禊、寒食兩節日，無關禮俗，故略而不述。

清明時值春和，芳草遍地，烏鴉雜咏，杏花細雨，楊柳多情。凡此情景，最動思親，此清明之所以見重於人倫。這一情趣，由是相演相嬗，成爲一種節俗，此乃清明節令之所由來。清明節，有兩意義：一是祭墓，一是踏青。祭墓，亦稱拜掃，就是掃墓拜祖，一家之人，爲思親而盡孝。踏青，亦稱郊遊，就是春遊行樂，一家之人，爲樂羣而輔仁。由個人言，爲陶情而怡性。清明節俗，含有禮的成份，故稱禮俗。

清明之稱，始於漢代。漢、劉安淮南子天文訓云：「春分後十五日，斗指乙，爲清明。」釋名云：「春之爲言蠢也，物蠢而生。」季春之初，正當氣清象明，萬物滋育，妙含自然。這依二十四節氣而定名。迄唐以後，相沿成爲節令。現政府明定四月五日爲中華民族掃墓節。清明節，原爲農曆舊節俗，是我民族悠久的禮俗文化。以祖先廬墓爲追遠敬祖的對象，家家祭掃祖墓，崇德報本，克盡孝思。宋、蘇頌詩云：「清明天氣和，江南春色濃，風物正繁富，邦人競遊從。」明、衞泳枕中秘云：「是日也，園林織錦，堤草鋪茵，鶯綠沙喧，宇宙清淑，東郊緩步，澹蕩神怡。」這是描繪當年清明踏青的風情，亦可爲今日的寫照。掃墓、踏青，可說是士女遊春和祖先崇拜的合一表現。

2.清明之掃墓與踏青

中華民族有文化特質，這特質，就是人倫的道德標準。百善孝爲首，所以孝道，最合乎道德標準，是中國傳統倫常的核心。祭墓，是人人當子女的應盡孝道之一表現。溯其源流，發端甚古。漢、趙曄吳越春秋云：「越王欲謀伐吳，范蠡進善射者陳音。王問曰：孤聞子善射，道何所生？對曰：臣聞弩生於弓，弓生於彈，彈起於古之孝子，不忍見父母爲禽獸所食，故作彈以守之。」唐、段成式酉陽雜俎云：「弔字，矢貫弓也。古者，葬棄中野，禮貫弓而弔，以除鳥獸之害。」就此可以考見古代禮俗所由以生的端倪。遠古時代，穴居野處，死無衣衾棺槨以葬，難免禽獸的侵害，避害所用的弓矢，原爲在野外守葬盡孝的需要而作。「弔」字，古文作「」，象人形張弓，當爲祭弔時打擊禽獸之用。這是孝子用弓護葬之一例證。自三年之喪，孝子廬墓，以至展墓祭祖，乃發之於追遠拜祖的倫理意識，而爲清明拜掃演進的結果。

祭墓冢人，凡祭墓爲尸。可見墓祭之禮，周初已行之。不過貴人祭廟時多，祭墓時少。若庶人無廟可祭，則須祭墓。墓者，先人體魄所寄託，展墓拜祭，情至親切，更可表達孝子追遠的心情。曾子曰：「椎牛而祭，不如雞豚逮親存也。」此則，春秋時代亦有行之者。孟子謂「東郭墦間之祭」（離婁章），則戰國時代亦有行之者。張良子孫上先塚並祠黃石，則漢初亦有行之者。以寒食清明爲定期而祭墓拜祖，則始於隋唐之間。唐宋以後，相沿成俗，流傳至今，定稱爲清明節，繼而改爲中華民族掃墓節，但民間對於節名，兩者尚並稱通用。而寒食之名，已成爲歷史上的名詞。玆舉唐宋名家詩詞數首，以見昔時清明掃墓郊遊之一班。

1.唐、楊巨源詩云：「清明千萬家，處處是年華，楡柳芳辰火，梧桐今日花。祭祠結雲綺，遊陌擁香車。惆悵田郎去，原回煙樹斜。」

2.唐、杜牧詩云：「清明時節雨紛紛，路上行人欲斷魂。借問酒家何處有？牧童遙指杏花村。」

3.宋、高菊卿詩云：「南北山頭多墓田，清明祭掃各紛然。紙灰飛作白蝴蝶，淚血染成紅杜鵑。日落狐狸眠塚上，夜歸兒女笑燈前。人生有酒須當醉，一滴何曾到九泉。」

4.宋、程明道詩云：「芳原綠野恣行事，春入遙山碧四圍。興逐亂紅穿柳卷，困臨流水坐苔磯。莫辭盞酒十分勸，祇恐風花一片飛。況是清明好天氣，不妨游衍莫忘歸。」

古人一唱一詠，令人發節序思古之幽情。再擧柳宗元寄京兆許孟容書，有云：「近世禮重拜掃，今已闕者四年矣；每過寒食，則北向長號，以首頓地。想田野道路，士女遍滿，皁隸庸匄，皆得上父母邱墓，馬醫夏畦之鬼，無不受子孫追養者。」讀此，可覘往昔孝子思親的眞情。唐、李匡義謂當時寒食拜掃，多白衫麻鞋（見資暇集）。宋、蔣夢炎詩云

：「麻裙素髻誰家女，哭向墦間送紙錢。」人家整裝上冢，哭盡哀，墓祭之禮，猶有古意。其重清明禮俗，有如此者！惟末俗相沿，流弊滋甚，或假上坟之便，台客宴會，酣歌醉舞，與踏青賞遊，同其歡暢，此爲後世所詬病（參見開元天寶遺事，東京夢華錄等）。

故宮博物院時常展出的明清以來所仿製的宋、張擇端繪的清明上河圖，此圖寫河南開封風物，而寓清明時節繁盛之景。清明景象，繪形繪色，躍躍紙上，古趣盎然。看了這幅繪圖，亦可從藝術方面，知所鑒賞【圖版柒（見英譯第158頁）】。

往者成陳跡，知往看來今，試述今日臺灣的民族掃墓節。今昔之比，大同小異，時代推移，意義更深。

陽曆四月五日，中華民族掃墓節，是日，有時清風拂拂，有時細雨紛紛，山頭山尾，高下聳翠，芳草滿地，垂柳舒青；蛺蝴翻飛，烏鳥亂鳴；杜鵑開，桃花放，花紅花白又一片。如許大自然中，點綴得團團錦簇，在這佳節良辰，最宜掃墓郊遊，一以追思盡孝，一以樂羣陶情。臺俗：戶戶揷柳於門，謂能驅疫。家家男女，備牲饌、紅龜粿、黃金紙、爆竹，拜掃祖塋。一隊隊，一羣羣，扶老携幼，絡繹不絕於途，構成一幅無與倫比的民族大孝圖，氣象勃勃，何等動人！到了墓地，除草斬荊。先獻墓紙，將黃金紙覆蓋墓上，壓以土石，謂之掛紙，卽古人掛錢墳頭的遺意，獻羣，行祭拜禮。拜墓後，三五成羣，作踏青的遊玩，青青草色，步步而遊。此足以暢發精神，增益心志，旣創人生的新境，亦是天倫的樂事。

古清明戴柳，野宴之俗，以及打球、鬪雞、鞦韆之戲，今已少見，或已告絕。

三、端午禮俗

1. 端午之名始

舊以農曆五月五日爲端午。按夏正建寅五月爲午月，故五日亦稱午日。晉、周處風土記云：「仲夏端午，端，始也，謂五月初五也。」是端午之名，始於晉代。梁、宗懍荊楚歲時記云：「五月五日爲端陽，一云蒲節，一云重五。」以午月午日相重，故稱重午，此一取義。亦因五月五日相重，故稱重五，此又一取義。端陽，取陽氣始盛之義。蒲節，取「菖蒲作劍懸門辟邪」之意。蒲節，亦謂蒲月。荊楚歲時記云：「京師以五月一日爲端一，二日爲端二，三日爲端三，四日爲端四，五日爲端五。」是端午又名端五。張表臣珊瑚詩話云：「端五之號，同於重九，世以五爲午，誤。」我以爲五月爲午月，五日爲午日，則午、五可以通用。昔亦有稱端午爲天中節者，名稱龐雜，不必深考。總而言之，端午一名，用之最早，而又普遍，仍循舊稱爲是。

2.端午禮俗之確定

端午何由而定爲節令？端午節何由而成爲禮俗？都有它的歷史文化背景。

開宗明義的說，端午節，是古愛國詩人屈原的紀念節。此節令之所由而立，主要的在乎此。唐、文秀詩云：「節分端午有誰言？萬古傳聞爲屈原。堪笑楚江空渺渺，不能洗得直臣寃。」屈大夫風節之不彰，文秀已慨乎言之。屈原，是最富於情感及忠於國家之人。班固謂：「屈原痛君不用，信任羣小，國將危亡，忠誠之情，懷不能已，故作離騷，上陳堯舜禹湯文武之法，下言羿澆桀紂之說，以諷懷王。」他不滿意於當代的政治及楚王的昏庸，雖知舉世皆濁而我獨清，衆人皆醉而我獨醒，但因他天生富有倫理思想，絕不能掉首不顧而獨善其身，及至最後屢被讒言，横遭放逐，遂爲國盡忠，自投汨羅江而死，這是何等的壯烈！英國詩人雪萊留有名句：「把自己姓名寫在水上」江上留名，史上流芳，屈大夫有之了。以端午節紀念屈原，則此節有禮的成份而成爲禮俗，這禮俗實具有倫理的價値和歷史文化的意義。民國二十八年，文藝作家以屈原詩風人格兩俱不朽，後殉國於五月五日，因公議爲詩人節，以紀念古愛國詩人。

有二事與端節禮俗有關：一爲角黍，二爲競渡。

1.**角黍**：周處風土記云：「仲夏，端午，烹鶩角黍。」吳均續齊諧記稱：「屈原五月五日，投汨羅江，楚人哀之，每至此日，以竹筒貯米，投水祭之。」角黍，一名筒糉，即今之粽子，古時，祭屈原者，因恐祭品入水散失，初用竹筒盛米，密封而投下水，後用大竹葉包紮，四方相傳，皆以爲節物，含有紀念之意。

2.競渡：荊楚歲時記云：「屈原以是日死於汨羅，人傷其死，所以並將舟楫以拯救之。今之競渡，是其遺跡。」舊唐書杜亞傳云：「五日競渡，相傳弔三閭大夫而作。」唐、儲光義詩云：「大夫沉楚水，千祀國人哀。習櫂江流長，迎神雨霧開。標隨綠雲動，船逆清波來。」後世相沿，爲划龍船之戲，這就是古時「競渡拯屈原」的遺俗【圖版玖（見英譯第 159 頁）】。

3.端午節之雜俗

瑞午節日，民俗中有許多生活習慣，含有迷信色彩和厭勝意味的，我名之曰雜俗，以別於禮俗。古人歲時雜俗，流傳到今的，以端午爲最多。除競渡、作粽外，有浴蘭湯、懸艾插蒲、插鍾馗圖、貼天師符、除五毒、製香囊、繫老虎頭、飲雄黃酒、結長壽線、采百草、編獨囊網蒜、臂結五色線等，花樣繁多，不勝枚舉。玆依上擇要的說一說：

1.沐浴　大戴禮云：「五月五日，蓄蘭爲沐浴。」楚辭云：「浴蘭湯兮沐芳華。」今以澤蘭、菖蒲、或取百草煎湯沐浴。

2. **蒲艾插戶**　荊楚歲時記云：「以五月五日，採艾爲人，懸門戶上，以禳毒氣。」今則菖蒲作劍，以艾枝作槍懸插門首，飛舞婆娑，可以驅邪。

3. **用艾針灸**　古人既插艾枝，懸門以辟邪，又用艾葉以禳毒。艾性純陽，能溫氣血。醫家用老艾葉製成艾絨以灸疾。宋、范成大灼艾詩云：「血忌詳涓日，尻神謹避方，艾求眞伏道，穴按古明堂。」我國很早就有針灸一科，按人體脈穴，或用針刺，或用艾灸以治病。歷代相傳，其效甚驗。在繪畫方面，有唐、明皇針灸圖，宋、李唐灸艾圖【圖版捌（見英譯第 159 頁）】等，古針灸之法，從此可窺見一二。針灸治療的功能，主要的，對造血器官的影響，有增強機能，抵抗病毒的功效。用針灸，可以消炎，亦可以止痛。端午時節，陽氣漸盛，各種含有毒質的氣體物體，最易侵入人身。故在此節日，民間普遍施用艾葉，實具有保健上的作用。

4. **掛鍾馗圖**　昔時，各地人家，於春節懸掛鍾馗畫圖，以祛邪魅。玉燭寶典云：「正月元旦，迎祀灶神，釘桃符，掛鍾馗，以辟一年之祟。」此爲古時春節懸鍾馗圖像之一證。鍾馗啖鬼之說，始於唐。清李福鍾馗詩云：「面目猙獰，膽氣粗，榴紅蒲碧座懸圖，仗君掃蕩么魔技，免使人間鬼晝符。」鍾馗之像，舊俗懸於新年，後世則懸於端午【圖版壹零（見英譯第 159 頁）】。

5.**香囊**　吳曼雲江鄉節物詞小序云：「杭人，午日，製老虎頭，繫小兒襟帶間，示服猛也。」又云：「婦女製繡袋，絕小，貯雄黃，繫之衣上，可辟邪穢。」今者，各地以綢布剪裁，製成香囊，亦稱香袋，類荷包之形，形式種種，別出心裁。如老虎、雄雞、八卦、粽子、雞心等，最爲普遍。所製皆精美細巧，中盛雄黃或香末，繫兒童胸前或襟上。其香歷久不散，亦有懸牀帳及枕上，以祛邪穢。

6.**長線命**　周處風土記云：「以五綵絲繫臂，辟兵鬼氣。一名長命縷，一名續命縷，一名辟兵繒，一名五色縷，一名朱索。」吳曼雲江鄉節物詞小序云：「杭俗，結五采索，繫小兒臂上，卽左之長命縷也。」今國內各地，對於端午的繫長命線，其習慣未改，並無大異。如華北人大都用五色絨爲長命線，繫手足及項頸。安徽婦女繫五綵絲於臂，以辟疫。江浙人，小孩繫五色線於臂，叫做「建線」或「續命線」。山東人以綵錢繫兒童臂，叫「長命縷」。河南山西，小孩手足，皆繫五色綵線。福建人長幼以五綵絲繫臂。臺灣人以五綵線繫小孩手足，叫長命線。

7.**獨囊網蒜**　端午節日，人家以擇蒜頭之不分瓣者，結網繫之以爲飾，謂之獨囊網蒜。普通或縛於門戶，或繫於牀帳，以辟邪惡，以解毒氣。江南各地，均盛行。

8.**賞端午**　五日午時，家家備饌，飲雄黃酒，食粽子、大蒜、灰蛋、闔家宴賞，以慶佳節。

9.**避毒消毒**　午餐後，燒蒼朮、白芷、艾蓬、或除蟲菊於室中，以雄黃酒、菖蒲酒、石灰水分洒各處，避毒消毒。

10.**划龍船**　在臺北淡水河和臺南、高雄等近海之處，有龍船競渡，觀者如雲。龍船並列，擊鼓奮揖，踴躍爭先，奪得錦標，才算勝利。這一遊戲，固爲紀念屈原，亦是民衆過節的娛樂。

11.**詩人憑弔**　五月五日，亦爲詩人節。在臺詩人，集會賦詩，弔屈原，以宏揚詩教，鼓吹中興。

明、謝在杭云：「古人歲時之事，行於今者，獨端午爲多，競渡也，作粽也，繫五色絲也，飲菖蒲也，懸艾也，作艾虎也，佩符也，浴蘭湯也，鬬草也，采藥也，書儀方也，而又以雄黃入酒飲之，並噴屋壁、牀帳、嬰兒塗其耳鼻，云以辟蛇蟲諸毒。蘭湯不可得，則以午時取五色草沸而浴之。」（五雜俎）。明代距今，六百餘年。謝在杭生於中葉，而發此言，可見端午民俗自明流傳到現在，也有五百餘年了。

四、雙十節

陽曆十月十日，爲國慶日，亦稱雙十節。民國紀元前一年（清、宣統三年），歲次辛亥，是日，革命軍在武昌起義，世稱辛亥革命。武昌光復，十餘省相繼反正。於公元一九一二年一月一日，國父　孫中山先生被選爲臨時大總統，由是共和告成，創建中華民國，以是年爲中華民國元年。自後，每年十月十日，擧行國慶大會。國慶云者，原是中華民族革命勝利的紀念。這勝利的果，是經先烈拋多少頭顱熱血而結成，具有無上的歷史人類的價值。是日，放假，普天同慶。晚上，提燈遊行，取光明昌隆之義，「旦復旦兮，日月光華。」義本乎此。其遊行慶賞的熱烈，一如新春的元宵節。

五、結語

我國人本於精靈信仰的宗教心理和愼終追遠的倫理觀念，而產生祖先崇拜的行爲。拜祖之外，又有「徼福於神」的迷信心理，而產生拜天敬神的行爲。此外，在人生趣味上有其娛樂心理，往往想於紅塵之外，以風月爲友，以山水爲侶，而產生娛情的活動。

一年的歲時節俗，除所述四禮俗外，尙有其他節俗，如，拜天公，上巳修禊、七夕、中元、中秋、重陽等。這些節俗，禮的成份不多，只在結語中說個大概。

1.拜天公　臺俗：農曆一月九日，爲最高神，天公的誕辰。家家製紅龜粿、發粿以祀之。紅龜粿，象龜形，外染紅色，打龜甲印，以象徵人的高壽。拜天公的前夕，大家必須「守壽」到天明，爆竹聲徹夜不絕。拜天公，卽所以求平安，祝人壽。天有好生之德，春天能給萬物以發育生長的機會。凡此天道自然的啓示，引起人類對於人生和宇宙關係的認識，而發生自然崇拜的心理活動。人們本其心理活動的幻想作用，托出天空上帝爲崇拜象徵，奉之爲天神，爲獨尊的最高神。

2.**上巳修禊**　暮春三月三日，臨水祓除不祥，謂之修禊。讀王羲之蘭亭序，蘭亭曲水，一觴一詠，令人輒起懷古之思。唐、陳子昂詩云：「暮春嘉月，上巳芳辰，羣公禊飲，于洛之濱。奕奕車騎，粲粲都人。」宋、范成大詩云：「三日天氣新，禊飲傳自古。今人不好事，佳節棄如土。」修禊之俗，晉、唐最盛，宋後漸衰。今則三五士子墨客，以文會友，曲水聚飲，一抒幽情。此風寥落，幾將失傳。

3.**七夕**　古以七月七日之夜爲七夕。相傳，是夕，牛郎織女相會，兩者距離，只隔一條河流，烏鵲塡河成橋，渡織女。淮南子、風俗通、風土記、荊楚歲時記，均有相同的記載，於此可知這一傳說的由來。牛郎、織女，皆星名，本源於牛女二宿。牽牛在天河側，與織女相對。唐、清江詩云：「七女景沼沼，相逢只一宵，月爲開帳燭，雲作渡河橋。」我國古人基於自然崇拜的心理，而構成這一天上佳話，相演爲兒女情戀的韻事。

4.**中元**　農曆七月十五日爲中元節。佛教於是日起盂蘭盆會，以祭祀孤魂。宋、陸游老學庵筆記云：「故都殘暑，不過七月中旬，俗以望日具素饌享先。」這是古嘗祭的遺俗。今則無論貧家富戶，發人子孝思不匱之念，以紙錢祭品奉祀。通行南北各地。

5.**中秋**　農曆八月十五日爲中秋節，以其居秋季三月之中，故名。中秋，是團圓佳節，又稱爲月夕。唐、歐陽詹玩月詩序云：「玩月，古也。謝賦鮑詩，眺之亭前，亮之樓中，皆玩月也。」天寶遺事云：「八月十五夜，於禁中直宿諸學士，備文酒之宴，時長天無雲，月色如晝。」據此，可知晉唐時代已有中秋玩月的風尚。自此以後，流風所播，雅人雅事，遂推及於一般社羣，而玩賞中秋，便成爲一個充滿詩意的令節。在這一天晚上，皓月當空，美景良宵，家家備酒饌，花果，及月餅，燃香遙拜，謂之拜月。宋、朱敦儒對月有感云：「中秋一輪月，只和舊青冥。都緣人意，須道今夕別般明。是處登臨開宴，爭看吳歌楚舞，沈醉倒金尊。各自心中事，悲樂幾般情！」今俗拜月，正如朱敦儒所云：「偏賞中秋月，從古到如今。」月餅，取團圓之義，以象徵團圓的皓月，卽所以反映嚮慕人生圓滿無缺的意境。所謂賞月吃月餅，亦就是鼓勵自己，在人生歷程上要努力追求前途的光明，宏發生命的光輝。

6.重九　舊以農曆九月九日爲重陽，又曰重九，遂以爲節。魏文帝與鍾繇書云：「歲往月來，忽復九月九日，九爲陽數，而日月並應，俗嘉其名，以爲宜於長久，故以享宴高會。」可知重陽之名，肇於三國。陶潛文云：「余閒居，愛重九之名。秋菊盈園，而持醪靡由。」是知重九之名，始於東晉。現稱九月九日爲重九節。此節日，古有食蓬餌（糕）、飲菊花酒、插茱萸、佩茱萸囊、登高、插菊、賞菊之俗。漢、劉歆西京雜記云：「漢武帝宮人賈佩蘭九月九日佩茱萸，食蓬餌，飲菊花酒，云令人長壽。」西漢已有重九食糕粿飲菊酒的習尙，這是一證。魏武帝與鍾繇書云：「九月九日，草木遍枯，而菊芬然獨秀，今奉一束。」三國已有重九賜菊插菊的習尙，這又是一證。晉、周處風土記云：「俗尙，此月，折茱萸以插頭，云可辟除惡氣。」晉代已有重九插茱萸的習尙，這又是一證。梁、吳均續齊諧記云：「汝南桓景隨費長房遊學，長房謂之曰：九月九日，汝南當有大災厄，急令家人縫囊，盛茱萸，繫臂上，登山，飲菊花酒，此禍可消。景如言，舉家登山。夕還，見雞犬牛羊，一時暴死。長房聞之曰：此可代也。今世人九日登高飲酒，婦人帶茱萸囊，蓋始於此。」東漢之後已有登高之俗，以爲登高可以避禍免災，這又是一證。不過，明、謝在杭引呂公忌之言曰：『「九日天明時，以片餻搭兒女頭額。」更祝曰：「願兒百事俱高。」此古人九日作餻之意，其登高亦必由此。續齊諧以傳，不足信也。』姑錄此，另備一說，以供硏考。今俗，時屆重九，秋高氣爽，最宜登臨，男女相偕登高遊山，足以暢舒心神。芳菊盛開，獨傲秋霜，感物懷人，亦有插菊、賞菊之舉。王摩詰詩云：「獨在異鄉爲異客，每逢佳節倍思親。遙知兄弟登高處，遍插茱萸少一人。」孟浩然詩云：「九日未成旬，重陽卽此辰。登高尋故事，載酒訪幽人。落帽恣歡飲，授衣同試新。茱萸正可佩，折取寄情親。」這兩首節序詠懷之作：一表思親之情，一描重九之景，詞意筆致，朗朗可誦。由今視昔，俗無大異。時移勢遷，百感繫之。

大凡歲時節俗，禮俗有四；習俗有六。分析言之，各俗各有其背景，各有其本質，各有其內容，各有其表現。綜合言之，就是說，各節俗所表現而出的對於社會人生發生各種的影響。本文各節所論述的，已對這些試作了總解答。尚請讀者指教！

民國六十一年六月

商代𪀁父癸爵禮器之研究

民國十一年秋，余畢業國立北京大學預科後，進本科英文學系肄業。當代師儒聚於校者，各以所長擅一世。余受英文學於林語堂、溫源寧、陳源、柴思（Dr. H. Chase）諸先生。林先生學貫中西，有節操，粹然學者之英，儒者之秀；早年，在校中授文學批評與發音學兩課，師資所承，得窺學問涂轍，誠生平之幸。民國五十五年，先生海外歸來，相敘於臺北，風采未改，言笑猶昔，息影草山，不停寫作。綜其一生之貢獻，可為我國藝林放一異彩。今欣逢　老師八秩大慶，謹撰一文以求教！

一、前言

民族學，是研究各民族的文化，尤其是初民的文化。文化，是一個民族生活的類型。其類型有三：一是物質生活的類型，如日常生活的製作，以及其他各種應用的器物等是。二是社會生活的類型，如社會形態和社會組織等是。三是精神生活的類型，如語言、文藝、宗教信仰、倫理、知識等是。文物，是文化的產物。文化的實跡，就是文物。文化文物

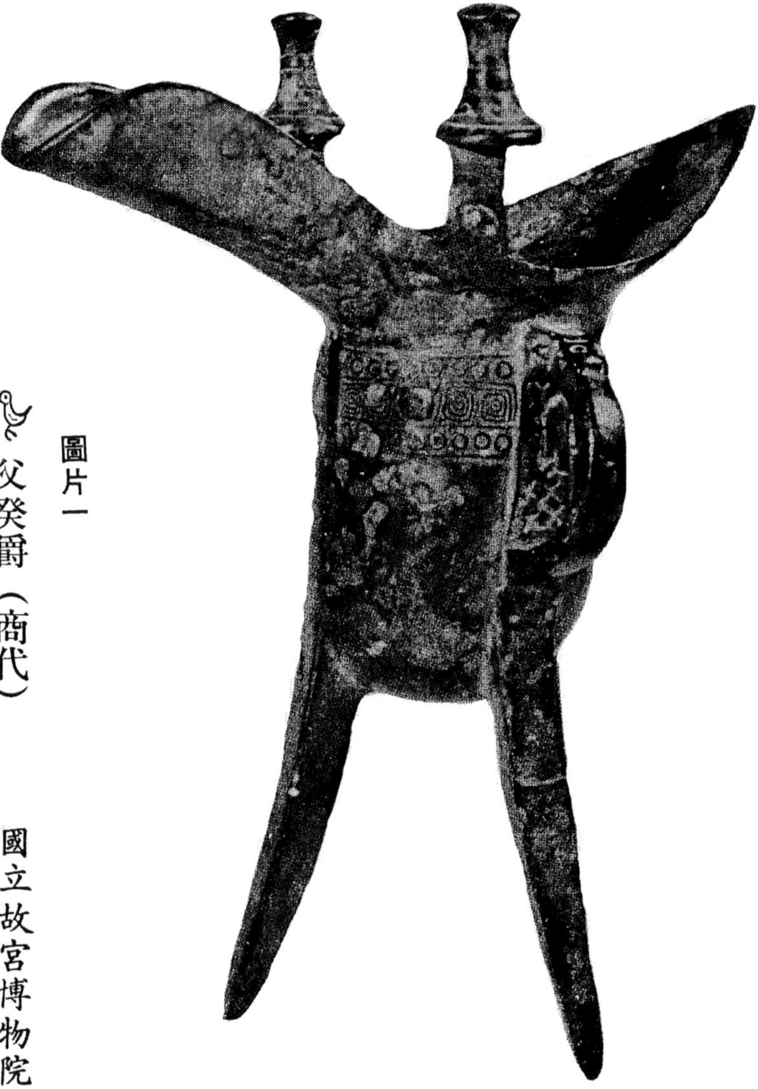

圖片一

父癸爵（商代）

國立故宮博物院藏

圖片二  父癸爵（商代）此照片係就原器物面上攝取刻有圖文部份以顯示「父癸爵」之實跡

國立故宮博物院藏
中華民國

，表裡如一。文物，是一個民族的文化現象，不出於民族學範圍之外。從民族學的觀點去探究古文物，這在學術研究上是一個新闢的途徑。

二、中國文化之特質

中華民族有五千年的文化歷史，這文化歷史的創始者，是黃帝，亦可以說，黃帝是中國文化創造的象徵。中國文化，源遠流長，其特質有二：一是倫理思想和道德觀念，二是科學思想和技術觀念。上古時代，由於初民敬天畏神的觀念而發生對於天神的崇拜。這是原始心理所由而生的宗教信仰，崇天神以定一尊。基於敬天觀念而對天道發生崇拜信仰，這稱之爲拜天教。自後，以天道秩序之理，應用於人類社會，便產生家族的倫理思想和五倫的道德標準。禮記說：「萬物本乎天，人本乎祖。」基於尊祖觀念而對祖先發生崇拜信仰，這稱之爲拜祖教。以言倫理思想的發展，初則見之於人和天的相接，人和人的相接；推而演之於人和家族宗族的相接；再推而演之於人和國族國家的相接。循此發展的程序，其道德觀念所藉以表而出之的，則爲孔子、孟子所倡導的忠孝仁愛信義之一貫大道。就社會心理學的觀點來詮釋，這就是人的報德心，愛國心，同情心，互助心和自尊心。凡此都是我們固有道德的本質，亦就是我中華民族文化之一特質。

再說我國先民科學思想的淵源。當春秋時代，孔子施教，以六藝：禮、樂、射、御、書、數並學。大學中所說的「格物致知」，指出致知的方法，則在格物。這是我國先哲早已意識到人和宇宙間事事物物的接觸，而求眞知眞理，以導致科學思想的發展。讀宋儒胡次焱的山園後賦，其闡釋格物致知之理，至爲深切詳明。茲錄一段於下：

「胡子曰：萬彙葳蕤，一理攸寓，所貴善學，在觸其類。故觀松蘿而知夫婦之道，觀棣華，而知兄弟之誼。觀向陽之葵，而知所以爲人臣。觀南山之喬，而知所以爲人父。觀葛藟，而知睦親族。觀桑梓，而知洽鄰里。觀伐木，而知朋友之當親。觀葭莩，而知親戚之當比。觀于竹，而知堅剛之節。觀于梅，而知高孤之味。觀蘭茝，而知幽閒之雅韻。觀松柏，而知炎涼之一致。觀籬菊不飄，而知逸約之得計。觀萌蘖後生，而知良心之當護。觀采苓，而知所以遠讒諂。觀伐檀，而知所以去貪鄙。觀芄蘭，而知所以鋤驕矜。觀木瓜，而知所以隆報施。觀梧檟樲棘，而知貴賤去取之難。觀蓬茅槐芷，而知善惡漸染之易。觀射干生于高山，而知直立貴於超人。觀蒹葭老於白露，而知貧賤所以玉汝。觀小草有遠志，而知廣狹在人所趨。觀紅杏與芙蓉，而知榮枯在時所遇。觀於碩果，而知造化之剝復。觀于茅茹，而知吾道之泰否。清潔，則讀濂溪愛蓮說。取舍，則讀日休桃花賦。御下，則讀子厚種樹傳。好客，則讀樂天養竹記。至於樂意關禽，生香交樹，是又可以觀浩然之氣。舉凡山園之內，一草一木，一花一卉，皆我講學之機括，進脩之實地，顯而日用常行之道，賾而盡性至命之事。一坐山

園，而盡於此。此大學所以有致知格物之章，夫子所以有多識草木之語。」（梅巖文集）

胡氏所謂「顯而日用常行之道」，卽爲人和物相接中而有生物科學思想的啟示。所謂「賾而盡性至命之事」，卽道出潛心於理義之趣，而爲哲學思想的啟發。細味此文，自有心得。

試取一商殷時代的青銅器而鑽研之，驗其鑄造之精，器型之細，紋飾之美和銘文之眞，依我推測，其所本之科學技術，遠在夏代，已萌了芽。

著名的指南針、蠶絲、火藥、造紙術和印刷術，是我中國最早的發明，乃爲世界所公認。此外，尚有其他科學技術所施於工藝文物的重要發明。在遠古時代，傳說中的伏羲氏，創八卦，以代結繩。神農氏，嘗百草，以別藥性。這兩氏，是代表往古發明者的象徵。又有班班可考的吾國古代的天文學、算學、曆法、光學、音學、生物學、煉丹術、方劑學、以及最早的建築工程、水利工程、金屬冶鍊技術、青銅器鑄造技術、玉器製造技術、製陶製瓷技術、縴絲織造技術、鑲嵌技術、雕刻技術、色染技術、髹漆技術等等，實不勝細述。這些科學技術，應用到中國古文物：青銅器、玉器、瓷器、漆器、石器、雕器、鼻煙器、琺瑯器、繪畫等的製作，多彩多姿，而在文化上已有很大的貢獻。綜此所述，又是我中華民族文化的另一特質。細想一想，這兩文化特質的表現，自古到今，反映出我中華民族生活不少的光輝。

三、青銅器之特徵

看了故宮博物院典藏的商、周的青銅器（1766-722, B. C.），不禁油然湧起好古之思。好古，是我心之所好，而對古物發生興趣，進而玩賞蕈求。好古，是要敏求，是要對古物古典而用腦用心去探究。好古，是要溫故而知新，是要對古物古典鑽研後而知所創新。如果好古而流於食古，則食古不化，就變成迂腐的冬烘，竊以爲不取。

這些古器物，流傳到現在，已歷有三千餘年，論其源流，莫不相接。這是說，一種文物的產生，必有其所始，必有其所演。就年代說，卽是上接而下演。以進化公例來說明文物演進的過程，其理亦復相通。商殷上接夏代，下演周代。左傳載有「夏鑄九鼎」之語，九鼎今雖不見，但循其演進之跡而加以探討，則吾國青銅器的來源，還可推而上之，其實，不止是三千餘年。這青銅器，在器物本身上已具有歷史的價値。梁任公說：「周平王伐玁狁之役，是中華民族古時代對外的一件大事，其跡僅見於詩經，但簡略而不可解。及虢季子白盤出世，由於銘文上的記錄（按：此銘先敍作器，次敍戰功，又次敍錫賞。），可以佐證周平王伐玁狁的經過。可見青銅器和銘文的直接史料，有助於間接經史的補充考證。」引虢季子白盤一例，可知青銅器在學術上亦具有史學的價値。

古代許多青銅器，埋在土中，歷久而腐蝕，出土後，其中或有圖文，因腐蝕而隱隱不可識。現在可用X光透視方法，作器物內部的透視。一件青銅器，經X光透視後，得以顯示目力所不及的形跡，其中或有重要銘文的發見。如果利用這方法施之於青銅器的實驗，則在學術研究上，更可以補史籍記載上的不足。這種科學方法，又有助於器物年代的鑑定。

這類青銅器，因其流傳的年代很久，故具有歷史價值。而在文化本質上加以分析，則有三特徵。因其有各種的特徵，故具有各種的價值。一、從鑄造和形制而言，則有科學的價值。二、從紋飾和形制而言，則有藝術的價值。三、從銘文而言，則有學術的價值。綜而合之，則有高度的文化價值。

四、商代父癸爵禮器之文化價值

商殷青銅器中，有「父癸爵」（故宮銅器圖錄下三七〇）。這是重器，亦是禮器。這一禮器，含有紀念始祖誕生的意義，其意義是很深長的，在吾國文化特質中有其不朽的價值。

祖和宗，原是祭祀的名稱，並不以血統爲標準，乃以「功」「德」爲祀祖的準則，國語所謂「祖有功，宗有德。」便是。這功、德，是象徵上古氏族組織中的領袖。這領袖，是一非常人物。這非常人物，被認爲是神聖的，或有功於創業，或造福於人羣，其中只有

崇德報功的信仰關係，還沒有產生血緣關係的觀念，卽沒有「知其有祖」的意識。上古時代，從夏后氏以至商殷，才開始循姓氏，重血統，而有「祖顓頊而宗禹」「祖契而宗湯」之含有血統意味的祭祀（見國語）。祭祀的用意，在敬天而尊祖。祭祖，是尊祖的表示，亦卽克盡孝思的表示。禮記說：「祭先所以報本也」。飲水而思其源，生來不忘其本，這是中華民族之天性而自然崇拜祖先的特徵。這種尊重血統的觀念和拜祖的倫理思想，發源很早。詩經商頌：「天命玄鳥，降而生商，宅殷土芒芒。」這是說，上帝命玄鳥，使簡狄吞燕卵而生契，契乃封於商，（按：契爲舜司徒，封於商，今河南睢縣。），爲商之始祖，而居廣大的殷土。這是商民族發之於感生觀念，取玄鳥爲始祖誕生的象徵。史記殷本紀說：「殷契母，曰簡狄，有娀氏之女，爲帝嚳次妃，三人行浴，見玄鳥墮其卵，簡狄取吞之，因孕生契。」玄鳥，或稱乙，或稱燕。說文乙部：「乚，燕燕，乙鳥，齊魯謂之乙，取其鳴自謼，象形也。䲲，乙或從鳥。」又說文燕部：「燕燕，玄鳥也。」據此，乙，就是燕。燕，就是玄鳥。所釋甚明。按：乚　，訓玄鳥，段玉裁說，字當橫看，象燕飛時，自後視之之形。所解有理。卜辭中關於妣乙的記載，亦可以證明乙就是玄鳥。傅斯年說：「妣乙必爲一特尊的古妣。」（見東北史綱）。據此，妣乙，乃玄鳥的人格化，是以玄鳥擬人。商民族沒有把玄鳥當作部族的圖騰而爲一部族的社會型式。牠所表見的，只是一種原始宗教的型式，夢境的幻想迷信，祖先崇拜的倫理意識。國語說：「殷人帝嚳而郊冥，祖契而宗湯。」無疑的，嚳是商民族的宗神，契是商民族的始祖。自從契首當商王，立了國，其孫相土，大擴疆土。又過了數代，到王亥，遊牧北地，亦有所拓展。再過了數代，到成湯，他舉了十一次兵，把當時的共主夏桀趕到南巢（今安徽廬江），而享有天下。這是中國歷史上革命的第一幕。史記殷本紀說：「主癸卒，子天乙立，是爲成湯。」按：主，卽君主的省稱。癸，是成湯之父。天乙，卽大乙。古文，「天」與「大」，形似，易譌。又按：湯，名履，湯，其字也。大乙，疑後追稱的廟號（見李孝定：甲骨文字集釋）。國立故宮博物院珍藏的青銅器：商代父癸爵，這一禮器，寓有深長的意義，既具有文化特質，又富有倫理思想。湯承契之後，奮發有爲，革命成功，得有天下，乃製爵器，供奉宗廟，以紀念父癸而盡孝道。爵，是器物中最寶貴的禮器，成湯以此紀念其父，意猶有未足，乃進一層，於父位上供列祖先的象徵。飲水思源，愼終追遠，而紀念之誠，更深遠的推到他的始祖契，以崇敬祖先的誕生，以永垂孝思於不墜。成湯忠孝兩全，特將此情此意公之於世，鑄之於藏禮的爵器，以遺後世而傳不朽。正如墨子說：「書之於竹帛，鏤之於金石，以爲銘於鐘鼎，傳遺後世子孫。」（墨子魯問篇）。淸、阮元說：「器者，先王所以訓天下尊王敬祖之心，敎天下習禮博文之學也。」（商、周銅器說）。這是開了我國拜祖敎的先聲，綿延數千年，而蔚爲文化倫理的傳統。

關於這件爵器年代問題，實在値得注意硏討。我以爲這器是商殷產物，是沒有問題的。而問題，在這器物是產生在何年代，在商代的前期呢？或在商代的後期呢？如果製作於成湯之世，那麼，這器物就產生於商初，這樣，牠的歷史價值更提高了，其影響，且及於史學研究。就器物年代鑑別上講，這是器物學上一個很重要的問題。總之，這一問題，尚須求證，有待乎科學研究的實驗和分析。

（民國六十三年六月十二日）

畬民的地理分布

（一）

『斫畬刀耕擧，燒畬火種黜』。畬民依山傍谷而居，以墾山種畬爲業。其男女習於耐苦，樂於力役，個個是壯夫健婦。此種體力強健的民族，若再加以文化質上的改變，實可成爲吾國民族中一種最優秀的民族。

畬民，是傜民之一支，亦可謂爲槃瓠族系之一種。其來源有自，歷史悠長。因其歷史悠長，故而生殖繁衍，分布較廣。畬民既源於槃瓠族，則欲知其分布狀況，必先明瞭槃瓠族系之發展與「峯」「畬」變稱之由來。

田汝成行邊紀聞：『傜人，古八蠻之種也。窮極嶺海，迤連巴蜀皆有之。』（案：鄺露赤雅所記，與此相同。）

顧亭林天下郡國利病書：『傜，本槃瓠之種，產於湖廣溪峒間，卽古長沙黔中五溪之蠻是也。其後，生息蕃衍，南接二廣，右引巴蜀，綿亙數千里。』（崑山圖書舘藏稿本）

又云：『傜人，楚粵爲盛，而閩中山溪高深之處間有之。漳傜人與虔、汀、潮接壤錯處，亦以盤、藍、雷爲姓。』

畬民藍雷鍾三姓族譜載稱：『原籍廣東，後徙福建，遷至浙江處州。』

綜上所舉觀之，可以斷定槃瓠族系之分布，是由長沙武陵出發，一方面到粵桂黔閩贛浙，一方面則向川邊西北（案：陝西通志所載，秦中亦有傜民。確否？待考。）等地發展。現今閩浙一帶的畬民，即由湖廣輾轉分布而來。

（二）

廣東的傜民，其流布在潮州者，時人稱之爲峯，或峯人。

鄺露赤雅：『傜名峯客，古八蠻之種。』

潮州府志：『潮州有山峯，其種有二：曰平鬃，曰崎鬃。其姓有三：曰盤，曰雷，曰藍，皆傜族。』（乾隆卅七年刋本）

李調元南越筆記：『澄海山中有峯戶，男女皆椎跣。持挾鎗弩，歲納皮張，不供賦。有峯官者領其族。』

李調元卍齋璅錄：『廣東潮陽有峯民，山中男女椎髻跣足，射獵爲生。』

峯民一詞，其初見於文史者，爲宋文文山所撰知潮州寺丞東岩先生洪公行狀。其文云：『潮與漳汀接壤，鹽寇峯民羣聚剽刦累政』。讀此可知峯民之稱，在宋時已有之。當時人以其依山而居，射生爲活，故稱之爲輋民。但至今鮮有以輋民呼之者。如鍾敬文之惠陽輋山苗民的調查，則仍稱之爲傜民。潮州輋民之稱，已成爲歷史上之一名詞矣。

昔時潮州輋民之流布在福建者，時人改稱之爲「畬」民。其時由福建分布於浙江者，其稱相沿，未有改易。

顧亭林天下郡國利病書：『輋，當作畬，實錄謂之畬蠻。』（崑山圖書舘藏稿本）

李調元卍齋瑣錄：『輋，音斜。近山之地曰輋。』

廣東通志：『畬，與輋同，或作畲，均係俗字。』（同治重刋本）

輋、畬、同音；一訓「山居」之義，一訓「火耨」之誼，其爲取義，亦頗相近。是「輋民」「畬民」之易稱，殆無其他意義可言，止爲文字上之變換而已。再就他義推之，當潮州輋民分布於閩時，閩人以其山居種畬，故稱之曰畬民。李調元謂：『廣東潮陽有輋民，以射獵爲生。』（見卍齋瑣錄）。屠本仁詠括蒼畬民詩，有云：『開墾有零畸，樹藝無空隙。』藍雷族譜云：『只望青山刀耕火種，自給自足。』據此，以生活進化之階段而釋之，舊潮州輋民，其經濟生活，似仍在狩獵生活狀態之中。其分布於閩浙後，或由時代之推移，或由環境之改變，卽由狩獵生活漸進於粗放農業生活。今其族或自置田地，或佃民田耕耨，以度其山野自足之生活矣。於此可覘當時粵閩兩地人或以其族類經濟生活方式觀察之不同，而有「輋」「畬」之異稱也。

「畲民」之改稱，就分布地域言，則在閩浙；就時間言，約在宋元之交。

宋季三朝政要：『諸畲軍（案：畲軍，爲宋末畲民之被收編爲官軍者。）皆騷動，尋爲大兵收復。天祥兵出會昌，趍循州。』

元劉壎平寇碑：『至元戊子，畲寇鍾明亮（案：畲寇卽畲民之從亂者。）起臨汀，有旨進討，輒僞降以款我師。』

元史：『至正十五年，建寧政和縣人黃華集鹽夫聯絡建寧括蒼及畲民婦，自稱許夫人爲亂。詔兵討之。』

新元史：『至元二十六年春，鍾明亮寇贛州，畲民卯大老等作亂，伏誅。』（案：元史：卯大老，作丘大老，前者，疑係後者之誤。）

漳州府志，元陳志方元右丞晉國羅公墓誌銘亦記畲民之亂。（並見元通鑑通鑑後編八閩通志江西通志）

逮及明代，「畲民」「輋人」「畲傜」三詞並用，惟畲民一詞較爲普遍。

謝肇淛五雜俎：『吾閩山中有一種畲人，相傳槃瓠種也，有槃藍雷三姓。』

范紹質傜民紀略：『汀東南百餘里，有傜民焉，呼其名曰畲客。』

談孺木棗林雜俎：『槃瓠之餘，錯處於虔漳潮之間，以盤藍雷爲姓，人稱之曰畲客。』

王陽明平浰頭碑：『正德丁丑冬，輋傜既殄，益機險阱毒以虞王師。』（王文成公全書）

顧亭林天下郡國利病書：『潮州府有畬猺。』（崑山圖書舘藏稿本）

又：『潮州亦有稱畬長者。畬長雷文用等凡百四十九戶，俱復業。』（同前）

明代以後，畬民之稱，復歸劃一。如今閩浙畬民，人皆呼之爲畬客。就「輋」「畬」之變稱考之，亦可證明閩浙畬民乃從廣東潮州流布而來。其源出自傜民。

（三）

畬民之分布或移徙，言其主因，約有兩端：一、爲天然的，二、爲人爲的。大凡畬民隨山種插，採實獵毛，食盡一山則他徙。此爲其天然的原因，亦可謂爲經濟的或環境的原因。但是現在他們亦受民田耕耨，生活日就安定。其次，或經歷代的變亂，或受其他人爲壓迫，他們便東流西徙，隨山散處。此爲其人爲的原因，亦可謂爲政治的或社會的原因。畬民分布的地域，就歷史上之觀察，約佔有東南四省。其分布次序，初由廣東分布到閩贛，後由福建分布到浙江。現今，廣東舊潮州府屬的「崋民」，已成爲歷史上之名詞；江西一隅，畬民似已絕跡；而在閩浙兩省，其族特盛。

據文史志書所載，贛省畬民，在元明時代頗爲蕃衍。

八閩通志：『至元二十五年，贛畬賊千餘人寇龍溪，皆討平之。』

元史：『至元二十六年，畬賊鍾明亮寇贛州，掠寧都，據秀岑。』

王陽明立崇義縣治疏：『其初畲賊原係廣東流來，先年奉巡撫御史金澤行令安插於此（指上猶等縣）。不過斫山耕活，年深日久，生長日蕃，羽翼漸多，居民受其殺戮，田地被其佔據。』（王文成公全書）

今贛之東南所謂棚民者，殆卽畲民之遺歟？（案：福建南平縣志：依山傍谷誅茅縛屋而居曰棚民。今贛中之棚民與南平之棚民，似同爲畲民之別稱也。）確否，尚有待於實地之調查。

（四）

福建畲民的分布：考諸史藉，傜民產於湖南，先入廣西，後則蔓延到廣東。其一部流布於潮州者，時人稱之爲峯民或畲民。後由潮州分布到福建。畲民雷藍宗譜序云：『……始遷廣東潮州揭陽縣，至五世，人丁盛矣。其子孫，再遷福建漳州府南靖縣。』讀此可知其梗概矣。

現在畲民分布在福建的，約佔二十餘縣。近年國人之從事該省畲民調查者，不數數覯。其調查報告，亦不多見。惟在民國十四年，西人Henriette A-woods 發表一短文於"The China Journal of Science of Arts," 又C. R. Kellog 於同一雜誌上發表二文，首篇刋於民國十五年，次篇刋於民國十六年，與江鼎伊氏合著（見徐益棠：浙江畬民研究導言）。最近天津益世報載有兩文：一爲閩村通訊，一爲閩境僻壤中苗夷現狀。其他散見於報章雜誌者，偶有一二零碎之文。凡此，均屬片段之材料，對於福建畬民的分布狀況，未能得窺其全。茲將各方志及刊物所載列舉於下：

一、謝肇淛五雜俎：『吾閩山中有一種畬人，相傳槃瓠種也，福州閩淸永福山中最多。』

二、臨汀彙考：『唐時初置汀州，徙內地民居之。而本土之苗仍雜處其間，今汀人呼曰畬客。』

三、又：『閩有百家畬洞，踞龍岩安溪南靖龍溪漳平五縣之交，是閩地之蠻，皆稱畬也。』

四、龍岩州志：『畬客，卽傜人，在岩者，惟藍鍾雷三姓。』

五、連江縣志：『連江深山中有異種曰畬民，五溪槃瓠之後也，近羅源古田間多有是種。』

六、董作賓福建畬民考略：『連江附近山中多畬民，羅源尤夥。彼等常散居於高山之巓，每處或三數家。』

七、羅源縣志：『畬民，祖出於槃瓠，卽傜人也。槃瓠，今無聞，只雷鍾藍三姓蔓延各處，在羅源者甚多。』

八、南平縣志：『里圖之外，有藍雷之族，是謂畬民，莫原其姓。』

九、順昌縣志：『傜人以槃藍雷爲姓，楚粵爲盛。閩中山溪高深處有之。今縣止藍雷二姓，俗呼畬客。』

十、卞寶第閩嶠輶軒錄：『霞浦縣畬民，崖處巢居，耕山而食，去瘠就腴，率數歲一徙。』（並見民國十八年霞浦縣志）

十一、建陽縣志：『漢武帝時，遷閩越民虛其地，有匿於深山而遷之未盡者，曰佘民，俗稱爲狗頭猺。』

十二、仙遊縣志：『畬民不知所始，邑之興泰諸山多有之。』

十三、德化縣志：『畬民嗜好飲食，與世殊別。』

十四、梁章鉅歸田瑣記：『今之連江羅源順昌諸邑山谷間有一種村氓，男女皆椎魯，力作務農，數姓自相婚姻，謂之畬民。』

十五、漳平縣志：『畬客，卽猺人，古槃瓠之後，在漳平三姓，曰藍，曰雷，曰鍾；隨山種插，去瘠就腴，編荻架茅以居，善射獵。』

十六、卞寶弟閩嶠輶軒錄：『漳平縣南山之中有畬民耕種。』

十七、建甌縣志：『畬民一種，俗呼畬客，所居窮山僻壤，編茅爲屋，自相婚姻。』

十八、韶安縣志：『明沈鐵遊六峒丈量學田記，言六峒爲畬民所居。』

十九、永春州志：『畬民巢居崖處，射獵其業，耕山而食，率二三歲而徙。』

二十、福安縣志：『邑深山中各異種，曰畬民。福郡古田連江羅連福寧寧德福安多有是種。』（案：福安縣志疆域篇所載，在福安，三十一都均有畬民村居，人數多寡不詳。）

㉛董作賓福建畬民考略：『永泰山中有畬民，僅數家已同化漢族，惟語言不通，且不與漢族爲婚。其族有最大典禮，於正月元旦日舉行之，卽祭祖也。又永泰有雷姓，其先，畬也。』

㉜沈作乾畬民調查記：『在福建境內的畬民，多散居於雙髻山洞宮山大姥山和畬山等處，以舊建寧府汀州府等處爲最多。』

㉝林耀華閩村通訊：『畬民最難與漢人同化，也恆少與漢人接觸。該族集居於北門外（閩侯）北岑深山中，保持其原有的文化系統。』（社會硏究第二五期）

㉞閩境僻壤中苗夷現狀：『㈠福鼎縣畬民，現有一萬二千五百餘戶，五萬餘人，分爲藍雷鍾盤李數姓。散居福鼎之浮柳洋厤坑底車頭山才堡梧埕後樟華洋王家洋各村。㈡寧德縣畬民現有一千五百八十戶，四千八百人。分藍、雷、鍾三姓。㈢順昌縣畬民，現有三百十九戶，一千五百人，亦分雷、藍、鍾三姓。㈣壽寧縣畬民，現有二百〇五戶，九百二十五人。㈤福安縣畬民現有二千戶，八千四百餘人。』（益世報民國二十七年二月三日）

以上所擧，有者爲明淸時代之史料，有者爲現代之片段的調查材料。就此種種材料中推尋，我人可以略知福建畬民分布的概況。其分布地域，約佔二十餘縣：

1福鼎　2壽寧　3政和　4福安　5霞浦　6寧德　7羅源
8連江　9古田　10閩侯　11閩清　12南平　13順昌　14建甌
15建陽　16永泰　17仙遊　18德化　19永春　20晉江　21安溪
22龍溪　23南靖　24漳平　25龍岩　26長汀　27雲霄　28詔安
29其他

最近福建畬民的分布狀況及其人口多寡，因爲缺乏全般畬民調查的材料，尚不能得其詳確。新近益世報刊載之閩境僻壤中苗夷現狀一文，爲較有價值的調查材料，然其所詳，止屬福鼎寧德順昌壽寧福安五縣。要之，前之所述，祇足供有志於民族研究者作爲調查之參考資料；未可純以實錄視之也。

（五）

浙江畬民的分布：浙江畬民的分布區域，就我調查所知，約佔二十縣：

1泰順　2平陽　3景寧　4雲和　5麗水　6縉雲　7松陽
8遂昌　9龍泉　10宣平　11慶元　12青田　13龍游　14蘭谿
15湯溪　16建德　17桐廬　18壽昌　19金華　20武義

據一松陽畬民所言，安徽徽州婺源地方亦有雷姓畬族。其言如果屬實，則吾浙畬民又廣布於安徽矣。

浙江畬民的人口數，據我調查所得及各縣調查報告，計：

1	慶元	男女共四五四人	
2	宣平	男三〇五四人	女二六八一人
3	松陽	男一五三六人	女二六八一人
4	雲和	男八〇〇〇人	女七〇〇〇人
5	麗水	男四五四五人	女四七三二人
6	景寧	男六一五六人	女五五五一人
7	龍泉	男二〇〇〇人	女一〇〇〇人
8	青田	男三一四〇人	女二一二〇人
9	武義	男二三五人	女二八一人
10	金華	男四九人	女五四人
11	龍游	男一二九五人	女一〇八五人
12	建德	男四一人	女三〇人
13	平陽	男女共三〇〇〇人	
14	泰順	男女共六〇〇〇〇人	

畲民變稱表

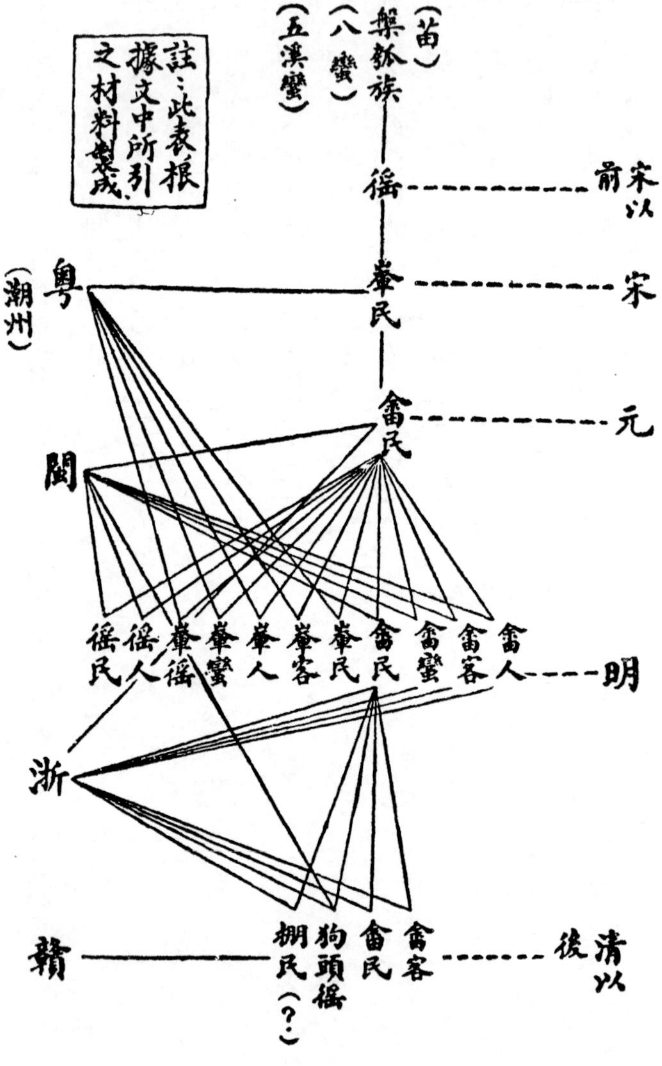
註：此表根據文中所引之材料製成
（苗）
槃瓠族
（八蠻）
（五溪蠻）
徭
宋以前
輋民
宋
畲民
元
粵
（潮州）
閩
浙
贛
徭民
徭人
輋徭
輋蠻
輋人
輋客
輋民
畲民
畲蠻
畲客
畲人
明
棚民（？）
狗頭徭
畲民
畲客
清以後

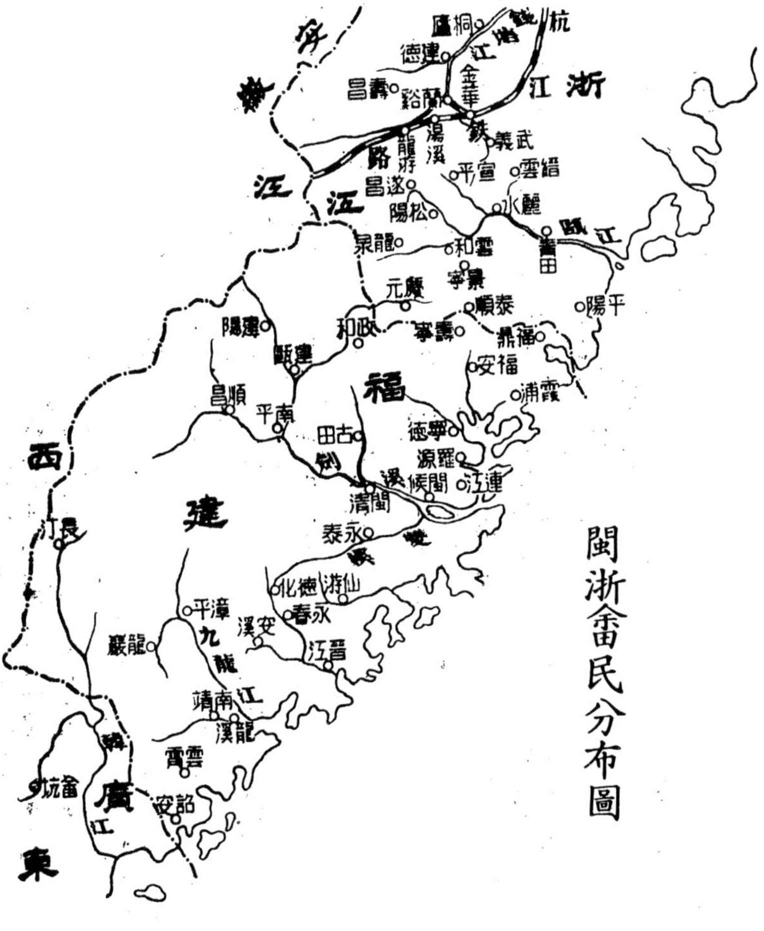
浙江
福建
江西
廣東
杭
桐廬
建德
壽昌
蘭谿
金華
湯溪
龍游
武義
縉雲
宣平
遂昌
麗水
松陽
青田
龍泉
雲和
景寧
平陽
慶元
泰順
政和
壽寧
福鼎
建陽
建甌
福安
順昌
南平
霞浦
古田
寧德
羅源
閩清
閩侯
連江
長汀
永泰
德化
仙游
永春
漳平
安溪
龍巖
晉江
南靖
龍溪
雲霄
詔安
九龍江
閩江
甌江
韓江

閩浙畲民分布圖

15蘭谿　男女共三九七人

綜上所計，浙江畲民的人數，除五縣未詳外，共計九萬二千八百二十四口。其總數，約在十萬以上。

浙之畲民，以雷藍鍾三姓爲盛，盤（槃）姓頗衰，婁姓更罕聞矣。但有改從漢姓者，如劉、林、李、胡、丘、羅、等是。彼族大多依山聚族而居，自成村落。其家道小康者，則瓦屋其居，不復誅茅縛舍；並以墾山種田爲生，以蕃薯稻黍爲糧。其生活方式多已轉變，而天然人爲之壓迫，亦少復爲患。昔之所謂『隨山種捙，採實獵毛，食盡一山則他徙』者，今則殆不多見。是其生活日就固定，以習於農業生活使然也。

廣東嵎民之入福建者，究在何時？而福建畲民之入浙江者，又在何時？因乏史實之記載，殊難下時間上確定之判斷。考而訂之，惟有俟諸異日。

此文因原稿不在身邊，而參考材料又留在他處，草草重寫，自審不甚當意。讀者覽斯篇後，苟能引起硏究調查之興趣，則我此文爲不虛作矣。

（民國二十七年）

畲民的圖騰崇拜

近年來中外學者之硏究我國圖騰文化的，要皆從古籍以至甲骨文字去推考，其對於民族學上的貢獻，自匪淺尠，然此文化之實物的發現，尙屬鮮有。

我曾從事浙江畲民的調查，最近獲得畲民畫傳方面的圖像及其圖騰崇拜的實跡。現在把這些民族學上新發見的珍品在民族學專刋上先行發表一下。

畲民，是槃瓠族系之一種。其分布的地域，是在閩浙兩省。現在浙江的畲族大多奉行着圖騰的崇拜。卽是畲民圖騰的宗敎型式——圖騰敎。畲民的原始宗敎思想，可從其神話方面去推究，由其神話的推究而得以探求他們圖騰崇拜的意義。神話或傳說，可分爲口傳畫傳筆傳三種。據畲民口傳的說：

『他們的始祖，是龍犬——槃瓠。在上古的時代，高辛王元后耳痛三年，後從中取出一蟲，形像如蠶，育於盤中，忽而變了一隻龍犬，毫光顯現，遍身錦繡。高辛王見之，大喜，賜名龍期，號稱槃瓠。那時，犬戎入寇，國家異常危急。高辛王就下詔求賢，謂有能斬犬戎將軍的頭來獻的，必把公主嫁給他。龍期便挺身而往敵國啣了犬戎將軍的頭報命；

欲求高辛王履行他的諾言。高辛王嫌其不類，頗有難色。龍期忽作人聲曰：「你將我放在金鐘內，七天七夜就可變成人」。到了第六天，公主怕他餓死，打開金鐘一看，則全身變成人形，只留一頭未變。於是槃瓠着上大衣，公主戴了犬頭冠，倆相結婚了。槃瓠挈妻入山居住，生三男一女，長姓槃，名叫自能；次姓藍，名叫光輝；三姓雷，名叫巨佑；女壻姓鐘，名叫智深。』

又一般畲民口唱的很有趣的狗皇歌，摘錄一段如下：

『當初出朝高辛皇，出來遊嬉看田塲。皇后耳痛三年在，醫出金蟲三寸長。醫出金蟲三寸長，便置金盤拿來養。一日三時望領大，變成龍狗長二丈，五色花斑盡成行。五色花斑生的好，皇帝聖旨叫金龍。收服番皇是倫人，愛討皇帝女結親。第三宮女生儇愿，金鐘內裏去變身。金鐘內裏去變身，斷定七日變成人。六日皇后開來看，奈是頭未變成人。頭是龍狗身是人，愛討皇帝女結親。皇帝聖旨話難改，開基藍雷盤祖宗。親生三子甚端正，皇帝殿裏去討姓。大子盤張姓盤字，第二藍裝便姓藍。第三小子正一歲，皇帝殿裏拿名來；雷公雲頭響得好，紙筆記來便姓雷。當初出朝在廣東，親生三子在一宮，招得軍丁爲其婦，女壻名字本姓鐘。』

關於畫傳方面，畲民又有畫像，爲祭祖時所用。像後附有槃瓠王出身圖說一篇，也說得很詳盡。（圖像見後）

畲民圖騰崇拜之實跡

㈠

畲民祖杖：杖之上端刻一龍犬首像，飾之以條布。祭祖時，列祖杖以供奉之。

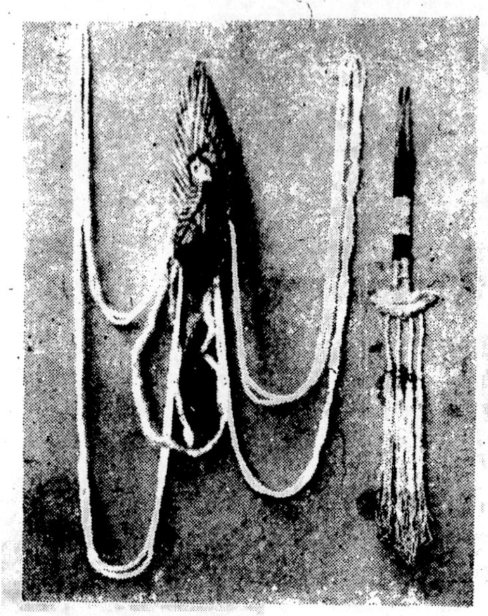

畲民圖騰崇拜之實跡

(二)

此即畲婦首上所戴之竹筒布冠(竹筒以布裝飾之),爲畲民尊崇部族圖騰之一表徵。

畲民畫傳（圖一）

（圖二）

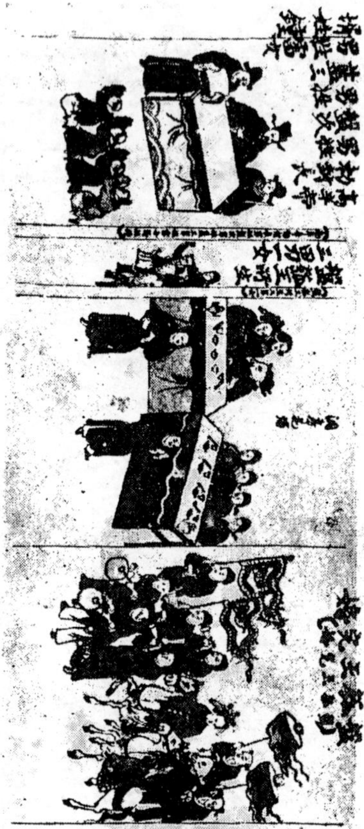

（圖三）

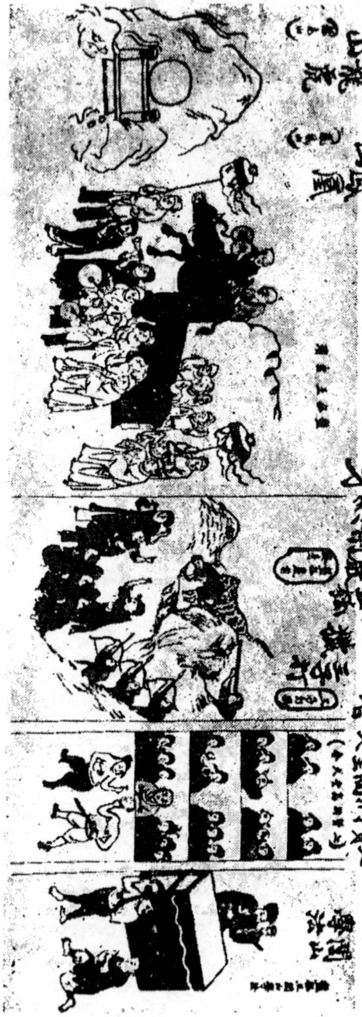

（圖四）

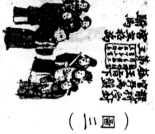

他如筆傳，其內容和口傳大致相同。（見後漢書南蠻傳及畲民三姓族譜等）。

就此口傳筆傳畫傳三方面神話的綜合研究，便可明白畲民之原始宗教的思想。神話，本是初民思想的反映，亦卽原始心理的產物。神話中常常表現出來的宗教相，就是圖騰。大凡原始的或半開化的民族，都用一種和他崇拜觀念或其他最有關係的獸類或物品（如植物、無生物等是）。以作代表。這種獸類或物品，卽爲他一族的圖騰。而這族人乃認定圖騰爲其羣體的保護者，便尊牠爲一族的祖先。畲民神話中半人半獸的「槃瓠」是個殺敵護國的忠勇王（此爲槃瓠之尊稱。見畲民三姓族譜）——英雄。畲民因爲其有崇拜英雄的觀念，就本其幻想作用，托出槃瓠來，作爲他們崇拜的對象。卽以所崇拜的槃瓠，爲其部族的圖騰。並以所奉的圖騰爲保護神，爲一族之祖。『覆髻筠筒綴珠石，自稱槃瓠我之祖』。現在浙江舊處屬一帶，尙見畲婦頭上戴着布冠竹筒，這就是畲民尊崇部族圖騰的一種表徵。

周應枚畲民詩云：『九族推重緣祭祖，一家珍重是生孩。』祭祖，爲畲民最敬重的宗教生活。他們每一姓始祖，刻一龍犬的頭（卽槃瓠的首像）。每逢子孫祭祖，則供龍犬頭羅拜之。遇有紅白事，亦懸祖像於堂中，大家圍着歌拜。畲民圖騰崇拜的實跡，是民族學研究上新發見的材料。先前，畲民的圖騰崇拜，除就畲婦頭上所戴飾物稍見其表徵外，只有憑人的口傳及筆傳去推想。現在可拿這些實跡來證明了。（民國二十五年）

畲民問題

『吾鄉佃作黎，強半屬畲客；遺種傳槃瓠，派衍五姓僻（雷，藍，鍾，盤，婁）；巖棲亘茅舍，火耕劇繡陌；辛勤事土著，屈身儕藏獲；樂部及輿丁，往往供驅役。婦女帕蒙首，高冠綴小石，鬻薪入市廛，隆冬雙脚赤。人生重本務，耕作有餘積。嗟此五姓人，操業實勞劇。男女並力田，尚被飢寒迫。徒使並兼家，倉箱日充斥。往者大吏奏，俾獲通仕籍。其奈頑蠢姿，俊秀尠難擇。乃知大造恩，厚薄固懸隔。等茲林總氓，獨立傷跼蹐。寄言齊民者，曷由躋袵席。』

——吳世涵

閩浙一帶的畲民，原爲傜民之一支，相傳爲槃瓠遺種，是傜民中最進化的民族。他們大都依山聚族而居，因爲怕異族的欺負，不願和漢人雜處；而漢人對之亦常存輕視的心理。畲民男女操作耐勞，自奉又儉，經濟生活，大多艱苦。近十餘年來，生息蕃衍，分布漸廣。就浙江一隅而論，其分布區域，幾佔全省七分之二；但同化於漢族的，還不很多。據調查所得：他們當中受過高等教育的，僅二、三人；受過中等教育的，亦不過十餘人。大多數人的智識，都很低。這是教育上一個急待解決的問題。正因畲民的教化落後，所以他們的生活習慣，和漢族殊異；而其道德觀念則獨優。我們應該設法施以積極的教育，求其精神生活的解放和「愚」「窮」問題的解決，使他們完全向化於我們，同躋於「民族一律平等」的地位。現在且把畲民的神話及其分佈，社會組織和教育等問題，分別加以申論。

一、畲民神話及其圖騰主義

畲民，亦稱畲傜，出自傜民，宗槃瓠爲祖。隋書地理志云：『長沙郡又雜有夷蜒（案：蜒，亦作蜑，不通蜑。），名曰莫傜。自云其先祖有功，常免傜役，故以爲名。』（案：傜，說文作徭，亦通作傜。）范成大桂海虞衡志云：『傜，本槃瓠之後。』檀萃說蠻云：『蠻始五溪，出自槃瓠，蔓延楚粵，稱傜。當日以有功免其傜，曰莫傜，後譌爲猺。』據此，則傜民就是槃瓠的種落。明謝肇淛五雜俎云：『吾閩山中，有一種畲人，相傳槃瓠種也。有槃藍雷三姓。』范紹質傜民紀略云：『汀東南百餘里，有猺民焉，呼其名曰畲客。』福建通志云：『畲客，即傜人。』藍氏族譜藍氏源流序亦云：『三姓乃是猺人』。鍾雷兩姓的族譜，均有同樣的記載。可知畲民的始祖，亦是槃瓠，即爲傜人之一種。究竟畲民是怎樣來的？已無史實可考，只有傳說上的史料，可資推尋。據畲民口說：

『他們的始祖，是龍犬——槃瓠。在上古時代，高辛王元后耳痛三年，後從耳中取出一蟲，形像如蠶，育於盤中，飼以黑飯，忽而變了一隻龍犬，毫光顯現，遍身錦繡。高辛王見之，大喜。賜名龍期，號爲槃瓠。那時犬戎入寇，國家異常危急。高辛王就下詔求賢，謂有能斬犬戎將軍的頭來獻的，必把公主嫁給他。龍期便挺身前往敵國，啣了犬戎將軍的頭報命；欲求高辛王實踐他的前言。高辛王嫌其不類，頗有難色。龍期忽作人聲曰：「你將我放在金鐘內，七天七夜，就可變做人。」到了第六天，公主怕他餓死，揭開金鐘一看，則全身變成人形，惟頭尚未變。於是槃瓠着上大衣，公主戴了犬頭冠，倆相成婚了。槃瓠攜妻入山居住，生三男一女，長姓盤，名叫自能；次姓藍，名叫光輝；三姓雷，名叫巨祐；女婿姓鍾，名叫智深。』

這一段口傳，可說是畲民的神話史。畲族中人人言之不諱。再就筆傳方面去觀察，亦可互相參證。後漢書南蠻傳云：

『昔高辛氏有犬戎之寇，帝患其侵暴，而征伐不克；乃訪募天下有能得犬戎之將吳將軍之頭者，購黃金千鎰，邑萬家，又妻以小女。時帝有畜狗，其毛五采，名曰槃瓠。下令之後，槃瓠遂銜人頭造闕下，羣臣怪而診之，乃吳將軍首也。帝大喜，而計槃瓠不可妻之以女，又無封爵之道，議欲有報，而未知所宜。女聞之，以爲帝皇下令，不可違信，因請行。帝不得已，乃以女配槃瓠。槃瓠得女，負而走入南山，止石室中。所處險絕，人跡不至。帝悲思之，遣使尋求，輒遇風雨震晦，使者不得進。經三年，生子一十二人：六男六女。槃瓠死後，因自相夫妻。織績木皮，染以草實，好五色衣服，製裁皆有尾形。其母後歸以狀白帝。於是使迎致諸子，衣裳斑爛，語言侏離，好入山壑，不樂平曠。帝順其意，賜以名山廣澤。其後滋蔓，號曰蠻夷。今長沙武陵蠻是也。』

范曄此傳所述高辛時代槃瓠的歷史，自不能認爲眞確的史實。黃金，古以斤計，至秦才稱爲鎰（二十兩爲鎰）。三代以前分土；而萬家之封，始見於漢。又將軍，周末官名。其吳姓，亦自周命氏。凡此均爲高辛時代所未有。其失於史實，很爲明顯。昔杜君卿羅泌辨之甚當。我們既已確定南蠻傳爲非史實，而牠的所本何在？這是應加深考的。案山海經：『其東有犬封國，犬封國曰犬戎國，狀如犬。』郭璞注：『昔槃瓠殺戎王，高辛以美女妻之，不可以訓，乃浮之會稽東南海中，得三百里封之，生男爲狗，女爲美人，是爲狗封之民也。』郭氏玄中記云：『高辛時代，犬戎爲亂。帝曰：有討之者，妻以美女，封三百戶。帝之犬，曰槃瓠，去三月而殺犬戎，以其首來。帝以女妻之，不可教訓，浮之會稽東海中，得地三百里封之，生男爲狗，女爲美人，是爲犬封氏。』其說和郭注相同，或疑玄中記卽郭璞所撰。復據應劭風俗通義：『高辛之犬槃瓠，討滅犬戎。高辛以小女妻之，封槃瓠氏。』可知漢代已有槃瓠滅戎的傳說，郭璞等之言，皆本於此。干寶搜神記又曰：『高辛氏有老婦人，居王宮得耳疾，醫爲挑治，得一物，大如繭，婦人置之瓠中，覆之以槃。俄頃化爲犬，因名槃瓠。』寶自撰晉紀又云：『武陵長沙廬江郡夷，赤髀橫裙，卽槃瓠子孫。槃瓠憑山阻險，每每爲害。糅雜魚肉，叩槽而號，以祭槃瓠。』范曄乃綜應劭干寶郭璞數家之說，影撰爲南蠻傳。所以，南蠻傳只可視爲傳說上的神話了。再就畲民雷藍鍾三姓族譜考之，其內容所載，要亦不外乎是，而取之於干寶者獨多。一般畲民口唱的狗皇歌：『當初出朝高辛皇，出來遊嬉看田場，皇后耳痛三年在，醫出金蟲三寸長，變作龍狗二丈長，五色花斑盡成行。五色花斑生得好，皇帝聖旨叫金龍。……』描寫槃瓠始末甚詳。畲民又有畫像，爲祭祖時所用。像後有圖解一篇，也同樣地說得很詳盡。（其圖解，以限於篇幅不能備述。）現就口傳筆傳畫傳三點作個綜合的硏討，可斷定畲民的由來，只有神話上的根據；卻找不出一點眞確史實足以徵信傳說上的記載。神話，本是初民思想和生活的反映，也可說是原人心理的產物。我們不能因其事涉誕妄而排斥牠。畲民神話中半人半獸的「槃瓠」，是個「殺敵護國」的忠勇王（槃瓠的尊稱）——英雄。因爲畲族具有崇拜英雄的觀念，就本其幻想作用，托出槃瓠來作爲他們崇拜的對象，甚至奉他爲一族之神。現今畲民雖漸漸地開化了，但這種神話，卻依舊的流傳着。

神話中常常表現出來的宗敎相，就是圖騰（Totem）。大凡原始的或半開化的民族，都用一種和他崇拜觀念或其他最有關係的獸類或物品作爲代表。這種獸類或物品，就是他們一族的圖騰。而這族人也就認定圖騰爲其羣體的保護者，便尊他爲一族的祖先。Saklava人以黑雄牛爲其種族的保護神。Bomiates 人則以鵲鳥爲其祖宗。Kirghizes 人自認爲犬的後代。臺灣高山族，如布農，塞夏特諸族，亦有以動植物爲民族名號的，蓋以動植物爲其各部族的圖騰。我國古代社會也多以動物爲圖騰：夏后饗龍，則龍當爲夏族的圖騰。（案：明堂位：『夏后氏以龍勺，夏后氏之龍簨簴。』其宗廟器具，亦雕刻爲龍形者。可能此卽圖騰的遺跡。）『天命玄鳥，降而生商。』則玄鳥便是商族的神。現在湖廣等地的僮傜，閩浙一帶的畲民，乃奉他們所最崇拜的槃瓠，爲其種族的圖騰。卽以所奉圖騰的保護神，爲一族之祖。今在浙省舊處屬一帶，還可以見到畲婦頭上戴着布冠竹筒，這就是畲民尊崇種族圖騰的遺形。

二、畲民名稱的確定

畲民之稱，始見於明代（見明謝肇淛五雜俎）。亦因傜民由粵徙閩而始有畲民的命名。浙之畲民，來自閩，名稱相沿，沒有二致。畲民亦稱佘民，畲民。有的士人把「畲」字改作畲字。因其不以美名稱呼畲民，認爲他們自番而入，遂揑造一畲字而譏笑之。這種輕視種族的心理，最爲失當。有的主張畲民的「畲」，改從「⿰犭邪」字。其理由，謂「⿰犭邪」字含有獸生的意義，甚合畲民自稱槃瓠遺種之說。這種持論，也不免雜有種族的偏見。事實上，這是多少帶有歧視性質的文字，實在足以引起異族的反感，故不能採用。

「畲」或作畭。類篇：『畲，亦書作畭。』則「畲」和「畭」亦可通用。「畲」字，有刀耕火種之義。集韻：『畲，詩車切，音奢（與蛇音略同），火種也。』韻府：『畲，式車切，燒榛種田也。』廣韻，九麻九魚均有「畬」字。三歲治田，亦曰畬。劉禹錫竹枝詞：『山上層層桃李花，雲間煙火是人家。銀釧金釵來負米，長刀短笠去燒畬。』王禹偁畬田調：『大家齊力斸孱顏，耳聽田歌手莫閒，各願種成千百索，豆萁禾穗滿青山。』所謂『民以畬名，以其善田者也。』義本於此。雷藍族譜均云：『凡有山田火種，耕讀相伴，屬稱傜人。』又云：『只望青山刀耕火種，自給自足。』（案：畬民於初春播種時，則先伐其草木，縱火焚之。俟其成灰，卽佈種於田間，入土甚肥，所收必倍。漢人種山田者，亦多用火耕。殷商有「卜焚」「貞焚」之事，周代有周官柞氏之法，今之種畬，殆卽濫觴於此。）綜上所說，則畬民的取名，有其所自，於情於理都很切當，不可拘泥偏見，反把牠的原義變掉。這裡再把畬民的俗稱連帶說一說。

土人俗叫畬民爲畬客，亦稱客家人，客民，畬客人，畬家人。福建汀州人或呼畬客爲傜子。一般土人往往借用畬客兩字，譏人之愚蠢劣點，所以畬人不喜人稱爲畬。相見必諱稱「畬」字，並諱稱「客」字，但曰「你邊人」「我邊人」。俗稱畬婦爲畬客婆，對面相呼，稱阿嫂。畬民稱土人，則曰明家人。

三、畬民種姓及其分布

傜民，畬民，均屬槃瓠種族，（僮佷等民，皆爲傜之別種，亦歸此種族。）初僅槃、藍、雷、鍾四姓，後添荀、婁、胡、侯四姓。復又加一劉姓（案：浙江雲和畲族有此姓。昔漢高祖以婁敬策都關中，賜姓劉氏。婁、劉今同姓也。畲民中其以婁劉爲姓者，要亦本於此。）近又新增林李兩族（案：浙江平陽畲民有此兩姓。）。總計畲族至今約有拾姓。其族姓既明，進而敍述他們的分布概況。

顧亭林天下郡國利病書云：『徭，本槃瓠之種，產於湖廣溪峒間，卽古長沙黔中五溪之蠻是也。其後生息繁衍，南接二廣，右引巴蜀，綿亙數千里。』又云：『徭人，楚粵爲盛；而閩中山溪高深之處間有之。漳徭人與虔汀潮接壤錯處，亦以盤藍雷爲姓。』湖南通志云：『徭民產自湖南溪峒，先入廣西，蔓延至廣東。』廣東通志云：『徭，本槃瓠之種，由楚蔓延粵之新寧、增城、曲江、樂昌、乳源、東安、連州等七州縣。』李宗昉黔記云：『徭人，黔舊無之。雍正時，自廣西遷來清平、貴定、獨山等處。』陳重生西行艷異記云：『西康東部，定鄉之西南境，有苗民者，相傳爲太古槃瓠之後。楚粵黔等省，均有之。居滇之曲靖、昭通、東川者，佔極少數。而此地又極少數之少數也。』又藍雷鍾三姓族譜所載，均說：『原籍廣東潮州，後徙福建。復由福建遷至浙江處州。』就此所舉方志等書記述看來，可以略知槃瓠種族的分布，是由長沙武陵出發的：一方面到贛、粵、黔、滇、閩、浙；一方面則向西北、川邊、西康等地發展。近有顏復禮等的廣西凌雲傜人調查報告，及國立中山大學語言歷史研究所的連陽八排傜民的調查。（該地傜民，槃姓最多。）

此外，散見於報章雜誌的，概屬雜亂的材料。因爲這種調查材料的缺乏，關於湖、廣、滇、黔一帶傜民分布的實情，不能作精詳的敍述。要之，本篇所論，重在閩浙畲民的分布，但爲明瞭閩浙畲民之來踪去跡的歷史線索，不能不把和他相關的傜民——槃瓠種族的擴張，略作連帶的說明。

(1)福建畲民的分布

前面已經說過，傜民本產於湖南，先入廣西，到了明朝，就蔓延到廣東。明末，傜亂猖獗，以廣西大藤峽傜叛爲最甚。嗣經韓雍王守仁蔡經先後平定。該地傜民，自被明軍征服之後，便多流離散徙到廣東各地去了。久而久之，復由廣東分布到福建。雷藍宗譜序：『先祖始遷廣東潮州府揭陽縣。至五世，人丁盛矣，而子孫再遷福建漳州府南靖縣。』據此可以概知。有謂畲民係元人之苗裔，這是沒有根據的話，不足置信。有謂畲民與寧紹之墮民丐戶相類。墮民丐戶，爲漢族中之一特殊族類——賤民，其源流根本相異，不容視同一系。今以限於篇幅，不能細述，日後當另文發表。現今福建畲民分布的區域，約佔二十三縣：

一　連江　二　羅源　三　古田　四　福安

五　仙遊　六　永春　七　龍巖　八　龍溪（舊漳州）

九	南平	十	順昌	十一	閩清	十二	永泰
十三	建陽	十四	寧德	十五	政和	十六	壽寧
十七	長汀	十八	南靖	十九	晉江（舊泉州）	廿	松溪
廿一	霞浦	廿二	漳平	廿三	雲霄		

其人口總數，尚在調查中。

(2)浙江畲民的分布

處州舊府屬各縣縣志，均稱：『順治十八年，由交趾遷瓊州，由瓊州遷處州。』要皆沿訛襲謬，未可徵信。交趾只有獠獊，非傜畲之屬。此其誤一。瓊州只有黎苗而無傜畲，是其誤二。有此兩誤，即不足據爲處州畲民來源的確證。乾隆四十七年，藍氏宗譜序稱：『洎乎前明（前明疑係前朝之誤。）耿逆一亂，郡盜擄掠，有始祖千字七十一公，（案：雷姓分大小百千萬五字爲行次。藍姓則添一念字。）自福建遷至處州。』耿精忠造反，始自前清康熙十三年。有的畲民因爲遭受了這種人爲的壓迫，就分遷到處州內地。是處州之有畲民，始於康熙時代，較爲近理。再藍姓宗譜亦云：『其族自福建移徙處州。』就其流徙「時」「地」兩方面而言，則志書所載，完全失實。現代浙江畲民，生齒日繁，分布愈廣。其分布地區，亦佔十九縣之多：

一　景寧　二　雲和　三　麗水　四　遂昌
五　松陽　六　龍泉　七　宣平　八　慶元
九　青田　十　泰順　十一　平陽　十二　龍游
十三　蘭谿　十四　湯溪　十五　建德　十六　壽昌
十七　金華　十八　武義　十九　桐廬

聞安徽徽州婺源地方，亦有雷姓畲民。如果屬實，則浙江畲民又擴張到安徽去了。民國十九年，浙江省政府曾有一度畲民人口的調查。然其調查範圍，只限於處州舊屬十縣。其人口數字上的統計，大都不確。據我新近調查所得，計慶元、男女共四五四人；宣平、男三〇五四口，女二六八一口，共五七三五人；松陽、男一五三六口，女一三八八口，共二九二四人；景寧、男六一五六口，女五五五一口，共一一七〇七人；雲和、男八〇〇〇口，女七〇〇〇口，共一五〇〇〇人；麗水、男四五四五口，女四七三二口，共九二七七人；青田、男三一四〇口，女二一二〇口，共五二六〇人；武義、男二三五口，女二八一口，共五一六人；龍游、男一二九五口，女一〇八五口，共二三八〇人。建德、男四一口，女三〇口，共七一人。其他尚在調查中。估計浙江畲民總數有十餘萬人。

四、社會組織

無論是半開化或開化的民族，都有他們的社會組織以營社會共同的生活。其社會共同生活，必繫以羣體公認的行爲規則。這種行爲規則，就是社會制度。

(1) 婚制

畬民的婚制，是父系的，父方的，父母平權的。普通行其一夫一妻制，外婚制，及介於族內族外間之過渡婚姻制度。畬女出嫁，被迎到夫家，是居於「客人」的地位。這種婚姻，則稱爲父方的。其系嗣，乃於父親一線中，擇一以爲計算嗣續的標準。這種嗣續，也和漢制相同，稱爲父系之制。不過他們男女絕對平等，父母平權，不若土人父權的單面的膨脹。畬民普通採一夫一妻的單婚制。南方貧苦漢人，尙染招夫養夫及典妻之俗；而畬民家境雖艱，卻無這種習慣。畬族之間，彼此不濫通婚姻。在五服外，可以同姓結婚。中表亦可成親。男女婚配，多經媒人介紹，由父母主持。所謂『父母之命，媒妁之言』，也是畬民婚姻的規則。聘禮甚簡，不若土人婚姻論財之甚。女家多以鋤刀箬笠簑衣等農具爲奩具，深寓重農之意。

(2) 喪制

小殮、大殮、掛孝、送喪、擇日、卜葬，與漢人略同。惟亡人入殮，不舉哀，乃以歌代哭。畲民把「祭祖」看得很重。父已祏祖，子必祭祖。如不祭祖，則其父死，不得爲孝子治喪，必延請已經祭過祖的，代做孝子。再已經祭過祖的，死後，必做功德。如功德不做，其人卽不得出葬，謂大不吉也。從前，其俗盛行火葬之制。人死，須停棺野間，經數年而後舉火焚化，將其灰燼貯一瓶內，埋入土中。現在漸採漢人土葬，而火葬的很少了。

(3) 家庭與宗族

畲民家庭組織的狀況，和漢人無大差異。他們一家庭中的組織分子，無論男女，均得同等享受財產承繼權。其男女平等思想，實較漢人爲進步。如無子而有女者，則招他人之子爲壻。俗所謂畲客有女卽有子也。如無子而又無女者，則養他姓之女而贅壻，以其所贅之壻作爲己子。被贅者又必改從贅者之姓，登譜入族，完此手續，始得女家家律的承認。其在家庭的地位，視同親子；並得享受財產承繼的權利。這又是他們的特點。浙江畲民，雷藍兩姓最盛，鍾姓次之。他們同漢人一樣富有宗敎的觀念，大都聚族而居。近年來，因受漢人同化的影響，在其居住區域內，多設有各姓祠堂，以謀氏族的擴大，而求族類內部的團結。其團結精神，則基於社會道德的培養。據查，畲族也有所謂盟兄弟會的組織。其宗旨，要在「聯絡感情，相扶相助。」外此，沒有任何秘密結社。

(4)社會制裁

周應枚畲民詩：『人人自有羲皇律，不識官司與法臺。』畲民嚴守紀律，凡有事端，悉聽公議或尊長制裁。一族之間，彼此發生糾紛，則請親族和解，少有涉訟。如其爭執難解，則由畲長或尊長憑公審斷，依理處罰，雙方沒有不服他的制裁的。如有破壞風化者，所受處分，特別嚴厲。彼族婦女，日常在外操作，設於山中田間發現誘姦調戲等情事，女則削沒首飾，男則剝奪衣褲，甚至全村起而驅逐之。一般畲民族內，均立有家規。其最重要的規律，是：『男子或奸盜滅倫，而壞祖宗，以至執拗下賤等事者，合族公議，除削行第。』他們執法甚嚴，如有犯規，必經公議制裁。有的畲民，就其居住境內立一公約：一、如忤逆尊長，則罰跪賠禮。二、與人爭罵相打，則賠償名譽。三、盜竊他人財物，則罰花爆油燭等等。四、其他。約內各項均有罰則的規定。於此亦可概見畲民自治立法之一班。他們信守心強，違約背紀，殆不多見。

(5)宗教和迷信

畬民崇拜槃瓠，尊為一族之祖，此謂之尊祖教。又信佛教；亦有受西洋人宣傳的影響而信基督教的，然甚寥寥。周應枚畬民詩云：『九族推尊緣祭祖，一家珍重是生孩。』畬民最重祭祖（祭祖，稱為醮名，一作醮明。）。每一姓始祖，刻一龍頭（卽槃瓠的首像），祭祖時，則供龍頭羅拜之。其級分之尊卑，一以祭祖次數的多少為準。祭有三次的，則稱進士。衆聽約束，儼然是個尊長。再父親死了，做兒子的沒有祭過祖，不得為父治喪。他們把教儀看得這樣鄭重，亦是一種民族信奉宗教的常度。

畬民信佛，深受神權的支配。遇有疾病，輒指為鬼犯神責，專事祈佛問卜。有的人病了，便延巫師招魂，事畢，書符封門，禁閉七日，往往醫不及施而亡。有的，則當夜深鷄啼，降童問神。鷄狗打架，亦須做木頭卦，以卜吉凶。其迷信程度，視漢人為甚。

五、道德觀念

道德的涵義有二：一為社會道德，一為個人道德。畬民的道德觀念，具有這兩面優長之點。茲就浙江十餘縣畬民調查報告，關於道德觀念一項，擇要的分舉出來。

(1)　因愛族類而互相團結，美德也；深居山中，一切如羲皇上人。其樸質純厚之風，尤非漢人所可及。

(2) 守信義，重然諾，親愛精誠，勝於漢人。

(3) 勤儉忠實，爲漢人所不及。

(4) 宅心淳正，絕無爲非作歹之事。道德觀念，實較漢人爲高。

(5) 謙讓忍耐，爲其最高之道德觀念。

(6) 勤儉，合羣，服從，爲其美德。

(7) 和平，誠實，耐苦，互助，爲畲民獨具之德性。

綜上之所舉，可以知道畲民的道德觀念，是：一、互助，二、合羣，三、儉樸，四、忠厚，五、信義，六、謙讓，七、忍耐，八、和平，九、勤勞，十、刻苦。我曾到一地，遇見一家畲民，正在興造房子，大家互相爲助。有的助木料，有的助木皮瓦片，有的助人工，各輪所有，共同協力建築，這是他們互助精神的具體表現。畲民具有這十種德性，誠然是一種優良的民族。不過他們富於保守性，固陋性，懦怯性，這些缺點，多由於文化落後之所致。至於如何把他們的優性培養起來，劣的根性剷除掉，這是涉及教育的問題了。

六、生活問題

畲民男女，均以耕田種山爲業；而經營工商業的，卻是很少。他們的生活，可以說是

浙江畬民

松陽畬民藍姓之家族。其人渾厚淳樸，勤儉耐勞。畬婦頭上所戴之竹筒布冠，蓋奉其祖——槃瓠爲保護神，爲畬民圖騰崇拜之一象徵。

畬民生活

秋收：「農工亦云勞，此日始告成，往穫安可後，相催及新晴。」

『日出而作，日入而息，鑿井而飲，耕田而食。』——山野自足的生活。畲婦辛勤操作，較男子爲勞苦，管理一切家務而外，還要上山下田去耕耘。甚至育有小孩的，亦要乳負去做。在浙東遂松一帶，隨時可以看見他們施施於於，負耒負薪於青嶂綠野之間。有的一對夫婦，胼手胝足，在田裏耕作，伴着清歌相唱和，其樂融融，眞的使人羡慕啊！他們是接受了「田爾田，食爾力」的思想，不愧爲「各盡所能，各取所需」的勞農了。現在，一些好閒的摩登姑娘，每天不是整裝打扮，到跳舞場去玩耍；就是呼朋引類，在深閨裏關起門來打打痲將，玩的不亦樂乎，連孩子都怕得養了。相對之下，能不愧煞！

畲民習於勤勞，生活甚艱。其人生要素——衣、住、育問題，暫且不談外；食的問題，是其生活中心問題。普通之家，整年吃食番薯，玉蜀黍，麥子，罕得米飯入口。凡屬草本木本的根莖葉柔嫩而可吃的，如土茯苓、粽子、蓮子根、葛繩根、芭蕉根等類，都是他們的食品。而其淡食，則以辣椒壓味。除了少數小康之家生活稍爲優裕外，大多數所過的生活，是困苦的。因爲他們窮而又懦，更易受漢人的欺負：或施以經濟的壓迫，或加以勢力的凌虐。政府應注意及此，設法解除他們的痛苦：第一、要嚴格取締土棍的欺壓；第二、要積極調查畲民的生活狀況，改善他們的生活，並予以切實的保障；第三、對於畲民無論在法律方面，政治經濟方面，要貫徹公平的原則，予以絕對平等的待遇。這是畲民每個人生活的要求，亦是漢畲共和同化的根本要求。

七、敎育問題

畲民有沒有文字？這是一個疑問。就說他原有文字，則其文字也早已絕傳了。如今他們所採用的，純是漢文。從前，漢人把畲民看做化外民族，微賤階級，連學考都不准他們參與。直至乾隆年間，福建畲民，編圖隸籍，才得享受漢方考試的權利。嘉慶八年，阮元撫浙，會同學使文寧哲准雲和麗青諸邑畲民參與考試。其族漸摩風敎，皆有列名黌序。至如散居泰順的畲民，於道光六年，援例求考，那時當局階級觀念很深，以爲他們身作輿臺，仍舊不准與考。他們的精神生活，就沒有得到平等的發展。自民國成立後，一般畲民所受漢人的待遇，未盡改善。文化敎育，無多進步。現就松陽一隅而言，畲民學童，共有三百十一名，入初級小學的，卻爲數甚少。其原因不外是：（一）敎育當局，施政無方，對於學童家長不加以誠意的勸導。（二）敎育當局故步自封，不謀國民敎育的推廣。（三）有的學童入校就學，一班土棍橫施詐財，大敲竹槓。（許多畲民直接對我說：子弟入校讀書，要被當地土棍勒索大洋五元或十元酬敬！他們懦弱成性，敢怒而不敢言。其他各地，恐亦不免有類此欺壓的情事。）他們因爲受了這種欺侮，都不願把子弟送到學校去念書。於是合一村的畲族聘請塾師掌敎。因爲塾師頭腦冬烘，不能直接授以適合社會生活需要的知識；其所採用的課本，只是些求簿記應用的「雜字」，千字文百家姓以及祭祖時需用的法書而已。清詩人所賦：『漆黑茅柴屋半間，豬窩牛圈浴鍋連，牧童八九縱橫坐，天地玄黃喊一年。』可以形容其一斑。他們當中，除了極少數曾經受過中等以上的教育外，大多數學童青年，廢書不讀，蠢蠢然都成了文盲。畲民原是德性優良的種族，若能在教育上予以普遍的啟導，誠然不難培育成爲健全的國民。因此，對於畲民教育應力求其改進與發展：一、要把妨害畲民教育發展的種種障礙徹底的掃除掉。二、要一視同仁，給他們以教育機會平等的切實保障，以使教育效能盡量的增加。三、視環境需要，增設國民小學及民衆補習學校。對於畲民父兄，要善爲勸導，使其子弟（學齡兒童及失學青年）個個入學校，人人能讀書。四、對於畲民入校求學的子弟，要給予相當的優待：其成績優異者，特別優待之，以示獎勵，而求畲民教育充分的發展。這是畲民社會生存的要求，也是漢畲共和同化的根本要求。

八、漢畲同化問題

少數畲民同化於漢族的，不能算是漢畲整個的同化。漢畲同化問題，可就幾方面來解決：

(1)心理方面　漢人對畲民要根本消除民族的偏見——藐視、欺懦、凌弱的心理。

(2)通婚方面　漢畲雙方絕對相互了解，拋卻因襲的觀念而互通婚配，以謀血族根本的結合。

(3)教育等方面　無論在政治經濟法律教育諸方面，漢畬同享一切平等的待遇和權利。

(4)社會習慣方面　漢畬互取其長，互去其短。

果爾，上述諸點都解決了，這非特畬民之幸，亦是中華六族共和之福。我們所懸的理想，應積極求其早日實現啊！

（民國二十二年）

臺灣傳統文化之特質

一、臺灣人是怎樣構成的——說明移民之過程

臺灣位於中國大陸的南部海面，西隔臺灣海峽和福建相對，東臨渺茫無際的太平洋。中國之有臺灣，和大陸一樣的悠遠。其地理上的關係，固非常密切，而在歷史上政治上文化上，亦有其密切的關係。

中國人之移殖臺灣，始於三國，漸盛於五代宋元，至明末清初，已達極盛時期。自三國以迄於公元一六六一年（明永曆十五年）鄭成功之驅逐荷蘭人，在這一段期間，我國先民之橫渡海峽，冒險遠涉，披荆斬棘，而拓殖臺灣者，具見其創造力之宏大，精神力之堅強。大凡由大陸泛海而來到臺灣的，多是福建人和廣東人。這兩省人之移殖臺灣，須先認識其具有兩個基本的要素：一由自然環境而言，福建廣東和臺灣，一海相隔，航行較便；一由民族習性而言，閩粵海岸曲折，人民和海相習，故視海洋爲坦途，而由以養成其冒險進取的精神。閩粵人爲何而向臺灣移殖？究其原因，主要的：一爲人爲的背景——大陸內地之變亂。二爲天然的背景——大陸內地之荒旱。三爲其他經濟的背景——閩粵商賈漁民

之向外發展。四爲社會的背景——內地遊民之因受經濟壓迫而向外謀生。此外，尚有一重要的背景，即由於政治的需要。其最顯著者：①自荷蘭人侵據臺灣後，一方爲謀市易之利，一方致力於農業上之拓殖，乃招徠閩粤人耕種拓地，以發展臺灣，以圖鞏固其政治上佔領的地位。②鄭成功於公元一六六一年，領兵二萬五千，攻略荷人所建各城，不到幾個月，荷人遂盡爲鄭氏所逐。其後，閩粤人來到臺灣的更多，墾荒闢土，播稻植蔗。鄭氏復獎勵漢人携眷入臺，以廣生聚；部署軍政，樹立建國的規模。

自鄭成功以至清光緒二十一年（公元一八九五年），閩粤人之移居臺灣者，不可勝計，尤以閩人爲最多。自清光緒二十一年，以至民國三十四年，日人據臺之五十年中，禁止華人入境。依據估計，鄭成功入臺時，臺灣漢人，不過十餘萬人。至清光緒二十一年，臺灣漢人，約三百萬。民國三十三年，臺灣光復之前一年，已達六百餘萬人。二百八十餘年來，臺灣人口增至六十倍以上。

今日的臺灣人，就是來自我中國大陸的福建人和廣東人，居住臺灣比較長久。其祖籍閩省者，大都來自泉州舊府屬之晉江、同安、南安、惠安、安溪，漳州舊府屬之龍溪、詔安、平和、漳浦、南靖、長泰、海澄，及興化舊府屬之莆田、仙遊等縣之人民。其祖籍粤省者，大都來自惠州舊府屬之海豐、陸豐、歸善、博羅、長寧、永安、龍川、河源、和平，潮州舊府屬之潮陽、海陽、揭陽、豐順、大埔、饒平、惠來、普寧，及嘉應州舊府屬之鎭平、平遠、興寧、長樂等縣之人民。閩籍臺灣人入臺較早，得優先選擇土地，故多分布於西部平原農業區域。粵籍臺灣人，入臺較遲，乃多分布於山麓及丘陵地帶。根據公元一九二八年日人調查臺灣人之原籍，閩籍臺灣人，佔百分之八十七；粵籍臺灣人，佔百分之十三。民國四十二年，雷柏爾氏（Arthur F. Raper）著的臺灣目前之農村問題與其將來之展望，及芮逸夫，陳紹馨二氏著的臺灣人民之定居方式及家族制度有云：「臺灣之居民，以中國人爲主，佔總數百分之九十八，餘爲屬印尼語系之高山族人。中國人中福建籍廣東籍與大陸其他省籍之比例，大致爲五比一。」此爲雷氏等最近之實地調查報告，其紀錄，自屬正確可靠。

綜上之所述，可知中國人移殖臺灣之過程，如此其悠長。由於先人艱難之締造，而有今日臺灣之發展。誠如雷柏爾氏所云：「臺灣人民，承繼中國人文化之傳統。事實上，彼等即中國大陸移民之後裔，亦即移居新環境之中國人也。」

高山族即臺灣土著族，居住臺灣很久，亦爲構成臺灣人之一部分，其族原分布各地平原，後因漢人之移殖，漸次被同化，或遷至較高之山地。凡留居平原者，則和漢人同化，而成熟番。而居住高山地帶者，清時，施以封鎖政策，日據時代，改用隔離政策，使與平地人隔絕，因此文化發展遲緩，落於人後。光復以後，政府本人民平等之原則，對山地同胞施以平等扶植。

二、臺灣文化是怎樣發展的——申論中國文化之傳統

移民的功能，為人類居住地之擴張，及其文化之發展。所謂文化，就是一個民族生活的類型，綜其類型，約有三種：一為物質生活類型，二為社會生活類型，三為心理生活類型。移殖臺灣一省的，大都是閩粵兩省的人民；隨之以俱來而移殖臺灣的，亦卽是中國大陸的文化。察乎臺灣人民各種生活類型，多保持祖籍文化的傳統。他們的起居、服、食、婚、喪、語言、宗教、以及其他風俗習慣，與內地無甚差異。玆就三個生活類型略舉一二，以明臺灣傳統文化的內容。

（一）物質生活類型　①衣　鄉間多服中國式，上衫下褲；亦有著西服者。日據時代，曾禁止著中裝，而臺胞不願同化於日人，著日服的很少，今已廢除。②食　人皆以米為主食，有的以番藷籤和米混食。勞作的人，一日三餐，每餐用飯。臺灣之饌，多從閩俗。盛宴，菜必為偶數，十色，十二色，十四色，或十六色不等。最後，以甜菜為殿，不備飯粥。街頭巷尾，飲食攤林立，就之一食，別有風味。③住　普通住屋，大半是閩粵式的磚屋土屋，都市及交通便利之地，房屋多仿西式及日式。日式房屋較矮，建築堅固，在臺灣實有其適應環境的需要，卽所以防風災和地震。

（二）社會生活類型　①婚姻　一般婚嫁，承襲傳統遺風，多由家庭為子女選擇配

偶。其禮節，亦仍中國之舊。普通人民，守一夫一妻之制，亦有納妾之風。社會生活中有着受了經濟條件的支配，子嗣觀念的影響，和財產繼承權的作用，而發生種種婚姻的變象。這些變象，在內地各省頗爲普遍。在臺灣，亦有贅婿，招夫，典妻，冥婚等之特殊習慣。②家制　鄉間家族，多爲男性中心的大家庭制度，家庭數世同堂，便引以爲榮，故有三代同堂五代同堂者。一個大家庭，在社會上經濟上成爲共同生活單位。這種家庭組織，純爲農業社會下的產物。一家析產，長子得享較優權利，就是長子可分得較多產業。這亦是傳統的習慣。③養女　在臺灣，此風頗盛。養女，就是收養人家的女兒以爲己女。其女，多選自無親屬關係的家庭。養女的功用，不外：(1)有子嗣之家，俟其子和養女達適當年齡，卽使之成婚。此卽內地所謂童養媳就是。(2)無子嗣之家，先收養一女，以占弄璋之喜，如違願而不得子，亦可招贅以延嗣接代。此亦一類似的童養婚。

（三）心理生活的類型　①宗教　民間信仰，亦同大陸內地，以多神信仰爲最普遍。所謂多神信仰，實可包括道教佛教以及人人所奉的祖先崇拜。早期閩粵人冒險渡海，在驚濤駭浪中所藉以安慰心靈的，惟海神是仰，故奉之爲呵護神。臺灣人對此神明信仰最深。日人據臺，對此多神信仰壓制甚力；一方面又以政府力量推行神道教。而臺胞具有堅強意志，不稍改變其傳統的信仰。②語文　日人據臺，其對臺胞政策，務欲同化而消滅之。如設立公立學校，以日文爲國文，以日語爲國語。臺灣人不得受高等教育；實行思想統制，約束其生活行爲。臺胞身受異族慘痛的壓迫，正因此而激發其民族意識，維護其祖國的文化。在今臺灣無論老幼，尙能操其閩南語和客家語。而我國語之推行尤有顯著之效果。

關於臺灣傳統文化之社會生活與精神生活方面，就其歷史文化之背景，尙有所闡述。鄭成功之創業於臺灣，不僅招徠閩粵人拓殖播化，而且招致一些苦心畸行的明室遺老志士，宣揚祖國文化，以啟發臺灣之文風，而激發臺灣人之民族精神。觀乎沈光文徐孚遠諸氏的績業，非獨影響於當時，尤在貢獻於後世。

沈光文，浙江人，居臺三十餘年，及見延平三世盛衰。沈氏在臺創設私塾，樂育一般青年子弟。臺灣之有敎育，以此爲嚆矢。永曆十九年（公元一六六五年），閩之陳永華，力勸鄭經立聖廟，設學校。乃於次年聖廟落成，學院建立，各社設立社學，聘中土之士，以敎子弟。臺灣之學風自此益茂。此亦沈光文氏之敎育思想有以啟導之。淸康熙二十二年（公元一六八三年），淸人入臺以後，耆宿已少，而寓公漸集。沈氏此時已年老，乃與宛陵韓文琦、關中趙行可、無錫華袞、鄭延桂、榕城林奕、丹霞吳蕖輪、山陽宗城、螺陽王際慧、設福臺詩社。沈氏眷懷故土，集其所見所感，寫爲詩文，著述甚富。全榭山氏所云：「海東文獻，推爲初祖。」是臺灣之文風，由此啟其端而發其緒。福臺詩社，原是一種吟詠風雅的結社。這一組織，歷二百餘年而不替，且有其不斷的拓展。日據時期，統制甚厲，無結社之自由，但此種結社却接踵而起，至有數十處，里巷集會，借唱酬而勵民族精神之激揚。又在日據時期，臺胞多就私塾學習祖國文字，接受祖國教化。我國民族文教，惟賴此詩社組織與私塾組織，而在臺灣播植生長，蔚爲臺灣的傳統文化。而此二組織之運用，又極有助於民族精神教育的鼓勵與推行。

徐孚遠，江蘇人。明末，社事最盛於江左。徐氏和夏彝仲、陳臥子、何愨人諸氏相契，同爲松江幾社盟友。鄭成功少時，常從他學詩；永曆六年，從亡入閩。徐氏以忠義爲鏃厲，成功很優待他，凡有大事，諮而後行。後因成功入江甯不克，就來到臺灣。鄭氏治臺，大陸的學人志士來臺的漸漸的多了。全榭山徐都御史傳有云：「公以江左社盟祭酒，爲之領袖，臺人爭從之遊。至今臺人語及公，輒加額曰：偉人也。」徐氏和幾社盟友以民族精神相砥礪，可知其民族思想早蘊之於心。入臺以後，以社盟領袖之尊，而把民族精神和愛國思想播之於社會羣體。所以臺灣人民對之深致景仰，以偉人推崇之。可見其爲人與民族思想之感人之深！

又鄭成功手創天地會，以此爲秘密結社民族革命的中心。這一組織，深入到大陸和臺灣的每一階層。以後繼述這個組織的，是成功的謀主陳永華。所以，陳永華和天地會的關係亦大。天地會的組織與精神，綿延相承，對於臺灣人民族意識之培養，發生莫大之影響。日據時期，臺省同胞激於祖國愛，於堅苦奮鬥中，迭起義師，前後達三十餘次之多。這是純眞人類價值的具體表現。

總之，過去臺胞之民族精神的表現，皆有其歷史的文化的背景。今後爲反共抗俄復國建國，而所望於國人的，更需要這種精神的培養。

歸納言之，閩粤人將祖籍文化移植於臺灣的，多是普通的傳統文化。一般學人志士將大陸文化播植於臺灣的，都是傳統的民族精神教育與文化。以事實的判斷，前者和後者的特質，都是眞的。以價値的判斷，後者的特質，是純善的；而前者的特質，有善的有不善的。善的，應使之繼續不斷的發展。不善的，應予以徹底的改造。但有一處，文化之發展，往往受「惰性」的影響，而發生停滯作用。不可不注意呵！

三、一個希望

民國四十一年，美國共同安全總署中國分署，因欲明瞭農村社會經濟的實際狀況，以爲改進經濟援助農村措施上的參考，特聘美國農業部農村社會學專家雷柏爾博士（Arthur F. Raper）來臺，與中國農村復興聯合委員會合作，從事實地調查，對於臺灣文化間有涉及（中國農村復興聯合委員會印有特刋一種）。這是一個科學的實地調查，其報告，是由直接經驗得來而加以研究撰成的，頗有價値。至於其他有計劃有組織的調查工作，尚少有所聞。這種科學的實地調查，在目前臺灣實爲重要，在施政上亦有其需要。

近年，臺灣土著族文化，姑稱之爲山地文化，各方做的實地調查研究工作不少，頗具有科學成績。無論在調查研究所得的理論方面或應用方面的資料，亦可供政府施政的參考。因爲想到這種工作的重要，更感到這些工作，還做的不夠。

我以爲，臺灣富有學術性政治性的研究環境，應就平地山地劃爲二大文化圈。再就平地文化圈劃爲城市農村二社區，再各分爲若干社區。用體質人類學、民族學、社會學、甚至加上心理學、精神病學的各種科學方法，分區分期，作科學的實地調查研究。從這些調查研究中，可以發見更多的文化事象或文化特質。政府研究機關，教育機關，文化機關，學術團體，要負起這一工作的任務。這是我的一個希望。

因篇幅所限，山地文化之特質，從略。而本文，亦只能寫個輪廓。詳而論之，俟諸異日。

臺灣民情風俗

一

臺灣一地，四面環水，土人生息，歷時久遠。據考，臺灣爲漢代之東鯷，三國時之夷洲。孫權黃龍二年，遣將軍衞溫諸葛直率甲士萬人，浮海進征夷洲，是爲中國經略臺灣之始。隋代，以澎湖、臺灣、琉球，總稱曰琉球；隋書琉球傳所述風俗，大部可與臺灣土著風俗相印證。迭更五代，終及兩宋，中原兵連禍結，閩之漳泉人，泛海避臺，而以北港爲漢人與土人貿易之口。元明以來，移民漸衆。萬曆間，顏思齊率其黨入居臺灣，漳泉之人，先後至者，凡三千餘，開土田，建部落，以鎭撫土人。臺灣名稱之開始使用，約在此時。崇禎元年，閩大旱，募飢民數萬，載至臺灣，芟舍開墾，秋成所穫，倍於內地，以是來者益多。天啟間，荷蘭勢力，相率侵入，荷人乃聯絡土著，招納內地人民，漸爲邊患。時西班牙人曾踞臺灣北部，後爲荷人所驅。鄭成功於永曆十五年（西曆一六六一年），領兵二萬五千，攻略荷人所建各城。不數月，荷人遂盡爲成功所逐。其後，閩粵之人，至者更多，墾荒拓地，播稻植蔗。臺灣之民，以是大集。

今之普通所稱爲高山族者，即爲臺灣最早之土著。閩之漳泉人，粵之潮惠人，繼經臺灣海峽而來，開拓全島。前者移殖較早，後者移殖較遲。高山族，原分布各地平原，後因漢族之移墾，漸次被同化，或遷至較高之山地。凡留居平原之土人，則受漢族文化之影響，而成熟蕃，一稱平埔蕃。其風習，殆與漢族同化。而居住高山地帶之高山族，清時，施以封鎖政策；日據時代，改用隔離政策，使與平地人隔絕，馴致文化落後。光復以後，政府對於山地政策漸樹良好基礎。近年文教所施，日有進步。此外，有一種土人，所謂矮人族（Pygmy）者，其人身體短小，漢書東方朔傳所記『侏儒長三尺』，即指此。今在菲律賓、麻六甲（Malacca）、阿達曼（Andaman）等地，尚有此族類；而在臺灣，僅留有若干傳說與遺跡，而不復見其遺族。

臺灣，被譽爲美麗之島，此不僅形容其自然環境之優美；而就其精神文化所表現於民情方面之觀察，其優美之點，有可述者：一爲冒險進取之精神：往昔閩粵之人，不避艱險，泛海而來，剪除荆棘，備嘗辛苦，以闢田疇，以成都聚。二爲刻苦耐勞之習慣：臺省民風淳樸，不分男女，勤勞操作，自食其力，多能自給。三爲守法之風尚：臺省教育，相當普及，守法觀念，深印人心，一般秩序，至爲安定。四爲祖國愛之熱情：日據時期，臺省同胞，激於祖國愛，迭起義師，先後達三十餘次。其愛國革命之精神，有足多者。連雅堂有言：『臺灣之人，中國之人也，而又閩粵之族也。閩居近海，粵宅上陬，所處不同，而風俗亦異。故閩之人多進取，而粵之人重保守。唯進取，故其志大，其行肆，而或流於虛。唯保守，故其志堅，其行愜，而或近於隘。』連氏之言，足資吾人之探討。

初，臺省之人，來自閩粵，故一切風習，與內地大致相若。如祀祖，敬神，甚爲普遍；而對於馬祖，信之尤篤。郁永河海上紀略云：『海神，惟馬祖最靈，卽古天妃神也，凡海船危難，有禱必應。』馬祖，一稱媽祖，爲臺人所最崇拜之一位女神。當年，閩粵人飄泊海洋，在驚濤駭浪中，所藉以安慰心靈者，厥惟媽祖是仰，故奉之爲呵護神。此外，臺人特別崇祀之神祇，有廣澤尊王、爲旅行者之守護神，保生大帝、爲醫藥之神，清水祖師、爲巫法之神，順天聖母、爲催生助產之神。又如開漳聖王、爲漳州人特祀之神，三山國王、爲客家人特祀之神。至於臺灣之歷史英雄如鄭成功、吳鳳之被崇奉爲神更無論矣。每逢賽會節俗，居民莫不傾囊供奉，影響社會經濟頗鉅。拜拜之風，深可注意。

有一組織與敬神有關者，則爲神明會。神明會，卽爲祭祀神佛而組織之團體。有爲同鄉之結合者，有爲同業之結合者，有爲讀書人之結合者，有爲親友之結合者。其目的，皆爲供奉神佛，並含有增進共同利益休戚相關之意。神明會會員，稱爲會脚或爐下；置有共同財產，爲祭祀之用。一般廟會，由神明會主持。神明會，係一普通名稱；其專稱，則爲某某社，或某某會，或某某堂。迎神會行列中見有所謂義民社，文昌會，蘭堂等等者，卽神明會之專稱也。

二

高山族，約分爲九族：一、阿泰耶族（Atayal），二、塞夏特族（Saisiat），三、曹族（Tsuou），四、布農族（Bunun），五、魯凱族（Rukai），六、派宛族（Paiwan），七、漂耶馬族（Puyuma），八、阿眉族（Ami），九、耶眉族（Yami）。

高山族，一稱山地人，大都居住高山地區。其族社會組織，要皆以氏族部落爲中心，多營農耕狩獵生活。

昔山地人性情剽悍，嗜殺伐，歷經感化善導，已成爲誠樸之良民。一民族之風俗習慣，原爲一民族生活之反映，但不能純以文化標準衡量之。如聖誕樹，以其長青也，在原始宗教觀念中，以爲含有魔術意味，初用之於僧侶儀式，後則用之於聖誕節。此俗，至今西人猶沿襲之。又如喪葬儀禮，雖有害衞生，但其效用，或可滿足一種生活心理之要求。又如穿耳戴環，雖有妨身體，但其作用，在求裝飾之美觀。凡此習俗，自古以來，不問文野，大抵有之。高山族之風俗，可述者甚多，以限於篇幅，舉要分述之：

一、**嗜獵**　各族皆從事於農業，但亦愛好狩獵。農閑，必聚族出獵，三五成羣，携糧入山，非有所獲，數夜不歸。所欲狩獵者，以鹿、山羊、山豬爲主；以食其肉衣其皮飾其牙爲目的。各族各部落皆各有其獵場，互不侵越，犯者，卽引起糾紛，乃至於戰爭。

二、敬老 除阿泰耶族外，各族多行年齡分級制。自幼小至耆老，分列爲若干級，年愈高，則愈增加其社會責任與社會地位。凡年至四五十歲以上者，卽進入老人級，可以代表其家族或氏族參加部落會議。年青人必接受老人敎訓與會議之決定。老人享有飲食衣服之待遇，並免除勞役等之義務。

三、粟祭 諸族最主要之食物，爲粟與薯。其農業祭祀，以粟之播種祭與收穫祭爲最重要，祭祀單位之大小，各族略有不同：有以氏族爲單位，有以數氏族單位或地域單位合爲一祭團者。祭前，必預爲製餅釀酒；祭時，則殺豬迎神；祭後，暢飲狂舞。其收穫祭，常與新年慶宴相合併。粟祭之義，蓋由於農事之發展，與季節之順序，以祈豐收，以祀報賽也。

四、鑽火 相傳吾國邃古時代有燧人氏發明鑽木取火，及乎周代，尚有鑽火習慣。唐時，長安清明尚食，內園官小兒於殿前鑽火。此亦一故俗。北美洲的愛斯基摩（Eskimo），亞洲的馬來人（Malaysian），南太平洋羣島的薩摩亞人（Samoan）等，尚有鑽燧取火之方法。今於曹族塞夏特族等祭祀中，見有鑽火之遺俗。傳昔獵首，鑽火以卜吉凶。

五、結繩 易經有云：「上古結繩而治」。吾國遠代結繩之傳，當近於事實。古者，無文字，記載事物之方式，以結繩表示之。事大，大結其繩；事小，小結其繩。結之多少，隨物衆寡。結繩之爲用，蓋所以幫助記憶也。亞洲之琉球，美洲之墨西哥（Mexico），秘魯（Peru），曾有結繩法。今之廣西傜人，海南黎人，結繩紀事，古意猶存。往時，臺灣阿泰耶、塞夏特等族，或結繩以記時，或結繩以記物，或結繩以記事，現能利用文字，此習將成陳跡。

六、圖騰 曹族，布農族，塞夏特族，派宛族，阿眉族，耶眉族，有以動物爲崇拜對象者，如蛇、山貓、山羊等是；有以植物爲崇拜對象者，如櫟樹、樟樹等是；有以自然現象爲崇拜對象者，如日、風等是。此皆圖騰崇拜之習俗。此俗，幾遍及於世界各地。

七、坐葬 各族多行坐葬，人死而身體未殭時，家人扶之坐於室內中柱側地上，將股肱曲折於胸前，兩手抱膝，以繩索縛之，埋葬於室內之地下。地下挖穴，四圍立石。上蓋以石板，覆以土。至室內已埋滿屍骨時，即棄舊屋而造新屋。此習已漸革，人死大多埋於屋外之地。

八、束腹 臺灣中部山地各族，如曹族布農族男子，十二、三歲，受狩獵與戰爭之訓練。用一二寸寬竹帶，束箍腹部，日夜不解，以使養成寡食善走輕捷勇邁之體魄。其箍帶，至婚時斷去。現此風已改，惟六旬以上老人，尚能見其腹腰間之痕跡。

九、養子 平地人喜養女。山地各族無子者，皆喜收養子。養子之來源，則以同族生子爲多。有時亦可收異族甚至敵人之子爲養子。被收爲養子後，即與其親生子享有同等之親族地位，遵守一切親族法上之義務。

十、缺齒　缺齒之俗，有關乎身體之裝飾。北部與中部山地各族皆行之。男女十二歲，至結婚前，施手術，將上顎門齒兩側之前牙拔去二枚或四枚。其法，普通以細繩；塞夏特族則用小木棒對準牙齒，並以小鐵錘擊落之。此俗，與結婚有關：男女折齒相遺，取痛癢相關以矢終身不易之意。此缺齒亦所以訂白首之盟也。

十一、黥面　黥面之俗，惟阿泰耶族與塞夏特族行之。後者，殆從阿泰耶族採借而來。故此習，可認為阿泰耶族文化特徵之一。其族男女，於成年前施黥面手術，男子刺紋於前額與下頤之正中，女子則刺於前額中央面，兩頰與下頤及嘴唇表皮。男子有刺胸部者，女子有刺下腿前面者。塞夏特婦女，僅刺額頤，而不刺雙頰。黥面原意，不出於裝飾與巫術，今又成為族類之標識與別室女之記號。海南黎人亦有黥面之俗。要之，此俗多行之於太平洋諸島之民族。

十二、嗜酒　各族嗜酒如命。酒皆能自釀，多以黍製之。一切冠、婚、葬、祭、集會、歌舞，皆必有酒，每飲必醉。聞平地商人入山貿易，多以酒為餌。山地人醉後無事不從；常持產物至平地出售，得值後每流連酒肆，金盡而歸。其勤儉者，亦必以其所得，買酒數瓶攜歸。入市而不沽酒者，幾屬罕見。近聞是習略有改善。

昔高山族由於原始心理之衝動，或矜豪勇，或爭情寵，或求免疫，或敬鬼神，而有獵首之惡習。吾國古代有所謂「用人於社」「用人祀天」者，庶幾近之。宋，雍熙淳化紹興間，邕管嶺南湖南溪洞，尚用人祭鬼。墨西哥古時以人釁社。德國東部昔有落橋之祭。今南洋羣島及太平洋羣島之民族，此俗猶有所聞。可見獵首之風，傳之廣而且遠。在臺灣山地，自清代以迄日據時代，初則受吳鳳事之感化，繼則經法律之厲禁，斯風早已根絕。

山地同胞體格強壯，尚力好勇；耕種狩獵，終歲勤勞；崇是非，重信義；亦一優秀之族也。政府本人民平等之原則，施以平等扶植，「高」「平」兩地，互相交流；無論在政治上、經濟上、文化上，同受其惠，此則臺灣之福，亦中國之休也。（民國三十九年）

圖騰文化與臺灣中部山地之圖騰遺制

一、圖騰文化探源

圖騰文化之發見，始於十八世紀之末期。一七九一年，J. Long 發表『一印第安通譯員旅行記』（Traves of Voyages of an Indian Interpreter）一書，最先指出 Totem 的名稱，且說明其為美洲印第安人宗教崇拜之特徵。一八四一年，George Grey 發見澳洲土人也有相同的圖騰文化。（見其所著：Journals of two Expeditions in Northwest and of Western Australia）到了一八六九年，J.D. Mclennan 著『動植物的崇拜』（The Worship Animals and Plants）一文，其對初民關於動植物的崇拜作廣泛的研討，並論及圖騰文化關係人類整個歷史之重要。自此圖騰文化之研究，乃蔚為風氣。L. H. Morgan 注意研究美洲印第安人的圖騰文化與民族組織的關係。A. W. Howitt, L. Fison, B. Spencer, F. G. Gillen, 注意研究澳洲土人的社會組織與圖騰文化的特質。跟着有 J. G. Frazer, W. R. Smith, W. H. R. Rivers, W. Wundt, P. W. Schmidt, G. Murdock 等搜集了更廣泛的例據和分布的事實，以說明圖騰文化的體制與特質。又如E. Durkheim, F. Boas, A. Goldenweiser, 等，以同樣觀點昌明其說，奠定了圖騰文化研究的理論基礎。

圖騰一詞，導源於北美洲印第安人Ojibway族語。圖騰原義，爲一超自然的保護物，土人稱爲Totem，他們常把所崇拜的動物形狀刻劃出來，作爲保護物的象徵，並以這種動物之名與其社會單位相連結。澳洲土人所謂Kobong，其語意殆相同。普通以動物或植物，名其以血緣觀念爲基礎的氏族集團。有時亦用自然事物與現象爲圖騰，如山、川、風、雨、日、月、星、辰，甚至有動物身體之一部分如袋鼠的尾、胃，猪的內臟等等這些東西。Howitt在東南澳洲曾發現過五百以上的圖騰名類，美洲印第安人的圖騰名類，亦有數百。這些圖騰名號，除了作爲一社會羣體的共同象徵以外，並適用於氏族外婚制度，年齡階級制度。圖騰成爲一切社會關係的象徵，表現於飲食禁忌，祭儀巫術，服飾藝術諸方面。這樣，成了一個有系統的文化叢與社會體制。這個整個的社會文化與體制，稱之曰圖騰制度（Totemism）。概括的說，圖騰制度，包含有兩種型式，即：宗教型式與社會型式。宗教型式，是具有一種信仰習慣，而屬於特殊的精神生活。社會型式，是具有一種社會制度，而屬於特殊的社會組織。這兩種型式，互有密切的關係。

近五十年來，民族學家、史學家、社會學家研究的結果，證明了圖騰文化不獨是美洲印第安人與澳洲土人的特有文化。這種文化，乃爲世界共有的現象。古代埃及有對於神鷹、犬、蛇、鱷魚、蠍、山羊等的崇拜。古代希臘羅馬也有圖騰崇拜的遺跡：希臘每一位神有他所親近的動物。如鷲之與Zeus，梟之與Athene，野猪之與Adains，牡鹿之與Artemis。羅馬早期的皇帝Romulus與Remus，奉狼爲保護神，且自命爲狼的子孫。他如牛馬鷄鵝，在古羅馬亦奉之爲神聖的動物。中國古代多以動物爲圖騰：夏后饗龍，則龍當爲夏族的圖騰。『天命玄鳥，降而生商』。則玄鳥便爲商族的保護神。槃瓠，犬種，武陵蠻奉之爲一族之祖。至於古書中所記的什麼牛首龍顏、人首蛇身之類，都含有圖騰的意味。凡此歷史上的紀錄，都可以看到一些圖騰文化的遺型。再從現存事實的探討，亦可以證明美洲澳洲以外的地區，如Melanesia，Indonesia，非洲等土人，印度的Gotras人，中國湖廣的傜人，浙閩的畬人，臺灣的山地人，日本的蝦夷人等，都有圖騰文化之存在。因此，可覘圖騰文化的分布，幾遍及於世界各地。

二、圖騰文化之特質

圖騰文化，不僅是具有動植物崇拜的特質，並有其相關聯的複雜的文化特質。茲分論之：

1.集體名稱與部族分類： 圖騰無論爲動物植物，或自然現象，牠的第一個基本作用，是在以圖騰物類爲社會組織單位的名稱，尤其是血緣團體的氏族的名號。這種作用，在美洲印第安人與澳洲土人社會最爲典型。同一部落中，如有兩個以上的氏族，就必須有兩個以上的名號以為識別。一個較大的部落，常包含着有四五十個氏族。為了氏族外婚的規定，又必須把這些氏族分為兩組或更多的組。這樣，氏族的名號，乃更視為必要。因為初民通常有很強烈的集體意識，故氏族名號與氏族人全體之名號必然一致。如鷹圖騰的氏族人都以氏族名號為個人名號，由此鷹圖騰成了鷹氏族人的集體名號，同時為個人名號。各氏族有了圖騰名號，他們遂有了類別的觀念。異族間之敵友關係，藉此名號以相識別。同部落的外婚分組，年齡分組，世系承襲，也都藉此名號為分類識別的基礎。在二分組織的社會中，兩半部族所屬的各氏族名號常互相匹敵相對，如一半部族所屬用獸圖騰者，另一半部族則用鳥圖騰。又一半部族用地下事物者，另一半部族則用天上事物。這就是E. Durkheim 所謂分類觀念。

2.象徵主義：圖騰文化的第二個特質，是把圖騰物類象徵化，就是把圖騰物類變為一種固定的形象畫或紋刻，雕象，以為共同的標記。這種標記，用於同圖騰團體之共同的物品，如圖騰祭儀用的神聖物（例如澳洲土人之祭儀用的Churinga），戰時用的盾牌、旗幟等。這種標記，又用於同氏族人的家屋的裝飾，武器的紋刻，乃至文身之紋式、髮式、冠式、毀形缺齒的樣式與部位等。其應用方式，依各氏族的習慣而定。

3.宗教儀式舞蹈與禁忌巫術：圖騰文化之宗教意義，是以圖騰物類為崇拜之對象。主要的祭儀，普通以圖騰為中心。如澳洲土人之青年圖騰加入式（Intichiuma），可以認為對圖騰物類本身的祭儀。在這種祭儀中最主要的，是圖騰神聖物之現露，圖騰禁忌臨時的解除。如平時對圖騰動物禁止殺害與食觸，在祭時得由祭司殺圖騰動物而由氏族人共同分食之；又取圖騰靈泉之水向氏族人身上撒注，這是表示借圖騰的靈力，把圖騰的力量賦與同氏族人。這種宗教行為，含有很濃厚的巫術意義。關於圖騰的舞蹈，參加舞蹈者，限於已加入圖騰的男子，舞蹈者的服飾，常是模擬着圖騰物類的形象；其動作，亦模擬圖騰物類的姿態精神，舞蹈時，往往作模擬動物的喊聲，緊張狂烈，以喚起圖騰精神之復活。

4.氏族始祖誕生神話：　圖騰社會通常多有以圖騰物類為其共同祖先之誕生神話。圖騰氏族人為了把自己與圖騰永久而親密的連結在一起，常自認為其所信奉的圖騰之子孫。圖騰始祖的神話，即由祖宗崇拜觀念而產生。這種神話，有各種不同的類型，但其信奉圖騰為其祖先之意義則一。有些部族認為圖騰物類本身與其族類同源。有的自認其祖先為人獸合體的東西。有的相信其始祖母與圖騰交配或感孕而生其始祖。有的相信其始祖是由圖騰物類變化而成的。由於這種神話的根據，建立了氏族集團與圖騰的親族關係。

三、臺灣中部山地各族的圖騰遺制

圖騰文化，是一種極為複雜的文化體系。這種文化，因其歷史的演變與時代的演進，已逐漸衰落。在衰落中的圖騰文化，其特質便發生變化，以致於殘缺不全。現在世界各地圖騰文化的遺跡，尚多有待乎吾人的探討。

三十八年十一月間，我們到臺灣中部山地調查時，曾注意圖騰文化的探求。我們首先注意到布農族與阿里山曹族的氏族組織與外婚制度，與澳洲人，美洲印第安人，Melanesia 人的組織制度相似。更覺得在這樣的社會中可能有圖騰制度存在。結果，發見了關於山貓的故事與曹族魯富都部落（Lufto）之Sangoana氏族的關係，跟着又在達邦（Tapangu）發見了Poizana（Akuwajana之別名、魚氏族）、Poitsuna（風氏族）、Mukinana（山猪之肺臟氏族）之圖騰的氏族名號，在氏族制與Phratry制較爲完整的布農族的傳說中更多有所發見。如卓社的Tokolan氏族之得名於茄冬樹，Mina-Ibot 氏族之得名於蛇；卡社的Tasi-Vaqaudan氏族之得名於籐，Miti-Jangan 氏族之得名於小竹；巒社的Tanapima之別名Sosov-Gainsav 氏族之得名於Sosov蛇；丹番的Galmotan氏族之得名於櫟樹，Tagunasan氏族之得名於鬼茅，Gusinavan 氏族之得名於豹；郡番的 Isi-Litoan 氏族之得名於枇杷。各氏族幾乎都有其圖騰始祖的神話。現就圖騰文化諸特質以探討布農族與曹族圖騰遺制之所在。

一、關於氏族組織者：布農族與曹族的社會組織，與澳洲、北美洲、Melanesia圖騰社會之組織，頗爲相似。布農族一部分保持着二分組織的半部族（Moiety）制。該族另一部分與曹族又保存着Phratry制。其組織系統，尚合乎圖騰社會的基本原則。但有許多氏族名號已失去圖騰名號的分類系統，而以眞的血緣關係替代之。這個變質，大概是由於經濟生產方式的轉變與個人英雄意識的產生。

二、關於圖騰象徵者：布農族現在住地分散，同一部落的人亦不能集中，所以，他們沒有部落單位之組織與中心。該族沒有男子會所，因此尚未發見此圖騰象徵事物。在阿里山曹族中，各社有若干象徵事物。曹族各大社（Hosa）之入口處，必有赤榕樹與茄多樹爲其一社的神聖標記。而男子會所附近，亦有赤榕樹，除祭時以外，赤榕樹是一個禁忌對象，任何人不能接觸。在男子會所的前面及屋頂上，必栽種一種植物叫做木斛草（Fitiu），這也是曹族所敬奉的神聖物。凡參加祭儀或戰爭時，必以此Fitiu及芙蓉樹皮之纖維染赤稱Tukuo者帶在胸前，同族男子皆以此爲標記。這是否代表圖騰或象徵圖騰的東西，尚未確定。在圖富雅大社（Tufuja）男子會所，見有盾牌上的象徵繪畫。在曹族各大社的男子會所都懸掛木製盾牌一塊，盾牌上有固定形狀的圖案畫，頗似澳洲人與美洲印第安人的圖騰圖案畫。此外可視爲圖騰象徵的，則爲祭祀時用染紅的芙蓉樹皮包縛茅草數束，列於赤榕樹下爲代神祇。其作用，頗似澳洲人祭祀時用的Churinga，曹族稱之曰Snoetsaba。Laaroa族擧行二年一次的Miatungus，祭儀中有一種祖先傳下來的神聖貝殼。這神聖物，平時埋在祭司住家之地下，祭時，才由祭司取出，浸於酒中。一見貝色變紅，卽爲其祖先享用酒食之表徵。此物亦富有圖騰的意味。

三、關於祭儀巫術禁忌者：布農族與曹族之祭儀，種類甚多。其最主要的祭儀，爲粟收穫祭（Mei-Mukajo）、戰神祭（Sono-Tseionu）、與成年式（Jasmojusku）。在阿里山曹族，這三種祭儀，連續擧行。此祭儀只限男子參加。其祭儀主要節目，爲：青年男子先入山狩獵，以備祭牲；採伐神位的茅草束，參加祭儀者之齋戒，平時禁忌物之臨時解禁，摘取赤榕樹之枝葉，殺牲，祭獻，青年入會者之擧行戒禮，變更服飾，飲酒、舞蹈。凡此種種，與圖騰加入式的祭儀，頗多相似。巫術意味，亦甚濃厚。尤其青年入會式的戒禮，與澳洲的Intichiuma儀式，意義相近。各具圖騰名號的氏族對其圖騰物類的傷害、食、觸，都懸爲禁律。布農族曹族對於山貓、蛇、魚等動物與赤榕樹、芙蓉樹、茄冬樹等植物平時多有嚴格的禁忌。

四、關於民族始祖傳說者：阿里山曹族與布農族中各氏族的始祖誕生傳說甚多。Sangoana之始祖傳說：『原Tufuja部落的Poitsuna氏族之一婦人，一天，聽見屋外的玉蜀黍堆中有小孩哭聲，屢屢出視，不見人影。一次，忽見一山貓自玉蜀黍堆中躍出，乃翻開草堆發見一小兒睡着，疑其爲山貓之子，遂以食物飼貓，山貓不食，後飼之以鷄，山貓食之。其婦乃抱歸扶養，長大成人，卒爲Sangoana的祖先。』布農族的Mina-Ibot氏族之始祖傳說：『古時，一個大湖中浮出一塊木頭，木頭上盤着一條大蛇。後來這浮木飄落到湖邊，變成了人，遂為這氏族的祖先。』許多族類都有類此的圖騰始祖之傳說神話，以限於篇幅，姑不多舉。

綜上之所論，臺灣中部山地各族之圖騰文化雖多已轉形，但就其特質之探討，亦可覘其圖騰遺制之存在。

（民國三十九年）

第二編　博物館學及有關實際問題

就任國立故宮中央博物館聯合管理處主任委員致詞

今天本人受聘，擔任本處主任委員職務，責任重大，不勝惶恐。承蒙姚次長惠予指導，無任感謝。本處工作，在決策上行政上是受共同理事會和教育部的指導和指揮。本處工作，主要的有兩個目標，也可以說是兩種任務。這兩任務是什麼？一、是維護文物，就是保持文物絕對的安全。因爲兩院文物是世界上稀有之寶。就國家立場來說，這是國寶。我們人人要盡責維護它。姚次長給我們關於整理保管的指示，涉及文物維護之措施，我完全接受。二、是傳揚文物，傳揚文化。實在說，文物的本質是文化，文化的內涵是文物。所以傳揚文物，就是傳揚文化。文物的功能，具有時間性和空間性。我們兩院文物這一文化，要在時間上和空間上發揮它的功用，這就是文物文化的傳揚。達成這個任務，要有三方面的配合；第一、跟社會教育配合，就是要擴大大衆傳播的效用。第二、跟學校教育配合，就是，要輔導而增進學校青年教學的效能。第三、跟科學教育配合（這裏所謂科學泛指人文科學、社會科學和自然科學），就是要拓開學術研究的發展。人家都說，兩院文物是稀有的國寶。尤其外國人說，兩院文物是世界最有價值的寶藏。他們常常稱 Treasury & Mystery of Ancient China可譯爲「古中國的寶藏和奥秘」。我們要把我們國家古代文物的奥秘揭開出來，配合社會教育、學校教育和科學教育而發揮它的功用，以使傳之四海而皆妙。「妙」字，含有眞、美、善的意義。我們古文物，是有歷史的價値，這是「眞」。有藝術的價値，這是「美」。有文化的價値，有學術教育的價値，這是「善」。本人學識淺薄，能力有限，不過略略涉獵民族學、社會學。所謂民族文化、社會組織，稍爲懂得一點。而處事稍稍有一點經驗，本人今天既已擔任這一職務，願一秉至誠，和全體同人共同努力，完全達成維護文物的任務；至於傳揚文物文化，要有相當的條件，才能達到相當的任務。

中國文物圖說弁言

民國五十四年

我國古文物，是先民創造文化的實蹟。這些文化實蹟，充分發揮了人類最高的智能，源遠流長，眞是世界稀有的瓌寶。故宮和中央兩博物院收藏的文物，自殷商以至清代，諸凡銅器、瓷器、玉器、雕刻、漆器、法書、繪畫、圖像、琺瑯、織繡、文獻、圖書、文具等等，應有盡有，差不多集了歷代文物的大成。

故宮博物院院址，原在北京故宮，典守歷代宮廷相傳的文物。中央博物院院址，原在南京，除自己收集許多珍品以外，還接收了北京古物陳列所南遷的古物，其來源也出於故宮。遷臺以後，兩院文物由教育部設立聯合管理處負責管理。所藏文物，品類繁多，內容豐富，自民國四十六年開始輪次展覽，以至於現在，國內外人士參觀者達五十萬人。循此不斷的展覽出來，影響所及，則在教育文化上所收的效果，至爲宏大。

博物院的意義，一方面，是典守先民所創造的文化實蹟的遺存，使其永遠流傳而不墜。一方面，也負有傳遞教育文化的任務，就是說，把我國固有的文化灌輸到一般社會大衆和學校青年，以使他們對於我國文化遺產深印腦海而知所愛護；對於世界學術教育有所啟發，而開拓新境。綜括兩句話：接先人的智能，創更高的文化。

外國人士時常說，中國古文物，是世界上最有價值的寶藏和奧秘。我們要把古文物的精奧揭開出來，而發揮它在空間上的功用，以使傳之四海而皆妙。「妙」字含有眞、美、善的意義。這些文物，有歷史的價值，這是「眞」；有藝術的價值，這是「美」；有教育文化的價值，這是「善」。這一所懸的目標，是在期望獲致傳揚文化的效果，而發生中外文化交流的作用。

我們同人有感於此，爰集議決定，編印本手册，中英文並用，分訂成書，各附圖貳百餘張，以餉讀者。俾國內外人士手此一册，可作普通閱覽之用，可作學校讀物之用，亦可作研究參考之用。

這本手册，是一種集體作，而在文字方面，體裁方面，筆調方面，均力求劃一。執筆的人，固不敢說是了不起的專家，但我深知他們各在兩院服務的，有的四十年，有的三十年，有的二十年以上，都有相當的學識和經驗。

執筆者：莊尙嚴先生、蔣彝先生，合撰法書；譚旦冏先生，撰銅器及中央博物院概況；那志良先生，撰玉器、珐瑯、圖書、文獻及故宮博物院概況；吳玉璋先生撰瓷器、漆器；李霖燦先生，撰繪畫、圖像；索予明先生，撰雕刻、文具、織繡；汪繼武先生，撰文物運臺後展覽工作簡述；本人識陋，撰緒言。

本手册一部份印刷費，得亞洲協會中華民國分會的幫助，謹此誌謝。

中國文物圖說緒言

民國五十四年

中華民族發源於中土，而有獨立創造的文化。其文化自有深遠悠久的歷史。由太古綿延，以迄近世，這一文化連鎖，遺留下很多文物的眞蹟。文物的本質，是文化。文物，即是文化寶物。四十萬年前周口店的北京人，就有了文化生活，可作證明的，則有燧石器、有骨器。自後經過漫長的歲月，一切都沒法稽考，又沒有直接資料的發現，只能推想，這段歷史進程，幾經滄桑，斷斷續續地孕育着文化。直至公元前三千年間，有土製的描繪彩文的器物，這就是代表仰韶文化的彩色陶器。到了公元前二千五百年間，在傳說中之黃帝時代，已有銅製的器物，如兵器等是。雕刻藝術，也從此發端。就商代銅器上的花紋看來，由此推想到更早的陶器圖形，這時代似已有了文字畫或圖畫文字。但圖畫文字，不能視爲眞正的文字。其後，到了傳說中之堯舜時代，文化漸次發達，雕刻藝術，跟着有進步。這時有了玉製的器物，就是普通所稱的玉器。玉是石的一種，玉器的製作，實由石器發展而來。距今三千七百年（公元前一千七百餘年）以上，即夏商之際，文化更發達，工藝品也更進步了。這時，傳說中之夏禹時代，用文飾鑄之於鼎。所謂「遠方圖物」、「鑄鼎象物」大約就是一種文字畫。此外，又有樂器、雕器，不一而足。將近七十年前，發現距今三千七百年寫刻在龜甲和牛骨上的殷商卜辭，才知道這是我國最古的文字，也是我國歷史上最初有文字的記錄。殷商時代，除文字的發見外，尚有各種銅器、樂器、玉器等。由於時代的推移和社會的變遷，這些工藝品多用在禮教上了。

從商代到周代，文物粲然大備，便蔚成郁郁的文化。銅器雕鏤的製作，更有驚人的成就。在我國文化的演進上，就考古學的觀點，大概可分爲舊石器時代、新石器時代、銅器時代、鐵器時代。傳說中之黃帝時代及堯舜時代，已進於新石器時代之晚期和銅器時代之初期。夏商周三代，正當於銅器時代。其文物遺留於後世的，以銅器工藝品爲最重要。尤其在商周二代，把它看作寶物，所以在製作上更力求精美。這是這時代文物的特徵。

再說，三代的銅器，不僅代表工藝美術，而且配合其他純粹美術。在銅器上所刻的銘文和花紋，可以窺見三代書畫美術的雛形。至於銘文和花紋，在製作上尤顯示出雕刻技術之妙。就這些技術和藝術各方面看來，足覘我國古文化的高超。

三代文化，可說是後世一切文化的根源。三代之後，歷代所創作發展的工藝和美術的文化，如石刻、書、畫、瓷器、雕器、織繡等，充分發揮了我中華民族最高的智慧。凡此文化實蹟的表現，不僅可以代表東方的文化，且在世界文化史上佔着重要的地位。英國藝術家呂德（Herbert Read）說：「世界上藝術活動的豐富暢茂，沒有過於中國，而藝術上的成就，也沒有出於中國之右的。」哲學家羅素（Bertrand Russell）說：「中國文化境界的高超，是世界文化最壯大的一派，歷史悠久，源遠流長。其藝術、文學和人生哲學，我們了解愈多，仰慕之心愈摯。」讀了這些話，可以知道外國學者對於我國文化藝術仰慕這樣的眞切，實在值得我們深深的體味。

故宮博物院和中央博物院所藏的文物，上起殷商，下迄清代，舉凡工藝品和美術品，都富有歷史文化的價値，爲全世界所稀有，這不是我們的誇語，而是海外人士的公言。就我國家立場言，這些文物，確是國寶。我們對這國寶，一方面，要使之流傳的很久，一方面，要使之流傳的很廣。傳遞教育，在乎此；傳揚文化，也在乎此。

兩院文物，依性質來分，計有：銅器、玉器、瓷器、雕器、漆器、文具、法書、名畫、織繡、琺瑯、圖像、圖書、文獻等十三類。在我國文化發展上，這些文物，各有其淵源及背景，各有其特徵及演進，林林總總，放出多姿多彩的光芒。以下各節，依次分類，作扼要的敍述。本節只就文物本質及其創製歷程作一輪廓的說明，以使讀者對於我國文化文物先有一概括的了解。

故宮博物院之特質

常常聽到人家說：「故宮博物院，是文化之塔，藝術之宮，知識之庫。」由於這一個啟示，我就想起，這幾年來，我在本院服務，有了體驗，對於故宮博物院【圖版壹・貳（見英譯第191、192頁）】這一文化環境，引起了一種觀感。所以，擇定今日講話的題目：「故宮博物院之特質」。現就這一話題，試作扼要的分析。

我首先提供一點，關於博物館在科學地位上的認識。現世科學的分類，愈分而愈細，愈細而愈專。研究圖書館的，則有了圖書館學。研究博物館的，又建立了博物館學。英文爲Museology，法文爲Museologie。博物館，不是空空洞洞，虛有其表，自有它豐富的內容，而寄託在各類科學的基礎上面。所謂各類科學，是指人文科學，社會科學和自然科學。涉及文化思想的，還離不開哲學的基礎。對於博物館如果採取研究的態度，那末，和博物館學有相互關係的，如民族學、史前學、考古學、歷史學、器物學、美學、工藝學、繪畫學、文字學、金石學、社會學、民俗學，甚至於物理學、化學、電子學、原子學、光學、建築學等等，應加以注視，分工研求。略略提出這點意思，供給大家參考，並願意跟大家學習研究。

一、博物館的兩大任務

㈠博物館負有典藏的任務　其任務，就是維護國家的文化精粹，亦就是保存國家的文化財產或文化遺產（現聯教組織UNESCO規定通用名詞：文化財產為Cultural Property 文化遺產為Cultural Heritage），以使永遠流傳而不墜。這一任務，是要達成縱線的發展。

㈡博物館負有傳遞教育文化的任務　其任務，就是把一個固有文化及其文化所孕育的文物精華，灌輸到一般社會大衆、學校青年和學人，以使他們對於國家的文化遺產有深切的認識和了解；而對於學術研究有所啟導；並且把文化實蹟宣揚到全球，在世界文化交流上發生作用。這一任務，是要達成橫面的發展。

二、故宮博物院之特質的所在

我對於特質二字的選用，頗費斟酌。凡是一事一物，一個機體，一種組織，皆必有其本質。其本質如有特殊之點而與衆不同的，這就是特質。就字義上講，特質、特色、特點，三者都可通用，無甚差別。此處，我姑用特質二字以明之。

1. 本院第一的特色，是本院（包括中央博物院）所收藏的物品，包括：陶器、銅器、瓷器、玉器、漆器、雕刻、繪畫、圖像、法書、緙絲、刺繡、珐瑯、珠寶、圖書、文具等等，大大小小，品類很多。差不多集了歷代文物的大成。此其一。

2. 本院歷代所集中收藏的文物，是中華民國自身一國所固有的傳統文化所孕育的文物。世界各國沒有一個博物館比得上我們。此其二。

3. 本院歷代傳下來的藏品，毫無疑問的，是從商、周以降，各朝各代帝王收集起來。宋朝以前，實際情形，無可稽考。姑從宋朝集中收藏講起，推算收藏起自北宋，迄今已有一千年；收藏起自南宋，也有八百年了。自宋朝承前代再接着元、明、清三代的收藏，其數目，在總量方面，有近三十萬件。這是任何博物院所不能比擬。此其三。

其次，講到本院的藏品，如果從各種科學的觀點去研究分析，那末，可以發見許多品物本身藝術文化的特質。這一些特質的研究發展，尚有待乎大家的努力。

三、我國古文物的特性與國際人士的評價

文物，是文化的產物。有文化，才有文物。我國古文物，是中華民族五千年來若祖若宗所獨立創造的傳統文化的結晶品。

這些古文物，具有幾種特性：一、精神文化，二、物質文化，三、科學技術文化，四、藝術文化。把這幾種文化精髓溶合起來而產生多姿多彩的文物，這是我們中華民族若子若孫所足以自豪的。

從前德國哲學家萊布尼茲（Leibniz），法國文豪福爾特耳（Voltaire）對於我國的文化藝術都很贊許。現在舉幾位國際著名人士對我國文化的評價。

1.英國哲學家羅素（Bertrand Russell）說：「中國文化境界的高超，是世界文化最壯大的一派，歷史悠久，源遠流長。其藝術、文學和人生哲學，我們了解愈多，仰慕之心愈摯。」

2.英國藝術家呂德（Herbert Read）說：「世界上藝術活動的豐富暢茂，沒有過於中國。而藝術上的成就，也沒有出於中國之右的。」

3.法國歷史學家塞艾（Henri Sée）說：「中國文明與埃及文明，有許多共同點。中國文化是很古的，在技藝和藝術上，也很優長。」

4.民國五十五年九月二十五日，來華訪問的日本雜誌出版界幹部訪問團團長中山正男等十四人。中山正男氏很坦白的說：「中華民國的　蔣總統，不僅是世界偉人之一，而且他保存中國故宮和中央兩博物院的三十多萬件無價之寶的中國歷史文物和藝術品，將在世界文化上留下不朽的功績。」他又說：「今天看到無價之寶的中國歷代文物和藝術品時，使曾接受中國文化薰陶的我們的熱血，在我的身軀中像沸騰似的，禁不住我們的興奮。因爲日本的文化，是淵源於中國文化。每一個日本人的血液中，都留着中國文化的深厚影響。今天 蔣總統所領導的中國政府，能完善地保存中華民族的歷史文化遺產，也就是保存了東方的歷史文化遺產。」（見中央日報五十五年九月廿六日）。以上中山正男氏所說，是代表多少日本人所要表示眞心實意的話。

5.民國五十八年三月十六日，來華觀光的一百三十六名的西歐遊客（包括瑞士、西德、比利時、義大利、法國等國人士）參觀故宮博物院。他們說：「中華民國的歷史文物，我們早已嚮往。這次能目覩故宮博物院中所保存的古文物，深切瞭解了中國悠久的文化與偉大。」（見聯合報五十八年三月十七日）。歐洲人士，對於藝術品富有鑑賞力，其由衷的表示，實可令人體味。

6.美國的紐約時報，英國的倫敦泰晤士報，法國的巴黎晚報等，都有專欄撰述，對於中國的文化文物備極讚揚。茲舉五十八年十二月九日倫敦泰晤士報專欄評論，節其要點，說：「中國的古文物，代表中國過去四千年文化、藝術、哲學的光輝。臺灣的故宮博物院，不但是隱藏許多神秘故事的地方，而且是維護無價的藝術品之寶庫。」（見中央日報五十九年一月五日，王秋士譯）。

四、分述故宮博物院的任務

1.故宮博物院所負的第一個任務，是典藏。典藏，就是保存文物，亦就是維護文物，維護國家的文化財產。本院對此有種種措施，有種種設備，用各種方法，很周密的如何的防蛀、防潮、防毀、以至於防水、防火、防盜。自展覽室以至庫房，節節的防，層層的護，達成維護文物的任務，以使文化文物綿延不絕，永保之於久遠。

維護文物方法，隨時代而進步。現正計劃進行文物實驗研究，加強科學技術保管，【圖版叁：A、B、肆：A（見英譯第193、194頁）】這是一種新的發展。

2.故宮博物院所負的第二個任務，是傳遞教育文化。本院在教育上發生效用，這是教育功能。本院在文化上發生效用，這是文化功能。現在先講第一點：

甲、關於第一點：教育的功能。博物院的對象，是觀衆。觀衆的範圍很廣，大致可分爲一般社會大衆、學校學生和學人三類。一般社會大衆，統括社會各界人士及軍公教人員。學校學生，包括小學、中學和大專學生。本院把所藏文物和典章圖籍，分期分批或分類展出，用文字說明，導覽解說，播音傳導等方法，灌輸到所有的觀衆。因爲我國的古文物具有歷史價值和藝術價值而富有無上的吸引力，觀衆中有的仰慕這些文物，進到本院參觀而有所欣賞和了解。有的想適合學校教育的需要，而更爲學識上的追求。有的企求藏品進一步作專門的硏究，而對於學術有所拓展。最近本院決定招待中學優秀學生來院參觀，用意在配合學校教育，以增進教育上的功能。【圖版肆：B（見英譯第194頁）】本院這一舉措，可視爲有助於實驗教育之一措施。過去所謂實物指教（object teaching），只應用到兒童，使得明瞭具體的觀念。現在這種直觀教授，要拓開應用到少年人、壯年人和老年人了。如果某一學校，接受了本院的招待，則學校方面對於課程之配合，學生之遴選，教員之輔導等問題，應有所籌劃安排。這是我個人的看法和意見，就便在這裡提一下。

乙、關於第二點：文化的功能。接着講一講中外文化之交流。文化傳播，有藉乎兩種流動：一是人的流動（Man Movement），一是物的流動（Material Movement）。中外文化交流，自古有之。以佛教藝術爲例。在吾國文化傳統中，我民族無時不跟外界接觸。前漢末世，佛教傳入中國。後漢明帝遣蔡愔到西域求佛法，回來之後，建寺譯經，流布始廣。而佛教藝術，也給我們不少的影響。本院藏有佛教藝術品，達數百件之多，於此可以窺其梗概。近世又吸收了西洋文化而受其影響，但我中華民族的傳統文化本質，仍在不斷的發揚。我國的傳統文化，具有溶化力，因而我國文化的影響力有及到他們。美國著作家洛士（E. A. Ross）說：「古代中國文化，富有同化力量，景教傳入中國，不久消滅，猶太人進入開封，失其語言宗教。中國如大海，凡流入之物，無不溶化。」這話不無所見。

又以瓷器爲例。有人說，第十世紀（宋代）中東伊朗對於中國瓷器加以仿製。其眞確性如何？未敢有所論列。明代（公元一三六八年－一六四三年），我國青花瓷大量輸出，到了回教國家，尤其是伊朗。以後伊朗知所仿製，這是史實。又在明代，義大利的佛羅稜土有人仿製中國瓷器。後由義大利傳到荷蘭、法國、德國。明末清初，這瓷工業便遍傳到歐洲各地了。大都是仿製我國瓷器的。

又以漆器爲例。在第十七世紀，明清之際，法國皇家初從中國運去不少的漆櫃。其後多屬室內各種用具，並加以仿製。法國是以精製漆器著稱的，英國、荷蘭、義大利相繼而起。法國文豪福祿特耳很贊賞我國的漆器。此外，還有刺繡、針繪，也傳到歐洲。

又以琺瑯器爲例。琺瑯藝術，創始於土耳其，元代（公元一二七七－一三六八年），由伊朗傳入中國。迄明代景泰年間（公元一四五〇年），我國仿製的很多而又精，通稱爲景泰藍。到了清代，爲康熙、雍正、乾隆所最愛好，在宮內設廠製造，對於圖案繪畫燒嵌設色，獨具匠心，出品尤爲精美，遂成爲中國人溶化了人家而創新一格的藝術品，特別是琺瑯彩瓷器。

又以繪畫、書法爲例。在繪畫、書法方面，日本早在八世紀就受了中國文化的影響而發生文化交流作用。十五世紀，西士東來，布道傳教，需用宗教畫來啟示人的地方很多，所以傳入了人物西洋畫。清代康熙末年，聘西洋教士郎世寧、艾啟蒙、賀清泰之流，供職宮廷畫院，用中國紙絲筆墨，參用西方顏料，採取西洋寫眞畫法而傳授中土，這也是中西文化交流之另一面。

以上所講，只舉幾個例，以見古代中外文化交流之一斑，且看近一世紀中外文化交流的情形是怎樣。

1.本院收藏的文物，由於歷朝帝王對外的贈送，由於百年間，在跟列強發生政治上軍事上衝突下而被拿走的，又由於國際間利用其他方法輾轉過手而遭流散的。綜此種種原因，這些我中華民族辛勤艱苦培植出來的文化種子，數不盡的播散在世界各各文化園地（博物館和圖書館），學校園地（大學中多設有東方藝術系），學術園地（學校和民間設有東方或中國文化藝術研究機構及學術團體）。他們不斷地在那裡拓植培養。大家不停的期待着，我國那些可寶貴的文化種子，在他們各個園地裡，開了美麗的花，結成甜蜜的果！

再有一點，補充說一說，查美國各博物館給本院交換的中國文物照片，有三千餘張。由此連想到歐洲地區，中東地區，東南亞地區，總括這三地區公私收藏的中國古文物，恐有十數倍超出於美國。袁同禮先生曾致力研討散布海外的本國珍品，編撰海外中國藝術珍品目錄。可惜此書未問世，而袁先生已於五年前離開人間了。希望後學能繼其餘緒，完成其未竟之志。如果此書一出，亦可得窺我國古文物傳播較全之面目。

聯教組織迭次鼓勵各會員國推動國際間文化合作和文化交流，以增進國際間相互的瞭解而對於人類福祉有所貢獻。本院藏有這麼多的文物珍品，正如日本中山正男氏所說的「保存中華民族的歷史文化遺產，也就是保存了東方的歷史文化遺產。」其言賅，其意深長。故宮博物院已把寶藏奧秘揭開出來，供全世界人士觀摩研究。聯教組織所鼓勵的與文化交流有關的東方藝術文化研究中心，應設在今日的臺灣。

2.默察這幾年來本院文化活動工作與國際文化合作，文化宣揚上「物和人的流動」情形，就數字之所示，可略窺其一二。例如，美國國家廣播電視公司、英國國家廣播公司、西德電視第一臺、法國電視臺，以及其他文化團體、國際愛好藝術人士，因慕我國歷史悠久，文化優長，前前後後，來到本院，多所觀摩，乃用攝影方法，視聽方法，製成片來，把我國文化文物傳播到海外。還有歐美著名雜誌及出版界新聞界人士，有如美國生活雜誌、時代雜誌、國家地理雜誌、展望雜誌、奧國文化雜誌、瑞士Du雜誌、法國Match雜誌與法蘭西期刊等等，來到參觀，採訪報導，或在日報發表，或在刊物登出，對國際作翔實之介紹。又有國際人士，如美、英、德、日、奧、加的學人士子，進本院研究藝術的，年年不絕，所學皆有成就。這種「人的流動」，在文化功能上，自出乎國際文化合作，而對於中外文化交流，自有莫大的裨助。又本院備有文物攝影底片五千餘張，復有不斷的增加，以供國內外人士作研究或刋印之用。尤其國際人士所需乎此的很多，乃用之或成專著，或印圖籍，這些印刷品的流行，幾遍及於全球。凡此文化功能的發揮，實給我們自身努力的鼓勵。

本院爲擴展研究、討論、與考訂中國古畫各種問題，藉以闡揚我國古代藝術與文化，特於民國五十九年六月十八日至廿四日，舉行一次國際性的中國古畫討論會【圖版伍（見英譯第195頁）】；邀請海內外對中國古畫有研究的專家學者來臺共同商討，萃各國藝術界人士於一堂，集衆思，廣衆益，誠屬藝林一大盛事。參加古畫討論會的，除國內人士外，則來自美國、日本、韓國、德國、法國、英國、比利時、瑞典、加拿大、烏拉圭、香港、新加坡、澳洲、巴西等地，共一百餘人。開會結果，成效甚著。這是本院文化活動與國際文化交流之一最有意義的集會，實具有教育、文化與學術研究的功能。

最後，講到本院所藏的圖書文獻。本院藏的所有文物，廣義言之，自然包括了圖書文獻。圖書中有一版本最精美的，是文淵閣的四庫全書。不錯，這部書是集中國古哲學、文學、史學、理學的大成，是部鈔本，鈔的是那些人？我們試想一想，這部具有三萬六千零七十八巨册的全書和乾隆自己選讀的一萬一千一百五十一巨册的四庫薈要（鈔本），總計起來，共有四萬七千二百二十九巨册。當年乾隆皇帝羅致多少中了高科的翰林庶吉士，鈔繕這麼多册的書，寫的館閣體，每一個字，都規規矩矩，方方正正。那些翰林庶吉士竭其心力、筆力、目力、手力、耐力、合力鈔成這部書，眞是難能可貴。這眞的表示出中華民族精神文化的精萃！這書，給人家翻開摩挲一下，也會油然興起「國光」之思。此外，尚有二萬餘册的珍本圖書，宋元版，就有二百多種。又有五萬二千餘册的殿本書。佛經、滿蒙文的書也很多。又有其他文獻如宮中檔、軍機檔、滿文檔、起居注、上諭、奏摺等等，有近四十萬件，爲研究清代歷史最珍貴的資料。本院藏有這些舉世稀有的圖書文獻，都是中國文化的精華，留給國內外人士作不斷的研究。此於教育文化功能上發生莫大的效用。

本院正在策動對所藏古文物作有系統的實驗研究，將其分析結果，參照文獻史料，綜合驗證，以使這一科學分析有裨於中華文化的維護與發揚，並於國際文化交流收更宏的效果。這於本院學術研究上開拓一新境界。我以爲各種文物，在其本身具有藝術文化的特質，能就各種科學的觀點作分類綜合的研討，也不失爲學術研究之一環。

法國博物館學家，叫做勃諾伊士（Luc Benoist），他說：「人生在世，沒有博物館，就等於心靈空虛，沒有傳統文化。」（見勃諾伊士所著的博物館與博物館學）。我們置身在這文化工作環境裡，登上文化之塔，放眼瞧瞧多姿多彩的文化文物，不斷的發揚光大，對世界人類有所貢獻，這是我們共同的展望。

（民國六十年）

文物印製品與出版品之展覽—巴黎　民國五十年

聯教組織工作計劃內，列有文化活動與東西文化交流。本代表團鑒於國立故宮博物院遷抵臺灣之文物，達三十餘萬件，均為古代藝術之精華，素為全世界各大博物館所鮮見，亦為國際人士所欣賞。為謀促進國際上對東西文化價值之了解與交互欣賞之任務有所貢獻，特提選一部分具有代表性之該院文物印製品與出版品及幻燈片等，共計數十種，運往巴黎展覽，藉以發揚中華優美之文化，弘拓東西文化之交流。本屆大會適逢聯教組織成立二十週年，本代表團擇定於十一月十四日，在聯教組織接待廳舉行酒會慶祝，由程首席代表天放主持。各會員國代表及來賓到者，計七百餘人，誠一空前之盛會。故宮文物印製品，佈懸四周，尤為酒會增輝，備受外賓之讚賞。又於同月十五日，假16, Rue Royer-Collard展出一週，前往參觀者逾六百人，大都為對藝術饒有興趣之教育文化界人士。參觀者以能看到現在臺灣中華民國政府與人民竭力維護中國文化遺產之努力而感到興奮並加讚美。日本雜誌出版界幹部訪華團團長中山正男，於民國五十五年九月間參觀國立故宮博物院後發表談話：「中華民國　蔣總統所領導之政府，能完善保存三十多萬件無價之寶的中國歷史文化遺產，亦卽保存東方之歷史文化遺產。　蔣總統之偉大功績，將在世界文化史上永垂不朽。」（見九月廿六日中央日報）。特舉此段談話，以指明國際人士對於吾國文化之寶貴遺產有一致之認識與景慕。玆將此次展覽之文物印製品與出版品及幻燈片之種類名稱列表於左：

（一）繪畫印製品

（甲）裝裱複製品：

①唐韓幹牧馬圖　②五代董源洞天山堂
③五代巨然秋山問道圖　④五代黃居寀山鷓棘雀圖
⑤五代人丹楓幼鹿圖　⑥北宋惠崇秋浦雙鴛
⑦北宋文同墨竹　⑧北宋郭熙早春圖
⑨北宋米芾春山瑞松　⑩北宋楷粱潑墨仙人
⑪南宋李迪風雨歸牧　⑫南宋馬遠秋江漁隱
⑬南宋蘇漢臣秋庭戲嬰圖　⑭遼蕭融花鳥
⑮元王蒙秋山草堂　⑯明唐寅陶穀贈詞圖
⑰明文徵明品茶圖　⑱清惲壽平花卉

（乙）玻璃鏡框影印品：

①唐人明皇幸蜀圖
②五代人宮樂圖
③五代關仝關山行旅圖
④宋徽宗文會圖
⑤南宋李迪狸奴小影
⑥南宋李嵩市擔嬰戲圖
⑦元趙孟頫鵲華秋色
⑧元高克恭雲橫秀嶺
⑨明唐寅倣唐人人物
⑩明仇英秋江待渡圖

（二）銅器照片影印裝裱

①宗周鐘
②西周毛公鼎
③西周散氏盤

（三）故宮藏瓷照片影印集

①宋汝窰（一册）
②宋鈞窰（一册）
③宋官窰（一册）
④南宋官窰（三册）
⑤明青花（七册）
⑥明釉裏紅（一册）

（四）文物幻燈片

（甲）①國立故宮博物院（臺北外雙溪）　②國立故宮博物院與國寶

③中國古畫　④唐、金、元名畫

⑤北宋、南宋名畫　⑥明、清名畫

⑦中國人物古畫選集　⑧中國文人人物古畫

⑨中國山水古畫選集　⑩中國花鳥寫生古畫

⑪唐、宋、元、明名家法書　⑫中華國寶

⑬中國上古殷周青銅玉器藝術　⑭漢、宋、明、清之古玉器

⑮宋、明、清之瓷藝　⑯清代琺瑯及雕刻藝術

⑰刻絲（宋代）與雕漆（明代）藝術品（以上十七套，每套六張）

（乙）特展三種：

①琺瑯彩瓷集　②唐伯虎畫集

③歷代畫馬集（以上三套，每套十六張）

（五）出版品

①故宮名畫三百種　②中國文物圖說（英文本）

③故宮名畫　④故宮通訊

⑤故宮週報　⑥故宮季刊

以上各項文物複印製品，刻已交駐比利時大使館文化參事處，先在比利時舉行展覽，然後備在歐洲各地巡廻展出之用。

出席聯教組織第十四屆大會中國代表團報告書

五十六年UNESCO中國委員會印

中華民國五十五年十一月二十四

中央日報

發揚中華優美文化
我古畫複製品今在巴黎展出

【中央社巴黎二十三日專電】當此中共匪幫在中國大陸蓄意摧毀中國傳統文化之際，中華民國出席第十四屆聯合國教科文組織大會的代表團，將從十一月二十四日起至三十日止，在巴黎舉行國立故宮博物院收藏的中國古代名畫複製品展覽。

此一獨特的，歐洲各地前所未見的中國古代名畫展覽，吸引了數百愛好繪畫的巴黎人士前來參觀。他們以能看到現在臺灣的中華民國政府與中國人民竭力維護中國文化的寶貴遺產的努力而感到興奮與榮幸。

展出的複製品計分兩部份：一部份裱於卷軸，另一部份鑲於鏡框。其中包括自周、五代、唐、宋、元、明，以至清朝的藝術家的作品，計有山水、人物、馬和竹等。除了名畫的複製品外，遠至周朝的銅器照片，各套藝術品的幻燈片，有關陶磁器的書籍，以及故宮博物館出版的印有該館收藏的三百幅名畫的刊物，亦使觀眾感到濃厚興趣。

程天放博士在展覽會揭幕時發表演說稱，為慶祝聯合國教科文組織成立二十週年，並對聯合國教科文組織促進國際上對東西方文化價值的瞭解與相互觀賞的任務提供一些貢獻，中國代表團希望此次中國名畫複製品展覽能使參觀人士對中國藝術獲得一些概念。

負責展覽的國立故宮博物院副院長何聯奎告訴記者說，巴黎展覽會結束後，所有作品將運往布魯塞爾再行展出。何聯奎為中華民國出席聯合國教科文組織大會的代表團的顧問。

出席國際博物館協會第九屆大會記

本人代表本院出席國際博物館協會第九屆大會（International Council of Museums Ninth General Conference）。這一次大會，是由國際博物館協會法國委員會主席，法國博物館館長夏德蘭氏（Mr. Jean Chatelain）邀開，擇定在法國首都巴黎（Paris）及南部多飛內（Dauphine）省會葛拉諾布爾（Grenoble）兩地舉行。自八月二十九日開始，至九月十日止，爲期十三天。我二十七日到巴黎，二十九日報到。參加這個團體的，計美國、英國、西班牙、瑞士、中華民國、義大利、荷蘭、瑞典、丹麥、巴西、比利時、加拿大、菲律賓、挪威、黎巴嫩、印度、日本、韓國、法國、芬蘭、西德、匈牙利、葡萄牙、伊朗、以色列、泰國、巴基斯坦、澳大利亞、奧地利、羅馬尼亞、保加利亞、捷克、波蘭、蘇俄、南斯拉夫、阿聯、摩洛哥、墨西哥、突尼西亞、奈及利亞、塞納格、查德、古巴、迦納、東德、安哥拉、喀麥隆、智利、賽普勒斯、阿爾及利亞、委內瑞拉、敘利亞、錫蘭等五十餘國，出席代表，有六百餘人。濟濟人士，份子複雜，主持人一再聲言，這是一個文化學術的集會，不含有一點政治的意味。

一、國際博物館協會的性質及淵源

國際博物館協會之設立（International Council of Museums，簡稱ICOM），自有其組織的背景和歷史的背景。就這觀點以說明它的組織上的根源及其歷史上的發展；並且說明國際博物館協會與大會的關係。

國際博物館協會，是一國際性的組織，是一民間的專業的組織（Professional organization），亦可說是社會的文化學術團體。考聯教組織（United Nations, Educational, Scientific & Cultural Organization. 簡稱UNESCO）於一九四六年成立後，每兩年舉行會議一次。每屆大會，訂定年度預算與計劃，其計劃內文化部門，列有博物館發展一項，旨在推行會員國中關於博物館事業之發展，以策進國際間文化的傳播。二十餘年來，聯教組織協助開發中的會員國，以發展這類的文化事業，最顯著的，如墨西哥博物館、印度博物館、奈及利亞博物館、泰國博物館等。再值得稱道的，是設在比利時首都布魯塞爾的皇家藝術品保藏學院（Institut Royal du Patrimoine Artistique de Restoration et Conservation），亦得聯教組織的支助，栽成不少專技人才。國際博物館協會之設立，是基於聯教組織的倡導，藉以配合聯教組織所訂的計劃，而相輔為社團的推動。近幾年來，該社團時派專家參加在開發中的會員國博物館，作技術上的指導。其工作的進行，每年度亦得聯教組織的補助。此外，國際博物館協會，每三年舉行大會一次，聚專家專業人士於一堂，集思廣益，共謀國際間博物館事業的改善和進展。

國際博物館協會，成立於公元一九四七年。當年，在巴黎舉行第一屆大會，參加大會的僅一百人。自一九四七年以迄一九七一年，其中第二屆至第八屆大會，分別在歐洲各國（倫敦、斯德哥爾摩Stockholm、阿姆斯特丹Amsterdam、莫斯科、慕爾黑等地）及美國、紐約舉行。時隔廿五載，而今又在法國舉行了，參加的會員國，現已達到七十餘國；而出席的代表，自一百名而增加到六百名了。

國際博物館協會，以策勵博物館於教育功能、文化功能上的發揮，以及增進世界文化的交流為宗旨。由會員國的會員，預備會員和贊助會員組織之。以會員大會為最高權力機構。設理事會，執行會務，置理事長一人，副理事長四人，理事十四人，任期三年。一九六九至一九七一年度，國際博物館協會理事長，為桑戴爾（Dr.A.Van Schendel，荷蘭博物館館長）。副理事長：㈠為夏德蘭（法國博物館館長），㈡為呂勃萊（Dr. S. Dillon Ripley,美國史密索尼博物館秘書），㈢為艾佑（Mr. Eko Eyo 非洲奈及利亞博物館主任），㈣為崔莫雪克納（M. A. I. Zamoschkine，蘇俄美術館）。理事為：烏爾（Dr. H. Auer, 西德慕爾黑博物館），普勃．漢納西（Sir J. Pope-Hennessy,倫敦維多利亞與阿爾勃博物館館長），沙拉司（M. de Salas, 西班牙 Prado 博物館館長），蘇艾洛（Mr. R. Soeiro，巴西歷史與藝術博物館館長），法斯格（Mr. M. Vasquez，墨西哥博物館主任），華爾底斯（Mr. A. Waldis，瑞士運輸交通博物館館長）等。

此外，設有國際專家組織，稱爲國際委員會（International Committees）。該委員會，包羅很廣，類別十七：1.關於科學和技術的，2.關於自然歷史的和民族誌的，3.關於考古和歷史的，4.關於國際藝術展覽的，5.關於應用藝術的，6.關於現代藝術的，7.關於區域博物館的，8.關於文物維護的，9.關於建築和博物館技術的，10.關於文獻的，11.關於教育和文化的，12.關於人事訓練的，13.關於博物館與玻璃製品典藏的，14.關於樂器典藏的，15.關於博物館和服裝收藏的，16.關於運輸交通博物館的，17.關於兵器和軍事歷史的。每一委員會，設主席和聯絡員一人，就會員國中遴選博物館專家充任。（詳見ICOM規章及ICOM第九屆大會手冊）。

本院於公元一九六九年加入國際博物館協會爲預備會員（Associated Member），依照規章，預備會員沒有選舉和被選舉權，所以不能享有任何選舉的權利。國際博物館協會，得在各委員國設國內委員會（援UNESCO組織的例），如法國設有法國委員會（French National Committee），但現在所有的委員國中設有國內委員會的，還不很普遍。

二、本屆大會中的文化活動與各界的接待

本屆大會，在法國，前後兩地舉行。八月二十九日，在巴黎，假巴黎大學法學院辦理報到手續。八月三十日、三十一日、九月一日、二日，在同一地點，各國國際委員會舉行各類討論會。每一代表，可以自由參加討論會，交換意見，藉資觀摩。又定時參加各種文化活動，並接受各界的招待。八月三十日下午三時，參觀Research Laboratory of the Museums of France。這一保藏文物的科學研究實驗室，設在羅浮博物館內，時閱三載，規模粗具。晚上，赴Central National d'Art Contemporain 招待會。八月三十一日，中午，赴巴黎市議會招待會。招待會，在市政府Salon des Arcades舉行。內部裝飾，富麗堂皇，名畫滿壁，美不勝收。晚上，赴Musée Rodin 招待會。羅丹雕刻精品，特別陳列，供人觀賞，各種形態，奇拔有致。九月一日晚，六時，法國文化部部長杜艾末爾（Mr. J. Duhamel）假凡爾塞宮【圖版壹：A（見英譯第217頁）】開盛大的歡迎會，設筵接待，多姿多彩，極衣冠之盛。宴後，演放配合園林景物令人叫絕的噴水煙火，眞是天工巧奪的美觀。在接待會中，承凡爾塞館館長肯貝氏（Mr. G. Vander Kemp）垂顧，挈同美籍夫人暨女兒跟我和隆延兄接談，知道我們來自中華民國，談的很起勁。他說，去年暑天到日本大阪，參觀世界博覽會後，很想攜眷去臺灣觀光，特別的要看看故

宮博物院的珍品。因入境時間問題，故未能如願以償，誠是平生的遺憾。他的女兒，跟我邊行邊談，她如何賞識中國的文化，如何喜愛中國的古物，尤其銅器，是我最感興趣研究的。絮絮叨叨之中，可以窺見其嚮往之情。言下，我對他們表示，你們何年何日來到台灣觀光，看看中華民國的文物風物，我們當致以熱誠的歡迎。這在國際文化活動中，是留着一段禮俗的佳話。九月二日下午三時，在巴黎大學法學院禮堂，舉行本屆大會的揭幕典禮。由桑戴爾理事長擔任主席，致開會詞，法國文化部部長杜艾末爾致詞，以「博物館對於今後人類的貢獻」爲題。晚九時，參觀羅浮博物館，【圖版壹：B（見英譯第217頁）】新增建築，平添不少光彩。館長設酒會歡迎。

九月三日晨，由巴黎搭火車南下，經第戎（Dijon），波納（Beaune），里昂（Lyon），往葛拉諾布爾（Grenoble）。十時，到達第戎，參觀美術博物館，考古博物館，市立圖書館，科學院（以礦物學著名）。中午，赴第戎市政府招待會。下午四時三十分，到達波納。參觀公元一四四二年建造的著名大病院，聖母教堂及葡萄酒博物館。六時，赴波納市政府招待會。七時一刻，搭火車前往里昂。九時六分到達，寓大學宿舍。九月四日晨，參觀市立博物館，自然歷史博物館，動物園和玫瑰園，工商業博物館，時代絲織品博物館，和裝飾品博物館。參觀了Museé historique des tissus的藏品，以與本院珍藏的緙絲刺繡相較，無論在年代上，在技藝上，都相差的很遠。諦視現下本院的展品，追想起來，不禁油然興起「懷古」之感！十二時三十分，赴里昂市政府，美術博物館等聯合招待會。三時，搭遊覽專車往葛拉諾布爾，四時三十分到達。

葛拉諾布爾，是法國南部古城，是多飛內省會，也是法國工業和電力的中心；位於阿爾卑斯山之中，北接瑞士，南接尼斯，爲一著名的觀光勝地。第二次世界大戰後，該市大加擴建，環境之清幽，街道之整潔，一如日內瓦。公元一九二九年暑間，我去瑞士渡假，曾到過此城。四十年來，重臨舊地，目之所接，已改舊觀，實不勝其今昔之感。法國政府有計劃的推行文化政策，於一九六八年在葛城建立文化館（La Maison de la Culture）。【圖版貳：A（見英譯第218頁）】這是一座現代的大建築物，造型別緻，佔地很廣。本屆大會，接着巴黎，在這文化館舉行。這次法國擇定在這一地區繼續開會，是配合法國政府的文化政策，觀光政策和經濟政策，自有他的意義的。

三、本屆大會概況

本屆大會討論的主題，是「博物館對於今後人類的貢獻—博物館的教育與文化功能」。（The Museum in the Service of Man, today and tomorrow. - the Educational and Cultural Role）。

九月五日，上午十時，開會。首先艾杜得非（Mr. Stanislas Spero Adotevi,

非洲達荷美應用研究院院長）講演。講題，是「現代教育文化體系中的博物館」。接着四位專家宣讀論文：1.摩士底尼（Dr. Grete Mastny, 智利國立自然歷史博物館館長）論文，是「博物館的功能與目的」。2.于朋狄克（Dr. B. Hubendick, 瑞典Goteborg自然歷史博物館館長）論文，是「博物館與環境」。3.哥斯（Shri S. K. Ghose, 印度加爾各答工業技術博物館館長）論文，是「博物館與科學知識」。4.艾爾托夫（Prof. M. Alpatov, 蘇俄美術院教授）論文，是「博物館與美術教育」。下午二時三十分，開討論會，就上午所宣讀的論文，提出討論。參加討論的，是被指定的代表，其他代表，可自由參加，列爲觀察員。

九月六日，上午十時，開會。首先弗拉狄克尼（M. Vladykine 蘇俄文化副部長）講演。講詞，是「博物館與社會」。接着三位宣讀論文：1.法非厄爾（M. Jean Faviere, 法國Bourges博物館館長）論文，是「博物館爲文化生命的中心」。2.格末隆（Mr. Duncan Cameron, 紐約Brooklyn博物館館長）論文，是「博物館通譯語言問題」。附帶電影表演。3.霍克（Mr. G. J. van der Hoek, 荷蘭Amsterdam, Risksmuseum）論文，是「博物館內的文字：從標籤到出版物」。下午二時三十分，開討論會，就上午所宣讀的論文，提出討論。

九月七日，自由旅行，不開會。九月八日上午十時開會。首先涂那尼（Dr. Klaus

Von Dohnanyi，西德聯邦政府教育部副部長）講演。講詞，是「社區中博物館的工作」。接着三位宣讀論文：1.祁葛利士克（Dr. Kazimierz Zygulski，波蘭科學院）論文，是「博物館與成人」。2.柯克思（Mr. Peter Cox，英國Devon藝術學院院長）論文，是「博物館與青年」。3.高棟（Mme.，Ayala Gordon，耶路撒冷以色列博物館主任）論文，是「博物館與幼年學生和教員」。下午二時三十分，開討論會，就上午所宣讀的論文，提出討論。

九月九日，上午十時，開會。首先克奈德（Mr. Jhn Kinard，美國．華盛頓D.C. Anacostia 鄰人博物院院長）講演。講詞題目是「博物館與社區的媒介」。接着三位宣讀論文：1.墨沙雷姆（Dr. Mahmaud Mesallam，埃及．開羅：科學技術博物館館長）論文，是「教育工作—博物館人事上所負的共同責任」。2.派克（Mr. Harry S. Parker，紐約：都會博物館教育組副組長）論文，是「博物館教育工作者的訓練」。3.霍爾茲烏埃（Prof. Helmut Holtzhauer，西德Weimar：國立古典文學研究中心主任）論文，是「教員與受訓練的教員」。下午二時三十分，開討論會，就上午所宣讀的論文提出討論。

九月五日至九日，共開會四天（其中一日不開會）。主持會議的，是夏德蘭副理事長。講演的，四位，共四次；宣讀論文的，十三位，共十三篇；舉行討論會，四次。舉凡講詞、論文，以及討論，均就所擬定的主題：博物館的教育與文化功能，在經驗上理論上多有所發揮，而具有可取的共通意見。（附講詞六篇，論文十三篇。）這些綜合意見，將編入一九七二—一九七四年度計劃，提出大會討議。

在四天大會中，間有區域性會議的舉行，如：1.亞洲代表會議。2.非洲代表會議，3.拉丁美洲代表會議，4.北美洲代表會議，5.聯邦代表會議，6.阿拉伯代表會議。我和隆延先生是參加亞洲代表會議的。其他參加這會議的，尚有印度、巴基斯坦、泰國、日本、菲律賓、澳大利亞等國代表。主持會議的，是摩萊代表（Dr. Grace Morley）。洛克弗勒三世基金會主席馬可克拉（Mr. Porter McCray）亦列席。本會議，主要的是討論關於亞洲區域範圍內的合作問題。我在這會議中曾發表意見：故宮博物院正在進行維護文物的科學實驗工作，並與清華大學合作，以策發展。現在本院關於中子活化法（Neutron Activation Analysis Procedure）已試驗成功。這種方法用之於古器物（銅器）之有系統的分析，求之於其他國家保藏文物的科學實驗，恐不多見。至於種種設備及專技人才的訓練，尚待補充和加強，尚希惠予指導鼓勵和協助。主席領首稱是，表示接受。（按保藏文物的科學實驗機構之設立：在羅馬，有International Centre for the Preservation and Restoration of Cultural Property；在布魯塞爾，有Institut Royal du patrimoine Artiatique de Restoration et Conservation；在倫敦，有

International Institute for Conservation of Historic and Artistic Works; 在華盛頓 D.C.，有 Conservation-Analytical Laboratory, Smithsonian Institution; 在紐約，有 New York University, Conservation Center, Institute of fine Arts; 在巴黎，有 Laboratoire de Recherche des Musées de France; 在渥太華，有 National Conservation Research Laboratory, National Gallery of Canada;在印度、新德里，有 Conservation Laboratory 等）。

其次，補充說一說，在葛城開會中參加其他文化活動和各界的接待。八日下午五時三十分，參觀繪畫石刻博物館後，赴伊色耳省長（Le Préfet de L'Isére）的招待會。招待會，在 Les Salons de L'Hotel de la Préfecture 舉行。省長和我們握手爲禮，寒暄幾句，知道我們來自台灣中華民國，代表故宮博物院，卽肅然正色說，我久矣仰慕故宮的珍寶（tresors）。因此，我內中興起一個感想：我這幾天和英國、德國、美國、印度、泰國、荷蘭、葡萄牙等等代表，多所接觸。一提起「故宮」，他們對我古文物都致以仰慕之情。故宮博物院馳名寰宇，信非偶然。人家對我文化文物的仰慕，我們固不可妄自尊大，但不必妄自菲薄。我們要認識自己，鼓勵自己，從科學的分類，科學的實驗，歷史的分析，文化的交流，教育的應用，致以多方面的分工合作的研究發展，而對於世界人類有所貢獻。亂世的逆流，不足以阻撓我們的挺進。我們總有一天昂首天外，揚眉而吐氣！

九日下午五時，參觀城市後，赴市政府市長的招待會。市政府新建，玻璃造型，別具風格，內外佈置，最稱人意；園林四繞，環境優美。這可以代表葛市新建設的象徵。過去，我在巴黎，曾經說過，第二次世界大戰後，法國的復興，很幸運，得之於德國的賠償，馬歇爾計劃的援助，歐洲共同市場的分享，以及地方經濟的發展。今觀葛城的新貌，亦有感乎此。

同日下午八時，赴法國公家收藏與博物館專家聯合總會的宴會，假多飛內博物館（Musée Dauphinois）【圖版貳：B（見英譯第218頁）】張設。考古文物，列屋展覽。美肴雜陳，享盡口福。此情此景，僅次於巴黎凡爾塞宮之接待。這次從世界各地來到法國參加大會的人士，所受巴黎、第戎、波納、葛拉諾布爾等地各界的接待，十有餘次，其接待的熱誠，實在令人感奮。於此可覘各界人士對於國際間文化文物闡揚之重視與鼓勵。

下述本屆大會最後一次的會員大會General Assembly（Active Members）

九月十日下午，開會員大會。這一會議，只限會員參加，其他預備會員（Associated Members），以觀察員列席。這是近於偏狹，不很合理。出席本屆大會的代表，嘖有煩言。

本大會議程，主要的是：

1. 一九六九—一九七一年度工作報告（見Reports on the triennial period 1969—

1971）。

2.通過一九七二—一九七四年度計劃。其計劃內容撮要如下：

㈠關於經費之籌措。

㈡關於預算之確定與經費之用途：⑴人事之費用，⑵行政之費用，⑶設備之費用。這三項，大致用之於ICOM總部秘書處，刊物之出版，博物館文獻中心等等。

㈢關於刊物之出版，如：⑴ICOM News, Publicity Leaflets, 博物館報告與論文，博物館學訓練資料，ICOM'71大會報告等。⑵關於羅馬中心與ICOM合作的保藏文物印刷品之刊行。⑶關於其他期刊，如International Museagraphical and Museological Bibliography與教育委員會編的年報。與聯教組織合作之Museum，繼續出版。

㈣關於一般工作者：1.為提高工作效力，ICOM 組織實有改造的必要。由理事會指定三專家設一小組，就現有組織及其規程加以檢討研究，擬具計劃，提出一九七二年理事會常務會議決定之。2.推進博物館的發展，以宏教育、科學、文化功能的實效。一九七二年，將在西班牙，Barcelona 開第一次國際博物館聯誼會（the 1st International Congress of Friends of Museums）及在瑞典・斯德哥爾摩開一國際會議，這類會議，有裨於博物館的策進。3.感於文物收獲收藏上的需要而謀專業規律的建立。4.人事訓練方面，重在專業之訓練。在專業訓練中，需乎博物館學的新教練，以提高專門人才的標準。再則，鼓勵訓練中心與文化機構的合作交換；謀求教材、講義、聯教組織所籌印的博物館學論文，以及視聽工具的供應。

(五)關於區域性工作者，計分六地區：1.亞洲。2.非洲。3.拉丁美洲。4.北美洲。5.阿拉伯國家。6.歐洲。ICOM 對這六地區有聯絡，並予以工作上的指導協助。

(六)關於專門性工作者：計分二十項：1.人事訓練。2.文獻。3.保藏。4.展覽。5.教育。6.建築。7.基本教程。8.科學與技術。9.自然歷史。10.考古學與歷史。11.民族誌。12.藝術（應用藝術與近代藝術）。13.專門博物館。14.玻璃製品博物館。15.樂器博物館。16.服裝與絲織品博物館。17.露天博物館。18.和其他國際組織的合作。19.秘書處的正常工作。20.ICOM 基金會和博物館聯誼會。1.至17.項工作，由理事會各個國際委員會照計劃分別處理。

詳見ICOM一九七二—一九七四年度計劃（ICOM Programme for 1972-1974）。

3.新理事會的選舉。

4.基金董事會的選舉。

5.章程的修改：大部份代表，以爲預備會員代表不能正式參加ICOM組織，而會員大會只許預備會員代表列爲觀察員，殊不允當。提議，規章應予修改。大會通過，交下屆理事會辦理。
九月十日，下午二時三十分，會員大會閉幕：桑戴爾致閉幕詞。捷克代表致詞。丹麥代表致詞，宣稱第十屆大會於一九七四年，由丹麥邀請，在丹麥舉行。
民國六十年十月一日

第三編　其他文選

自述

民國紀元年前十年，十二月二十五日，余生於浙江省松陽縣之北里，先世皆以讀書力田爲業。祖父國雨公，起家貨殖，長持勤儉，遂以勞苦畢其生。父文龍公，篤義理之學，敦尙踐履，一世多致力於教育公益事業。遜清宣統元年，省大吏以先父歷辦地方事業勞績，札委爲舊寧波府奉化縣訓導，任職三年，嗣見官場腐敗，慨然辭歸，提倡實業；迨民國肇造，地方自治成立，被舉爲縣議會副議長；晚年，被舉爲浙江省議會議員，勁介澹泊，以此自終。母鄭夫人生平爲多子苦，重以家事操勞，抱病終老。余上有六兄，皆不幸蚤世，繼先人後者，惟我昆季三人耳。

余少承庭訓，勵志讀書，年九許時，有葉有麟先生者，邑之績學之士也，嚴親延致之教以經史格致之學。迨年十三，葉師受浙江省立第十一中學之聘，余從之而負笈焉。在校，弱而多病，常廢於不勤，蹉跎荏苒，學少有進。先儒云：「人生十六、七，正是聰明怒發時，此時下得一分苦心，勝後來萬萬也。」讀其言而蹶然有感焉！當畢業之歲，時民國六年也，蔡元培先生任國立北京大學校長。蔡先生以學術道德，師範當世，同年爭歸之。

是年夏，赴上海，投考北京大學，落選，志不遂，轉而就學於復旦公學，嗣因得病，遽爾半途而廢；及瘥，擬赴北平，重投北大。時在民國七年，適以復辟之餘波未靖，兼之慈母以余體質羸弱爲念，卒尼其行。後則肄業於浙江省立法政專門學校。越年，民國八年，五四運動勃發於北平，杭州一隅首舉而應之，余集同志創辦一日報，曰晨鐘，蓋取「欲覺聞晨鐘令人發深省」之義，鼓吹之力，有足記者。翌年夏，就學北大之志復萌，心之所嚮，必求達吾心之欲至而後已。乃一意孤行，摳衣北上，卒獲以酬宿願，旋馳報家中，父母欣然許之，且諄諄以立志進取爲勗。嘗念少年志氣，幾經折磨，而終不爲懾者，此無他，決心奮鬪爲之也。而以平日先人之督訓，與夫先輩錢正卿童亦韓阮荀伯三先生之鼓勵，其所以成我者，尤可敬念。民國十年秋，遭父喪，慘慘鮮民，一罹斯厄，幾絕求知之路。母親則忍痛謂余曰：「汝父去世，我尚在，我雖病，不足慮，汝學不可廢，家事委之汝弟可也。」余乃得復行北上，繼續求學，此又慈親之所以全我也。惟諸弟獨受家庭環境之累，未能相與共享同等教育之機會，爲可惜耳。

　民國十一年秋，余畢業預科後，進本科英國文學系肄業。其時，學校行單位制，竊不自量，思廣心博習，求爲有用之學，故所肄習者，於本系外，並選修其他文史各科。當代師儒聚於校者，各以所長擅一世。余受英文學於柴思（Dr. Chase）、陳源、溫源寧、林語堂諸先生；學國故於單不庵、黃節、林損諸先生；習史哲於胡適、王國維、陳大齊諸先生，師資所承，得窺學問涂轍，誠生平之幸也。

民國十二年，余篤意於論學求友。人苟有一長，友之皆足以自陶淑所不及。嗣是親師取友，讀書日以益多，斐然欲有所作。迺集學友游國恩曲殿元諸君，辦一學術刊物，曰國學月報，共期藉文字以相切劘。自審學識末閎，固不敢輕言著述，惟運筆構思，自謂亦有助學問之鞭繩。

同年，本黨以北平反革命之根株未絕，特注意青年運動之發展，以冀爭取青年，充實力量，爲實行主義而奮鬭。故在北平有黨務活動之團體組織。余有感於當時環境之惡劣，而激於本黨主義思想之啟發，意氣奮踔，不敢後人，乃毅然加入，致力於黨務活動工作。民國十三年，一月，中國國民黨改組成立，余加入爲黨員，自許盡瘁於黨，爲國努力。蔡校長嘗以「讀書不忘救國，救國不忘讀書」之旨昭示我人。余敬受誨言，勉自惕勵。自十一年以迄十五年畢業，在本科攻學凡四年，幾畢心力於文哲之擘求，而於樸學理學略有所窺，其若有得於心者，則爲治學之方與治身之道。昔鄭夾漈有言：「天下之理，不可以不會；古今之道，不可以不通。」故知爲學，貴博貴通，尤貴精。惟精通由博而入，必致攻乎心力則可耳。余畢業北大，所造未宏，會通之義，自矢終身求之。

民國十六年，一月，余由北平南下，參加本黨北伐國民革命軍第二十六軍政治部工作。時革命軍正進兵江浙，適傳慈親棄養之耗。乃以懔於移孝作忠之義，奔喪未遑。嗣後，寧漢分裂，即入浙，受任浙江省黨部秘書等職。其夏，奉浙江省政府任命爲浙江省立第五中學校長（在紹興），余方肆力於黨務工作，辭而未就。浙江省政府添置司法廳，廳長阮荀伯先生以秘書科長徵及于余，復婉辭之。竊不自揆，嘗有游學歐洲之志，思欲充拓學識，爲國家盡更多之努力。遂於十七年春赴法，入巴黎大學，習社會學與民族學。次年秋，赴英，入倫敦大學政治經濟學院，續求所學。其時，教授布格萊（C. Bougle）與傅谷納（P. Fauconnet）主講巴黎大學；教授金斯勃格（M. Ginsberg）與馬林諾斯基（B. Malinowiski）主講倫敦大學；四教授一世碩儒，凡所指授，最爲士類所推重。民國二十年夏，余歸國，留學海外，凡三年餘，每自喜以爲尚有所得。

歸國後，受聘任國立北平大學教授。九一八事變發生，痛懷國恥，刺激特深。越年，國際聯盟會調查報告出，奮筆痛斥之。嗣因病返梓攝養。及痊，從事於畲民調查工作，而就研究所得，撰「畲民問題」，與「畲民之民族學上之新發見」二文，蔡子民先生見之，勗勉有加；而余則鑽之益堅，得之益多。民國二十二年度至二十四年度，受聘爲國立中央大學教授。講授而外，嘗有志於述作。凡「中國民族文化之研究」，「畲民文化」，與「中國民族婚姻之變象」，皆成於此數年間，惟未全部刋布，蓋尚有待乎補訂與精裁。民國二十三年秋，余與黃文山、孫本文、凌純聲、商承祖、徐益棠、衞惠林諸君籌設「中國民族學會」，蔡子民先生亦欣然參加，集同志講求磨厲，以策進吾國民族學之科學建設。

民國二十三年冬，贛省匪難蕩平後，繼之日寇謀我益亟。中央為國防需要，於次年三月初，軍事委員會委員長武昌行營設置陸軍整理處，以為整軍之措施，而作禦侮之準備，現任副總統陳辭公任處長。余奉召，受任同少將主任秘書；六月，參加籌辦峨眉軍官訓練團。二十五年，一月，受任軍事委員會委員長宜昌行轅秘書。九月，中央為解決兩廣問題，於廣州設軍事委員會委員長行營，余受任行營參議。民國二十六年，五月，參加籌辦廬山暑期訓練團，以七七事變爆發，連辦二期，遂爾結束；其後濡迹牯嶺，纂修廬山暑期訓練實紀。旋而隨軍赴東戰場，參加抗戰工作。民國二十七年，二月，受任軍事委員會政治部設計委員會委員兼秘書；四月，奉命籌備中央訓練委員會，五月成立，受任指導處處長。民國二十八年，四月，中央訓練委員會改組，遷訓練委員會委員兼秘書主任；六月，軍事委員會政治部掃蕩報社改組，又兼任掃蕩報總社社長；九月，又兼任三民主義青年團中央幹事會幹事。民國二十九年，被選為第二屆國民參政會參政員。民國三十一年，被選為第三屆國民參政會參政員。是年六月，掃蕩報與中央日報聯合出版，余始辭去掃蕩報總社社長職。民國三十二年，五月，被舉為三民主義青年團中央幹事會候補幹事。自二十八年至三十二年，擔任中央訓練團講師及指導員。民國三十三年，受任中央政練委員會副主任委員。

余主辦掃蕩報，凡三閱年。接辦之始，即謀改進。日報提早出版，發行驟增，深得總經理姚志崇兄之襄助。言論報導，一本抗戰建國綱領，爲安內攘外而盡宣傳之力。又有堪引以自慰者，卽揷製地圖，以配合軍事之報導；而發行目標，擴展於教育界學生界。

余服務中央訓練委員會，歷時八載，事上磨練，欣然有得。本黨訓練事業，肇自黃埔，繼之以廬山、峨眉、珞珈山而及於訓練體系之確立，要皆爲遂行國策，因應革命與時代之需要而措施。各級幹部分布於全國各地服務，爲黨爲國而盡力者，殆難以數計。尤其在抗戰期中，或在前方，或在後方，甚至在邊遠地區，從事各項工作。彼等分期調渝受訓，加深其對國策之了解，而堅其對領袖之信仰，以使受訓後回至各地，守其崗位，遵循領袖之訓示，力行國策，而擁護政府，支持長期抗戰。其發揮訓練之功能，而有裨於抗戰建國者，誠足紀也。

民國三十四年，八月，抗戰結束，政府以八年抗戰表章忠愛，授勝利勳章。此具有人生歷史價値，余謹受之，永世持守勿失。

民國三十五年，七月，余受國立中央大學之聘，任專任教授兼法學院院長；九月，被擧爲三民主義青年團第二屆中央幹事會常務幹事。三十六年，黨團合併，任中央執行委員會常務委員兼政治委員會委員。三十七年，三月，被擧爲第一屆國民大會代表；四月，任三十七年第一次高等考試典試委員。

民國三十八年，一月，余爲計劃遷中大法學院而來台灣，以種種困難未果。三月及八月，曾兩次去廣州出席中央常務委員會議。十月，金門登步島國軍大捷，此為確保臺灣之先聲。大局所繫，至為重大。十二月，大陸赤禍猖獗，政府東遷，臺灣一隅，環境惡劣。三十九年三月，總統　蔣公復行視事，人心漸臻安定，政府復有重心，國家之新機，已露一線之曙光。是年四月，被選為正中書局董事；十月，被選為中央日報監察。

余與黃文山同志志切報國，謀海外反共工作之推動。黃同志於民國三十八年七月抵舊金山，卽集黃仁俊、周錦朝、劉伯驥等同志，策動僑胞，組織反共救國團體，以加强海外僑胞團結力量，為反共抗俄而盡力。其反共工作之可歌可泣者，不絕於人口。周同志等並掬以愛國熱誠，致力於國民外交工作，為有利於我政府之活動，貢獻至宏。自三十八年至四十三年，其中工作情形，非片紙可盡。

民國四十年，一月，余受任行政院副秘書長。四十三年，五月，陳院長選任副總統，余隨而辭職，改聘為顧問，以迄於今。歷年承國立臺灣大學之聘，任歷史研究所及考古人類學研究所研究生碩士學位考試論文考試委員，略窺大學教學情形及青年學生程度之一班。自四十五年至今，迭受中央研究院之聘，任民族學研究所通信研究員。

民國四十九年及五十一年，余兩次參加聯合國文教組織大會。默察歐洲共同市場之發展，其影響及於蘇聯與美國。曾建議：加强中法外交關係，並在巴黎建立歐洲外交中心。洒戴高樂發狂，罔識大義，竟連共而絕我，盱衡世態，何勝感慨！

民國五十二年，七月，受教育部之聘，任國立故宮、中央博物院聯合管理處副主任委員，代理處務；余以整理工作告一段落，屢辭不獲。五十三年，四月，受行政院之聘，任兩院共同理事會理事；五月，受教育部之聘，任兩院聯合管理處主任委員。兩院文物，爲世界稀有之寶，當本宣揚文化之旨，闡明我古文物之奧秘，配合社會教育，學校教育，與學術教育，而發揮其功用。

反共抗俄，爲本黨之革命大業，凡我同志，應精誠團結，爲復國建國而努力。本黨爲執政黨，領導政治，責無旁貸。從政同志，宜以至忠之心臨之，至誠之力赴之。在內政上，力求清明以充國力；在外交上，多取友以爲我助。天下事求之愈艱，則得之愈眞。國有屯難，人人宜以操心慮患自持，人人宜以堅苦艱貞自勵，反共抗俄，非倖而可勝，復國建國，非倖而可成也。

余生性無所好，獨嗜聚書以饋孤陋。余不自甘庸下，孜孜以向上求進自勉，切切以意氣好勝爲戒。平生立身行己，出而任事，猶可無疚神明。朱子云：「脫去凡近，以遊高明。勿爲嬰兒之態，而有大人之志；勿爲終身之謀，而有天下之慮。勿求人知，而求天知。勿求同俗，而求同理。」勵世之道，句句金玉，奉之以當座右之銘，並以勉諸子孫。

余之爲學，偶有心得，略抒胸臆。散篇雜章，猶以爲未足。三十一年，梓鄉淪陷，近百萬言之中國民族文化稿，橫遭刼佚，多年心血，悉瘁乎此，事之可痛，無逾於斯！三十八年，調查臺灣山地文化，撰圖騰文化與臺灣中部山地之圖騰遺制，申論臺灣亦有圖騰遺跡之存在，而於世界圖騰文化之分布又獲一實證。探究政治原始者，可以圖騰之義解釋之。自後，爲臺灣省通志撰禮俗篇，爲三民主義半月刊撰臺灣傳統文化之特質，爲中國民族學報撰四十年來之中國民族學，爲中央研究院民族學研究所集刊撰蔡孑民先生對於中國民族學之貢獻及龜的文化地位。凡此論著，不成統系。八年前，余撰臺灣之平地文化，衞惠林兄撰臺灣之山地文化，合稱曰臺灣風土志，印行二版，有待乎增訂。其他著作，時寫時改，尚未定稿，蓋不欲速於成書，躁於求名也。先哲有言：「書有一卷傳，亦抵公卿貴。」公卿何足貴，余縱有一卷傳，只示後世不負天地父母心耳。他日，專著可以與世相見，必用以紀念我先父母，以畢終生之願。

民國五十三年九月撰述

上陳誠主席書

民國卅七年十二月卅一日寄于上海

辭公尊右：前日致上一緘，計邀督閱，我　公受命於危難之會，主持臺政，國人所仰望於公者，深且厚矣。臺灣一隅，在國防上佔重要之地位，治臺之外，尤宜着眼於臺灣以外環境之創造。今之議革新政治者，輒曰用新人，行新政，竊以爲陳義過高，無裨實際。用人之道，重在眞才。所謂眞才，其人必具有學識經驗，有責任心，有正義感，而確能踐履篤實之條件。行政之要，首在清政，卽澄本清源，納政治於正軌也。今之抵掌而談臺省農林者，莫不痛心切齒。卽此一端，已可概見。眞才爲選擇新人之準，清政爲推行新政之本，革新臺政，莫要乎此。戡亂以還，未聞有一富豪率先仗義，輸財紓難。此輩惜財如命，惜命如財，滿纏金條，相率逃避。有錢者旣不願出錢，何能使有力者而肯出力。此則誠以戡亂成敗之所繫。戡亂之所恃者，全在政治經濟與軍事之配合。時至今日，經濟制度（包括土地問題）務必有一有效之改革，以爭取民衆而充實力量。臺灣在國防上勢必建立爲堅强之基地。軍事之外，尤宜注意外交上之運用。政府組織，務力求健全，各項專才，宜廣爲羅致。奎憂國心長，所期望於　公者至切。我　公經緯在抱，新猷所施，必洽喁喁之望。

謹抒管見，以供參考，幸　垂察焉！

服務中央訓練委員會

民國四十三年八月

民國十三年，本黨改組以後，總理鑒於以往革命之失敗，爰舉辦黃埔訓練，以培養國民革命幹部。北伐之成功，蓋基於此。迨後，共產黨徒藉革命之潮流，蠱惑青年，煽動民衆，從事其擾亂社會破壞革命之行動，尤以江西匪禍爲烈。而北伐之後，軍人革命精神，日漸喪失。倘不恢復黃埔精神，非但江西匪亂不能剿平，即外來之侮亦不能抵禦。總裁有見於此，爲加强國家安內攘外之力量，建立復興民族之基礎，自民國二十二年以迄二十七年，倡辦廬山峨眉珞珈山等各種訓練。陳副總裁誠每屆奉命主其事。此爲本黨一時代之幹部訓練之重要措施。先是，民國二十二年，舉辦北路剿匪軍廬山軍官訓練團，召集中級幹部，施以訓練，以激勵其堅苦精神與提高其戰鬪能力，致有五次圍剿之效果，民國二十三年，續辦廬山軍官訓練團，總裁躬親主持。由局部之軍官訓練，擴爲全國之軍官訓練；由單純的剿匪之訓練，擴爲整個的整軍之訓練。此一訓練，其於軍人心理之轉變，軍隊風氣之整肅，有莫大之成效。自黃埔訓練，奠定革命武力，繼以二十二年二十三年之廬山訓練，則第一期之國民革命於以完成。國民革命旣進至第二期之階段，卽須抵禦外侮，以確保國家之獨立生存。惟此階段之任務，決非國家某一部門某一地方或某一部隊之力量所克肩荷者，必須動員全部國力與敵人作全面之持久抗戰，而始能承艱負鉅，取得最後之勝利。民國二十四年，中央乃擴大訓練範圍，籌辦廬山暑期訓練團，召全國黨政軍教等文武各界幹部集中訓練。旋因川滇禍難未靖，　總裁駐節錦城，不克分身主持，遽爾中止。後在四川峨眉改辦軍官訓練團，副總裁任教育長，余任訓練委員。此項訓練，係就川、滇、黔三省剿匪軍官及行政人員召集訓練，以統一其思想與行動。抗戰之中，以西南一隅爲復興民族之根據地者，蓋亦於此奠其基礎。民國二十五年，副總裁復奉命籌辦廬山暑期訓練，以賡前緒。余任訓練委員。不意兩廣問題發生，又告中止。民國二十六年，又繼續進行，幸而無阻。乃甫經開學，日寇以暴力掀起蘆溝橋事件，謀我益亟，　總裁志切禦侮，遂決然以「最後關頭」之旨詔示國人。而廬山訓練，際玆時會，沉着進行，卒能賡續兩期，前後歷四十餘日。以此訓練造就救國建國之中堅幹部，而爲動員抗敵之準備。民國二十六年底，首都淪陷，政府播遷，由南京轉進武漢，民國二十七年初春，軍政重新部署就緒，爲因應當時抗戰之需要，副總裁受命主辦珞珈山訓練，召集黨政軍教人員，實施訓練。自首次廬山訓練以至珞珈山訓練，可謂爲第一期國民革命與第二期國民革命開始所需要的幹部之訓練。

自抗戰軍興後，爲實際之需要，各地各機關舉辦訓練者甚多。中央爲謀統一監督指導起見，於民國二十七年三月，本黨臨時全國代表大會決議：中央執行委員會之下，設置訓練委員會，爲訓練之最高指導機關，掌理全國各類各級幹部訓練事宜。此一決議，乃開本黨幹部訓練統一實施之始。同年五月，中央訓練委員會成立，復設置中央訓練團（由珞珈山軍官訓練團改組），爲中央直接執行訓練之機關，以辦理黨政訓練班爲主，並兼辦其他特班。副總裁受任爲中央訓練委員會主任委員兼中央訓練團教育長。段錫朋先生任副主任委員兼中訓團教育委員會主任委員。余任中訓會訓練委員兼指導處處長。　總裁於政府西遷後，堅持抗戰之決策，重申「訓練重於作戰」之旨，以訓練繫乎抗戰建國之大業，而對幹部之訓練極爲重視，不辭於日理萬幾之中自兼中央訓練團團長。訓練團之一切計劃綱領，均由　兼團長躬親主持。副總裁參贊機宜，執行計劃，負實際指揮監督之責。同年十月，以武漢撤退，團址初遷至湖南零陵縣。民國廿八年四月，遷定於重慶復興關，繼續實施訓練。民國三十年，西北幹部訓練團及戰時工作幹部訓練團，先後由軍事委員會改隸中央訓練委員會。至中央訓練委員會所根據以統一督導全國各類各級訓練之法規，則有二十八年中央頒布之「統一各地訓練機關辦法」，「全國各訓練機關訓練綱領」及「縣各級幹部人員訓練大綱」。依據後者之規定，在省設立省地方行政幹部訓練委員會，爲全省訓練之設計指導機關；又設省地方行政幹部訓練團，爲省實施訓練之機關。在行政督察區，得設區訓練班；在縣則設縣訓練所。省訓練團並得兼辦黨務團務及社會工作人員等之訓練。此外，尚有中央及地方各機關舉辦之側重業務性質之訓練，並受中央訓練委員會之指導。自民國二十八年訖三十四年，中央省區縣各級訓練機構，已漸臻完備。就訓練體系而言，抗戰前之訓練，爲個別的一時一地之訓練，抗戰中之訓練，則爲整體的有系統之訓練。就訓練內容而言，抗戰前之訓練，重在思想體系之確立，抗戰中之訓練，進而兼及業務與技術之訓練。凡此戰時訓練，於政治效能上，具有相當之功用。上之所述，蓋爲本黨訓練體制上留一史實，故作此簡要之紀錄。綜觀歷來訓練之實施，可知本黨幹部訓練，莫不爲遂行國策，因應革命與時代之需要。

尚有一點值得回憶者：本黨爲執政黨，本黨幹部分布於全國各地各階層服務，爲黨爲國而盡力者，殆難以數計。尤其在抗戰期中，各中堅幹部或在前方，或在敵後，甚至在邊遠地區，從事各項工作。若等同志，分期調渝受訓，加深其對國策之了解，而堅其對領袖之信仰；以使受訓後回至各地，守其崗位，遵循　領袖之訓示，力行國策，而擁護政府，支持長期抗戰。其發揮訓練之功能，而有助於抗戰建國者，誠足紀也。至於所謂「訓練中選拔人才」，雖有行之者，但其效未甚彰。默想所及，猶有「才未盡其選，選而未盡其用」之感。

關於中央訓練之指導與實施，副總裁以職務繁冗，間有未能專心兼顧。中央訓練委員會方面，由段副主任委員多負責；訓練團方面，由王副教育長東原段主任委員多負責。三十一年，副總裁受任軍政部部長，辭去主任委員，所遺職，由段副主任委員升任。余由指導處處長而主任秘書，而副主任委員，追隨陳副總裁與段先生，事上磨練，自審尚有所得。

峨眉訓練實紀

導言

民國二十四年八月初旬，軍事委員會委員長武昌行營，舉辦軍官訓練團於四川之峨眉山，先後召集川、滇、黔三省軍事、警務、團隊、教育、軍訓、童軍、行政等各界幹部，施以訓練，歷辦二期，閱時兩月有餘。本團之訓練，乃紹黃埔與廬山訓練之成範，而弘其規模。由局部軍事人員之訓練，擴而爲文武各界幹部之訓練，以增强國家安內攘外之力量，奠定復興民族之基礎。茲將本團訓練始末，裒次成篇，爰綴四事，著於卷首。

一、峨眉訓練之由來

民國十三年， 總理倡辦黃埔軍官學校，任 蔣公爲校長，積極訓練，以建立革命武力之基礎，遂爾掃蕩楊劉，統一廣東，興師北伐，底定中原。乃國人狃於自私之惡習，時以攘奪爲謀；而不明大局之徒，復乘機騷動，重爲心腹之患。且自九一八以來，日本帝國主義者，陰毒險惡，橫施侵略，內憂外患，交相煎迫，我 中央以攘外必先安內之旨，明定國策，　委員長蔣公公忠體國，勵精圖治，乃秉黃埔訓練之成規，於廿二年倡辦勦匪軍北路軍廬山軍官訓練團，召集中級軍官，實施訓練，振發其革命精神，增強其戰鬥力量，軍旅陣容，為之一新，五次圍勦，卒告成功，廿三年，復本初旨舉辦廬山軍官訓練團。

委員長躬親主持，由局部勦匪訓練，進而為全國整軍訓練，以培植國防之勁旅，使之對於主義與　領袖之信仰，益加堅定。廿四年五月籌辦廬山暑期訓練團，召全國各界幹部集中訓練，後以　委員長坐鎮錦城，勢難兼顧，因改辦峨眉訓練，召川、滇、黔三省軍政各界幹部人員，於峨眉山之報國寺集中訓練，此與廿二年廿三年之廬山訓練及最初之黃埔訓練，皆一貫的為建立復興民族之基礎。

川、滇、黔三省，位於我國之西南；四川據長江上游，物產甚豐；滇黔為邊疆重地，礦山尤多，在軍事上，進可以攻，退可以守。居民純樸，具愛國熱忱，在中國近代革命史上有其光榮之地位。辛亥義師，起自武漢，而四川保路之風潮，實為其濫觴。民國四年，袁世凱背叛國家，帝制自為，乘時之士，爭相納賀，獨川、滇、黔三省不為稍動，雲南更首揭義旗，掃蕩逆軍，繼而各省響應，卒建再造共和之功。民國六年，張勳復辟，陰圖篡竊，　總理在廣東組織軍政府，廓清餘孽，川、滇、黔三省咸竭誠推戴，協力討賊，凡此種種，皆昭昭在人耳目，而為我人所景慕者也。我人苟能就其所長，而發揚光大之，則國家之復興，可拭目而待。　團長曾以堅決之態度，訓示吾人曰：『我國本部十八省，縱已失去十五省，祇須川、滇、黔三省鞏固無恙，必可戰勝任何之强敵，收復一切之失地。』誠以國家民族於存亡絕續之際，苟能鞏固其最後根據地，奮鬥到底，則終必能完成復興大業。古今中外，不乏其例。若當歐戰之時，土耳其隨同盟國以俱敗，國都陷落，領土失其大半；然土耳其政府在凱末爾將軍領導之下，以安哥拉爲最後民族復興根據地，從而整頓軍隊，改革內政，發展交通，以充實抗戰力量，樹立復興基礎，卒能擊潰强敵，重整疆域。又如蘇俄，當革命成功之初，敵軍徧伺境內，國勢岌岌可危，而蘇俄政府在其領袖列寧領導之下，忍辱負重，不惜簽訂布賴斯特條約，退守烏拉爾山及堪察加極東之地，再圖恢復。土耳其之復興與蘇俄之抬頭，雖各異其情勢，而其興衰之際足以發吾人之深省者，殆無二致。此次峨眉訓練之舉辦，即依復興民族之目標與步驟，爲健全川、滇、黔三省幹部人才，使領導民衆，一致奮鬥，自救救國，完成其光榮之使命。

二、峨眉訓練之意義

此次峨眉訓練，一言以蔽之，曰安內攘外之訓練。我國自辛亥革命以迄北伐成功，建國大業，本已略有基礎，乃殘遺之惡勢力，時見蠢動。而貪汚之待肅淸，建設之需推進，更一日不容稍緩。團長曾痛切言之曰：『自民國肇造以迄于今，已有二十四年之歷史，在此二十四年中一般軍人固不敢云不努力，不奮鬥，然吾人一切之努力，竟枉然而無絲毫之成績者何耶？蓋以已往之軍人不知有國家民族，不知軍人應盡保國衞民之天職，只知有個人，只知自私自利，驕奢淫佚，自相殘殺，其結果徒使國家危亡，民族衰敗，社會破產，民衆更加痛苦。簡言之，三十四年來，我國之一般軍人作威作福，直成爲禍國殃民之軍人。』此則雖祇就軍人而言，而其他各界人員之苟且、紕沓、萎靡不振之風氣，實當共負其咎，峨眉訓練，務在振刷精神，集中信仰，使國家民族，漸臻於富强之域。

現代國家皆具有三種基本之動力，一曰教育，二曰經濟，三曰武力。現代所謂武力，已非昔日僅指武備軍隊等而言，凡經濟、政治、外交、文化等無不息息相關，所謂國防力是也。欲培養此種力量，在於各方面不斷的努力。所謂經濟，其要則有四：一爲增加生產，以使地盡其利，人盡其才。二爲減少消費，所以儲積經濟能力，以應不時之需；三爲合理分配，卽以分配社會化爲原則，使經濟利益爲人人所共享，不爲少數人所佔有；四爲便利貿易，在交通發達之場合下，使全國各地有無相通，緩急相濟。上之所舉，倘能一一實施，則國家之經濟力不難充實增强。所謂教育，當以養成軍國民精神爲主旨，使國人於增進智識與能力之外，並使之具有尚武之精神。我國因缺乏此等富强之動力，故受外敵之欺凌，竟至淪於次殖民地之地位。此次峨眉訓練，集文武諸幹部於一堂，授以勞動服務，國民經濟建設運動及新生活運動之要義，使切實體認，加緊工作，以建立復興民族之基礎。峨眉訓練意義之重大，蓋可知矣。

三、峨眉訓練之精神

峨眉訓練之重要價值約有三端：

一、統一精神之樹立

昔孟子答梁襄王問所以定天下之道曰：「一」，「一」者集中統一之意。此雖激於周室衰微，諸侯竝爭而言，實亦健全國家機構之圭臬。我國自九一八以來，橫受日本帝國主義者之侵害，疆土日削，民生日困，而無力應付者，良由內部之磨擦，政見之紛岐所致。峨眉訓練，首以樹立統一精神為要旨，務使受訓學員，同在一個主義，一個政府，一個　領袖之下，竭智效忠，克盡救國建國之責任。言乎精神統一，不外兩點：第一，信仰之統一。　總理云：「主義是一種思想，一種信仰，一種力量。」對於主義有堅定的信仰，始有無限的力量。三民主義乃革命建國之最高原則，要使民衆篤信不移，徹底實行。　團長對受訓學員講述　總理遺教，凡六次之多。一曰　總理遺教概要，總述　總理遺教之淵源及其系統，二曰政治建設之要義，指示　總理遺教中政治建設之要領及成效，闡發五權憲法建國大綱及地方自治開始實行法之要旨；三曰物質建設之要義，詳述　總理遺教中物質建設之途徑及方法，分析實業計劃，錢幣革命等之精義；四曰心理建設之要義，剖明　總理遺教中心理建設之過程，詳示孫文學說，軍人精神教育及民族主義第六講之內涵；五曰社會建設與民生哲學之要義，解釋本黨之組織與精神，闡述民權初步，中華革命黨方略及迭次宣言等之實施步驟；六曰研究　總理遺敎之結論，對於總理遺敎作綜合之說明，以使人人對於　總理之精神，更有深切之認識與體會，以建立共同之信仰。第二，行動之統一。行動爲實際力量之所生，統一行動，即是集中力量。力量合則强，分則弱，以爲一定不易之理。行動貴有指導，而指導端賴於賢明偉大之領袖，如大海之有明燈，機器之有馬達。蓋有領袖爲之統一指揮，而後大群之行動乃有力量。古之所謂英雄豪傑，雖嘗有過人之節，然皆以個人爲出發點，國家社會之利益，非所顧及，以視今之　領袖，其精神實不相侔。現代國家之組織，以黨國爲基礎，以　領袖爲中心，故不論法西主義國家與社會主義國家，皆有其崇戴之領袖。我　領袖蔣委員長，承　總理遺志，領導革命，其堅苦卓絕之精神，早爲國人所共仰。今後吾人惟有在篤信　領袖，服從　領袖之前提下，集中力量，一齊邁進，以完成革命之大業。

二、全國總動員之準備　團長訓示吾人曰：「無論軍、民、政、敎、團、警、農、工、商各界，一切的工作，有一個最後的總目標；就是完成『全國總動員』，我們所要敎導的事情，是爲着『全國總動員』，我們所準備的東西，是爲着『全國總動員』，我們所要研究的問題，也是爲着『全國總動員』！誠以『全國總動員』爲國家救亡圖存之要素，所謂『全國總動員』，卽國家一切人力、物力、財力之全部的動員，簡言之，卽國家生命力之總表現。近代戰爭已由昔日兩國間單獨軍力之對比，進而爲國家之一切政治、外交、教育、經濟等全部國力之鬥爭，故今日戰端一開，必須國家之任何方面，均實施動員，而後有勝利之把握，夫實施全國總動員之基本條件，則端在嚴密之組織，使縱橫兩方面，皆有其系統與條理，而成一不可分之整體。蓋一國之中，使有廣大之土地與衆多之人民，若無嚴密之組織，則難以發揮其分工合作之效能，而產生偉大之力量。國家組織之最大效用，在於軍事化與科學化。凡軍事管理，其上下系統至爲分明，故號令一下，如身之使臂，臂之使指，無不響應。科學化與軍事化，卽事事物物，皆有一定進行之順序，亦卽大學所謂「物有本末，事有終始，知所先後，則近道矣。」我國有四萬萬五千萬之民衆，三千五百萬方里之土地，倘加以嚴密組織，適當調整，則建國力量，不難發揮，而抗敵禦侮，自易成功。

四、峨眉訓練之展望

峨眉訓練，共辦兩期，先後受訓學員凡五千餘人。以此五千餘幹部散歸於川、滇、黔三省，秉其所受革命建國之教育，轉以指導群衆；復本忠黨愛國之訓條，信仰主義，信仰政府，信仰　領袖，矢勤矢勇，一心一德，爲革命建國盡最大之貢獻。茲就過去廬山訓練之結果，與今後國家環境之需要，而推闡峨眉訓練之成就與影響。今日橫于吾人之前而莫能解決者爲太平洋問題，或逕謂之曰中國問題。十九世紀以來，遠東、非洲、及南美洲諸殖民地分割殆盡，歐美諸先進資本主義國家乃伸展其侵略勢力于太平洋之上。吾國居太平洋西岸，地大物博，而國勢頹弱不振，遂淪爲銷售商品，供給原料之殖民市場。溯自五口通商以後，列強之在中國，彼一勢力範圍，此一勢力範圍，以各種不平等條約，束縛吾之自由與發展。而日本帝國主義者更以疆土之接近，肆其橫行東亞之野心。此太平洋問題之所以日趨嚴重也。然其根本解決之關鍵，則在吾國。美之觀察者有言：『倘中國能自強而保其獨立，則遠東之和平，儘足維持。反是，中國之宰割日亟，則今後數十年之遠東，必成爲侵略衝突與政治劃紛之劇場。』我國之地位，既如此重要，吾人不當自棄，聽人宰割，務須「自強而保其獨立」以負起維持遠東和平之任務。近年以來，我最高　領袖苦心孤詣蓋籌碩盡，曰建設，曰統一，曰整軍，其目標蓋在於此。廬山訓練及此次峨眉訓練卽所以健全其直接領導之重要幹部。而國家之進步無限，其所需於幹部訓練者亦無限。總之，廿三年廬山訓練，爲全國軍事幹部人員訓練之始，此次峨眉訓練則爲各界幹部人員訓練之始，前者限于職務，後者局于地域；繼峨眉訓練而起者，範圍當更廣大，訓練亦更嚴密，將舉全國各界之幹部，皆授以革命建國之教育以充實民族復興之力量，言念前途，不禁拭目俟之矣。

廬山暑期訓練實紀

民國二十六年

導言

民國二十六年夏，國民政府軍事委員會舉辦暑期訓練團于廬山，召集全國黨政軍教等各界幹部萃于一處而訓練之，將以苦其心志，勞其筋骨，堅其信仰，奮其忠烈，蘄于短期之中收建國訓練之效。乃甫經開學，日寇以暴力掀起蘆溝橋事件，謀我益甚，我　委員長蔣公志切禦侮，遂决然以「最後關頭」之旨詔示國人，舉國莫不感奮。而廬山訓練當茲時會，沉着進行，卒能賡續兩期，前後歷四十餘日。以此精神動員之訓練，拓民族復興之基礎，則禦侮之力益宏，建國之效可期矣。昔明太祖之練兵於廬山也，不數載而蕩平寇逆，光復神州。今之廬山訓練所期以禦侮救國者，其意義之重大，有倍於前明，繼往開來，誠足紀也。茲將本屆訓練之顚末彙輯成篇，用留文獻而垂久遠。爰舉六事，弁諸篇首。

一、廬山暑期訓練之背景

本屆廬山暑期訓練規模範圍之廣大，組織教練之嚴密，前此所無，實爲我國家之一種劃時代的教育。綜其所以產生之背景，約有三端：曰歷史背景，曰時代背景，曰民族背景。

一、歷史背景

中國立國五千餘年，其天賦厚，其文化高，遠近諸邦，莫不嚮風慕義，重譯來朝。迨十八世紀，西歐發生工業革命，機械勢力，蒸蒸日上，而我國則故步自封，罔知進取。彼乃挾機械以臨我，我以老朽衰憊之軀，終不堪其摧毀，由是國勢之陵替，生民之憔悴，遂日以加甚而不可問矣。雖然，國家之患，不在外鑠，而在自身不能力圖振作，奪其所恃以相抗衡耳。夫立國之道，教育爲重，教育之得失，繫乎一國之强弱。近百年來我國國勢之日蹙而日危者，謂爲教育失敗可也。我國數千年來教育上之大缺點，則在重文輕武，而此風自秦漢始，極於宋明以後。蓋秦漢經學，專重章句；魏晉清談，崇尚玄虛；唐代科舉，致力文章；宋明理學，坐談心性：群騖於記誦辭章之學，不屑騎射行陣之事，文質彬彬，重爲君子，桀勇武夫，不齒於人類。此其結果，有二：一曰，體格之柔弱。社會上重文輕武之習旣成，士人恒窮年兀兀，不出戶牖，其肢體筋絡，無時舒展，馴致蒲柳之質，未老先衰，頭童齒豁，碌碌以終。顏習齋嘗言讀書講論之有傷於身體，歷舉其友某博覽群書，秦漢以降二千年，書史殆無遺覽；爲人發書義，至力竭偃息在床上，喘息久之，復起講，力竭復偃息，可謂勞之至矣，不惟有傷於己，且未見成起一人。又其友某致力靜坐讀書之學，晝誦夜思，著書百卷，遺精痰嗽無虛日，將卒之三月前，已出言無聲，此亦中國今日社會常有之現象，實重文輕武之遺毒也。二曰，性情之迂闊。重文之後，士人皆以讀死書爲出路，耗竭其心力於誦讀之間，置實際生活於不講，於是死書愈讀而性愈迂。宋人至於見理財，遂指爲聚斂；見料理邊疆，遂指爲多事；見心計材武，遂斥爲小人。至若拘牽書史，貽誤事機，禍及家國者，誠大謬也。紀曉嵐嘗言，明之季年，道學彌尊，科甲彌重，於是黠者坐談心學，以攀援聲氣；樸者株守課册，以求取功名；致讀書之人，十無二三能解事。崇禎時，有士人避寇移居縣城，旋聞大兵將來城中，又擬鄉居，瀕行時，比鄰有一叟顧門神嘆曰：使今日有一人如尉遲敬德秦瓊，當不至此。士人方在門外束襆被，聞之，與辨曰：此神荼鬱壘像，非尉遲敬德秦瓊也。叟不服，檢邱處機西遊記爲證。士人謂委巷小說，不足爲據，又入室取東方朔神異經與爭，時已薄暮，檢尋既移時，反覆講論又移時，城門已闔，遂不能出；次日將行，而大兵已合圍矣，城破，遂全家遇難。夫死生呼吸間不容髮之時，尚攷證古書之眞僞，其迂闊有如此者！此例雖小，可以喻大。今者，强敵壓境，讀書酸子埋頭牖下，猶恝然視之，不以爲意。斯亦重文之後但務誦讀，不豫外事之爲病也。三曰，志氣之消沉。吾國教育失策，民族意識低落，蚩蚩者氓，罔識國家爲何物。一旦國難臨頭，既乏自救之心，復無救國之志。甚而一般士夫竟有認賊作父，甘心賣國者。史籍所載，歷歷可數。今之漢奸，爲虎作倀，視昔爲甚。綜此三端，皆歷代偃武修文之結果。近世史學家謂秦漢以後之社會爲無兵之社會，畸形發展，國家衰微之所由也。其言爲允。觀乎歐美東鄰之所以强盛，非有兵革之利，山谿之險也，乃其平素尚武有以致之耳。如十八世紀末之德意志，當其受法軍之蹂躪也，聯邦分立，國勢不振，及後覺悟，改革教育，施以民族精神之訓練，盡掃頑懦苟且之頹習，銳意圖治，戮力對外，遂得以復興於世界。又如日本自明治二十三年，頒布「教育勅語」，將忠君愛國爲其教育宗旨，以鼓勵全國國民好勇對外之精神，舉國之人，無論男女老幼，皆奉武士道爲國魂。日本之强，蓋基於此。由是以觀，欲圖立國於世界，非尚武不爲功。夫我國社會之不武，既自秦漢始，則秦漢以前，固亦尚武之社會。古者，設教曰六藝。六藝者，禮樂射御書數。射御武事也，禮樂書數文事也。而一切政教，尤重於射。庠序之間，固當從事於射。他如賓客祭祀之事，亦莫不以射。於禮樂之事，未嘗不寓於射，而射亦未嘗不在於禮樂之間。語其大者，居則爲六官之卿，出則爲六軍之將。語其小者，則比閭族黨之師，皆卒兩師旅之師。孔子釣而不綱，弋不射宿，身爲司寇，墮三都，會夾谷，皆尚武事也。至其門人弓矢劍佩，不去其身，武舞干戚，不離於學。子路戰於衞，冉樊戰於齊，亦皆尚武事也。總之，中國之社會，初亦尚武之社會，中國之教育，初亦尚武之教育，第以時世推移，寖失其本。史學家所謂時勢造之，地勢造之，人力造之。二千年來間有遠識如王安石顏習齋者，洞見癥結，發爲尚武之論，仍未有效。至於今世，以中國之外患如此之深，國際之鬥爭如此之烈，我　中央之提倡武化者又如此之積極，尚武之風始悄然返矣。是又時勢造之，地勢造之，人力造之也。此次廬山訓練，集文武各界幹部聚於一堂，施以精神訓練，授以軍事教育，並依業務之不同作分組之講習，是亦古代六藝之教，文武兼修之遺意。故歷屆訓練，鑒於過去教育之失敗，起重文輕武之積弊而反之，可謂闢歷史之新頁矣。

二、時代背景

二十世紀之世界，乃一揚武鬥爭之世界，資本主義之英美，社會主義之蘇俄，法西主義之德意，皆大聲疾呼曰國防國防，惟日孳孳，以擴張軍備為急務。倫敦海約，早成廢紙，國際聯盟，徒為贅旒。阿比西尼亞已淪胥矣，西班牙已塗炭矣，前車之覆，後車之鑑。總之，自身非具有堅强充實之力量，不足以語生存於斯世。故今日我國第一要義，即如何鼓勵人民以此種時代精神，準備戰鬥生活。孔子曰：『有文事者，必有武備。』王充亦有言：『治國之道，所養有二：一曰養德，一曰養力。』凡此皆我先哲所發國防觀念之確然不移者。近世學者，探本窮源，以為人類歷史即鬥爭歷史。斯語，雖或言之過當，夷考其實，姑以人類有文化以來之歷史計之，三千四百年中，其太平無事者僅僅三百三十四年，十與一之比例，則戰爭洵為自然之生存現象矣。『人類欲在競爭中求生存，便須奮鬥。故奮鬥一事，為有人類以來無時或息者。』旨哉　總理之言也。慨自鴉片之役後，百年之間，喪權也，割地也，不平等條約也，重重疊疊，遂造成今日之局面。故曰，今日第一要義，在如何鼓勵國民以時代精神，而應付時代之環境。否則，人為刀俎，我為魚肉，將罹人世間最悲慘之刼運，而莫能自拔矣。顧現代戰爭，已非昔日彼此兩方兵力之角逐搏鬥，必竭全國之人力財力物力以赴之，所謂全民族戰爭是也。自歐戰以還，科學技藝，突飛猛進，而戰爭之內容，亦愈益複雜；砲火器械無論矣，尤重於人民之組織訓練，以為戰爭之基礎。兵學家分析國防之要素，凡三：曰人，曰物，曰人與物之混合。人者，必須具有强壯之體魄，熱烈之愛國心，堅實之團結力是也。物者，國家富藏之開闢，交通之發展，糧食之儲備，務使戰爭無掣肘之虞是也。人與物之混合者，則如何使人盡其才，地盡其利，物盡其用，事盡其功之道也。三者缺一不可。反觀我國，人非不衆，地非不廣，然未具有此三要素：有人民而無强壯之體魄，犧牲之精神與國家之意識，一遇訓練有素之外敵，則卒難以應付，此人之條件未備也；中國鑛產雖豐富，而開採之法，毫無進步，產量極有限，以大好之富源，埋藏於地下，此又物之條件未備也；人物條件皆未備，遑論人與物之混合。善夫顏習齋之謂人曰：『如天不廢予，將以七字富天下：墾荒、均田、興水利。以六字强天下：人皆兵、官皆將。以九字安天下：舉人才、正大經、興禮樂。』此雖屬三百年前之陳言，而今日國防大計，不是過也。今者，大敵當前，國難嚴重，我有一瞬一息之時間，卽須作一瞬一息之準備。此次廬山訓練，卽我政府基於此種精神而發動之國家總動員的試驗也。

三、民族背景

我中華民族為被壓迫之民族，其所處地位，為次殖民地之地位。蓋我國自鴉片戰爭以後，歷中法中日庚子聯軍諸役，以及其他大小慘案，近百年間，凡國際間最慘酷之不平等條約，我忍痛而承認之；最不可讓之利權，我忍痛而割讓之；最無可忍之恥辱，我又一一忍受之。一部中國近代史，謂之一部喪權辱國史可也。此固無論矣，其傴人最甚者，莫如日本帝國主義。歐戰以還，日本帝國主義者，乘西方列强之多事，漸次在中國獲得特殊之地位，儼然以東方盟主自居，而侵我益亟，乃於民國二十年掀起九一八事變，侵奪我東三省；一二八之役，淞滬重鎮，慘遭浩刼；繼以熱河失陷，繼以長城各口之役，兵燹之禍，擴而及於河北；又繼之以冀東僞組織之設立，察北匪軍之養成，中國領土主權，橫被侵陵；其他如無理之要求與片面自由之行動，層見迭出，已予我極人類之難堪！然日本猶以爲未足，今且以飛機大砲轟我宛平，以大軍臨我平津，其謀我如此之亟者，爲欲貫徹其大陸政策耳。我國橫受日本之侵略，殆已忍無可再忍，風雨滿城，將見「最後關頭」之到臨。蔣委員長在廬山談話剴切言之曰：『最後關頭一到，我人只有犧牲到底，抗戰到底。』此次廬山訓練，卽爲健全中堅幹部，發動全民族抗戰，以求我國家民族之自由解放也。

二、廬山暑期訓練之意義

廬山暑期訓練之意義，概括言之，卽爲建國訓練與抗敵訓練。玆分述之：

一、建國訓練　團長屢次詔示吾人，謂此次廬山訓練，卽爲建國訓練，在造就革命建國之中堅幹部，以領導全國國民作一致建國運動，爭取我國家民族之獨立生存。建國之涵義有二：淬礪己所固有，而振奮其精神，使合於時代需要者一也。採取人之所長，而調節己之所短，使合於國家需要者二也。前者，若民族道德之恢復，國家觀念之培養，固有智能之發揮，尚武精神之激揚，以及一切經綸凡足以奮吾民之勇，長吾民之智，使吾民族卓立於天地之間之道者是。後者，若他人科學技藝之精良，以及其他所以自立自强之道，足資借鑑者是。故建國者，就一國家之情態，振敝起衰，刷新建設，使具有獨立生存條件之謂也。近世東西諸邦之由此而造成新國家者，不一其例。若日本之建國，迄今不過六十餘年，初亦衰弱窳敗，內則幕府藩侯之割裂紛爭，外則帝國主義之侵略壓迫，國病民困，達於極點，乃自明治嗣位，勵精圖治，經與中俄兩次戰爭勝利後，一躍而躋於强國之列。土耳其之建國，迄今不過二十年，初亦病夫之國，爲列强所瓜分，乃自凱末爾當國，統一武力，激勵人民，以「勞動創造武力」爲口號，不旋踵而側身自由之邦。蘇俄之建國，迄今不過十餘年，大革命前，上則帝皇地主之昏暴淫虐，下則平民農奴之愁怨咨嗟，社會崩潰，列强壓迫，乃自「十月革命」以後，銳意建設，復經兩次五年計劃之成功，國勢大振，儼然以社會主義之新國家擡頭於世。德意志之建國，迄今不過數年，初當歐戰失敗，備受協約國之壓制，割地賠款，一蹶不振，乃自國社黨執政，整軍經武，遂解脫凡爾賽和約之束縛，復而修明內政，埋頭建設，今又龍飛虎躍，雄視於全球。之數國者，皆奮起於衰敗之餘，掙扎苦鬥，發憤圖强，而獲最後之成功。所謂建國，卽爲國家生命力之總表現。此生命力，亦卽顏習齋所謂「動」，磅礴宇宙，周流不息，亙諸一身則一身强，亙諸一家則一家强，亙諸一國則一國强，乃興廢存亡之所繫，操之則存，舍之則亡也。　委員長有鑑於國家社會之需要與並世諸國復興之經過，遂創爲建國運動，激發全國國民覺醒自身之弱點與民族之危機，起而自救救國，樹立新精神，建設三民主義之新國家。而廬山訓練，卽此種建國運動之發軔。故曰，廬山訓練，卽建國訓練，俾各界幹部先受實際之訓練，求自身之健全，繼以所受於本團者轉以教人，以達成建國之目的。是故受訓之各界幹部，又不啻爲建國運動之酵母，而廬山暑期訓練團則酵母之製造所也。

二、抗敵訓練　團長旣以廬山訓練卽建國訓練之義詔示我人，復以戰鬥訓練之旨相勗，其言有曰：『我們在受訓的時候，就無異於作戰時候。我們來受訓練，就是來受戰鬥的訓練。』戰鬥訓練，亦卽抗敵訓練，而抗敵訓練與建國訓練，實一而二二而一也。團長續爲發其意曰：『我們要在日常生活上戰勝敵人；我們要在智識能力上戰勝敵人；我們要在團體紀律上戰勝敵人；我們要在愛國家愛民族的修養上戰勝敵人；我們尤其要在爲國家爭自由，爲民族爭生存的犧牲奮鬥的精神上來戰勝敵人。』其言尤爲深切著明。凡日常生活之改善，智識能力之提高，團體紀律之遵守，國家民族觀念之養成，與夫犧牲奮鬥精神之激揚，皆所以健全國民之素質。此爲建國之要務，而亦爲抗敵之準備也。抗敵與建國，二者表裏如一，建國卽所以抗敵，抗敵卽所以建國耳。故此次廬山訓練之使命，亦卽爲造就建國抗敵之中堅幹部，以爭取全民族戰爭之勝利。我國自九一八以來，橫受日本帝國主義者之壓迫，已不堪忍受；最近敵人復深入國境，屠殺我同胞，佔領我平津，此誠團長所謂「最後關頭」，舉國上下，亟應一致奮起，爲國效命。則此次訓練，又不啻爲抗敵之序幕，動員之先聲也。

三、廬山暑期訓練之要領

廬山暑期訓練之綱領，係依據國家環境適應之需要而定。舉其要義，計有三端：

一、思想體系之確立

思想爲行動之根據，有正確健全之思想，而後有正當合理之行動，此爲一定不易之準則。近年國人之步調不一致，國難之所以日深而莫能解除者，實以國民思想體系之未立爲其主要之原因。故此次廬山訓練之要領，首在確立受訓人員之思想體系。而思想體系之確立，須具有四項基本之認識：一曰，時代之認識。二十世紀之時代，爲一民族鬥爭之時代。我人對於時代精神，宜有深切之認識，以謀全民鬪爭力量之發揮。蓋非此不足以禦侮而圖存。二曰，敵人之認識。中國當前之敵人，爲日本帝國主義者。應認清其侵略情勢，亟謀所以應付之道。而國內漢奸傀儡，助敵爲虐，亦卽間接之敵人，尤當罰裁與肅清。三曰，主義之認識。三民主義，爲國民革命之最高原則，亦爲建國救國之唯一主義。全國國民宜一致信仰，堅決實行，始能達到革命建國之目的。四曰，領袖之認識。三民主義為思想之中心，而　領袖則為行動之中心，一以統一意志，一以集中力量，皆為禦侮救國之先決條件。全國國民對於　領袖當眞誠擁護，以為革命之領導。有此四項認識，則革命建國之思想體系得以確立，而全民抗戰之基礎亦隨以鞏固矣。

二、國防動員之準備　國防，為國家人力物力財力全部之綜合。國防動員，即一切人力物力財力全部之動員。動員乃戰爭之斷行，國防力如無戰前之準備，即無動員之可言。是國防動員之準備，誠為當今之急務。語乎國防要素，則以人為首。孟子亦謂天時不如地利，地利不如人和。蓋人為國防之動力，必其素質精良，始足以發揮國防之力量。此「人」的訓練之可重也。所謂「人」的訓練，其要有四：一曰精神訓練，重在激發忠黨愛國之觀念，培養禮義廉恥之德性，恪遵　總理遺教，服從革命　領袖，精誠團結，自立自强。二曰體力訓練，重在鍛鍊强壯之體魄，而為堅忍不拔之奮鬭。三曰生活訓練，重在養成「有組織守紀律」之生活，與勤勞服務之習慣，而為堅苦犯難之犧牲。四曰智能訓練，重在啓發管教養衛之智能，以增進服務之效率，而充實國防之力量。其他若國防動員準備中時間與空間之重要，亦為訓練上所不容忽視者。言其訓練，又有三端：一為遵守利用時間空間之習慣訓練，二為支配時間空間之能力訓練，三為寶貴時間空間之使用訓練。在今積極準備禦侮中，必須經此種種切實之訓練，則動員抗戰之勝利，庶乎其可期也。

三、組織與管理知能之增進

廬山訓練之實際目標，在造就建國抗敵之中堅幹部。而中堅幹部之造就，其要件：一爲組織知能之充實，二爲管理知能之增進。斯亦訓練要領之所必具者。夫組織以人事爲重；而人事組織則以系統爲要。系統，有縱有横：縱者，上下階層之維繫；横者，彼此平行之關連。階層則服從，平行則合作。此其精神之所在也。餘如時間之支配，空間之配備，亦屬組織範圍以內之事。我國人缺乏組織能力，故有一盤散沙之喻。而一般機關團體，不但人事組織漫無系統，即時間空間亦不能利用，馴致上下彼此關係紛亂衝突；乃至起居作息漫無定時，生活軼乎規律。國勢積弱，良由於此。至於管理，就人事關係言，若監督指導分配調遣考核等項，務期面面俱到，纖悉靡遺；而對事對物對地，亦必循此而後事無頹弛，物無遺棄，地無荒廢，此爲管理之要則也。管理與組織，互爲表裏，不容軒輊。我國一般機關團體，既缺嚴密之組織，又乏完善之管理，以致人力財力無益消耗，空間時間無謂浪費，有妨建國，吁可嘅已！廬山訓練，爲造就建國中堅幹部，充實受訓人員之組織管理知能起見，遂以本團組織管理爲實際之訓練，以使吾人徹底明瞭，轉以此種組織管理方法與精神自行運用改善，而增進服務之效率也。

四、廬山暑期訓練之特徵

廬山訓練，爲建立救國教育之起點，一切科目之擬訂與實施，則以推進救國工作爲其中心目標。如指導新生活之要領，爲實現復興民族之始基；如推行國民經濟建設運動，以培養國民生活之資源；如指示國家生命力及總動員要義，以堅定民族抗戰之信仰。凡此皆爲造成革命中堅幹部，發動一致建國救國運動之綱領條目。此不暇詳論。試列舉三義，以見廬山訓練之特徵。

一、統一性　廬山訓練之對象，計有黨政軍教等九種，囊括全國各界之幹部，不可謂不雜。而科目之設，自經邦定國之大經大義，以至於民生日用之微，又不可謂不繁。以是繁而且雜之教育範疇而行之不紊者，蓋有其訓練統一之精神存焉。夫新教育之精神，在於建立共同一致之思想與共同一致之行動。廬山訓練，爲國家新教育推行之始，故將所授之一切知識學問統攝於三民主義與革命　領袖之下，而爲救國建國之用。此一特徵也。

二、全般性　此次廬山訓練，雖一國行政百職千司，文武殊途，而各界之幹部無不萃；雖一國區域，錯綜廣大，而二十餘省區之人員無不至。至於訓練科目，文事與武藝兼施，其學科術科無不備。今之全民動員，貴有此全般性之訓練，而後能爭取動員抗戰之勝利。故廬山訓練爲全民動員之先聲。此二特徵也。

三、實際性　教育爲實際之需要，而非高尚之理論。廬山訓練之一切教學，皆切於建國救國之需要，自不待言。其又能把握現實，而盡實際的建國救國訓練之作用者，有如小組討論。在第一期中提出「幹部與全民對於國家總動員之認識及任務」問題，一則袪除人民對政府之懷疑而促其覺醒；二則增强幹部人員對於全民動員之認識，以盡其領導部下與民衆之責任；三則誘發其對於全民動員之研究，以明其任務之所歸。又如在第二期中所討論者，爲「對蘆溝橋事件應取之方針及處置如何」問題。因開學之始，適有蘆溝橋事件之發生，日本之謀我平津者，益趨於具體與積極，實爲我國存亡絕續之所關。吾人自應集中討論，以一己之所見供獻於政府。覘此前後兩次小組討論所得之結果，足徵廬山訓練之實際性矣。至於各組之本組討論，尤切於各界業務之實際需求，而謀其服務效率之增進。此三特徵也。

總之，廬山訓練，就對象言，概爲全國文武各界之幹部人員，凡黨政軍教等兼取並收，前後共一萬餘人。其規模之宏大，人數之衆多，實開我國家教育未有之紀錄。就意義言，係爲神聖的建國抗敵之訓練，在造就救國復興之中堅幹部。其所負之使命，至爲重大。就時間言，每期祇有十四日，如此，利用暑期最經濟之時間，訓練最廣大之幹部人員，收獲最直接最迅速之建國救國效果，亦廬山訓練之特徵也。

五、廬山暑期訓練之前後

廬山暑期訓練，創始於民國二十二年，五年以來，除一度停頓外，前後已歷四次之多。先是，二十二年六月，軍事委員會設立北路剿匪軍廬山軍官訓練團，召集中級幹部，施以訓練，以激勵其堅苦精神，與提高其戰鬥能力，遂獲五次圍剿之成功，與當年黃埔訓練，完成北伐，同其意義也。我國軍隊精神頹散，素質不良，非加全般整理，勢難禦外。故於二十三年繼續辦理廬山軍官訓練團，我　委員長躬親主持。由一方面之軍官訓練，擴為全國之軍官訓練。由單純的剿匪之訓練，擴為整個的整軍之訓練。此為廬山訓練之一段演進也。夫武力為國家生存至要之力，一國之興替，恒以一國之軍隊良否為衡。日本明治維新，其首功在廢除將軍幕府；從而統一國家軍政。德國今日之復興，亦基於整軍經武之收效。其例甚顯。我國軍隊積弊甚深，舉其要者，有如國家觀念之缺乏，民族意識之低落，中心思想之未確立，共同信仰之不堅定，以至高級將領之自私自利，軍政軍令之不統一等等，凡此必須徹底整頓，恢復革命精神，樹立共同信仰，健全素質，以使全國軍隊國軍化，現代化，而合乎時代之精神。二十三年之廬山軍官訓練，負有此項重大之使命，其訓練之效果，雖未完全達到預期之目的，而於軍人心理之轉變，軍隊風氣之整肅，已獲得絕大之成功。總之，自黃埔訓練，奠定革命武力，繼以二十二年，二十三年之廬山訓練，則第一期之國民革命於以完成。國民革命，既進至第二期之階段，即須發動全民抗戰，以爭取國家之獨立生存。其任務之艱鉅，且什百倍於前期。惟此階段之任務，決非國家某一部門某一地方或某一部隊之力量所克肩荷者，必須動員全部國力與敵人作全面的持久抗戰，而始能承艱負鉅，取得最後之勝利。故中堅幹部之訓練，不能限於某一部門某一地方某一部隊，而可以達成其革命最終之目的。二十四年，軍事委員會乃擴大其訓練範圍，籌辦廬山暑期訓練團，召全國黨政軍教等文武各界幹部集中海會訓練。是二十四年暑期訓練團之籌辦，卽爲本屆訓練之胚胎。旋因川滇禍難未靖，　委員長駐節錦城，不克分身，遂爾中止。後在峨眉改辦軍官訓練團，以限於環境，祇就川滇黔三省剿匪軍官兼及一部份行政人員召集訓練，以統一其思想與行動，所收功效，亦匪淺鮮。二十五年五月，復本初旨，籌辦廬山暑期訓練團，以賡前緒。不意兩廣問題發生，又告中止。本年五月，復又繼續進行，幸而無阻，遂於七月四日在海會開學，連辦兩期。間以華北告警，三期停辦，爲缺然耳。顧本屆訓練之舉辦，在二十四年卽已開始籌備，斷斷續續，竟歷三年之久。其一再籌辦中止而今卒能實現者，此無他，決心毅力有以致之也。

六、本實紀編纂之大旨

本屆暑期訓練團，以大規模之組織，召全國文武各界幹部在廬山集中訓練，以造就建國救國之中堅幹部，而作動員抗敵之準備。此種建國抗敵訓練之實施，此種機會教育推行之成效，在吾國教育史上實佔一最重要之地位。本團以其意義與價值之重大，故有廬山暑期訓練實紀之編纂，亦所以垂文獻于久遠，供國人之省覽也。茲就本團組織與訓練之實況，依次纂輯，都爲八編：一曰組織與編制，凡關本團之組織與編制之系統，莫不具焉。二曰籌備經過，凡關本團籌備工作之進行情形，莫不詳焉。三曰團務紀事，四曰教育紀事，凡關本團之總務經理衞生警衞以及一般與組別訓練之實況，莫不備焉。五曰人事，六曰法規，凡關團部與各隊部之人事以及各種應用之法規，莫不賅焉。最後殿之以講演錄，本團大事記，本團標語，各期開學與畢業典禮記以及各種會議紀錄。凡屬有關訓練之文件，無不一一載列。以本屆訓練所得之材料，裒次成篇。訓練文獻，蔚爲大觀；刋布于世，以餉國人。

附：訓練實紀修整完畢之報告

辭公總座鈞鑒：廬山暑期訓練實紀及峨眉訓練實紀，已全部修整完畢，謹將目錄導言奉呈察核。聞鈞座兼長總政治部，爰就管見條陳于左：

一、自對日抗戰爆發後，各地有爲青年，或失學、或失業、或投効而苦無門者，實繁有徒。總部此時應多方吸收，施以短期訓練，于精神及軍事訓練外，兼須分別授以技術訓練。其受訓後，何者配合於軍隊系統，何者配合于戰區服務，何者配合于後方服務（組訓民衆以及其他後方勤務），宜加甄別，分配工作，以使個個能盡其才，事盡其功。

二、聞此次武漢分校在長沙招生，北大一部分學生，曾派代表向分校主辦招生人員接洽，擬報分校受訓。分校如已收容此一部分青年，最好亦移歸總部授訓。

三、總部宜羅致專家、人才，以充實中堅幹部，可設設計委員或指導委員以位置之。惟用材須從知、養二字着眼。

四、多編流動宣傳隊，派往各地鄉村宣傳，以助民衆組織之推行。宣傳方式，着重化裝講演，雜以抗敵詞曲歌調或鼓詞。最好就各戲院及其他遊藝場所，招選藝員，配加每一宣傳隊，以若等習于油腔滑調，唱演易引起聽衆之興趣。用此通俗兼帶遊藝式之宣傳，則易提高民衆抗敵之情緒。

五、今後務須策進黨政動員，以配合軍事動員，三管齊下，以把握持久抗戰之勝利。

職以總部組織尙不十分明瞭，未能多有所獻曝。玆就感想所及，略陳區區，是否有當，

敬祈採擇。肅此，敬請

崇安

職 何 聯 奎 謹上

民國廿七年一月七日，於湖南祁陽

敬悼蔡孑民先生

民國廿九年三月廿四日掃蕩報社論

昔蔡伯喈稱郭有道云，『先生誕因天衷，聰睿明哲，孝友溫恭，仁篤慈惠，貞固足以幹事，隱括足以矯時，於是纓緌之徒，紳佩之士，望形表而影附，聆嘉聲而響和者，猶百川之歸巨海，鱗介之宗龜龍。』又稱陳仲弓云，『夫其仁愛溫柔足以孕育群生，廣大寬容足以包覆無力，剛毅强固足以威暴矯邪，正身體化足以陶冶士心，先生有此四德，故言斯可法，行斯可樂，動斯可象，靜斯可倣。』凡此所稱道，以之稱頌新近在港逝世蔡孑民先生之言行性格，道德文章，實至允當，受之而無愧。蔡先生生當遜清同光之間，才華卓犖，文藝清新，年方弱冠，卽掇巍科，使其僅以和光同塵爲念，固不難紆青拖紫，立取卿相，但先生痛民族之沉淪，念國家之削弱，本其悲天憫人之懷，作發聾振聵之舉，一生致力教育，提倡學術，培植人才，翊贊革命。五十餘年間，歷遇艱難困苦，而不易其志，不變其操，其對於國家民族之貢獻，在文化水準之提高，民族意識之養成。蓋我國自辛亥革命之發動，推翻清室，建立共和，中經國民革命軍北伐成功，而直至此次抗戰軍興，殲倭殺敵，先生潛移默化之功，殆不可沒。其人格之崇高，事業之偉大，又遠非郭有道陳仲弓所能比擬矣。

今日爲蔡先生逝世之第廿日中央及各地亦同時舉行追悼，在全國人之心中，莫不對此一代宗師之長逝，深致無限之哀感。惟我人以爲追悼蔡先生，不僅在注重儀式，而尤須紹述其精神，不僅在稱揚功德，而尤須完成其事業。故謹舉數義，願與全國同胞共勉之。

第一，關於學術之探討，必須加倍努力。　總理曾云：「學問爲立國根本，東西各國之文明，皆由學問購來。我國當革命以前，專制嚴酷，人人無自由之權，然能提倡革命，以至革命成功，皆得力於學說之鼓吹。」蔡先生平生之所以孜孜不倦，致力於學問者以此；殫其一生精力於學校教育及研究機關者亦以此。今革命工作，雖日漸完成，抗戰三年，最後勝利亦日漸接近，然建國事業，端緒正繁，學術發展尤爲切要。我人應本先生治學教學之精神，以研究學術，倡導學術。對於蔡先生之言行著作尤須廣爲刋布，或善爲維護。

第二，關於生活之改進，必須益加奮勉。蔡先生之偉大處，固在其思想之透徹，學術之湛深，然亦因其平日生活，極爲謹嚴，故各方人士，莫不受其感化。今以　總裁所訂之新生活須知言之，如曰，「守法循禮，戒愼將事，和氣肅容，善與人處」，如曰，「厚人薄己，不爭權利，急公忘私，弗辭勞瘁」等等，蔡先生字字做到，句句實行，誠一代之完人，全民之師表也。先生於民國初元，卽組織進德會，提倡八不主義，蓋深知欲挽救國家，復興民族，非將醉生夢死之生活，予以徹底改正不可。今當　總裁一再昭示國人必須實行新生活及國民精神總動員之際，而先生適逝，我人必須追效先生之爲人，則自然合乎新生活及國民精神總動員之標準，在國家可爲一健全之國民，在社會可爲一良好之份子。

第三，關於人格之修養必須時加惕勵。蔡先生之生活謹嚴，固如上述，但其整個人格之崇高偉大處，則幾非言語所能形容，我人但覺其「仰之彌高，鑽之彌堅」而已。勉舉一兩端言之，一曰，氣度之寬大，眞所謂澄之不淸，擾之不濁，汪汪若千頃之波，是以在學術上，能收兼容並蓄之效。二曰，操守之堅貞，孟子所謂富貴不能淫，貧賤不能移，威武不能屈者，惟先生足以當之，是以外雖冲和，而能不失其正。三曰，思想之純正，先生旣以救民族，興國家爲出發點，對於一切紛歧錯雜之見解，皆能予以嚴正之批判，而不肯附和苟合，故數十年來，其思想一直能立於領導之地位。凡此數端，一半由於天誕聰明，一半由於平生學養，固非尋常人所能勉强企及，然吾人苟人人以蔡先生爲模範，而日夕求之，則於進德修業之際，必大有補助也。

蔡先生逝矣，我人必須謹記先生之嘉言懿行，亮節高風，而紹述其遺志，繼續其事業，使抗戰建國早日完成，庶足以慰先生在天之靈。

一個回憶

『往事的回憶，那怕只有一點點都是很有意味的。』（Adler 說的話）

約莫二十年前後的光景，有多少當世師儒—科學名教授聚集在「景山之東」，他們苦心孤詣，策劃着怎樣貫徹蔡校長的意旨，把「理科」好好的充實起來。後來，第二院佈置的很樸美，校園有了，大講堂也造起來了，後面排列着一座一座的實驗室、圖書室、研究室、陳列室，各種設備，粲然以具。這一片科學園地的整理，是很費了一些心血的。「園中有奇樹，綠陰發華滋。」園裡奇樹最出色的，其一，代表地質學；其一，代表物理學。關於地質學研究，早已有了根柢，由於地質學系的開展，其生機更加發榮滋長。由於物理學系的強化，便開了實驗科學研究的風氣，並為全國各大學的倡導。

二十餘年來，在我國科學園地最有收穫的，要算是地質學；其次，是理化。這幾種科學，在北大，長了根，萌了芽，而又發了枝葉。北大對於科學教育的努力，於國家實有不少的貢獻。

自己有短處，固然要檢討，而有了長處，亦可不必過于掩蓋。妄自尊大，固不可；妄自非薄，亦儘可不必。我這一段回憶，是值得大家體味的。

民國卅二年載重慶北大紀念刊

蔡孑民先生民國十四年題哲學系級友會紀念刊

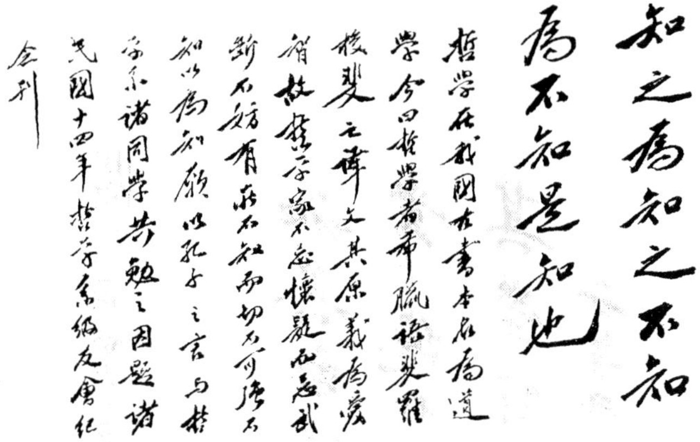
知之為知之不知為不知是知也

哲學在我國古書本名為道學今日哲學者希臘語斐羅梭斐之譯文其原義為愛智故哲學家不忘懷疑而忌武斷不妨有所不知而切不可以不知以為知願以孔子之言與哲學系諸同學共勉之因題於民國十四年哲學系級友會紀念刊

蔡元培

民國十六年題贈扇面墨跡

民國十七年蔡先生書贈

知其白守其黑為天下式
常德不忒復歸於無極知
其榮守其辱為天下谷

子星同學兄雅屬　蔡元培

民國二十二年冬蔡先生在中央大學演講「民族學上之進化觀」後覆信

子星吾兄大鑒：接十八日
惠函，敬悉。承
囑寄於社會科學季刊，拜領謝謝。中大
演講之記錄稿，近始改定，寄與陶劇儒
先生，
兄欲由此轉寄，可向劇儒兄索抄，弟已函告
之矣。此復，並祝
著祺

弟元培敬啟　廿四　一　十五

子星我兄大鑒：前日承
惠賜並賜金氏宗族畫萃第一卷，謝
謝。明晨八時之中國民族學會成立
會，弟本擬參加，現因有赴華山之
行，八時前即須出發，恐不能到
貴會，務請
兄為同人原諒為荷。專此並候
日祉

弟元培敬啟　二三　十二　十五

悼念吳稚老

稚老逝世，忽忽十週年了。他的人格，他的精神，他的學問，值得我們永世的景仰！胡適之先生說過：「吳稚暉是近三百年中國四大思想家之一，其他三大思想家：顧亭林、顏習齋、戴東原。」胡先生以稚老和顧、顏、戴三氏等量齊觀，至爲確當。黃文山先生說過：「數十年間，他只是布衣粗食，淡泊明志，屹立於政治邊緣之外，堅守革命的節操，與平民同其甘苦。」黃先生對稚老認識深切，所說的實非過譽，足爲稚老眞實的寫照。稚老倡導國語統一讀音，啟導科學技術，他確是學術思想的先驅，對於吾國教育有莫大的貢獻。本省二十歲上下的青年學子，談吐之間，都能說一口標準的國語，此卽推行注音字母的效果，乃是一個最顯著的證明。這不得不歸功國音的倡導者大思想家吳稚老！

讀過「上下古今談」「天演論圖解」等書，可以知道稚老對於吾國科學思想上有很多的啟發。稚老一生特立獨行，沒有做過官，發過財，粗衣一襲，布履一雙，遍遊名山大川。就我所見到的，所聽到的，稚老於二十二年至二十六年間，往往徒步於廬山海會寺泗水橋、牯嶺之間，健步如飛，跟隨莫及。

張靜江先生，在吾國政治史上是一位有治力、有識力、有毅力，而值得讚揚的實際政治家，在浙江主席任內，以及主持全國建設委員會的時期，他做了許多切切實實的建設事業，政績輝煌，有口皆碑。當年稚老到南京，就住在建委會內。民國二十年，我留學歐洲歸來，初次見他，對靜老治政建設精神，推崇備至。他們二老意氣投契，相得益彰。稚老對　孫總理和　蔣總統翊贊革命，固不必說。其本身雖在政治邊緣之外，但對實際政治，亦有不少的貢獻。

民國二十八年，我主持掃蕩報總社，我常去上清寺請教於稚老，他對我多多鼓勵和愛護。我以大老大師尊之。他替掃蕩報寫過三篇大文：一、為製造大掃箒去蕩敵巢，二、為從十八年上想起中國青年最可模範的一個，三、為祝抗戰第三年的第一天。專闢半版，刋載「甲子與世紀」。這都是啟發青年堅定抗戰的好文章。民國八年，我在杭州求學，跟一朋友辦晨鐘小報，不數月就停刋。我辦報委實無多經驗。自從接辦了掃蕩報，照既定的宗旨和目標做去，不到半年，尚有成效，主要的是出報早快，發行增加。還有一特色堪引以自慰的，就是揷製地圖以配合軍事的報導，而青年學生看掃蕩報的，也增多了。每見稚老，稚老總說掃蕩報發行早。為了發行目標擴展到教育界學生界，布雷先生也致以稱許。總之，我辦報三年餘，有點收穫，乃得之於稚老和布雷先生的激勵和指導。

三十一年春稚老傷風初癒，我燒一小鷄，送去佐食。他給我一箋，說道：「又奉丈人殺鷄之惠，在先生老者安之，聖人之度。弟貪饕無饜，惶愧已極。但鷄已升香，當爲黍而飽餐，每飯不忘，感泐無旣。叩謝叩謝。適有他友贈以鷄蛋茶葉，其量太多。恐必腐朽，故分呈左右，飭以茶葉煮蛋，可佐兩日午點也。」稚老自奉甚樸，淡飲粗食，習以爲常。

民國三十八年秋，黃文山兄奔走國事，赴美有所致力。稚老親手撰書敬告僑美全體同胞書，交其帶美。這一告僑胞書，歷陳蘇聯和中共在抗戰前後之陰謀及大陸淪胥之經過；並希望僑胞擔負起國民外交的使命，以復國運動自任，情意懇切，無以復加。甲午戰後，清政日非，稚老和蔡孑民師創辦愛國女學，鼓吹革命；稚老愛國，老而彌篤。

三十八年初，我到台灣，常和吳克剛兄到七條通謁候稚老，他爲我們圖解中國文字，很有意義。那些圖片不知落在何人之手？過後，每見稚老，開頭就講中國史前史，從北京人講起，講得很有條理而精闢，可惜牽於公務，未能有系統的記下來。最後，他移寓陽明山調養，很少有機會聽他的學術講話。回想起來，何勝愴愴！悼念稚老，感觸很多。拉雜寫來，不成統系，稚老行誼，不及百一。

民國五十二年十月五日寫於台中北溝

稀見的吳稚老寫作

——寫在吳稚老遺墨「從二十八年上想起中國青年最可模範的一個」之前

稚老的道德文章，夙爲世人所欽仰。論書法，篆隸行楷，皆有一手。論寫作，文言白話，脫口成篇，不假思索，落筆如神。抗戰期中，我主辦掃蕩報，常偕畢修勺、吳克剛諸友，登稚老之門，質疑問難，有所請益。稚老很愛護本報，不吝指導。民國二十八年夏，我接辦之初，即蒙賜撰社論，曰：「製造大掃帚去蕩敵巢」。接着，又撰一專論，曰：「從二十八年上想起中國青年最可模範的一個」（全文約六千字）。稚老寫這一篇文章，時年七十有六，運筆行墨，一氣呵成。精力之旺，躍然紙上，筆力之工，見於字裡行間。一日，我們侍立上清寺「陋室」，見稚老倚書案一隅，提起毛筆，隨意寫來，眞如行雲流水，行行蠅頭小字，亦復蒼勁可愛。稚老之學，博大精深，細讀此文，可窺一斑。他天賦很高，功力又到，頭角崢嶸，璣珠滿腹，一言一語，皆有味兒，譬如，佳肴在前，口舌相接，其味無窮。以此爲喻，堪以發人深省。稚老推出舜爲中國青年最可模範的一個，鼓勵一般青年，以古爲鑑，而知所創新，實具有深長的意義。這一論文，民國二十八年，在重慶掃蕩報登出，當時，沙坪壩一帶學區爭購一空。次年，有一天，陳布雷先生對我說：「掃蕩報已非純是軍報了。」短短一句很涵蓄的話，倒給我一種深刻的感悟，而對於新聞事業把握着知所致力的方向；稚老對此亦給我不少的啟示。這文的刋布，鉅今時逾三十載，而在寶島，恐屬罕見。稚老以如椽之筆，一筆不苟的寫成這篇大文，在其一生中恐亦稀見。又這文本身的價值，雖不稀見，但在不稀見中，却不多見。

前年，張慶楨兄在我家裡看到這文，想把它介紹給傳記文學發表。後來，晤見紹唐兄，曾提及這事，他表示接受。兩年來，我總把這事放在心裡，而終未動筆。近日，跟江兆申兄在談藝中，他問我，有意把吳稚暉先生的文字墨蹟贈送故宮博物院，如何？經他一提，正合我意，蔣院長亦願接受。我就割愛，連其他兩文一起贈送故宮博物院保藏，眞蹟流傳，永垂不朽。公元一九六四年，聯教組織第十三屆大會，擧中華民國吳稚暉先生爲「世紀偉人」（The Great Man of the Century），誠是曠代的光榮。我國家博物院有其文字墨蹟的收藏，這不僅是國家的文化遺產，亦是我中華民族文化結晶千古累積的光輝。

民國六十二年三月一日

從二十八年上想起中國青年最可模範的一個

吳敬恆遺著

中華民國在今天，已將整整的過了二十八年，問他建國的成績，到了如何地步，當然要把從前人建國的能力來比較。請問比較那一朝呢，我想直把堯舜之世來比較。必有人以爲太胡鬧了。當此內憂外患，民窮財盡，比起宋明，還是歉然，當然漢唐是不必說了，要比「成周三代之隆」，更是笑話。如何一比就比起堯舜之世，眞是胡鬧胡鬧。但是古今的情形不同，所謂治亂興衰，也各有各的依着時代的判斷。終之人才湊得好，就多做興盛，湊得不好，就形成衰敗。篤舊的人，終以爲古勝於今，講進化的人，又以爲今勝於古，只都是籠統的武斷。難道古時的惡事，也勝於今，又難道今世的惡事，亦勝於古？善惡在時代上，觀點或稍有不同，而在一時的或善或惡，判斷起來，終是相同。所以問建國二十八年，究有成績若干，倘有現成的典故，何妨把現在與古代比較一下，管他什麼堯舜之世，隆重得高不可攀呢。

說起二十八年的典故，最熟於人口的，就是舜在堯未死之前，攝政了二十八年。問舜在這二十八年，成績如何？又問我們中華民國二十八年，成績如何？我就有一個比例着的答復。我們不好執着過去的內憂外患，民窮財盡，尤其是目前的狂寇壓境，竭蹶抗戰，以爲我們決決無此資格，引唐虞來相比。然而我來念一段孟子給大家聽聽。舜的攝政中的環境，也就夠麻煩了。

孟子說：「當堯之時，天下猶未平，洪水橫流，氾濫於天下，草木暢茂，禽獸繁殖，五穀不登，禽獸偪人，獸蹄鳥迹之道，交於中國。堯猶憂之，舉舜而敷治焉。」大家聽了，此時舜去攝政，滋味如何？有人說孟子的說話，有點不可靠，所謂「大哉堯之爲君也，惟天爲大，惟堯則之。」那末又何以當堯之時，會只樣一塌胡塗呢？只個緣故，大家就沒有想想，自從黃帝有了一點建設，三苗的猖獗，跟着蚩尤下來，一直不斷。少昊之時，又曾大規模的侵略，直到舜做了黃帝，舞干羽於兩階，七旬有苗方才來格。攝政時也把三苗竄到三危，想見三苗的麻煩老堯，也不在共工等三凶之下。自黃帝到堯，中間又有神人雜糅，傚擾天紀。外患內憂，土地荒蕪，一路的民窮財盡，更甚於今日。他父親帝嚳，老兄帝摯，直把一個糜爛的世界，交到堯的手裡。尤其堯以前的古人，於倫理道德，做人之道，還沒有工夫講究。堯首先的出來「克明俊德，以親九族，九族既睦，平章百姓，百姓昭明，協和萬邦，黎民於變勝雍。」這一套工夫，也就夠化他的心血，夠費他的歲月。從前神人雜糅，好像義和團的世界，恐怕就是羲和那種官，專管天變災祥，如後世欽天監，鄉下老百姓的胸中，也好像必要有劉伯溫能造推背圖，方才稱職。所以弄到街上跑的，神與人都分不清楚。堯就請他們專心研究三垣二十八宿，定了四時的中星，敬授民時，這也不輕容易。生的兒子罷，又是不肖。幾個老臣罷，如共工驩兜之類，又都是寶貝。再來一個九年的洪水，明曉得鯀是剛愎自用，但也無人可使，白治了九年的水，大溜過了，小水還是汜濫在一國的遍地。從十六歲即了位，忽忽的七十年，已是八十六歲。異時舜對禹直講，說是耄期倦于勤。難道堯在當時，到了耄期，便倒不倦于勤麼？看看所謂草木暢茂，禽獸偪人，獸蹄鳥迹之道交于中國，竟是那種現象。然而倦勤的人，要能不能，所以就在四岳中間，也急乎想揀個替人。忽然有個二十七歲的青年，居然是出在茅草裡的一棵竹筍，叫做舜的，可以選作女婿。於是叫兩個愛女，去朝夕觀察，相伴了三年之久，知道眞是一個出色人才。到舜三十歲的時節，便請他攝政。現在把我們中華民國講，也同中山先生，把宋明以來委靡不振的氣象，遍於中國，治國平天下之大道，散而無紀，先給他一個三民主義，如堯的親大族、平百姓、和萬邦，立了一個根本的建國綱要。所有鴉片戰爭以來的外患，及貪官汚吏悍將驕兵，一切如禽獸偪人的內憂，且到成了中華民國再說。

於是上面一個比較說明了，下面再來一個比較。就是舜的攝政二十八年，幹的什麼，中華民國有了二十八年，也幹的什麼。舜幹的，是先補堯的未做的幾件。積極方面，補助羲和的觀察天文，製造了璿璣玉衡，能齊日月五星的七政，把諸侯分等得淸淸楚楚，每年的仲月，到東南西北，親去借了祭祀山川，看看汜濫到如何，獸蹄鳥跡之道，一一跑過。姑且把山水整理一下，權把全國分成十二州。容易開濬的水道，開濬一下，大工程再候將來。從前沒有刑典，所以堯亦無法懲治他應辦的人，於是象以典刑，使欽敬的依照。就在消極方面，把堯所未辦罪的三個內賊，共工是流，驩兜是放，鯀是殛。一個外奸，三苗是竄。說起共事的，已用了八元八愷。至於一班青年同志，如大工程治水的禹，大規模墾殖的稷，執法如山的皐陶等等，還來不及一齊物色完全。可惜到了他攝政的二十八年，堯已壽考命終。不曾親眼看見益把烈火，焚了暢茂的草木，禽獸一齊逃匿。稷把獸蹄鳥迹之道，變成了阡陌交通，匀匀南畝。禹把江河奠定，從新廢了十二州，回復了向來的九州，弄成了錦繡江山。其實只也是時間來不及，曇花頓現。那末我們中華民國的二十八年怎麼樣呢？說到積極方面，造成隴海粵漢幾條鐵道，經營了幾萬里的公路。把五院的規模先立了出來。諸如此類，都是毛細。消極方面，把封建變相的軍閥，終算廓清了。外交也不至於像總理衙門，受人拍桌子。然而大規模的國防，看做禹的治水一般，工程太大，正好以待來年。故大炮飛機缺乏，三苗的飛機在天上雄飛，我們不免在洞裡雌伏。七旬有苗格，也要等待將來。大約其惟一原因，亦如堯雖已能得舜，初初也止薦舉到八元八愷，而一班青年同志，如禹稷皐陶伯益，尚待二十八年以後登庸。那末現在的二十八年後，我們征三苗，叫他竄回東京，五年計畫十年計畫，都經青年同志來擔任，我們雄飛的一天，自然更爲偉大。

好了，現在比較完了。再來談談青年同志。堯只麼一個惟天惟大，惟堯則之的人物，何以禹稷皐陶伯益，不出在堯時。只個原故，可以把孟子來再說明。

孟子說：「故天將降大任於是人也，必先苦其心志，勞其筋骨，餓其體膚，空乏其身，行拂亂其所爲，所以動心忍性，增益其所不能。」

堯是一個天縱之聖，却是天潢貴胄，所以拿他來做模範，太高不可攀。他的兒子，更是生於深宮之中，長於保姆之手，有只麼的聖父，竟口不道忠信之言，而又善於爭辯，如汪精怪能做倭鬼的强詞說客，再來竟做不肖的原祖。舜也是天縱之聖，然而他的當大任，竟一躍而造老堯之上，就是苦心志，餓體膚，鍊成他的銅筋鐵骨。有人問，他的弟弟同少爺，又是兩個不肖，只又是什麼原故。只有何難解。他那位天生不肖的老弟，也同汪精怪一樣，雖有總理做他模範，他的原形，畢竟是個臭漢奸。他那位少爺，在公主的母親手裡養大，不免容易驕貴。古者易子而教，所以全父子之恩，堯舜沒有强迫氣質庸下的兒子，免去不肖，都是要想保全慈父的過失。與孟子論舜之於人則誅之，於弟則封之，乃是保全親愛，同一「人皆見之」的聖人之過。若正當說話，不如孔子想得周到。所謂「中人以上，可以語上」，止要給他模範導師，便會成聖成賢。若「中人以下，不可以語上」，都是要嚴格的管教，才能免做不肖。所以總裁的管教養成，特地提出「管」字，必是被孔子提醒。現在閒話少說，且看舜的苦心志，餓體膚，鍊成銅筋鐵骨，做着中國古往今來最偉大的青年導師，其當時效果如何。則果然所有當時中人以上的青年，禹稷皐陶諸人，俱被感化了，都做了歷史上數一數二的大人物。而兩千年內的湯文周孔，都是那班青年的子孫。

上同黃帝爭氣，下開中國五千年偉大的文化，到近一千年，被倭鬼偷了他的寶貝，也做了改良三苗。不過賊性改不能盡，所以反來麻煩。

舜的苦心志，餓體膚，鍊成銅筋鐵骨，可以掛一漏萬的約略說說麼？只為了當前許多中人以上的偉大青年，揀只個最偉大的模範導師，不能不約略說說。說了一點，他們也自能舉一反三，都做成了八元八愷，禹稷垂契伯益皋陶伯夷夔龍，四岳十二牧，那就二十八年後，中國眞成了新式堯舜之世，也是不難的呀。人才湊得好，就變興盛，湊得不好，就形成衰敗，恐是鐵律罷。但願今日許多偉大青年，都能說「舜何人也，予何人也，有為者亦若是」。

舜是二十歲就孝名大著。二十七歲堯娶給他兩個愛女，當二十七與三十歲之間，他那兄弟惡象，曾經要謀死了他，佔有二嫂。那末堯的愛女，假定二十四五，象能佔有，也已過了二十歲，與二女相當年齡。如此說來，舜在三五歲就失了自己的慈母。他那瞎子的父親，續娶了一個絕口不談忠信的萬惡晚娘。瞎子又是窮漢，女人肯嫁一個窮瞎子，當然必是個惡物。舜自小挨餓挨打，可以不必細說。幸虧他體質壯健，性格聰明，叫他做什麼，便會什麼，做起來，終不疲倦，比一個什麼僮奴，還要有用。故爾打罵之外，家中得此健僕，又肯依頭順腦，免了就下毒手，因此能夠保全小性命，漸漸壯大起來。鄉鄰親戚家裡，知道瞎子有只麼一個挨打受罵、千依百順的小孩子，自然無不同聲稱贊，公認是一個眞正孝子。於是一人傳兩，兩人傳四，二十歲便孝名大著，更過六七年，又弄到通國皆知，自然吹到開創倫理道德的堯先生耳朶裡，一定馬上看做稀世之寶。又恐怕他天姿雖美，學問才幹，或有欠缺。雖此種女婿，卽使終身窮困，堯也滿意。然到底還有付託天下的大事，不能不更進一步的考察，就叮囑二女，細細觀察他三年，然後決定，又把他看做大位的繼承人，請他攝政。

周公多才多藝，孔子也說吾少也賤，故多能鄙事。舜在二十歲前，

歷山的田，要他去耕了，供給家中的食糧的。多餘還要換錢的。雷澤的魚，要他去捕，瞎子與晚娘，食無魚是不可，小弟弟每飯必需多魚，更不必說。多餘也要換錢的。

河濱的窰，要他去燒造的，造屋的磚瓦，日用的盆盎罇罍，自用之外，大部分是爲換錢的。

壽丘的什器，要他去仿造的。所有家用雜物，大多數是換錢，而家中需要，便取諸宮中好了。

負夏地方，可以就時。就時卽是乘時販賣逐利，只種小販生活，亦要他負擔的。

家中倉廩破了，井泉塞了，木匠泥匠石匠，也要他充當的。說不定還要叫他幫人興工建造，得錢養家。你看他二十七歲做了潤潤的駙馬，晚娘惡弟還要慫恿瞎子，命他不好雇工，要親自去修倉浚井，以便謀害。舜還不敢違拗，以駙馬爺爺，仍着了工衣去

從事。他還有意外的本領。阿弟乘阿兄上了梯，他便舉火焚廩，舜竟用兩隻箬帽，做了鳥翼，從高躍下。只不是絕好的飛機上用降落傘的能手麼？阿弟又乘阿兄下了井，馬上下土填塞，那知舜已預鑿他道，從容而出。只又是鑿起防空洞的好手了。一說只兩種本領，都是二女傳授給他的。

終之舜於農工商，無一不善。必有今之受過士大夫教育的青年，傲之曰，舜特少年失學，所以止做許多賤事，他既不能充做文化人，亦恐難得出路，出洋鍍金，更無望了。哈哈，只是什麼話，說到士大夫的教育，舜更得到狠深，可以約略再說說。

他愼徽五典，五典克從，倫理學是專家。

納于百揆，百揆時叙，政治學又是好手。

肇十有二州，封十有二山，濬川、地理水利極熟。

象以典刑、欽哉欽哉，法學是開創家。

南風歌，卿雲歌，文學的老祖。

舜在床琴，鼓琴二女果，藝術亦是專家。

而且干戈朕、弤朕、他亦講些武學。

問他未入大學，學問何從得來？學問只在大學裡出來，此是今日青年自誤誤人。古之癡愚王子，問他米是從何出來，他說是席子包裡出來，同一胡塗顢頇，而且學問是專從學校裡出來，沒有學校，就稱失學，既出學校，就稱畢業，一行作吏，便可以此事遂廢，弊害之大，已足葬送許多有志青年，及阻碍終身從事學問。又學問學問，學是一事，問又是一事。今日把教科書概括學問之全部，更胡塗得可笑。舜之大本領，增進他的不化錢的學問，就是「舜好問」，「自耕稼陶漁，以至為帝，無非取于人者。」他是為晚娘惡弟凌辱的一個窮孩子，不是他靠了一張嘴，什麼都問，他會如此的多才多藝麼？果然好問如舜，那一個青年，不會兼擅衆學麼？今日害了父母，化了重金，得了一張文憑，自以為了不起的學者，眞叫做不識羞。學了一個士大夫，其餘謂農業低微，工商賤事，冒充文化人，害身害家害國，尤其可憐。

舜的道德學問，可作惟一模範矣，他的細行又如何？則有孟子說他，「舜之飯糗茹草也，若將終身焉，」飯糗茹草，在今日北方是饃饃白菜，在南方是青菜黃米飯。他靠着只種食料生活，可以終身不厭。孟子又說，「及其為天子也，被袗衣鼓琴，二女果，若固有之。」被袗衣，粗俗點說，就是着龍袍。公主立在旁邊，看他彈琴，妙在「若固有之」。在今日無志的青年，一朝着了龍袍，伴着愛妻在書房裡彈琴，想起自己是窮光蛋，不知要如何得意，或如何局促。舜就漫不在乎，在這種外物的美惡上留意。因為果然一旦不要他做天子，或棄天下如敝屣，竊負其父而逃，遵海濱而處，他又饃饃白菜，可以終身。那末今日小學生穿了一身童子軍制服，便炫燿鄉鄰，不肯脫下。大學生必要洋褲革履，方算體面。窮教授小職員，必要洋服筆挺，借債度日。只也算可已而不已。吾取舜之龍袍爲比例，做此官，行此禮，吾不反對穿得體面。但朝上穿了洋服，晝上可以穿青布大掛，晚上又可以穿工衣。一個偉大青年，能取舜作模範，終要能作士大夫，能作農夫，能穿工衣，能負販作小商。何時適宜何種，何時便扮演何種脚色。當今人人要無所不能，才會渡過二十八年以後的難關，才會雄飛天下。

末了一句，舜雖名爲天子，然受之于堯，又授之于禹，能夠公天下的，古史上又祇此一人。以舜作我們偉大青年最可模範的一個，願自中華民國二十九年起，孔誕之外，再考查了，每年舉行舜誕，諒亦不算多事。

吳稚暉先生像

吳稚老撰本文原稿首頁墨跡。該稿已贈故宮博物院保存。

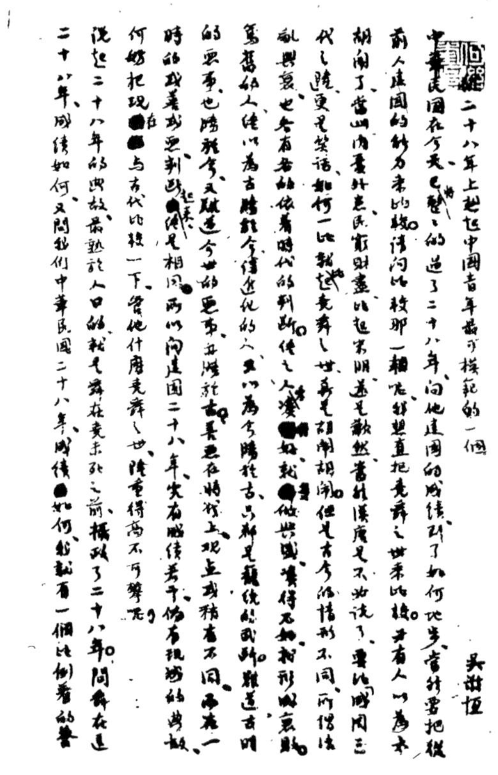
從二十八年上想起中國青年最可模範的一個　吳敬恒

中華民國在今天已整整的過了二十八年，問他建國的成績，到了如何地步，當然要把從前人建國的能力來比較。請問比較那一種呢，我想直把堯舜之世來比較。或有人以為太胡鬧了，當此內憂外患，民窮財盡，比起宋明甚見歉然，當然漢唐是不必說了，要比成周之代之隆，更是笑話，如何一比就比堯舜之世，真是胡鬧胡鬧。但是古今的情形不同，所謂治亂興衰，也各有各的依着時代的判斷。使之人如我做世界，責得不如相形似衰敗。篤舊的人總以為古勝於今，信進化的人又以為今勝於古，其實都是籠統的武斷。難道古時的要事，也勝於今，又難道今世的要事，都勝於古。要在特殊上觀點或稍有不同，而在一時的或善或惡判斷起來總是相同。所以問建國二十八年，其有成績若干，倘有現代的典故，何妨把現在與古代比較一下，管他什麼堯舜之世，總要得高不可攀呢？

說起二十八年的典故，最熟於人口的就是舜在堯未死之前，攝政了二十八年。問舜在這二十八年，成績如何，又問我們中華民國二十八年，成績如何，我就有一個比例看的譬

從二十八年上想起中國青年最可模範的一個

追思胡適、林語堂兩博士

一

韓昌黎有言：「古之學者，必有師。師者，所以傳道、授業、解惑也。」（師說）讀此，以見由於學問知識的傳授，而知師生關係的密切。今之學者，亦必有師，師生關係，古今同然。凡師之所應尊，道之所必重，自屬人倫之常。常言說的「尊師重道」，誠是我中華民族倫理思想的優良傳統。孟子曰：「使契爲司徒，教以人倫：父子有親，君臣有義，夫婦有別，長幼有序，朋友有信。」（滕文公）倫，是道，是理，通常謂爲五倫。這是在各階層中人與人相接應循的常道常理。而在師生之間，學生對師長的態度，亦有必循之道。道，在禮俗上可釋爲「行爲規則」。因此，師生間的行爲規則，可謂爲「師生有禮」。我主張五倫之中應加一倫而曰六倫。尊師重道，意義深長，實有倡明的必要。

在大學裡，我親炙的已歸道山的四位老師：一是蔡元培先生，二是胡適先生，三是陳源先生，四是林語堂先生。我生平不喜寫亦不善寫婚喪壽慶文字，親友師長中有可慶可弔的，偶寫幾筆以紀念之。蔡先生民國二十九年在香港逝世，曾撰文以弔之。陳先生民國五十八年在倫敦逝世，亦曾撰文以悼之。尤其是蔡先生在校中講授美術的起源，師資所承，獲益匪淺。我畢業後，留學英、法，攻社會學和民族學，是受了蔡老師傳授的影響。高山仰止，懷念無已！（見中央研究院「民族學研究所集刊」第九期：「蔡孑民先生對於民族學之貢獻」）胡先生於民國五十一年逝世，林先生於民國六十五年逝世，這兩位老師，前後捐館，都埋幽於今中華民國國土——臺灣。懷仰泰斗，何能無詞。

二

胡先生於民國五十一年二月二十四日逝於臺北南港，我撰輓聯以悼之：

「在學校，親炙教誨：中西哲學，宋明義理，清儒考證，舉世共稱眞博士。

對國家，倡導學術：通俗白話，文化思想，科學發展，胡天不弔喪斯人。」

詞雖不工，但把胡先生學問的造詣和對國家的貢獻，扼要的指出來。

民國十一年，我進北大本科英文系肄業，那時，學校採選科制，即本系學生可選修別系的課，所以我選了哲學系和國文系的課。胡老師以哲學系主任兼英文系主任，其中一度赴美講學，英文系主任由陳源師代理。胡老師講中國古代哲學史，有開山的作用，立論精闢，很叫座。每上講堂，聽者滿席滿窗，聽而不厭不倦。又開宋元明理學，講宋元明義理，後由單不广先生接代。接着又講清儒章學誠之史學，崔東壁之考信，戴東原之經學，顏元、李塨學派等等。凡此講授，開風氣之先，給學生研究理學、樸學、實學很多的啟發。胡老師提倡白話文學，促進學術研究，策勵文化交流；晚年，主持中央研究院，凡關科學發展，推行不遺餘力。綜此以觀，他對國家社會已有輝煌的貢獻。胡老師治哲學而嫻文學，博綜古今，學貫中西，著作等身，譽滿國際，世人以哲學家尊之，老師實當之而無愧。

三

民國六十三年，林先生八秩大慶，我撰一文以求教，尚不失尊師重道之義。原文前言云：

「林先生學貫中西，有節操，粹然學者之英，儒者之秀。早年在校授文學批評與語音學，師資所承，得窺學問途轍，誠是生平之幸。民國五十五年，先生海外歸來，相敘於臺北，風采未改，言笑猶昔。息影草山，不停寫作，綜其一生之貢獻，可為我國藝林放一異彩。」（商代父癸爵禮器之研究」，「華岡學報」第九期。）

旻天不弔，不憖遺一老。老師竟於今年三月二十六日在香港溘逝；二十九日，遺靈空運返國；四月一日，安窆於士林仰德大道「有不為齋」的庭園中。我以四語悼之：「學者之英，儒者之秀，清風亮節，芳流百世！」

民國十一年至十五年間，英文系老師聚於校者，各以所長擅一世。胡先生講作文小說，後由克拉克先生（Dr. Clarke）、陳源先生接替。溫源寧先生講英國文學史及十七八世紀文學。楊子餘先生講英美散文及英文演說。柴思先生（Dr. H. Chase）講解英國文學名著，如迭更生（Charles Dickens）作的David Copperfield和A Tale of Two-Cities；又講解英詩選讀，如F. T. Palgrave選纂的The Golden Treasury of the Best Songs and Lyrical Poems in the English Language。林先生開文學批評和語音學兩課。他講述英文學家愛諾爾特（Mathew Arnold）文學及其評論，很精采，印象深刻。他的語音，得之於天者獨厚，文學修養，功力俱到。他講語音學，則用直接法指授語音法則，諄諄善誘，嘉惠良多。授課之餘，又致力於中國古音的研究。其誨人不倦，好學又如此。他匠心獨運，編開明英文讀本和英文文法，以策勵中學英文程度的提高。其語音學的應用，可於此中覘之。我自審學而不專，少有成就，回想起來，愧對老師！

林老師飽學自賞，著作如林，用英文寫的有三十四種，用中文寫的有三種。英文本譯成法文、德文、西班牙文、義大利文的，不一而足；版本之多，不可勝數。聽說他著作中用英文寫的「蘇東坡評傳」，最爲傑出，有識人士對之已有所評鑑。陶希聖先生謂：「先生以文學知名並見重於世。其所謂『幽默』，實在就是古來通儒與達人治學之餘事。」（四月七日中央副刊）其言平允。如僅以幽默大師視林先生，竊以爲不取。以先生之智慧，以先生之學養，以先生悠然自得的人生態度，以先生多采的中西文筆，靈機一動，烟斗一放，信手寫來，便成篇成册，這眞是文學界之一奇！綜其學之所發揮，在大衆傳播上、文化交流上具有莫大的影響力。

林老師治文學而媚人生哲學，學貫中西，識通古今，著作宏富，名噪國際。世人以文學家稱之，老師亦當之而無愧。

四

胡博士和林博士，是我的老師，親炙門牆，知之甚切。他們在學術上文學上，對國家對社會，幾有同樣的貢獻。他們頂天立地，治身清標，又有同樣的風範。追思兩老，仰慕不已！謹撰數行，以紀念之。詞曰：

當世兩博士，文壇並稱雄。
其人爲誰何？胡公與林翁。
治學雖異趣，所造殆類同。
博綜古到今，中西皆貫通。
文章洛陽貴，名滿宇宙中。
天奪斯文去，長使後人恫！
挺挺兩博士，正人君子風。

節節吐清芬，飄香無盡窮！

民國六十五年五四紀念日

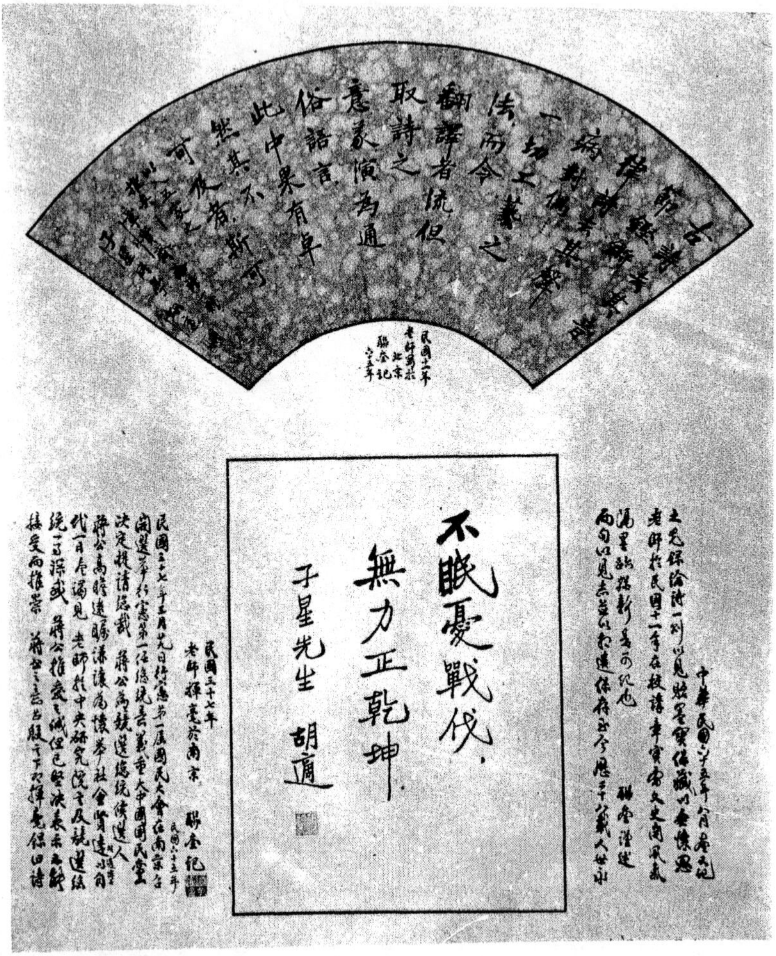
不眠憂戰伐
無力正乾坤
子星先生
胡適

▲歡迎胡適之先生。民國四十三年二月十八日於台北國際機場。

林語堂老師指授茶經。民國五十五年冬攝於台北故宮博物院。▼

一個回憶—敬念蔣夢麟先生

四十餘年前，我求學於北京大學，蔣夢麟先生是我的老師，親炙門牆，知之較切。

美國哲學家威廉詹姆士（William James）把人分作三種：一、機體的人，二、社會的人，三、理想的人。這三種人，正可形成三種人格：機體的人，形成生理上的人格；社會的人，形成倫理上的人格；理想的人，形成心理上的人格。先哲有言：『行誼者，士之本；廉恥者，士之防；才略者，士之用。』舉此中外哲人之所言，以闡明一個人應具有人格的本質；更指明一個人的性格、品德、和智能，爲其立身立業的基本要求。

羅志希先生撰「蔣先生事略」，有云：『我認爲蔣夢麟先生的性格，是外柔和而內剛勁，但對人則「柔亦不茹，剛亦不吐。」還是根據道理可以說服他，他用人專，待人也恕。』羅先生說的話，很切當，可爲蔣先生之一寫照。民國十六初春，國民革命軍平定全浙，浙江省政府成立，蔣先生首任教育廳長，逾數月，他以爲我尚有可栽植之處，命我擔任省立第五中學校長（在紹興），（原校長「五四」健將方豪，調任紹興縣長。）派施科長伯侯傳達命令，並促我早日接任，言下，吃了一驚，像似矇在鼓裏的我，恍如夢中之一覺。因我事前毫無所知，一點風聲都沒有吹到耳邊，連我自己也意想不到。奉命之餘，頗爲惶恐。那時，竊不自揆，嘗有游學歐洲之志，思欲充拓學識，爲國家盡更多的努力。細細考量，不願改變初衷，只有立下決心，負笈海外，再求深造，校長一職，未便接受。施科長剴切相勸，經我堅決表示，若有所悟，悄然而退。過後，我專誠謁晤蔣先生，向他婉辭。一見面，就低聲對我說：『五中校長，政府選擇了你，你爲什麼不幹？』我一再陳明赴歐上進的志趣，他很了解，並於讀書進取上鼓勵我一番。方豪兄亦未就紹興縣長，而回金華擔任七中校長。這種珍重教育有所不爲的精神，是值得讚美的。追憶往事，特爲舉出，以見蔣先生用人待人的態度。民國二十年夏，我回國，過北平，見了蔣先生，他有意要我在母校執教，我表示已受北平大學之聘，他點首稱是，又在教學上鼓勵我一番。民國三十五年，抗戰結束，還都南京，一次，中央政治會議集會，晤見蔣先生，違教六載，一旦相敍，喜出望外，議論中外，卓卓不群。我告訴他，受了中央大學之聘，擔任法學院院長，他勗勉有加，又在教育事業上鼓勵我一番。戰後，中大復校，爲了丁家橋校址，他和陳故副總統曾致以有力的支助，事雖成陳跡，但願於此錄下一筆。

論氣質，蔣先生是個嚴嚴端嚴的儒者，我嘗以之比擬於宋儒程伊川，他是我國教育史上一位了不起的教育思想家。民國十二年，曾著「程伊川的教育學說」一文，對於他的教育思想有所論述。蔣先生平易近人，師生之間，互相尊重，却沒有程門立雪的氣象。蔣先生學貫中西，是一有猷有爲有守的教育政治家。他任北京大學和浙江大學校長近二十年，又當教育部長，對於教育學術有很多的貢獻。他寫了不少著作，如中國教育原理、過渡時代之思想與教育、談學問、書法探原、西潮、和未完稿的新潮等，理暢而旨遠，名山事業，可以流傳而不朽。蔣先生爲生民立命而注重科學研究發展，在臺灣主持農復會，積極推動種種有效的工作，以配合耕者有其田政策之實施，亦有其不可磨滅的功業成就。

『宋儒程伊川旣沒，其門人高第多已先亡，無有能形容其德美者。』（伊川先生年譜）。今蔣先生之門人高第，白頭同硯，少年同窗，以及社會人士之深知蔣先生者，尚有人在。我這篇小文，信手寫來，只能略略道其生平之一二。

最後，尚有一點，補述於下：

民國二十九年三月十一日，蔡元培先生逝世。三月間，重慶各界人士爲蔡先生舉行追悼會，蔣先生適在渝，我請他撰一輓詞，不到半天，我到他的寓所取來，交掃蕩報發表，文雖短，但辭約而意賅。茲檢得原稿，特爲刊出，以餉讀者，請讀者一爲欣賞蔣先生的文筆。蔣先生國學有根柢，就我想來，他老先生一定是讀了不少唐宋文和明代餘姚王陽明的文章，可惜他健在時我沒有問過他，不知道對不對？

五十七年九月卅日於臺北

蔣夢麟先生

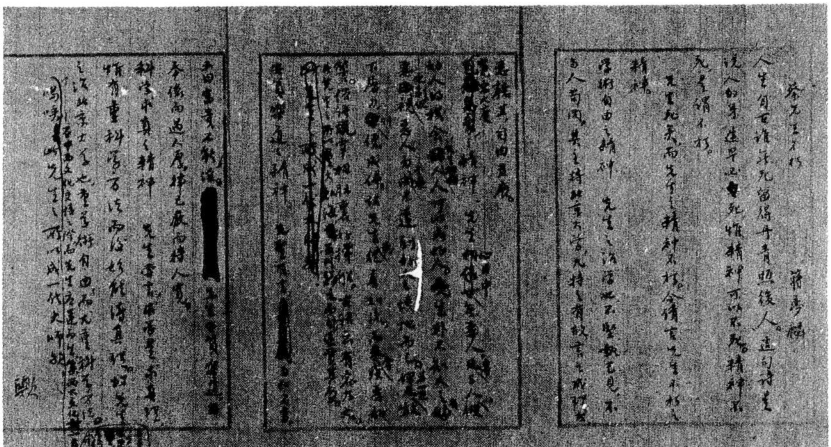

蔣夢麟先生遺墨

悼念陳通伯（源）教授

人之生世，恍如夢之一覺，屈指時光，自出校門，以迄現在，忽易四五寒暑。追憶往事，猶在心目。可是當年杏壇師長，同硯學友，凋落的凋落，老的垂垂老了。暮景自況，亦覺老之將至，凡此興懷，實不勝其滄桑之感！

民國十一年秋，余畢業北大預科後，進本科英文學系肄業。當代師儒，聚在校中，各以所長擅一世。溫源寧先生授英國文學史，林語堂先生授發音學和文學批評，楊子餘先生授散文，陳通伯先生授翻譯和小說，英籍柴思先生（Dr. Chase）英文詩和文學名著，美籍克拉克先生（Mr. Clarke）授寫作。系主任原由胡適之先生兼任，嗣因公赴美，乃由陳教授代理。

陳教授早年受了他表叔吳稚暉先生的鼓勵，留學英倫，當時，深得史學家威爾斯及哲學家羅素的知遇。民國十一年，返國，執教於北大，所以說，我是他的及門弟子，但不是一個得意門生。陳教授學貫中西，識通古今，不僅蜚聲於文學，而且著稱於政論。民國十三年間，王世杰教授主辦現代評論，他是其中一位撰述的能手。民國十八年，離開北大，受武漢大學之聘，擔任教授兼文學院院長。這段時間，我到歐洲留學，彼此很少接觸。民國廿四年，政府作安內攘外的準備，在武昌南湖設軍事委員會武昌行營，我遂拋掉粉筆生涯，離開中大而服務於此。那時，陳教授還在珞珈山武大，南湖和珞珈山，僅一水之隔，我時執弟子之禮以受教；有時，抵掌而談天下事，議論風生，娓娓動聽，所謂「訥於言」，不如外間途說之甚。抗戰時，陳教授隨武大遷四川樂山，嗣又選任參政員，我備位其末，亦時執弟子之禮以受教。那時，我主持掃蕩報，他寫專論，揮如椽之筆，發獨到之見，讀者爭誦，不脛而走。民國三十二年，奉政府之命，遠適美英，致力國民外交工作，冒德機（Luftwaffe）狂炸英倫之險，爲國宣勤，這種勇於愛國的精神，始終一貫而不衰。

聯合國於公元一九四五年四月廿五日，在美國舊金山舉行大會，起草憲章，同年十月廿四日生效，就此成立。接着，聯教組織（UNESCO）於一九四五年十一月十六日在倫敦開制憲會議，簽署憲章，決定設立。一九四六年，在巴黎開第一屆成立大會，陳教授首任聯教組織中國常駐代表。聯合國設這一專門性的教科文組織，其目的，在推行各種計劃，促進會員國間之教科文合作，並協助開發中國家，發展其教育、科學、文化，藉使彼此間增加瞭解，而對世界和平與人類福祉有所貢獻。陳教授於民國五十五年，因病辭職。他確是一個公私分明不計名利的正人君子，在聯教組織任職垂二十年之久，不辭工作的勞瘁，不嫌待遇的微薄，殫精竭慮，爲國效忠，誠屬難得。現在巴黎大學東方學院教授陳祚龍先生於民國五十七年十一月號藝文誌發表一文：「外籍名賢口中的「通老」叫我如何不想他」，內說：「我國在巴黎的文教科代表團，至今得以屹立健在，不能不算是通老退休以前朝夕操作奔忙的結果。因爲每當大小會議，他不僅會以舌劍脣鎗的法術進行克敵消仇，卽使每當公餘遊憩，他並亦慣以正聲厲色的情態，實踐衞道宣化。」這是指出陳教授在聯教組織多年工作的一段實錄。明王畿所謂「史貴實不貴華，貴公不貴私，貴能傳信於千百世。」陳教授有之矣。

我於此願補充一段陳教授平時在聯教組織中活動的情形。他跟巴西常駐代表格納洛教授（Prof. Paulo E. De Berredo Carneiro）相友善，同一年首任常駐代表，前歲我在巴黎又見了他，而今尙健在。想起，民國五十一年，聯教組織第十二屆大會，他主持大會時，爲代表權等問題，其支持我方之熱忱，眞令人讚佩。民國五十三年，第十三屆大會，他當臨時主席，亦爲代表權問題，其支持我方之熱誠，尤令人感奮。他道貌岸然，於唱名投票表決時，唱到與我有邦交之一國家（姑隱其名）其代表答曰棄權，再唱，再答棄權，三唱而始答「是」（表示助我）。當時，格教授私忖，以爲這一會員國和我有邦交關係，聽之自感詫異，乃不惜三唱其名，以促覺醒，而爲我助。一時傳爲議壇佳話。其他，與我無邦交之英國，多次對我支持而投同情票。我幾次參加這一國際會議，耳目所接，知之較切，擧此一端，以見陳教授多年活動工作的情形，這也是値得紀念的。

民國五十七年冬，我由巴黎去倫敦訪候陳教授，晤談甚暢。他白髮平添，精神尚健。近年息影倫敦，繼續國民外交及文化交流工作，書生報國，亦正多途。今年二月十七日，他給我一信，說：「鄭大使茀廷，一月三十一日中午去世，前日已葬。兄來英時，曾與相見。彼長我十二年（均屬猴），極享樂，好飲食，座中常有客。但近二年亦已老，與人談，有時卽睡去，仍好客依舊，門無車馬之人如弟，不可同日語。二三月前，與談，謂記憶力不如昔，多年舊事，可歷歷如繪，而當日事，常全不憶。老年人如此，弟亦有此病矣。（下略）」。時隔一月，他竟病倒，延至四月二日遂撒手與世長辭了！我與陳教授倫敦重聚，僅一年三月之隔，竟成永訣；而二月十七日尺素之通，不多日，又成絕筆。哲人其萎，愴悼無已！夫人凌叔華女士，學藝粹，善繪事，四十餘年前，出一名著：「花之寺」，播美一時。當年故友楊振聲教授評之爲新文學的傑作，實非過譽，至今猶膾炙人口。她在倫敦發表不少作品，有裨於中西文化的交流，爲海外人士所稱道。近年講學新加坡南洋大學，加拿大大學和愛丁堡大學，春風化雨，學林宗仰。凌女士卽將來臺，有意執教於香港中文大學或臺灣各大學，將以教學終其身，作育人才，造福群倫，陳教授可含笑於泉壤了。

畫家張書旂遺作展

我國名畫家張書旂遺作，疊在國內外展出，深爲各界讚賞。最近張夫人方亦民女士，應在台同好之請，特選五十餘幅，在國立故宮博物院之右側展覽室展出。自十一月十二日起至二十二日，爲期十一日。盼愛好其作品之人士前往參觀，勿失此欣賞之良機。

畫家張書旂先生簡介

張書旂先生，浙江籍，人英挺，喜繪事，幼年立志，隨叔父習畫，頭角岐嶷，有神童之譽。長而負笈滬江，畢業上海藝專，造詣益深；嗣受國立中央大學之聘，執教多年，樂育士子，桃李盈門。公元一九四〇年，美國羅斯福總統就第三任職時，總統蔣公以一幅百鴿圖爲賀，以昭示世界和平，用意深遠。此畫卽爲張先生之大手筆，飛舞紙上，縱橫奪目。羅斯福總統感於蔣總統之美意，而鑒賞其繪事之精，於任期內懸之於白宮，今尙掛在總統故居海德公園，由是可知張氏藝術之挺，乃見重於海內外也。民國三十年，我政府派張先生至美國爲藝術親善大使，氏志切報國，願展其所學，在美國與加拿大各大博物館

與張書旂夫人方亦民女士攝於書展會場

及重要大學中表現作畫，展覽講演，所至有聲，譽滿當世；而此文化交流，且有裨於國畫之宣揚。年餘之內，由於工作之努力，割愛其作品，得四萬餘美金。張先生胞物爲懷，不後於人，罄其所得，交給政府，以救濟抗戰中之難民。以一畫家而篤於風義，誠爲難能可嘉。民國三十五年，回國，受任國立杭州藝專校長，因不慣於行政工作，不久卽辭職，張先生以繪畫爲其一生樂事，抱學到老畫到老之志，復去美國，欲爲世人作更多之畫，以宏揚國粹；終其身而於藝術方面期更多有所貢獻。於民國四十八年，正開始對自己作品稍感滿意時，不幸與世長辭。張先生治藝術三十餘年，卓有成就，但虛以受人，學不知足。天不憖遺一畫家，竟奪斯人以去，懷念故友，愴感無已！

民國五十九年十一月十日

段錫朋先生二三事

抗戰期中，在武昌重慶，我和段先生相處，有七年之久。我對他有深切的認識，願不憚煩，就我所見到的所想到的，作一扼要的描述。

一

段先生，是一布衣之士，有正人君子之風。他的風格，依我看來，有三點可以指出：一、是與人無爭，就是無所求，有所不求。二、是與事無爭，就是無所爲，有所不爲。三、是與物無爭，就是無所取，有所不取。綜合的說，就是不求名，不求利。先賢說的：「淡泊以明志，寧靜以致遠」。舉此以衡段先生，最爲允當。他怡然自得，在人間世脫去凡俗，一無所爭；但有一點，他是要爭的。他要爭取自然，道法自然。他不贊成老子所倡的「無爲而治」，他却主張自然主義的無爲而生。自然的本質，是什麼？就是淳樸，這乃道出他的人生的眞諦。

從段先生平淡生活來分析：一、穿：夏天，他平時穿的，長衫一襲，冬天穿的，是棉袍一套，沒有看見他穿過重裘。二、食：中午，我時常和他共餐，青菜炒蛋，習以爲常，有時加餐，添點肉味，煨鷄燉鴨，絕少進食。三、行：他家住在沙坪壩，每星期六下午，到牛角沱搭公路局車回家，星期一晨到會辦公，亦如之。中訓會雖備有小車，來來去去，很少使用。四、宿着：會中備有斗室，爲他住宿，一榻橫陳，僅可轉身。環壁蕭然，往來無白丁。這是據實說明他生活清苦的一面。其清苦，即顯示出他治心的純樸和立身的清標。

段先生久染喘氣之症，有時病發，苦於入睡，見狀，不勝忉忉。他一生力疾從公，有擔當，肯負責，盡瘁黨國，令人感念！

還有一層，值得一提的：他有敏銳的眼光，又有科學的頭腦。所謂科學，在求眞求細。他以科學方法處理業務，領導工作，執簡馭繁，有條有理，在行政上發揮高度的效能。主要的，如用人不浪費，一個人做一個人的事。用錢不浪費，一個錢作一個錢的用。結果，用人有餘，從不滿額；用錢有餘，從不溢額。恕我坦率，直言無隱，每年考績，列在第一。

二

我和段先生七年相聚，氣味相投，相得益彰。那麼，他對我的認識怎樣？民國三十年，我參加中央訓練團黨政班第二十八期受訓，畢業時，他給我的考評（當時，段先生以中央訓練委員會代主任委員兼中訓團教育委員會主任委員）。「剛正篤實，立身嚴，治事勇，論事意見周密，習民族學，文字亦樸茂。」我虛心愧受，不以此自滿。自民國二十八年至三十一年，在這三年時間，我擔任三項職務：一、中訓會秘書主任；二、兼政治部設計委員會秘書主任；三、兼掃蕩報總社社長。上午在政治部辦公，下午在中訓會辦公，晚間在掃蕩報辦公。中訓會事務，大多由我安排，尚能替段先生分點勞，於心稍安。凡此，深得段先生原諒和愛護，差幸未虧厥職。民國三十一年秋，我辭去政治部和掃蕩報職務。段先生任中訓會主任委員，我任副主任委員，從此專心於中訓會工作，得有多餘時間請教於他，他亦不吝賜教。事事磨練，獲益良多。民國三十四年，抗戰勝利在望，段先生屢向我索取寫作。我以「蔡校長對於民族學之貢獻」等文，就正於他。過後他對我說：「子星，你將來可從事於文化教育。」他以敏銳眼光屬望於我，我得他這一策勵，中心藏之而已。民國三十五年，抗戰結束，中訓會跟政府復員回南京，中央以訓練工作告一段落，中訓會也辦結束了。不久，我受國立中央大學之聘，以教授兼任法學院院長，事後才知道，原是段先生給我推介的。我以一平庸的書生而受段先生的推愛這是我最難忘的。世事滄桑，怎堪回憶。

三

民國二十九年，蔡元培校長在香港逝世，在重慶中央舉行追悼會，吳稚老輓聯云：「生平無缺德，舉世失完人。」會後，段先生把稚老輓聯取下藏着。民國三十五年，復員回南京，一日，我到傅厚崗拜候段先生，會客室中懸着稚老一聯，目接聯語，肅然起敬！段先生輕輕的說道：「蔡先生的偉大，我敬仰他！」我深深的具有同感。好人留下好榜樣，這人生的方向，使後人永遠的追求着！日後，如得休閒，頗想寫些關於抗戰中中央之訓練工作。我服務中央訓練委員會，擬於此中補述。

陶淵明文學

一、緒言

吾國自詩三百篇出，而後世詩學之源，於焉以啟，逮漢西京，則有蘇李十九首之作，婉而多風，其流有自。由玆以降，源流實繁。魏曹父子，直追古風、淸音絕唱。東晉之末，挺生陶公；胸次浩然、天眞古澹；文藝超拔，合於自然。論者謂「陶公之文學，集晉代之大成，式六朝之綺靡；上可以繼三百篇楚辭之後，下可以開唐詩之盛」，誠篤論也。陶淵明文學之背景何在？而其眞價又何在？再進而在吾國文學史上之位置何如？其影響於後世文學者又何如？是則吾此篇之何由作也。

二、略傳

陶淵明，一名潛（年譜云：在晉名淵明，在宋名潛），字元亮。潯陽柴桑人，（卽今江西德化縣楚城鄉），晉大司馬侃之曾孫也。生於東晉咸安二年壬申（公元三七二年），卒於宋元嘉四年丁卯（公元四二七年），年五十六歲。少有高志遠識，超塵絕俗。爲文，醇古高潛、縱任自得。嘗著五柳先生傳以自況，曰：「先生不知何許人也，亦不詳其姓字，宅邊有五柳，因以爲號焉。閑靜少言、不慕榮利。好讀書，不求甚解。每有會意，欣然忘食。性嗜酒，家貧不能恆得；親戚知其如此，或置酒而招之。造飲輒盡，期在必醉。旣醉而退，曾不吝情去留。環堵蕭然，不蔽風日。短褐穿結，簞瓢屢空，晏如也。嘗著文章自娛，頗示己志。忘懷得失，以此自終。」其自敍如此，時人咸謂爲實錄。嘗爲彭澤令，在官八十餘日，督郵至，縣吏曰：「應束帶見之。」公歎曰：「我不能爲五斗米折腰向鄉里小兒」。卽日解印綬去，賦歸去來辭以見志。時義熙元年也。陶公氣節之偉大，於斯可見。謂之卓絕千古可也。蘇東坡評之曰：「淵明欲仕則仕、不以求之爲嫌。欲隱則隱，不以去之爲高。」誠爲知音。羅端良曰：「仕不曰行志，聊資三徑而已。去不曰爲高，情在駿奔而已。饑則乞食，醉則遺客。不藉琴以爲雅，故無絃亦可。不因酒以爲達，故把菊自足。眞風所播，直掃魏晉澆習。」此於陶之品誼，亦得其實矣。其後劉裕篡晉，陶公以祖先晉代宰輔，恥屈身宋朝；躬耕於潯之野，遂不復出仕，其清風亮節之健全人格，常表現於詩文間焉。世稱之曰：靖節先生。

三、淵明文學之背境

胡適之云：「大凡一種學說，决不是劈空從天上掉下來的。」吾於文學亦云，蓋一種文學之產生，決非憑空發現，必有所以產生此種文學之因。揆其原因，約有二端：㈠作家所受之時代思想。㈡作家所處之環境。綜此二因，即曰文學之背境。如：蘇李二子之品，吁曲悽惋，絕無風流佻巧之致；正始諸家之作，流於清淡，多有放蕩形骸之態，其他作品，徵諸文集，數數可覯。要皆各以背境個性所在，作風異致。是則文學固不能離時代環境而獨立，而亦隨時代環境之不同而異其趣也。今於未論淵明文學之先，略述其文學之背景。

㈠淵民所受之時代思想

魏正始間，王弼何晏之徒，因爲兩漢訓詁之學破碎支離，乃倡老莊之學以掃其支離主義而別樹一幟。流波及於晉代，談玄之風益扇，而其敝劇焉。彼時人士大都縱情任達，流於放浪（參閱蔡元培清談家之人生觀）。以致兩晉社會之風氣，頹靡云極。淵明雖點染此風，惟律己甚嚴，尚不失其儒者本色，究其與老莊思想特有深契者，厥唯悲世的達觀主義。當玄風方盛之時，而印度之佛教適乘機而輸入（漢末、佛教已入中國，唯信奉者尚少。至魏晉以來始盛。）自鳩摩羅什一到中土（羅什，龜茲國人，既精法理，且嫻漢語。以姚秦弘始三年始入長安，日夜從事翻譯，一切經論成於其手者，不知凡幾。吾國之佛學由以暢明而光大。同時，慧遠法師（彼爲淨土宗首領）乃啟蓮社於東南，在廬阜講經三十餘年。淵明與遠師知交甚契，相與往還（廬山記：遠法師居廬阜，三十餘年，影不出山，跡不入俗。昔陶元亮居栗里山南，陸修靜亦有道之士。遠師嘗送此二人，與語道合。不覺過之相與大笑。）可見陶公受當時佛教之影響者，亦匪淺尠。其神釋詩云：「縱浪大化中，不喜亦不懼；應盡便須盡，無復獨多慮。」歸園田居云：「一世異朝市，此語眞不虛。人生似幻化，終當歸空無。」連雨獨飲云：「形骸久已化，心在復何言！」讀山海經云：「俯仰終宇宙，不樂復何如？」讀此數詩，卽可知淵明文學頗受老莊佛教之影響。

㈡淵明所處之環境

陶公所處之環境有三：一曰時代社會之環境，二曰自然之環境，三曰家庭之環境。凡此環境，皆足爲陶公文學之影響。試依次述之。

1.時代社會之環境　淵明生當晉末，畸士奔競，廉恥道消，社會風尙，敗壞已甚。其感士不遇賦：「自眞風告逝，大僞斯興。閭閻懈廉退之節，市朝驅易進之心。」讀此可以概見。其詩有云：「芳菊開林耀，青松冠岩列，懷此眞秀姿，卓爲霜下傑。」又曰：「青松在東園，衆草沒奇姿。凝霜殄異類，卓然見高枝。連林人不覺，獨樹衆乃奇。」此淵明以「松」「菊」爲超人格之象徵而表現於詩中者也。淵明天眞絕俗，浩然自守；不爲末流所驅，不爲頹風所靡；獨能於擧世滔滔中打破社會不良之環境，以全其後凋之節。故朱晦翁曰：「晉宋人物雖曰尙清高，然個個要官職。這邊一面清談，那邊一面招權納貨。陶淵明眞個是能不要，此所以高於晉宋人物。」洵爲知言。陶公超社會環境之人格，蓋嘗充分表現於其文學作品之中。

2.自然之環境　淵明生於南村，雲山煙水，清流映帶。天籟幽妙，景物綺秀。如此優美之自然環境，致足陶養其清曠活潑之性靈。且廬山斜川等地，離南村甚邇，風物閑美，淵明時往遊焉。聞田水聲，則倚仗靜聽；節屆重陽，則滿手把菊；此皆葆愛自然之表徵。陶公質性自然，優遊涵泳，深得天然之美妙，以致養成其高尙冲淡之性情而孕育其「惇樸自然」之「眞」「美」的文學。洵可嘉尙爾。

3.家庭之環境　顏延之陶徵士誄曰：「少而貧苦，居無僕妾；井臼弗任，藜菽不給；母老子幼。就養勤匱。……灌畦鬻蔬，爲供魚菽之祭。織絇緯蕭，以充雜粒之費。」此敘淵明家庭生活之一段實話。其有會而作，怨詩楚調，歸去來兮辭序，自祭文，及五柳先生傳等文中，自述其饑寒貧苦之狀況，既詳且盡。是陶公家庭環境之不善可知。讀乞食諸作，至深痛切，不禁爲之掬同情之淚！陶公曠達率眞，元氣浩然。擺落世紛，淡焉處心於冲粹之境；固窮守道，欣然自樂於田園之間。胸襟瀟洒，何其壯也！昭明謂其「忠志不休，安道苦節，不以躬耕爲恥，不以無財爲病。」孟子曰：「無恆產而有恆心者，惟士惟能。」荀子曰：「士君子不爲窮怠乎道。」陶公足以當之矣。夫陶公之家庭生活——物質生活如此，而其田園生活——精神生活如彼。二者亦適足以冶成其健全的個性文學。故其文學作品中，大多眞實表現其精神物質兩方面之生活。

明此三端，亦可知淵明文學受環境之影響爲何如矣。以下請言其文學之內容而估其文學之價值。

四、淵明文學之價值

文學者，自我之表現也。自我表現者，卽個性也。法文學家法郎士（Anatole France）云：「文學作品，皆爲作家之自傳。」聖佩章（Augustin Sainte-Beuve）曰：「文學作品，是作者之氣質。」二氏之言，信不謬爾。文中子曰：「謝靈運小人哉，其文傲；君子則謹。沈休文小人哉，其文冶，君子則典。鮑照、江淹，古之狷者也，其文急以怨。吳均、孔珪，古之狂者也，其文怪以怒。謝莊、王融，古之纖人也，其文碎。徐陵、庾信，古之夸人也，其文誕。」讀此數言，亦可知文學爲個性之表現，而亦隨各人個性之不同（與時代環境當然亦有關係）而異其風格耳。觀乎陶公之品性，冲粹清高；情感又極眞摰馥郁；葆愛自然，縱任直觀，其個性或生活，皆於文學作品中忠實表現之。昔徐世溥曰：「陶詩片語脫口，便如自寫小像。其人之豈弟風流，閒情曠達，千載而上，如在目前。人卽是詩，詩卽是人，古今眞詩一人而已。」胡月樵亦曰：「靖節爲晉代第一流人物，其詩亦如其人，淡遠冲和，卓然獨有千古。」洵知言哉。且而陶公文藝之精拔，得之於天者獨厚；卽其想像之高妙，尤爲難能而可貴。此陶公之所以能構成其優美的自然的文學而卓然成爲吾國一偉大之詩人。就客觀而判斷其文學價値，卽「眞」「美」兩字而已。所謂眞、美者，卽指個性眞實之表現及其文藝之美妙。試依次申論之。

(一)個性眞實之表現

夫文學爲個性之表現，固也。然而眞正之文學，須具有眞實表現的個性而後可。不然，則其文學必爲虛僞表現之文學矣。善乎梁任公之言曰：「文學家之個性要眞。怎樣纔算眞呢？要絕無一點矯揉雕飾，把作者的實感赤裸裸的全盤表現。」如司馬相如楊雄之徒，生活汚濁，品格低劣；其文雖冠冕斎皇，可歌可誦，然皆爲個性虛僞之表現者。何足道哉。陶公文學之超衆拔萃，非司馬太玄之輩所能企及。論其個性眞實之表現，大體可分爲三端：

1.安平守道之表現　陶公之人生態度，完全以「善」字爲鵠的。故其處境雖蹇，犂然自守而不易其節，網榮獵官，蔑焉視之而不屑爲。其詩云：「投冠旋舊墟，不爲好爵榮。養眞衡茅下，庶以善自名。」（辛丑歲月赴還江陵夜行途中）。文云：「先師有遺訓，憂道不憂貧。瞻望邈難逮，轉欲志長勤。」（癸卯歲始春懷古田舍）。其自贊又曰：『黔婁有言：「不汲汲於富貴，不戚戚於貧賤。」——飲觴賦詩，以樂其志。無懷氏之民歟?!葛天氏之民歟?!』噫！陶公之態度如此，殆先人所謂磨而不磷，涅而不緇。」之完人乎。其安貧守賤之氣節——健全的人格，在其作品中處處表現之。再略舉其詩數首以明之。其飲酒云：「疇昔苦長飢，投耒去學仕。將養不得節，凍餒固纏己。是時向立年，志意多所恥。遂盡介然分，終死歸田里。」有會而作云：「弱年逢家乏，老至更長飢。菽麥實所羨，孰敢慕甘肥。斯濫豈彼志，固窮夙所歸。」詠貧云：「重華去我久，貧士世相尋。弊襟不掩肘，藜羹常乏斟。豈忘襲輕裘，苟得非所欽。」又云：「安貧守賤者，自古有黔婁。好爵我不榮，好饋我不酬。朝與仁義生，夕死復何求。」綜此數詩，乃忠實表現其安貧守賤欣然自得之態度或生活。孟子所謂「有所不為」，「志士不忘在溝壑；」莊子所謂「古之得道者，窮亦樂，通亦樂。所謂非窮通也。」陶公近之矣。

2.**樸實生活之表現**　陶公貫澈其「不戚戚於貧賤，不汲汲於富貴」之精神，超脫打破一切政治上經濟上苦悶之生活，而毅然到農間去建設一美滿愉快之新生活。其新生活維何？卽農民生活是也。陶公之農民生活，完全建立在「田爾田，食爾力。」兩言之上（吾友甘君蟄仙稱其為中國之托爾斯泰，全文請看民國十一年北京晨報副刊。立論精闢。）其歸園田居云：「種豆南山下，草盛豆苗稀。晨興理荒穢，帶月荷鋤歸。道狹草木長，夕露沾我衣。衣沾不足惜，但使願無違。」癸卯歲始春懷古田舍云：「秉耒歡時務，解顏勸農人。平疇交遠風，良苗亦懷新。雖未量歲功，即事多所欣。耕種有時息，行者無問津。日入相與歸，壺漿勞近鄰。長吟掩柴門，聊爲隴畝民。」庚戌歲九月中於西田穫早稻云：「人生歸有道，衣食固其端。孰是都不營，而以求自安。開春理常業，歲功聊可觀。晨出微肆勤，日入負來還。山中饒霜露，風氣亦先寒。田家豈不苦，弗獲辭此難。……遙遙沮溺心，千載乃相關。但願長如此，躬耕非所歎。」雜詩云：「代耕本非望，所業在田桑。躬親未嘗替，寒餒嘗糟糠。」其表現力農之精神，何等洒落。其庚子歲五月中從都還阻風於規林詩云：「靜念園林好，人間良可辭。」和郭主簿詩云：「藹藹堂前林，中夏貯清陰。凱風因時來，回飈開我襟。息交遊閑業，臥起弄琴書。園蔬有餘滋，舊穀猶儲今。營已良有極，過足非所欽。」答龐參軍云：「有客賞我趣，每每顧林園。或有數斟酒，閑飲自歡然。」其表現個人生活之美滿愉快，何等深切有味。

3.達觀之表現　陶公一生，胸襟洒脫，遵時養晦，縱任達觀。殆莊子所謂「不知說生，不知惡死。其出不訢，其入不距。翛然往來，不忘其所始，不求其所終」之至人歟！就其文學作品中，達觀之表現最爲顯著者，略舉一二：其神釋詩云：「縱浪大化中，不喜亦不懼；應盡便須盡，無復獨多慮。」怨詩楚調云：「吁嗟身後名，於我若浮煙。慷慨獨怨歌，鍾期信爲賢。」連雨獨飲云：「運生會歸盡？終古謂之然。……試酌百情遠，重觴忽忘天。天豈去此哉！任眞無所先。自我抱玆獨，僶仰四十年。形骸久已化，心在復何言！」歲暮和張常侍云：「窮通靡憂慮，顦顇由化遷。」擬挽歌辭云：「有生必有死，早終非命促。昨暮同爲人，今旦在鬼錄。……得失不復知，是非安能覺。千秋萬世後，誰知榮與辱。但恨在世時，飲酒不得足。」其表現達觀胸襟，可謂盡致。

陶公文學，冲澹樸實，純出於至情流露，讀其詩，如見其人，此其所以能成自我實現的個性文學也。

㈡文藝之美妙

藝術可分爲兩大派：一爲唯美派，一爲人生派，爲藝術的藝術（卽西洋所謂 Art For arts sake）者，謂之唯美派；爲人生的藝術（卽西洋所謂 Art for lifes sake）者，卽謂之人生派，亦可謂之自然派。唯美派的藝術，重在浮艷藻飾，詞采葱蒨，彫繪刻畫，音律鏗鏘。如六朝文學，爲此派之最顯著者也。人生派的藝術則不然。乃重視生活方面；不求對儷工巧，雕繢滿目；祇求雅淡純樸，合乎自然。蓋此派藝術純以表現人生爲極則，在吾中國宏揚此宗派者，一爲屈大夫，一爲陶靖節。而陶公人生的文學，在六朝文學中屹然別開生面，自成一派耳。請言其文藝之特色：

1.雅淡樸實 陶公作品，不染艷麗，不事彫琢，輕描淡寫，直抒胸肌；發眞趣於冲粹，寄至味於淡然。李太白曰：「清水出芙蓉，天然去雕飾。」足爲陶公誦也。茲舉二詩爲證。歸園田居詩云：「野外罕人事，窮巷寡輪鞅。白日掩柴扉，虛室絕塵想。時復墟曲中，披草共來往。相見無雜言，但道桑麻長。桑麻日已長，土地日已廣。常恐霜霰至，零落同草莽。」擬挽歌辭云：「荒草何茫茫，白楊亦蕭蕭！嚴霜九月中，送我出遠郊。四面無人居，高墳正嶕嶢。馬爲仰天鳴，風爲自蕭條。幽室一已閉，千年不復朝。千年不復朝，賢達無奈何！回來相送人，各自還其家。親戚或餘悲，他人亦已歌。死去何所道，託體同山阿！」字句雅淡，不假烹鍊；語言通俗，不涉艱澁。陶集中類此者甚多，幾無一篇不可謂之白話詩。峴傭說詩曰：「陶公詩，一往眞氣，自胸中流出，字字雅淡，字字沈痛。」眞能道出其文藝特質之所在。

2.音節自然 章石齋曰：「音節，詩之文也。桎梏於平仄雙單，豈成文乎？」陶公作品，音節自然，不染聲病。讀其詩，如山水清音，風韻悠然。其歸園田居云：「少無適俗韻，性本愛邱山。落誤塵網中，一去三十年。羈鳥戀舊林，池魚思故淵。開荒南野際，守掘歸園田，方宅十餘畝，草屋八九間。楡柳蔭後園，桃李羅堂前。曖曖遠人村，依依墟里煙。狗吠深巷中，雞鳴桑樹巔。戶庭無雜塵，虛室有餘閑。久在樊籠裏，復得返自然。」和郭主簿詩云：「藹藹堂前柳，中夏貯淸陰。凱風因時來，回飈開我襟。」雜詩云：「白日淪西河，素月出東嶺。遙遙萬里輝，蕩蕩空中景。」其音節幽雅，無篇不美。至其歸去來兮辭等作品，皆爲節奏天然之佳構。要之，欲知陶詩音節之美妙，是在讀者鑒賞領略耳。嘗置陶集於枕邊，每當寢不成寐時，擁衾吟誦，儵然催我入夢。其迷人之深也如此。

3.想像高超　陶公作品又富有高超之想像力。在其集中，隨處可見。如桃花源記不啻爲一理想新村記，可代表陶公想像高超之文學作品。其想像之高，運筆之妙，在古文中可嘆觀止。玆舉其詩數首，亦可窺見一斑。其歸園田居云：「榆柳蔭後園，桃李羅堂前，曖曖遠人村，依依墟里煙。狗吠深巷中，雞鳴桑樹巔。」飲酒詩云：「結廬在人境，而無車馬喧。問君何能爾？心遠地自偏。採菊東籬下，悠然見南山。山氣日夕佳。飛鳥相與還。此中有眞意，欲辨已忘言。」又云：「秋菊有佳色，裛露掇其英。汎此忘憂物，遠我遺世情。一觴雖獨進，杯盡壺自傾。日入群動息，歸鳥趨林鳴。嘯傲東軒下，聊復得此生。」其寄託意趣之深遠，其抒寫自然界之情景，匠心獨到，眞是語語入妙！非其想像力之高超，奚能臻此？

綜上所述，雖不能道盡淵明文藝之特色，然亦可略窺其梗概者矣。

五、淵明在中國文學史上之位置

淵明文學，繼三百篇楚辭之後，挺秀精拔，蔚爲六朝文學之異軍特起者，其提倡個性文學之精神，實不讓屈大夫專美於前。昭明序其集曰：「淵明文章不群，辭彩精拔；跌宕昭彰，獨超衆類；仰揚爽朗，莫之與京。橫素波而傍流，干青雲而直上。語時事，則指而可想；論懷抱，則曠而且眞。加以貞志不休，安道苦節；不以躬耕爲恥，不以無財爲病。自非大賢篤志，與道汙隆，孰能如此乎？嘗謂有能觀淵明之文者，馳騁之情遣，鄙吝之意祛；貪夫可以廉，儒夫可以自立。豈止仁義可蹈，抑乃爵祿可辭。」陶公文學，以表現人生爲宗，雅淡純樸，合乎自然；而新創風格，獨能打破六朝「錯采鏤金」「雕龍繡虎」之習，開後世詩學之盛。

綜合言之，淵明文學，是個性的文學，非虛僞表現之文學；是自然之文學，非唯美的或浪漫的文學；是近白話的文學，亦非純古典的文學。其文學風韻之自然，想像之高超，情感之穠郁，在我國藝林中，實不數數覯，而在文學史上自有其超越之地位。

六、淵明文學對於後世文學之影響

淵明文學，於後世詩學不無影響。而受其影響最深而最顯著者，莫如唐；其次則爲宋。論者謂陶公文學開唐詩之盛，洵不誣也。在唐，如王摩詰、孟浩然、儲光羲、韋蘇州、柳宗元、白香山；在宋，如蘇東坡、王介甫、黃山谷，皆宗陶詩而各得一偏。王則善描山水，宗陶而得其清腴者也；孟則過景入詠，宗陶而得其閑遠者也；儲則簡樸率眞，宗陶而得其澹樸者也；韋則閑淡清遠，宗陶而得其冲粹者也；柳則雄深雅健，宗陶而得其峻潔者也；白則恬靜閒適，宗陶而得其冲瀟者也。唐人祖述陶詩者甚多，此不過舉其犖犖大者。蘇東坡喜讀陶詩，嘗和四卷，其好之可謂篤矣！黃山谷有詩云，「淵明千載人，東坡百世士；出處固不同，風味要相似。」蓋蘇詩自然流露，神韻冲簡，得之於陶公者獨深。然東坡又好禪理，往往雜以入詩。其受靑蓮之影響，亦參半也。其他如王黃之輩，雖受些微陶詩之影響，然亦皆就其性之所近而各得其偏焉。

世之論淵明者，則曰：「淵深而流暢，明遠而光大。」此以妙喩其創造力之高與影響力之巨，仰斯詩聖，可以不朽矣！

追念周錦朝先生

錦朝先生，旅美華裔中之傑出者也，賦性惇厚，義氣磅礴，熱愛祖國，不後於人。國有屯難，輒奮身而出，竭力以赴。因與美國故總統杜魯門友善，故於民國三十八年至四十三年，奔飛台北與華府之間，致力國民外交，不辭勞瘁，貢獻至偉。劉伯驥先生撰周錦朝國民外交紀事，於其一生志業述之綦詳。民國四十六年，周先生以積勞致疾而逝世，中外慟之。屈指歲月，忽易十九寒暑，人世永隔，典型猶存，緬懷故人，何能無詞。詞曰：

猗歟先生，華裔之英，風神爽朗，中西播名。
祖國艱危，效忠竭誠，寢處不遑，期在收京。
撥亂反正，來軫方殷，胡天不憗，早隕晨星。
追維遺範，銘之於心，精神永在，與國同春。

民國六十五年

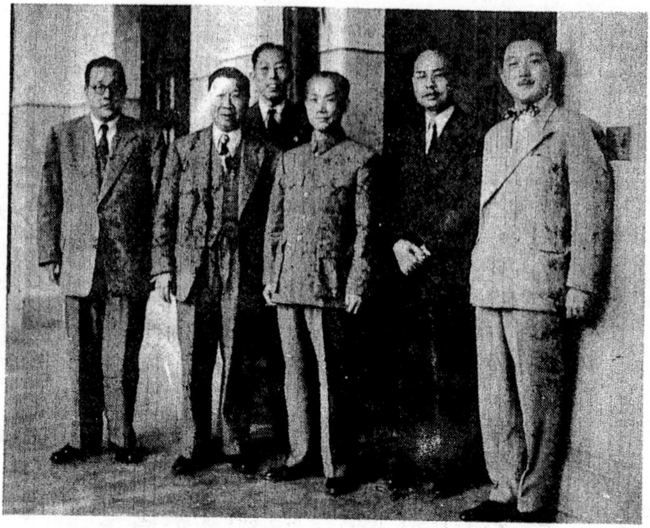

民國四十一年與周錦朝先生晉見陳院長誠合影

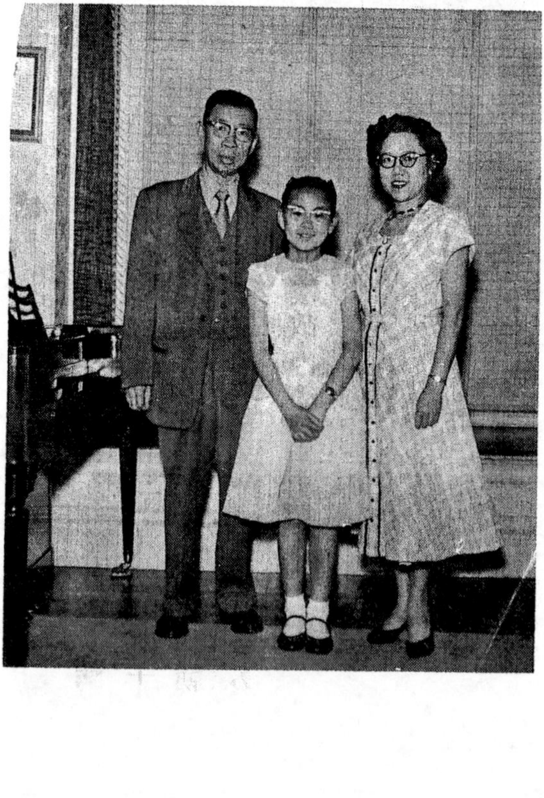

民國四十六年五月十一日周錦朝夫婦與女桂燕合影持贈

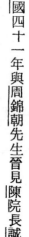

元初松陽女詩人——張玉娘

在我們這僻陋的鄉土裏，距今六百多年前，也曾產出一個優美的女詩人——張玉娘，這不能不說是我們的榮幸。她的文藝，在我國文學史上，雖不能佔着重要的地位，然而應予她以相當的位置——至少也該與李易安、朱淑貞等量齊觀呢。

張女士是個爲情緒所壓迫而犧牲的女詩人（請看蘭雪集，王詔撰張氏傳）。她富有文學的天才。讀其詩詞，無一不是至情流露。其藝術之美妙，情感之濃厚，在女子藝林中眞是難能而可貴了。現在隨便舉她幾首詩詞出來請讀者自去尋味吧！

古別離

把酒上河梁，送君灞陵道。去去不復返，古道生秋草。迢遞山河長，縹渺音書杳。
愁結雨冥冥，情深天浩浩。人云松菊荒，不言桃李好。澹泊羅衣裳，容顏萎枯槁。
不見鏡中人，愁向鏡中老。

採蓮曲

女兒採蓮拽畫船，船拽水動波搖天。春風笑隔荷花面，面對荷花更可憐！

山之高（三之一）

山之高，月出小；月之小，何皎皎。我有所思在遠道，一日不見兮我心悄悄！

新燕憶女弟京娘

三月江南綠正肥，陰陰深院燕初歸；亂銜飛絮營新壘，閒逐花香避繡幃。却笑秋風紅樓在，獨憐舊事玉京非；蘭閨終日流香淚，愧爾雙飛拂落暉。

暮春夜思

夜涼春寂寞，淑氣侵虛堂。花外鐘初轉，江南夢更長。野春鳴澗水，山月照羅裳。此景誰相問，飛螢入繡牀。

玉樓春

凭樓試看春何處，簾捲空青澹煙雨。竹將翠影畫屏紗，風約亂紅依繡戶。

小鶯弄柳翻金縷，紫燕定巢銜絮舞。欲憑新句破新愁，笑問落花花不語。

她的詩詞，眞是美不勝舉。讀此數首，亦可窺其一班了。

蘭雪集有兩種本子：一爲光緒松陽縣署刻本，一爲有正書局石印本。

清初的「後進領袖」——夏完淳（存古）

「存古年纔十餘爾，而宋轅文援其論詩以作序，
此時已許其作後進領袖矣。」——鍾廣漢

「天荒地老出奇人，報國能捐幼稚身；
黃口文章驚老宿，綠衣韜略走謀臣；
湖中倡養悲猿鶴，海上輸忠睠鳳麟；
至竟兩華埋骨地，方家弱地可同倫；」——莊師洛

在我們中國，不知埋沒了多少英雄好漢！不知摧折了多少文人士子！求諸歷代，最使我們痛惜而最値得我們表彰的，只是明末清初「磨盾草檄」的青年好漢——夏完淳！就是「文章並世」的少年作家——夏完淳！我們要知夏完淳之所以爲夏完淳，必須以「年僅十七」之青年好漢的眼光去看夏完淳，必須以「年僅十七」之少年作家的眼光去看夏完淳。「夙慧前生業」，「奇才古無偶」，夏完淳誠不愧爲後進領袖了！

夏完淳，字存古，松江華亭人。他是幾社巨子夏彝仲之子；五歲，便通五經；九歲，

善詞賦詩文；十二歲，秀目竪眉，舉止一如老成人。順治二年（西曆一六四五），南京被陷，彝仲以故國爲念，乃賦絕命詞自投深淵以死。存古零丁孤苦，益憤悶無聊。年十六，從師陳子龍起兵太湖（東荆隱女兒詩云：今年十六載，狼虎紛縱橫。烽煙隱蔓草，不見雲間城！）。遵父遺命，把他的家產完全充作軍餉。不料子龍戰敗，存古走吳，邏卒到他妻家去搜索，存古奮然曰：「天下豈有畏人避禍夏存古哉！」遂被執，解入金陵。存古拜辭其母而行曰：「忠孝家門事，何須問此身！」一路吟詩到江寧（南京）。及見督師，存古不跪，督師曰：「少年能叛乎？」存古曰：「爾乃老叛，我忠臣何叛乎？」他的岳父錢栴尚有乞生意。存古厲聲曰：「當日者，公與督師陳公子龍及完淳三人同時歃血上啟國主，爲江南義舉之倡，江南人莫不踴躍。今與公慷慨同死，以見陳公於地下，豈非奇偉大丈夫哉！」栴遂不屈，與存古同死。存古時年十七。（崇禎四年西曆一六三一年生順治四年西曆一六四七年死）

朱竹垞云：存古南陽知二，江夏無雙，束髮從軍，死爲毅魄。其大哀一賦（約萬餘言，淋灕愴痛，世爭傳誦。）足敵蘭成。昔終童未聞善賦，汪踦不見能文。方之古人，殆難其匹。

沈德潛云：存古生爲才人，死爲雄鬼，汪踦不足多也；詩亦高古罕匹。

柳塘詞話云：夏存古玉樊堂詞，詞致慷慨淋漓，不須易水悲歌，一時悽感，聞者不能爲懷。

朱沈等對存古之品評是不逾分的。我以爲朱沈誠能識其眞了。我現在把他的詩詞隨便舉出幾首來（賦太長不舉），請讀者自己去鑒賞他的文藝，去體味他的人生的表現。

詩

「月出西南樓，流光入幽室。盈盈十五女，綽約好顏色；素手譽金徽，一彈三太息；激楚變清商，悲惋難自抑。本以待遠人，所遇非疇昔。薰風蕩羅帷，臥懷行旅客。夢中迷遠道，誰能辨南北。飛禽習習還，疑是君行跡。征雲無歸期，徬徨淚盈臆！」——倣古

「功名不可成，忠義敢自廢。烈士貴殉名，達人任遺世。自愧湖海人，卓犖青雲志；雖無英雄姿，自與儔伍異。美人來何遲，景光日云逝。誰不誓捐軀？殺身良不易！百年存一旦，神仙安可冀。榮名復何爲，寂寞千古事！」——自歎

「去時蘆葉碧如染，歸時蘆花滿江轉。亂逐輕風薄暮飛，細飄曲水凌波淺。頗類瀟湘放逐臣，翻似江湖羈旅人。王孫東去愁芳草，公子西歸采白蘋。當年羅綺秋光冷，一聲芳管江天靜。到此風塵客子心，空留霜月蘆花影。雁聲嘹唳寒江白，漁舟古渡吹橫笛。鳥啼月落淚滿衣，秋水連天獨歸客！」——蘆花篇

「千條拂翠微，雨後碧新肥。卻憶靈和殿，楊花滿地飛。」——揷柳

「落月空山哭子規，輕煙漠漠柳低垂。登樓無限傷心事，暮雨盈盈欲待誰！」——樓雨暮懷

「毅魄歸來風雨多，瀟湘春盡晚生波。可憐屈宋師門誼，空自招魂弔汨羅！」——七絕口號之一

詞

「幾陣杜鵑啼，卻在那杏花深處。小禽兒喚得人歸去，喚不得愁歸去！　離別又春深，最恨也多情飛絮。恨柳絲繫得離人住，繫不得離愁住！」——尋芳草

「我本是西笑狂人。想那日束髮從軍，想那日霸角轅門，想那日挾劍驚風，想那日橫槊凌雲。帳前旗，腰後印，桃花馬衣，柳葉鶯穿胡陣。　流光一瞬，離愁一身，望雲山當時壁壘，蔓草斜曛！」——自敘

寒窗璅筆

何聯奎撰於民國十一年（民國六十三年一筠重抄）

歲云莫矣，寒亦烈哉！天冰地凍，大陸若死，飄風發發，肅氣沈沈，天然界之現象；豎肩縮頸，嗷嗷號寒，蟄伏銷聲，奄奄一息，動物界之情況；草木節解，枯索死灰，植物界之形態也，觸目憭慄，悸焉寒心！噫！以此言寒，寒云酷矣。

孤燈疎影，斗室蕭條，寒窗暗澹，兀坐無俚，悼歲月之易逝；悲年華之蹉跎！顧影捫心，良用惆悵！環境顛沛，相逼而來，嗟我不幸！誰復與語？慨夫！世態沈沈，每況愈下；河山黯黮；回首已非，篝燈以思，感想橫生，而不可抑矣，然則，道達意氣，其惟文乎？爰是搦管染翰，拉雜誌之，聊表所懷云爾。

吾幼時，先父延師課余，循循善誘，受賜良多，殆年十三，赴浙江第十一中學校肄業，畢業後，遂負笈上海，求學於復旦大學，嗣因得咯血病，遽爾半途而廢，及瘥，以曠課日久，未便復學，彼時，余擬赴京投考北大，適以復辟之餘波未靖，兼之先父以余體質羸弱為念，卒尼其行，後則肄業於杭州法政專門學校，越兩年，覩乎斯校腐敗不堪，懍懍乎唯墮落是懼，反躬自省，與其遺悔於後，毋寧退學於先，以是脫離斯校焉，於前歲夏，乃一意孤行，摳衣北上，入北大肄業，吾一生求學之志，自此以決，語云：「有志者事竟成」，吾敢大言不慚曰：進取之志遂矣，其他不計焉，此卽從奮鬥環境而得也，然而日居月諸，自入北大，倏已兩年，學科教授，雖較他校勝一等，然亦不免金甌有缺。且比年來受罷課等等之影響，絃歌輟息，黌舍倒閉，感受精神上學荒之痛苦者屢屢矣，依然故我，問心滋悚！噫！前程浩大，後顧茫茫，人壽有限，求知無窮，殫畢生之精力以赴之，猶虞不足，況光陰玩愒乎？我其藏修焉可，處今之世，尚有人輒相遇而譏彈曰：君何孜孜求學爲？噫！休矣，忌嫉，是小人之惡德；責善，乃君子之常道，不可以不知也，抑尤有進者：今歲夏間，由京回杭，友朋中遇而難之曰：君旣在法校歷有兩年，再過二載，可獲畢業證，卽能活動於社會，飛黃騰達，寗有限量，與其轉學北大，不若稍事稽留爲愈乎？君汲汲於轉學爲何者？聞之，可嗤亦可鄙！吾儕求學，當在實質耳，以博一虛榮爲終南捷徑，豈學者之態度乎？就幸而獲一紙文憑，夫復何用？學不干祿，儒者素志；近效急功，尤非所宜，吾國人懷利抱祿之普通心理，於此可見一班矣。

去秋遭父喪，慘慘鮮民，一罹斯厄，幾絕求知之路，嗣經始終努力奮鬥，乃得復行北上，竊嘗自解曰：一息尚存，此志不容少懈，雖環境顚沛之來，莫之能阻也，顓顓此衷，生死以之，區區末事，雖不足道，然也可引起同病者之相憐乎？試觀千金之子，心乎逸樂之途，或受父母之姑息，或牽於室家之愛情，坐食家中，廢學以終，習氣所尚，比比皆是，誠人類之罪惡也。

嫖賭之風，無處蔑有，尤以北京爲甚，浪擲金錢，隳廢學業者，不知凡幾，學子陷溺，心益可鄙！其如學者自治何？其如教育前途何？吾不能爲董理校風者恕，尤不能爲長教務者恕也。

自新文化運動以還，婦女解放改造之聲浪，高唱入雲，法螺破天，所謂社交公開也，自由戀愛也，名詞堂皇，殊堪寓目，究其實，則黑幕重重，光怪陸離，良果未收，惡習已成，如一年之契約也（某校學生與某校女生訂一年之婚於北京晚報見之），如一夕之相從也，與穿壁踰牆之行何殊，醜事層出，時有新聞，謂之社交公開，固若是乎？謂之自由戀愛，當如斯邪？喪心病狂，舍正軌而弗由；人格破產，置恥義於不顧，其因解放婦女改造婦女爲新文化倡者，適以妨阻之也，此輩濁流，直文化之蠹物，衣冠之敗類耳，際此新舊過渡時代，蚩蚩者氓，慾性之衝動未滅，高尚之理性猶泯，怪矣哉！醜態之百出；險矣哉！惡象之迭呈，吾爲此憂！吾爲此懼！

自男女同學之說起，北大樹風聲於先，各校響應於後，隨運而興，未敢厚非，察諸實際，猶爲幼稚，如女生也，課則入校，課餘則歸，圖書閱覽之室，未見若輩之足跡，蝨處褌中，是誠何心！甚至頑固者，吾欲與之通款論文，則掉頭不理；間有深明學識，稍覺開通，然亦寥乎其少矣，莊子曰：井鼃不可以語海者，拘於虛也，夫受高等教育之女子，未破男女階級之觀念，猶是固陋自封；欲聯絡男女間之感情，收切磋琢磨之益，得乎？斯背男女同學之眞義，且違社交公開之大方，而自貽伊戚矣，竊爲不取焉，尤可詫異者，聞某專門學校某女學生，赴學不旬日，接收情書有三十餘椷之多，情言艷語，吟花弄月；恣意取樂，無所不用其極，甚者，彼此相逢，卽擠眉找眼，隨行逐隊；醜態百出，噫！男女同學之效果，竟所得如此耶？學風不良，程度洵淺矣。語云：正道不存，大僞斯興，四維不張，人格淪喪。其言玆若人之儔乎。吾爲此校羞！更爲文化前途哭也！

曾子曰：以文會友，以友輔仁。語云：知彼知此，人之相知，貴相知心。擇交宜愼，古有明訓　是知擇友難，須有知人明。雖爲老生之常談，實爲處世之玉律，利害所關，休戚係之，三益之友，我暱之；三損之友，吾遠之。是以貪黷相誘者拒，猥狎相導者絕。狂懆惰慢，交無義合，諸如此類，充斥於人羣。吾負笈都門，已數見不鮮，唯避之若浼爾。所恃良朋益友，勵學勸善，藉收他山之益，深得麗澤之雅耳。

今之文學革命者流，盛倡白話，不遺餘力。喪心病狂，棄文言若敝屣。則吾國四千餘言遺下莊嚴燦爛之精華，不啻付之灰燼。揆之於心，甯得謂安？竊謂文言可改造，而不可廢也。改造維何？卽捐華從實，斲雕斲爲樸是已，白話可提倡，而不可趨之極端也。提倡者何？卽爲牖啟民知，易收教育之效是耳。二者並行不悖，兩得其平，斯可矣。若等神經過敏，竟何裨益？靜言思之，首疾心痗！

求知之方有二，曰：精神上之求知及物質上之求知也。精神上之求知者，爲被動的導誘，或自動的藏修。注精會神，以陶育之也。何謂物質上之求知？卽藉他山之石，作攻錯之資料，以鍛鍊之者也。二者並重，相輔而行，莫可或離也。書齋者，造成高尙眞正之學問之材料機關也。學問者，適應環境，操縱自然之工具也。苟無完善之書齋，欲求眞正高尙之學問得乎？若夫汗牛充棟，擁書百城，包羅古今中外者，巍巍乎完善備至之書齋也，吾從而鑽研之，博覽而揣摩之，日以孜孜，惟知是求，庶乎優柔饜飫，克成厥學者，其在斯乎？其在斯乎？

世之論者詆諆孔孟曰：賤農，噫！孔孟果賤農哉？孔子曰：足食，又曰使民以時，孟子曰：不違農時，穀不可勝食也，又曰：民事不可緩也，且引詩云：晝爾于茅，宵爾索綯；亟其乘屋，其始播有穀，讀斯言也。其重農之指昭昭矣，論者不深究其說，而信口妄談，何異斥鴳之笑鵬，不亦傎乎？雖然，我抑有辭而闢之孔孟之重農也固矣。而其所重者，物質方面而已。至於精神一方，蓋有階級觀念存於其間焉。樊遲請學稼，孔子曰：吾不如老農。請學爲圃。子曰：吾不如老圃。樊遲出，子曰：小人哉樊須也。孟子曰：或勞力，或勞心，勞心者治人，勞力者治於人，治於人者食人，治人者食於人。是則孔氏斥樊遲爲小人孟氏訾勞力爲小人之事；尊貴卑賤，背夫勞農之義，何其迂也！托爾斯泰曰：田爾田，食爾力。諒哉斯言，演而釋之，所謂各盡所能，各取所需也。洵得精神上勞農之旨矣，吾無間然，使孔孟復生於今日，尙有置喙之地乎？卽其逆流之言，當爲天下所鄙棄矣。吾國數千年來階級觀念入人之深，而成貧富貴賤特殊之局，則受孔孟學說之影響，寧淺鮮哉？吾不爲孔孟恕也。

徵逐於秦樓楚館，尋花問柳，博肉體之愉快者，豈樂也耶？寄興於喝雉呼盧，卜晝卜夜，爲一擲之孤注者，豈樂也耶？若夫涉足於歌台舞榭，領略管絃絲竹之雅者，非樂也耶？逍遙乎山水之間，游目騁懷，一嘗天然之風味者，非樂也耶？紅燈綠酒，暢飲侈談；吟風弄月，陶情怡性，舉凡美術也，技術也，手舞之，足蹈之。其爲樂也，寧有止哉？是以就樂言樂，蓋有別矣。樂不可過乎度，過斯濫矣。故有正當之樂，有非正當之樂。正當之樂，卽眞正之娛樂也，何舍何從，宜其審愼，今之沈溺賭嫖者，輒曰：逢場作戲，聊以消遣耳。詎知一失足，成千古恨。傾銅山，銷精氣；光陰虛牝，不之顧惜；樂極悲來，莫能振拔，娛樂云乎哉？不觀乎裙釵雅集，琴瑟迭陳；蝶蠜往來，翩翻舞蹈，增進高尙之美感，提撕活潑之精神。其氣象爲何如耶！對山水以徜徉，詠歌賦詩，樂在其中，眉飛色舞，此樂何極！其氣象又爲何如耶，其他如藝術也，技術也，足以開拓眼界，足以陶冶性靈。斯謂之眞正娛樂，斯謂之高尙娛樂。今之青年者，願從斯娛樂乎？

世界物質上及精神上之演進駸駸乎無已時者，維何物乎？人人皆能談吐之曰：文化也。何謂文化？顧名思義，自有眞詮在焉。文化者，是人類本創造之衝動，而運用其知能操縱利用自然界之物力，以進展人類之福利，而使宇宙間之環境日趨於磅礡發皇，光大無疆之生機利器也。故文化是超於自然。神聖不可侵犯也。試一探索其本質維何？曰：文化是世界共通一貫的，互助的；有系統的，有生機的，有理性的。爲學者對於世界文化，應有介紹發揚之責任。然介紹發揚之道何由哉？是在學者聚精會神，充量發展個性之知能，取彼之所長而補我之所短；使彼此文化銜接溝通，陶冶於一爐，發揮光大，繼長增高，度乎得矣。古語云：『庭前有奇樹，株株發華滋；攀條折其榮，將以遺所思』。竊讀斯言，實獲我心矣。

今春徐寶璜先生在北大新聞記者同志會演說曰：『無槍階級如果對於有槍階級欲有所對付唯一的武器，就是新聞。』胡適之先生曰：『新聞事業，是要研究「活的問題」「眞的問題」。』李守常先生曰：『新聞事業，是社會之事業。以相當之學識描寫社會中多方面的不斷現象，而加以批評指導。』名言破的，透闢對鋒，足爲辦新聞事業者之指南針。觀夫今日社會新聞紙之多，類如恒河沙數。核其實，不是非驢非馬之報，就是不倫不類之報。—畸形的。—投機滑稽手段；不是當武人之鑽營器，就是作政客之拍馬機。—傀儡的—。機械作用，不是藏垢納污，誘導青年墮落之報，就是鋪張揚厲，欺人耳目之報。—流氓的—拐騙目的。人格二字，淪喪殆盡。至於洛陽紙貴者，蓋寥乎其少矣。新聞紙者，所以代表社會各種問題之輿論，卽是改造社會之化驗機也。關係重要，自不待言。是則辦新聞事業者，當尊重品格，不爲人之傀儡，不落偏黨齷齪之窠臼；獨立持正，造爲有理性有價值之新聞也。

禍國而殃民者，厥惟官吏乎？福國而利民者，亦爲官吏乎？故官吏能禍國殃民，亦能福國利民也。然則官吏之善惡奚判乎？視諸良心破產與否而已。若夫恬澹慕儀，高潔操行，心乎福國利民者，清廉之官吏也。非然者，營私怙惡，孳孳爲利；傷道敗德，汨沒良心。以之理國，國被禍矣。故曰：國家之敗，由官邪也。以之牧民，民受害矣。故曰：螟蝗所以殃苗也。是以惡吏之種種劣跡，吳道子地獄變相圖不足盡。洪水猛獸，莫斯爲過。比之盜賊，曾何足喻。試觀今日之中國，如何之中國？二十世紀之舞場若何之舞場？盜官賊吏，滔滔者皆是也。營營逐逐，視惡如歸。邪逆橫流，靡有止候。前途茫茫，尚堪問乎？今者吾國財政之紊亂竭蹶極矣。部庫空空如洗，司農有仰屋之嘆！誰實爲之？而至於此。非蠅營狗苟盜心賊性之貪官黷吏有以致之耶？哀哀黎庶，痛苦甚矣。脂膏竭於供億，困苦顚連，有僾焉不可終日之嗟！非矍頭鼠目之盜官賊吏有以殃之耶？莽莽神州，岌岌乎殆哉！債台纍纍，日甚一日，點金乏術，清償無方。而且一國之富產，供外人之蠶食。大好權利，喪失殆盡，精枯血竭，國命垂危。非野心勃勃之盜國官吏爲之孽耶？嗚乎盜官！嗚乎賊吏！執而殺之，誰曰不宜？語云：不曰堅乎？磨而不磷。不曰白乎？涅而不緇，唯君子能作是語也。居今之士，欲獨爲清廉高潔之官吏鮮矣。

今冬帝制餘孽溥儀氏結婚，聳動一時。號稱中華民國之大總統黎氏恬不知羞，悍然派專使致賀。噫！吾堂堂之民主國何不幸有此怪現象！吾不知其置國體於何地矣。吁！可傷也！

吾國之病至今日而深矣。如內政之不修也，外交之危迫也，社會之腐敗也，人情世態之險惡也，教育之頽靡也，文化之破產也，蠅營狗苟盜官吏之禍國殃民也，何一而非中國之病？吾恐病入膏肓而不可藥救矣。茫茫神州，盡是荆棘，瞻念前途，無淚可揮。吾儕將何去荆棘而就康莊大道乎？與言及此，吾心摧矣！

吾本狂人，所見所聞，輒感慨係之。滿腹牢騷酒難攻，南山之竹寫不盡。朔風凛栗，苦霧添寒。呵凍記之，吾筆秃矣。臨寒窗以構思，對殘燈而寒心！張協詩云：「感物多所懷，沈憂結心曲。」其爲我今日寫照乎？

片段生活的陳跡

「大塊本何事，遑遑勞一生。所過種陳跡，歲月如流星。」

韶華似流星般地逝去，人生是多麼的短促啊！我這眇小的一身，於此「短如春夢」的生命歷程中所渡過的生活，自然留下不少的陳跡。這些陳跡，是常常縈旋着我的腦海裏；而且有的在我現在的生活中重演下去。這種重演的生活，就是讀書生活。

我的讀書生活，是最平凡不過的，實在沒有什麼可以告人的地方。從價值上底判斷，平凡的生活，固然夠不上說是「善」是「優」；但我卻願把這片段生活的陳跡描述一點兒出來，用以自勉。若以勵俗，則我豈敢。

我當幼年時代，初入了中學，父親就給我王陽明全集李二曲集　曾文正公家書畜德錄等書，一本翁同龢字帖；屢屢對我叮囑道：『——你要用心地讀書，好好地習字，別走上邪路去！』有時給家的信，字裏行間寫的稍爲草率，句語不通達一點，便受父親一頓的苛責。這種庭訓，使身受的雖然有些難堪；但一轉念，他給予我的種種暗示，眞是銘肌鏤骨永遠忘不了的。我在中學的頭兩年，乃專心於數學的演習，除唸些普通選文外，其他的線裝書，差不多是『徒涴灰塵，半束高閣』的。入後兩年，才注意到古籍的玩耽了。有時把牠翻開來閱讀，讀後，隨手將各家的嘉言摘錄下來，窮究體味。我記得有些說的最深刻透闢的話，是：君子以識爲本，行次之。今有人焉，力能行之，而識不足以知之，則其異端者出，彼將流蕩而不知反，內不知好惡，外不知是非。』（程頤語）『殺人須就咽喉上着刀。吾人爲學，當從心髓入微處用力，自然篤實輝光。』（王陽明語）『人爭一個覺字。能覺，則虛明融徹，洞識眞我；不覺，則昏惑迷昧，痺痲一生。』（李二曲語）『防身當若禦敵，一跌則全軍覆沒。愛身當若處子，一失則萬事瓦裂。涉世甚艱，畜德宜豫。』（鄭少谷語）這類鍼砭的話，是給我心理上一些很深切的刺激。因此，我就漸漸地奠下「學養立己」的基石。

中學畢業後，在滬杭專門學校求過學；後來又轉到北平上進去了。我進了大學，每逢課餘，時向外蹓躂，不是蹓到東安市場舊書攤上去翻書，就是跑到琉璃廠書玩舖裏去訪古。「買書種心田。」誠然，我爲了「種心田」的要求，所以養成一種買書的習慣。書也旣爲我所好，還要力求於「能運」呢。『知而能好，好而能運。』在杭之言，實獲我心。

我在國內所受的大學教育，係屬於文哲方面。說來，慚愧得很！我對於文哲的研究，簡直毫無創獲。不過涉獵典籍之餘，止於「求知途徑，做人道理，」更進一層底探求而已。

程伊川說的好：『今之學者，如登山麓。方其迤邐，莫不闊步；及到峻處，便逡巡。須是要剛決果敢以進。』英國的社會人類學家 J. Lubbock 有兩句扼要中肯的話：『人生之幸福與成就，則求諸己，不求諸外。』我畢生在想從「學養立己」方面繼續痛下功夫，以求心身頭腦的健全；而把心裏一點靈明向外擴大地開展以蘄人生的歸宿；做個世界快活大自在人，於願足矣。

『行樓數間，負山臨水，疏松修竹，詰屈委蛇；怪石落落，不拘位置；藏書萬卷。其中長几軟榻，一香一茗。同心良友，閒日過從，坐臥談笑，隨意所適。』（引謝在杭語）這樣的生活，我是很羨慕的。可是，想想，國難一天深重一天，社會的刺戟，又一度加烈一度，在在令人感受到心緒的不寧！這種理想的生活，究向那裏去追求？

興建葉村桃溪橋啓

民國二十二年七月

葉村，去縣治十里，由河頭南行者，必經三道之水；直向西行者，則過一溪而稱便。民國〇〇年雙濟橋移置於桃溪，行者相率取道於此，蓋以其便且利也。今是橋管理不得其人，卒至財窮而莫能措拄，吁可嘅已！同人等興念及此，爰集貲重建，以濟要津，定名曰桃溪橋。入春，桃花夾岸，映溪如畫，因景取名，良有以也，人之爲善，誰不如我，願　解慨囊，共襄盛舉！是爲啓。

括蒼月刊編輯股啓事（民國十五年）

本雜誌自刊行以來，屢承讀者不棄，謬加贊許，○○等悚恧交集，敢不加鞭策勵，力求精進，以副讀者之厚望。且以觀摩馨澤之感倍切，而振導文化之念尤深，爰本發揚向上之精神，隨運推進，改行月刊，用宏相善之益，冀圖繼長之美。微意顓顓，願望良殷。伏希吾括人士，羣流會趨，合結長善輔仁之契；鴻篇時貺，共締文字苔芩之緣。本刊行遠，括水流長。桑梓文化，嘉賴實多。

括蒼月刊社四週紀念刊徵文啓事

溯本社成立以還，倏已四載於茲矣。求諸四載中本社對外精神之表現雖未敢自足；而對內精神之團結差堪引以自慰者也。夫本社基於內部精神之結合，宗旨之確定，則生命賴以維持於今日；與夫前途之進展，正亦未可限量。本社顧其意義之重大，所以有刋行四週紀念刋之舉。蓋欲藉此表現已往之精神，兼及今後之希望：即欲於此得其過去綜合之意義，以求前途充分之發展，斯是刋行四週紀念刋最要之旨也。務乞同志踴躍投稿，共襄盛業！出版之期，定於年內（陰曆）。鴻篇早貺，至切翹企！

徵集括蒼先正遺文啓（民國十四年）

蓋聞藝苑倡導，遠流士林之風。學術闡揚，廣宣人文之化。收拾遺逸，昔人所寶。蒐羅珍秘，時流攸重。若夫殘編斷簡，俱山靈精英之文。片紙隻字，如天球河圖之比。是故廢而不舉，則有斷種之虞。秘而不宣，寧免絕流之憂。典籍勿傳，文獻曷徵。守先待後，責在我人，維吾處州，文物之區。括山鍾秀，麗水儲精。人文蔚起，疇昔云盛。學術文章，昭垂於今。藏之名山，傳諸不朽。殘膏賸馥，霑溉後進。惟是間覽志乘，祇有書名空具。錦文罕覯，寸珠可惜。乃至金石碑文，飄零就湮。興念居此，惄焉憂之！竊以爲先人之弗傳，乃後死之重責。敢唱徵集之美舉，用揚不朽之盛業。人之爲善，誰不如我。愛惜枌榆，必具同情。伏願吾括人士，无取私家之秘，多貺遺闕之文。旁羅廣搜，不棄葑菲。刋布人間，共衆賞識。庶乎倡明風雅，其在於斯。宣昭文化，此焉哉基。牽具規例，幸垂鑒之！

括蒼月刊之旨趣

本社曷爲而設耶？蓋爲敦睦鄉誼，研究學術，灌輸文化，改進社會而設者也。本刊何爲而刊行耶？卽爲討論學術，灌輸文化，牖啟民知，發揚改造之精神而刊行者也。本社之宗旨如是；本刊之宗旨，亦復如是。一而二，二而一也。夫本刊之生命所賴以寄託者；本社也；而本社之精神所藉以表現者，本刊也。是故本社一日存在，卽本刊一日不亡；本刊之生命，繼續而不斷，則本社之精神，隨之煥發而不衰。二者相輔而行，維繫彌切：此爲同人孜孜焉，競競焉，謀所以繼長之，增進之，磅礴之，發揮之爾。至於同人之苦心孤詣，慘澹經營，以從事於斯者，詎有他哉？要皆一心一德，無偏無私，純以學者坦白之態度，正誼明道之精神，爲吾括社羣謀利益已耳。

溯自本社成立以還，四載於茲。而其相依爲命之本刊，亦出有四期矣。顧此寥寥四期中求其所貢獻於吾括社會者，至鮮且薄。同人慚恧交集，敢不猛自鞭策，力求精進，以砥厲於將來，爰有改行月刊之舉焉。而本刊之宗旨，始終弗渝也。竊於本刊旨趣猶未及申說之者。特不煩喦喋，陳述於讀者諸君之前。

（一）討論學術　蓬蓬哉，勃勃哉，今日世界之學術也！舉凡自然科學也，社會科學也，哲學也，文學也，無一而非世界溝通融貫之學術也。試夫天演之例，愈出愈烈；智競之酷，於今爲甚；若此世界學術之演進，駸駸乎，寧有止候哉？是則學術之不可不求也明矣。夫學術之精理微奧，非可以冥悟而得。吾人苟不藉乎討論切劘之功，縱殫畢生之精力以從事於其間，卽無以探其奧而抉其微，闡其理而致其知也。是以集思廣益，必借助於他山；寡聞孤陋，無見譏於獨學。易曰：「麗澤兌，君子以朋友講習」。孔子曰：「學之不講，是吾憂也。」然則學術之不可以不講也亦明矣。此本刊所重於討論學術者，一也。

（二）灌輸文化　世界物質上精神上之演進，蒸蒸乎無已時者，其惟文化乎？文化者，學術之出產品也。學術者，文化產生之泉源也。故文化之進步，卽學術之進步，二者同條共貫，互相發明焉耳。所謂文化云者，卽爲人類本創造之衝動而運用其學術上之知能，以增進人生物質上精神上之幸福也。吾國向稱精神文明之邦，益以近世歐風美雨，漸次東被；兼受國內新文化運動之影響，馴致學術界漸呈磅礴發皇之象，而文化於以日進光大無疆之域；此後且將交滙溝通，陶冶於一爐矣。噫嘻！世界文化之昌明，寧有止境耶？吾括僻處萬山之中，風氣壅滯，依然如故。所謂世界潮流，蚩蚩者氓，恂愗罔知。知識階級中縱有探討之者，殆屬寥寥。士風之不振如斯，則風氣之閉塞不通，誠無怪其然。吾人生長桑梓之邦，對此應負灌輸文化之責，以促內地風氣之開。時至今日，吾人行此灌輸文化之責，實不容或緩者矣。善乎枚叔之詩曰：「庭前有奇樹，綠蔭發華滋。攀條折其榮，將以遺所思！」此本刋所貴乎灌輸文化者，又其一也。

(三)牖啓民知 一地方民知之高下，一地方風氣之開塞關焉。——民知高，則風氣開；民知低，則風氣塞；此自然之理也。一地方風氣之開塞，一地方社會之利害繫焉。——風氣開，則社會蒙其利，風氣塞，則社會受其害；此亦必然之勢也。是故社會之進步也，(社會之進步，卽社會之利。)必也開風氣之化；風氣之開也，必也啟民知之蒙。理勢使然，不可易也已。嘅乎吾括民知之蒙稚，比比皆是。以此風氣之壅塞也如故，社會之不進化也依然。起而振之，責在我人。而振之之術，則牖廸民知尚矣。苟民知宏達，則文化之灌輸，易致溥遍之效。庶乎風氣之廣開，社會之進化，其可冀也。惟牖啟民知，固恃家庭，學校教育之力，而社會教育，亦其重賴焉。此本刋所重於牖啟民知者，又其一也。

(四)發揚改造之精神 吾國自五四以還，新潮澎湃，沛然莫之能禦。莘莘士子，羣起以謀適應世界之潮流，而入於新世紀之舞塲矣。若夫解放與改造之聲浪，傳遍全國，大有轟轟烈烈不可抑遏之勢。如思想之革命也——新思潮，社會之革命也——解放與改造，以及種種新文化運動，不一而足。隨運而興，因勢利導，未始非吾國社會前途之好現象也。唯是默察一般腐敗之輩，罔識天演之公例，不辨世界之潮流；對於新思潮，以及解放與改造之運動，甚至斥爲爲洪水猛獸。此其古董之頭腦，僅可供故宮博物院之陳列矣。求諸吾國各地竟以若輩之傖頑作祟而社會莫由改進者，比比然也。故欲改良社會，必先除其障礙而後可。吾括社會之腐敗，至今日而甚矣！盖以潮流所趨，吾人不得不本「祖宗不足法」之精神，以謀適應時勢之要求。舉凡一切吾括舊有之風俗，習慣，制度，皆宜改良革新而不容或緩者矣。所謂「居今之世，無變今之俗」殆成廢語耳。至於最大之障礙，自當力謀應付之，俾其推行順利，而納於新世紀之軌道也。此本刋所貴乎發揚改造之精神者，又其一也。

本刋所取之宗旨旣如上述，同人自當着鞭策礪，以期一一發揮之，揚厲之，而無負讀者諸君之雅望焉。惟以同人學力有限，違願自審不免。尙祈讀者諸君時賜箴規，以資相益，是則尤爲同人引領翹盼者也！

程伊川教育學說

一、總論

(一)略傳

程伊川，名頤，字正叔，河南人。生於公曆一〇三三年，卒於一一〇八年，淳公之弟也。幼有卓識，非禮不動。年十四五，與兄淳公同受業於舂陵周濂溪之門。年十八，咸伏闕上書：勸仁宗黜俗論以宏王道爲心。陳言夸大，高自標許，嘗比擬於諸葛武侯。游太學時，胡安定方主教導，以「顏子所好何學論」試諸生，得伊川之文，甚驚異之，卽延見，處以學職。呂希哲首以師禮事焉。伊川力學好古，於書無不讀。其學本於「誠」，以大學中庸論語孟子爲標旨，而達於六經。其氣質方剛端嚴，如「朱光庭在春風中坐了一個月」，「游楊初見伊川，伊川瞑目而坐」，淳公曰：「異日能使人尊嚴師道者，吾弟也」，其氣象，於此可窺一斑矣。其人格又甚偉大，——不汲汲於名利，一以正誼明道爲歸。崇寧間，被姦徒范致虛毀以邪說詖行，下河南體究，逐學徒，隸黨籍。伊川遷居龍門之南，止四方學者曰：「尊所聞，行所知，可矣，不必及吾門也。」此其生平所受最大之挫折爾。

其教育根本思想，在於變化氣質；而視理性教育及兒童教育爲重。且也，伊川對於當時三學制，頗持改良之議，極有特出之見地。以彼時之眼光觀察之，實大有價值在。可惜被胡宗愈所詆毀，當局竟未採納耳。

(二) 教育原理

(1) 變化氣質　伊川之教育思想，專注於變化氣質，卽以正心養性爲教育之基本原則。究其論變化氣質也，非其戛戛獨創，蓋脫胎於孟子性善之說耳。其言性，岐本然之性與氣質之性而二之。凡人之性本善，其所以不善者，乃禀於氣質之性也。其言曰：

氣有善有不善，性則無不善也。人之所以不善者，氣昏而塞之耳。

又曰，

性出於天，才出於氣。氣淸則才淸，氣濁則才濁。才則有善有不善，性則無不善。

又曰，

性無不善。而有善不善者，才也。性卽是理，——理則自堯舜至於途人一也。才禀於氣，氣有淸濁。禀其淸者爲賢，禀其濁者爲愚。

又曰，

氣淸則才善，氣濁則才惡。禀得至淸之氣者，爲聖人。禀得至濁之氣者，爲惡人。

斯言人之性本善，爲與生而俱來者也。——內心之天性，卽今心理學所謂先天之本能（Natual instinct ），是爲本然之性。至謂才有淸濁善惡昏明賢愚之殊者，以其所禀於氣而異也。——外界之勢力，卽今心理學所謂後天之習慣（acguired habit ），是爲氣質之性。學者苟能有以自矯其氣質之偏——卽矯正不良之習慣，則昏蒙惡濁，皆能磨揉遷革而進於善。其矯正之方法，則在積學明理焉。（於教育方法論中言之）——教育之感化。伊川既以「彊學」爲變化氣質之標準，而又以成聖達賢爲教育之鵠的；——養成個人之健全人格。此亦伊川所謂「大人」之義也。

（2）禮說　伊川既以變化氣質爲教育之要旨，而又視禮爲誘導教育及兒童教育之準則焉。伊川對於禮之見解，與荀子適成兩極端。彼此立說既不同調，而主張亦以之異趣。荀子以謂禮乃矯飾擾化人之情性的工具，伊川則不然。其言曰，

經禮三百，威禮三千，皆出於性，非僞貌飾情也。

一謂禮應用於矯作的，一謂禮純任自然的，此其大相逕庭也。

伊川雖以禮爲出於情性之自然而不待矯彊，惟須由聖人誘導之，培植之耳。其說近於獎勵主義矣。其言曰，

禮之本，出於民之情，聖人因而導之耳。禮之器，出於民之俗，聖人因而節文之耳。

綜觀其說，伊川主張以禮爲養性之本。其作用，則就個人之情性順勢利導之。換言之

，即輔導人民良善之習慣也。洵合教育上誘導之旨矣。不寧唯是，伊川且主張禮始於童幼之習，積慣成性，由之而達聖人之域。故曰：

……蓋其說也，粗在應對進退之間，而精在道德性命之要；始於童幼之習，而終於聖人之歸。

據此，伊川以禮爲陶冶兒童之德性，即以爲人格活動之基本。其造詣，終至於聖人之境界，——完成人格。聖人，不過人格完成之符號而已。其說切要，深有關乎兒童教育之宏旨矣。

二、教育方法論

(一)訓育

（1）誘導　伊川主張以禮爲順性導情之本。即以獎勵主義而就人民本然之性而薰陶擴充以養成純良之習慣也。薰陶德性之標準，是爲禮。其誘導方法，即在於此。

（2）矯彊　矯彊者，即以干涉主義隱括氣質之性也——變化氣質。其方法，則在「積學明理」。伊川曰：

才可勉而少進。鈍者，不可使利也。惟積學明理既久，而氣質變焉。則闇者必明，弱者必立矣。

又曰：

才有善不善，性則無不善。惟上智與下愚不移，非謂不可移也，而有不移之理。所以不移者，只有兩般：爲自暴自棄，不肯學也。使其肯學，不自暴自棄，安不可移哉。

觀此，可知伊川主張矯彊則在學習矣。而學習之法則，就是：

甲：存養　存養一說，爲伊川於教育方法上最大之貢獻。存養云者，卽孟子所謂「存其心，養其性」。伊川推其說而發皇磅礴之，至朱子而益暢明厥旨。其繼往開來津逮後學之功，實不可掩。

伊川教人以存養爲學之要道，而以敬義爲存養之功夫。若夫學非存養，無以立其本；存養非敬義，則莫由臻其功。故學者當於敬義上痛下篤實涵養功夫。審如是，則天理明，學能自得也。試引申其說，伊川論敬爲涵養之方法曰：

動容貌，整思慮，則自生敬。敬，只是主一也。……存此，則自然天理明。學者須是將敬以直內，涵養此意。直內是本。

又曰：

所謂敬者，主一之謂敬，所謂一者，無適之謂一。且欲涵泳主一之義，一則無二三矣。言敬，無如聖人之言：易所謂敬以直內，義以方外。須是直內，乃是主一之義。至於不敢欺，不敢慢，尙不愧於屋漏，是皆敬之事也。但存此涵養久之，自然天理明。

此言學者當具有「主一」之精神，專心致志，肅然寧靜不撓，以養其心知，而不容有一物以亂之也。此與杜威「一心」（Single－mindedness）或「全心」（Whole－mindedness）之說相脗合。伊川論存養主敬之外，又重集義。其言曰：

敬，只是持己之道。義，便知有是有非。順理而行，是內義也。若只守個敬，不知集義，卻是都無事也。

又曰：

內外一理，豈特事上求合義也。敬以直內，義以方外，合內外之道也。

綜繹其言，伊川以敬義爲表裏交養，體用兼賅，而互相發明也。一言以斷之，即是「敬義一貫」爲存養工夫。其說洞達深切，誠擴前人所未發矣。

乙：窮理　伊川於教育方法上又視窮理爲重。格物致知，即是窮理。其言曰；

涵養須用敬，進學則在致知。

又曰：

凡一物上有一理，須是窮致其理。

又舉窮理之方法有三：

一曰讀書以講明義理；二曰論古今人物，別其是非；三曰應接事物，而處其當。

歸納言之，伊川教人修養在於窮理，窮理在乎讀書論古應事，——德性之知。其意蓋重經驗也。

伊川主張修工夫則在義主敬（存養方面）窮理（修學方面）。推其意，蓋以爲學之道，非獨養其性，且在悟其性，二者交感而互相發也。其主張，與明道「不取防檢窮索」之說——直覺主義，判然異趣矣。

丙：循序漸進　伊川教人爲學當按部就班，循循有序，而不可以欲速迫切之心求之。其言曰，

> 學欲速，不得，然亦不可怠。纔有欲速之心，便不是學。學是至廣大的事，豈可以迫切之心爲之。

斯謂學至繁至博，非可一蹴而幾也。若存一急切之心，而不循序以求，則躐等陵節之病立致。孔子所謂「欲速則不達」，孟子所謂「進銳者退速」是也。故學當循序而有恒，致一而不怠；求之自淺以及深，登之自卑以及高，漬浹博洽，蓋在乎是。其說已成爲今日教育方法上不可易之極則，蓋亦淵源有自也。

丁：努力　伊川教人當具有「不畏難」之精神，努力向學。其言曰：

> 今之學者，如登山麓。方其迤邐，莫不闊步。及其峻處，便逡巡。須是要剛決果敢以進。

此言爲學當有所努力（杜威所謂 Effort），而克服困難。應付一切障碍，勿見難而

卻步不前也。

(二)教材

(1)修身　修身一門，爲立倫理教育之基礎也。如德性之養成，人格之感化，莫不端本乎是。伊川於教材上視此爲重，其言曰：

人之蘊蓄，由學而大。在多聞古聖賢之言與行，考跡以觀其用，察言以求其心。識而得之，以蓄成大德。

此言爲學之道，在修其身。修身之要，在多識前言往行，以資省察克治之功。偉大人格之完成，皆建築於此基礎上。故伊川主張以聖賢之言行錄，定爲倫理之規範，即爲陶冶「道德意志之習慣」之範本也。徵之現今，自初等小學以上皆立有修身一門，已成一種溥遍之科目矣。其目的，即在蓄德。

(2)課程　求知之方有二：曰精神上之求知，曰物質上之求知。精神上之求知者，即爲被動的誘導，或自動的修養——內心的涵養及鍛鍊。關於此層，已於上文言之矣。所謂物質上之求知者，即採取對方物質上之材料——書籍，作爲求知的工具。伊川以四書五經爲進德修業之資料，定爲學者必讀之課本。其言曰：

初學入德之門，莫如大學。其他，莫如語孟。

又曰：

學者當以論語孟子爲本。論語孟子既治，則六經可不治而明矣。

又曰：

學者且先讀論語孟子，更讀一經，然後看春秋。先識得個義理，方可看春秋。春秋以何爲標準，無如中庸。

準是以觀，伊川非惟指示學者讀書應取之材料，而且教人讀書宜有步驟，有次序，則學可由近以及遠。然其對於文學極端排斥，甚至詆之爲「玩物喪志」，「害道」。其言曰：

……書曰：「玩物喪志」。爲文，亦玩物也。

又曰：

今爲文者，專務章句悅人耳目。既務悅人，非俳優而何。

又曰：

人見六經以爲聖人亦作文。不知聖人亦攄發胸中所蘊自成文耳。所謂有德者，必有言也。

由上三段話觀之，可知伊川帶有「人文主義」之色彩矣。故彼除講理性之書外，對於其他方面的教材，便一概抹煞之，實太偏重於理性教育而鄙薄「藝術教育」矣。此不獨伊川為然，大抵宋儒皆是如此。

伊川除四書五經外，又視歷史為重。且示人讀史之法曰：

凡讀史，不徒要記事迹，須要識其治亂安危興廢存亡之理。

又曰：

讀史，須見聖賢所存治亂之機，賢人君子出處進退，便是格物。

又教人讀書之法曰：

讀書當觀聖人所以作經之意，與聖人所以用心。

又曰：

學在要自得六經浩渺怎來難盡曉。且見得路徑後，各自立個門庭，歸而求之可矣。

總括言之，伊川教人讀書（史包括在內）貴有思考力，探賾索隱，以致其知；且宜推其悟心，有所溉獲。不然，雖博學强識，亦寡要而無功。

三、兒童教育

伊川對於兒童教育，視之甚重。然其所重者，乃貴族式之兒童教育，而於平民方面，置之弗講也。其上疏曰：

……習與智長，化與心成。今士大夫家善教子弟者，亦必延名德端方之士與之居處，使之薰染成性。故曰：少年若天性，習慣如自然。……所謂輔養之道，非謂告詔以言過而後諫也，在涵養薰陶而已。大率一日之中，親賢士大夫之時多，親寺人宮女之時少，則自然氣質變化，德器成就。

又曰：

愼選賢德之士以侍勸講。講讀既罷，常留二人直日，夜則一人直宿，以備訪問。

又曰：

傳德義者，在乎防見聞之非，節嗜好之過。保身體者，在乎適起居之宜，存畏懼之心。……服用器玩，皆須質朴。一應華巧奢麗之物，不接於目；淺俗之言，不入於耳。……凡動息必使經筵官知之。有剪桐之戲，則隨事箴規。違持養之方，則應時諫止。

又曰：

擇臣寮家子弟十歲以上，十二已下，端謹穎悟者三人，侍上左右。上所讀之書，亦使讀之。……每人擇有年宦人內臣二人隨逐看承，不得暫離。

以上四段話，是伊川對特殊階級而言也。其對於兒童教育方法之主張，不外三方面：

㈠德育　伊川積極的主張選擇端正之官寮子弟與幼主相處，交互薰陶道德之品性，即養成道德意志之習慣。此即伊川所謂「朋習之益」也。而且彼等之一舉一動，須由人格高尙之人隨時檢束抑制之，以納其於倫理之規範中。一方面又消極的主張消除有害之環境，以免感受不良之影響，薰染惡劣之習慣。

㈡**體育** 伊川對於兒童體育方面，主張建設有益生活之環境，以發達其身體。

㈢**智育** 對於此層，伊川不欲灌注或啟迪以知識發展兒童一種活潑潑的智力，及養成其有一種創造的適應環境的能力，或順任其自己發展本能；乃欲兒童熏聒或讀幾本蓄德錄以養成德性之知，儼然成一「文質彬彬」的斯文君子足矣。故伊川曰：

古人生子，能食能言。而教之大學之法，以豫爲先。人之幼也，知思未有所主，便當以格言至論日陳於前；雖未知曉，且當熏聒，使盈耳充腹，久自安習，若固有之，雖以他言惑之，不能入也。

此語，是爲「禁於未發」之豫禁法。卽爲兒童智育方面之教育方法也。

㈣**改良學制** 宋代提倡革新教育之先鋒者，厥惟王安石一人。彼時王氏因感於科舉制度之不良，於是起而作教育革命之運動，將詩賦及帖墨，一舉而摧陷廓清之，專以經義論策考取人才，一刷拘古泥舊之風。彼又主張取士應由學校，神宗卒用其說，增修太學，立三舍法。至哲宗元祐間，乃立十科舉士法，復制科，置春秋博士，禁科舉用王氏經義；又復詩賦，與經義兼行，立爲兩科，罷明法科。維時，伊川，新軍異起，作革新教育之運動。詳陳學制，極力主張廢除考試制度，推翻三舍升補之法，以爲「學學校，禮義相先之地。而月使之爭，殊非敎養之道。今立法改試爲棵，有所未至，則召學官而敎之。更不攷定高下。……………」其言何等肎綮！其意蓋欲免學者屑屑然計較得失於錙銖之中。一革「考試資身」，「趨時干祿」之陋風，而及其「實用主義」之惡弊。又倡設立觀光法，以爲實地考察地方之文物制度以資觀感；設置尊賢堂，待賓吏師齋，作爲人格活動之楷式；若是者十數條。伊川其人氣質雖嚴嚴端嚴，然而主張師生之間，陶融情感，不爲隔膜。掌敎者與生徒親近，則易爲誘益。（看伊川文集卷之三）

伊川雖苦口婆心，從事敎育革新之運動，然處時不利，力量薄弱，竟爲反對派胡宗愈等所排斥而失敗，豈勝嘅哉！

㈤結論

伊川之敎育的根本思想，在於變化氣質。其敎育學說，多建設在倫理學之基礎上。故彼重德性之知，而輕聞見之知，此其偏於理性敎育之大缺點也。其敎育方法，則在誘導與矯彊幷施。誘導法，乃施之以擴充人的本然之性，彊學法，則應用之以矯正其氣質之性。其方法允當。吾無間然。至論修養之法，又甚精密，無復遺蘊，且也，伊川指示學者以「漸習」，「努力」，兩大方向，洵可引爲準則者也。

伊川對於兒童敎育之主張；太偏於階級主義之敎育，而輕視平民主義之敎育。其標準，則在培養德性之貴族子弟，施以特殊之陶冶。此種主張，與現今敎育思潮大相僢馳也。但從歷史上觀察之，在宋代伊川已有此等思想，實堪足多！至於兒童敎育之方法，則偏用干涉主義以抑制兒童之個性，斯與自然主義的「自由發展個性」的教育，適相左耳。

伊川改良學制之運動，就時代眼光觀察之，頗有價值。其所提倡廢除考試，與三四年前北大等校的「廢考運動」暗合。其所倡立之觀光法，卽與現今學校之考察團近似，可惜被當時姦人斥爲迂闊而未採行。至其主張師生間聯絡感情，人格感化，尤合現今教育之旨矣。

十二年十一月一日載括蒼雜誌

新中國的新教育——平民教育——

引言

凡一立國的精神，是完全寄託在健全國民的身上的，是藉健全國民的氣魄而發揚光大的。惟有健全的國民，才能夠受這種精神的寄託；惟藉健全國民的氣魄，始能發揚光大立國的精神。其關係的密切是不消說了。是故欲發揚立國的精神，首要栽植健全的國民。平民教育，就是栽植健全國民的一種工具。在中國推行平民教育，誠然，是建設新中國的一個新方向啊！

我國號稱四萬萬人，其民不爲不衆了。然而未受教育的，約有三萬二千萬人。除未入學校之學齡兒童外，至少有二百餘兆目不識丁或失學的成年人與青年。（據最近中華教育改進社之估計）所謂二百餘兆的成人與青年，是指那種未受過教育，或無機會受學校教育，或略受教育如未受過的人。觀此，吾國有十分之八未受過教育上相當培植的不健全國民，以致形成不死不活的中國，吾人誠無怪其然了。時至今日，假如不給這般失學的二百餘兆平民以相當求學的機會，他們就永遠不能造就健全的國民；而這不死不活的中國，亦將沉入深淵而不可挽救了。所以平民教育，是應時代的要求而產生的，是最適於吾國底國情與需要的。這種教育，非僅解決我國二百餘兆平民的狹隘問題，實爲關係我國獨立自存的重大問題。在現代九死一生的中國，這種教育是何等急需，是何等切要。所以平民教育，是救濟我們沉沉就死的中國的全生教育。從別方面看來，就是創造新中國的新教育；推廣施行是迫不容緩的呵！「樂天下之人而教育之，」卽是平民教育的眞價值大精神。美國教育家說：「中國的平民教育，是有人類以來最大的教育運動。」（The mass education in China is the most significant of educational movement in the history of mankind）平民教育，誠然是中國的特產品，是開全世界所未有的。吾人欲造成生氣勃勃的新中國——龍飛虎躍的新中國，首要羣策羣力地幹這種「創造新中國」之新教育的事業，脚踏實地去做這種普遍的新教育運動。

平民教育運動

什麼是平民教育

大凡教育有兩個方向：一是向上的，一是向橫的。向上的，是提高的教育。向橫的，是普及的教育。平民教育，就是向橫普及的教育。英文爲 mass education 意卽民衆教育。亦可說是全民教育，與西洋所謂與貴族教育成對待的有別。所以平民教育，不是階級教育，是同是平等的人受人所應受的教育，是普及的補救的教育。晏陽初先生說得好：「如果說中國也有階級，那便是知識階級，或說是『士』的階級，所謂『士農工商』，把士列在首位。『士』的階級，和其他各界顯然分個貴賤高下。平民教育，就在剷除這種『士』的階級，使所有的人都受教育，以達到『士農』『士工』『士商』『士兵』的目的，實行『均學』主義。所以說平民教育是打破階級的教育則可，如說平民教育是製造階級的則不可。」他把平民教育的性質也說得很清楚了。

現在提倡平民教育的人，主張平民教育的工作分爲兩步：第一步是識字教育，第二步是繼續教育。繼續教育包括「公民」「生計」兩種。現在把識字教育簡略的申說一下：

(1)識字教育　是啟導二百餘兆失學者基本的知識的教育。大凡失學的成人與青年，都沒有受過教育的；因爲沒有受過教育，當然目不識丁了。所以識字教育，是初步的，基本的。現在所用的平民的千字課（平民千字課是用科學方法編製出來的。現在各書坊出版，不下十種。但因試驗的結果，還沒有臻於至善。近來北京平民教育促進會總會特聘教育，心理，文學，專家等等，正在力謀改良。將來必有比現在用的平民千字課更完善的課本出現。）就是識字教育的基本工具。有了這個工具，識字教育才有實施的張本。所以實行平民教育第一步要利用這種工具去灌輸二百餘兆腦袋空空的成人與青年，千餘個日常所用的基本的漢字，以及這千餘個漢字所能代表的常識。識字教育的效用，就在這一點。他們得受了這種初步的教育，然後才能夠受第二步繼續的教育。

(2)**失學的男女**　不僅是受過初步的教育就完了（處在特殊境況之下的，當然有例外。），所以還有第二步教育以補識字教育的不足。因爲平民教育的最終目的，是要培養健全的國民，造就新中國的新國民。所以繼續教育，是最需要的。他的目標，賅括的說，約有三點：（一）增長平民讀書識字的能力，換句話說，就是增高平民的知識。（二）實施生計教育，以資改良平民生活。（三）實施公民教育，以培養公民的資格。

平民教育有了實際情形的根據；則其目標始有確定的方向。平民教育的目的，就是使一般已過學齡期限而未受教育的男女皆能識字；並使他們皆具有健全國民的氣魄，以發揚立國的精神，這是平民教育最終的目的。

說到功用方面呢。平民教育，是革命的教育，自强的教育。綜合的說，就是建設新中國的新教育。我國革命尚未成功。內政已益加俶擾了。外鄰多方侵略，國際地位，已日形危險了。我國革命之所以不能成功，國際地位之所以岌岌瀕危，歸根結蒂的說，實是因爲民衆的力量薄弱。所謂民衆的力量，便是民衆身心雙方發達健全的精神。我國因爲民衆的精神不健全，所以革命的事業難以徹底成功。革命不成功，凡百政治沒有一天能上軌道；同時强權無力抵抗，國際的地位就不能提高。如今夢榻之旁，任人鼾睡，外交上確是在在可慮的！我們再看看現在國際的情形是怎樣？現今列强各國一般外交界口頭上已在倡議如何減少軍備，心腔裏却在設法製造新軍械，——殘殺人類的利器，爲將來大戰的準備；甚且處心積慮，在任何會議上計議如何朋分世界上的商場，尤其是在中國。比如美國正在積極經營他的勢力擴充到南美洲；同時與中國力謀親善，蓋欲施其遠交近攻的政策，以與日角逐，而在中國經濟上獲得優越的利益。日本亦在經營攫取滿洲，開拓她的富源，以與美國或其他各國爭雄競長，而保持或發展她在中國經濟上的地位。至於英國，更不消說了。「我們要把分配中國經濟的方針規定好，而使她的經濟生命不能發展起來。」這些從外國的帝國主義者嘴裏說出來的話，到今還是歷歷可聞的。且就事實上考察起來，更是顯著了。將來他們角逐之場，的在太平洋與中國。據此，我們中國在國際上所處的地位是多麼危險啊！可又難說，將來外國的帝國主義者且由經濟的侵略引到政治的侵略呢。共管固可怕，亡國更可危了！我們處在這個時代，亟須積極打算增加民衆的力量，以完革命的成功，力抗外國的帝國主義者的侵略。惟要增高民衆的力量，便須推行普遍的民衆教育，——平民教育，使一般民衆得以身心雙方發展，而養成健全的新國民。健全國民（民衆）的精神，就是民衆最大的力量。對內有了這種力量，則革命自不難徹底成功；對外有了這種力量，則强權更不難推倒了。新中國的基礎，確是完全建築在這種力量結厚的柱石上面的。所以平民教育，是革命的教育，是自强的教育。綜而言之，平民教育，是建設新中國的新教育。

臨了，吾還得申說幾句：假如平民教育是僅僅解決我國二百餘兆平民本身的狹隘問題，那就失掉平民教育最重大的意義了。我們須把眼光放大來看平民教育。認爲平民教育，是關係我國獨立自强的重大問題，是創造新中國的一種新教育。目標確定了，我們切要羣策羣力，幹這種新教育的事業；脚踏實地，去做這種普遍的新教育運動——平民教育運動。

一九二六，一二，一，於北京。

向著最後勝利的目標邁進

舊金山國民日報廿九年七月九日

對日抗戰已滿三年，在此決定中華民族命運的戰爭中，在此維護人類正義的戰爭中，賴我　領袖之英明，同胞之團結，國際之同情，故能實行消耗戰略，堅持長期抗戰，殲滅殘敵，獲致戰果。不寧唯是，且于抗戰之中積極建設，轉弱爲强，奠定最後勝利之基礎。如今日寇之暴力已窮，泥足深陷而不能自拔，亡華陰謀徒成幻想。總之，經過三年鐵血抗戰的試驗，充分證明中華民族具有最堅靭的生存力，決不爲暴力所屈服，且將爲人類文化負起光榮的領導任務。

所謂奠立最後勝利之基礎，決非託諸空言，實有顯著的事實爲根據，玆試擇其要者向我僑胞作一個簡單的分析：

一、軍事方面　抗戰初期，我以劣勢的國防對抗暴日優勢的武備，所以在戰鬥上不免處于不利的地位，乃採取消耗戰略，以空間換取時間，只求獲得戰果，而不作無益的一點一線的死守。在這一戰略之下，國軍從許多城市和沿江沿海區域，暫時撤退了，但在這些「點」「線」和極小的「面」之外的廣大土地，都仍爲我國軍或武裝游擊隊所控制，隨時襲擊敵人，準備着大規模的反攻。三年來抗戰情勢表示出，我軍是愈戰愈强，敵人是愈戰愈弱。根據正確的統計：在抗戰頭一年，敵軍進展了一千八百公里，第二年只進展了三百一十公里，第三年的今年，更是處處遭到我軍反攻和殲滅，雖欲勉强作垂死的掙扎，但在湘北、粵北、晉南、鄂北、綏遠諸役中，暴日都遇到全師覆滅的大慘敗，敵後游擊隊之活躍更使敵人感到腹背受敵，寢食不寧。暴日軍事上再衰三竭的窘態，業已暴露無遺，我軍之愈戰愈强，已穩奠最後勝利之基礎，一俟新軍建設完成，即可施行全面的總反攻。

二、政治方面　政治是抗戰中一切問題之中心，也是抗戰一切力量的泉源。所以蔣委員長於第二期抗戰開始之時，即提出「政治重於軍事」的口號，作為抗建國策之圭臬。綜觀三年來之政治，在抗戰烈火的鍛鍊中獲得了空前的進步，這種進步的政治，就是抗建成功的最大保證。三年來政治上的進步，最主要的，約有下列幾種：

第一、統一團結之鞏固與加強　全國的統一，首先是政治和軍事的統一，在抗戰後才眞正日益加强起來。其次講到團結，全國各黨派都在三民主義的旗幟之下，在國民政府和蔣委員長之領導下團結起來了；全國各民族，無論漢滿蒙回藏以至苗，猺等淺化民族都一致擁護中央，積極參加抗戰；全國人民，「地無分南北，年無分老幼」，不論貧富，都一致發揚蹈厲，直接或間接參加抗戰工作。

第二、抗建綱領之樹立　抗戰建國必須有正確的政治綱領，才能號召全國民衆一致為實現這一綱領而奮鬥。中國國民黨在抗戰中制定「抗戰建國綱領」，以之爲革命救國之最高原則，獲得全國各黨派之接納，和全國民衆之擁護，代表民意的國民參政會，也迭次通過擁護這個綱領的決議。有了這綱領，政府已依據它推行政務，獲得種種偉大的成就；有了這個綱領，人民有所循遵，所以全國民衆之意志和力量都已集中起來。

第三、民主政治之推進　民主政治是最優良的政制，在戰時而欲動員民力，尤非實施民主政治不爲功。抗戰以來，我們在民主政治方面努力推進，設立國民參政會，集全國賢智於一堂，共商國是；同時各省參議會亦次第組織完成，爲民主政治樹立宏大的規模。

第四、改進行政機構與嚴懲貪污　行政機構之不健全和官吏之貪污枉法，爲中國政治不上軌道之主因。抗戰以來，政府銳意改進各級行政機構，嚴厲懲治貪官污吏，政界風氣爲之一新，行政效率日益增加，政治漸有清明之象。

第五、新縣制之實施　新縣制完全以地方自治爲基本精神，而地方自治爲建立三民主義國家之主要手段；現在政府已頒布新縣制綱要，決心實行地方自治，三民主義國家之建設，已由坐而言的理論階段而進入起而行的實踐階段。

三、經濟方面　抗戰以來，政府實行計劃經濟，獎勵海內外人民投資，擴大戰時生產；對於農業，則規定以全力發展農村經濟，獎勵合作，調節糧食，開墾荒地，疏通水利；對於工業，則開發礦區，樹立重工業基礎，鼓勵輕工業經營，并發展各地之手工業；對於金融，則統制銀行業務，調整工商業之活動，鞏固法幣，統一外匯，管理進出口貨；對於交通，則整理交通系統，舉辦水陸空聯運，增築鐵道公路，加闢航線；對於貿易，則嚴禁奸商壟斷居奇，實施物品平價制度。過去三年來，經中央與地方政府之籌劃經營，和全國工商業界之努力苦幹，我們已在大後方樹立了支持長期抗戰的經濟基礎。

四、外交方面　此次中日戰爭，在暴日爲撕毀國際條約，發揮野蠻獸性；在我國則爲自衞民族生存，維護人類正義；故自始暴日即與全世界爲敵；反之，除德意以外，各國都對華給予最大的同情，美、俄、英、法諸國政府及人民，始終以物質援助我國抗戰，尤爲值得大書特書。國際聯盟曾屢次通過制裁日寇之決議，各會員國亦已分別實行制日援華，美國近正式宣佈對日禁運，且積極擴軍，準備實行武力制裁。現在暴日之外交已完全孤立，假如一味蠻幹，將必陷入招致國際武裝制裁的絕境。

綜上以觀，抗戰形勢確已於我有利，最後勝利的目標已日益接近；但「行百里者半九十」，中國人做事最忌不能貫徹始終，此時切戒怠惰消沉；假若抗戰精神稍一鬆弛，後禍將不堪設想。須知越接近最後勝利，我們之境遇必越艱難。因此我們海內外同胞，要站在各自的崗位，忍受最大的痛苦，貢獻最大的能力，共同向最後勝利的目標邁進！

偉大的祖國

——爲美洲國民日報作——

偉大的祖國，隨着抗戰的進展，飛躍的進步着。在這進步的過程中，是因爲我們有世界上最偉大的　領袖蔣委員長的領導，前方將士的忠勇殺敵，全國民衆的齊心協助，特別使抗戰力量增强，倭寇最感困惱的是海外華僑的踴躍捐輸，和竭誠的擁護抗戰建國的國策！

海外的華僑，將使祖國的同胞致着無限的敬意！

日本帝國主義爲了掠奪我們的土地，日本軍閥爲了自己的顯功揚名，他不惜驅使百萬的劊子手向我們無辜的民衆殺戮，姦淫荼毒，做了無數的禽獸般的行爲，我國同胞，對於這種魔鬼般的行爲是決不能饒恕和忍受的！

我們的祖國是偉大的，具有悠長的歷史，優秀的文化，在世界史上曾閃着榮譽的光芒。現在我們只要能夠萬衆一心的團結抗戰，堅定最後勝利的信念，我們一定能夠打倒日本帝國主義，建立三民主義的新中國，重以最嶄新的姿態出現於國際間，並在今後的世界史上更要發出萬丈的光芒。

只有民族的敗類，人類的蟊賊如汪精衞之流，他們才喪盡天良，與平沼密訂賣國契，狂吠和平，投身於敵人的懷抱，揚臭於淪陷的國土，只要是黃帝的子孫，只要不是漢奸，誰不痛恨欲絕，誰不欲撲殺此獠！

祖國是偉大的，在這次神聖的抗戰中，一切亂臣賊子，漢奸走狗，都會顯出原形，永遠不得超生！我們要堅忍苦鬥，持久抗戰，一定可以肅清叛逆，打倒日本軍閥，還我大好河山，爭得民族的自由解放！

可敬佩的海外同胞，希望能給祖國以更大的忠誠和擁護，同心戮力，求得最後的勝利！

（於重慶掃蕩報社長室）

治學之根本精神

今試執一任何人而問之：學可以不治乎？其必曰：學者人之砥礪也。無砥礪，則器不備。人欲備其器，則學烏可以不治！是以居今之世，舉天下人皆知治學之重矣。試再執一任何人而叩之：人可以無治學之精神乎？其必曰：學力根深方蒂固。人苟無治學之精神。而欲深造其學，不亦戛戛乎難哉。故欲求其學之深造，則治學之精神，惡可以不具！是以居今之世，舉天下人皆知治學精神之要矣。夫人旣知治學精神之要；而治學精神之要點，究奚在哉？是則吾此文之所由作也。

（一）努力之精神

夫學無止境也，是在吾人求之而已。若求之而奮進，則堂奧可窺；求之而自畫，卽門徑亦莫能入。「譬如爲山，未成一簣，止吾止也。譬如平地，雖覆一簣，進吾往也。」孔子之言，豈欺我哉！是故學不患不能求，而患不進；不患不能進，患無努力之精神。努力之精神者何？卽向上求進之精神也。善乎徐偉長之言曰：「學者如登高焉，動而益高。」

其所謂『動』，卽努力精神之表徵耳。故努力之精神，爲吾輩治學必不可缺之根本精神也。語其精神，約有兩端。

一、勉力　人之爲學，貴存『不足』之心。學不知足，則刮劘淬厲，日以改而月以化，其必有進焉。故學貴乎勉，勉卽生於『不足』也。若學而自足，則因循不勉，不勉則晝然而止矣。故學惡夫不勉，不勉卽生於『足』也，是以學不患不進，患不能勉；不患不能勉，患有自足之心耳。吾輩爲學，宜去其自足之心，勉力而求進之也可。「鍥而不舍，金石可鏤。」此卽勉力之效也。荀子之言，洵可嘉尚爾。吾輩青年其可玩忽乎哉？

二、勇力　爲學不可畏難。不畏難，斯爲勇矣。昔人有言：「並敵一向，千里殺將。」此卽所謂勇也。人之爲學，亦何以異是。故吾人當本此精神，經艱歷險，向前奮進，則學終有成焉。其精神苟貫注而振作不衰者，其成也亦必遠且大矣。故勇力，亦爲吾輩努力向學應具之精神也。昔程伊川曰：「今之學者，如登山麓，方其迤邐，莫不濶步；及到峻處，便逡巡。須是要剛決果敢以進。」其言深切中肯，實給吾人向學之一大針砭耳。吾輩青年其拳拳服膺斯言而勿失乎？企予望之！

(二)專攻之精神

「學業有專攻，」韓文公已先吾言之矣。紀昌之學射，以氂懸蝨於牖，南面而望之，旬日之間浸大；三年之後，如車輪焉，乃以燕角之弧，朔蓬之簳，射蝨中心，而懸不絕：此專之功也。他若師曠之審音，公輸之呈巧，庖丁之解牛，彼非有超人之智，而卒能精其業者，亦其力專有以致之也。人之於學，亦何獨不然？蓋學有專攻，則一心致志，所就者精；學不專攻，斯廣騖旁馳，所造者粗。是以學業造就之精粗，視乎學有專攻之精神與否而已矣。古人有云：「專力則精，雜學則粗。」「專精務本，儒學所先。」旨哉斯言！是故吾人治學，必也具有專攻之精神。學力既專，則心不雜，而所成者必大矣。昔朱文公「舊時亦要無所不學。禪道、文章、楚辭、詩、兵法，事事要學。出入時，無數文字事事兩册。一日，忽思曰，且慢，我只一個渾身，如何兼得許多，自此逐時去了。」（語類）朱子一生治學之關鍵，基於一念之轉變，而痛下數十年專精致誠，窮究鑽研之功；精詣深造，卒集諸儒之大成。此其治學志趣之專誠，治學精神之偉大，吾輩青年當知所效則者也。

（三）懷疑之精神

懷疑之精神，卽求眞之精神，亦卽今之所謂科學之精神也。何謂懷疑之精神？凡所研究對象之事實，吾人對之勿為舊見所蔽，盲目輕信；必於其義理中尋求有疑，剖微窮幽，以蘄眞　無妄之歸。此精神也，謂為求眞之精神也可，謂之科學之精神亦無不可。科學家達爾文瓦勒士創天演論以打破「人由神造神爲人主」之假設；加利里牛頓創引力說以推翻「日月星辰天主」之神話。彼數人者，非富有科學之精神，其能發明新見，以進於是乎？故此種精神，爲吾輩治學應有之基本精神也。

吾國先哲如張橫渠程伊川朱晦庵陳白沙江甘泉之輩，提倡懷疑之說，有足多者。其於吾輩治學方法上有莫大之貢獻焉。爰舉各說，以資循率耳。

張橫渠曰：「不知疑者，只是不便實作。既實作，則須有疑。必有不行處，是疑也。譬之通身會得一邊。或理會一節未全，則須有疑，是問是學處也。無則，只是未嘗思慮來也。」

又曰：在可疑而不疑者，不會學。學則須疑。譬之行道者，將之南山，須問道路之出自。若安坐，則何嘗有疑。

又曰：所以觀書者，釋己之疑，明己之未達。每見每知所益，則學進矣。於不疑處有疑，方是進矣。

程伊川曰：學者須要會疑。

朱晦庵曰：平日工夫，須是做到極時，四邊皆黑，無路可入，方是有長進處，大疑則大進。

陳白沙曰：前輩謂「學貴知疑：小疑則小進，大疑則大進。」疑者，覺悟之機也。一番覺悟，一番長進。

江甘泉曰：讀書，求信也，求信必自求疑始。

綜上數說，以張橫渠之言發揮最爲精闢。其啟導後學之功，誠匪淺淺矣。昔戴東原年方十歲，就傅讀書，授大學章句至右經一章以下，問塾師曰：「此何爲以知爲孔子之言，而曾子述之？又何以知爲曾子之意而門人記之？」師應曰：「此朱文公所說。」即問：『朱文公何時人？』曰：『宋朝人。』又問：『孔子曾子何時人？』曰：『周朝人。』又問：『周朝宋朝相去幾何時矣？』曰：『幾二千年矣。』又問：『然則，朱文公何以知其然？』師無以應。戴氏此種懷疑態度，足以表現其「但宜推求勿爲株守」之求眞精神矣。此其懷疑之精神，足資吾輩青年治學之一大借鏡焉。

人格問題

(一)人格的界說

人格的涵義甚廣：有所謂生理上的人格，有所謂心理上的人格，亦有所謂法律上的人格，倫理上的人格焉。這幾種人格，各有各的解釋，即各有各的性質所在。李石岑先生說：「詹姆士（Walliam James ）把人分作三種：一機體的人，二社會的人，三理想的人、。我以爲此三種人正可形成三種人格：機體的人，形成生理上的人格；社會的人，形成倫理上的人格；理想的人，形成心理上的人格。生理上認爲有人格的人，必須生理的基礎十分健全發達；……倫理上認爲有人格的人，必須具有道德的品性和協助的精神；……心理上認爲有人格的人，必須精神的生活以自我爲中心，而由中心的自我，生意識的自覺和統一。」他把人格的界說已經說得很明白透徹，無須我贅言了。不過我這篇所論的，僅及於倫理上的人格，這是我在發論本文之先，不得不聲明一下的。

(二)緒　論

嗟嗟！吾輩青年，試看今日之中國，若何之中國？而今日中國之現象，猶可望乎？試看今日中國之國民，若何中國之國民？而今日中國國民之墮落，豈堪問乎？國民的理性，將沉入於九淵之中而莫能振拔；社會的狀態，已陷入於千紛萬亂之中而不可藥救。茫茫的大陸，長滿着遍地的荆棘；獸欲橫決，滔滔者舉國皆是了！嗟嗟！

現在中國有兩大階級：一爲有槍階級，一爲無槍階級。吾們知道有槍階級者固足以禍國殃民；然而不可不知道無槍階級者亦足以敗國而害民。那末，禍國而害民者，即爲有槍階級的人格破產，亦爲無槍階級的人格破產。總而言之：就是階級人格之破產吧。階級人格之破產，亦可說是國民人格之破產。他們不夠當國民的資格，只夠稱國賊的徽號，他們不配說是人，只配說是禽獸。陳公甫先生說：「人具七尺之軀，除了此心此理，便無可貴。渾是一包膿血，裹一大塊骨頭，饑能食，渴能飲，能著衣服，能行淫欲；貧賤而思富貴，富貴而貪權勢；忿而爭，憂而悲，窮則濫，樂則淫，凡百所爲，一任血氣，老死而後已。則命之曰禽獸，可也。」噫！何其言深刻痛切針針刺入若輩之心頭也！

吾們試放大眼光就現在中國混沌狀態之下多方面的觀察一下：究竟中國害了什麼病？究竟致中國所以害病的是那一輩子——各階級中那一類畜生？盜國喪權，摧殘民命的，不是獸性鑄成的武人嗎？營私謀利，敗國殃民的，不是盜性養成的政客嗎？鷄鳴狗盜，造惡作孽的，不是惡性構成的官僚嗎？甚至於把持地方，魚肉鄉民的，也不是匪性造成的紳閥嗎？若有曰然，卽愚者亦知其妄矣。噫！司馬昭之心肝，路人皆知；吳道子地獄變相圖不足盡。若曹同惡相濟，引狼爲一邱之貉，汩沒良知，傲很亂常，寧犧牲國家人民的生命幸福而不之恤。倒行暴施，一至於此！嗟乎！吾國蒙彼等國賊獸性盜性匪性惡性之害者，豈淺鮮哉！吾國小民呻吟於彼等武力勢力壓迫之下者，豈勝痛哉！吾國因受若輩國賊之害而致病者，已創鉅而痛深矣；恐將入膏肓而不可藥救矣！國家之破產也如此，國民人格之破產也又如此。吾不禁爲國家之前途悲！吾不禁爲國民之人格哭！然而吾國其何以藥救？吾國國民其何以力自振拔？昔人有云：「治痛先治心。」吾以爲治中國今日的病，先要治好了國民的心，這是根本底要圖不容忽視的。孔老夫子說：「欲治其國者，先齊其家；欲齊其家者，先修其身；欲修其身者，先正其心。」這幾句話，看來雖是平常，却爲千古不刋的名言。如果舍本而逐末，不啻「咀漏脯以充飢，飲鴆酒以止渴」，惡乎可！英哲羅素（Bertrand Russell）說：「改造中國，當從政治方面着手。」其言爲允。然我更進一解的說：「改造政治，當自改良人心養成政治的人格始。」所謂改良人心，治國民之心者：積極一方面，就是除掉國民不良的根性，而養成倫理上的健全的人格；消極一方面，就是把人之本然的良性愛護着，維持着，而別要被惡劣的環境所潛移默奪。吾固希望一般萬惡的武人、政客，官僚，紳閥，放下屠刀，改心革面，把一切「慭腸狗態」的惡根器乾乾淨淨地去掉。這是我對他們失望中之一線希望。「對虎豹以談仁義」，這一線希望，或許是醉中幻想，對癡人說夢。唯我心目中所最希望的，還是一般新青年——一般純潔的有生氣的青年。我最誠懇極眞摯地希望吾們一般純潔的青年在這十字街頭的中國上面，宜脚踏實地，向理性的一條路去；好好的種下理性的根柢，而培養出健全的人格來。吾輩純潔的青年！其勿逡巡以自畫！其勿迷途而失路！愼要認淸方向，鼓着勇氣望前趲進；走到峻峭盡頭處，我們的人格便告登峯造極——健全人格的完成。一待人格養成之後，且把人格整個兒永遠表現出來；把心理一點靈明向外擴大地發揚開展！比如矗立頂峯上的明燈，吐出萬丈光芒，烘雲托月，永遠普照大地。這才能顯出人格底偉大，這才能顯出人格底眞價值！

吾信口說了這一大堆的話，許作爲吾這篇論文的發端開緒。以下請言歸正傳，循序的申說吧！

(三)人格底眞價值

人之所以可貴而異於禽獸者，何在乎？在乎有人格而已矣。人之所以可鄙而近於禽獸者，亦何在乎？在乎無人格而已矣。故有人格者，人雖不愚，尙不失其爲人。無人格者，人雖上智，卽無別於禽獸。人禽之分，胥於此視之。詩云：「言念君子，（君子，不過人格完成的符號而已。）溫其如玉。」人格之可重也如此！然而試問人格的眞諦何在（當然是狹義的）？可不必拿哲學上或心理學上的話來嚕哩嚕嗦地穿鑿解說；概括一句話：就是人生底態度，應有意識上的統一及負有道德上的責任以保持其品格。易經所謂「循理率性以行」，中庸所謂「天命之謂性，率性之謂道，」是也。楊杏佛先生說：「所謂人格者，有理想崇尚之格而能虔誠實行之謂也。分析之，實合有三要素：（一）理想之標準，卽所謂格或道，此爲理智的。（二）願崇奉此格或道之犧牲精神，此爲感情的。（三）此精神從日常生活中之實際表現，此爲實行的。」這一段話語，正可與徐節孝所謂「思其所善，言其所善，行其所善。」互相發明。所以人格的標準──人生的正鵠，從行爲上價值上判斷之，便是一個「善」字。

人格的本體，則爲理性；其作用，則對己對人對社會國家，根據理性從良心之命以行而不踰矩。所以人之所以爲人，必也其心純乎理性而無獸欲，欲此心之純乎理性而無獸欲，則必去獸欲而存理性（理性卽天理；獸欲卽人「私吾所好」之欲也）。偉大人格的造成，完全建築於這理性基礎上面；而人格的眞價，亦可於此估定之，陽明先生說得好：「夫心之本體，卽天理也，天理之昭明靈覺，所謂良知也……。而其昭明靈覺之本體，無所虧蔽；無所牽擾；無所恐懼憂患；無所好樂忿懥；無所意必故我；無所歉餒愧怍；和融瑩徹，充塞流行；動容周旋而中禮，從心所欲而不踰，斯乃所謂眞灑落矣。」又說：「夫君子之所謂灑落者，非曠蕩放逸，縱情肆意之謂也；乃其心體不累於欲，無入而不自得之謂耳。」吾讀斯言，實獲吾心！陽明先生之所謂灑落者，就是人們心裏一點靈昭不昧之理性耳。吾很盼望吾輩青年勿以他的話爲玄談爲迂闊；把他的話銘諸座右，奉爲當頭棒指南針！且從他的話裏去體驗；去找無價之寶――人格。在過去歷史中，吾們也可以找出許多具有偉大的人格者：如陶靖節之安道苦節，笑辭碌碌之塵；周濂溪之胸襟瀟洒，心處冲粹之境；其他如文文山之氣節激昂；方正學之慷慨就義；不一而足。要之，若輩氣象之灑落，人格之高超，皆足爲吾輩的好模範哩。吾人須知個人的人格關係於羣衆社會國家者甚重且大。西哲有言：「人之品性行爲，有裨於一己之康健者，卽有裨於社會之進步；有碍於一己之康健者，亦卽有關於社會之退化。」豈虛語哉！孟德斯鳩說：「有利於身而害於家者，我弗爲也；有利於家而害於國者，我弗爲也，………」人苟循此理性而行，則對己對人對社會對國家無入而不隨化，無往而弗利了。假如在我們中國大政治舞台上有幾十個有人格的人，或者中國不致於破產到現在這步田地。我還記得四年前羅素教授曾說過幾句話：「在今日中國四萬萬人中（就今日統計起來，怕不只此數。），若有一萬個好人，儘可造成一個好中國來。」這話說得很徹底，很可以玩味。若就現在烏烟瘴氣瀰漫籠罩着的中國領域內要找出一萬個好人來，卻是異想天開，絕對不可能。試看現在政治界中有幾個可使人仰慕的如孫中山先生；在教育界中有幾個可使人欽羡的如蔡子民先生。眞是鳳毛麟角，絕無僅有。我們目中所感觸的，都是豺狼當道，荆棘滿地——武夫屠伯，奸紳污吏——這一般惡閥。弄得中國造成了這樣破產的局面，這眞是一椿使人觸目傷心的事。「山窮水盡疑無路，柳暗花明又一村。」那末，吾只好盼望吾輩一班新靑年將來爲吾燦爛光華之中華民國開一新局面來！請努力去求無價之寶——人格吧！聚了幾十幾百幾千個人的人格，則吾中國眞可有爲了。於是吾們應該知道個人的人格於己於人於社會於國家是發生怎樣的重要。又該知道人格的活動，是要把牠對己對人對社會對國家忠實地持久地溥徧的表現出來。人格的偉大，便在於此。人格的眞價，也在乎此。

(四)人格的修養

我們要去求無價之寶——人格，絕不是劈空可以求得到的；必須有求之之方法。其方法維何？就是「人格底修養。」人格底修養，須從內心（非僅指「敬以直內」的內心而言）修養起。內心底修養，不外乎德性的陶冶，理智的鍛鍊。先賢所謂「進德修業，日新其德。」卽此意也。

上段說過，德，知二者，是爲內心修養的要素。亦卽人格修養的要素。所以人格底修養，須具有「德」「知」交育的精神。全德缺智，則人格不能健全；重智輕德，則人格不能養成；二者相輔而行，未可須臾或離也。吾以爲德性的陶冶，就是克私；理智的鍛鍊，便是解蔽。換言之，卽去私則需乎德性的陶冶，解蔽則需乎理智的鍛鍊爾。然而去私亦必知私之所生，解蔽亦必知蔽之所在。蔽解，然後能去私；私去，則蔽自然能解，理固然也。

現在吾國人的大患，莫不曰是私是蔽。私者，從吾所好以快己之欲也；蔽者，是非善惡莫辨，而罔罔以行也。戴東原說：「人之有欲也，通天下之欲，仁也；人之有覺也，通天下之德，智也。惡私之害仁，惡蔽之害智。」又說：「私生於欲之失，蔽生於知之失。」其說誠是。吾且列舉各家之說以明私蔽之利害如何。老子說：「五色令人目盲；五音令人耳聾；五味令人口爽；馳騁田獵，令人發狂；難得之貨，令人行妨。」樂記說：「夫物之感人無窮，而人之好惡無節，則是物至而人化物也。人化物也者，滅天理而窮人欲者也。於是有悖逆詐僞之心，有淫佚作亂之事。」王文成公說：「世之人從其名之好也，而競以相高；從其利之好也，而貪以相取；縱其心意耳目之好也，而詐以相欺；亦皆以爲從我所好矣。故夫名利物欲之好，私吾之好也，天下之所惡也。」又說：「人惟不知善之在吾心，而用其私智以求之於外，是以昧其是非之則，至於橫騖決裂，人欲肆而天理亡。」戴東原說：「私也者，其生於心爲溺，發於政爲黨，成於行爲慝，見於事爲悖，爲欺，其究爲私己；蔽也者，其生於心爲惑，發於政爲偏，成於行爲謬，見於事爲鑿，爲愚，其究爲蔽己。」綜此諸說，可知私蔽之影響於人心者甚巨，而國家之紛亂也，社會之敗壞也，亦無一而不被其影響。試一剖解今日中國國民之腹心而察看其心病何在。吾人卽可診斷之曰：私蔽之病也。這種心病，非人天生而有的，蓋得之於後天習慣（Acquired Habit）者也。吾國害了這種心病的人，可說是滔滔皆是了。吾萬分盼望他們趕快覺悟，下澈底的修養把私蔽的魔障除掉才好！「微志之勃，解心之繆，去德之累，達道之塞。」（莊子語）當引此以爲破除這種魔障的目標。人格破產的人們聽之！若是沒有害了這種心病的人，宜當好好的修養，把「固有粹然之性」保存住，勿被私蔽所侵害。這話惟有祈禱吾輩新青年細細省察，痛下篤實克治的工夫吧！

易經說：「剛健篤實輝光，日新其德。」賈長沙說：「光輝謂之明。明生識，通之以知。」蓋明生於通，通由於知。心地旣明，則蔽自不能入，如日中天而不墜於塵霧之中以自夷其明了。夫如是，則其見理也眞，其行事也當。程子亦說：「君子以識爲本，行次之。今有人焉，力能行之，而識不足以知之；則其異端者出，彼將流蕩而不知反，內不知好惡，外不知是非。」觀夫今日吾國人之昏亂冥妄者，何一而非中闇蔽之病；以致戕賊一己之天植靈根而不自覺。吁！可嘅也已！吾以爲解蔽之道，舍理智的鍛鍊莫由。理智的鍛鍊，卽求牖於明而去此心之蔽。換一句話說，就是打開翳障而通此心於明徹輝光之境。此心旣通徹清明，則可破去「蔽於一曲而闇於大理」（荀子語）之患；亦能曉然於「是非好惡」之道，而不致罔昧冥行了。所以賈長沙說：「知道者謂之明」，李二曲說：「人爭一個覺字。能覺則虛明融徹，洞識眞我。不覺則昏惑迷昧，痺痲一生。」誠哉斯言！

凡人之私心，皆生於物欲的衝動。胡敬齋說：「人欲是有生之後，因質稟之偏，情欲之感，事物之交，利害相形而生。人欲是失其理，動於物，縱於情，乃人之僞，非人之固有也。」這話很對。如爭權攘利，爲一己之私也，網榮獵譽，爲一己之私也；貪財黷貨，敲詐鄉民，甚至於決性命之情而貪饕富貴，……………………亦何一而非爲一己之私？其所私不同，而爲物欲所衝動則一。誠如先哲所謂「陷溺其心，放其良心，至於梏亡之盡，違禽獸而不遠」了。觀此，私欲之爲害者，豈勝道哉！若夫克去私欲，必須收歛身心。收歛身心者，所以愼獨戒懼，克私欲於未萌之先，亦所以克私欲於將萌之際也。（戴東原孟子字義疏證說：「獨也者，方存乎志，未著於事，人之所不見也。凡見之端在微，動之端在獨，民多顯失德行，由其動於中悖道義也。動之端在疚，動而全疚，君子內正其志，何疚之有！此之謂知所愼矣。」愼獨兩字，後人解釋甚多，惟戴氏最精明。）胡敬齋說：「閑邪存誠，所以保養天理，闕防人欲，本原上工夫。克治省察，所以辨明天理，決去人欲，發明上工夫。故操存涵養，克治省察之功，愈精愈密，無少間斷，則天理常存，物欲盡去矣。」鄭少谷說：「防身當若防敵；一跌則全軍覆沒。愛身當若處子，一失則萬事瓦裂。涉世甚艱，畜德宜豫。」我一生最服膺斯言。大程子說：「學者須敬守此心，不可急迫；當栽培深厚，涵泳於其間，然後可以自得。但急迫求之，只是私己，終不足以達到。」所謂操存涵養，克治省察，防身愛身，敬守此心者，便可用「收歛身心」四字概括之。收歛身心，卽爲培養德性的工夫耳。朱晦翁說：「因其良心發見之微，猛省提撕，使心不昧，則是做工夫的本領。」又說：「持守之要，大抵只要得此心常自整頓，惺惺了了。」陽明先生也說的很中竅：「殺人須就咽喉上著刀。吾人爲學，當從心髓入微處用力，自然篤實輝光；雖私欲之萌，直是洪爐點雪，天下之大本立矣。」這些話，就是敎人於內心修養上當從肯綮處下敦篤切實的工夫；日日摩厲，念念省察。下學日益篤實，上達日益高明；雖私欲之來，莫能引之以入於邪了。所以德性底培養，卽是養成道德意志的習慣。收歛身心，克去私欲，以納人類行爲於「循理緣道」之規範中者，卽爲培養德性的功能哩。李二曲說：「學須剝皮見骨，剝骨見髓；洞本澈源，直透性靈；脫脫洒洒，作世間快活大自在人，方一了百了。」吾輩新青年，其願作世間快活大自在人乎？其亦願做世間堂堂的一個人乎？請從先哲的言行裏去理會去體驗吧！一方面痛下操存修養，克治省察的工夫，完成整個的人格！——「世間快活大自在人」便要從此陶鑄去出！世間堂堂的人也要由此提鍊來！吾輩新青年其勉旃！

關於人格修養的話，上面已經說的很透了。總之，不需乎德性的培養，則私不能克；不需乎理智的鍛鍊，則蔽不能解。私不克，蔽不解，而欲完成高尙的人格難矣。故說：人格的修養，必有「德」「知」交育的精神而後可。

人格底修養，必具有「德」「知」交育的精神，固也。然而欲扶植或發展「德」「知」交育的精神者，究何恃哉？曰：恃乎教育而已。「工欲善其事，必先利其器。」所以修養人格底工具，就是「教育」了。這一種教育，亦可說是「人格底教育」。法儒盧騷說：「教育者，教人所以做人也。」蔡鶴卿先生說：「教育，是幫助被教育的人給他能發展自己的能力，完成他的人格，於人類文化盡一分的責任。」所以人格教育的目的，是助成個人之確定的品性而合於社會活動之標準形式。於此可見人格教育的重要了。

關於人格教育，若就詳細的說來，非此短文可盡，容當別論（幾年前，我曾做過「我之人格教育觀」一文，又在北京社會報上發表過。可資參看。）。現在吾僅就簡略的說一說。

吾人爲扶植及發展「德」「智」交育的精神而應受人格的教育者，大體可別爲二時期：一、兒童教育的時期，二、成人教育的時期（均屬於學校教育）。

（一）兒童教育時期　「少年若天性，習慣如自然。」所以這時期的教育，是根本的教育；最宜注意，不容忽視的。因爲兒童不是和成人一樣：他的各種天性，未甚發達；而微昧闇弱，知能亦有所未至。所以教育兒童的方法，不能和教育成人一樣。在培養或發達兒童的道德方面：教育兒童，不是死死的用幾本修身教科書去教授兒童，就可以培養或發達學生之道德的品性來。應當在學校一切教授，管理，環境的設備上，都加以注意訓練；師生間，宜隨機誘導，啟發兒童之道德意志的判斷，鑄成一種「實際的道德」。杜威說：「教師所做的有二要件：一消極方面，消除有害的環境；二積極方面，設備有益的環境。」所以兒童教育在消極方面，更當側重消除有害的環境，以免兒童感受不良的影響，薰染惡劣的習慣。在扶植或發達兒童的知育方面：應該啟迪以知識發展兒童一種活潑潑的知力，（啟迪，其意即就其天然的，粗陋的，闇昧的加以改善或提鍊使成為純良的，精明的。這就是教育之一種效能。）及培植其有一種創造的適應或抵抗環境的能力。

(二)成人教育時期　「一年之季，莫如樹穀；十年之計，莫如樹木；百年之計，莫如樹人。」此管子之教育名言也。所以吾人受了兒童的教育，還要受過成人的教育。兒童的教育是根本底教育；成人的教育是縱的提高的教育。受這時期教育的人，大都是成年或青年的人。關於修養德性方面，全重視被教育的人具有一種「自制力「（The power of self－Control ）(Selfcontrol－the act , power , or habit of having one's faculties or energies , especially The inclinations and emotions , under control of the will . ）。當教師的人不過立在誘導的地位。然而使被教育的人能養成這種自制力者，還須看教育的人之誘導得當不得當。在知育方面：也當然提高或發展其知力，及養成其有一種創造的適應或抵抗環境的能力。

此外，家庭教育，所以補學校教育之不足，亦當重視不可輕忽的。

闢風氣

傷人心而敗世道者，厥惟風氣乎？益人心而裨世道者，其亦惟風氣乎？故風氣能傷人心，亦能益人心也；能敗世道，亦能裨世道也。祇視風氣良否之判而已矣。風氣良，則社會蒙其庥。風氣窳，則社會被其害。感應之機，捷於影響。是則風氣之良者，則宜維持而助長之。風氣之窳者，則當掃除而廓清之。養正闢邪，洵為吾輩應持之態度也。吾括僻居萬山之中，文化僿野，為浙省冠。風氣敗壞，每況愈下。在昔猶有樸秀之稱，今後將並此而消歸雲煙矣。噫！野化未除，惡化又沾，滔滔橫流，靡知底止，載胥及溺，其何能淑？吾括之不力自振拔，其將何以登彼岸而立足於莊嚴燦爛之世界文明之邦耶？吾敢吶喊曰：改良括蒼社會，則自振刷不良風氣始。

吾括風氣，至為複雜。如：纏足之風也，演劇之風也，不一而足。故振刷吾括不良之風氣，必驗吾括社會上各方面風氣不良之所在。試申闢之！

（一）纏足之風

纏足之習，始於南唐（癸巳類稿考證甚詳）。相沿至今，幾近千載。吾括此風，於今猶熾。習染成俗，積重難返。究其爲害，蓋有不可勝言者：方足之初纏也，以布縶縛之，重施之以種種苛酷之矯作；雖脛斷筋折而不之顧，必使其足纖三寸，步步生蓮花而後已。所受痛苦，其何以堪！吁，可卑亦可傷也！吾誠不解若輩愚婦何所取而爲此？揣其一般普通之心理，無非窈窕作態以博人之美觀。然以天賦完體故爲矯揉造作，搖風曳影而供人玩弄，誠不知適以自墜人格者矣。何其愚也！此種薄俗，既違衞生原理，又背人倫常道，惡乎可。且以二十世紀之人，尚陷此鄙惡之風而不自覺，其將何以自儕於世界文明人類之列乎？吾知其受自然淘汰必也。甚願吾括婦女其速猛省！勿爲故步自封，自損人格，曉然於衞生理性之道，力袪惡習，以還天足之自由，而適應世界之潮流者也。尤願吾括知識階級就地組織天足會，以勸導之！庶乎風移俗轉，爲益甯淺鮮哉！於是吾盼吾括婦女切，吾望吾括知識階級者——尤其是女子知識階級者——更切。然而吾括人士對之究奚如？

（二）演劇之風

吾括演劇之風，鄙惡已甚。每逢迎神節氣之會（吾松每年串演正月劇，太保戲，端午戲，八月半戲等等。其他各縣名目雖或有異，而演劇之旨，大致相同。）琳宮梵宇，盡是歌舞之場。言乎演劇之旨，蓋爲神人共享之娛樂也。宗教——崇拜神佛——觀念入人之深也如此！至於招演之劇班，都屬崑曲、亂彈、高唱之類。就中以亂彈、高唱爲最靡謔鄙俗，毫無藝術之價值。所扮演之劇本，如賣胭脂、浪子踢球、賣花等等，無一而非宣淫導欲之具。登場表現，醜態百出，令人肉麻！歌曲小調，流於靡靡而不可訓。穢褻淫僻，蔑以加此。士女趨之若鶩，恬不爲怪。陶情怡性則不足，蕩心惑目而有餘。傷風敗俗，莫斯爲甚！當局不惟不加禁止。而且從中助長之。誠不解其處心何在？吾尤怪夫吾括有識人士噤若寒蟬不出而破壞振刷之。噫！吾括當局（各縣）其眞昏聵無知耶？吾括人士其眞徇風氣而漠然視之耶？此風不革，吾括社會益趨敗破而不可問矣。於是盼望吾括當局人士謀所以整頓之而使歸於正。其於人心風化，甯小補哉！

(三)迎神賽會之風

吾松（松陽）每逢新正（指陰曆）十四、十五、十六、三日，舉行燈會。所謂元宵（元宵亦謂之元夜）是也。龍燈花鼓，應有盡有。形形色色，不可方物。火樹銀花，開不夜之天。街歌巷舞，極星橋之盛。老少奔波，舉市若狂。夜闌燈靜，則舁神出迎。爆竹聲聲，家家表歡迎之意。喪心病狂，有如是者！

再者：吾松當兩三月之間，舉行迎太保之舉。（麗水亦有三月三之迎會……）荒誕離奇，不可究陳。觀夫溝瞀小民，首戴枷鎖，接隊遊行；抬神遊街，備極鋪張；抬閣雜劇，歌舞紛紛。男女老幼，颯沓雜還。婆娑一市，極奇妙誇靡之觀！綜此兩會，可覘吾松崇拜神佛之一班矣。每會之費，輒以萬（？）計。士民荒業，爲害實深！甚而無賴之徒，乘機鬧事，其破壞地方秩序，實有不堪設想者。且也，焚放爆竹，偶一不愼，足招回祿之災。其爲禍也。豈勝道哉！此就吾松一隅而言也。其他如：麗水之元宵、三月三、遂昌之元宵等；……不一而足。其迎會典禮，大致相同。皆足以代表吾括野化之象徵矣。噫！吾括人士何苦以有用之金錢，消耗於此無益之途？亦何樂役無價之精神，作此無意識之舉？竊以奉神娛樂之事小；而影響於社會世道者，其害甚大。吾希望吾括人士速除「奉神」之劣根性，一舉此風摧陷而廓淸之！

海外通訊

這是三個月前，我的母舅何聯奎君自英倫寄來的一封信，其中關於異邦生活等等情況，敍述頗詳，茲特投登本刊，以供同學們的參閱，尤其是有心吃洋麵包的同學們所願一讀的吧！他是十五年夏本校英文系畢業，十七年春去國赴法，入巴黎大學攻社會學，於去（十八年）秋轉學英國倫敦大學肄業，并此附及。

潘成義附誌　十九年四月廿六日

宜甥：

（上略）時光逝去的眞快，我到倫敦來，不覺已是四個半月了。我的生活依然是這樣平凡地過去，沒有什麼可以告人的地方；不過身子一向都好，你可別要掛心！前接來信所詢海外情況，我本早想詳細地和你談談；可是每次給你信時，都爲時間所限，無暇敍及，一擱已是兩月，如今雖想抽點工夫來寫點給你看，恐怕也不能說得盡詳。拉丁民族畢竟是比較的可親可愛一點。單就語言上的來往來說，假如你就是同普通的人談話，明明只有半句話可說，他卻是很耐煩的把半句話拉長幾十句回給你談，絮絮叨叨之中，彷彿亦可以看出他一點感情上的流露；而 Anglo－Saxons 呢，我們原有十句念句話給他談，他可止有一言半語回你的敬。他們的心裏固然是這樣滿肚子的冷酷，而他們的表面還是滿裝着「假紳士」的模樣哩；偶一遇見他們心理的表現，在在給我們一種特殊的感覺。只要走到 Hyde Park Corner 便可看見一尊朝天架着的大砲，凡此帝國主義者武力的表象，更給我們一種深刻的刺戟啊！………

再提到倫敦城裏的生活呢，髣髴不是人過的生活，止說空氣的污濁，已夠難受了。你把指頭向鼻孔一探，保你拉出來是滿甲的烏塵，有時嗅官的感覺靈敏一點，在在可以聞着瘴氣似的惡味。備受了這種生活環境的支配，就使你的體質多麼好，難保你能得維持着平常的健康。前幾天這裏下了很大的霧，我們簡直破題兒第一遭，恍若回復到天地初闢的時代，在混沌狀態之下過生活般，眞是可怖得很。那天正是帝國主義者集團之下海軍會議開幕的一日，會議是開了，而霧色茫茫中依然瞧不見半點的光明啊！整個的世界，是決不能讓他們鈎心鬥角任意的支配的，儘管他們調兒唱得怎麼高，把戲玩得怎麼好，我深信弱小民族的意識只有一天提高一天，而他們彼此利害的衝突，依舊在那裏潛滋暗長。所謂世界的和平，不只是他頭口頭上的吶喊嗎！總而言之，統而言之，雲霧撥不開，青天白日是永遠看不見的。

話可要拉長了：

英國的黃金時代是早已過去的了。如今「 big five 」——失業等等問題，還沒有得到一個相當的解決，社會的病象跟着不斷的翻演，窮人是天天的增加了。根底很深了的資本主義的基礎是必然的起了很大的動搖，而牠的本身終必趨於崩潰的吧。只聽聽一般窮人沿街穿巷所唱的很悽苦的「乞」聲，他們所奏的很沉痛的「丐」音，（在英各地，尤其是倫敦都市的處所，街頭巷尾，隨時可以看見這種情形，有的窮人或「叫化子」是口中唱着，有的是手奏音樂，以至於列隊排陣唱奏並作的。）咸給我人無限深切的感觸。且轉過頭來看看我們的故國吧！啊！不提遠的，止說十餘年來，社會是繼續不斷地在那裏紛擾，把戲是大家爭着玩弄，徒苦了小民，飽受「天然」「人爲」兩種力的支配，不知斷送了多少頭顱，演了多少人生的悲劇……往事怎堪憶！前途更可懷了！且看目下塗有餓莩，野有凍骨；而橫在我們面前的，又是「求生不得，求死不能」的瘡痍！總之，所謂民生問題不解決，整個的社會自然沒有一天的安全；三民主義不積極的推行，最後的民生問題是永遠得不到一個解決的。

☆　☆　☆　☆　☆

倫敦的生活程度，自然比巴黎高一點，其實相差也有限。就日常生活三大要素來說，（衣，一方面撇開不講）食，一方面，在倫敦節省一點，大約每月需費英金四鎊半（以現下國內匯兌計算，每個合中洋十三元五角。），在巴黎每月大約需費四百多法郎，（每個金鎊換得法郎一百廿三方左右。）假如這方面的生活費用要縮到限無可再限的程度，那末，麪包數片，牛油幾點，雞子三兩個亦可以充飢果腹的，每餐所費只需八九辨士。不過在海外要是這樣持久的過生活，委實是太苦了。住，一方面，在倫敦每月房租賤一點的也需四鎊左右，房裏備的燈是 Gas light，鋪子容度是不夠你很鬆地轉個腰身的。至說寓所的環境，你更別想領略點什麼自然的風物，享受點什麼清鮮的空氣了。在巴黎化了同樣的「子兒」，畢竟比倫敦圈舒一些，至少房裏的周遭裝潢的很雅美，點的燈是開滅自如的 La lumière electrique，給你洗臉的，有取之不竭的 L'eau Courante，牀鋪的寬軟自不消說了，每夜身入睡鄉，都能給你很舒適的安眠。我在歐洲，雖然常常受了物質條件的限制，可是「子兒」却也化得不少了！物質上的生活亦不過是這般平平的過去，所贜得的，只是幾許「耕耘心田」的材料，「讀書種子」的資產而已。（關於讀書生活等等的情形，日後有暇再給你細談。）時光眞像流水般地逝去了，年華虛度，依舊是三年前黃浦離別時的我，顧影捫心，只是媿歎！只有懺悔。

國人來英法求學的，已是年年地向上增加了，尤其是這兩三年來增加的特別的多，聽說留法的現有千人左右，留英的有二百人左右，精確的統計固然沒有，但年來踴躍的情形，却是事實無可置疑的，（我北大同學在法留學的約有五十餘人，在英留學的約有十六七人。）這可說是個好現象，亦可說是個壞現象，因爲他們大都抱着「博士」的心願而來，妄得什麼「士」的頭銜而去。誰知道他們外國文還沒學好，連聽講都莫明其妙，就獵得金字招牌的，恐怕不在少數了！不消說，得了什麼金字招牌的留學生，在我們「文化老不長進」的境域裏，自然可以大出其風頭，就是什麼頭銜都沒到手的人，也可以大吹其爲什麼「士」的一流了。而我們中國的社會，都特別地需要歡迎這一類「特殊階級」的留學生呢！我並不以爲學位的本身是絕對的壞，並不否認現在中國是積極的需要眞正有貢獻於實際社會的留學生；而我極端反對的，是已往過去，如今依舊在，我們面前的事實，籠罩着我們周遭的烏煙瘴氣，誠然

「風氣之開也，必有所以取；風氣之成也，必有所以敝。人情趨利而好名，狥末而不知本也。……………今之留學者，不知闢風氣而惟知狥風氣，且謂非是不足欺世盜名焉，……斯亦可歎而已！」

嗚呼中國的留學生！嗚呼中國的前途！

誰都知道：「 Paris in all her pride of prosperity .」而倫敦又何嘗不是這樣呢。不過巴黎是比較的自然化美術化罷了。以下幾段關於巴黎倫敦較爲切當的評語，給你自去尋味吧！

"Paris is still one of the most beautiful and interesting capitals in Europe, It is dirstinguished by its wide, straight, main arteries of traffic, its tree-enshrouded boulevards, its pictures que quais by the busy Seine (賽因河), its fine public buildings, many churches, delightful parks, and general air of brightness and prosperity. Fully to appreciate its charm one needs to know it at all seasons of the year, for each has its particular interest of beauty. A bright Winter day in Paris is really luminous and beaufiful, and a Spring one a sheer delight, because of the message one has, on every hand and along its streets, of renewed life and vernal beauty."

"When a man is tired of London he is tired of life; for there is in London all that life can afford.——Dr. Johnson."

"I have seen the greatest wonder which the world can show to the astonished spirit. I have seen it, and am more astonished than ever—and still there remains in my memory that stone forest of harses, and aimid them the rushing stream of faces, of living human faces, with all their motley passions all their terrible impulses of love, of hunger, and of hate."

我想想現下北平還是天冰地凍，北海的溜冰雅會，大概是很熱鬧了吧。此間竟是一片島地，因爲帶着墨西哥的暖流，氣候頗爲調節，不覺得十分淒冷。非但雪從未下過，連霜霰也都少見。公園裏的花葉自然是凋的凋了，謝的謝了；而滿地的青草，卻是長年的綠着呢。且待春光醉樣醲的時候（春假中），頗想再去牛津，吸收點清鮮的空氣，領略點 Cherwell Rives 的風味。我想那時北海樹木也着上了綠葉，綴上了艷花，北平的春色該是很爛縵了吧。到今「漪瀾堂」，「五龍亭」，……的景象，還時時地縈旋着我的腦海中啊！

母校近況如何？暇希示知一二。年來母校經了幾度風雨的摧殘，其不歸於消滅，誠大幸了！但問母校重光後，實際的狀況怎樣？漢花園，馬神廟，北河沿一帶，已否回復了「當年之盛」呢？

沒完的話；容下次再談了，卽問

近好

子星　十九年一月廿五日倫敦大學

邊疆資源開發問題

記得奧國某名將有句話，形容戰爭與經濟的密切關係，他說：戰爭第一要素是經濟，第二要素是經濟，第三要素也是經濟。由此可以體味到經濟在戰爭上所具有的力量。現代的國際戰爭，實在是國力（經濟乃國力的要素）的鬬爭，凡國力充實而能持久的，常佔優勝地位。那些侵略者促成戰爭的動機，十之八九也是由於奪取他國的經濟資源野心而起。前次歐洲大戰，史家亦有定評，謂係列强重分殖民資源與領土的戰爭。近來意國的攫取阿比西尼亞，德國的併吞奧國，覬覦捷克，以及倭寇的侵略中國，他們的藉口固各有不同，但在骨子裏，無非是圖搶奪對方經濟的資源。一國經濟資源的多少，常可以決定戰爭最後的勝敗，如大戰時代的德國的武力，任何國家都不能望其項背，但後來因爲經濟資源的匱乏，終陷於失敗的悲境。

我國自蘆溝橋事變以來，日寇的侵略動向，已由蠶食而至鯨呑，鐵騎所至，廬舍爲墟，到今日我國的經濟資源，已受到嚴重的打擊，日寇并在我淪陷區內，將我國一切民族企業，輕重工業，非佔爲己有，卽破壞無遺，如對於華北華中的輕工業，竟利用業主委托經營或收買形式，實行侵佔。上海無錫等地紡織工業，非遭毀壞，卽爲侵奪。華北農業，已由東洋拓殖，興中公司，鐘淵紡績，東洋棉花等日公司，利用金融勢力，結成買棉「新地加」，以掠奪華北農業利益。我國民族資本，本來十分脆弱，再經此次日寇的蹂躪，剛在萌芽中的民族企業，自然毀損無遺了。我國目前經濟資源旣遭受着空前的打擊，而抗戰又須加緊推動，自不得不另找途徑，來解決這嚴重問題。我國邊疆土地廣袤，全面積約八百萬平方公里，倘能加以開發，於抗戰前途定多助益。玆將邊疆資源分佈狀況，分述如左：

（一）東北邊疆資源分布狀況

滿洲實爲亞洲的倉庫。中國的寶藏，農產物中的大豆，近二十年來，突飛猛進。已佔世界市場百分之九十，據日人調查，民國十六年該處大豆的輸出數達三千萬石。民國十一年以前，北滿小麥的產額，佔世界市場百分之四。據日人小林靖太郎考察，滿洲水田倘能善爲耕種，可產米至六百萬石。滿洲畜牧方面，據南滿洲鐵路會社的調查，共有馬一百七十六萬匹，騾五十五萬匹，驢五十萬匹，牛八十八萬頭，羊五十六萬隻，豬五百廿九萬隻。總計民國十六年滿洲畜產物的輸出，達七百〇八萬七千八百餘海關兩。滿洲森林，1.鴨綠江流域右岸，渾河流域，計佔地一千零六十八萬〇八千畝，材積三萬四千七百六十五萬五千石。2.松花江牡丹江及圖們江等上流，計佔地三千一百四十二萬四千畝，材積十三萬一千五百五十一萬九千石。3.中東鐵路東部沿線，計佔地三千八百九十六萬畝，材積九萬二千四百六十九萬六千石。4.三姓地方，計佔地八千四百六十五萬六千畝，材積二十六萬一千八百六十萬二千石。5.興安嶺的森林，僅中東路西部沿線一帶，計佔地三千八百五十九萬二千畝，材積三萬六千萬石。滿洲礦產，以煤鐵爲最著。遼寧的撫順，主要煤層，平均達四十公尺，儲藏的煤量計十億噸。現由南滿洲鐵路所經營，每日出煤二萬餘噸。本溪湖煤田儲煤量達一億噸，現每日出煤一千五百噸左右。煙台煤礦在遼寧省的遼陽縣境，每日出煤約十萬噸，穆稜煤礦礦區在中東路馬橋河站北八十里，面積約二十八方里四百十五畝三十一方丈，儲量估計一千六百萬噸。黑龍江臚賓縣的扎賚諾爾煤礦，所畜褐煤，計三千三百萬噸。其他如鐵礦最著的有鞍山鐵礦，與廟兒溝鐵礦。鞍山鐵礦，儲量在三億噸以上。據民國十四年調查，每年產鐵，約一百〇一萬九千〇二十一公噸，佔全國產額百分之十四弱。此外，滿洲沙金，並爲世人所稱譽，遼寧吉林黑龍江三省境內，都產沙金，其中以黑龍江左側各河沿岸爲最著。

(二)西北邊疆資源分布狀況

A 蒙古

畜牧爲蒙人唯一的生產，據最近統計，全境有駱駝三十萬頭，馬百五十萬匹，牛百四十萬隻，羊及山羊九百五十萬頭。蒙古工業，甚爲幼稚，僅庫倫附近，有煤礦一處，規模既小，產量也不多。此外，有俄人經營的砂金採集廠和洗毛場皮革工場等，規模都不很大。外蒙面積約一百四十二萬平方公里，除沙漠外，土地多適耕牧。

總理嘗謂：「阿根廷爲供給世界肉類之最大出產地，而蒙古牧場，尚未開發，以運輸之不便利也。阿根廷既可代美國而以肉類供給世界，如蒙古地方，能得鐵路便利，又能以科學之方法，改良畜牧，將來必可取阿根廷之地位而代之。」羊毛皮革等類，爲我們生活的必需品，倘能本着　總理遺志利用科學方法改良畜牧，建設鐵道，將來在世界市場上，蒙古的肉類皮毛，必能佔着最高的地位的。蒙古礦產也很豐，庫倫附近有富饒的金礦，與安嶺與阿爾泰山附近，有金銀銅鐵等礦；此外，鄂爾多斯部的鐵，喀喇沁部的鉛，陰山和阿拉善地方的煤，都著名於世。

B新疆

新省農產尚富，畜牧尤盛，礦產蘊藏之豐，冠於世界。新省計有羊一千萬至千二百萬頭，山羊百萬至百五十萬頭，牛百萬頭，馬百萬至二百萬匹。礦產方面，凡金銀銅鐵石油煤炭各礦，無不具有。產金區域，計有阿山，和闐，且末，塔城等縣，尤以阿山礦區爲最廣。開採最盛的時候，礦區挖金工人約五萬人，課金收入每年約計一千五百兩。天山南北兩路蘊藏的油量頗富。烏蘇縣屬的安集海，獨山子，元興公，沙灣縣的小拐河及庫馬等縣，都產石油。惜居民都以土法採取，未能利用科學方法，大量開採，此外，崑崙山和闐一帶的玉，吐魯番的岩鹽，與阿克蘇的晶鹽，也都是負有盛名的。

(三)西南邊疆資源分布狀況

A西藏與西康　西藏面積，佔全國疆域九分之一，牧地隨處皆是，人民習於遊牧，所以每年輸出外境的羊毛皮革，爲數很大。西藏礦產，蘊藏黃金極豐，總理嘗稱之爲中國的加里福尼亞。西康礦藏，以黃金爲最富，如康定，膽化，德格，鑪霍，道孚，得榮，雅江，九龍，理化等地，都有採金廠的設立。不過照舊法，開採產量未豐。甘肅嘉峪關外，赤金堡東南九十里，祁連山北麓，盛產石油，常取來用作燃料。

B雲南　雲南物產頗富，鑛產農林，應有盡有，因地處偏僻，實況較難詳知。據美國駐滇領事耶科勃的報告，滇省面積九千三百九十萬英畝，適於耕種的土地有六百四十萬英畝。穀類年產六千萬英石，豆類年產一千三百三十四萬英石，麥子年產三百五十五萬英石，高粱芝蔴等，年產八百五十五萬六千英石。甘蔗年可製糖八千九百八十二噸，棉花年產一百三十二萬磅，茶年產三百八十八萬八千磅。雲南鑛藏方面，如東川地方的銅，箇舊縣的錫，宜良嵩明昆明縣的煤，久已聞名全國。此外，井鹽最著的，有黑井，元水井，阿陋井，白井，喬后井，喇鷄鳴井，雲龍井，麗江井，磨黑井，石膏井，按抱井，香益井等十二場，據耶科勃調查，雲南鹽業，倘能由政府專賣，每年可產五萬三千噸云。

以上乃邊疆資源分布的大概情形。在此抗戰時期，我們對於這豐富的國家資源，自應早日積極開發。以前政府及當地的人民，對於邊疆各處的礦產，曾設法開掘，但十之八九，苦無相當成效。考其原因，有下列幾種：

㈠當地居民惑於迷信，不欲讓外人開掘礦山，又或匪盜滋擾，動工後又告停止。

㈡從事投資的，大都思於短期內，獲取大利，每因一時不能達到目的，卽失望廢業。

㈢投資開掘者，大半資本不充，規模狹小，墨守陳法，故步自封，不能利用科學方法，作大量的開採，所以費力雖多，成效終微。

㈣邊區交通不便，所需機件，不易購置，且因人口稀少，採礦工人，也不易招致。

㈤國家輕重工業的發達，常具連帶關係，如甲地僅有冶金工廠，而無石油煤的接濟時，則甲地冶金工廠中的一切電流供給和燃料需求等，必受到嚴重威脅，務必中途停辦。

關於邊疆資源的開發，國家應該統籌辦法，由有關各單位機關，成立一健全的邊疆資源開發組織，網羅全國技術專家對於邊疆資源先作正確精密的調查，决定具體計劃，集中國內資金，從事開發。對於下列各項，并應有相當的注意：

㈠因邊疆民衆知識淺陋，崇仰迷信，對於開掘礦產，往往立於反對狀態，所以應先利用各種宣傳方法，善爲啟導，以免日後的阻礙。

㈡遵守　總理民生主義原則，大規模的採礦，墾殖，改良畜牧，建立工廠，要都以國營爲原則，萬一因國家財力不足，必需吸收私人資金時，也當使私人所經營的工廠，以不妨礙社會利益，而能增加抗戰力量者爲限。

㈢依天然資源的分布狀況，劃全國邊疆區域爲若干經濟建設區，每區特重幾種基本工業的建設。凡國家或私人的一切建設與投資，都應在同一系統下，互相協助，使不致陷於孤力經營的困難或失敗。

㈣根據目前國家的迫切需要，在邊疆區域內，集中現時可利用的資源；來建立幾種民族國防工業，由國家制定法律，統制國內經濟的活動，限制現存資金的自由使用，使一般經濟資源集中起來。

㈤先恢復已停辦或在停滯中的各礦廠，加以刷新或改組，盡可能範圍內，由政府設法向國外購置新式機器，增加生產，改良出品。

㈥由政府統籌辦法，儘量容納戰區內工廠的熟練工人，並設法獎勵難民參加採礦墾殖等工作。

㈦歡迎國外投資，鼓勵國內有資者投資。在邊疆各經濟建設區域內，宜限期敷設新路，必要時，可拆去戰區內各路鋼軌，暫作新路建築材料。但新路之建築，須以溝通國際交通路綫爲最切要。其次應與經濟建設區內的一切工業，取得聯絡的關係。

我國邊疆的土地雖廣，而人口却很稀少。現在中國因倭寇侵凌，淪陷各地，流離失所的難民，到處皆是。政府當局自應早日統籌，吸收大批難民移殖邊疆，既可開發富源，又可鞏固國防。考我國邊疆方面，常因少數人的構煽，以致釀成禍亂，這是我民族的大損失，值此抗戰時期，我們應預立百年大計，使內地難民前往邊疆移殖。將來邊疆各民族間一經同化，昔日一切的磨擦，可消滅於無形之中，如東北境內，因由山東河北等省的人民，大量的前往墾殖，民族間極感融和，這便是一個好例。

為國聯調查團報告書告中華民國海內外同胞文

我中華民國，我四萬萬七千萬的同胞，遭受了人家的侵略、侮辱，接着已有八九十年的歷史。而侵略我中華民國完整的領土，侮辱我四萬萬七千萬同胞的，就是我們同胞齊聲公認的一切萬惡的帝國主義者！

帝國主義者得以在我中國領土內橫施其侵辱，得以造成我們現在所過的次殖民地的奴隸生活，其主要的原因，也只怪我們民族意識的低落，不能集合力量，給以積極的抵抗。如今，我們積年累月所感受到的奴隸生活的痛苦，非但沒有絲毫的解除，而且是一層深一層地增加起來。一切帝國主義者野心勃勃，更開展了牠們鷹虎的爪牙，直接施以武力的壓迫，政治的侵略，要把我四萬萬七千萬同胞永遠當作牠們鐵蹄下的犧牲品了！去年九一八及今年一二八事變的發生，就是日本帝國主義者圖吞我國一種積極的表現。牠是處心積慮，很有計劃的先從東三省下手，進而併吞熱河、察哈爾、綏遠、河北、河南、山東、山西；再要從福建着手，進而併吞浙江、江蘇、江西、湖南、湖北諸省。當一二八事變發生的時候，如果沒有十九路軍給了日本暴力一個重大的打擊，恐怕半年以來，中國北方以及其他沿江沿海各省，早已爲日本獸軍蹧蹋遍了。日本懷着更凶狠的毒念，常常暗示英國佔據西藏、四川、廣東，暗示法國佔領雲南、貴州、廣西。總之，牠是時時刻刻的在妄想着把我整個的領域，從我們同胞的手裏奪了過去，以達到侵略最終的目的，以滿足牠的獸欲。帝國主義者的野心，是多麼險惡啊！

自九一八事變爆發，直到現在，轉眼又是一年，東三省的失地，依然玩之於日本的掌上，而日本且更本其故智，悉心致力，求其「積極政策」的實現。同時，其他帝國主義者垂涎欲滴，乘機協以謀我，想把我中國完整的天府奥區攘奪以去，歸牠們瓜分共管；把我四萬萬七千萬同胞的血肉，讓牠們自由的共宰分割。這種種客觀形勢的演變，必然要逼緊更酷烈地瓜分共管中國的危機。同胞們！國難已是臨頭了！

同胞中，還在迷信着帝國主義者集團把持下的國際聯盟會，有阻止任何帝國主義者侵略中國的可能嗎？這個迷夢，現在應該打破了吧。看！看這帝國主義者狡猾的言論——『國恥調查團的報告書』呀！

綜觀國聯調查團對於中日問題所取的態度，竟主張『將東三省全部組成獨立的自治區域，將東三省的軍事（憲警）財政交通等各項大權。均置於外籍顧問和外籍官吏的手中，而以日本人佔其重要的比例，並加以說明：『須知此間所提議之外籍顧問及官員，及其組織新制度時期內應有特別廣泛權限之顧問，純爲代表一種國際合作之方式。』帝國主義者的本來面目，態度、已經是很露骨地顯示出來，直欲以對待非洲黑奴的手段來對待我們，來解決我們獨立的民族。同胞們，試想一想，「人爲刀俎，我爲魚肉」，我們豈非成爲國際共管下的犧牲品了嗎?!

認清了這一基點，我們是極端的反對國際調查團的這種違背公理和人道的荒謬主張。再看牠的報告書上荒謬的立論，我們更不能不給牠一個嚴正的抨擊，作爲我們抵死的抗議。

報告書第九章結論第八款、說：「滿洲國之內部秩序，應以有效的地方憲警維持之。……並須將憲警以外之軍隊（中國的義勇軍也在其內？）掃數撤退。」國聯調查團沒有提出正義的主張，要日本暴軍立刻退出，反而對我們仗義抗敵的義勇軍引爲不滿。又報告書第十章第四項，說：『中日商約，應以造成可以鼓勵中日兩國盡量交易貨物，……並應載入中國政府擔任在其權力之內採取一切辦法，禁止並遏抑有組織之抵制日貨運動。』呸！這是什麼話呢！國聯看出了經濟絕交和義勇軍，是我們中國人抵抗外力的極大武器，所以調查團既主張由中國政府負責取締全國對日本的經濟絕交，又主張聘用外國顧問訓練滿洲的憲警，而將義勇軍剷除淨盡。牠們所具的這種狠毒的心腸，簡直是要把我們全般民衆的抵抗力量，一個一個的消滅掉，以便牠們再進一步地實施國際共管的企圖。我們中華民族遭受了帝國主義者重重的壓迫，所以自然的激發了一種强烈的民族情緒，取着正當的反抗方式——經濟絕交及義勇軍的組織，去應付一切一切侵略我們的敵人。中國民衆既有其強烈的民族情緒及其情緒所引起的有組織的有系統的正當行動，則這種情緒及其行動的發生，乃爲國家爭獨立，爲民族爭生存，畢竟爲世界求和平。而國聯調查團這種荒謬又荒謬的主張，是給我們民族情緒上更深一層的刺激，我們只有訴諸世界的公理，求其強烈的反應。

報告書開宗明義之第一章，又誣稱『中國民衆不重國家觀念』。這是很顯明的，帝國主義者把持下的調查團憑空妄造了這一句囈話，想拿來斷定「中國還不能算作有組織的國家」，以充實牠國際共管的理由。其理論的荒謬。固不值一辨，而國聯的野心毒手，實堪痛憤了！

報告書第一章，既稱『支配中國的重要原素，卽爲中國自身徐徐進行之近代化。今日之中國，乃係一正在演進之國家，其國家之一切生活，均在顯出一過渡之現象。』但又繼稱『政治上之波瀾，內戰，社會及經濟上之不安，以及其相緣而生之中央政府之脆弱，均係一九一一年革命以來中國之特殊現象。凡此種種情形，均足使彼與中國發生接觸之各國事業受不利之影響，而於其改善以前，又必將繼續威脅世界之和平，以構成世界經濟不景氣之原因』。誠然，我們中國已經向了近代化的途徑走着；一切社會生活的現象，自然跟着『中國』社會的背景，在那裏不斷的演變。我們深信在這幾十年來的進程中，假如沒有帝國主義者的強烈的壓迫，我們中國決不會造成該調查團所說的『一九一一年革命以來之特殊現象』而此其所謂特殊的現象，是牠們帝國主義者積極造成的。我們的民族意識，我們的民族精神，完全從這種環境積壓之下，越加激發起來。我們自信是世界上最愛和平的民族，天天在求世界永久的和平，而繼續威脅世界和平的，乃是「夢想共管瓜分中國」的帝國主義者；我們是天天在求世界經濟平衡的發展，而構成世界經濟不景氣的，也是「如狼似虎地爭奪中國偌大市場」的帝國主義者。帝國主義者祗有自己打自己的嘴吧，雖百般狡辨而不能掩飾牠們的罪惡。今則，還想來蹂躪我們共管我們嗎？

再看報告書所提出的原則，劈頭就說：『適合今日雙方之利益：雙方均爲國聯會員國，均有要求國聯同樣考慮之權利。如某種解決，雙方均不能取得利益，對於和平前途，毫無善果。』接着又說：『考慮蘇聯利益：倘僅促進相鄰兩國間之和平，而忽略第三者之利益，則非特不公，抑且不智，更非和平之所要求。』就這樣看來，便可以知道牠們並沒有把公理放在心裏，更沒有把中國放在眼中。東三省，是中國人的東三省，日本在東三省所得的非法利益，本是掠奪來的。日本要享受極頂的非法利益，所以在東三省殺害了我們同胞無數的生命財產。現在國聯調查團對於這重大的一點並不加以追究，更不提出國際共同制裁暴日的主張，而只想拿中國的利益去買好日本，買好蘇聯，以便他們在一條戰綫上來收漁翁之利，來支配中國。帝國主義者瓜分共管中國的野心，在在給我們揭穿了。

我們要認清楚國際聯盟會是英法等帝國主義者從中操縱的。一切帝國主義者是在同一的路綫，向同一的方向—侵略中國—走着。牠們所提出的主張，自然不能離開了原定的路綫，轉換了確定的方向，而顧全到弱國的利益。現在牠們所授意而來的調查團既擬定了這樣荒謬絕倫的主張，從此我們同胞應澈底地覺悟過來，認定强權是帝國主義者的定理。我們中國人要本着「公理是强權」的眞理，積極的自救，積極的抵抗；向帝國主義者更猛烈的反攻!!!

我們不怕日本足以亡我中國；我們不怕白色帝國主義者，不怕紅色帝國主義者足以亡我中國；我們更不怕一切帝國主義者的集團足以亡中國。我們所怕的，是在這千鈞一髮的關頭，我們同胞還沒有把民族意識，民族精神盡量地提高起來，振作起來；還是沒有積極抵抗的勇氣，奮勇殺敵的毅力。美國獨立的運動，就是靠了這種民衆集合的力量，拼命殺敵的精神，從帝國主義者勢力高壓下的深淵火坑裏自救出來。德意志民族的解放，也是從法蘭西鐵蹄下死命爭扎出來的。這一些，都是我們救國自强的好榜樣。亡國滅種的危機，是一天緊迫一天了。我們四萬萬七千萬同胞，趕快一致的團結起來，集合充實的力量，向同一的目標——帝國主義者隨時隨地，積極抵抗！凡是乞憐於帝國主義者去對付帝國主義，這是矛盾的矛盾，這是自殺的政策。我們惟有準備我們自己集合的力量去克服當前的惡劣環境。帝國主義者一日不打倒，我們抵抗的動作一日不停止。我們唯一的目的，是為國家爭獨立；
為民族爭生存。

今日青年學生應有之精神及其責任

國家其所厚望者，其惟吾儕青年學生乎？社會所敬仰者，亦惟吾儕青年學生乎？吾儕青年學生宜如何自愛自勵，以副國家之厚望，以答社會之敬仰而立身於人類世界中耶？

吾儕今日青年也，他日卽壯夫也；今日學生也，他日卽國家社會之主人翁也。以今日之青年爲他日之壯夫，以今日之學生爲他日國家社會之主人翁，則吾儕青年學生宜努力自勵而不容或懈者矣！種瓜得瓜，種麥得麥，善因美果，是視種之如何者也。是則吾儕青年學生宜努力自愛而不容或忽者矣！故自勵自愛爲吾儕青年學生應有之精神，而吾儕青年學生當本此偉大精神揚厲之，發揮之，而終爲國家社會謀眞正之福利！國家之厚望吾儕青年學生者，卽在此也；而社會之敬仰吾儕青年學生者，亦在此也。况吾儕青年學生其以他日壯夫主人翁自待乎！所謂自勵自愛之精神者，其眞諦究何在哉？願貢一得之見，爲吾儕青年學生告！

(一)自勵之精神

自勵之精神者何？卽個人於學問上磨礪之精神也。夫學問者，立身之根柢也。是故竢其實，必先養其根；根之茂者，其實遂也。爲學之道，何以異是。昔子思曰：「學所以益才也，礪所以致刃也。」子夏曰：「日習則學不忘，自勉則身不匱。」此先賢之垂訓，啟示吾儕青年學生者，不亦深切哉！惟人之爲學，貴先端其趨向，而蘄至於切實之踐。是故趨向不正，學不務實，而欲有所樹立者難矣。斯則吾儕青年學生不可不三省也。嘅乎吾國士風之敝壞，至今日而極矣！莘莘學子，從俗浮沉，不以研求實學爲務；汲汲焉，皇皇焉，心乎爲名利肉食之謀。以故視學校爲終南之捷徑，藉文憑爲騰達之階梯。其所憑以活動者：卽爲一口吹牛之能，一手拍馬之力而已。蠅營狗苟，雖至冒廉恥捐頂踵而不惜。其幸也則攀援以進，不幸則墮落以終；庸庸而生，懵懵而死，殆天地間之敗類耳。韓文公有言曰：「夫令之人，務利而遺道；其學其問，以之取名致官而已。得一名，獲一位，則棄其業而役役於持權者之門。故其事業功德日以忘，月以削；老而益昏，死而遂亡。」鄭雲叟詩云：「浮名浮利濃如酒，醉得人心死不休！」韓鄭之言，誠不啻爲今日若輩寫照矣。噫！學子陷溺，一至於斯；士風之敗，有如是耶！昔人云：「風氣之變，在一二人轉圜之而已。」是此風氣之變所恃以轉圜之者，舍吾儕青年學生其誰望耶？吾儕青年學生宜葆天眞，利落聲華；求端乎道，以進於學，斯爲得矣。所謂「爲學求實」，卽爲吾儕青年學生應持之態度也。吾儕青年學生其本此「爲學求實」之精神以自勵之！努力以進，如撐上水船，一篙不可放緩；日就月將，則學有緝熙於光明也必矣。吾儕青年學生其勉旃!!!他日立足於人類社會中而不爲天然所淘汰者，胥於此植其根而奠其基也。

(二)自愛之精神

自愛之精神者何？卽個人於人格上涵養葆愛之精神也。先哲有言曰：「圭璋特達，德也；天下莫不貴者，道也。」是人格云也者，卽人人負有道德或良心上之責任，以維持其品性之謂也。品性者，乃以一定之思想系統定一切之言行而始終一貫者也。夫人格之完成，必藉乎涵養葆愛之功。因涵養而人格可告登峰而造極，因葆愛則人格由以維持而弗替。人格之可貴也在此，人格之可愛也亦在此。然而人格究對何而表現之哉？乃對國家社會而表現之也。是則人格之表現，關係於國家社會者，寧淺淺哉！吾儕青年學生既不可不求實學以植其本，尤不可不涵養人格，葆愛人格，將來對國家社會表現之，擴大之，而爲國家社會謀福利者也。

吾儕青年學生苟本其自勵自愛之精神，將來爲國家社會謀福利；則吾儕青年學生對於國家社會之責任，顧不重大哉？請言其責任！

(一)對於國家之責任　試觀今日之中國，若何之中國？今日中國之國民，若何中國之國民？眞風告逝，萬惡斯興；人欲橫於洪流，衣冠淪於禽獸。國不國，民非民，前途茫茫，可爲寒心！轉而瞻顧一般陷溺之學子，吾心滋悚而益痗矣！若夫今之禍國殃民者，除少數無識武人外，無一而非昔之堂堂學生也；今之造惡作孽者，除少數頑夫俗子外，亦無一而非昔之皇皇學生也。若輩短於仁義，長於殘惡；獸性衝動，如火如荼。跡其所爲，則爲攘權奪利也，喪國害民也，好行凶德，無所不充其極。人性破產，一至於此；大好山河，已非昔比矣。噫！吾學界曷不幸產此敗類！吾國亦何不幸有此惡流！惟是淘濁揚清，責在吾儕青年學生。益以今日之吾國局面如此，則吾儕青年學生負改革鼎新之責尤不容辭矣。故吾儕青年學生當以「剗荆剪棘」爲前提，以改造國家爲職志。勿爲敗類所同化，毋爲頹風而靡。自宜修養於良心理性之域，摩厲以須；異日本自勵自愛之精神，爲國宣力。對內則奠國家於眞正民治之基，增進人民眞正之幸福；對外則提高國家之地位，以與列強抗衡爭雄。審如是，則吾儕青年學生庶不失爲他日之壯夫主人翁也。而國家之所厚望者，在此。

(二)對於社會之責任　吾國之社會，至今日而腐敗極矣，混沌極矣；其不沉淪於九淵之中者幾希！載胥及溺，其何能淑？吾儕青年學生身居四民之首，知能異於凡庸；顧可恝然置之，而不一援手以振拔之乎？吾人所恃以生存者，國家也，亦社會也。吾儕青年學生對國家旣負改造之責，而對社會尤不可不負革新之責矣。溯自五四以還，吾國之新潮，方洶湧澎湃而四起：如思想之革命也，社會革命之運動也，……潮流所趨，莫可抑遏。隨勢利導，會納正流，未始非吾國社會之好現象也。然而求諸各地或因舊勢力之障碍而社會莫能改進者，或因分子之複雜而社會莫能鼎新者，比比然也。社會之腐敗，日以滋甚。其流害所及，寗堪問乎？吾儕青年學生對於社會旣負革新之責，則凡社會腐敗之風俗，習慣，制度……以及一切舊社會之惡勢力，吾儕青年學生當迎合新潮，輸導文化，（擇其善者而從之），謀所以改革之，剷除之；轉腐敗萬惡之社會爲新明健全之社會耳。斯則吾儕青年學生胥不辜負革新社會之責任者矣。抑尤有進者：今之自命革新者流，莫不搖旗吶喊曰：改造社會！改造社會！轟轟烈烈，何等冠冕堂皇，動人聽聞。然一究其實，社會未改造，而自身反爲社會所改造矣。不寗惟是，且益之率獸食人也。諸如此類，數覯不鮮，沐猴而冠，心實可鄙！吾儕青年學生其力矯此弊，不爲同流合污；其本自勵自愛之精神爲社會謀眞正之福利爾！果如是，則吾儕青年學生胥不愧爲他日社會之明星，社會之革新主也。而社會所敬仰者，在此。

時代的認識

蘇格拉底說：「人生有件最重要的事情，就是認識自己。」認識自己，就是了解自己對他人、對社會、對國家，甚至對世界的責任。自己既有了認識，還要認識客觀的現實。這個客觀的現實，就是臨在我們面前的一個龍飛虎躍的時代。

一個國家要是在這個時代求生存，必須有一種力量作保障。這種力量是什麼？就是國防力。國防是保障國家的安全，同時也是維持世界的和平。因此，我們對於國防應有確然不可移的觀念，就是：有國家，必須有國防。沒有國防，便沒有國家。所謂「國家至上」也可以說「國防至上」。

「人之出世，必與乾坤撐持一番」我們生在這個時代，必須致力於國防的建設，以盡其對國家對世界的責任。

一個國家力量的强弱，不僅限於武力，同時，還須有「組織力」，「創造力」，「自然力」，「生產力」，「生活力」，以及其他「健康力」「精神力」等要素。漢代王充有一句話說：「治國之道，所養有二：一曰養德，二曰養力」。這雖是一千年前的陳言，而現在國防大計，實在還離不了這幾句話。國防的要素是什麼?就是一物，二人，三人和物的混合。這裏所謂的物，就是「自然力」，亦可以說是「資源」。我國的資源蘊藏，大體上還不算少。糧食、棉花、煤等產物，尙能自給，石油勉强夠用，銻和錫鎢能大量出口，只有鐵礦儲量貧乏，其中的四分之一集中在東北遼寧鞍山等處。我們所痛惜的，我國的資源，現在還是大部貨棄於地。沒有適當的利用，尙待地質學家技術家的鑽探和開發。

至於講到人口，中國號稱四萬萬五千萬，自然也不算少，總數約佔世界五分之一，比美國要多四倍。但在物產方面，即以產量較多的煤來說，僅相當於蘇聯的六分之一，英國的十二分之一，美國的廿一分之一。鋼的產量，只有美國的廿三分之一，比之英國和蘇聯也差得很遠。

我們中國人口雖多，而物資生產，却十分落後。這是由於人力未盡，也就是由於工業建設沒有基礎，科學技術沒有進步，因而我們的國防力量完全失却了增長的生機。所謂科學，就是「創造力」。所謂工業，就是「生產力」。在我們中國，要是沒有科學研究的基礎，便配不上談建立國防；要是沒有工業尤其是重工業的基礎，也一樣配不上談建立國防。

要知道，世界上富强國家，都是工業發達的國家。這次世界大戰，美國具有舉世無比的工業優先條件，而贏得了勝利，而現在正在規劃新國防計劃的實施。再就蘇聯來說，他以三個五年計劃來奠定重工業建設的基礎，由於工業建設的成就而抵禦了侵略的强敵。戰後，又有新五年計劃的實施，自然還在于要增加强固國防的力量。而我們的工業建設，一切還得從頭做起，現在如再因循坐誤，怎樣才能建立國防，鞏固國本，來應付動蕩多事的國際局面。

其次，就科學技術方面來說。在第二次世界大戰中，第一枚原子彈投擲在廣島，結果，廣島全部炸光。這樣巨大的破壞力，其所使用的彈藥，僅不過二公分，便能毀滅了全世界最殘酷的戰爭。這可見科學力量之大，亦就是科學研究之成就。原子彈之外，尚有火箭、雷達、防禦磁性水雷、青黴素等等之發明及其應用，那一樣不是同盟國科學技術的結晶。這一些都是「創造力」的貢獻。人家已步入原子能和光能時代了，而我們中國還停留在使用獸力人力時代之中，莫說一切生產工具，都來自外國，就是連小小的機件，也要從外國運進來，我們科學技術的不長進，說起來，眞是慚愧。「無科學卽無國防」這句話，極有眞理，美國敎育家孟祿博士有幾句警語：「假使中國不培植種種實用科學，則中國一切權利，必將歸於外國人之手」，這些話，也值得我們警惕的。

我們為了國家民族的生存，為了世界人類的生存，所以有國防建設的要求。我們中國今後必須善用人力物力，以全力去發展工業，扶植科學技術，奬勵發明。我們向稱是個無組織的國家，今後必須以「文化力」促進精神的改造，使每個人超出個人以上，把個人生命，擴大而崇高，而發揮團結的精神。

歐洲有一個政治家說：一個英國人是一個笨伯，二個英國人，可以成功一個『隊伍』，三個英國人，可以組成一個强大的國家。這是透切說明英國的國民性，和她立國精神之所在。其精神就是「團結力」，也就是「組織力」。這是可給我們一個很好的榜樣。蘇聯實施新五年計劃，準備再過若干年堅毅刻苦的生活。又如美國全用體育培養國民的風氣，所以一個素無常備兵的國家，一旦有事，稍稍加以訓練，就能馳逐於沙場之上，奮勇向前，克敵致勝。這種「精神力」「健康力」，都值得我們效法的。人群中最富有智慧、勇氣、而意志堅强，感情熱烈的，是青年。青年是國家的柱石，民族的骨幹。我們青年必須認識自己，認識時代，認識國防的重要，通力合作，分工互助，一切爲國防建設而努力，爲國家民族而奮鬥，以維護世界人類的生存。

青年應有的抱負與修養

青年是國家的主人翁，應該以遠大自期。宋儒程伊川有言：「莫說道第一等讓與別人，且做第二等。才如此，便是自棄。」明儒王陽明少年時代，他的父親帶他到北京去，許多做官的濶人見了，對陽明說：「你應該把自己作第一流看待。」陽明問：「那樣人纔算第一流？」那些濶人都說：「從科舉出身做到大官。」陽明笑着不示同意，他說「恐怕第一流要是聖賢才配得上吧！」

是的，我們青年尤其一般受大學教育的人，應該立志做第一流人，這不是求做大官，自然也不是求發大財，而是要在德性和事業方面能有最大的成就。國父勉勵青年要立大志，立了大志，方能做大事，成大業，立大功。這些啟示，具有深長的意義，青年們應拳拳服膺，立定大志的方針。

現在就修養方面，提出幾點來貢獻於有遠大前程的青年們。

(一)有健康才有事業

一個人有了健全的身體，才有健全的精神；有了健全的精神，才能使學問和事業有良好的成就。多少人由於身體的不健康，因而吃不起苦，經不起挫折，以致力不從心，少有建樹，不能成就大業。

青年對於身體，必須注意鍛鍊。要改正中國人不喜運動的舊習；同時更要重視攝生和營養，並養成勞動的習慣，使體魄壯健，精神抖擻，才能夠任重道遠，堅毅不撓。

(二)有知識才有力量

其次，知識也十分重要。西儒曾說過「知識即是權力」的話，這從三十年來高度科學技術的發展，可以得到明證。

充實知識，自然要多讀書，不過要了解知識並不限於書本，書本的知識也要能活用。我們須確信知識是建立事業的最大武器，知識不是徒作取得名位的敲門磚。知識是沒有止境的，做到老，學到老，才能自強不息，高人一等。

(三)能實幹才能移風易俗

一般國民的弱點，在於鶩空談、重形式（鋪張面子），爲學則淺嘗不求深入，做事則粉飾不切實際。今日的青年，要以實幹精神，力矯此弊，不怕困難，不怕窮乏，專心一志，埋頭苦幹。這樣在個人可以做到雖愚必明，雖柔必强的境地；在社會可以使不良環境，逐漸改善，泄沓風氣，爲之丕變。

(四)具遠見才能成大器

實幹是一種行動，引導這行動的，該有一種遠見。我們要不爲游辭所動，不爲虛名所錮，不爲窮困所脅，不要急功近利，企求早晨栽樹，晚上成蔭。以做學問來說，一般理論科學宜與應用科學並重，應用科學上重大的成就，還多得力於高深學理的探究。今後我們必須放大眼光，配合時勢，凝志忍性，有爲有守，以期在學問及事業上，有更大的建樹。

(五)立志利他才能使生命不朽

要知過去中華民族的不振，大都由於「私」「愚」「貧」「病」。現在我們注意健康，可以去「病」；充實知識，可以去「愚」；能夠實幹，「貧」也足以減免，惟「私」字則不易清除。我們必須在這方面痛下工夫，對人生作更深切的體認，明白小我與大我的不可分，立志以服務利他爲本分，「先天下之憂而憂，後天下之樂而樂」的心腸。務期殫精竭慮，對人群福利有所貢獻；然後我們的生活，才有意義，我們的生命，也不致與草木同腐。

先哲云：「脫去凡近，以遊高明。勿爲嬰兒之態，而有大人之志，勿爲終身之謀，而有天下之慮。勿求人知，而求天知，勿求同俗，而求同理。」句句是金玉良言，我們青年應身體力行，奉之以爲立己處世的座右銘。

陳著「國父學說的法理體系」序

美國現代法學權威龐德教授（Prof. Roscoe Pound），曾從社會學與歷史學之觀點，探尋法律進化之途徑，認為各國法律之演變，無論其體制或性質，常不脫寬嚴互乘，良窳交遞，有似循環往復之迹象，實則並非歷史之重演，而是隨社會文明之進步而演進，或更以促進社會文明之發展。雖在文明退化之季節，各國法制或有停滯或退步之可能，但綜合以觀，大致為發揚光大，而作螺旋形之上昇。依此觀念，以檢討中國法學之進程，或有不盡相同之見解。

我國之法學，昌盛於春秋戰國之世。管韓諸子之學說，無論是否出於眞傳，亦已在上古時代放一異彩。魏李悝之法經，鄭子產之刑書，秦商鞅之法制，均曾彪炳一時。史傳秦二世用趙高，始盡坯秦法，而極其殘暴，遂釀成儒生對於法家之加深誤解。蕭何承商鞅遺緒，修李悝六篇，益以「戶」「興」「廐」三篇，成九章之律，而實施於西漢初期。下逮盛唐，統一歷代混淆之律令，而成六典，更為我國法制史上一大進步。唐代六典，兼定中央與地方之政制，實已具有近代憲法之雛型。我國之法學，倘能由此更進於昌明，當已早植民主法治之基礎。

所可惜者，我國古代公法與私法既分界不清，而「天授君權」之觀念甚盛，民權乃為君權所籠罩。「君子為法之原」與「庶人不議」等說流行，民主立法之精義於焉以缺。自漢武罷黜百家，獨崇儒學，治學之範圍遂狹，而法律之學益為當時所輕視。唐代科學，雖以「明習律令」亦為制科之一，然遠不及文藝優長或通達經史之見重於世。國子學中，律學博士亦遠居五經博士之下。因歷朝習於輕視法學之觀念，我國之法學已不能獨樹一幟。縱在法治比較修明之世，法學亦不過依傍於儒學門戶之間。此為自漢以來迄至清季，我國法學不能逐時代之進步而發揚光大之一大主因。

雖然，儒家對於法律之觀念，因亦未嘗否認其價值。孔子雖以「德禮之治」優於政刑，然於正名篇所云：「刑罰不中，則民無所措手足」，可見孔子乃以德禮為治國之大道，法律為治國之大本，兩者必須互相配合，固未嘗輕視法治也。國父述孔孟之精義，博覽古今中外政法學說，觀察自然進化之迹象，融會貫通，遂蔚成精深博大之著述，而為革命建國之宏謨。

陳恩成先生從法理學之觀點，博引古今中外政法學說之要義，就國父之遺教，加以闡揚，其裨益於我國法學之進展，當非淺鮮。是為序。

民國四十三年三月

劉著「唐代政教史」序

造史難，造通史尤難，其難，在科學方法之運用耳。其方法維何？分析與綜合是也。法國史學家朗格洛埃（Charles V. Langlois）與塞諾布士（Charles Seignobos）二氏著史學緒論一書，於歷史科學之方法，獨具創見，發前人所未發，今之治史學造通史者，多推重之。吾友劉伯驥先生，學淹中西，潛心文史，撰唐代政教史，將以問世。余受而讀之，其書，網羅事蹟，窮原竟委，博取精裁，自抒新得，洵為不刊之典，當不讓陳寅恪之唐代政治史述論專美於前矣。儁識之士，作一書，恒十數年而後定稿，始足以傳世而為人所重。劉先生講學海外，積多年之功，深得科學方法之秘，凡數易稿而書乃成。其用心之審，致力之勤，有如是者！且以大唐政教激勵國人，有裨世道，寧淺鮮哉！故樂為之序，以介紹於讀者。民國四十三年四月，何聯奎序於台北。

黄文山「學術論叢」序

余友文山先生，學貫中西，識通古今，今之績學之士也。抗戰以前，歷主國立北京大學、中央大學、中山大學等校社會學、文化人類學、史學諸講座，近年復執教鞭於紐約，對文化科學，涉獵甚廣，鑽研又深；就其心得，創爲文化學體系，將循此研究發展，自成一學。其創見之發表，早於美國人類學者懷德教授（L. A. White）主張建立文化學之前十餘年，而其思想之深粹，不讓懷德專美於當世。現應友人之請，將往年發表之六文，彙輯爲學術論叢，重行刊印，以餉讀者。至其專著文化學體系一書，則尚待刊布。竊以一種學術之建立，必經一孕育時期，將來文化學果能適合文化總體研究之需要，脫胎於社會學、文化哲學、尤其是文化人類學或民族學，而在人文科學中能獨自成立，則文化學與民族學將成爲姊妹科學，相輔而行，此爲我人所期望者。著者於文化學之創建上，窮究本源，反覆推闡，關於歐美民族學、社會學學說之主流，皆有所論述。讀本書，對此兩科學之發展，亦可窺其崖略。

中國古代社會的圖騰文化，爲文山先生精心之作。本文，乃就民族學與社會學之觀點，而闡明吾國古代社會的心理生活與社會生活之狀態；對於近人之偏見，亦有所評述。凡所攄發，具有新解。法國學者莫來（A. Moret）與戴維（G. Davy），其名著從氏族到帝國（Des Clans aux Empires）問世之後，繼之而有此一傑作，皆予研究民族文化者以不少之啟示。

「讀其書，而知其人」。今以學術論叢之刋印，讀後而知賞著者之成就，文字苔芩，樂爲之序。中華民國四十八年七月十日，何聯奎序於台北。

聯緜字典再版序

中國語文，其特點在複合詞，即所謂聯緜字也。本字典於每一聯緜字之來歷及其演變，窮源竟委，敘述詳盡。且其內容直接從各書中蒐集材料，翔實精審，轉語羅列，異文備陳，義證博洽，聲韻兼賅。凡此種種，皆爲其他字書所不及。宜乎當世師儒，羣相推重。惟初版所印有限，流布不多。玆以各界需求殷切，特在臺再版供應。並於正文添加總頁目，正文索引版口增列集數部首，精裝三巨册，俾更便於尋檢焉。方今大陸赤禍橫流，舉我國固有文字而摧毀之。本書之刋行，亦所以廣傳統文化之流傳也。中華民國五十年五月中華書局。

詩詞曲語辭匯釋再版序

本書著者張獻之先生，博學強識，以文史名世。民國三年，受本局之聘，主文史編審，垂三十餘年，致力特多，貢獻甚宏。綜其著述，則有實用大字典、古今尺牘大觀、古今文綜等書，皆爲著者精心纂輯之作，刋行多次，夙已膾炙人口。往者，本局所出之文史地教本，得著者之力，更匪淺鮮，嘉惠後學，誠足紀也！抗戰之前，張先生晚年精力所萃，編著詩詞曲語辭匯釋，交本局印行。是書，乃匯集唐、宋、金、元、明人詩詞曲中習用之特殊語辭，詳引例證，解釋其意義與用法。其中語辭，大半出於當時通俗之口語，從來解釋，未有專書。著者殫精竭慮，搜集整理，歷八年始寫定爲今本。其功力可以想見。洵爲治古典文學語文文學者具有價值之參考要籍。玆特重刋，以廣流傳。本書版權所有，不容他人侵害。是爲序。中華民國五十一年二月中華書局。

倫敦雜感

去歲十月間，聯教組織（UNESCO）第十五屆大會在巴黎舉行，我得有機會，跟中華民國代表團前往參加。自政府遷台以後，十餘年來，我方在聯合國及有關國際組織會議中，屢次擊敗共產集團排我的企圖，聯教組織會議，也沒有例外。這次大會開始，又遭遇到共產集團無理取鬧，提出所謂代表權問題，排我而納匪，經我代表之嚴詞駁斥，及得友邦之同情支助，票決結果，我方終獲勝利。但目覩會場情形，令人引起無限的感喟，我們對此只有飮痛忍痛，希望必有一天，公理大彰，把這一痛去掉。

大會結束後，即作英倫之行。倫敦，是我四十年前遊學之地，民國五十三年冬，曾去過一趟。草草勞人，只度了聖誕節，就匆匆賦歸。這次到倫敦，定下心來，多留幾天，藉此參觀些文物和訪問師友，聽說，倫敦政治經濟學院（London School of Economics and Political Science）幾位著名老師，多已不在人間。「四十年來多少人，三分零落七成塵。」悵觸所及，不勝人世滄桑之感！

一

想起公元一九四〇年，第二次世界大戰爆發之初期，法國不堪納粹德軍一擊，英國十三餘萬大軍自鄧肯克（Dunkirk）安全撤回，以保衞三島。那時，德軍迅速進至英吉利海峽，指向英土進攻，復逞 Luftwaffe 之威，濫施狂炸，倫敦一隅，深受嚴重的威脅，國命垂如累卵。當時，邱吉爾首相播音宣告，激勵軍民，全力禦侮。其中一段壯語：「大敵當前，命拼到底。我們不惜任何犧牲，在大陸作戰，在海洋作戰。「空」力增强了，我們打，有信心，有勝算。大家齊心合力，捍衞國土。我們衝上灘頭，攻入內地；我們打在隴野，打在街衢，更打在山嵎。步步爲營，穩紮穩打，決不餒氣，永不投降。」這簡直是一篇很激動人心的誓師詞，這一號召，激起全民一致爲國效死。自公元一九四〇年至一九四一年，十個月之間，倫敦因德軍之閃擊所遭受的損害甚鉅，人心惶惶，不可終日。幸而英美科學家發明雷達系統的應用，空襲威脅減少，漸漸的渡過艱難。歷史上英國的災禍最慘重的，一是一六六六年的倫敦大火，一是第二次世界大戰中所蒙的遭遇。英國人的傳統精神，一是冒險進取，一是堅毅沉着，故有約翰牛（John Bull）之稱。尤其一般人民接受了公民訓練，培育著立國最需要的組織力量。歐洲有一個政治家說：「一個英國人，是一個笨伯。二個英國人，可以成功一個隊伍。三個英國人，可以組成一個强大的國家。」這是透澈說明英國的國民性及其立國精神之所寄。其精神，就是團結力，亦就是組織力。還有一點，在大戰期間，英國人公忠體國，節衣縮食，切實奉行政府的節約政策，這也是他們發揮忍受力之表現。他們具有這些精神，共赴國難，把國家挽救過來。創傷的倫敦，窮十餘年修建之功，現在市容完全恢復舊觀，踵事增華，平添一面新氣象。

二

倫敦，是英國的國都，也是世界最大的都市，位在英格蘭東南部，跨著蜿蜒似帶的泰晤士河（Thames River）兩岸，綿亘愛塞克斯（Essex）密特爾塞克斯（Middlessx）塞萊（Surrey）黑脫福特郡（Hertfordshire）五洲之地。面積有七百二十平方里，大於紐約兩倍。人口有八百餘萬，僅次於東京。在倫敦中心，有所謂「古城」（The City）者，這一蕞爾發源地，經一千餘年的發展，而形成今日現代化的大倫敦。大凡一個大都市的建立，必有其時間的累積而徐圖開拓，歷程悠長，洵非偶然。市內有著名的倫敦橋（London Bridge），橋南，工廠林立，實業繁盛，橋北之東西兩區，百肆櫛比，商業繁榮，文化教育，光芒四射，可說是全國政治文化工商業之中心。有的作家，描述倫敦沒有羅馬那麼古老，沒有巴黎那麼漂亮，沒有紐約那麼壯觀。依我的觀賞，倫敦也是多姿多彩，有牠的特色之所在。只就綠化一點看去，綠陰片片，翠色染人，亦顯出倫敦的優美。至於市容的典雅整潔，更是其他大都市所望塵莫及。到過倫敦的人，多有這一感覺。有些人稱倫敦是「英國之花」（The flower of Britain），這是形容倫敦具有「綠草如茵、紅花似錦」的特質。接近自然，愛好花草，乃是英人的良好傳統。倫敦市區有幾十大大小小的花園，如海德公園（Hyde Park）綠錦公園（Regent Park）詹姆士公園（James Park）綠化公園（Green Park）肯森敦公園（Kensington Gardens）等，還有幾十街區廣場，都有庭園的佈置。倫敦，入冬多雨多霧，氣候不煖不寒，芳草葱葱，常年不枯。昔謝惠連詠草：「春頴其苗，夏秀其英，秋有貞實，冬無凋色，可謂貫四時而不改者也。」引此以況倫敦的月令花草，至爲恰當。優美自然之感，油然而生。異國風物，在在助人欣賞。

三

英國的文化深厚，教育發達，其中心則在倫敦。一提起英國的大學教育，就把倫敦大學和牛津大學劍橋大學並列。後者兩大學，初建於十三世紀末葉，不僅在英國算是古老的大學，且在歐洲大陸上和法國巴黎大學同躋於古老。倫敦大學之大學院（University of College），建於一八二六年，比大學本部早了十年。所以倫敦大學之設立，時間不遠，年資較輕。姑以學校派系論，牛津劍橋合成一派，號稱古典。倫敦大學自成一派，號稱新型。現在倫敦大學有十一個研究所，十七個學院，十六個醫學院校，所設院系，有關人文科學、社會科學、自然科學、文學、醫學、工程、技術，範圍既廣，分類又專，爲一高等教育體系完整內容充實的大學，享有世界盛譽，作育不少舉世的人才。長眠在西敏寺（West - minster Abbey ）的歷代賢人哲士，對於世界文明都有莫大的貢獻，歸根的說，這就是英國教育發展的成果。

在文化方面，倫敦有幾個著名的博物館，如大英博物館（The British Museum ）自然歷史博物館（Natural History Museum ，屬於大英博物館）維多利亞、阿伯特博物館（Victoria and Abbert Museum ），科學博物館（Science Museum），國立美術館（National Gallery ），國立人像博物館（National Portrait Gallery ），倫敦塔（Tower of London ）等是。大英博物館、美術館、和維多利亞、阿伯特博物館，其收藏之富，文物之精，足與巴黎的羅浮爾博物館（Musée Du Louvre ）和葵末博物館（Musée Guimet）媲美。大英博物館，以所藏世界各國歷代的古物和圖書文獻著名，所謂「博綜古今，物貫東西，」大英博物館名符其實，網羅最富。圖書文獻，數達七百餘萬册；古埃及、巴比侖、希臘、羅馬、中國的文物精華，薈集於此，分類陳列，琳瑯滿目。尚有世界民族誌，可與巴黎的民族博物館（Musée De L'Homme ），紐約的自然歷史博物館（Museum of Natural History）互相觀摩。這次到此參觀，始知中國文物之展出，增加了不少。其銅器、瓷器、玉器、漆器、骨器，尤爲可貴。這些來自我國的器物名畫和七千件敦煌文獻，大多是：一爲英法聯軍和八國聯軍所刼，一爲斯坦因所刼。言念及此，不禁感慨系之！聞英政府正在計劃於一九七〇年，將圖書部份劃出，另建新館典藏，以使原館擴充東方文物的陳列。過一二年後大英博物館又將改觀，一新面目。維多利亞、阿伯特博物館收藏亦富，頗有可觀，尤其世界各國瓷器，分室陳列，精品不少。又大維德（Percival David）收藏中國宋元明清瓷器，是稀有的珍品，陳列設備，別出匠心，光線映射，色彩奪目。中國有獨立創造的文化，其文化本質就是文物，源遠而流長。返觀吾國博物院的古文物，品類繁多，數達數十餘萬件，件件都是固有，舉世罕有其匹。外國人士常說：「中國古文物，是世界最有價值的寶藏。」這是事實而非誇語，我們對此亦足以自豪。試就器物去探索，其製作之精，其繪刻之細，巧奪天工，堪稱絕技。這一些，都是我國古代科學技術所發揮的表徵。總之；我國固有文物，具有三特質：一是精神文化，二是物質文化，三是技術文化，有歷史價值，有藝術價值，更有科學價值。凡此國寶，傳之四海而皆妙。這是我參觀幾個博物館後表示一點感想。

四

我這次來到倫敦，對於英國社會保險略加觀察，願就觀察所得，作扼要的介紹。一九四八年，工黨執政當局爲强化社會保險制度，於七月五日開始實施。英國的貴賤貧富同享醫藥保健之利，男人不再怕失業，女人不愁產育的擔負。舉凡疾病補助，失業津貼，寡婦養老金，退職年金，以至死亡補助金，都由政府負責給予。因此人民生活都得到保障。禮運篇所云：「使老有所終，壯有所用，幼有所長，鰥寡孤獨廢疾者，皆有所養。」這種政治理想，中西如合一轍，英國正力求其實現。至於實施辦法，甚爲複雜，這裏祇能道其梗概。英國每一工作者，不論男女老幼，每星期都要繳納社會保險費，有病不能工作或失業時，就可以向政府領取津貼（依照家庭人口而定多少），維持一家的生活。退休時（男人六十五歲女人六十歲），由政府給予養老金。男人如未到退休年齡，卽已亡故，其遺孀及幼年子女都可領取生活津貼，女人生育，政府給予生育津貼。男女死亡，政府給予喪葬津貼，子女在一人以上者，又有家庭津貼。女人生產或患病時，可向政府申請派女工來家幇忙，料理家務。只要子女聰明向學，決不會因家境困難而不能接受高等教育。因爲各大學都有各種獎學金，政府也有各種求學津貼。一個已經結婚工作的青年，如果有志深造，也可以申請政府給予求學和養家津貼，俾得安心步步上進。在醫藥保健方面，國家對人民的照顧，更是週到。從前不但診病服藥，概不收費，就是鑲牙齒，配眼鏡，裝假髮等等，也分文不取。後來因浪費太多，才酌收小量費用，以資限制。現在住醫院治病，無論要施行什麼手術，或吃什麼藥品，仍舊是全部免費。英國的居民，每人有家庭醫師，傷風頭痛等毛病，由家庭醫師治療。如果是較重的病症，家庭醫師，就將病人送往醫院。醫院有各科的專家，檢查診斷和治療，都有現代化的設備。如果病人不必藥醫而僅需療養，可免費到鄉間或海邊的療養院住幾個星期。總而言之，英國政府以雄大的魄力，打破貧富間健康機會的懸殊，並且强制改變醫藥事業的本質，由營利而變成爲人羣服務。一方面又採課富的賦稅政策，以推行這大計劃，而達到社會福祉的目的。英國這一社會安全制度，行之二十年，績效甚著，是值得重視的。聽說，現在倫敦居民，有的因爲生活上有了安全感，難免導致好吃懶做的現象。這種社會變態，堪爲人深省。

五

這次在倫敦，晤見別來四載的老師陳通伯（源）教授。那天中午，我跟杭立武先生，杜衡之先生參加新聞處的餐敍，並見到八秩高齡的鄭天錫老先生，以及其他同鄉學友，晤對一堂，甚爲歡洽，陳教授兩鬢白髮，精神上却顯得比前更健。他的道德文章，素所欽仰。他不僅蜚聲於文學，且有名於政論。民國二十九年十月十五日，在重慶掃蕩報發表專論

：「希特勒着的新棋子」，是文詳晰當年世局，持論精富，具有獨到之見，讀者傳誦，不脛而走，陳教授確是一個公私分明不計名利的正人君子，他在巴黎聯教組織中任我中華民國常駐代表，垂十九年之久，不辭工作的辛勞，不嫌待遇的微薄，殫精竭慮，爲國效忠，誠屬難得。其夫人淩叔華女士，學藝卓越，馳譽國內外，四十年前，出一名著：「花之寺」，播美一時。至今猶膾炙人口。在倫敦刋布不少作品，尤爲海外人士所稱道。近年講學新加坡南洋大學與加拿大大學，春風化雨，學林宗仰。現兩伉儷息影倫敦，國內友好，至切關懷！

其次，又晤見爲新聞界服務多年的洪珊君，我和他有同鄉之世誼，我們在西德波昂聚首後，一別又是四年。今重遇於英倫，不啻如見手足，所適愈遠，則其情愈親，班荊道故，暢所欲言。洪君於民國三十六年，奉中央通訊社之命，派到倫敦服務，自從三十八年大陸淪陷之後，倫敦中央分社一度停辦，那時，他的夫人病倒了，子幼，而又失業。處在這種困境中，眞是痛苦已極，不知將何以爲繼。那曉得天無絕人之路，幸而無意中巧遇英人福來女士（Miss Fry），她一掬慈愛之至誠，伸手給他救助，這樣才免於流落。她不但給他們一棟房子以作棲身之所，而且設法照料病人，教養幼小，又替洪君在出版界找了一份工作。後來，他雖然再回到中央分社服務，而她對洪君一家的生活和子女的教育，一直都很關切。福來女士出身英國望族，家境相當富裕，而且自奉極其簡樸。她富有義俠之氣，傾財以濟貧救災，並致力於有意義的社會工作。她的知交遍天下，桃李滿天下。她終其生尚是一個老處女，但她立身做人，惟仁則榮，垂範百世，可以不朽了。我對洪君說：「天不絕你，你有這奇遇，這是你的幸運，是你祖先的積德。福來女士不但救了你和你的太太，並且扶植了你顯赫有聲的下一代。這眞是人世間稀有的奇蹟！」以下再讓我細細的道來。洪君有二男一女，現在皆已成長，個個頭角崢嶸，獲得獎學金，進入劍橋等大學，以求深造。一門三枝秀，將爲國家爭光榮。長男名叫洪毓致（英文名字叫 Frank Hung），畢業於伯明罕大學，現在國立生物學研究所領導一方面的研究工作，在學術上、事業上，將有更多的成就。民國五十三年冬，我在倫敦，和他見面談談，知道他讀書之多，知識之富，實在令人可嘉。他雖然從小在英國受教育，但對於中國史地文哲的知識，較之國內一般大學生，尤有過之。據說，每當英國報紙有誤解中國民族文化的論調，動輒予以辨駁，而經各報採用。民國五十五年十一月廿日，倫敦星期泰晤士報刋出他的一篇文章。這本是一封給編者的信，駁斥英國某作家批評中華民族殘忍的論調。那時，他尙在大學求學，見此辱華文字，就挺身而出，爲中華民族辯護，並極受泰晤士報的重視，實屬難能可貴。其抗議書，文字之簡鍊有力，和立論之圓通精密，猶在其次。該報又破格送他三十基尼（約合九十美金）的稿費。本來讀者投書，是不給稿費的，大約因爲那封信的內容和文字都很有可取，而登在社論版，所以就依照社論計酬了。該報主編知道他在大學唸書，還特地寫一封信鼓勵他，祝他前程遠大，有一番「顯赫的事業」（Illustrious Career）。其次男毓敬，聰慧過人，畢業於King's College的Public School，，現已考進劍橋大學深造。英文、法文、德文，他會講會寫。十二歲，就能文，灑灑洋洋，篇篇可讀，也是一位不平凡的青年。我最喜愛海外學有成就的青年，因為他們是立國的楨幹，是建國的人才。且待異日我寫「Hung's Family」的時候，再細說。

洪珊先生，國立浙江大學外文系畢業，國學有根底，西洋文學有深造。抗戰期中，任英文自由報編輯。旋而考進中央通訊社服務；抗戰結束後二年，因受社長蕭同玆先生及總編輯陳博生先生之激賞，派他到倫敦工作。其後，奉派到波昂擔任中央通訊社駐德特派員，歷十餘年之久。去歲，離開波昂，賦閒倫敦。他忠於國家，忠於新聞事業，爲一有守有爲的壯士，希望文教界不要忘了他，冷落了他！

六

法國戴高樂蓄其英雄思想，和共匪勾搭，引狼入室。自食後果。但民間情感，對我依舊友善。法國人畢竟是可親可愛一點的，單就語言上的交談來說，如果你同一般人談話，明明只有二三句話可說，他却問長問短，很耐煩地拉長十句幾十句回給你談，絮絮叨叨之中，彷彿可以看出他一點感情上的流露。過去如此，現在亦復如此。從前你如果和英國一般人來往，你原有十句話給他談，他只有一言半語回你的敬。這種心理的表現，在在給你一種特殊的感覺。我這次來到倫敦，逗留了十天，試與各方接觸，他們對人的態度有所改變了。英國人向講公道，重理智，以洪毓致君所發表的對英人辱華論調的抗議書爲例，這封信公開後所得的反應，以洪君啟發其智慧，仗義執言，竟受他們的器重，這是一個明證。不過，英國人的傳統思想，重在現實主義，在政治外交上，不免損人利己，只顧自身的利益，難以獲得人家的諒解。有時，跑到泰晤士河畔看看巴力門大廈（The Houses of Parliament），再走到唐寧街（Downing Street）一帶散散步。徘徊默想，感嘆無已！

最後，補敍一點關於敦煌文獻一事。這類我國固有的寶貴文獻，怎麼的那麼多落在英法人的手裏。現在存在法國國家圖書館的，有四千餘件，存在英國大英博物館的，有七千餘件。這個重大的損失，不能不歸罪於遜清皇室及北洋政府的顢頇！在英法學習文史的青年，爲什麼不把握機會，多多的摩挲，深深的探究？這也是我的一點感想。

民國五十八年四月五日

巴黎觀感

一

英人休密爾士（Hugh Mills）說：「世界上沒有一個城市比得上巴黎令人多麼可愛。世界上沒有一個城市能維繫着如愛巴黎者的心那麼深長。」公元一九四四年，第二次世界大戰，美軍攻入巴黎前，德軍準備撤出巴黎。正當那時候，希特勒下令，要把巴黎付之一炬，一洩英雄末路之氣。但德國守軍總司令郭立奇（von Colitz）毅然抗命，而仗義執言：德軍不應負「焚城」的歷史責任。當年，如果郭立奇有一念之差，奉行希特勒命令，很容易把巴黎毀掉，甚至成一片焦土，可愛的「花都巴黎」，就會變成可哀的「巴黎死都」，後果眞不堪設想。幸而郭立奇一轉念之間，拒絕了希特勒的亂命，花都巴黎，依然無恙；而法國精華，未損絲毫，好好的留下來，沒有演成時代的悲劇。戰後，獲得戰敗國的賠償，美邦的援助，並沾十年來歐洲共同市場的光，如今巴黎，熙熙攘攘，甚於往昔，地面上餐館咖啡館林立，吃的喝的，滿街滿座。而設計最好的地道車（法國稱爲metro，英國稱爲 underground，美國稱爲 subway。）縱橫地下，每天上百萬人躍躍在行動，略舉這一點以見其繁榮之一班。民國五十五年冬，我到巴黎，注視市容，感觸得最深的，就是所有公私建築物都洗刷的乾乾淨淨，全面灰黑色，統變爲黃白色，多姿的巴黎，更添一層光彩了。

二

巴黎爲我舊時研讀之地。距今三十餘年前，在文化教育中心拉丁區（Latin Quarter）（法蘭西學院、巴黎大學等教育學術機關所在地。），課餘，除利用圖書館外，隨便進咖啡館，有時，以文會友，互相切劘，苔芩之樂，無逾於此。有時，獨個兒靜心翻書，運筆寫作，咖啡一杯，有助構思，藉此以拓進修園地，其趣無窮，其用無盡。至於男男女女，進出咖啡館，談情說愛，另是一種生活。我過來人，未曾嘗試，一享艷福。一進咖啡館，坐下來，就度過大半天，侍者禮貌相待，不以爲坐久了稍示不愉之色。有人說：「巴黎咖啡館，是巴黎人的第二家庭。」這話值得體味。讀過英國歷史學家麥考來（Rose Macauley）所著的「英國人的生活」一書，知道十七、十八世紀倫敦的 Coffee house，有許多食客顧客在那裡作種種活動，如政治會談、文藝會談、新聞採訪、以及富有情趣的妙語表演等等，產生不少的政治人物、文學家、藝術家、以及新聞人才。今世一般咖啡館，跟英國的 Coffee house，在本質上雖不盡相同，但我相信，亦必各有潛發其功能。更顯著的一例，即在巴黎蒙伯那士大道 Boulevard Montpanasse 及聖．日曼大道 Boulevard St. Gemain 上幾座咖啡館，充滿着美術的氣氛，許多畫家在那裡繪形繪色，過他們的藝術生活，自有藝術上的成就。從前畢加索（Picasso）勃勞格（Braque）等，曾在這一地區過他們的藝術工作生活。這是我的一點幾十年前讀書生活並涉及其他的回憶。民國四十九年冬，我第一次參加在巴黎舉行的一個國際會議，我到巴黎之初，即到拉丁區，靠近巴黎大學 Rue Descartes , Hotel des Ecoles ，訪三十年前我的故寓，街巷依舊，故寓已改，「故人不忘故居，故居不識故人」了，遍訪之下，何勝黯然之感！旋而緩步躑躂，到了聖．密西大道（Boulevard St. Michel），進咖啡館，輕鬆一會，那知男女老幼，進進出出，情狀大異，環顧左右，遠非昔比，不到半小時，只得讓座。人多了，物繁了，人物交織的情態，更複雜了。社會發生變遷，生活環境跟着也變了。五十五年冬，又到巴黎，所見種種，仍復如是。我想現今在拉丁區求學的人士，受了生活環境的影響，校外進修活動，恐不復有往時的享受，言念及此，實不勝其今昔之感！

三

一般人稱巴黎爲花都，因爲巴黎是世界上最繁華最燦爛的都市（Glorious City）。原其所以以花都號稱者，是形容巴黎形形色色，不可方物；是形容巴黎多姿多彩，光芒四射；是形容巴黎紅紅綠綠，酒色迷人；是形容巴黎如花似錦，優美自然。有人以爲巴黎像是「揷花之女」（The town like a woman with flowers in her hair ），這是給巴黎一個饒有趣味的艷稱。巴黎具有這些特徵，是得之於地境上先天的獨厚和人文上後天的創造。所謂後天的創造，則有賴乎科學技術的貢獻。就地理上講，環繞着巴黎的塞納河（Seine River），源出法國東境，西北流經巴黎，巴黎介入這個優美的自然環境，在形勢上有其天然的特質。公元前一世紀，羅馬人名其地爲羅德細亞（Lutetia），這是塞納河中島上的市鎮，卽位置於市島（The Isle of City ），跨塞納河左右兩岸。至公元四八六年，法蘭克王克羅維斯。（Clovis ）始建都其地；傳至公元九八七年，法蘭西王游格。卡佩（Hugues Capet ）擴而大之。嗣經歷代王朝的擘劃建設，規模宏具。直至拿破崙第三，得了霍斯曼（Baron Haussmann ）的臂助，完成巴黎現代化的道路計劃，接着以後不斷的拓展，由是蔚爲今日的巴黎花都。這都市的發展，乃基於天設人造，配合得宜。在巴黎市島上，可以看見哥德式建築的聖母院（Notre Dame）矗立其中。（公元一一六三年奠基，一三〇〇年前造成。）在塞納河左岸，主要的，有拉丁區，卽巴黎大學、法蘭西學院、高等師範學校、工藝學校之所在，乃是法國教育學術的核心。又有藝術化的蒙伯那士區以及著名的艾菲爾鐵塔（Eiffel Tower ），乃是法國美術工程的淵藪。在塞納河右岸，主要的，有數條綠蔭大道，最出色的香舍里榭（Champs-Elysess ），華麗堂堂的國際劇院（Opera）和美侖美奐的羅浮宮博物院（The Museum of Louvre）。還有成行成列的百貨商店和時代旅舍，乃是法國文化商業的樞紐。登上愛多艾廣場（The Place of Etoile‧Etoile，英譯Star。）凱旋門（Triumph Arch）的頂台，放眼遠眺，以這門為焦點，分列十二條綠蔭大道，歷歷可數，景色宜人，眞是一幅優美自然天工巧奪的秀麗畫圖。其中一條馳譽寰宇的綠蔭大道，就是香舍里榭！園囿圍繞的通衢。設計之精，無與倫比。從愛多艾到岡臬（The Place de la Concorde 即是 Place of Peace）斜鋪二英里長的馬路，路面很寬，往來八道汽車，川流不息的行駛。沿路兩旁，商店櫛比，樣樣都有：有吸引人的櫃窗陳列，有水洩不通的（Drugstore），有世界聞名的Lido 夜總會，有津津可口的餐室，有露天適意的咖啡室（Pavement Cafe）。又有通俗時流的 Cafe Fouquet，一般作家、伶人、明星，常常聚會於此。有劇院、電影院、有美術館、有報館。人物交織，錯綜複雜，舉不盡行業，數不盡活動。玩玩耍耍，隨你所欲。岡臬廣場，場面寬大，氣勢壯偉，當中立有古埃及方尖碑（The Belisk），古蹟點綴，尤為廣場增輝。由此接着丟依愛里斯花園（Tuielleries Gardens），再伸展到羅浮宮博物院，遊目騁懷，令人發思古之幽情。（按公元一八〇六年，拿破崙為紀念法軍勝利而建凱旋門，一八三六年完成。古埃及方尖碑，係一八二九年埃及總督艾利（Mehemet Ali）所贈。此碑為三千三百年古物，重一五〇噸）。民國五年，蔡元培先生著的法國華工學校講義，有云：『巴黎一市，攬森河左右，緯以長橋，界爲馳道，間以廣場，文以崇閎之建築，疏以廣大之園林，積漸布置，蔚成大觀。而馳道之旁，蔭以列林，芬以花塍，廣場及公園之中，古木雜花，噴泉造象，分合錯綜，悉具意匠，是皆所以饜公衆之美感，而非一人一家之所得而私也。』這是蔡先生五十年前對於巴黎之一素描，如今，風物依然，無改舊觀。

夕陽西下，晚暉初上，五光十采，映媚全城。香舍里榭、阿不拉（Opera）馬特勒納（Made-leine）一帶，繽紛彩色，尤爲醉人。笙歌曼舞，極視聽之娛。昔日的「紅燈、綠燈」，自戴高樂執政後，一概收起，不復開放。但有地下酒色迷人，馳騁過市，這倒別致，所謂「夜巴黎」，如此而已。

四

一般人以爲巴黎是個花花世界，煞是好玩，不錯，入境問俗，巴黎的形相，五花八門，確是好玩的。如果以普通趣味去 Folies-bergere看脫衣舞，就沒有什麼意義，如果以藝術眼光去欣賞各種表演，那麼，所謂「玩玩」，就有無窮的意味。因此，看過 Folies--bergere 或 Caslno de Paris，就不必多化錢去玩 Lido, Horse Crazy 。又如國家劇院（Opera）演的名劇，美不勝說，不可不去領略。因爲牠所排演的，有標準藝術的表演。此外，其內部設計之美，構造之美，裝飾之美，畫雕之美，時裝之美，數美皆具，值得觀賞。

從前 Montmartre ， Saint Denies 一帶的紅燈， Madelaine ， Vendome 一帶的綠燈，到處閃目，引人入迷，現在時移勢遷，都看不到了。但是地下色情活動，甚於當年，讓好玩的好自玩之。

五、

歐洲文化，源遠流長，探其演進之跡，實爲人類共同努力的結果，細說起來，非短篇可盡。讀穿這一部西洋文化史，再到埃及、中東、西北歐考察一遍，對於歐洲文化自可深入，得一確切的了解。

近三世紀的法國文化，是劃時代的最輝煌的文化，思想導其源，科學暢其流，無論政治上學術上都有牠的成就。巴黎是法國政治學術的中心，有些文化上的表現，是值得觀摩的，可給我們不少的啟示。

拉丁區內有一先賢祠，稱爲班德峨（ Pantheon ），一七五一年建立，原先是聖曰納維夫古教堂（ Saint Genevieve ），革命期中改爲先賢祠，奉祀先賢，以垂紀念。如十八世紀的大思想家伏爾泰（ J.F.Voltaire ），與盧騷（ J.J.Rousseau ）齊名，著書立說，鼓吹自由，同爲法國革命的導火線。又如十九世紀小說家左拉（Emile Zola），是文學上自然主義的首倡者，描寫社會，名作很多，流傳後世。又如十九世紀盲人發明家勃累爾（Louis Braille），嫻音樂，發明點數記字法（Point System），通行全球，當教授以終身。略舉三賢，以知其梗概。我國列祖列宗，史事悠長，先賢諸子，何止百數，觀這祠廟，連想所及，不禁發慕賢的深思。

拉丁區內有一歷史悠久的完全大學，這就是巴黎大學。巴黎大學，可說是歐洲文化的源泉，也是法國文化的源泉，源遠自然流得長，更流得廣，如今仍不失爲世界上有地位的大學。公元一二五三年，桑朋（Robert de Sorbon）創辦第一大學院，即採用他的名字稱爲桑朋納（Sorbonne）。在桑朋納範圍內，主要的包括文學院和科學院，但以完全的巴黎大學（分設他處的，尙有醫學院、法學院等。）通稱爲桑朋納，沿用到今而未廢。當十三世紀創設之初，所有學生，除法蘭西人外，並來自歐洲其他各國，接受教育，學拉丁文、學藝術、學法律、學神學，造就很多歐洲人才。這一大學教育，由於七百餘年來不斷的發展，乃隨時代而進步，世界士子，趨之若鶩，造就很多世界人才。自十五世紀法王法蘭西斯第一（Francois Ier）創設研究院（College de Franes）於巴黎，距今亦有五百年的歷史。他如著名的高等師範學校、工藝學校、政治學校、美術學校等，相繼設立，教育氣氛，學術空氣，交相瀰漫於多姿多彩的巴黎，近代文化的光芒，乃四射於全球。

看了巴黎大學文學院，想起十九世紀大文豪雨果（Victor Hugo），他是詩人、戲劇家及小說家，浪漫派泰斗，主張自由思想，打破一切形式束縛。拿破崙第三稱帝，雨果逃避國外，等到拿氏敗退才返國。那時，普魯士兵圍巴黎，他也執干戈守城至數十日，死後，舉行國葬。這種文人「執干戈以衞社稷」的精神，眞的可以做我們的榜樣。

看了巴黎大學科學院，想起十七世紀法國哲學家及數學家笛卡兒（Rene Descartes）。他早年赴荷蘭投軍，忽然悟到研究學問的途徑，乃退了伍，一心一意，委身學術，著書力學，爲唯理主義的首倡者。又發明解析幾何，發明坐標式，創數學上的新紀錄。又想起十九世紀初，法國生物學家拉馬克（J.B.Lamarck），傾心研究物種原始及其演進之跡，倡直接順應說，實爲進化論發生的先導。又想起本世紀初法國物理學家居禮（Piere C-uris）及其夫人瑪禮（Marie）他們共致力於放射光體的研究，於一八九八年發明鐳質（Radium），乃加深鑽研，所就甚宏，開科學界的新紀元。

看了巴黎大學醫學院，想起十九世紀末，法國大醫學家巴斯特（Louis Pasteur），專研究細菌學，發現酒類的醱酵，係細菌繁殖所致。又研究蠶及家畜的傳染病及其治法，於細菌學上貢獻殊多，大有裨於世界人類的健康。

看了法蘭西學院，想起十八世紀，法國以改革文學的新潮，傳播民權自由思想，導其主流者，爲學院出身的大思想家孟特斯鳩（Montesquieu, C. L.）。他所著「法意」（

Spirit of Law ）一書，主張行政、立法、司法三權分立。其思想和福祿特爾、盧騷，同導致法國大革命，影響並及於全球。

在巴黎大學校外，瞻仰孔德（Auguste Comte ）遺像，想起他誕生於一七九八年，出身於巴黎工藝學校（Ecole polytechnique ），其學術上的成就，乃爲實證哲學的開祖；又以研究科學的方法，研究人類社會生活，由以創立社會學，爲近世哲學、社會科學放一異彩。其發展迄乎當世，凡在史學、法學、經濟學、政治學、人類學和社會學諸方面，已有很多的進步。

半世紀以來，法國迭受一九一四年及一九三九年兩次世界大戰的破壞，原氣大傷，靠戰敗國賠償和美援以復國。但有一點值得提示的，就是法國經濟思想家莫納（Jean Monnet ）倡議歐洲共同市場的組織（The Common Market ）。在思想上啓發一新觀念，在經濟上形成一部分的國際合作，這就是一種經濟合作組織。推行以來，爲時不過九載，其功能之發揮，繁榮遍於西歐，亦有助於法國的復興。

以上所述，僅就觀察所得，略略加以論列，以窺法國近世文化的源流及其特色。法國人具有最高智慧，富有創造精神，無論在社會科學、人文科學、自然科學和技術方面，皆有輝煌的表現。法國人不應以此爲已足，但應善用智慧，發揮固有的思想，發揚固有的文化。花都巴黎，爲法國文化的重心，多姿多采，爲世人所矚目，法人好自爲之！

過去，我中華民國和法國在國交上有悠久的歷史，民間情感彼此友善。獨戴高樂心理矛盾，不顧道義，竟親共而絕我，令人興無限的感慨？

旅居巴黎華僑，有二千餘人，已結成一條心，傾向中華民國，擁護　領袖，擁護政府，爲國效忠，爲民族盡孝。這種具有人類價值的民族精神，弘揚海外而不替，眞使人感動而起敬！

我中華民國的青年學子，負笈巴黎求學，年有所聞。巴黎有很好的學術環境，有很多的研究條件。如國家圖書館（Bibliotheque Nationale ），藏有我國五千餘份的燉煌寫經。著名的羅浮宮博物館之外，還有著名的葵獸博物館（Musée Guimet），藏有不少的中國古物。又如研究民族分布及文化的民族博物館（Musée de L'homme ），爲一民族學專家所設計，合於科學方法的陳列，是世界上數一數二的博物館。牽涉範圍頗廣，不勝一一細說。凡是廣場公園，大道巷尾，多有教堂、石刻、人物雕像，甚至塞納河邊，在在給我們研究上許多的啟發。有一國際機構設在巴黎，就是國際文教組織（Unes Co），成立了二十年，其組織和成果，也值得研究。希望留法青年把握時間，把握環境，多多探索，好好研究，將來學成歸國，爲國家盡更大的努力。

民國五十六年十一月

附錄一

何聯奎先生著作年表

目錄	本集頁次	撰述日期	備考
第一編　民族學及其研討			
四十年來之中國民族學	六三	民國四十四年八月	中國民族學報第一期
蔡孑民先生對於民族學之貢獻	一〇一	民國三十一年	中山文化教育館民族學集刊
中國文化之特質	一六九	民國六十一年十二月	國魂月刊三二五期

從民族學觀點試論古物中之「饕餮」	一八三	民國五十八年	故宮季刊四卷四期
從民族學觀點再論古物中之「饕餮」	一八八	民國五十九年	故宮季刊五卷四期
龜的文化地位	一九七	民國五十二年	民族研究所集刊第十六期
從民族學觀點申論中國古文物之禮器：青銅器與玉器	二一五	民國六十二年二月	故宮季刊八卷一期提第九屆國際人類學與民族學大會論文
再論中國古文物：青銅禮器	二三九	民國六十五年二月	故宮季刊十一卷一期
中國之節序禮俗	二四三	民國六十一年六月	已收入中國禮俗研究

商代□父癸爵禮器之研究	二七八	民國六十三年十月	華岡學報第九期
畬民的地理分布	二八九	民國二十七年	民族學集刊
畬民的圖騰崇拜	三〇三	民國二十五年	民族學集刊
畬民問題	三一〇	民國二十二年	東方雜誌
台灣傳統文化之特質	三三一	民國四十四年一月四日	主義與國策四四期
台灣民情風俗	三四〇	民國三十九年	台灣新生報
圖騰文化與台灣中部山地之圖騰遺制	三四八	民國三十九年	台灣新生報

第二編　博物館學及有關實際問題			
就任國立故宮中央博物院聯合管理處主任委員致詞	三五九	民國五十三年五月一日	台中霧峰北溝
中國文物圖說弁言	三六一	民國五十四年	台中霧峰北溝
中國文物圖說緒言	三六四	民國五十四年	台中霧峰北溝
故宮博物院之特質	三六七	民國六十年	
文物印製品與出版品之展覽	三七九	民國五十五年	巴黎展覽
出席國際博物館協會第九屆大會記	三八五	民國六十年十月	故宮季刊六卷二期
第三編　其他文選			

自述	四〇三	民國五十三年	
上陳誠主席書	四一二	民國卅七年十二月卅一日	發自上海
服務中央訓練委員會	四一四	民國四十三年八月	
峨眉訓練實紀導言	四一九	民國二十四年	
廬山暑期訓練實紀導言	四二七	民國二十六年	
附「訓練紀實修整完畢之報告」	四四四		
敬悼　蔡孑民先生	四四六	民國廿九年三月廿四日	掃蕩報社論

一個回憶	四四九	民國三十二年	重慶北大紀念刊
悼念　吳稚老	四五四	民國五十二年	台中北溝
稀見的　吳稚老寫作　寫在吳稚老遺墨「從二十八年上想起中國青年最可模範的一個」之前	四五七	民國六十二年三月一日	傳記文學二十二卷四期
追思　胡適、林語堂兩博士	四七〇	民國六十五年五四紀念日	傳記文學二十八卷六期
一個回憶—敬念　蔣夢麟先生	四七八	民國五十七年九月卅日	中外雜誌四卷五期
悼念　陳通伯（源）教授	四八二	民國五十九年六月	武漢大學校友會珞珈二十七期

畫家　張書旂遺作展	四八六	民國五十九年十一月十日	假故宮展出
段錫朋先生二三事	四八九	民國六十六年二月	傳記文學卅卷三期
陶淵明文學	四九三	民國十五年	國學月報一卷
追念　周錦朝先生	五〇七	民國六十五年	
元初松陽女詩人—張玉娘	五〇九	民國十四年	
清初的「後進領袖」—夏元淳（存古）	五一二		
寒窗瑣筆	五一六	民國十一年	
片段生活的陳跡	五二五	民國二十四年一月	東方雜誌卅二卷一號

興建葉村桃溪橋啓	五二八	民國二十二年七月	
括蒼月刊編輯股啓事	五二九	民國十五年	括蒼月刊
括蒼月刊社四週紀念刊徵文啓事	五三〇	民國十六年	括蒼月刊
徵集括蒼先正遺文啓	五三一	民國十四年	括蒼月刊
括蒼月刊之旨趣	五三二	民國十四年	括蒼月刊
程伊川教育學說	五三六	民國十五年	括蒼雜誌
新中國的新教育—平民教育	五五〇	民國二五年十二月一日	於北京
向着最後勝利的目標邁進	五五六	民國二十九年七月九日	舊金山國民日報
偉大的祖國	五六〇		任掃蕩報社長爲國民日報撰
治學之根本精神	五六二	民國十一年	
人格問題	五六七	民國十五年	北京

闢風氣	五八一	民國十四年	括蒼雜誌
海外通訊	五八五	民國十九年一月廿五日	英國倫敦大學
邊疆資源開發問題	五九二	民國二十八年	
爲國聯調查團報告書告中華民國海內外同胞文	六〇〇	民國二十一年	
今日青年應有之精神及其責任	六〇七	民國十二年	國學月報
時代的認識	六一二	民國三十六年	
青年應有的抱負與修養	六一六	民國五十八年十月	中央月刊二卷一期
陳著「國父學說的法理體系」序	六二〇	民國四十三年三月	正中書局

劉著「唐代政教史」序	六二二	民國四十三年三月	台灣中華書局
黃文山「學術論叢」序	六二三	民國四十三年四月	台灣中華書局
聯緜字典再版序	六二五	民國五十年五月	台灣中華書局
詩詞曲語詞滙釋再版序	六二六	民國五十一年二月	台灣中華書局
倫敦雜感	六二七	民國五十八年四月五日	中外雜誌五卷五期
巴黎觀感	六三九	民國五十六年十一月	中央日報

其他著作：	撰述日期	備考
民族文化研究	民國四十年彙輯	
台灣風土志	民國四十五年四月	台灣中華書局衞惠林合著
台灣省通志稿禮俗篇	六十一年重修	台灣省文獻會卷二人民志
中國禮俗研究	六十一年五月	台灣中華書局

以下爲本書部分作品之英譯，請由最後一頁起向前翻閱。

AN ANTHOLOGY OF MR. HO LIEN-KUEI

PUBLISHED BY

CHUNG HWA BOOK COMPANY, LTD.

An Anthology of Mr. Ho Lien-kuei

contents

Biographical Note................................1

Ethnological Study In china in The Past Four Decades..1

DR. Tsai Yuan-Pei's Contribution To Ethnology.19

Tribal Culture And The T'AO T'IEH Motif In Ancient Chinese Art..........................29

Further Ethnological Study Of The T'AO-T'IEH Motif In Ancient Chinese Art................39

The Cultural Status Of Tortoise..............62

Ethnological Studies On Ancient Chinese Ritual Implements: Bronze And Jade................72

Further Studies On Chinese Antiquities: Ritual Brontz Vessels And The Origins of Chinese Ethical Thought...........................110

Customs And Rituals Associated With Major Chinese Festivals..........................144

Totem Culture And Its Remnants In The Mountains Of Central Taiwan...................160

The Main Features of The National Palace Museum.......................................172

The International Council of Museums Ninth General Conference.......................196

Brief Biography of Chang Shu-Chi.............219

BIOGRAPHICAL NOTE

Ho Lien-kwei (1902-1977) is a scholar. He was born in Chekiang, China and received his B.A. from national Peking University. He served as a Research Fellow at the University of London and at the University of Paris from 1927 to 1931. Mr. Ho has served as professor of Ethnology in National Peiping University, and as professor and Dean of the College of Law of the National Central University, Nanking. He acted as Advisor to the Chinese Delegation to the General Conference of UNESCO, Paris. He has also served as professor of Archaeology and Anthropology of National Taiwan University. He was correspondant Research Member of the Academia Sinica as well as Deputy Director of the National Palace Museum, Republic of China.

His main books:

1. Chinese Cultural Studied (1951)
2. Folklore in Taiwan (1955)
3. Studies in Chinese Ritual-Customs. (1973)

ETHNOLOGICAL STUDY IN CHINA IN THE PAST FOUR DECADES

SUMMARY

I. Introduction

Anthropology in China, both in its physical domain and its cultural aspect, had an early development dating back more than three thousand years. Cultural anthropology, called also ethnology, long ago branched out into the study of ethnography, archaeology and linguistics.

"Shang Shu", or the Book of History, is the oldest written history of China, while "Shan Hai Chin" or the Classic on Mountains and Seas distinguishes itself as the oldest ethno-geography of the ancient Celestial Empire. Both of them left an abundant legacy to later researchers in these fields, particularly in their ethnographical aspect. Generally speaking, most ancient Chinese scholars who devoted themselves to historical research also pursued the study of ethnography. Among them, Ssu-Ma Chian and Pan Ku in

the Han dynasty (206 BC-220 AD) were the most renowned. Later in the Ching dynasty (1616-1911 AD), while numerous intellectuals dedicated themselves to the study of the so-called "Han Classics", had dwelt upon the wider and deeper fields of archaeology, ethnography and linguistics. Koo Yen-wu, a noted scholar left over by the Ming regime, led the research with a voluminous work on *The advantages and Maladies of the Various Provinces in China*. Subsequent disciples of the Confucian school followed suit and plowed even deeper in a wide range of ethnographical study on such aboriginal races as the Miao, Yao, and Chuang which survived in the mountainous districts or remote frontiers of China. Their works, pursued either through travellings or the diligent studying of ancient classics, were further facilitated by archaeolagical discoveries of ancient written languages or symbols carved on stones, bronzes or even on tortoise shells or other sorts of animal bones, together with other fossilized materials unearthed in that period.

Despite the flourishing of ethnological study in China during the past 3,000 odd years, there was nevertheless a lack of modern scien-

tific method and an encouraging academic environment, because this subject was generally considered as a mere side-track within the Confucian school-otherwise, it might have been treated as a deviation from the orthodox Chinese pursuit of knowledge. Hence, there was no independent and solid system set up in this particular field of research.There was wanting a systematic analysis and a generalization of theories drawn out of these works in China. It was not until Western ethnology transfused itself into the Oriental empire that a modern school on this line was conceived and born in a healthy environment.

II. The Germinating Stage of Modern Ethnology in China

Western ethnology began flournishing in the middle of the nineteenth century. Noted authors such as A. Bastian in Germany, L. H. Morgan in the United States, and E. B. Tylor in England, etc., contributed immensely in establishing this line of study as a scientific research. With the development of sociology, psychology, and ethnography which had benefited by modern communication and transportation facilities, modern anthropological study has also widened its domain as having applicable scope and value in dealing

with political, especially colonial, affairs. In response to this academic current, the Manchu regime in 1903 first put in Anthropology and Ethnology as courses of study in its "College Institution and Curriculum". However, it was not until the inauguration of the Republic of China in 1912 that these two subjects were actually included in China's educational system. It was only in Peking University that such courses were opened to the youth in the whole of China. When Dr. Tsai Yuan-pei was Chancellor of that University, he opened ethnology courses for a limited number of students. He also taught aesthetics in the light of ethnological theories and source materials. His written works then were profuse in expounding this line of thought, with *"The Importance of Aesthetic Education. As a Substitute for Religious Worship"* forming its main theme. This, indeed, represented a new epoch in the Germinating Stage of China's Ethnology in the Chinese educational system.

III. Three States in the Growth of Ethnological Study in China

In the past forty years the progress of ethnological study in China has gone through three marked stages following the vicissitudes of Chi-

nese national affairs.

A)The First Stage—A Good Start

The first epoch in this field started from 1927 when Dr. Tsai Yuan-pei set up the Academia Sinica in Nanking, with ethnology established as a section of the Institute of Social Sciences. He himself headed this section and instructed its followers to undertake field surveys throughout China. Such backward tribesmen as the Yao in Kwangsi province, the High Mountain Tribes in Formosa, the Goldi in Manchuria, the Miao in Hunan, and the Shemin in Chekiang were all visited and thoroughly studied by the staff members.

The organization also subsidized H. Stubel, a German professor at the Tungchi Medical University in Shanghai, and Liu Hsien of the Shantung University to survey in 1933 the Li Tribesmen in Hainan Island. Form 1935 to 1937, Ling Shun-sheng, Tao Yun-kui and Ruey Yih-fu were dispatched to Yunnan province to study the various aboriginal tribes there, such as the Yao, the Miao, the Lolo, the Moso, the Pai-yi (Shan), the Laho, the Lisu, the Kachin, the Wa, etc. Their reports were published either in various periodicals or books. Aside from H. Stubel, another German scholar, F. Jaeger, also actively

participated in the field work. Chinese intellectuals such as Lin Hui-hsiang, Ling Shun-sheng and Ruey Yih-fu, etc., who were instructed by Dr. Tsai Yuan-pei, have formed the backbone of the research work even in the later stages up to the present in Taiwan.

Aside from Peking University and the Academia Sinica, ethnology courses were also given in the National Sun Yat-sen University in Canton after 1927, the National Central University in Nanking and the Missionary Nanking University followed suit in 1931. Still later, Tsinghua University, Yenching University, the Catholic University of Peiping, and the Sino-French University in Peiping, and the Chinan University and Tahsia University in Shanghai all offered courses in this field. Distinguished professors then were Huang Wen-Shan, Wei Hui-lin and Ho Lien-kwei in Nanking, Wu Wenchao and Yang Kun in Peiping and Liu Hsien in Shanghai. Prof. S. M. Shirokogoroff of Russia, E. Smith and Radcliffe-Brown of England, and W. Schmidt of Austria, were invited to China to lecture in various universities between 1930 and 1935.

The Chinese Ethnological Association was set up in Nanking in 1934, with an initial mem-

bership of about 40. As evidenced by the publication of their research works between 1928 and 1937, their activities had covered the greater part of Northeast , Southeast and Southwest China, with the Northwest as the only portion that had not had any planned and systematic study. By this means, the Chinese ethnological study firmly established its scientific basis in this first stage of development.

B)The Second Stage—A Hard Struggle

From 1937 to 1948, ethnological study in China suffered the same fate as the Chinese nation as it struggled hard for survival against the imperialistic invasion. Following the initial set back of the resistance war aqainst Japanese aggression, almost all research institutes and universities in North, East, Central and Southeast China promptly evacuated and moved either to the Southwest provinces or to the Northwest frontiers. The government encouraged ethnological studies in most universities. Surver - ing groups of various educational institutes were sent into the Miao, the Lolo and the Yao tribes, studying their customs, languages. and other ethnic characteristics. Some of them pried deep into Si-kang, Tibet and Kansu. The publication

of their reports aroused the keen interest of the Chinese nation.

With the victory over Japan in the autumn of 1945, the busy rehabilitation and reconstruction work of the Chinese cultural and educational institution edged out the pursuit of ethnological study for some time. However, the research mood or spirit that was left behind in Southwest China led some persistent workers to continue their field studies in Szechuen, Sikang and Chinghai provinces. Such scholars as Ruey Yih-fu and Wei Hui-lin etc., did good jobs in 1946.

C)The Third Stage—A Resurgent Thriving

The year 1949 witnessed the removal of the National Government of the Chinese Republic to Taiwan. With the evacuation of loyal ethnologists to China's island bastion, this line of academic work has further preserved itself from national catastrophe. Immediately, such scholars as Li Chi, Tung Cho-pin, Ruey Yih-fu and Shih Chang-ju of the Academia Sinica joined hands with professors Chen Shao-hsin and Chen Chi-lu of the National Taiwan University and Mr. Lin Heng-lih of the Taiwan Provincial Archives Committee and set forth in the summer of 1949 to study the aboriginal tribes in the Taichung mountainous

regions.

In the winter of 1949, another surveying group composed of Professors Ling Shun-sheng, Ho Lien-kwei, and Wei Hui-lin and Mr. Lin Heng-lih, visited the Atayal, Tsou and Bunun tribesmen in Taichung and Chiayi mountains. Each of them pursued a certain line of study and they subsequently published their findings. As for the author, he himself issued "The Totem Culture and Remaint Totemism in the Mountain Regions in Central Taiwan", together with "The Folklore and Customs of the Taiwan Native People". etc. After this, more ethnologists from the mainland came and reinforced the study. Pshchologists and archaeologists and even pathologists also joined the ranks,exploring the various mountainous districts of Taiwan. The so called "Kao-Shan" or "High Mountain" tribes that are scattered throughout this island, consisting of nine branches, namely, Atayal, Saisiat, Tsou, Bunun, Rukai, Paiwan, Puyuma, Ami, and Yami, have all received their due share of ethnological study from these researchers.

Modern appliances for physiological, pathological and psychological studies have also been used by the ethnological researchers in Taiwan

to make a thorough study of the tribesmen.

IV. In the Last Decade; Notable Achievements of Chinese Ethnologists

Prof. Ling Shun-sheng of the Academia Sinica, had since 1949 held that the native tribes in Taiwan have preserved ample characteristics of the ancient culture prevalent in Southeast Asia. Basing his study on his abundant knowledge of ethnological surveys made on the China mainland, he concluded that the socalled "barbarian tribes" who in ancient times such as "Wu" and "Viet" settled along the East China coast,together with the "Po Liao" or "Pai-Po" in Southwest China, were of the same stock as the Indonesian or so-called "proto-Malay" now prevailing in Southeast Asia. He thus treated the said region as one Culture area. In his treatise, "An Introduction to the Research of Ancient Culture in Southeast Asia," he divided this region into three sub-areas, namely,continental, peninsular and island. They correspond to the cultural strata as labelled, by distinction, "Sino-Tibetans" "Indonesian-Malay", and "Melanesian-Negrito". To sustain this theme, Prof.Ling pub-

lished eight essays on his ethnological findings in these three areas. Meanwhile, Prof. Chen Chi-lu and several other young scholars also supported this argument with discoveries from their vast field of research.

With the ample source materials in the related subjects of archaeology, history, ethnography, etc., garnered from the Asian continent to facilitate the research in Taiwan, the Chinese ethnologists have been tackling their work by combining the aforesaid three sub-areas into a group study. This, indeed, is a new feature in this academic field.

Moreover, while most studies in the history of ancient China emphasized its northwest region, now the trend has been changed. Even though the new method has been adopted only recently, it has already produced a new outlook in this field And a novel theory is thus formed to the effect that Chinese culture, or the so-called "Culture of Central China", is a blend of the Oriental Oceanic Culture and the Occidental Continental Culture. In this respect, Prof. Ling Shun-sheng holds the view that the ancient civilization in Southeast Asia represented the Oceanic Culture and it formed the basic stratum of the Chinese

culture. This new hypothesis may be a key to further studies which will make promising contributions in this field.

During the Japanese occupation of Taiwan, many scholars pried deep into anthropological study on this island. They developed a scientific classification of the native people. However, since most of their works emphasized ethnographic study, there was a lack of a generalized cultural pattern in the analysis or comparison of the ethnic characteristics of the several tribes of this people. It was not until recently that Prof. Wei Hui-lin of Taiwan University, who has devoted a period of five years to this line, made remarkable contributions.

1) In regard to the clan system, his conclusions are related thus: On the clan pattern, he found that all the five clanish tribes of Taiwan aborigines have been mostly emphasizing the communal, except some matrilineal, clanish societies which had changed into the nominal pattern, with more or less totemic element. For instance, such communal functions as participating and hunting, funeral ceremonies, and property distribution or inheritance, are still excuted according to the clan units. On the prin-

ciple of clan organization, he explained Dualism and Trialism as the elementary features of Tribal Organization among the Tsou and the Bunun tribes. On the clan theory, he proved that both the patrilineal and matrilineal systems which have different origins developed parallelly without anterior or posterior stages one over the other. As among the Tsou tribe, the clan might have come into being before the existence of separate families.

2) About the age grade system, Prof. Wei discovered that there are two basic patterns prevailing in those native societies in Taiwan. They are the Terminal System and Nominal System. The latter, however, develops more fully only in the matrilineal Ami society co-existing with the military organization of men's house.

3) About the tribal organization and its chieftainship, Prof. Wei admitted four patterns called "pan-blood society", "clannish society", "two class society", and "dual structured society", now still in vogue among different tribes of the Taiwan natives. The dual leadership system has been held necessary so as to keep a balance of power in harmony with natural supremacy and social superiority. The latter is often

created out of class struggle or inter-tribal conflict.

Prof. Ruey Yih-fu of the Academia Sinica made new generalizations on the kinship system of the Miao tribe on the mainland and of the aborigines in Taiwan. First, he compared the Miao system with that of the Chinese proper; and now he has made a comparative study of it with that of the native tribes in this island. The terminological identity of parents and their children is interpreted by him as due to two important formative factors: "Teknonymy" and "Tekeisonymy" of "reverse teknonymy". From the comparative study of both ancient and modern Chinese kinship terminology, he further discovered that the former corresponds to what L. H. Morgan termed the "Turanian Type" of the "Classificatory System" or the so called D Type of Kirchhoff or bifurcate merging terminology of Lowie, while the latter corresponds to the "Descriptive System" or A type or bifurcate collateral terminology. Prof. Ruey also distinguished the ancient kinship system, which concerned to the exogamous clan organization, and the modern system which is correlated most probably with the "Grossfamilie".

Prof. Huang Wen-shan, one of the best learned ethnologists in modern China, has published several important essays on this line of research since 1934, of which two main themes are most outstanding. First, on the study of totem culture Prof. Huang adopted modern ethnological principles with scientific methods to explain pre-historical totemism in China. Thus he also solved the puzzles of some intellectuals in tackling the ancient history of China regarding some legends or miracles. Subsequently, numerous anthropologists, including the present author, made diligent and deep research into the totem system of different tribes over a wide area of China. While some noted foreign scholars, such as B. Malinowski and F. Boas, did not believe in the common existence of totem culture in China, their theses as such were then disapproved by the general conclusion of these Chinese ethnologists who hold that totem culture, though appearing different forms and varying in different degrees in different cultural stages, did in fact exist in every corner of the globe. Totemism is thus made an important subject in tackling ethnology in various countries even in the present day. As Prof. Huang is now still

pursuing his study in the United States, it is expected that in a favorable environment he can offer some new discoveries along this line.

Secondly, Prof. Huang also promoted the establishment of so-called "Culturology" to include all subject of cultural study by use of scientific methods. Since 1934 he has published several essays on this line. In 1949 he issued also a book called "On the Formation of Culturology", which was followed up by "Culturology and Its Position in the Science Domain". It is remarkable that Prof. L. A. White, a brilliant American ethnologist of the Neo-Evolutionist School, held the same proposition. Both of them have in recent years been teaching in the New School for Social Research in New York. It is possible that their cooperation in this field of study may further brighten the realm of Culturology and thus develop it as a sister to the well-shaped Ethnology.

Taken as a whole, ethnology is not a mere theoretical science but also a sort of applied science. The study of this course would have not only academic value but also practical utility. There is a trend in this field to apply the result of such study to facilitating the solving

of various concrete problems, either national or international. As for China, it is advisable that ethnological research be encouraged or expanded, especially in regard to field surveying.

Still another new form of the applicability of ethnological knowledge is in the employment of the culture-and-personality studies in modern psychological warfare. During the Second World War, it was employed with ample success to facilitate military propaganda. The disclosure of the Japanese national characteristics by Gorer is a good example in this regard.

Again, during the same war, the United States paid much attention to the special training of its troops and auxiliary corps, who were about to be dispatched to the Pacific theatre or elsewhere, by instilling into them the knowledge of the human nature, customs and habits of certain peoples in that area. Whether they were to participate in some jungle-fighting on some Pacific islands or in other engagements the American armed forces later were found to be able to meet the varied situations with ease. Thus the study of ethnology has contributed to the winning of the last war for the Allied Powers. It is advisable that those who are in

charge of our national defense do not neglect this course of study.

DR. TSAI YUAN-PEI'S CONTRIBUTION TO ETHNOLOGY

SUMMARY

I . Introduction

Being a Hanlin (a high ranking literary official in the Chin dynasty) yet at the same time being able to absorb Western education, to face squarely the world's cultural trend and to advocate and endeavour in academic research and development in China, Dr. TSAI Yuan-pei was indeed outstanding, perhaps even unique, in these respects. With his extensive knowledge on almost every subject, oriental and occidental, he was well qualified to be honoured as "An Omniscience in Knowledge" by the intellectuals. As Dr. Chiang Monling stated quite appropriately, " Dr. TSAI , brought up during the period of cultural interflow between China and Western countries, served most capably as a bridge between two great civilizations. His unparalleled magnanimity, his serene personality, his profound learning and his

distinguished judgement established him as a great scholar."

One of the outstanding contributions of Dr. TSAI was made to the field of Chinese Ethnology. Ethnology in China, indeed,had an early development dating back more than three thousand years. "Shan Shu" (尚 書)--the Book of History,is generally presumed as the first written history of China, while "Shan Hai Chin" (山 海 經)-- The Classics on Mountains and Seas, distinguishes itself as the oldest volume on ethno-geography of the ancient Celestial Empire. Both of them have been highly regarded by researchers in the ethnographical aspect of all ages. From the Han dynasty to the Chin dynasty (140 B.C. - 1912 A.D.), most scholars who engaged in historical and geographical studies also pursue ethnographical researches and wrote numerous books on them.

Inspite of the long period flourishing of the ethnological studies in China, as mentioned above, one often felt, however, that there was a clear lacking of a systemic approach and perhaps an encouraging academic environment. A detailed and ramified analysis, on one hand, and a generalization of overall principles, on the other, could not be drawn out of all previous works in

China. It was not until the diffusion of the Western ethnology into the Orient Empire by Dr.TSAI that the picture commenced to alter itself.

Western ethnology, though having a somewhat earlier start, was blooming during the mid-19th century. Among noted authors, A. Bastian of Germany, E.B. Tylor of England and L.H. Morgan of U.S.A. etc., were great contributors to the establishing and installing of scientific approaches in ethnological research. During that period, Dr. TSAI went to Europe three times. He was appointed the Chancellor of Peking University upon his return from Europe. At the second time, he offered courses on ethnology and also taught aesthetic courses along the lines of ethnological theories and source of materials.

From 1928 to 1940, Dr. TSAI was the President of Academia Sinica, the highest research organ of China. In that capacity,he distinguished himself not only as an able administrator,but also a strong advocate, and indeed a pioneer in the field of ethnological studies. He directed and participated in ethnological researches honestly. Thanks to Dr.TSAI, the ethnological investigations in China had at last a new orientation and a deep seated innovation.

The writer considers it a most pleasant duty to introduce Dr. TSAI and his work on Chinese Ethnology to the readers, with the scanty information at his disposal.

Ⅱ. Dr. TSAI's Contribution to Ethnological Theories

Dr.TSAI, though learn extensively and tirelessly throughout his life, was exceedingly meticulous in publishing his works and essays. During the period of 1926 to 1934, he published only three articles on ethnology, namely, (1) A Discussion on Ethnology, (2) Sociology and Ethnology, and (3) Concepts of Evolution on Ethnology. One may assess Dr. TSAI's achievements on theories of Chinese ethnology by analysizing the above mentioned articles. They may be listed as follows:

(1) Establishment of Ethnological Terms

Ethnology, as it is well known, is a branch of science which deals with the subdivisions of races and relations and conditions of racial mixtures. In Dr. TSAI's article of " A Discussion on Ethnology", he stated: "Ethnology is a science of investigating racial cultures and subsequently making comparative study and record thereof . The work pertaining to record is called Ethno-

graphy. (Ethnographie in French or Beschreibende Völkerkunde in German). The work pertaining to comparison is called Ethnology (Ethnologie in French or Vergleichende Völkerkunde in German). Ethno is originated from the Greek word "Ethnos" which means race; Graphie, from "Graphein" which means record; and Logie from "Logas" which means science." In 1927 , under Dr. TSAI's direction, an Ethnology Section was established in the Institute of Social Science, Academia Sinica. Since then, the term " Ethnology " has been widely adopted by the intellectual circles in China.

(2) Research Work on Ethnic Cultures

Ethnic cultures, especially of primitive nature, occupy an important branch in ethnology. Dr. TSAI devoted considerable effort in revealing the characteristics and evolution of racial cultures. Culture stands for a living pattern of race.There are three kinds of distinctive patterns:pattern of material life, pattern of psychic life and pattern of social life. On the part of material life, he employed such examples as fire drill, daily living habits, communications,etc. as its main characteristics. On psychic life,he used such examples as languages, characters

(alphabets), fine arts, arithmatics, music, and religion, as representation. On social life, he listed maternal system and totemism, etc. In carrying out comparative studies of a culture, especially of its variation and progress age after age, Dr. TSAI's approach had been consistently from near to remote. This is indeed a pertinent and effective approach particularly for investigation evolutional theory in ethnology with both historical and geographical factors taking into consideration. Moreover, Dr. TSAI had opened the way for research along the following lines:

A). In relation to Fire Drill

Festivals and religious ceremonies were recognized as the succession of fire drill.

B). In relation to recording and reckoning on Knotted Cords

It was trusted that Indian notched stick and wampum belts were originated from knotted cords. From there, hieroglyphic (圖 畫 文 字)was gradually developed. It would not be difficult to see that Chinese characters or symbols carved on tortoise shells, animal bones, bronzes and stones bear much resemblance with the Indian Hieroglyphic.

C). In relation to Totemism

Totemism in the prehistoric time was found by researchers through investigations in the field. Evidences of totemic culture were successively turned up in the providences of Hunan, Hupei, Kwantung, Kwangsi, Chekiang, Fukien and Taiwan. Dr. TSAI had indeed left an enlightened path for his followers to carry on their research work in ethnology.

(3). Advocation of substituting Fine Arts Appreciation for Religion

Postulated from philosophy, ethnology and aesthetics, Dr. TSAI advanced a theory of " Fine Arts Appreciation in substitution of Religion "- a courageous and outstanding sum-up of his intellectual thinking and belief. He recognized: " A genuine religion is but a worship of supernature. However, worship, as such, may change with the development of one's philosophical concept and understanding. So being the case, it is called "Freedom of Worship. " Dr. TSAI added, " Simple arts may better than religion in cultivating proper feelings and sentiments. It could develop our habits along an honourable and virtuous line and steadily rid ourself of our antigonistic and selfish conceptions. " Such a evelation by Dr. TSAI would certainly have a profound bearing on

the psychic life of the people.It will influence and beautify human philosophy which by all means will affect the moral and cooperation of human nature.

Ⅲ. Some of Dr. TSAI's Achievement in Ethnological Research

In 1927,when the Academia Sinica was in the preparatory stage, it was Dr. TSAI's intention to have a separate department on ethnology, but it was not materialized owing the lack of necessary personnel and financial support.As mentioned earlier,and Ethnology Section was established instead in the Institute of Social Science. He concurrently took charge of the Section. His policy laid much emphasis on field work, realizing that ethnology is not an abstract art of creation or conjecture. Dr. TSAI recognized that direct discovery and evidence in the field and at the spot are much more important in establishing ethnological theories. Ethnological research, indeed, is not only useful in the purely academic sense, but to governmental frontier policy and education and to the elevation of the level of culture as well.

Dr. TSAI devoted himself in ethnological research and instructed its followers to undertake

field surveys throughout China. Such backward tribesmen as the Yao in Kwangsi province, the High Mountain Tribes in Formosa, the Goldi in Manchuria, the Miao in Hunan, and the Hsiehmin in Chekiang were all visited and thoroughly studied by the staff members.

The organization also subsidied H.Stubel, a German professor at the Tungchi Medical University in Shanghai, and Liu Hsien of the Shantung University to survey in 1933 the Li Tribesmen in Hainan Island. From 1934 to 1937, Ling Shun-sheng,Tao Yun-kui and Ruey Yih-fu were dispatched to Yunnan province to study the various aboriginal tribes there, such as the Yao, the Miao, the Lolo, the Moso, the Pai-yi (Shan), the Laho, the Lisu, the Kachin, the Wa, etc. Their reports were published either in various periodicals or books.

In 1934, an Anthropology Section was set up in the Academia Sinica. Together with the Ethnology Section, it was made subordinating to the Institute of History and Philology (Now, the Institute of Ethnology has been set up independent of this Institute.). Dr. TSAI personally implemented many research programs as worked on numerous special projects. His tireless and sel-

fishless dedication to our country and academic work, his inspiring spirit, his genteel character, and for sure, his actual contributions and achievements rendered him a G. W. Leibnitz of China.

One can probably never over-praise Dr. TSAI.

TRIBAL CULTURE AND THE T'AO T'IEH MOTIF IN ANCIENT CHINESE ART

SUMMARY

T'ao t'ieh is an animal face decorative motif. According to legend, in the early time of Hsia Yü 夏禹, tripods were cast with pictorial representations of hobgoblins and sprites that were transformed from the weird emanations of the trees and rocks on the hills. With the passage of time and gradual changes, these developed into the *t'ao t'ieh* design of the later Shang and Chou.

In researching through ancient documentation, we find the characters *t'ao t'ieh* indicate three distinct meanings: 1. a ferocious animal, standing for the malevolence of early tribes; 2. a wild tribe, standing for the boorishness of a tribe and 3. a cruel man, standing for the greed and aggression of an individual. These two words are not to be found in the writings or inscrip-

tions of over 3000 years ago. These three meanings suggest three models and from the point of view of study of tribal culture, we can take the first two together and analyze it therefrom.

One of the first important steps in the organization of a primitive society is the subjugation of its harassing foes and the assumption of leadership. It was said at the time of Huang-ti, the portrait of Chih-you 蚩尤 was painted to assert supremacy over weaker tribes. In terms of totem culture, this can be easily understood.The portrait of Chih-you was painted by a victorious tribe to demonstrate to the defeated tribes its prowers, as its symbol of conquest.Later through development of this consciousness of social political effect, portraiture was substituted by cast vessels and carvings on jade and stone. By the time of Haia Yu, many of these vessels were made and in Shang and Chou, this practice was even more prevalent, witness the *t'ao t'ieh* motifs signifying the subjugation of other tribes on the bronzes.

In investigating the bronze, stone, jade and bone artifacts of Shang and Chou, we find the animal face of the *t'ao t'ieh* largely resembling the ram. The Western Ch'iang 羌 tribe

used the ram as its tribal sign; in terms of social organization, it was their tatem symbol.The Ch'ing tribal clan was the great enemy of the Yin 殷 people and the king of Yin used to sacrifice Ch'iang people in the worship of ancestor and the *t'ao t'ieh* motifs on the Yin and Shang vessels sought to represent the heads of the sacrificed Ch'iang people. The use of the Ch'iang totem symbol was incorporated into the *t'ao t'ieh* design. Following established customs and common understanding, thus the victorious Yin people proclaimed their triumph and recorded their valour for all to see. This method of demonstrating supremacy continued even through the Chou dynasty, though the designs of the motifs were to an extent modified.

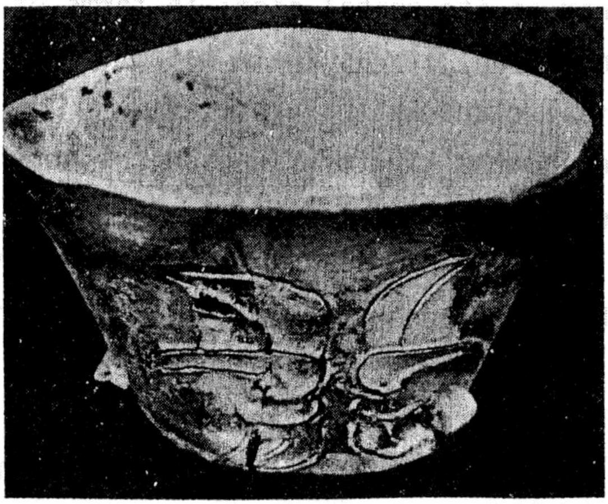

圖版壹：A・商代紅陶碗（湖北齊家河出土）

PLATE I: A. Red pottery bowl. Shang dynasty (1766-1154 B.C.) Excavated in Chi-chia-ho, Hopei.

B・商代白陶罍（美國華盛頓佛利爾美術館藏）

B. White pottery *Lei*. Shang dynasty (1766-1154 B.C.) Collection of the Freer Gallery of Art, Washington, D.C., U.S.A.

圖版貳：

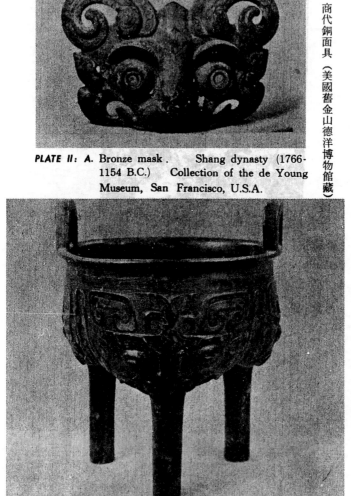

A・商代銅面具（美國舊金山德洋博物館藏）

PLATE II: A. Bronze mask. Shang dynasty (1766-1154 B.C.) Collection of the de Young Museum, San Francisco, U.S.A.

B・商父辛鼎（國立故宮博物院藏）

B. *Ting*, tripod inscribed with "*fu-shin*". Shang dynasty (1766-1154 B.C.) Collection of the National Palace Museum.

圖版叁：A・商壺（美國堪薩斯納爾遜美術館藏）

PLATE III: A. *Hu*, wine vessel. Shang dynasty (1766-1154 B.C.) Collection of W. R. Nelson Gallery of Art, Kansas, U.S.A.

B・商史尊（國立故宮博物院藏）

B. *Ts'ung*, wine vessel inscribed with "*shih*". Shang dynasty (1766-1154 B.C.) Collection of the National Palace Museum.

圖版肆：商雙羊尊（英國倫敦大英博物館藏）

PLATE IV: *Ts'un*, wine vessel with two sheep decor
Shang dynasty (1766—1154 B.C.)
Collection of the British Museum, London, England

圖版伍：A・商卣（法國巴黎塞納氏博物館藏）

. Yü, wine vessel . Shang dynasty (1766—1154 B.C.)
ection of the Musee Cernuschi, Paris, France .

B・商卣（英國威爾斯克爾藏品）

B. Yü, wine vessel . Shang dynasty (1766-1154 B.C.)
Cull Collection, Wales, England .

圖版陸：商乳丁罍（國立故宮博物院藏）

PLATE VI: *Lei*, wine vessel with nipples decor
Shang dynasty (1766-1154 B.C.)
Collection of the National Palace Museum

圖版柒：A・商簋（美國哈佛大學福格博物館藏品）

PLATE VII: A. *Kuei*, food vessel. Shang dynasty (1766-1154 B.C.)
Collection of the Fogg Museum, Harvard University, U.S.A.

B・商嵌綠石器（中央研究院藏品）

B. Vessel with green stone inlaid.
Shang dynasty (1766-1154 B.C.)
Collection of the Academia Sinica, Taipei, Taiwan

C・商刻紋骨（河南安陽出土）

C. Bone with incised decor.
Shang dynasty (1766-1154 B.C.)
Excavated in An-yang, Honan.

FURTHER ETHNOLOGICAL STUDY OF THE T'AO-T'IEH MOTIF IN ANCIENT CHINESE ART

In the article "Tribal Culture and the *t'ao-t'ieh* Motif in Ancient Chinese Art" published earlier in this Quarterly (Vol 4, No.4), I feel that I did not by any means exhaust the topic. In order to provide further materials and conclusions I have again taken up this subject in the present article.

1. The Origin and Development of the *T'ao-t'ieh* motif

The American Historian Prof. Lynn Thorndike in his book *A Short History of Civilization*, (1918) states that in North China a number of bones carved with ancient mysterious writing or perhaps answers posed by divining priests were excavated. These bones date back to 1300 B.C. (these are in fact Yin oracle bones.) The most ancient art relics are bronze vessels dating

back to the Prehistoric to the Shang and Chou dynasties (1766-255 B.C.). The bronze vessels are decorated with a large primitive inscription, simple geometric designs, or images of various kinds of beasts or demons. Professor Thorndike's statement has given me an insight into this topic.

The British archaeologist William Watson in his book *Ancient Chinese Bronzes*, (1962) has the following to say about *t'ao-t'ieh* design: "It is an 'Animal Art' in which the motifs are taken from the shapes of animals, real or imaginary." Here we find a clear indication that *t'ao-t'ieh* motif is in fact based on the image of a real animal. The origin and development may be traced back to real life images.

The Chinese art theorist Teng I-chih (鄧以蟄) in his article entitled, *Hua li T'an Wei* (畫理探微), (1946) says:

> The essence of art is not natural images, or shapes,but rather consists of all those forms which are made by men e.g. bronze vessels, lacquer ware, pottery, carved jade, architecture, and interior design.

Teng I-chih further states:

> The basis of the *t'ao-t'ieh*, *k'uei* (夔

) and thunder (雷) patterns may be traced back to images of sacrificial animal heads chicken wings, and clouds which were adopted from real life. Although the artists' imagination is amazingly rich, he is still bound by his medium. This is what is known as unity of medium and design. However, all artists aspire to freedom and try to break away from the limits set by their medium hence their designs tend to be complicated and refined, in an effort to portray beauty. This is what is known as variation of medium and design.

Mr. Teng later goes on to say:

The bronze vessels produced in the final years of the Shang dynasty and the early years of the Chou dynasty are without open spaces. The plain background area is totally decorated with a thunder pattern, which is surmounted with a *k'uei* pattern, the *k'uei* pattern in turn serves as a background for the major design--the *t'ao-t'ieh* motif. If we proceed further with this analysis, we will note: the horn on the head of the *t'ao-t'ieh* beast which decorated these vessels often protrudes from the surface of the

> vessel. This horn may be considered as a round solid. The result of all this work is that the flat plain background of the vessel now has three layers: a thunder pattern forming the bottom layer, a *k'uei* pattern forming the middle pattern, while the topmost layer consists of a *t'ao-t'ieh* motif. This topmost layer tends further to protrude gradually from the body of the vessel.

The above quote from Mr. Teng's *Hua Li T'an Wei* provides us with substantial material to analyze the development of the *t'ao-t'ieh* motif. In addition to this source of information we have actual archaeological evidence concerning the evolution of the *t'ao-t'ieh* motif. A bowl made of red pottery dating back to the Shang dynasty was found in Chi'i-chia-ho (齊家河), Hupei province. This bowl is engraved with an animal image, probably a sheep's head. The characters etched on oracle bones, and those comprising inscriptions on bronzes all bear some resemblence to the horns of a sheep, being written thus 𠂇. With this evidence we may infer that the design appearing on this ancient vessel is in fact a sheep head. Next we have a *lei*, (罍) a type of large white pottery jar, which is also engraved

with the head of an animal in combination with a triangular pattern. I believe this animal image too represents a sheep head. From our knowledge of archaeology we know that bronze ware evolved from pottery *e.g.* the following Shang dynasty vessels: Fu-Hsin (父辛) *ting* (鼎). the Shih-I (史已) *kuei* (簋), the *Ko Kuei* (戈簋) and numerous *hu* (壺) all are engraved with sheep heads in combination with *t'ao-t'ieh* decor. The plain background of each of these vessels is filled in with varied cloud patterns, thunder patterns, and *kuei* patterns, all of which are very complicated and refined patterns and have a definite aesthetic function.

If we examine the earliest geometric patterns, we find that they consist of lines drawn to express simple objects remembered from the past. Later over a period of time these patterns gradually evolved from the simple to the complex, becoming true artistic patterns. The artistic changes in the ancient vessels are to capture attention. As these vessels become more varied our curiosity and interest are heightened. Artistic patterns function to create variation. That ancient artists and craftsmen had this kind of imagination is as amazing as that they combined

bronze and tin to produce such fine bronze vessels. (See my article "Tribal Culture and the *T'ao-t'ieh* Motif in Ancient Chinese Art" in the Quarterly Vol. IV, No. 4). The National Palace Museum has a large display room devoted to Shang and Chou dynasty bronze vessels.This room should be regarded as a laboratory where further comparative research may be performed.

2.Some Observations on the Symbolic Significance of Anicent Ritual Vessels from an Ethnological Point of View

In ancient legend, the most significant battle occured between Huang-ti (黃 帝) and Chih-yu (蚩 尤). *The Shih Chi* (史 記) has the following description of this conflict:

> Ch'ih-yu disobeyed Huang-ti's commands, rising up in rebellion, thereupon Huang-ti was compelled to call together all the feudal lords to launch an expedition against him. Huang-ti did battle with Ch'ih-yu in the fields outside Chuo-lu, capturing and slaying the rebels.

Here we can see that Ch'ih-yu represented all the ferocity and violence of a savage tribe.

The *Lung Yu Ho T'u* (龍魚河圖)adds this remark to the story of Ch'ih-yu's rebellion:

"Later, when China was once again torn by civil strife, Huang-ti had an image of Ch'ih-yu made to awe all the other rebels. This story is indicative of what it was like for the Shang-Yin peoples to deal with the savage Ch'iang (羌) tribe which was finally subdued by the Yin people. From an examination of the *t'ao-t'ieh* motif found on the ancient bronzes we may surmise that the Yin people in order to conquer their most hated enemies drew an image of a beast and used this design in casting bronze vessels to intimidate their enemies and strike terror into the hearts of would-be rebels. We can trace this kind of belief all the way back to Huang-ti's conquest of Chih-yu. This kind of thinking is consistent with early tribal political and societal ideas as found in historical records. The *Tsuo Chuan* (左傳) has a reference to this kind of motif: "*Ting* were cast with images." The images cast on this *Ting* were probably fantastic and mysterious."

The T'ang dynasty art historian Chang Yen-Yüan (張彥遠) in his *Li Tai Ming Hua Chi* (歷代名畫記) also alludes to these bronzes: "*Ting* and *Chung* (鍾) vessels were engraved. From this engraving we may know about savage tribes." Savage tribes in ancient times were

defined as those people who were outside the realm of a given ruler. Various primitive tribes would choose different imaginery animals for totems symbolizing the entire tribe. Based on this premise, I think we are safe in saying that the *t'ao-t'ieh* emblem was originally the image of some animal. From a study of ancient social organization we may infer that the Ch'iang tribe used the sheep as their insignia, hence the origin of sheep's head *t'ao-t'ieh* which served as this tribe's totem. The Ch'iang tribe probably had a pastoral economy or lived in an area heavily populated with sheep and so adopted the sheep as its totem. The primitive motif on ancient bronzes which Professor Thorndike mentioned probably refers to this kind of sheep emblem, but he did not trace its origin in detail. I have already touched upon this point in my last writing. In this article I would like to mention the Scorpion King of Ancient Southern Egypt. This Scorpion was also a kind of totem which inspired awe in the hearts of enemies. The Northern and Southern Kingdoms of Egypt fought;the result was that the Southern Kingdom gained supremacy over all Egypt. In the temples of Horus and Heirakonpolis we find ancient limestone tablets with the

earliest historical inscriptions commemorating this victory (Figure 1).(See W.B. Emery: *Archaic Egypt;* 1961. A. Moret and G. Davy: *Des Clans Aus Empires,* 1934). Although the natural phenomena throughout the ancient world were varied, the sociological ideology associated with them was similar. Therefore I have cited the above episode as another example.

At this juncture I think it still remains for us to discuss the ethnological origins of the Ch'iang tribe. During Shang-Yin times the inhabitants of China were in the process of evolving from a pastoral economy to an agricultural one,while both stone and bronze implements were being used side by side. After the founding of the Shang-Yin dynasty the two emperors who did the most to expand the Shang people's territories were the Ch'eng-t'ang (成 湯) and Wu-ting (武 丁) Emperors. The Ch'iangs were a most powerful nomadic tribe who lived on the Western frontier. This tribe was in fact also the most powerful enemy in all of Northwestern China and posed a most formidable threat throughout the period of Ch'eng-t'ang and Wu-ting Emperors. Ever since the reign of the Ch'eng-t'ang emperor it is thus recorded that the Ch'iangs

came to the Shang court to offer tribute. During the reign the Wu-ting Emperor an expedition was sent out against the Ch'iangs and returned with captives. The Yin people reserved the cruelest treatment for Ch'iang captives. Because the Yin people hated these people so much, they used these captives as victims in making sacrifices to their ancestors. Therefore in the oracle bone writing when we find mention of human sacrifice we may be certain that this was limited to only Ch'iang captives.

We will now examine the origin of the Ch'iangs as gleaned from available records. In the *I Ching* under the Chi Chi (既濟), "After Completion" hexagram we find the following remark: Kao-tsung (高宗) attacked "Kuei-fang" (鬼方) and conquered it within three years. Under the Wei Chi (未濟),"Before Completion", hexagram we read: "Kuei-fang" was attacked and conquered after a period of three years." Kao-tsung refers to the Wu-ting Emperor of the Yin dynasty (i.e. the later part of the Shang period). Emperor Wu-ting led troops against the "Kuei" (鬼) tribe subduing them only after a period of three years. This fact illustrates how powerful a tribe the Ch'iangs must have been and

what a great threat they must have posed to the civilized Shang people who had to spend three years to conquer them. The *Hsi Ch'iang Chuan* (西羌傳) of the *Hou Han Shu* (後漢書) states, "During the declining years of the Yin dynasty the border tribes rose up in rebellion. During the reign of the Wu-ting Emperor an expedition was sent against the Kuei tribe which was conquered after three years of fighting. Therefore, a poem recording this episode was written, "From then on the Ch'iangs dare not, but come to court to offer tribute." From these records we know that the "Kuei-fang"refers to western frontier tribes. The Ch'iangs were a tribe of nomads living on the western frontier, in a place known as "Kuei-fang". "Kuei-fang" is some place in between Shensi and Kansu. The *Hsi Ch'iang Chuan* of the *Hou Han Shu* says, "The land southwest of Ho-kuan (河關)is where the Ch'iangs lived. Their territory is located from the neighborhood of Shih-chih (賜支) to the head of the river, altogether a distance of 1000 *li*. The *Shih-chih* territory of the Yü Kung (禹貢) corresponds to the *Hsi-chih* (析支). Under the ancient administrative system Hokuan *hsien* was a part of Chin Ch'eng (金城) prefecture. This site is located in *Kaolan* (臯蘭) *hsien*, Kansu. The *Hsi-*

chih territory ceded to the Ch'iangs extended from Kuei-te *hsien* (貴德縣), Kansu all the way to Ta-chi Shih-shan (大積石山), in Ch'inghai province. If we trace the Ch'iang territory by means of the river boundary we find that it is located somewhere between present-day Shensi and Kansu. The following places were inhabited by the Ch'iangs in ancient times: Ning-ch'iang (寧羌), Hanchung (漢中), Shensi province, Fuch'iang (伏羌), Anch'iang (安羌), Huaich'iang (懷羌), Laich'iang (來羌), Poch'iang (破羌). "Kuei-fang" and "Ch'iang-ti" (羌地) (Ch'iang land) are one and the same being located in present-day Kansu. (Figure 2)

The Ch'iangs primarily roamed in the north-west area of the territory inhabited by the Yin people. To what ethnic group did the Ch'iang tribe actually belong? Wang Kuo-wei (王國維) concludes that these nomads belonged to that tribe which in later times was known as Hsünyü (獯鬻), Hsienyün (玁狁), Hsiungnu (匈奴) etc. Wang Kuo-wei in his "*Kuei Fang K'un I Hsien Yün K'ao*" (鬼方昆夷玁狁考) has the following to say on the subject:

> In ancient times a powerful race dwelled on the border of North China. Their ter-

ritory extended from Ch'ienlung (汧隴) in the west to T'ai Hang Ch'ang Shan (太行常山) in the east. Sometimes the harious sub-tribes composing this people would be united, and at other times divided among themselves. On occasion these people would invade China. In general this race was very warlike and not very civilized or at least not as advanced as the Chinese.These people were ignorant of the art of writing or used a form different from that practiced in China,so their names in Chinese have varied according to time and place. Their name was derived from the place they stayed at or later even they were known by a derogatory Chinese name. During the late Shang and early Chou dynasties these nomads were called "Kuei-fang", "Huni" (混夷) or "Hsün-yü". In the Chou dynasty these people were known as the "Hsienyün". After the Spring and Autumn era these nomads were given the name "Jung" (戎), later they were called "Ti" (狄). After the Warring States period they were called "Hu" (胡) or"Hsiungnu". Of the above-mentioned names, the sobriquets "Jung" and "Ti" were definitely given to

these nomads by the Chinese. The names "Kuei-fang", "Huni", "Hsünyü", "Hsienyün", "Hu" and "Hsiungnu" are the original tribal names. In the name "Kuei-fang" the last syllable as a Chinese addition, as was the syllable "i" in "Huni". Even when the Chinese used Chinese names for these nomads, they still retained their own tribal names. The descendants of the border tribes should be called by their ancient names. During the Warring States period the Jungs and Tis disappeared. A strong China expanded her territory and came in contact with these border tribes once again using their original names (in the Warring States period the name Hsiungnu first came into use). After the Spring and Autumn period the historical records mentioning this tribe are abundant, but their early history is still a mystery to scholars who only know by what names they went under and nothing else.

The Hsiungnu have had the longest and closest dealings with the Chinese people. Mention is made of this tribe in the oldest documents where they are referred to as "Kuei - fang" or "Ch'iang". In the *Hou Han Shu* the "Kuei-

fang" or "Ch'iang". In the *Hou Han Shu* the "Kuei-fang" are referred to as the ancestors of the "Hsien Ling Ch'iang" (先零羌). The *Chu Shu Chi Nien* (竹書紀年) records the fact that during the last years of the Shang-Yin dynasty and the early years of the Chou period numerous expeditions were sent against the Jungs. Hence we know that these people still dwelled in the area to the west of Ch'i Chou (岐周) and south of Ch'inlung (秦隴). The Kuei-fang, Huni, Hsünyü, Hsienyün, Junti and Hsiungnu of ancient times are merely different names given to one and the same tribe of nomads. This is what Wang Kuo-wei means when he says: "Their names in Chinese have varied according to time and place. Sometimes the name they used was derived from the place they stayed at." From those ancient records we can see that for 600 years of the Shang and Chou dynasties these nomads dwelt primarily in the Ch'inlung area. This tribe was scattered over a wide area occupying most of Northwest China. The following places mentioned in the ancient records as Ch'iang settlements: Hokuan (河關), Hoshou (河首), Shihchih (賜支), Ch'ienlung (汧隴), correspond to the border areas of the present-day

Kansu, Shensi, Shansi, Ch'inghai provinces. The Ch'iangs were a nomadic tribe, whose wanderings were facilitated by fast horses. Kan Pao (干寶) says they were a northern tribe (see the footnotes to the *I Ching*). Sung Chung (宋衷) says they dwelt in the west (see the footnotes in the *Shih Pen* 世本), Huang Chen (黃震) in his *Huang Shih Jih Ch'ao* (黃氏日鈔) states that they were a southern tribe.

From the geographical evidence it is most likely that these nomads dwelt in the northwest, so they should be regarded as a northwest frontier tribe. Liu Shih-p'ei (劉師培) in his *Chung Kuo Min Tsu Chih*(中國民族志) states, "The relations between the Chinese people and the uncivilized nomads may be dividied into two types. In the first type, contact was initiated by the Chinese, *e.g.* when during the Wu-ting Emperor's reign the Shang people extended their territory to include the southwestern lands. In the second type contact was initiated by the nomads, *e.g.* after the Wu-ting Emperor's regin the nomads wandered into the northwestern "Kuei-fang" area, i. e. present-day Tibet." According to Wang Kuo-wei's writings the Ch'iangs were a sub-tribe of the Hsiung-nu.According to Liu Shih-p'ei's works

the Ch'iangs of ancient times were one of many tribes dwelling in Tibet. The *Hou Han Shu* in the *Hsi Ch'iang Chuan* touches on the subject, "The southern border extends as far as Shuhan (蜀漢). The area beyond the borders is inhabited by barbarians." From these two passages it is possible to infer that a sub-tribe of the Ch'iangs might have drifted to Southwestern China and intermingled with the Tibetan inhabitants. Generally speaking, throughout Chinese history the Hus or Hsiungnu, a sub-tribe of the Tungus (通古斯), the Huis (回),a sub-tribe of the Tuchueh (突厥), and the Tsang (藏), a sub-tribe of the Tibetans (圖伯特), over thousands of year had contact with the Chinese and so were unable to maintain their identity. Under these circumstances these tribes and sub-tribes are very difficult to distinguish. I am convinced that Wang Kuo-wei's conclusions are valid. The Ch'iangs of the Shang-Yin period correspond to the Kuei-fang, Huni, Hsünyü, Hsienyün, and Hsiungnu. Therefore I think we may surmise that the *t'ao-t'ieh* totemic motif appearing on ancient vessels is related to the Ch'iangs or the Hsiungnu of later eras. 史—聋—鹵—乳 丁—

Shang bronze vessels such as the hu, the

Shih (史) *tsun* (尊), *yu* (卣) and the Juting(乳丁) *lei* were all used as wine containers; the Fu hsin *ting* was used as a cooking vessel; the *kuei* vessels, the Ko *kuei*, the I Fu (己父) *kuei* were used as food containers. These bronze vessels were used in rituals performed in the official temples, hence they are referred to as ritual vessels or sacrificial vessels.

The Ch'ing dynasty scholar, Juan Yüan (阮元) in his book *Shang Chou T'ung Ch'i Shuo* (商周銅器說) states that these vessels were originally used as cooking utensils. Later they were used in court ceremonies, ancestral sacrifices and banquets. When an official helped the emperor in some memorable way, he would be given a reward. To commemorate this occasion he would cast a bronze vessel, hoping that if he bequeathed it to his descendants his great deed would be remembered by posterity. Juan Yüan in this work gives us a very clear explanation of ritual vessel usage. Because the Yin people had a deep hatred for the Ch'iangs they used Ch'iang captives as victims in their ancestral sacrifices. As if this were not enough they decorated their ritual vessels with the Ch'iang totem—the sheep's head, which together with various offerings would

be sacrificed to their ancestors. Because the vessels were used to store food a great number were cast. The National Palace Museum is fortunate in having a good collection of these vessels (PLATES I-IV). Most of these bronzes have a sheep's head emblem engraved on their surfaces. To produce these vessels the emperors of ancient China made use of their best artisans, their power, their rites, designs, and inscriptions. These bronzes served not only to provide an outlet for the emperor's emnity, but also to intimidate would-be rebels. This is my alternate evaluation of the *t'ao-t'ieh* motif and my reason for writing this subsequent article which I hope will be of value to scholars interested in this field.

Plate I: A. *Kuei*, food vessel inscribed "*fu-kuei*"
Shang dynasty (1766-1122 B.C.)

B. *Kuei*, food vessel inscribed "*meng-tsu-ting*"
Shang dynasty (1766-1122 B.C.)

Plate II: A. *Kuei*, food vessel inscribed "*tzu-fu-wu*"
Shang dynasty (1766-1122 B.C.)

B. *Kuei*, food vessel inscribed "交*fu-ting*"
Shang dynasty (1766-1122 B.C.)

Plate III: A. *Kuei*, food vessel decorated with *t'ao-t'ieh* pattern. Shang dynasty (1766-1122 B.C.)

B. *Kuei*, food vessel decorated with *t'ao-t'ieh* pattern Shang dynasty (1766-1122 B.C.)

Plate IV: **A.** *Kuei*, food vessel decorated with whorl and nipple
Western Chou dynasty (1122-722 B.C.)

B. *Kuei* food vessel decorated with *t'ao-t'ieh* design
Western Chou dynasty (1122-722 B.C.)

THE CULTURAL STATUS OF TORTOISE

SUMMARY

1. Foreword

Tortoise, among all animals, has had a significant influence on the Chinese culture. In ancient times, the tortoise shells were used for divination. Ancient Chinese characters which were originated more than three thousand years ago have been handed down to the present time by means of tortoise shells. This ancient form of characters is called " Chia Ku Wen " (甲骨文) or oracle bone inscription. Before Chin Dynasty, the tortoise shells were used as currency because they were durable and not easy to get. The tortoise enjoyed a long life and most Chinese people worshipped it for the attainment of longevity. As to its value in the technical and fine arts, in the Dynasties of Chin, Han, Tang and Sung, the form of tortoise was engraved on the brass tripod, the official seal, stone tablet

and so on.From the above, it is apparent that the tortoise is valuable in Chinese culture.

2. The Physical Characteristics of Tortoise

The tortoises are peaceful by nature and live in a free and easy manner, so they have a long life. Calculating from the figures of its carapace, the tortoise can live as long as three hundred years, undoubtedly the animal of the longest life in the world. Anatomical study of the tortoise indicates that its lung is very long, and contains much air;its action is tardy; and its respiratory functions are not hasty, so its bodily constitution suffers not much waste . Moreover, there are sufficient water and nutriment reserved within its body, and the tortoise eats and drinks usually very few, therefore, it can bear hunger and thirst for a long time. This is another cause of the tortoise's longevity.

Owing to the hard and solid quality of its shell, the tortoise can well keep its body safe. And its muscles are very strong and powerful. Thus it can enjoy a long life.

3.The Relation Between Tortoise And Ancient Chinese Characters

In prehistoric times, some wise man created

a kind of picture writing according to the figures of nature, tortoise, birds and so on. It is the commonly called hieroglyphics.—the origin of Chinese characters.

"Chia Ku Wen": the ancient men, in superstition of supernatural beings, burned tortoise shells for divination of good or ill fortune. In the former part of Shang Dynasty, the bones of cattle and sheep were burned for divination. Down to the latter part of Shang Dynasty, commonly called the Yin Dynasty, as the art of divination was much improved, bones of cattle, and sheep and tortoise shells were all used for divination. The art to divine by means of tortoise shells may be stated in brief as follows: The inside of the tortoise shell was bored and burned, the other side was thus broken and the shape of the word " 卜 " was formed. After the divination, all affairs, inquired by the diviner, were put down by the side of the sign of " 卜" and then engraved. This kind of characters was used specially for recording the divination, so it is called the writings of divination. The so-called "Chia Ku Wen" is the last defined name. All inscriptions on the sacred tortoise shells are records of divination, sacrifice, subjugation, journey,

hunting by the rulers of Yin Dynasty and meteorological phenomena, etc. Many historical and geographical records, and accounts of ancient cultures and institutions are found in the "Chia Ku Wen". Furthermore, it made corrections on the remains and mistakes of Hsu Shen's 許愼 " To Explain Characters. " Therefore the " Chia Ku Wen " made a great contribution to Chinese ancient culture. The ancient men utilized the tortoise for transmitting their cultures,because of its characteristics. So the tortoise has a "real value" in the transmission of cultures.

4.The Relation Between Tortoise And Economy

Money is the medium of business transactions. In ancient times, cowries or tortoise shells, or beast-skins were used as currency.Later with the progress of civilization, currency was made of metals. Before Chin Dynasty,the tortoise had much value in the economic realm. It was recorded in detail in *Shih Huo Chih*(食貨志) in the History of the Former Han Dynasty. There are three main reasons for the use of tortoises for ancient coinage: 1.The physical constitution of tortoise is very strong and lasts a long time. 2. In ancient times, especially in the northern

part of China, the tortoise was not easy to get. So it was esteemed to be valuable. 3. The tortoise shell can be severed into pieces. On account of these characteristics of the tortoise, the ancient men utilized it to make money for business interchange. So the economic function of the tortoise in the old times was very great indeed.

5.The Relation Between Tortoise And Folk Belief

The tortoise,in popular religion and superstition, was regarded as the symbol of long life and a creature of supernatural power.

(A) The psychological effects of the popular belief in the tortoise's longevity

In ancient times, man, recognizing his life span was shorter than that of the tortoise, expected to follow its example for prolonging his own life. And hence this mental development stirred up the man's belief in the tortoise,some rulers even adopted the tortoise as the symbol of their empires. For example,in northern Wei Dynasty, Emperor Hsiao Wen 孝文帝 used " the sacred tortoise (神龜) " as the title of his reign, symbolizing fortunes of the State.

From Han Dynasty to Sung Dynasty,there were

numerous scholars and officers named with the tortoise, such as Chen Kuei 陳龜 , Chu Kuei 朱龜 ,etc., of Han Dynasty; Wang Lin-kuei 王靈龜 , Chang Kuei-ling 張龜靈 ,etc., of Tang Dynasty ; Yang Yuan-kuei 楊元龜 , Ho Kuei-lin 何龜靈 etc., of Sung Dynasty. They all believed in the tortoise for long life. The Historic Records, Biography of *Kuei tse* 龜策 states: " the old man in the southern part of China propped up his bed-feet with tortoises. " In Sung Dynasty, a famous poet, Lu Yu 陸游 ,late in his life,built a Tortoise Hall to seek amusement in study and enjoyed anage of eighty five. It is very interesting that the old poet ever propped up the bed-feet with tortoises. Generally speaking, man is fond of living and afraid of death;and in the evening of life, he still looks up to the supernatural spirit of tortoise in hope of increasing the number of his remaining years. From the ethnological viewpoint, the ancient men regarded tortoise as the symbol of life, and worshiped it as a guardian spirit, namely, individual totem.

(B) Ancient superstition about the tortoise's supernatural power

The ancient men thought that the tortoise possessed superantural spirit and could be used

to divine good and evil fortune. This mental expression of superstition may be seen in the writings of divination of Shang Dynasty.

The tortoise foretells good and evil fortune, and the mirror reveals the same. These two are all called tortoise mirror (龜鑑), or magic mirror. It is literally called mirror for man. In other words, it is just a standard for administration,the statesmen of old times always urged the rulers to desist from evil with mirror for man. It is really significant.

(C) The folklore in Taiwan

In Taiwan, for the celebrations of some festivals and birthday, red cakes are usually made in the shape of the tortoise (紅龜粿)、 The custom to use " Hung Kuei Kuo " (紅龜粿) as the symbol of life is very popular in Taiwan. " Hung Kuei Kuo " is used for birthday presents and also as offerings to gods. As a man reaches sixty years of age, his relatives or friends should present sixty two pieces of " Hung Kuei Kuo " to him as a birthday greeting. The gift of 62 " Hung Kuei Kuo " indicates a good wish for more years from the age of 60.

With regard to the guardian spirit, it is generally believed that a child is growing to

manhood under the protection of the gods. As soon as a child is one year old, the parents will carry the child to the Taoist Queen of Heaven, and worship her with " Hung Kuei Kuo ",praying her to bless the child. The birthday of Yuhwang 玉皇 , or the Supreme, a Taoist deity-9th of the first Lunar Month, is the great festival of the year. On this occasion,every family offers "Hung Kuei Kuo" to the Supreme. People believe that by worshipping Yuhwang, they may have the grand perfect blessing from the Supreme.In Taiwan, the fortune-teller divines by means of tortoise shell.Now we can still see this social custom at Lung Shan Temple 龍山寺 , in the City of Taipei. In ancient times, the tortoise shell was used only by the official fortune-teller,his duty was to foretell national affairs. In the course of time, this ancient practice came to become a popular custom. So the traditional superstition about the tortoise originally sprang up from its supernatural power to foretell good and ill fortune.

6.The Relation Between Tortoise And Fine Arts

Fine arts has two kinds. One is pure fine arts and the other is technical fine arts. The

function of the later depends upon ornament or decoration. In China, from Chin Dynasty to Sung Dynasty, there were many articles of technical fine arts concerned with the tortoise,some of them made of tortoise shells, some made in the form of a tortoise for ornament. For instance, in the Han Dynasty, the knot or ribbon on a seal carved in the shape of a tortoise was designed to be the authoritative mark, or medal. In the Wei Dynasty, a tripod of bronze carved in the form of a tortoise was established as the sign of the throne. In the Tang and Sung Dynasties,the official ceremonial dress was ornamented with a tortoise, symbolic of title and honor. A famous poet of Tang Dynasty, Ho Chi-chang賀知章 , addicted to drinking, exchanged his honorary title for wine. It is an interesting matter. In the Sung Dynasty, Emperor Tai Tsung ordered the erection of a stone tablet with its base made in the form of a tortoise.The tortoise-base may be regarded as the foundation of a State. Lu Yu, a poet, made himself a hat with a tortoise in memory of the tortoise's longevity.It is also an interesting story.

Final Note

This paper to analyzes systematically the characteristics of the tortoise, and arrives at a synthetic judgement from the biological, ethnological and folkway's viewpoints. In a word, recognition should be given to the tortoise for its contribution to human cultures.

ETHNOLOGICAL STUDIES ON ANCIENT CHINESE RITUAL IMPLEMENTS: BRONZE AND JADE*

I. Foreword

In recent years I have been rereading many of the pioneering works in the social sciences. In perusing *Introduction aux etudes historiques* by Ch. Langlois and Ch. Seignobas (Paris,1897). it became apparent that the methodology for historical research discussed in their work has already been applied to ethnology and sociology and has had no small influence on the social sciences. Other works, such as *Les règles de la méthode sociologique* by Émile Durkheim (Paris,1895), the Notes and Queries on Anthropology of the Royal Anthropological Institute (fifth edition, London, 1929), and Professor Wang Hsing- kung's *Discussions of Scientific Method* (Peking National University, 1920),although written many years ago, still have value to the modern student as guidelines to research methodology.They are men-

tioned here for the benefit of those seeking information on the methodology of ethnology.

The present article proposes to examine Chinese artifacts from the point of view of ethnology. As examples of ancient Chinese artifacts we can list vessels and implements made of the following materials: bronze, jade, pottery, porcelain, lacquer, and enamel; further categories might be sculpture, religious implements, snuff-bottles, etc. The possible classifications are endless and their content extremely rich. When we direct our attention to the artifacts used in ancient Chinese rituals, however, we find that the most important categories are vessels and implements of bronze and jade. Although at first glance the study of such objects would seem to belong to the realms of archaeology and art history, an appraisal of their cultural significance is intimately related to the field of ethnology.

Ethnology is that science dealing with the cultures of man, particularly those of primitive peoples. Culture consists of the patterns of life of a people and can be divided into three categories: Material culture, comprising the tools and implements made for daily life; social culture, comprising the tools and implements made for dai-

ly life; social culture or the character and organization of a society; and spirtual culture, the arts, language, and religious beliefs of a people. The present discussion concerns this third facet. Ritual customs and ritual implements, which together constitute a cultural phenomenon, clearly fall within the sphere of ethnology, for the relationships between them must be approached from a cultural perspective.

II. The Essence of Chinese Ritual Customs

Chinese ritual originated in the earliest stages of Chinese culture and has been handed down from remotest antiquity; thus it has a cultural evolution of its own. In order to understand its ntaure, we must define the terms "custom" , "ritual", and "ritual custom".

A. Custom: To speak of custom is to refer to the usages, practices, and conventions of the social life of a people, i. e. their living habits. Customs are contingent upon three factors: people, the land, and life. Man is the basis, the heart of custom. The land is that from which he derives his sustenance and constitutes his geographical environment. Life is the struggle for survival in this environment-an activity influ-

enced by the existing social and cultural environment. Thus, customs are those living habits produced by the interweaving of a people, the land, and their life.

B. Ritual: Ritual in its broadest sense may be defined as that code or system of conventions by which a people regulates its conduct and social life. It grows out of the natural outward expression of respect for one's superiors, either as worship of the spirits or respect for other men. The Shuo-wen describes ritual (li): "Li, service of the spirits to bring about prosperity." Thus ritual originated at the same time as religious beliefs. Later it became formalized into worship of Heaven and of one's ancestors. Thus when we inquire into the spiritual life of the early Chinese we find it centered around the worship of Heaven motivated by the fear of fate and thus around the careful observation of ritual and sacrifice. In the Western Chou, during the regency of the Duke of Chou, the observation of ritual was used to rule the state. It was during this time that government fused with ritual was transformed into a political instrument. This is a unique characteristic of ritual in early China which deserves more extended s-

tudy.

C. Ritual Custom : Customs are the habits of social living, and rituals are these habits formalized into codes of conduct. Wherever there are people, there are customs, and wherever customs are observed ritual evolves. Customs which have been formalized into ritual are called ritual customs. These formalized customs thus become standards of conduct and a means of exerting social control.

III. Chinese Ritual Bronze Vessels

A. The origin of ritual bronze vessels : Ancient Chinese artifacts, including bronze vessels, were articles of daily use in early China and constitute an important part of the material culture of that era. In terms of bronze vessels, distinct types were designed to fill the various functions of containing liquids, containing solid foods, and cooking. The *ts'un*, a vessel for containing liquids, was originally a wine-cup. Among the food containers, the *kuei* was designed to hold grain. The *ting*, a cooking vessel, could be used for serving food as well. The shapes of the various types of vessels make clear that they were originally designed and produced for

practical use and served important functions in the life-style of the early Chinese. We say that an ordinary, commonplace person is a "man of custom" (*su-shih*) ; by analogy we might say that an ordinary implement of every-day use is an "implement of custom" (*su-chi*).

Later, when religious beliefs developed which stressed "service of the spirits to bring about prosperity" and "honoring Heaven and reverencing the ancestors", the "vessels of custom " began to be used in ceremonies which expressed religious beliefs. Many bronze vessels of the Shang and Chou dynasties, such as the cooking vessels *ting*, *li*, *yen*, and *tui*, the food and wine vessels *chüeh*, *ts'un*, *hu*, and *kuei*, the water vessels *p'an* and *i*, and the musical bells *chung* and *cheng*, were used in sacrificial ceremonies and thus are cases of utilitarian forms transformed into ritual implements. Still central to the life-style of the people, these vessels gradually evolved from serving man's physical needs to expressing his religious concepts. As archaeology has revealed these objects to us, they stand as marvels of technical and artistic skill unequalled in other ancient cultures. Their shapes, decorations, and perfection of casting establish

them among the great treasures of Chinese culture.

B. Inscriptions ard decoration : Ritual bronze vessels have long been objects of veneration among the Chinese, not only because of their ritual functions, but also because they often bear commemorative inscriptions. During the Shang and Chou dynasties, these inscriptions evolved from phrases of two or three characters to documents of several hundred words. They have greatly added to our knowledge of Chinese history and culture. In addition to the inscriptions most bronze vessels are decorated with animal-like forms which are religious and ceremonial symbols. Thus the decoration on ritual bronze vessels can be divided into two types: representational motifs and inscriptions:

Representational motifs on bronze vessels. The motifs which appear on bronze vessels were images used by the early Chinese to educate and control the people, for in ancient China all "ritual customs" had a political and social function. In this context the contemporary painter Cheng C'hang has made some relevant observations:

The images created by primitive peoples sim-

ply express the needs and demands of their daily life. (The legendary emperor) Yü Shun(虞舜) used rewards to establish his sovereignity. Because he sought a stable government, he fully exploited the regulatory powers of ritual and religious teaching. Every painting illustrated a moral and was didactic in function, used as a tool for ordering men's lives and improving the society. At that time the level of knowledge was quite primitive, and there little understanding of natural phenomena. The methods used by T'ang (Yao) (唐 , 堯) and Hsia (Yü) (夏 , 禹) to lead and govern the kingdom were based on this gerneral ignorance: the rulers propagated many myths and invented countless ceremonies in order to intimidate the people into regulating their own conduct and to delude them into acting with caution. In this way they greatly facilitated the task of government. The fact that pictorial images were used in this process is also clear, for Ts'ao Tzu-chien (曹子建) said," The symbols indicating the warning were representational forms. " Chang Yen-yüan (張彥遠) said, " Now painting is a thing which perfects the civilized teachings (of the Sages) and helps (to maintain) the social relationships. It penetrates completely the di-

vine permutations (of Nature) and fathoms recondite and subtle things. Its merit is equal to that of the Six Arts (of antiquity) and it moves side by side with the four seasons" (tr. Acker, *Some T'ang and Pre-T'ang Texts on Painting*, p.61). Among the painted robes and hats in use by the emperor Shun, there was a special type worn by condemned criminals. This intimidated the people from transgression and is an example of the practical use to which painting was put. When Yü of the Hsia came to power he made charts and maps of remote places and collected tribute metal from the nine states; he used the metal to cast nine *ting* decorated with all the myriad objects of nature so that the people would know good and evil. Thus the function of representational art in ancient society is clear. (from *Complete History of Chinese painting*)

Mr. Cheng's remarks are apt, and I am in agreement with his point of view. We find references to the decorated *ting* of the early Hsia in the *Tso-chuan* (左傳), the *Shih-chi* (史記), and the *Han-shu* (漢書). The "Feng-ch'an shu" (封禪書) of the *Shih-chi* says, "Yü collected the

gold from the nine states and cast the nine *ting* in the shapes of the nine states. " The *T'so-chuan*, under the third year of Hsüan-kung, records:

The viscount of Ch'u invaded the territory of Lu-huan, and then went on as far as Lo, were he reviewed his troops on the borders of Chou. When King Ting sent Wang-sun Man to him with congratulations and presents, the viscount asked about the size and weight of the tripods. (Wang-sun Man) replied, "(The strength of the kingdom) depends on the (sovereign's) virtue, and not on the tripods. Anciently, when Hsia was distinguished for its virtue, the distant regions sent pictures of the (remarkable) objects in them. The nine pastors sent in the metal of their provinces, and the tripods were cast, with representations on them of those objects. All the objects were represented, and (instructions were given) of the preparations to be made in reference to be made in reference to them, so that the people might know the sprites and evil things. Thus the people, when they went a-

mong the rivers, marshes, hills, and forests,did not meet with the injurious things,and the hill-sprites, monstrous things, and water-sprites,did not meet with them. Hereby a harmony was secured between the high and the low, and all enjoyed the blessing of Heaven." (tr. Legge, *The Chinese Classics*, vol. V, p.293)

Chang Yen-yüan of the T'ang, in his *Li-tai ming-hua chi* (歷代名畫記), adds, "When tripods and bells were inscribed, then imps and goblins were made recognizable and gods and evil influences were made known" (Acker, p. 71).

From these accounts we know that the ritual customs of the ancient Chinese made extensive use of pictorial images, and that *ting* vessels were cast in order to instruct the people as to the evil spirits. Good and evil are categories established by those in power to control their subjects, and the images on the bronze vessels were meant to inspire fear and revulsion in the people. Thus the bronzes served both didactic and political ends.

Further, It seems clear that some of the images on bronze vessels represent sacrificial victims. Dr. Ts'ai Yüan-p'ei (蔡元培)notes,"Most

primitive religions have sacrifices using human victims. For example, the phrase 'use men in the sacrifices' occurs in the *Ch'un-Ch'iu Tso-shih chuan* (春秋左氏傳). " When we go to the *Tso-chuan*, we find under the nineteenth year of Hsi-kung that "Duke Hsiang of Sung made Duke Wan of Chu sacrifice the viscount of Tseng at an altar on the banks of Tzu Sui. " Again, in the fifth year of Duke Ch'ao, "Chi P'ing-tzu invaded Chü and took many prisoners at Ken. When he brought back the prisoners, they were taken to the Po Altar to be offered as sacrifice. "

As evidence of human sacrifice in the Shang dynasty we can cite the story of Kao-tsung (Wu-ting's) subjugation of the Ch'iang tribe of northwestern China. Kao-tsung invaded the Chiang territory. but it was only after a campaign of three years that he began to subdue the tribe. Therefore the Shang people regarded the Ch'iang with deep hatred and used them as victims in human sacrifices. The Ch'iang were a shepherding people of the western frontier who used a ram's head as their clan symbol and totemic image. The *t'ao-t'ieh* heads carved on Shang oracle bones (pl. 1) and cast on bronze vessels (pl. 2)in fact represent the Ch'iang tribesmen used as sacrifici-

al victims by the Shang and thus are a kind of totemic symbol. After the Shang had conquered this powerful northwestern tribe, they cast its image onto bronze vessels in order to commemorate their victory and exalt their own power. Even in remote antiquity the superiority of the victor over the vanquished was publicized as an example and constituted a warning to other peoples, for this warning, in the form of the t'ao-t'ieh mask, was incorporated into the ritual practices. As such, it forms a part of the socializing function of ritual.

A popular Chinese legend records that the emperor Huang-ti ordered a portrait painted of the rebel Ch'ih-yu in order to put down his uprising. In this case one group within the society was victorious over another and after subjugating it wished to solidify its own position of authority. Therefore an image of the enemy was made to display to the people and to publish the prowers of the victors. Although this is a legendary account, from the point of view of concepts of government in ancient Chinese society, it accords very well with the story of Yü of Hsia's casting of the nine *ting*.

The  **Fu-kuei chueh.** Among the ritual

bronze vessels of the Shang dynasty is one inscribed  父癸爵 (*Ku-kung t'ung-ch'i t'u-lu*, vol. 2, no. 370). The vessel was cast to commemorate the birthday of an ancestor. *Tzu* 祖 and *tsung* 宗 both carried the original meaning of sacrifice. What was venerated in pre-Hsia sacrifices was not the blood-lines of the ancestors but their merit and virtue, expressed in the traditional saying "The ancestors have merit and the forefathers have virtue." The concepts of merit and virtue symbolized the leader and founder of the trible. This founder was a quasi-divine being with the power to grant blessings to his descendants. In him were concentrated the belief in the highest virtue and the reward of merit, but there was no emphasis on blood lines or genealogy.

In the Hsia and Shang dynasties the use of family or clan names began, and blood relationships became increasingly important. Such statements as "Yü was descended from Chüan-hsü" and "T'ang was descended from Chi (契)" (c.f. *Kuo-yü* 國語) illustrate this changing emphasis.The purpose of the sacrifices was to reverence Heaven and honor the ancestors, and the sacrifices to the ancestors were the expressions of this

honor. They also indicate that one's filial obligations extended back to the earliest ancestors. As stated in the *Li-chi*, "Sacrificing to the first (ancestor) is doing honor to one's origins." Thus the newly arrived on earth commemorate those who went before, as when taking a drink of water one thinks of the spring at its source-this is the spirit in which the Chinese people worship their ancestors.

The concepts and practices of honoring blood lines and worshipping the ancestors originated very early. Among the "Sacrificial Odes of Shang" in the *Shih-ching* (詩 經) is a poem beginning , "Heaven commissioned the swallow (lit.dark bird) to descend and give birth to (the father of our) Shang; (his descendants) dwelt in the land of Yin and became great" (Legge, Vol.IV, p. 636). A more complete version of the myth states that Shang-ti sent down the swallow which laid an egg ; Chien-ti swallowed its egg and gave birth to Chi, the founder of the Shang tribe. This, then, is the origin myth of the Shang people, who believed that they were descended from the swallow. The "Yin Book" of the *Shih-chi* further elaborates: "Chi of Yin's mother was Chien-ti, a daughter of the Yu-sung family (有 娀 氏) and

the second concubine of the ruler K'u. (One day she went out with) three people to bathe and saw a swallow lay its egg. Chien-ti swallowed the egg and later gave birth to Chi."

The *Ch'u-ts'e t'u-chu* (楚辭圖注) by Ch'en Hung-shou (陳洪綬)and Hsiao Yün-ts'ung (蕭雲從) says, "Chien-ti was in attendance on Ti-k'u at T'ai-shang when a swallow laid its egg. She swallowed the egg and gave birth to Chi" (pl. 3). The bird of the legend is variously called *hsüan-niao* (玄鳥), *yen* (燕), or *i* (乙). The *Shuo-wen* defines *i* 乙 as " ⺄ , *yen* (swallow), *i*-bird. It is called *i* in (the states of) Ch'i and Lu because of the sound of its call. The form of the character is pictographic. *I* 鳦 is a combination of 乙 and 鳥 (bird)." The same work defines *yen* 燕 simply as *hsüan-niao* 玄鳥 (dark bird). Thus *i* is another term for *yen*, and *yen*, or swallow, is the dark bird of the Shang origin myth. *Tuan-yü-ts'ai* (段玉裁) explains the *i* pictograph as a swallow in flight seen on its side. This seems a reasonable explanation of the character.

It is clear also from the references to *pi-i* 妣乙 (matron-swallow) among inscriptions on oracle bones that *i* is in fact the dark bird. Fu Szu-

nien states, "*pi-i* must have been a highly venerated ancestral mother" (*Tung-pei shih-kang*). Thus the *pi-i* is a personification of the dark bird of the legend. But the Shang people did not adopt the swallow as their clan symbol or totemic image. For them it represented a primitive religious concept, a mythic superstition, which formed the basis for their ancestor-worship. As the *Kuo-yü* states, "The Yin people sacrificed to K'u and built altars to Ming;(they venerated) the ancestor Chi and the forefather T'ang."It is clear that K'u was the ancestral god of the Shang people while Chi was the first human ancestor. The genealogy of the early Shang kings can be summarized as follows: Chi was the first ruler and established the tribe. His grandson Hsiang-t'u expanded their territory. Several generation later King Hai, a shepherd in the north, further expanded the Shang domains. Several more generations elapsed before T'ang came to power. T'ang, after many military campaigns, drove Chieh, ruler of Hsia, to Anhui province (thus Hsia and Shang had co-existed as kingdoms for some time). The defeat of Chieh established T'ang as ruler of "all under Heaven" and represented the first dynastic change (or transfer of the mandate to

rule) in Chinese history.

The "Yin Book" (殷本紀) of the *shih-chi* says of King T'ang,"When Kuei died his son T'ien-i came to power. This was Ch'eng T'ang (成 湯)." T'ien-i 天乙 is the same as Ta-i 大乙 (Great S-wallow), for in ancient Chinese *t'ien* and *ta* were interchangeable. Tang's actual name was Lü (履); T'ang was his style name, and Ta-i was probably his posthumous title (see Li Hsiao-ting (李 孝 定): *Chia-ku-wen-tzu chi-shih*, no. 14).

This brings us to the Palace Museum's  *fu-kuei-chüeh*, an important vessel which deserves close attenion. T'ang inherited the line of Chi and earned much merit by securing the mandate to rule the empire. He cast this *chüeh* as a memorial to his father Kuei(癸) and as execution of his filial responsibilities. The *chüeh* was the most prized of ritual vessels, and T'ang used it to commemorate his father's memory. But he also went one step further and above his father's name added the ancestral symbol of the bird,extending his memorial to include the original ancestor , Chi. Thus the precept to honor one's ancestors to the full extent of filial piety was observed in a far-reaching and imaginative way; it was made known to his contemporaries and preserved for his

descendants through his casting of the ritual vessel *chüeh* . We might say that this was the beginning of true ancestor worship among the early Chinese (pl. 4,5).

Inscriptions on ritual bronze vessels. In ancient China records were kept on slips and tablets of bamboo and wood, most of which have been broken or destroyed over time. But because bronze vessels had been transformed into ritual impleements, matters of national importance were often commemorated in inscriptions on the vessels in order to ensure survival. Judging from the ancient Chinese phrase " metal slips and jade tablets ", permanent records were also cast into bronze slips and carved onto tablets of jade.

The *Chou-li* contains references to national treaties (*pang-kuo yüeh*), popular treaties (*wan-min yüeh*), and boundary agreements (*ti yüeh*). The written agreements of a nation are extremely important and therefore were often cast as inscriptions on bronze vessels in order to preserve them for later generations. For example, the *San-shih p'an* was cast to commemorate the establishment of boundaries between the states of San and Ch'ih during the reign of King Li of Chou. The first section of the inscription describes the

establishment of a border between the states and the setting up of markers. The middle section details the tour of inspection of the border by representatives of the two states, and the final section records the oath of compliance and the agreed-upon sanctions against offenders. The text consists of 350 characters and is considered one of the finest existing cast inscriptions (pl.6)

Similarly, the inscription on the *Mao-kung ting* records the honors awarded to Duke Mao Yin by King Hsuan of Chou. It begins with an account of the reigns of Kings Wen and Wu and the regencies of Duke Chou and Duke Chao. Then the difficulties of defending the state and the need for talented public servants are discussed. Duke Mao Yin was appointed Minister of State and was put in charge of administering the country. His loyalty to the king was so pronounced that he was given many rewards and honors to express the approval and gratitude of the royal house. Duke Mao felt himself uniquely favored by the Son of Heaven and therefore made this vessel to be handed down to his descendants and cherished through all time. The inscription runs to 500characters, making the *Mao-kung ting* one of the great treasures among surviving bronze vessels (pl.7). Ve-

ssels such as this have the character of historical documents as well as ritual implements.

In the foregoing analysis we have examined ancient Chinese ritual customs from the vantage-point of ritual bronze vessels and have observed the following phenomena: the making of pictures and cast images for didactic purposes; the use of a symbol in the worship of the first ancestor of the Shang; the belief in reverencing Heaven and honoring the ancestors; and the recording of ancient laws and instructions on ritual vessels.

IV. The Use of Jade Implements in Ritual Customs

From the use of the characters *wu* 巫 (wizard, magic) and *feng* 豐 (abundant, fruitful) in oracle bone inscriptions and in the *Shuo-wen*, we know that jade was used in ancient rituals, for the first character represents two hands raising jade to offer to the spirits, while the second depicts a vessel containing jade for use in rituals. Wang Kuo-wei comments:

> The ancients used jade in their rituals, so the *Shuo-wen* says, "*Feng* is a vessel used in rituals." This was written very early, but Hsü Shen apparently did not realize that ‡‡ is actually

玨 (*chüeh*, two pieces of jade fastened together). Thus he said that *feng* is a pictographic character based on *tou* 豆 . In fact, however, *feng* is a "logical combination character " (*hui-i tzu*) composed of *chüeh* and *tou*. A vessel on which jade was offered to the spirits was written 豐

Thus the use of jade in Shang rituals can be deduced from the analysis of ancient Chinese characters (see Lo Chen-yü, *Pu-ts'e K'ao-shih* and Wang Kuo-wei, *Kuan-t'ang Chi-lin*).

In the chapter dealing with the seasons, the *Li-chi* says, "In the second month of spring, sacrifice with the *kuei* and the *pi*," indicating that jade was used in seasonal sacrifices. Moreover, jade was very important in the burial customs of the Shang dynasty, When a jade cicada was placed in the mouth of a corpse to prevent decay. The Academia Sinica excavations at Anyang unearthed jade fish, cicadas, and other objects around the mouths of skeletons (see Cheng Hsi-ti, *Chin pai-nien ku-ch'eng ku-mu fa-ch'u shih*). From this it is clear that jade was used both in ser-

ving the spirits and in burying the dead, and that objects of religious (or superstitious) significance were carved of jade.

According to the Yü-kung section of the *Shang-shu*, jade was often presented as tribute during the time of Yü of the Hsia. For example, tribute presented by the San-wei district of Yung-chou included "Jewels and precious stones . Commentary: Among the beautiful things from the northwest are gems and precious stones; the most famous is jade." Tribute was slso offered from Tai-*yü* in Ch'ing-chou: " Silk, hemp, lead, pine trees, and strange stones. Commentary: strange stones are gem-like stones which resemble jade." The same book contains the phrase, " When the fire blazes over the ridge of K'un, jade and stone are burned together" (Legge,Vol.III,p.168). From these statements it is clear that as early as the Hsia dynasty useful implements were made of jade. Later, in the Shang and Chou,the use of jade expanded greatly, and jade became a symbol of good fortune.

Jade is a type of stone known for its great beauty, and the making of jade implements grew out of the tradition of stone-carving. Implements of bronze and jade are extremely valuable in

Shedding light on the life and thought of the ancient Chinese. In both cases objects that were originally made for practical use were gradually transformed into ritual implements with religious significance. Jade became popular for ritual use very early in China. The "Six Tablets" (*liu-jui*) used as emblems of rank at court and the "Six Implements" (*liu-ch'i*)used in sacrificing to the directions were the most important ritual jades.

A. The Six Tablets: These are listed in the *Chou-li*, "Ch'un-kung ta-ts'ung po" chapter: "Make the Six Tablets of jade in order to regulate the nation. The king carries the *chen kuei*; dukes (*kung*) carry *huan-kuei*; marquis (*hou*) carry *hsin-kuei*, earls (*po*) carry *kung-kuei*, viscounts (*tzu*) carry *ku-pi*, and barons (*nan*) carry *p'u-pi*." The word *jui* refers to ancient jade implements used to distinguish ranks of nobility and as rewards for worthy officials. The term "regulate the nation" means to distinguish the ranks of nobility, which fall into the five classes mentioned above. The particular implement carried by a noble depended on his rank and his district. The tablets were carried on all official occasions and whenever nobles met together (pl.8). Thus

they combined ritual and governmental functions.

Aside from the Six Tablets, other forms of identification were also made of jade, including the *chen-kuei*, *ku-kuei*, *wan-kuei*, *yen-kuei*, and *ya-chang*. As described in the *Chou-li*, the *chen-kuei* 珍圭 (like the *chen-kuei* 鎮圭 of the six Tablets) was wielded only by the emperor and was used when calling up the feudal lords to defend the state or relieve famine. The *ku-kuei*, symbol of peace, was used in the settling of arguments and, because it was an auspicious symbol, was carried when proposing marriage. The top of the *wan-kuei* had no corners and was held when making promises. By contrast, the *yen-kuei* was sharply pointed and was carried when deciding judicial matters and sentencing legal offenders. These ritual implements validated orders given by the king. Because communications were usually transmitted verbally, such validation was necessary in order to verify the authority of the emissary

B. The Six Implements: These are also described in the *Chou-li*:

> Make the Six Implements of jade and use them in the ceremonies to Heaven,Earth, and the four directions. Worship Heaven with the blue-green *pi*; Worship Earth

> with the yellow *tsung*; worship the East with the green *kuei*, the South with the red *chang*, the West the white *hu*, and the North with the black *huang*.

The ceremonies offered to the spirits of Heaven, Earth, and the four directions carry out the ancient injunction to "sacrifice to Heaven, make offerings to Earth, and serve the spirits in order to bring down blessings."

The colors and shapes of the Six Implements are significant. The ancient Chinese believed that Heaven was round and Earth square; thus a round, blue-green disk was used in sacrifices to Heaven, while a square tube of yellow jade was used when making offerings to Earth. The pointed light-green *kuei* represented the new growth of spring and served in sacrifices to the East. A half-*kuei*, or *chang*, symbolized the half-decay of summer and served in rituals honoring the South. The white *hu*, associated with the decay of autumn, was used when reverencing the West. Finally, the half-disk *huang*, symbolizing the suppression of life and the hidden sun of winter, was used to venerate the North. After the Han dynasty, the religious significance of the implements was forgotten, and they became in-

creasingly ornate.

The aesthetic beauty of jade derives primarily from its natural colors and textures. When jade is buried for long periods it gradually alters and takes on a delicate antique tone. When this natural effect is combined with the exquisitely carved ancient designs the result is an art object of extraordinary beauty. Thus, in terms of the categories of culture discussed at the beginning of this article, bronzes and jades are significant in the material, social, and spiritual cultures of the ancient Chinese and represent a uniquely brilliant combination of ritual custom and political functionalism.

V. Concluding Remarks

The Shang dynasty lasted more than 600 years, and the Chou for more than eight hundred. What was the basis of this power to survive? It seems to have sprung from two sources: the spiritual (and religious) authority of the state and the systems according to which the state was established and operated. The Shang kingdom was organized around four such systems: political power was founded on the evolving feudal system, while economic power was based on the tribute

system. Spiritual power was derived from the status of the king as head of the clan and intermediary between Heaven and Earth,and cultural power was assured by control over the making of artifacts such as ritual implements.

Similarly, during the Chou dynasty the political power of the state was based on the now fully-formed feudal system; economic power was derived from the "well-field" system; religious and cultural power continued under the clan and artifact systems. Because the Shang and Chou built their empires on the framework of these four systems, it was inevitable that their kingdoms would be well-founded and long-lasting.

The making of artifacts occupied a particularly high position in Shang and Chou society. Artifacts are the physical manifestations of a culture, and their content is the culture itself. Thus a culture and its artifacts from a single entity. Because these artifacts embody the beliefs and structures of a culture, we can speak of a system of artifacts.The system of artifacts produced by the early Chinese is thus expressive of the uniqueness of early Chinese culture. The artifacts which formed part of the ritual customs of the period can be called its ritual ar-

tifacts. The understanding of the relationship between artifacts and ritual customs is the goal of ethnological research. And the system of artifacts of the Shang and Chou periods can be said to form the foundation of China's ritual customs. This concept was admirably expressed by Juan Yüan (阮 元) of the Ch'ing dynasty: "(Ritual) implements form the core of that which the early kings used to regulate the state, honor the rulers, and reverence the ancestors, and their study taught the people to practice the rituals and cherish learning. (The reason that) the Shang lasted for 600 years and the Chou lasted 800 was that doctrines taught veneration of the (ritual) implements."

Ritual implements of bronze and jade were widely used in the Shang and Chou. In the Ch'in and Han, feudalism was abandoned as a political system. Iron came into use for making tools and fewer bronze vessels were made; jade implements became increasingly decorative. As time passed customs slowly changed and the ritual implements gradually went out of use. These artifacts are now stored in museums, where their mysteries are

revealed for the appreciation and scholarly attention of all the world. Many are preserved in excellent condition and still communicate the spirit of their culture. We can be certain that they will continue to do so far into the future.

---

*The English version of this paper was presented at the 9th International Congress of Anthropological and Ethnological Sciences, held in Chicago, Illinois, in September, 1973. It is published in this issue of the *National Palace Museum Quarterly* as a translation of the Chinese text.

圖版壹：商甲骨文上之「羊」首：饕餮形

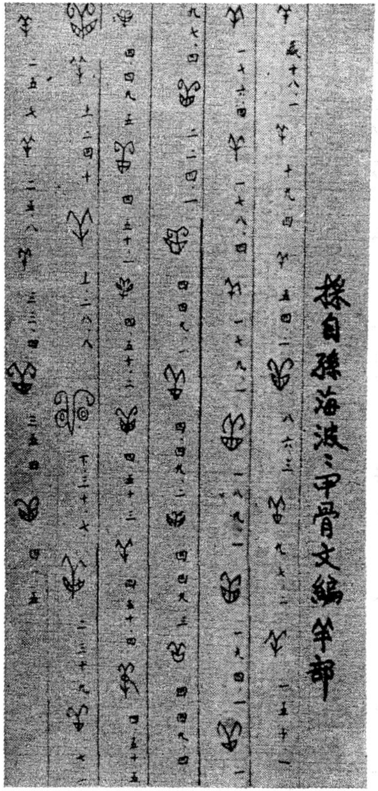

Plate 1 Ram's head on a Shang dynasty oracle bone: *t'ao-t'ieh* form.

圖版貳：A 商乳丁罍饕餮紋 國立故宮博物院藏

Plate 2 Shang dynasty A. *T'ao-t'ieh* design on the *Ju-ting lei*. National Palace Museum.

圖版貳：B 商饕餮紋簋 國立故宮博物院藏

Plate 2 Shang Dynasty B. *T'ao-t'ieh* design on a *Kuei*. National Palace Museum.

圖版肆：商□父癸爵 國立故宮博物院藏

Plate 4 Shang dynasty, □*fu-kuei chüeh*.
National Palace Museum.

圖版叁：商始祖誕生之象徵

Plate 3 Symbolic representation of the first ancestor of the Shang. Ch'en Hung-shou and Hsiao Yün-ts'ung, *Ch'u-ts'e t'u-chu.*

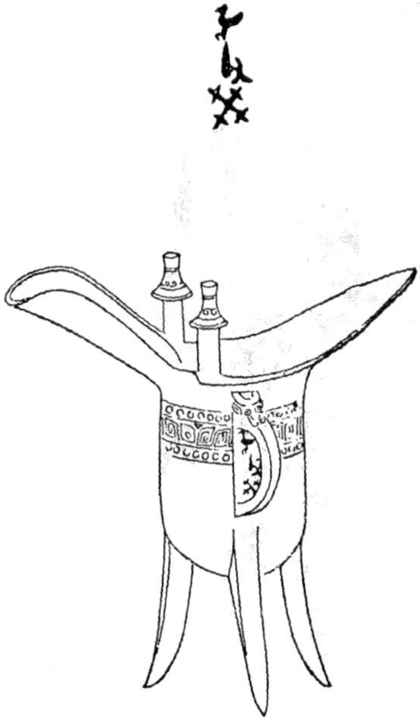

圖版伍：B 商父癸爵繪圖

（採自劉喜海：長安獲古編）

Plate 5 B. *fu-kuei -chüeh*, detail.

圖版伍：A商父癸爵明細部份圖

Plate 5 A. *fu-kuei chüeh*. detail.

周散氏盤　國立故宮博物院藏

Plate 6 Chou dynasty, *San-shih p'an*. National Palace Museum.

圖版柒：周毛公鼎　國立故宮博物院藏

Plate 7 Chou dynasty, *Mao-kung ting*. National Palace Museum.

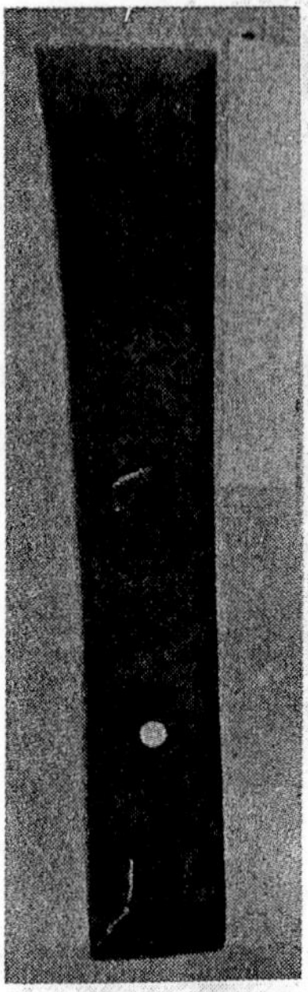

圖版捌・周六瑞：B桓圭（日本上野有竹藏。桓圭、信圭、躬圭、除尺寸略有區別外，形式大致相同。）

Plate 8. B. *Huan-kuei.*

圖版捌・周六瑞：A鎮圭 倫敦大英博物館

Plate 8. Chou dynasty, the Six Tablets:

Plate 8. A. *Chen-kuei.* London, British Museum.

圖版玖・周六器：E琥 華府佛瑞爾博物館藏

Plate 9. E. *Hu.* Washington, Freer Gallery of Art.

圖版捌：周六瑞：C穀璧 國立故宮博物院藏

Plate 8. C. *Ku-pi*. National Palace Museum.

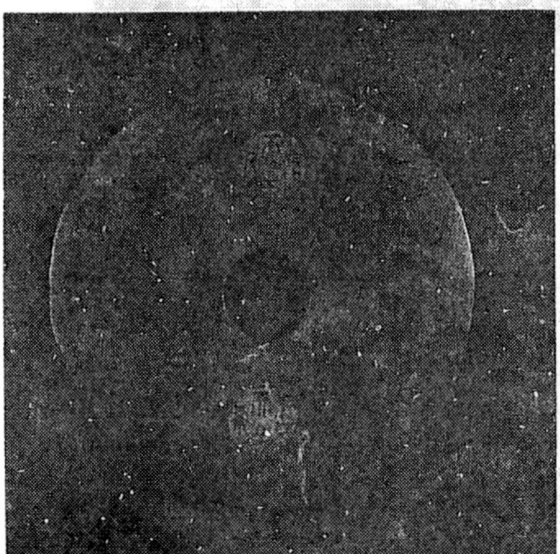

圖版玖：周六器：A蒼璧 國立故宮博物院藏

Plate 9. Chou Dynasty, the Six Implements:

A. *Pi*. National Palace Museum.

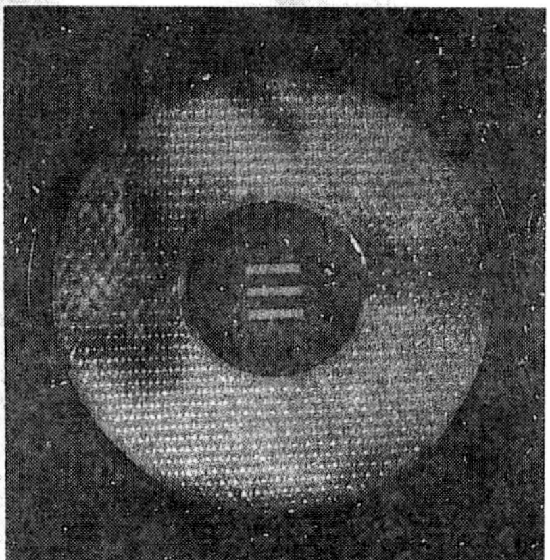

圖版捌：周六瑞：D周蒲璧 國立故宮博物院藏

Plate 8. D. *P'u-pi*. National Palace Museum.

108

圖版玖：周六器：C青圭 吳大澂藏

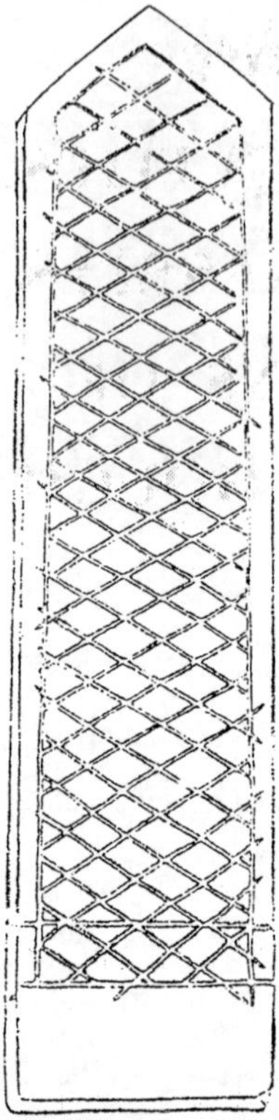

Plate 9.C. *Kuei*. Wu Ta-ch'eng Collection.

圖版玖：周六器：B琮 國立故宮博物院藏

Plate 9.B. *Tsung*. National Palace Museum.

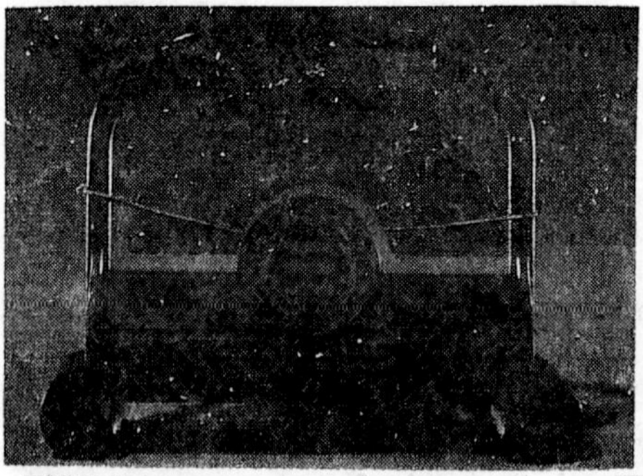

圖版玖：周六器：F璜 國立故宮博物院藏

Plate 9.F. *Huang*. National Palace Museum.

圖版玖：周六器：D璋 倫敦大英博物館

Plate 9.D. *Chang*. London, British Museum.

FURTHER STUDIES ON CHINESE ANTIQUITIES: RITUAL BRONZE VESSELS AND THE ORIGINS OF CHINESE ETHICAL THOUGHT *

Ⅰ. Introduction

The author's previous article, "Ethnological Studies on Ancient Chinese Ritual Implements," which appeared in the *National Palace Museum Quarterly*, Vol. 8, No.1(Autumn 1973),[1] dealt with ancient ritual implements of both bronze and jade. As a supplement to that discussion, the present essay seeks to further elucidate the distinctive features of ancient Chinese ritual bronzes.

In his extensive travels abroad, the author has made a thorough study of the world's antiquities, particularly the ancient bronzes. In every aspect—functional types, shapes, decoration and

*The Chinese text of this article appears on pages 229 through 242. This translation was prepared by Claudia B. Jones.

inscriptions— Chinese bronze vessels have distinctive features which are without parallel in the bronzes produced by craftsmen of other ancient cultures. These vessels not only reflect the originality of Chinese culture but constitute one of the most beautiful of the world's artistic traditions, a claim easily substantiated by tangible evidence. The sumptuous array of treasures in the collections of the National Palace Museum and the Academia Sinica, as well as the substantial collections of Chinese art to be found in such famous museums as the Louvre and the Musée Guimet in Paris, the British Museum in London, the Ostasiatiska Museet in Stockholm, the Freer Gallery of Art in Washington D.C., the Metropolitan Museum of Art in New York, and the M.H. de Young Museum in San Francisco afford an opportunity to make a comparative study of Chinese bronzes with those of ancient Egypt and Babylon. Such comparisons easily reveal that Chinese bronzes were without parallel in the ancient world. The words of one American writer simply but aptly express this view: "The Chinese civilization, whcih began more than four thousand years ago, is the oldest living civilization in the world. Throughout the centuries the Chinese have produced magnificent

works of art. Some of their jades, porcelains, paintings, bronzes and silks have never been equalled."[2]

Several thousand years ago the ancient Chinese, inspired by the beginnings of philosophical and scientific thought, developed a strong consciousness of culture, society, religion and ethics. As a result they began to develop a writing system as evinced in inscriptions on oracle bones, stone and bronze; to organize tribes by forming totemic groups and clans of a single lineage; to worship Heaven and venerate ancestors by offering sacrifices to deities and holding rites to honor deceased forebears; and to make implements of jade, pottery, bronze and other materials. Such represent the distinctive cultural institutions of the Chinese people.

The relics of any past age can be called *ku* 古 or ancient. In referring to China's long past, specific periods are normally distinguished. Remote antiquity is divided into the pre-Hsia period or *yüan ku* 遠古 and the period of the Three Dynasties or *shang ku* 上古 including the Hsia, Shang and Chou dynasties. Later periods include *chung ku* 中古 or middle antiquity and *chin ku* 近古 or the recent past. The ancient artifacts and

the paleographic remains of the Three Dynasties period provide the basis for this study. Such antiquities contain the essence of many aspects of ancient culture. Hence, this essay seeks to discuss one category of ritual implements, that of bronze vessels, in relation to early Chinese ethical thought.

II.The Essence of Chinese Culture

Artifacts are the products of culture. Only if there is culture will there be artifacts; if there is evidence of the production of artifacts a cultural environment must, therefore, exist. Artifacts that have survived are antiquities, thus each possesses an historical background. China's ancient cultural treasures and the crystallizations of her unique, traditional culture evince the highest intelligence of mankind. This cultural tradition handed down over several thousand years has its own historical sources; moreover, several classes of cultural characteristics appear within this cultural milieu, including historical, material, spiritual, technological, artistic and ethical aspects of culture. The modern descendants of these ancient Chinese can be justifiably proud of these cultural objects which e-

vidence the coalescence of these various aspects of culture culminating in the creation of works of art of great diversity and beauty. This national pride should become the basis, not for complacency but for building an even greater civilization.

The evolution of Chinese culture has remained unbroken throughout five thousand years of history. Traditionally, the progenitor of this culture was Huang-ti 黃帝, the Yellow Emperor; indeed, it can be said that the Yellow Emperor symbolizes Chinese cultural creativity. The intrinsic nature of this culture can be analyzed in terms of ethical and moral thought and in relation to scientific and technological concepts.

During the Three Dynasties period the reverence and awe which earlier people held for nature and the spirits evolved into organized worship of the deity Heaven 天. Thus this primitive mentality gave rise to formal religious beliefs focused on the worship of the deity Heaven as the highest authority. The *I Ching* 易經 or *Book of Changes*, comments:

> Heaven and earth existing, all [material] things then got their existence. All [material] things having existence, afterwards

there came male and female. From the existence of male and female there came afterwards husband and wife. From husband and wife there came father and son. From father and son there came ruler and minister. From ruler and minister there came high and low. When [the distinction of] high and low had existence, afterwards came the arrangements of propriety and righteousness.

(Translation follows James Legge, *Sacred Books of the East: The I Ching or Book of Changes*, Oxford, 1882.)

Studying this account of the development of nature within the universe, one can discover the essential sequence of Heaven's natural law. Heaven created all things; Heaven is, therefore, the root of all things. Applying the principles of Heaven's order to human society led to the development of the ethical concept of familial clans and the moral standards of the Five Human Relationships 五倫. The *Book of Rites* or *Li Chi* 禮記, states: "All things originated in Heaven ; all human beings originated from the ancestors." The concept of ancestor veneration laid the foundation for the development of the organized religious beliefs of ancestor worship. In speaking of

the development of ethical thought, one must first consider the interrelationships of man to Heaven and of man to man, then examine the relationship between the individual and his family or clan, and finally, probe the relationship of the individual to his nation or state. Eventually this sequence of development of moral principles led to the concepts of sincerity 忠, filial piety 孝, benevolence 仁, love 愛, truthfulness 信, and righteousness 義, advocated by Confucius and Mencius. From the point of view of social psychology these are merely qualities of human nature: gratitude toward ancestors, love of country, sympathy, cooperation and self-respect. All of these virtues are part of the intrinsic nature of the traditional ethical doctrine which is characteristic of Chinese civilization.

The beginnings of scientific thought in early China are to be found in the *Ch'un Ch'iu* Period (770-475 B.C.) in the teachings of Confucius concerning the six arts 六藝: ceremonial 禮, music 樂, archery 射, chariotry 御, learning 書, and mathematics 數. A passage from *The Great Learning* or *Ta-hsüeh* 大學 points out that the means of pursuing knowledge to the utmost consists of the thorough investigation of all things (*ke-wu chih-*

chih 格物致知). Early on, the Chinese were already conscious of the relationship between man and all manner of things and processes in the universe and sought knowledge and understanding of their principles. This consciousness led to the development of natural science. A passage from the writings of the Sung dynasty scholar Hu Tz'u-yen 胡次焱 (1234-1306) further elaborates on the principle of *ke-wu chih-chih*, pointing out that the contact between man and the physical world brought about the development of empirical study and observation of nature and that the interest in pondering the principles behind appearances gave rise to philosophical speculation.[3] An essay by Chang Chiu-ch'eng 張九成 (1092-1159), also a Sung dynasty scholar, suggests that the value of such thorough investigation lay in practical application.[4] Thus the impetus for scientific and technological thought may have originated in the mentality expressed in *ke-wu chih-chih*.

Science reflects the activity of man's intelligence; it creates and preserves culture and seeks as well to satisfy the needs of human life Although science emphasizes the investigation of principles while technology emphasizes the practical application of such principles, the two

fields of endeavor are intimately related. In order to understand the beginnings of technological development in China, one might begin with such legendary figures as Fu Hsi 伏羲 and Shen Nung 神農 who symbolize the inventors of ancient times. Traditionally, Fu Hsi of the pre-dynastic period, created the Eight Trigrams to replace the practice of tying knots in string—a method used to record events before writing was invented. Shen Nung tested hundreds of herbs in order to distinguish their medicinal properties. China's early invention of the compass, sericulture, gun powder, paper manufacture and printing techniques are already well recognized, but in addition to these there were other important Chinese contributions to the field of science and industry. The early Chinese made advances in the study of astronomy, mathematics, calendrical calculations, biology, alchemy, medicine and the properties of light and sound, as well as developing techniques of architecture, hydraulic engineering, metal-refinement, bronze casting, pottery and porcelain manufacture, weaving, embroidery, jewel inlay, sculpture, dyeing and lacquer. A complete accounting of China's technological achievements is, of course, impossible here. Such techniques provided the means

for creating the splendid works of art—including bronzes, jades, porcelain, lacquer, sculpture, snuff bottles, enamelware and painting — which constitute China's magnificent cultural contribution to the world.

The ritual implements constitute a major category within the resplendant assortment of antiquities which reflect the rich content of Chinese culture. The discussion below focuses on ritual bronze vessels, which along with jade utensils constitute the most important of the ritual implements.

III. Some Distinctive Characticstics of Chinese Bronze Vessels

As one studies the collections of Shang and Chou dynasty ritual bronzes and jades in the National Palace Museum, one cannot help but develop a love for antiquity. Deep appreciation for the arts of ancient China soon matures into a profound admiration for ancient Chinese culture. Admiration and appreciation, however, are not enough; one must go further to make new discoveries about the past by enthusiastically and diligently investigating the artifacts which have been preserved. One must thoroughly examine these anti-

quities and scrutinize their every aspect in order to achieve a meaningful understanding of the circumstances of their creation. Uncritical appreciation of antiquities too often turns into stale pedantry.

When discussing bronzes created over three thousand years ago, one must be acutely aware of relationships. Shang culture, for example, clearly derived from that of the previous Hsia, and in turn, set the stage for the rise of the Chou. Moreover, the production of one type of artifact must have a beginning and a development within the course of history; hence, each type has its source as well as its evolution. Furthermore, the transmission of objects must be distinguished from the evolution of objects. In the transmission of objects their intrinsic nature does not chang; in the evolution of objects their inherent qualities may be essentially altered. Investigation of such transformations constitutes the rationale for this discussion.

From an archaeological point of view, the course of man's early cultural evolution had four major phases: the Old Stone Age(Paleolithic), the New Stone Age (Neolithic), the Bronze Age and the Iron Age. During the Paleolithic period, man made

implements by chipping stone; during the Neolithic period, he advanced to making tools of polished stone and pottery of fired clay. By the Bronze Age, man had invented techniques for making molds from which to cast bronze implements. During the period of the Shang and Chou dynasties, from about 1766 to 221 B.C., China's bronze culture reached its zenith. Shang dynasty craftsmen produced superbly cast bronze vessels, skifully carved sculpture of jade and bone, and inscribed characters on oracle bones, bronze vessels and stone. Furthermore, according to historical records, the making of iron implements began towards the end of the Chou dynasty and was flourishing by the beginning of Han. The history of Chinese culture is an unbroken chain, from the Paleolithic to the Neolithic, and from the Neolithic to the Bronze and Iron Ages. Each period forms a link in the chain and a stage in the evolution of Chinese culture. At each stage the Chinese people experienced new hardships and achieved new solutions , creating in the process their impressive and multifarious material culture.

Water is the fountainhead of human existence. Before the invention of water vessels, primitive man must have used his hands to scoop up water to

quench his thirst and to fetch water to supply his other needs. Later, people who lived near bodies of water went right to the water's edge to drink or collected oyster shells to use as drinking vessels and water containers. Mountain dwellers made drinking vessels of animal horns or bamboo tubes, and also used such bamboo tubes as containers for fetching, transporting and serving water. Those who made their home in the plains may have imported drinking vessels from other places or travelled to other regions to acquire materials with which to make them. During the Neolithic period, technical knowledge gradually expanded and man learned to make earthenware vessels by firing clay (Plate 1). The greatest advantage of such vessels was their ability to function as utensils for drawing, transporting and serving water. With the invention of earthenware, cultural development underwent a significant transformation.

Primitive pottery comprised containers of simple functional types including such food containers as the *p'en* 盆 and the *p'an* 盤. The techniques for producing such shapes were simple and the resulting vessels could serve a wide range of functions. The *p'en*, for example, could be used

for drawing, storing or transporting water, as well as for cooking. Another example, the pottery *ting* 鼎, which consists of a *p'en* container with three legs added to it, could be used for cooking with the fire directly beneath it. The function of the *p'an* was restricted to use as a water container; it was not set over a fire. The *li* 鬲 is related to the *ting* and consists of a *p'en* container to which three bulbous legs have been added. The *chüeh* 爵 evolved from the drinking horn and was originally used for serving liquids. Vessels of these earthenware shapes were later cast in bronze. Therefore, the bronze *ting*, *li*, *p'an* and *chüeh* all derived from pottery prototypes.

Originally the ancients made vessels for practical use. Bronze vessels formed a part of the material culture and must have played a part in daily life. The basic functional categories of bronze vessels include the cooking vessels, the food vessels and the drinking vessels. Among the cooking vessels were the *ting*, *li* and *yen* 甗 used for preparing food. Among the food vessels the *kuei* 簋 and the *p'an* were vessels for serving food and drink. The *ting* is a cooking vessels but belongs as well to the category of serving vessels. Among the drinking vessels, the *hu* 壺, *tsun* 尊 and

chüeh were originally vessels for serving and drinking wine. The shapes of the various types of vessels confirm that they were designed and produced for practical use and served important functions within the daily life of the early Chinese; hence, they should be considered vessels for daily use. Later, after the concepts of propitiating the spirits through sacrifice and of venerating Heaven and the ancestors had developed, these vessels for popular use came to be used in the rites and ceremonies of ancestor worship. the sacrificial vessels of Shang and Chou have been preserved in great numbers and include the *ting*, *li*, *yen* and *tui* 敦 used for cooking; the *kuei*, *hu*, *tsun* and *chüeh* used for serving food and drink; the *p'an* and *i* 匜 used for washing; and the *chung* 鐘 and *cheng* 鉦 bells used as musical instruments (Plate 2). These implements were often used in temples where ritual feasting took place; hence, vessels originally designed for daily use were transformed into ritual vessels and came to take their place within the rites of worship rather than in the context of daily life. Students of antiquity realize that works of such quality and design were unique in the ancient would; moreover, the precision of the casting, the exquisiteness

of the decoration and the refinement of the inscriptions are of incomparable cultural and aesthetic value and are widely acclaimed as treasures of ancient Chinese culture.

In general, ritual bronze vessels have three important aspects: their shapes, their decoration and their inscriptions. This third aspect should not be overlooked. During the 1500 years of the Shang and Chou dynasties, the various types of ritual implements were highly treasured; in addition to being used in sacrificial halls, they often bore inscribed dedications which became lasting literary records of great value and importance. In the context of ancient peoples and their implements, the expansion of human thought and the development of religious concepts often had a great impact on implements and their use. Thus utensils originally designed for daily use came to be used for sacrificial offerings in intimate relationship to ethical concepts. The Ch'ing dynasty scholar Juan Yüan 阮元 (1764-1849) observed:"Vessels have preserved *li*."[5] What is *li*? *Li* consists of rules and standards. *Li* serves man by regulating human conduct and consists of human standards. Applied to material objects, *li* standardizes the form of implements. The efficacy

of *li* lies in these functions. The ancients held ritual vessels in great esteem, regarding them as essentially the same as tablets of gold or jade. Like such precious tablets, the bronze vessels could be used for recording affairs of state or principles of human conduct either by representation in decor motifs or by transcription in cast inscriptions. The epigraphs on ritual bronze vessels gradually developed from short dedications of a few characters during the Shang to long inscriptions of several hundred characters during the Chou. These paleographic records expand our knowledge of the history of ancient culture.

The author's previous article explained and illustrated some aspects of the representational motifs and inscriptions on ritual bronze vessels. Four major points emerged from that discussion. First, representational motifs were employed for both political suppression and didactic exposition. Second, man's wonderment over the source of life expressed itself in his concern for his ancestral origins and in his reverence for Heaven's life-sustaining protection. Third, the concepts of filial duty and worship of ancestors developed into an ethical tradition. Fourth, ancient laws and instructions were set down in inscriptions to

be passed down to posterity.

The study of bronze vessels quite naturally gives rise to nostalgic admiration of antiquity. The more one sees, the stronger this contemplative appreciation becomes. Modern museum visitors often stand speechless before bronze vessels wondering why the ancients dedicated vessels to *tsu* 祖 (grandfathers), *fu* 父 (fathers), *mu* 母 (mothers), and *pi* 妣 (grandmothers). If one considers carefully the implications of such dedications, one realizes that the ethical concepts embraced by these early Chinese were filled with the consciousness of filial devotion that is embodied in the Heaven-given precept of filial duty. During the Three Dynasties period, beginning with the Hsia-hou clan 夏后氏 of the Hsia dynasty, people began to use family names and to emphasize blood-relationships; hence the appearance of such dedications as "In honor of Chuan Hsü 顓頊 and the ancestor Yü 禹"[6] and "Ancestor Hsieh 契 and Founder T'ang 湯,"[7] which reflect the preoccupation with family lines.[8] The purpose of ritual worship lay in honoring Heaven and paying homage to ancestors. Through sacrifices to ancestors one could express respect and carry out the precepts of filial duty. Thus, emphasis on familial relationships and ve-

neration of ancestors originated very early. This distinctive quality of the Chinese temperament manifests itself in two traditional adages which urge men to "consider the source while drinking the water" and to "remember one's origins throughout life."

The author's previous article dealt with the 𝈉 *Fu Kuei chüeh* 𝈉父癸爵, a Shang dynasty bronze in the National Palace Museum, showing that the *chüeh*, the most prized of ritual vessels, was used by Ch'eng T'ang 成湯[9] to commemorate his father (Plate 3). T'ang went a step further by adding above his father's name the ancestral symbol of the bird, thus extending his act of commemoration to the first patriarch of the Shang lineage, Hsieh 契. Thus the precept of honoring one's ancestors to the fullest extent of filial piety was observed in a far-reaching and imaginative way, and T'ang's devotion was made known to his contemporaries and preserved for his descendants through his casting of this ritual *chüeh*. Whether this vessel was produced during the early or later years of the Shang period matters little; it represents the work of the Shang dynasty and is of profound significance.[10] These ideas were only touched upon in the previous article; it remains

for this study to further illustrate them.

(1) *Fu I tsun* 父乙尊, Shang dynasty (Plate 4). Fu I was the father of Emperor Hsin 辛, one of the later of the ancient rulers; Fu I, then, is Emperor I. Emperor Hsin added the symbol of the first ancestor above his father's name, commemorating that forefather in an act of filial piety. His intentions were the same as those reflected in the inscription on the *X Fu Kuei chüeh* — to preserve the family lineage and gratefully acknowledge his ancestry. Additional related examples include the *X Fu Wu kuei* 父戊簋 and the *X Fu Chi chih* 父己觶 (Plates 5 and 6). The four vessels were all cast by members of a subsequent generation in memory of a parent and, at the same time, in respect for the early ancestor Hsieh, symbolized by the bird. Such instances provide evidence for the practice of forming totemic clans.

(2) The *X Lung Mu tsun* 龍母尊, Shang dynasty (Plate 7). Duning the Three Dynasties period, the names of plants, animals and inanimate objects were often taken by tribes as a common designation or surname, a practjce which suggests the existence of a system of totems. Within the Chinese tradition, legendary figures ranging from Fu Hsi, Shen Nung and Huang-ti to Shao Hao,[11] Chuan Hsü,[12] the

Emperor K'u[13] Emperor Yao[14] Emperor Shun[15] Emperor Yü founder of Hsia[16] Hsieh of the Shang[17] and Ch'i of the Chou[18] sprang from groups represented by such symbols as *feng* 風 (wind), *hsing* 星 (star), *yün* 雲 (cloud), *huo* 火 (fire), *shui* 水 (water), *yüan* 黿 (turtle), *i-i* 薏苡 (an Asiatic grass-*Coix lacryma jobi), niao* 鳥 (bird), *hsiung* 熊 (bear), *hu* 虎 (tiger), *lung* 龍 (dragon), and *yang* 羊 (sheep or goat), thereby revealing a process in which totemic symbols were transformed into heroic founding fathers. Such clans can therefore be considered the totemic tribes of ancient China. The *X Lung Mu tsun*, then, is a *tsun* vessel cast in the spirit of filial piety by the Lung(Dragon) clan of the Shang dynasty to commemorate a female ancestor.

(3) *Ssu Mu Wu fang- ting* 司母戊方鼎 , Shang dynasty (Plate 8). In the ancient world, China's territories were vast and her tribes numerous. Ssu 司 was apparently the name of one clan. It is probably identical with or derived from Ssu 姒 and interchangeable with Ssu 姒; since Ssu 姒 is the surname of the Hsia-hou clan, the Ssu clan may have descended from the Hsia-hou clan. The members of the Ssu clan expressed their filial devotion by casting this *fang - ting* in memory of their ancestor Mu Wu, who must also be the ances-

tor of Yü of Hsia. This *fang-ting* weighs more than 800 kilograms, the largest of all Chinese ritual bronzes; it is widely and justifiably acclaimed one of the most important of Chinese ritual bronze vessels.[19]

Records of Hsia, Shang and Chou ancestral names can be found in the dedicatory inscriptions on ritual bronzes of many types, including the *ting, li, chiu, kuei, tsun, hu, huo* 盉, *yen, chüeh, chih, ku* 觚, and *yu* 卣. Dedications to *tsu* or grandfathers[20] include such examples as Tsu Chia 祖甲, Tsu I 祖乙, Tsu Keng 祖庚, Tsu Hsin 祖辛, Tsu Chi 祖己, and Tsu Kuei 祖癸, Inscriptions commemorating *fu* or fathers mention Fu Chia 父甲, Fu I 父乙, Fu Ping 父丙, Fu Ting 父丁, Fu Wu 父戊, Fu Chi 父己, Fu Keng 父庚, Fu Hsin 父辛, Fu Jen 父壬, and Fu Kuei 父癸. Inscritions in honor of grandmothers, *pi* 妣, and mothers, *mu* 母, include Mu I 母乙, Mu Wu 母戊, Pi Chia 妣甲, Pi Hsin 妣辛, and Pi Kuei 妣癸. In addition, bronze inscriptions often include representations of birds, animals and inanimate objects which served symbolically to commemorate ancestors and thus contain the flavor of totems.[21]

This study provides a glimpse of the maturation of the ethical concepts of the ancient Chinese and the richness of their consciousness of filial devotion.

IV. Concluding Remarks

The admonitions to remember one's origins and to think of the source of the water one drinks express the acute awareness of ancestry underlying the dedication of vessels to ancestors as well as the veneration of parents and forebears. This awareness constitutes the virtue of filial duty. The great men of antiquity promoted the ways of filial virture and wholeheartedly expressed this concern by casting magnificent ritual vessels. Profound indeed was the spirit of these wise and virtuous forefathers who advanced concepts of filial devotion and handed down these lessons for later generations. Moreover, analysis of the various aspects of the vessels contributes to various fields of study. In terms of casting techniques and structural design, the vessels have scientific value. In terms of their decoration and form they have aesthetic value and cultural significance. From the point of view of representational images and inscriptions, they contribute to the study of ethics and the pursuit of knowledge. An assessment of the ancient bronze vessels of China must conclude that they are of the utmost value.

NOTES

1. See pages 9-22 for the English translation; the original Chinese text 從民族學觀點申論中國古文物中之禮器（青銅器與玉器） appears on pages 三五 to 四三.
2. Shirley Glubok, *The Art of China*, New York, 1973, p. 3.
3. Hu Tz'u-yen 胡次焱, *Mei-yen wen-chi* 梅巖文集.
4. Chang Chiu-ch'eng 張九成, *Heng-p'u chi* 橫浦集.
5. *Li* 禮 is usually translated as "rites," "ceremonial" or "ritual."
6. Chuan Hsü was a grandson of Huang-ti; Yü was the founder of the Hsia dynasty.
7. Hsieh was the first patriarch of the Shang lineage; T'ang founded the Shang dynasty.
8. See *Kuo-yü* 國語 *(Discourses of the States)*.
9. Prince T'ang, founder of the Shang dynasty.
10. See "Ethnological Studies on Ancient Chinese Ritual Implements," *National Palace Museum Quarterly*, Vol. 8, no. 1, p. 16.
11. Shao Hao 少昊, Chin-t'ien clan 金天氏, surnamed I 已, Han race, called Chih 摯.
12. Chuan Hsü 顓頊, Kao-yang clan 高陽氏, surnamed Chi 姬, Han race.

13. K'u 嚳, Kao-hsin clan 高辛氏, surnamed Chi 姬, Han race.

14. Yao 堯, T'ao-t'ang clan 陶唐氏, surnamed Ch'i 祁, Han race, called Fang-hsün 放勛.

15. Shun 舜, Yu-yü clan 有虞氏, surnamed Yao 姚, Han race, called Chung-hua 重華.

16. Yü 禹, Hsia-hou clan 夏后氏, surnamed Ssu 姒, Han race, called Wen-ming 文命.

17. Hsieh 契, Kao-hsin clan 高辛氏, descended from Emperor K'u; during the Hsia period Hsieh founded the Shang lineage and became the first patriarch of the Shang.

18. Ch'i 棄, the first Chou patriarch.

19. Virginia C. Kane. "The Chronological Significance of the Inscribed Ancestor Dedication in the Periodization of Shang Dynasty Bronze Vessels," *Artibus Asiae*, Vol. 35, no. 4 (1973), p. 353, fig. 2.

20. The translation of *tsu* 祖, *fu* 父, *pi* 妣, and *mu* 母 follows Virginia Kane's usage in the article cited in Note 19. In these dedicatory inscriptions, one of these four terms is followed by one of the ten *t'ien-kan* 天干 "Heavenly Stems," the cyclical characters which were combined with the twelve *ti-chih* 地支 "Earthly Branches" to form a repeating

sixty-day cycle.

21. Lo Chen-yü 羅振玉, *San-tai chi chin-wen ts'un* 三代吉金文存; Wang Kuo-wei 王國維, *San-tai Ch'in Han chin-wen chu-lu piao* 三代秦漢金文著錄表.

ILLUSTRATIONS

Plate 1: Earthenware *li*, Neolithic period. Excavated in Lung-shan hsien. (After *Sekai Koko-gaku dai-kei*.)

Plate 2. Functional types of ancient Chinese ritual bronzes.

Plate 3. a. *X Fu Kuei chüeh*, Shang dynasty. National Palace Museum.

b. *X Fu Kuei chüeh*, detail of inscription.

Plate 4. a. *X Fu I tsun*, Shang dynasty. National Palace Museum.

b. *X Fu I tsun*, detail of inscription.

Plate 5. Inscription from the *X Fu Wu kuei*, Shang dynasty. (After *San-tai chi chin-wen ts'un*.)

Plate 6. Inscription from the *X Fu Chi chih*, Shang dynasty. (After *San-tai chi chin-wen ts'un*.)

Plate 7. a. *X Lung Mu tsun*, Shang dynasty. National Palace Museum.

b. *X Lung Mu tsun*, detail of inscription.

Plate 8. a. *Ssu Mu Wu fang-ting*, Shang dynasty. (After *Artibus Asiae*, Vol. 35, no. 4 (1973), p. 353, fig. 2.)

b. *Ssu Mu Wu fang-ting*, detail of inscription.

圖版壹：粗灰隔鬲（新石器時代龍山縣）採自世界考古學大系

Plate 1: Earthenware *li*, Neolithic period. Excavated in Lung-shan hsien. (After *Sekai Koko-gaku dai-kei.*)

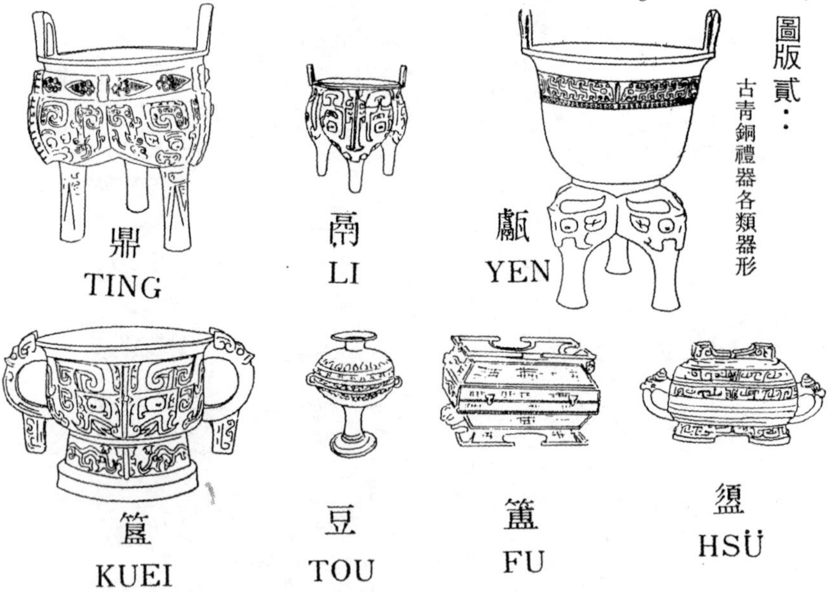

圖版貳：古青銅禮器各類器形

Plate 2: Functional types of ancient Chinese ritual bronzes.

Functional types of ancient Chinese ritual bronzes.

圖 版 叁

B.銘文

A.商 父癸爵（國立故宮博物院藏）

Plate 3 : **A.** *X Fu Kuei chüeh*, Shang dynasty. National Palace Museum.
B. *X Fu Kuei chüeh*, detail of inscription.

圖版肆

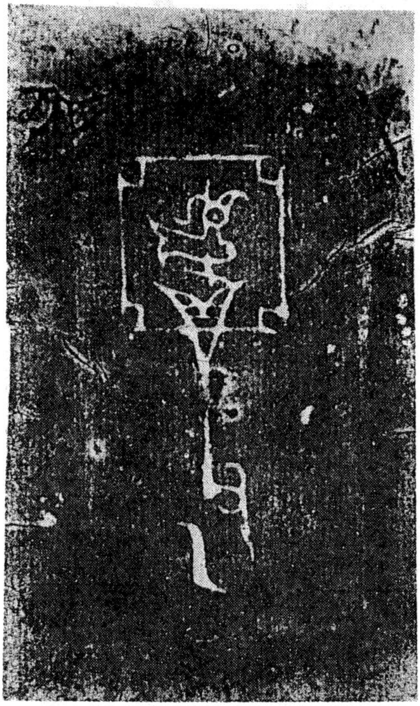

B.銘文

A.商父乙尊（國立故宮博物院藏）

Plate 4: A. *Fu I tsun*, Shang dynasty. National Palace Museum.
B. *Fu I tsun*, detail of inscription.

圖 版 陸

父己觶（採自三代吉金文存）

Plate 6:

Inscription from the *X Fu Chi1 chih*, Shang dynasty. (After *San-tai chi chin-wen ts'un.*)

圖 版 伍

父戊簋（採自三代吉金文存）

Plate 5:

Inscription from the *X Fu Wu kuei*, Shang dynasty. (After *San-tai chi chin-wen ts'un.*)

圖版柒

B.銘文

A.商[illegible]龍母尊（國立故宮博物院藏）

Plate 7: A. *X Lung Mu tsun*, Shang dynasty. National Palace Museum.
B. *X Lung Mu tsun*, detail of inscription.

圖版捌

B.銘文

A.商司母戊方鼎(採自英文Artibus Asiae)

Plate 8: A. *Ssu Mu Wu fang-ting*, Shang dynasty. (After *Artibus Asiae*, Vol. 35, no.4 (1973), p.353, fig. 2.)
B. *Ssu Mu Wu fang-ting*, detail of inscription.

CUSTOMS AND RITUALS ASSOCIATED WITH MAJOR CHINESE FESTIVALS

Chinese customs and rituals such as those connected with marriage, ancestral sacrifice, festivals, cultural objects, eating, and social intercourse are characterized by unique social and cultural features. Especially important are customs and rites associated with marriage, ancestral sacrifice, and holiday festivals since they are invested with ethical significance.This paper will attempt to outline the main features of the customs and rituals associated with major Chinese festivals.

China is a nation founded upon agriculture and ever since ancient times has emphasized the importance of seasonal festivals. The lives of the people were bound to the natural and social environment where their diverse life activities took place. In the course of their daily

lives people were stimulated to think of ways to heighten the pleasure of the good things in life and to assuage the pain of unpleasant events. For instance the commemoration of the ancestors helped alleviate the sense of loss at death. With the passage of time these customs became the norm and gradually evolved into the rites of the seasonal festivals. The most important holidays of the year are New Year's Day, the Lantern Festival, Tomb Sweeping Day, the Dragon Boat Festival, and Double Ten Day.

I . New Year's Day

As early as the time of the legendary Hsia Dynasty the lunar calendar was in use in China. The Hsia people designated the month of *yin* (寅) the first month of the ancient calendrical cycle, as the start of the New Year. The Shang people regarded the month of *ch'ou* (丑) as the start of the New Year while The Chou people began the year with month of *tzu* (子). During the Ch'in Dynasty the month of *hai* (亥) was designated as the start of the New Year. By Han times the climate of China had changed so that it was no longer suitable to designate the month of *ch'ou*, *tzu*, or *hai* as the start of the New Year, but instead

it was necessary to revert back to the Hsia calendar and once again designate the month of Yin as the first month of the year. The first day of the first month of the Hsia calender is known as *Yüan-tan* (元旦). There is evidence in the ancient work *T'ung-t'ien* (通典) by Tu Yu (杜佑) which proves that the custom of celebrating *Yüan-tan* (New Year's Day) began with the Han Dynasty Emperor Kao-tsu. From the Han Dynasty through the end of the Ch'ing, a period of over 2000 years, the imperial families of each of the ruling dynasties held palace celebrations and New Year's rites on *Yüan-tan*. The Han Dynasty thus marks the beginning of the custom of celebrating New Year's Day. It is significant to note that at this early date celebrations were confined to the imperial family and had not yet been popularized. From my studies of this subject I have found that this custom became widespread among the masses only in the Chin Dynasty which began in 265 AD.

Many poems and documents from the Han, Wei, Chin, and T'ang dynasties illustrate the circumstances attending the imperial New Year's Day celebrations during each of these periods. For the Han Dynasty the *Han kuan i* (漢官儀) and

the *Tung tu fu* (東都賦) by *Pan Ku* (班固)are especially helpful. For the Wei period the *Yüan hui shih* (元會詩) by Ts'ao Chih (曹植) is rich in information. The New Year customs of the Chin period are illustrated in the *Ch'ao hui fu* (朝會賦) by Fu Hsüan (傅玄), Those of the T'ang dynasty are depicted in the *Yüan jih ch'ao shih* (元日朝詩) by Wang Chien (王建) and the *Kuan hsin sui ch'ao ho shih* (歡新歲朝賀詩) by Lu Yen-jeng (盧延讓). From these works we can get some idea of the great ceremonies surrounding the imperial celebration of New Year's Day. The splendor of the imperial palace and gardens, the richness of the costumes, and the awesome majesty of the honor guard are magnificently portrayed. Singing and dancing were enjoyed by all the participants in the New Year's celebrations. This kind of custom continued down through the latter part of the Ch'ing Dynasty.

With the fall of the autocratic Ch'ing Dynasty the Republic was established and the celebration of the National Day came to be an event in which all Chinese people participated. After the establishment of the Republic, the lunar calendar was abolished and the solar calendar came into official use. With this change the first of

January began to be celebrated as New Year's Day. Nevertheless, many people persist in the habit of using the lunar calendar in accordance with ancient custom.

Historical sources support the hypothesis that the Chinese New Year Festival appeared among the common people in the Chin Dynasty. One might cite passages in such books as the *Feng t'u chi* (風土記) by Chou Ch'u (周處) and the *Ching ch'u sui shih chi* (荊楚歲時記) by Tsung Lin (宗懍). Numerous poems of the T'ang and Sung Dynasties also refer to celebrations of the Chin. In addition, paintings also provide us with a vivid description of contemporary New Year's customs.

The modern celebration of the New Year's Day is the first festival of the year. Although January 1st has been designated and celebrated as the anniversary of the founding of the Republic, it is the Lunar New Year Festivities which are the more significant. From 1927 on the Lunar New Year Festival was known as the Spring Festival. Because New Year's Eve and New Year's are consecutive holidays I will begin my discussion of New Year's customs with those surrounding New Year's Eve. On this evening all members

of the family take a bath to welcome the New Year. The portraits of the ancestors are display-ed and sacrificial foods are prepared to worship the ancestors. Afterwards a feast is given and everyone participates in seeing the old year out. The elders distribute money among the children for good luck. At this time New Year mottoes are written on scrolls of red paper and pasted on the doors of every house. On New Year's Day everybody wears new clothes and worships Heaven and Earth as well as their ancestors. They also pay their respects to the elders. Relatives and friends exchange wishes for a happy New Year with one another.

At this point I would like to analyze four important aspects of the New Year Festival.These are rituals, common customs, special holiday foods, and seasonal merriments.

A.The Ritual

On both New Year's Eve and New Year's Day the people worship Heaven and Earth as well as their ancestors. The worship of Heaven and Ear-th is an expression of the people's respect for God. Ancestral worship is an expression of the people's reverence for their forefathers. This

practice illustrates the Chinese ethical idea that everybody should carefully attend to the funeral rites of their parents and subsequently commemorate them with due sacrifices. This idea is central to Chinese culture.

On New Year's Day it is also customary for the young generation to convey their respects to the older generation. This rite is an expression of filial piety. Relatives and friends exchange visits to wish each other a happy New Year.These visits are confined to only the closest relatives and the most intimate friends.

B.The Common Customs

This category includes such practices as painting a chicken on the front of the house, pasting New Year mottoes on the front gate hanging peach wood charms over the lintel, pasting up pictures of the god who is responsible for driving out pestilence, and setting off firecrackers. The customs of painting a chicken on the front of the house, hanging up peach wood charms, and pasting up pictures of the god who drives out pestilence are all dying out.

C.Special Holiday Foods

The special holiday foods include fine New Year wines such as *T'u su* wines (屠蘇酒) *Chu yeh ch'ing* (竹葉青), New Year sweets and soups such as *Chiao ya hsing* (膠牙餳) and *T'ao jen t'an* (桃仁湯) as well as New Year cakes.

D. Seasonal Merriments

This aspect should be self explanatory since the holidays provide a welcome respite from the year's toil.

Ⅱ. The Lantern Festival

The Lantern Festival is celebrated toward the end of the New Year Season on the 15th of the first lunar month. At this time the people compete in making all kinds of lanterns and display them at their doors. They also perform dragon and lion dances in the main streets. These dances are done to the drum beat of lively music and are accompanied by chanting. This gay festival provides entertainment for all and makes the holiday more enjoyable. On this day everybody eats soup and dumplings to express family solidarity.

Ⅲ. Tomb-Sweeping Day

The most important spring festival is Tomb Sweeping Day which occurs on April 5th or 6th. During this time the weather is warm, the grass is green, the birds sing in the trees, the willows sway in the wind, and the flowers are in full bloom. Everybody takes advantage of the fine weather to visit their family tombs. The tombs are swept and offerings of paper money are made to the ancestor. People also go on excursions to enjoy the spring scenery.

Ⅳ. Dragon Boat Festival

Dragon Boat Festival occurs on the 5th day of the fifth lunar month and was originated to honur Ch'ü Yüan, the father of Chinese poetry. He committed suicide to show his love for his country and his loyalty to the Emperor. He is therefore known as the patriot poet. Today this festival is celebrated with Dragon Boat Races and by making dumplings of glutinous rice wrapped in bamboo leaves. These are thrown into the rivers to commemorate Chü Yüan. The dumplings also serve as the traditional Dragon Boat Festival food.

Many of the common customs associated with the Dragon Boat Festival in ancient times are still practiced today. In addition to the dragon boat races and the preparing of dumplings these practices are bathing with fragrant herbs, hanging up a spray of mugwort on the door to avoid evil influences, pasting pictures of Chung K'uei on the door to ward off demons, making perfumed sachets in the shape of tiger heads for the children to wear as protection against evil, drinking realgar wine which is believed to have medicinal properties, tying a string symbolizing longevity to the hands and feet of children, and cauterizing with moxa to cure diverse illnesses.

V. Double Ten Day

The 10th day of the tenth solar month, or the 10th of October has been designated as the National Day of the Republic of China. It is commonly known as Double Ten Day. On this day in 1911 the revolution which toppled the Manchu Dynasty broke out in Wu-ch'ang. Shortly after this date ten provinces declared their independence from the Manchu Dynasty. On January 1, 1912 Dr. Sun Yat-sen was chosen as provisional President. That year marks the founding of the Repu-

blic of China. Thereafter on October 10th of every year a great celebration has been held and at night the people parade through the streets with lanterns in a brilliant spectacle. This holiday came into being through the heroic sacrifices of an untold number of martyrs who gave their lives for the cause of freedom. For this reason Double Ten Day is of great historic significance to all freedom-loving peoples.

Conclusion

In addition to New Year's Day, the Lantern Festival, Tomb Sweeping Day, and the Dragon Boat Festival there are other celebrations such as those on the 7th evening of the seventh lunar mounth, the 15th of the seventh lunar month, and the Mid-autumn Festival. These festivals may be classified as popular holidays and lack ritual significance, hence they will not be discussed in this article.

The original Chinese version of this article includes many poems of the Six Dynasties, T'ang, and Sung periods which are not translated in the summary.

圖版壹：李嵩歲朝圖軸 國立故宮博物院藏

Plate 1 Li Sung, "New Year's Day", hanging scroll, collection of the National Palace Museum.

圖版叁：元人春景貨郎軸 國立故宮博物院藏

Plate 3 Anonymous Yüan painting, "Knick-knack Peddler in Spring", hanging scroll, collection of the National Palace Museum.

圖版貳：李嵩觀燈圖軸 國立故宮博物院藏

Plate 2 Li Sung, "Lantern Festival", hanging scroll, collection of the National Palace Museum.

圖版肆・・吳彬歲華紀勝冊 國立故宮博物院藏

Plate 4 Wu Pin, "Record of the Year's Holidays", Leaf 1 and 2 from an album, collection of the National Palace Museum.

圖版伍・・戴進太平樂事冊 國立故宮博物院藏

Plate 5 Tai Chin, "Peace Time Occupations", one leaf from an album, collection of the National Palace Museum.

圖版陸：丁觀鵬太平春市卷 國立故宮博物院藏

Plate 6 Ting Kuan-p'eng, "The Spring Festival", handscroll, collection of the National Palace Museum.

清院本清明上河圖卷 國立故宮博物院藏

Plate 7 Five court artists. Ch'ing Painting, "A City of Cathay", section of a handscroll.

圖版壹零：明人吉慶圖軸 國立故宮博物院藏

Plate 10 Anonymous Ming Painting, "Portrait of Chung K'uei", hanging scroll, collection of the National Palace Museum.

圖版捌：李唐灸艾圖軸 國立故宮博物院藏

Plate 8 Li T'ang, "The Village Doctor", hanging scroll, collection of the National Palace Museum.

圖版玖：王振鵬龍池競渡冊 國立故宮博物院藏

Plate 9 Wang Chen-p'eng, "Dragon Boat Festival", one leaf from an album, collection of the National Palace Museum.

TOTEM CULTURE AND ITS REMNANTS IN THE MOUNTAINS OF CENTRAL TAIWAN

On Taiwan the "Hign Mountain Tribesman" generally are divided into nine tribes: Atayal, Saisiat, Bunan, Tsou, Rukai, Paiwan, Puyuma, Ami, and Yami. They dwell in the central mountain range which runs north and south on Taiwan.

Besides these, there are ten other tribes which are more domestic ted and reside in the plain or on the rolling hills adjacent to the plain. They are called Ketagalan, Luilang, Kavalan, Taokas, Pazeh, Papora, Babuza, Hoanya, Siraya and Thao. Those who live at Sun-Moon Lake belong to the Thao tribe.

Ho Lien-kuei (何聯奎)

Was a student of Dr. Tsai Yuan-pi, the late chancellor of the National Peking University and president of the Academia Sinica. Ho served as publisher of the Shao Tang Pao, the Army Daily News, during the Sino-Japanese War. Prior to the evacuation of the mainland, Mr. Ho served as dean of the National Central University Law School.

I. A Historical Remark on Totem Culture

(A) Origin of The Research

"Totem Culture" is a primitive stage in the evolution of human civilization. It first aroused sociological study at the end of the 18th. century. In 1791, J. Long published his "Travels of An Indian Interpreter," initially establishing the term of Totem and branding it as a characteristic of religious worship of some American Indian tribes.

Later in 1841, George Grey discovered a similar Totem culture in some native groups in the Southwestern Pacific. He made a sketch of it in "Journals of Two Expeditions in Northwest and Western Australia." More careful study was undertaken by J.D. Mclenan in 1869 when he published "The Worship of Animals and Plants." Aside from conducting comprehensive research into sucn worship by various primitive peoples, Mclenan's thesis dwelt on the importance of Totem culture in connection with the entire process of cultural development in human history. From then on, the study of Totem culture in the sociological domain came into vogue. More scholars subsequently entered this field of study.

L.H.Morgan devoted his research to the relationship between the American Indian Totem culture and the tribal organization. A. W. Howitt, L. Fison, B. Spencer, F. G. Gillen concentrated their independent studies on the cha-

racteristics of Australian aborigines' social structure and their Totem civilization. Soon afterwards, J.G. Frazer, W. K. Smith, W. H. R. Rivers, W. Wundt, P. W. Schmidt, G. Murdock and others expanded the research in this field with more detailed data from different localities. Still later, E. Durkheim, F. Boas and A. Goldenweisers explored the same field thus establishing the theoretical basis in the study of Totem culture.

(B) What Is Meant by Totem?

The term "Totem" was derived from the animal worship of the Ojibway Tribe of North American Indians. Its original meaning was attributed to some super-natural guardian which the Indian called "Totem." Frequently the native people drew or carved out the shape of the animal which they worshipped as a symbol of their protector. They often applied the names of such animals to their society units. The so-called "Kobong" of the Australian aborigines probably has the same meaning. Generally the name of the animal or the plant was applied to some tribal clans based upon blood relationship. Sometimes,they used natural objects or natural phenomena as a Totem; for instance, a mountain, river, wind, rain, sun, moon, a star, or a group of stars. Some more peculiar objects among them were such things as a part of an animal's body; for example, the tail or the stomach of a kangaroo, or the vital organs of swine. In every aboriginal tribe,

the number of Totems may vary a great deal. In Southeastern Australia, A. W. Howitt discovered about 500 varieties of Totem. In America the Totems worshipped by Indians amount to several hundred. These totems as signified by different symbols or terms might serve as the common emblem of a social group. Also, some Totems were adopted to distinguish clans in the matter of inter-marriage, and in distinctions of age and caste. Totems then served as symbols of all social relationships. They were expressed in taboos over foods or drinks, in religious rites or witchcraft, and in some respects in apparel and fine arts. Hence, Totems were formulated to signify cultural systems and social units. The whole of such ethnic culture, together with its various institutions or conventions, might be called Totemism.

Generally speaking, Totemism consists of two main forms: the religious and the social. The former concerns faith habits pertaining to specific spiritual life; whereas the latter concerns social systems, relating to particular ethnic organizations. Nevertheless, usually these two forms are closely interrelated.

In the past fifty years, numerous ethnologists, historians and sociologists have established the fact that Totem culture is not a particular form of civilization peculiar to American Indians or Australian aborigines. Totem culture has been a stage of cultural development

common to mankind all over the world. The ancient Egyptians worshiped sacred eagles, dogs, snakes, crocodiles, scorpions, and goats. There were also vestiges of Totem worship in ancient Greece and Rome. In Greek legends there was one affiliated animal for each deity, such as the eagle to Zeus, the owl to Athene, the wild boar to Adonis, and the reindeer to Artemis. Two early rulers of Rome, the Emperors Romulus and Remus, worshipped the wolf as their guardian, treating themselves as decendants of the wild beast which legend says adopted and nurtured them after they were abandoned in the forest. Aside from this, the ox, horse, cock, or goose in ancient Rome were also looked upon as sacred animals.

(C)Ancient China's Totem Culture

Ancient China could not free itself from Totem worship. Emperors of the Hsia dynasty worshipped the dragon, and so the dragon might be considered its Totem. As Chinese legend has it, "Heaven appointed the Black Bird to descend to earth as the Shang ruler." The Black Bird, then, was the guardian of the Shang dynasty. Pan Hu, an ancient dog, was deified by some aboriginal tribes in Wuling county in Eastern China, as their ancestor. Other legends contained descriptions of persons with ox-shaped heads and dragon-like faces, or human heads with snake bodies, etc., bearing also the mode of Totem worship. All such historical records contain some vestige of To-

tem culture.

Dwelling again upon the present, there is evidence to support the theory that, aside from certain regions in America and Australia, the Totem civilization still exists in the aboriginal tribes of Melanesia, Indonesia, and Africa, the Gotras in India, the Yao tribes in Hunan and Kwangtung provinces of China, the Hsieh tribesmen in Chekiang and Fukien provinces, the aborigines in Taiwan, and the Ainus in Japan. Hence, the Totem culture is extant in many areas of the world.

II. Totem Remnants of the Mountaineers in Central Taiwan

Totem culture is a very complex cultural system. Due to the process of evolution and the impact of modern science, the old Totem civilization appears to be gradually passing away. In the process of deteriorating and being eliminated in accordance with the law of survival of the fittest, certain characteristics of Totem culture have been undergoing various stages of transformation and, therefore, suffer from subtraction or decomposition. Nevertheless, its abundant remnants all over the world might still be worthy of research by sociologists as well as ethnologists.

In November 1949, a group of sociologists visited the mountain regions of Central Taiwan, to study the Totem culture there. At the outset, the field workers

were interested in the organization and inter-marriage system of the Bunun and the Tsou Tribesmen in Ali Mountain, which were similar to those of the Australian natives, American Indians, and Melanesians. Thus encouraged, the visiting group anticipated that in such social institutions there probably existed some Totem systems. The inquiry resulted in the discovery of a legend concerning the cougar or the wild cat and the relationship between the Lufto tribe of Tsou and the Sangoana clan. Subsequently, we discovered the Totem clan denominations of Poizana (alias Akuwajana, the Fish clan), Poitsuna (the Wind clan), and Mukinana (the Lung of Boar clan). Such Totem remnants might be more readily uncovered from the legends of the Bunun tribe because its clan system and Phratry were comparatively more through-going by nature.

For illustration, it might be noted that the Tokolan clan in Cho village got its name from a shrub, the Mina-Ibot got its title from a snake; the Tasi-Vaqaudan in Kar village got its name from a rattan vine, while the Miti-Jangan derived its name from a small bamboo tree; the Tanapima, also called the Sosov-Gainsav, in Lan village adopted its title from the Sosov snake, whereas the Calmotan in Tan village conceived its from a silkwormoak tree and the Tagunasan from burmarigold, the Gusinavan from a leopard, and the Isi-Litoan clan in Keun

village got its from a loquat tree. Almost all of the clans in that mountain district have some peculiar legends concerning their ancestors. The following are some Totem remnants of the Bunun and the Tsou tribes collected from a study of their cultural traits:

a. Concerning Clan Organization: The social make-up of the Bunun and the Tsou tribes is more or less similar to the Totem social organization found in Australia, among North American Indians and in Melanesia. One part of the Bunun tribe still maintains the moiety system under bipartisan rule. Another part of this tribe also joins the Tsou in upholding its Phratry system. Their social institution, therefore, conforms to the basic principle of Totem community. However, numerous clan denominations in it have already lost their distinctive demarcation lines in Totem sense, but instead, they are being replaced by genuine blood relationship.

b. Concerning Totem Symbolism: The tribesmen of Bunun are widely scattered. Hence, they lack both social solidarity and a social center. Since the tribe has no central meeting place, there has been so far no discovery of anything bearing the semblance of Totem symbolism.

However, in the Tsou tribe in Mount Ali there are various symbolic objects in the different villages called "Sa's." At the entrance to each big village (Hosa), there might be found as a rule some banyan and belladonna trees

as sacred marks of that village. And then adjacent to their men's social gathering clubs, there are also banyan trees. Except in religious rites offering sacrifices to their deity, the banyan tree is always treated as a taboo object untouchable by any human being.

At the front and on the roof of their meeting house, there are always clusters of a herb called Fitiu which is also held to be sacred by the Tsou tribe.During religious ceremonies or warfare, every tribesman must bear on his breast some bunch of tissues of this Fitiu and a sort of Hibiscus Mutabilis tree barks dyed red for recognition. Whether this material represents a symbol for their Totem or the Totem itself,has not been determined.

At some meeting places of the Hosa of Tufuja Tribe, there are symbolical paintings on shields.In the meeting places in every Hosa of the Tsou Tribe, there is on display a wooden shield painted with a certain sketch which is similar to the Totem designs of Australian aborigines and American Indians. Other subjects which might be treated as Totem symbols are such as a cluster of hibiscus mutabilis tree barks, dyed red, enclosing several bundles of thistle, which is placed under a banyan tree and idolized as their deity during religious worship. It might be similar to the Churinga of Australian natives. The Tsou tribesmen call it "Snoetsaba." At the bi-annual worship called "Miatungus" of the Laaror Tribe,there is

in the ritual display a sacred clam shell which has been handed down from generation to generation. Usually this is buried under the floor of the priest's house, but dug out for the religious worship and then soaked in a vase of wine. By tradition it is believed that when the sacred shell turns red, it signifies that the tribesmen's ancestors have enjoyed the feast.

c. Concerning Religious Rites, Witchcraft, and Taboos: The religious rites of Bunun and Tsou tribesmen are numerous in form. The principal rite is called the " Mei-Mukajo, " for the harvest of Indian corn;the "Sono-Tsei-onu," an offer to the war god; and the "Jasmojusku," a ceremmony to celebrate the maturity of youths.

Among the Tsou tribesmen in Mount Ali, these three main rituals are held successively every year. Only the male members are allowed to attend. Their primary features are: Young men go hunting for game later to be served as sacrifice to their deity; gathering bundles of certain thistle for the body of their idol; fasting and washing for purification of their hearts and bodies,with temporary abandonment of their sacred orders over the taboo objects; cutting banyan branches with leaves on them for ritual purposes; and then dressing the game birds or animals as sacrifice to their deity.

When youths are initiated into the club as its mature members, they must perform certain rites. They then

change their clothes, with peculiar ornaments or decorations ; they drink wine and dance in conformity with certain traditions. All these affairs are performed more or less akin to the ceremony of Totem initiation of young members. The heavy atmosphere of witchcraft is also present. Particularly, the initiation rite for youths to be admitted to certain clubs is in its meaning identical to the "Intichiuma" of Australian Aborigines.

All clans of the Tsou tribe that bear some Totem names rigidly observe their sacred orders prohibiting touching, injurying , or eating the taboo objects.Hence, toward such animals as the cougar, snake, fish, etc.,and such plants as banyan, hibisus mutabilis and belladonna, both the Bunun and the Tsou tribes usually observe strict taboo rules.

d. Concerning the Origin of Their Ancestors: There are numerous and possibly inconsistent legends concerning the origins of the various clans of the Bunun and Tsou tribesmen. As a Sangoana myth has it, at the beginning there was a woman, of the Poitsuna clan of Tufuja tribe, who one day heard a baby wailing in the Indian corn stacks in her front yard. She rushed out of her hut to look for the cause, but could not find any human being.

Once she saw a cougar leap out of an Indian corn stack. She then turned the pile over and found a little

baby sound asleep there. Suspecting that it may be an infant of the wild cat,she tried to feed the feline with some ordinary food. After its refusal to eat, the woman tried again feeding it with a chicken which the cougar cub preferred. The woman then adopted the baby and brought it up till it was fullgrown. Eventually it turned out to be the ancestor of the Sangoana clan.

Another legend relating to the origin of Mina-Ibot clan might appear to be still more peculiar. As the annals of this clan of the Bunun tribe had it, in ancient times there was a big chunk of wood in a big lake on which a big snake comfortably coiled up at leisure. Unperturbed, the timber floated to the lakeshore and transformed itself into a human being. That was the primary ancestor of the Sangoana clan.Various other clans of the mountain people in central Taiwan have such mythical stories of their ancestors, which form a part of their Totem culture. Further studies in this field may produce a book of interesting legends.

In conclusion, it is obvious that while the Totem culture of the aborigines in central Taiwan has transmuted itself toward higher levels of civilization, a brief research into its characteristics would still discover various remnants of the ancient Totemism.

THE MAIN FEATURES OF THE NATIONAL PALACE MUSEUM

During the past years, while I have been in the National Palace Museum's service, I have often heard people say that this museum is a cultural tower, a palace of art, and a warehouse of knowledge. Due to this kind of thought,I have chosen the topic: *The Main Features of the National palace Museum.*

Above all, I want to mention one point in reference to the scientific position of museum study. Today, the classifications of science are more divided, but more refined, more detailed, and more professional. Those who are involved with library study have what is known as library science, and those who are involved with museum study have established museum science which is known as museology, in French *muséologie*. However, museology cannot be isolated from other

fields of study. It is closely related to human science, social science, and natural science. We must not separate cultural thought from its philosophical foundation. Therefore, museology has a mutual relationship with at least the following studies, such as: ethnology, archaeology, prehistoric study, historical study, study of antiquities, aesthetics, technology, fine arts, etymology, epigraphy, sociology, folklore, physics, chemistry, electronics, nuclear study, optics, architecture, etc. Museology should be approached from these different divisions of study.I propose this concept for further research.

I. Two main functions of the museum

The first function of the museum is the preservation of national cultural property or cultural heritage. This is a duty to be fulfilled and developed continuously.

The museum's second function is the dissemination of cultural tradition. A nation's inherent culture, with regard to its abundant number of art objects, must be transmitted to the public, to students, and to scholars in an effort to allow them to become more thoroughly acquainted with their own culture and to comprehend it

more fully. We must provide facilities for research, and guidance to the entire world for international cultural exchange.

II. What are the Features of the Palace Museum?

All institutions or organizations have their own features. When there is a special characteristic which is different from any other, we call it a main feature.

This Museum's first feature is its vast collection of various art objects which include: pottery, bronzes, porcelain, jade, lacquerware, sculpture, paintings, figure paintings, calligraphy, tapestry, embroidery, enamelware, jewelry, rare books, official documents, writing materials, etc. Items of all types, from all dynasties can be found in this Museum.

The second feature is that all art objects in the collection of the Museum are representative of China's traditional culture. There is no other nation which possesses a comparable Chinese art collection.

The third feature of the Museum is that it possesses a collection of art works dating from the Shang and Chou dynasties to the present. This collection includes items from all generations

and from all imperial collections. Since there is no way of verifying the actual history of art prior to the Sung dynasty, we trace its lineage to the Sung dynasty which embraces a history of at least one thousand years. From the Sung dynasty, its inheritance from previous generations, and in addition the Yüan, Ming, and Ch'ing collections, there are a total of nearly 300,000 pieces in the collection. In this respect, there is no museum which can be compared to this one.

Therefore, if we try to study the Palace Museum's collection from a scientific viewpoint, we can discover the cultural and artistic features implied in these art objects. To study and explore these features, everyone's effort is needed.

III. What are the main characteristics of these Chinese art objects and how well are they known internationally?

Art objects are products of culture. Where there is culture, there are art objects. These art objects preserved in the Palace Museum have been independently created during the five-thousand-year history of the Chinese people.

These ancient art objects have several dis-

tinguishing cultural characteristics: spirtitual culture, material culture, craftsmanship and artistic culture. These cultural essentials have been fused together to produce colorful art objects. This is enough for our Chinese decendants to be proud.

The German philosopher Leibniz and the French writer Voltaire highly praised Chinese culture and Chinese art.

The English philosopher Bertrand Russell stated that Chinese culture with its long history is the greatest in the world. The more we understand art, literature, and philosophy, the more respect we have for them.

The English artist Herbert Read said that in the world of art activity, no one surpasses China, and in the success of art, no one is better than China.

The French historian Henri Sée said that Chinese and Egyptian civilizations have many points in common, and that Chinese culture and art are very old and fine.

On September 25, 1966, a group of fourteen Japanese in the magazine publication field visited the Republic of China. The group leader, Nakayama Masao, very frankly said: "President

Chiang of the Republic of China is not only one of the greatest statemen in the world, but he has preserved more than three hundred thousand priceless Chinese historical works of art in the Palace and Central Museums, and he will leave a remarkable achievement in the world's culture". He continued, "Today, when we saw these priceless Chinese art objects, it made those of us who have have been influenced by Chinese culture very excited. We couldn't help but be excited because Japanese culture is founded on Chinese culture. In the blood of every Japanese is the deep influence of Chinese culture. Today, President Chiang, in leading the Chinese Government can preserve and protect the Chinese historical and cultural heritage, which is to preserve historical and cultural heritage of the orient"[1]. This statement by Nakayama Masao is representative of what a great many Japanese people would truly like to express.

To the Republic of China on March 16, 1969, came one hundred and thirty-six west European tourists (including Swiss, Germans, Belgians, Swedish, Italians, French and others). After they had visited the Palace Museum, they said, "The Republic of China has preserved historical art

objects which we have long desired to see. Now we can see for ourselves in the Palace Museum these ancient works of art, and can deeply understand and love the great Chinese culture."(2) European people derive more enjoyment from art, and very sincerely appreciate it.

The American New York *Times*, the English London *Times*, the French *Paris Soir*, and other newspapers published articles greatly praising Chinese art objects which represent China for the past five thousand years in culture, art and philosophy. For instance, the London *Times* wrote "Taiwan's National Palace Museum is not only a place concealing a great many mysterious stories, but it also protects a treasure house of priceless works of art."(3)

Ⅳ. The Missions of the Palace Museum

The first mission of the Palace Museum is to preserve and protect the art objects, thereby protecting our national cultural property. This Museum has employed a great many facilities and equipments to be used in various ways to carefully protect the artifacts from insects, humidity, and deterioration, to waterproof them and to prevent fires and thefts. To fulfill this

mission of safeguarding the art objects, and to give our art objects continual protection, all rooms from the exhibition halls to the storerooms must be protected. The best way to protect art objects is to continually improve one's methods, therefore, at this time, we are planning a conservation laboratory to study art objects and develop scientific methods of preservation.

The second mission of the Palace Museum is to disseminate our national cultural tradition. This museum offers its services to educational and cultural functions. In reference to its educational function, let us talk about the visitors who come to the museum. These vistors come from a broad segment of the population and can be divided into three groups: the general public,students, and scholars. The general public come from all walks of life such as the military,government employees, and school teachers.Students come from primary schools,middle schools ,technical schools, colleges, and universities.This museum preserves art objects and various kinds of rare books and paintings, and different items are selected to be exhibited at different times.

There are many methods of explaining the background of the art objects to visitors. These

nclude pamphlets, guides, teleguide, and many other methods. Because our ancient art works have such historical and artistic value and have a tremendous power of attraction, a great number of visitors desire to see this collection. They come to visit the Museum, thereby gaining a greater appreciation and understanding of Chinese culture. Some come in search of knowledge and to complement their education, and some seek the collection for further specialized research and development of academic study. Lately, groups of school children have been invited to visit the Museum for the express purpose of aiding the school curriculum. I feel that the Museum's plan is useful as a practical educational project. In the past, object teaching was used only to help children understand true concepts, but now this kind of direct teaching is being used to educate youths, adults, and the elderly as well. If a school accepts the Museum's invitation, it can establish a course compatible with this program. This is my personal viewpoint and opinion, which I am taking this opportunity to express.

With respect to the museum's cultural function, let us talk about Chinese and foreign cultural exchange. Cultural dissemination depends on

two kinds of movement, one is "man movement," the other is "material movement." There has been Sino-foreign cultural exchange since ancient times, as, for example, Buddhist art. Traditionally, our people have always had foreign contact. In the late Former Han, Buddhism came to China. In the Later Han, The Emperor Ming sent Ts'ai Yin to Asia Minor to study Buddhism. Upon his return, he built temples, translated the Sutra and spread Buddhist doctrine. Buddhist art greatly influenced Chinese art. This Museum has several hundred pieces of Buddhist art work. In more recent years we have adopted Western culture and have received its influences, but traditional Chinese characteristics are continuously being developed. Through our traditional culture and our apparent ability to Sinify others, our cultural influence has reached the West. The American writer E. A. Ross stated that the ancient Chinese culture is rich in influential power; Nestorians came to China and quickly disappeared, Jewish people entered K'ai-feng, and lost their language and religion. China is like a huge sea into which all things seem to flow.

Let us take porcelain for an example. It is said that in the tenth century (Sung dynasty) in

the Middle East, Iran imitated Chinese porcelain. During the Ming dynasty (1368-1644 A.D.)a great many of our blue-and-white export porcelains were sent to Moslem countries, particularly Iran. After this, Iran was able to imitate Chinese porcelain successfully.Also,during the Ming dynasty there were people in Florence, Italy, who imitated our porcelain. Afterwards this skill went to Holland, France, and Germany. In the late Ming and early Ch'ing dynasties the porcelain industry had developed all over Europe, and our porcelainware was widely imitated.

For another example, let us take lacqerware. In the seventeenth century, during the Ming and Ch'ing dynasties, the French royal household first imported a great many lacquer chests from China. Afterwards, interior accessories and all kinds of furniture were imported, and were subsequently copied. It is well known that France made fine lacquerware. England,Holland,and Italy followed suit. The French writer Voltaire greatly admired our lacquerware. In addition to porcelain and lacquer ware, embroidery, and tapestry were exported to Europe.

Another example is enamelware which was first created in Turkey during the Yüan dynasty

(1279-1368 A.D.) and subsequently entered China via Iran. Until the Ming dynasty Ching-t'ai period (1450) we imitated this enamelware which is generally called Ching-t'ai-lan, *cloisonne*. During the Ch'ing dynasty, K'ang-hsi, Yung-cheng and Ch'ien-lung, the emperors who loved enamelware maintained a factory in the palace. The design and painting of inlay and color was especially beautiful. Thus, the Chinese people assimilated the art of others, and created a new style of art work, especially enameled porcelain. During the eighth century, the Japanese were influenced by Chinese culture,and a cultural exchange resulted. Particularly significant was the influence of painting and calligraphy.

In the fifteenth century, missionaries from the West wanted religious paintings which would influence the people and depict the ideas which they preached. As a result, China became exposed to Western figure painting. During the Ch'ing dynasty, K'ang-hsi, in his last year, hired the Western missionary Giuseppe Castiglione, and Ai Ch'i-meng,Ho Ch'ing-t'ai, and others to work in the imperial painting academy. They used Chinese paper, silk, brushes and ink, combined with Western colors and drawing techniques. At the same

time, they taught Chinese artists Western methods of painting. This is a different aspect of Sino-Western cultural exchange.

The examples which I have given are only a small sample to illustrate ancient Sino-Western cultural exchange, and now let us take a look at the latest Sino-Western cultural exchange situation.

During the recent past, Chinese art works have been disseminated throughout the world by various means. These include: gifts which were presented to foreigners by the emperors, items which were taken during military conflict, and art objects which reached the West by other means. These art objects which were spread throughout the world can be considered the seeds of cultural gardens (museums and museum libraries), school gardens (college and university Oriental art departments), and art gardens (school and private Chinese art organizations) . Everyone hopes that these seeds, which have been so carefully nutured by our Chinese people will bear beautiful fruit.

American museums have given this Museum more than three thousand photographs of Chinese art from their own collections in exchange for pho-

tographs we have given them. Considering the public and private collections of Chinese art throughout Europe, the Middle East, and Southeast Asia, I am sure there are over ten times the number in the American collections which could be made available to us through photographs. Mr. Yüan T'ung-li wrote a catalogue of Chinese treasures abroad in an effort to expose the world to Chinese art work. Unfortunately, this book was not published before his death five years ago, but we hope someone will continue his devoted reseach. If this book had been published, a complete catalogue of Chinese art would have been available.

UNESCO (United Nations Educational, Scientific, and Cultural Organization) has made every effort to encourage cultural co-operation, and cultural exchange among member states in order to promote mutual understanding and benefits to allmankind.

This Museum's collection of valuable art work is prized, as illustrated by the Japanese Nakayama Masao when he said, "to preserve Chinese historical heritage, is to preserve Oriental historical heritage." This is a profound statement.

The Palace Museum has opened its treasures for the whole to see and study. As UNESCO is in-

terested in the establishment of an Oriental art cultural research center to be concerned with cultural exchange, and it seems to us that such a center should be established in Taiwan.

For seveal years the Museum has been involved in cultural activities and international cultural exchange by means of "material movement" and "man movement". For example, the American National Broadcasting Company, the West German First Television Station, the British Broadcasting Corporation, the French Television Station, other cultural organizations,and art-lovers from abroad have come to this Museum to take pictures or make films of Chinese art objects to be broadcast throughout the world. Editors from famous European and American magazinese,such as the American *Life*, *Time*,*National Geographic* and *Look*, the Austrian *Volker Kultur*, the Swiss *Du* the French *Match* and *Journal de France* have come to see the museum's collection and subsequently have written articles about this Museum.

American, English, German, Japanese, Austrian, and Canadian scholars or students of Chinese art have come to study this Museum's collection year after year and all have had fruitful results. This kind of "man movement" naturally en-

hances international cultural co-operation, and is a great help to cultural exchange.

This Museum has made over five thousand photographs of art objects and is continuing this program so that Chinese and foreigners alike may use the photographic materials for study or publication throughout the world. All these results of the cultural function of the Museum are encouraging to all of us who work here.

On June 18, 1970 the National Palace Museum hosted the International Symposium on Chinese Painting. The six-day congress was devoted to the expansion and development of academic research, discussion and authentification as well as to explain and spread ancient Chinese painting and culture. This international convention invited scholars and specialists to discuss Chinese painting and to collectively express their theories and profit from such an experience. The participants were from the United States, Japan, Korea, Germany, France, England, Canada, Hong Kong, Singapore, Australia, Brazil, Belgium, Sweden, and Uraguay. Altogether there were more than 100 participants. The results of the symposium had a flowing effect on the many subjects of Chinese painting. This constituted the most meaningful

of exchanges of the alternating currents between the cultural activities of the National Palace Museum and the cultures of the international community.

Naturally, the Museum includes in its collection many rare books and official documents of the Ch'ing dynasty. Among these books, there is a particularly magnificent one entitled *Szu K'u Ch'uan Shu* which was formerly kept in Wen Yüan Ko. This book of 36,078 large volumes, hand copied by many famous calligraphers is an encyclopaedia of Chinese philosophy, literature, history, and metaphysics. *Szu K'u Hui Yao*, which has 11,151 large volumes, was selected for study by Emperor Ch'ien-lung. They total 47, 229 volumes. Emperor Ch'ien-lung gathered many Hanlin Academy scholars to copy these volumes. The style in which it is written is standard Ch'ing script. Each character is very formal, square and straight. Those Hanlin Academy scholars devoted their minds, patience, strength of brush, vision, and hand, and with united effort wrote the book. This was a remarkable achievement, and the results demonstrate the essence of Chinese spiritual culture. Let anyone open and look at this book and the " National Illumination " of China will im-

mediately be apparent.

In addition to the books discussed above, this Museum preserves over 20,000 volumes of other rare books. There are over 200 titles in the Sung and Yüan editions alone, and over 52,000 volumes from the palace editions. There are also many Sutrase, and books in Manchurian and Mongolian languages, and official documents such as the court archives, the Archives of the Grand Council, the Manchurian Archives, Diaries of Activities and Repose, Rehistry of Imperial Instructions, and Records of Memorials, etc. There are nearly 400,000 pieces available for research in Ch'ing dynasty history. All of the above books and documents are available to everyone for continuous research, thus providing effective educational and cultural functions.

The Palace Museum is in the process of systematically examining and studying its ancient works of art. the results of this scientific analysis will be combined with documents and other historical material for the protection and development of Chinese culture. This will also have a great effect on international cultural exchange. Scientific study is now a new area of academic pursuit in this Museum. I personally

feel that each work of art has its own artistic and cultural feature which can be examined scientifically from all aspects.

The French museologist, Luc Benoist, said , "*Un peuple sans musee est un peuple sans tradition et sans âme.*"(4) We who work in a cultural environment ascend a tower of culture to explore magnificent works of art, and to continuously develop our research methods to benefit all of humanity.

Footnotes

1. See *The Central Daily*, September 26, 1966.
2. See *The Union Daily News*, March 17, 1969.
3. See *The central Daily*, January 5, 1970 (translated by Wang Ch'iu-t'u)
4. Luc Benoist: *Musées et Muséologie* 1960.

圖版壹：故宮博物院院廈外景

Plate *I*: The front view of the National Palace Museum

圖版貳：繪畫器物展覽廳

Plate *II*: The exhibition hall (painting, tapestry, and embroidery)

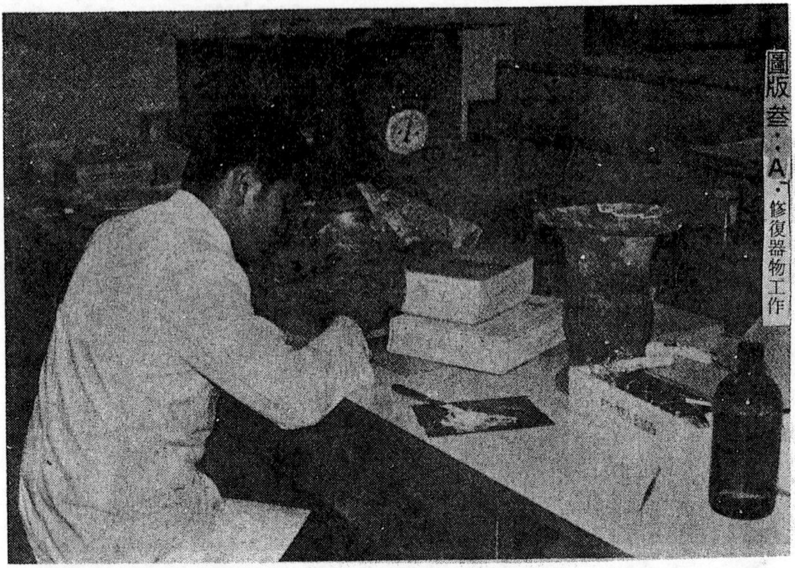

Plate III: A. Restoration work at the National Palace Museum

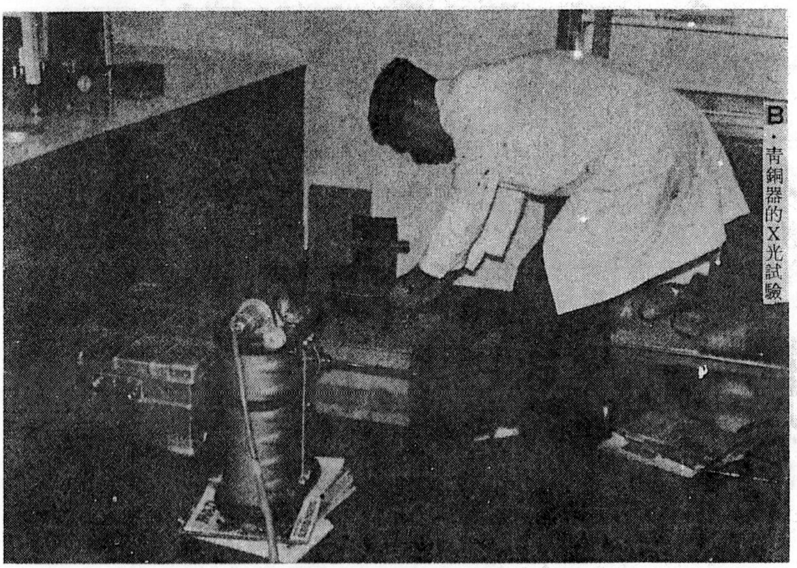

B. X-ray examination of a bronze

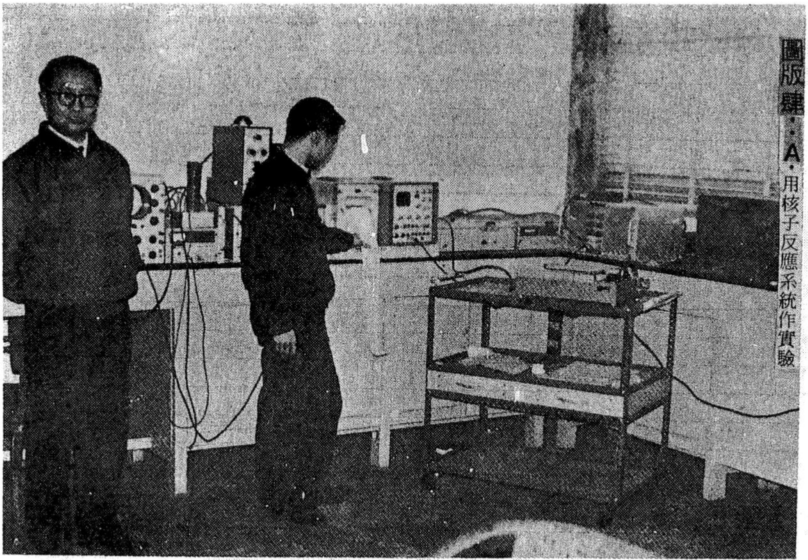

Plate *IV*: **A.** An experiment using the neutron activation system

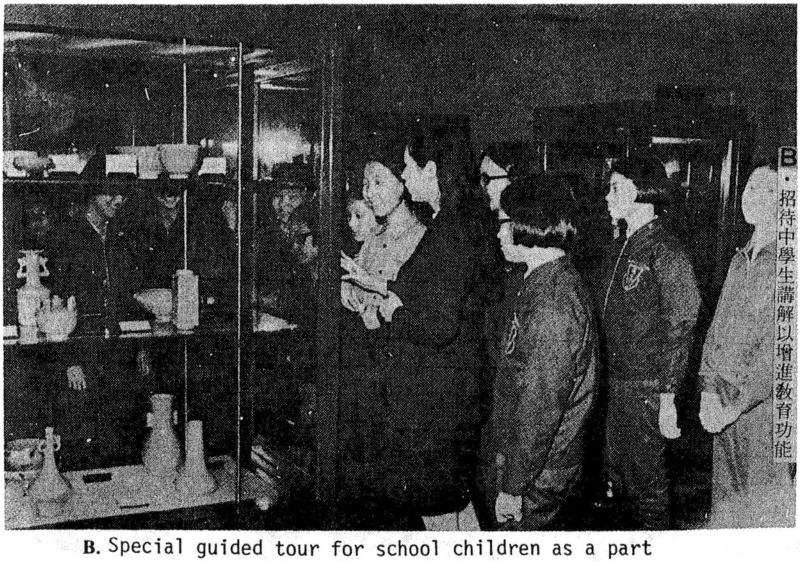

B. Special guided tour for school children as a part of educational function

圖版伍：中國古畫討論會爲中西文化交流之一有意義的集會

Plate V: The symposium of Chinese Painting for cultural exchange between East and West

THE INTERNATIONAL COUNCIL OF MUSEUMS NINTH GENERAL CONFERENCE

The present author recently took part in the Ninth General Conference of the International Council of Museums (ICOM) as delegate from the National Palace Museum. The conference was convened by M. Jean Chatelain, Chairman of the French National Committee of ICOM and Directeur des Musées de France. Meetings were held both in Paris and Grenoble and lasted for thirteen days, from the 29th of August to the 10th of September 1971. I arrived in Paris on the 27th and registered on the 29th. Members of this organization are: Algeria, Angola, Australia, Austria, Belgium, Brazil, Bulgaria, Cameroun, Canada, Ceylon, Chad, Chile, Cuba, Cyprus, Czechoslovakia, Democratic Republic of Germany, Denmark, Federal Republic of Germany, Finland, France, Ghana, Hungary, India, Iran, Israel, Italy, Japan, Korea ,

Lebanon, Mexico, Morocco, Netherlands, Nigeria, Norway, Pakistan, Philippines, Poland, Portugal, Republic of China, Rumania, Senegal, Sweden, Spain, Switzerland, Syrian Arabic Republic,Thailand, Tunisia, United Arabic Republic, United Kingdom, USA, USSR, Venezuela, Yugoslavia.

Over 600 delegates from more than fifty countries attended, representing many different branches of scholarship. As the Chairman stated,this was a convention of a cultural and scientific character without the slightest political connotation.

I. The nature and background of ICOM

ICOM is a professional, international organization dealing with cultural and scientific matters. UNESCO, since its establishment in 1946, has held a conference every two years at which the budget and plans for the coming period are fixed. The cultural section of these conferences always prepares an article dealing with the development of museums and promotion of museum activities in its member nations. During the past 20 years, in order to further the spread of culture internationally,UNESCO has helped the developing nations amony its members toward this goal. Among the better known museums that have been involved in

this project are those of Mexico, India, Nigeria and Thailand. The "Institut Royal du Patrimoine Artistique" in Brussels, which produces quite a number of specialists, also most laudably receives UNESCO support. ICOM was also established under the auspices of UNESCO as a complementary agency to supplement the UNESCO program. This agency, in recent years, has sent specialists to various museums in the developing member nations to act as advisers. Funds for this project are allotted for each given period by UNESCO. Apart from this project ICOM also holds a general conference once every three years during which specialists have the opportunity to exchange and broaden their ideas in order to work toward the goal of international improvement and progress in the museum profession.

ICOM was established in 1947 and in that year the first General Conference was held in Paris with only 100 participants. The second to eighth conferences were held between 1947 and 1971 in various places such as London, Stockholm, Amsterdam, Moscow, Munich and New York. The ninth conference once again was held in France and after 25 years the number of participating nations had risen to more than 70 and the number

of delegates had risen from 100 to 600.

The basic aim of ICOM is to encourage the understanding of the educational and cultural role of museums and to promote cultural exchange. ICOM consists of active members from its member states, associate members and supporting members. The general assembly, its supreme organ, sets up the executive council which manages affairs elects the presidents, the four vice-presidents and the fourteen standing members, all of whom serve for three years. During the period 1969-1971, ICOM's executive council president was Dr. A. Van Schendel, Director General of the Rijksmuseum, Amsterdam.

Vice-Presidents were:

1) M. J. Chatelain, Directeur des Musées de France, Paris.
2) Dr. S. Dillon Ripley, Secretary, The Smithsonian Institution, Washington, D. C..
3) Mr. Ekpo Eyo, Acting Director, Dept. of Antiquities, Nigerian Museum, Lagos.
4) Mr. A. I. Zamoschkine, Pushkin Museum, Moscow.

Standing members were:

Dr. H. Auer, Deutsches Museum, Munich.

Sir J. Pope-Hennessy, Director, Victoria

& Albert Museum, London.

Mr. X. de Salas, Sub-director, Museo del Prado, Madrid.

Mr. R. Soeiro, Directorio di Patrimônio Historico & Artistico Nacional, Rio de Janeiro.

Mr. M. Vasquez, National Anthropological Museum, Mexico City.

Mr. A. Waldis, Director, Musée Suisse des Transports et Communications, Lucerne.

In addition to the above, International Committees of specialists were also set up. There are 17 classifications: 1) Science & Technology, 2) Natural History and Ethnography, 3) Archaeology & History, 4) International Art Exhibitions, 5) Applied Art, 6) Modern Art, 7) Regional Museums, 8) Conservation of Objects, 9) Architecture and Museum Technique, 10) Documentation, 11) Education & Cultural Action, 12) Training of Personnel, 13) Collections of Glass, 14) Collections of Musical Instruments, 15) Museums & Collections of Textiles, 16) Transportation Museums, 17) Military History and Weaponry Museums.

Each committee has a chairman and a coordinator who are museum specialists chosen from among the member states. (For more detail see, "

ICOM, Statutes'' and "Handbook of the Ninth General Conference.")

The National Palace Museum Joined ICOM in 1969 as an Associate Member. According to the statutes, associate members have no electoral rights and do not exercise control. Each of the member nations may have a National Committee (as is the case with UNESCO).For example, France has its French National Committee. But, as of now, not all member states have established National Committees.

II. Cultural activities and receptions

The ninth conference took place first in Paris and was continued in Grenoble. On August 29th registration was held at the Faculté de Droit of the Université de Paris where from August 30th to September 2nd various discussion meeting of the International Committees were also held. All delegates were freely permitted to participate in these discussion meetings and exchange ideas. Many cultural activities were also planned. On the afternoon of August 30th we visited the Research Laboratory of the Museums of France, located in the Louvre. This laboratory was only established three years ago and its in-

stallation has not yet been totally completed. That evening a reception was given by the Centre National d'Art Contemporain. On August 31st at noon, a reception was given by the Conseil de Paris in the Salon des Arcades, which was hung with paintings of great beauty. That same evening another reception was held at the Musée Rodin where the great French artist's sculptures were especially arranged for our viewing.

On September 1st the French Minister of Culture, M. J. Duhamel, gave a gala evening of the utmost magnificence at the Chateau of Versailles. During the course of this most splendid evening, M. G. Van der Kemp, Director of the Museum of Versailles, together with his charming wife and daughter, fell into conversation with Mr. Lung Yen and myself. When he learned that we were from the Republic of China he was most enthusiastic and told us that when he visited the Osaka Exposition the year before he had very much wanted to visit Taiwan as well, especially to see the treasures of the Palace Museum. However, we were disappointed to learn that owing to the short time available, they had not been able to visit the Museum. His daughter also expressed a great appreciation for Chinese culture and art and

mentioned a special liking for Chinese bronzes, which are my own main area of research. I told M. Van der Kemp and his family how honored we would be to welcome such distinguished and knowledgeable guests to the Republic of China and the Palace Museum.

On the afternoon of September 2nd, the official opening session of the conference was held in the amphitheater of the Faculté de Droits of the University of Paris. The President of ICOM, Dr. A. Van Schendel, who was also chairman of the meeting, gave the opening address. This was followed by a talk by the French Minister of Culture, M. J. Duhamel, whose topic was "The Museum in the Service of Man: Today and Tomorrow". That evening the Director of the Louvre gave a cocktail party in the impressive new galleries of the Museum.

On the morning of September 3rd, we left Paris by train for Grenoble by way of Dijon, Beaune, and Lyon. At Dijon we visited the Museum of Fine Arts, the Archaeology Museum, the Municipal Library and the Faculty of Science, which is famous for mineralogy. Early that afternoon a reception was given by the City of Dijon. Later in the day we arrived at Beaune, where we visited the

famous hospital built in 1442 A. D., the Church of Notre Dame, and the Wine Museum. A reception was given by the City of Beaune, after which we went on to Lyon, spending the night there at a University residence.

On the morning of September 4th we toured the Municipal Museum, the Museum of Natural History, the Zoo and Rose Garden, the Industrial Museum, the Historical Museum of Textiles, and the Museum of Decorative Arts. At the Historical Museum of Textiles, I could not help but compare their collection with the fabrics and embroideries in our own museum and was once again filled with pride in our own great and ancient traditions of craftsmanship. When I now look at the objects in the Place Museum and think back, how strong is the feeling for "cherishing the old" (懷古) that rises within me! That afternoon, a joint reception was given by the City of Lyon, the Museum of Fine Arts, and the Chamber of Commerce and Industry, after which we left for Grenoble.

Grenoble, an ancient city and capital of the Dauphine Prefecture in the South of France, is also an industrial center. Situated in the Alps, with Switzerland to the north and Nice to the south, Grenoble is a famous beauty spot. It was

built up extensively after World War II and its environment is pleasant and its streets well kept, rather like Geneva. I had been to Switzerland for vacation many years before, in the summer of 1929, and had then passed through Grenoble. I was now returning after more than forty years. Seeing so many changes gave me a strong feeling of the flow of time. To implement its policy to promote culture the French Government established " La Maison de la Culture " in Grenoble in 1969. It is a large, modern structure of exceptional character occupying an expansive area. It was in this building that the General Conference continued. The choice of this spot was, of course, in accordance with the Frence government's cultural, tourist, and economic policies.

III. Summary of the General Conference

The main subject of the conference, which began on the morning of September 5th, was "The Museum in the Service of Man:The Educational and Cultural Role". The keynote speaker that morning was Mr. Stanislas Spero Adotevi,Director General of the Institute of Applied Research, Dahomey, Porto Novo, whose theme was " The Museum in Con-

temporary Educational and Cultural Policy". He was followed by four other specialists who presented papers. Dr. Grete Mostny, Director of the National Museum of Natural History, Santiago, spoke on "The Functions and Aims of Museums". Dr. B. Hubendick, Director of the Museum of Natural History, Göteborg, discussed "Museums and Environment". Mr. Shri S. K. Ghose, Senior Curator of the Birla Industrial and Technological Museum, Calcutta, treated the theme of "Museums and Scientific Knowledge". Prof. M. Alpatov, of the Academy of Fine Arts, Moscow, spoke on "Museums and Aesthetic Education." In the afternoon working groups were formed wherein nominated delegates discussed the papers presented that morning, with other delegates participating as observers.

On the morning of September 6th the conference met again, the keynote speaker being Mr. G. I. Vladikin, Vice-Minister of Culture of the U. S.S.R., whose subject was "The Museum and Society". He was followed by three speakers who presented papers. M. Jean Favière, Director of the Bourges Museum, discussed "The Museum as a Center for Cultural involvement". Mr. Duncan Cameron, Director of the Brooklyn Museum, New York, discussed the question of "Presentation", using

a film to illustrate his talk. Mr. G. J. van der Hoek of the Rijksmuseum, Amsterdam, spoke on"The Written Word in the Museum; from Labels to Publications". The afternoon was devoted again to discussion by the working groups.

On September 7th an excursion took place and there was no meeting.

On September 8th the keynote speaker was Dr. Klaus Von Dohnanyi, State Secretary of the Ministry of Education and Science, Bonn, Whose theme was "The Work of the Museum in the Community". He was followed by three speakers. Dr. Kazimierz Zygulski, of the Academy of Science,Warsaw, gave a paper on "The Museum and the Adult". Mr. Peter Cox of Dartington College of Arts, Devon, spoke on "The Museum and Youth". Mrs. Ayala Gordon,Curator of the Youth Wing of the Israel Museum,Jerusalem, discussed "The Museum and Schoolchildren and Teachers". In the afternoon the working groups again met.

On September 9th the keynote speaker was Mr. John Kinard, Director of the Anacostia Neighborhood Museum, Washington, D. C., who spoke on"Intermediaries between The Museum and The Community". Three papers followed.Dr. Mahmoud Mesallam, Director of the Museum of Science and Technology,

Cairo, discussed "Educational Work: the Collective Responsibility of all Museum Personnel". Mr. Harry S. Parker, Vice-Director of the Education Department, Metropolitan Museum of Art, New York discussed "Museum Specialists in Education and Interpretation". Prof. Helmut Holtzhauer, of the Nationale Forschungs-und Gedenkstätten der klassischen deutschen Literatur, Weimar, spoke on "The Teacher and Teacher-Trainee". These talks were again followed by the working group discussions.

September 9th was the last day of the conference. Altogether, under the Chairmanship of the Vice-President, M. J. Chatelain, four lectures by keynote speakers were given, thirteen papers were read, and four working groups were held. The theme of the meetings was the educational and cultural role of the museum and the speakers dealt with this issue either from their own experience or in its theoretical aspects. A synthesis of the views expressed will be entered for consideration by the General Conference in the plans for the 1972 - 1974 period.

During the four days of the conference the following regional conferences were held:

1) Meeting of Asian delegates 2) Meeting of African delegates 3) Meeting of Latin American

delegates 4) Meeting of North American delegates 5) Meeting of Commonwealth delegates 6) Meeting of Arab delegates.

Mr. Lung Yen and I took part in the meeting of the Asian delegates. The other participants were the delegates from India, Pakistan,Thailand, Japan, the Philippines and Australia. The chairman of the meeting was Dr. Grace Merley. The hairman of the John D. Rockefeller III Fund, Mr. Porter McGray was also on the panel.

The major topic of this meeting was the question of mutual cooperation within the Asian area. During this meeting I made the following statements: The National Palace Museum is conducting a series of scientific experiments in cooperation with Tsing-hua University which are aimed at the conservation of art objects. So far,we have made use of the Neutron Activation Method in the systematic analysis of ancient bronzes, a method which, to the best of my knowledge,has not often been made use of in conservation before.I expressed gratitude for any advice and encouragement we might receive in the area of scientific equipment and the training of specialized personnel. After my statement the chairman expressed agreement and consent.

The following institutes have already been established to further the use of scientific experimentation in the conservation of cultural objects: The International Center for the Preservation & Restoration of Cultural Property, Rome; The Institut Royal du Patrimoine Artistique, Brussels; The International Institute for Conservation of Historic & Artistic Works, London; The Conservation-Analytical Laboratory. Smithsonian Institution, Washington, D. C., The New York University Conservation Center, Institute of Fine Arts, New York; The Laboratoire de Recherches des Musées de France, Paris; the National Conservation Research Laboratory, National Gallery of Canada, Ottawa; the Conservation Laboratory, New Delhi.

I should like to say a few additional words about the other cultural activities and receptions in Grenoble. On the afternoon of the 8th of September we visited the Museum of Painting and Sculpture, afterwards attending a reception by the Prefét de l'Isère in the Salons del Hotel de la Préfecture.

When Mr. Lung Yen and I were presented to the Préfet and he learned we had come from the Republic of China as delegates from the Nation-

al Palace Museum he expressed his long and sincere admiration for our national treasures. His remarks were most moving and at that mement I could not but help also recalling similar statements made over the previous few days by, among others, delegates from England, Germany,America, India, Thailand, the Netherlands and Portugal. The fame of the National Palace Museum is widespread and certainly not accidental and such fame carries with it the weight of responsibility. We must constantly seek to further our knowledge, use the scientific method, conduct experiments, apply historical analysis, make use of education, encourage cultural interchange and promote cooperative research in all fields to make what contribution we can to mankind. We must not be discouraged in the pursuit of this goal by any adverse currents of a world in turmoil.

On the afternoon of September 9th, after we toured the city, a reception was given by the mayor at the new City Hall. We were most impressed by the architecture of the new building,set within a graceful park, and its use of glass especially arrested our attention. The new City Hall seemed to be a symbol of the reconstruction of Grenoble and the resurrection of France after

the Second World War.

On the evening of the same day a dinner was given by the General Association of Curators of the Museums and Public Collections of France, with the Director of the Musee Dauphinois as host. Many archaeological objects were on display and the interest the evening afforded was only surpassed by that spent at Versailles.

The participants of the General Conference, who had come to France from countries all over the world, were welcomed with a warmth and garciousness by the French hosts that did much to cement good will, greater understanding and mutual cooperation.

The final meeting of the conference was that of the General Assembly, held on the afternoon of September 10th, and was limited to active members, with associate members participating only as observers. (This procedure seemed somewhat illogical and narrow to a number of the participating delegates and was disputed.) The main topics of the meeting were:

I. Reports on the triennial period 1969-1971.

II. ICOM program for 1972-1974.

A. ICOM resources.

B. Operating expenses: 1. Salaries. 2.

Administrative expenses. 3. Equipment expenses. (Items 1-3 refer in the most part to the expenses incurred by the Secretariat, Documentation Center and Publications.)

C. Publications: 1. ICOM News; publicity leaflets; reports and papers on museums; specimen program for museological training; papers of the ICOM General Conference, 1971. 2. Rome Center/ICOM publications on the conservation of art objects. 3. Other periodicals, such as the *International Museographical and Museological Bibliography* and the *Annual* of the Education Committee. (Cooperation with the UNESCO magazine, *Museum*, will also continue.)

D. General activities.

1. To heighten its efficiency the organization of ICOM is in need of reorganization. A committe of three experts will be nominated by the Executive Council and will undertake an intensive critical study of the statutes and exist-

ing structures. This committee will present its proposals for decision before the standing members of the Executive Council during its 1972 meeting.

2. Museum promotion, i. e., to heighten the efficiency of the educational, scientific and cultural functions of museums. Museum promotion will be supported by such conferences as the First International Congress of Friends of Museums to be held in Barcelona (1972) and the United Nations Conference to be held in Stockholm (1972).
3. To plan the formulation of a professional code of ethics in the acquisition and collection of art objects.
4. To emphasize the training of professional personnel the new discipline of museology is required. Continuous encouragement of cooperative exchange between training centers and institutions is advocated as well as is the production of teaching material and course outlines. The planned UNESCO treatise on museology and audio-visual aids is also to be realized.

E. Regional activities: 1. Asia, 2. Africa, 3. Latin America, 4. North America, 5. The Ara-

bic Nations, 6. Europe.

ICOM will maintain connections in advisory capacity with the above six areas.

F. Special activities: 1. Training of personnel, 2. Documentation, 3. Conservation, 4. Exhibitions, 5. Educations, 6. Architecture, 7. Relations with basic disciplines,8. Science and technology, 9. Natural history, 10. Archaeology and history, 11. Ethnography,12. Applied and modern art, 13. Specialized museums, 14. Class museums, 15. Musical instrument museums, 16. Costume and textile museums, 17.Open Air museums, 18. Cooperation with other international organizations, 19. Regular activities of the Secretariat, 20. ICOM Foundation and Friends of Museums.

In agreement with the Executive Council an individual International Committee is in charge of the management of each of the above items 1-17.

III. Election of a new Executive Board.

IV. Election of a new Foundation Board.

V. Amendment of the statutes.

Most delegates were of the opinion that associate members should not only have the status of observers but in future should actively participate in the ICOM organization

and it's General Assembly. The General Assembly agreed to submit this idea for consideration before the Executive Council.

Before the final meeting was adjourned Dr. A. van Schendel made some closing remarks, the Czechoslovakian delegate said a few words of congratulations and the Danish delegate announced that the Twelfth General Conference will take place at the invitation of his country in Denmark in 1974.

Plate I. A. The Chateau of Versailles

B. Exterior of the Louvre

Plate II. A. Maison de la Culture, Grenoble

B. Musée Daupninois, Grenoble

BRIEF BIOGRAPHY OF CHANG SHU-CHI

Chang Shu-Chi started to paint when he was eight years old. He took hold of brushes and proceeded to copy his uncle's paintings, all on his own. His uncle, detecting his talent, was more than pleased to encourage him to study painting.

A graduate of Shanghai Fine Arts College,he was on his way to a career in art. He taught in various schools and universities, mainly at the National Central University. He also held exhibitions on a regular basis, as he was a most prolific painter. He thus gained name and success in his late twenties.

He was commissioned by Pres. Chiang to execute a painting to be presented to Pres. Franklin Roosevelt to commemorate his third-term presidency. This is an enormous painting with one hundred doves as subject matter, denoting World Peace. This work was hung at the White House for the duration of Pres. Roosevelt's administration. It is now displayed at Hyde Park, the former estate of the Roosevelt family.

In 1941, he was sent to the United States by the Chinese government to serve as "Ambassador of Art and good-will". He painted, exhibited and lectured at many major museums and universities throughout Canada and the U.S.. He, using this manner, promoted ". Chinese Art most successfully. His audiences everywhere were delighted and inspired. For more than one year,he devoted his effort to this endeavor and by selling numerous paintings, he was able to raise more than 40,000 U.S.. This sum of money was sent to the government for the support of Chinese War refugees. This was hailed as a great humanitarian effort.

After his return to China, he served briefly as president of the Hangchow Fine Arts College. But, because he had no interest in the details of administration, he decided to resign, preferring to continue painting as before. In this way, he was happy in his work. However, he was unfortunately unable to present to the world more of his creative works. He died in 1957, just at the time when he was beginning to acquire satisfaction from his paintings.

The paintings of Mr. Chang Shu-Chi will be displayed in the exhibition room in the right

wing outside the main building of the National Palace Museum. The exhibition will be held from 12th - 20th November and will be opened daily from 10.00 a.m. to 5.00 p. m.

中華語文叢書
何聯奎文集(中英文版)

1912

作　　者／黃文山、衛惠林　輯
主　　編／劉郁君
美術編輯／本局編輯部

出 版 者／中華書局
發 行 人／張敏君
副總經理／陳又齊
行銷經理／王新君　林文鶯
地　　址／11494 台北市內湖區舊宗路二段181巷8號5樓
客服專線／02-8797-8396　　傳　　真／02-8797-8909
網　　址／www.chunghwabook.com.tw
匯款帳號／華南商業銀行　西湖分行
179-10-002693-1　中華書局股份有限公司

法律顧問／安侯法律事務所
製版印刷／維中科技有限公司　海瑞印刷品有限公司
出版日期／2021年1月再版
版本備註／據1980年9月初版復刻重製
定　　價／NTD 700

國家圖書館出版品預行編目（CIP）資料

何聯奎文集/黃文山, 衛惠林輯. -- 再版. --
臺北市 : 中華書局, 2021.01
面 ; 公分. -- (中華語文叢書)
中英文版
ISBN 978-986-5512-43-9(平裝)
1.何聯奎 2.學術思想 3.傳記

782.887　　109019569

NO.H2137
ISBN 978-986-5512-43-9（平裝）